易中天
著

ON THREE KINGDOMS

品三国

浙江文艺出版社
Zhejiang Literature & Art Publishing House

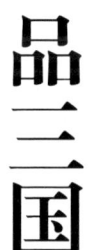

果麦文化 出品

目录

开场白 / 大江东去_001

第一部 / 魏武挥鞭

第一章 真假曹操_014　　第二章 奸雄之谜_024

第三章 能臣之路_034　　第四章 何去何从_044

第五章 一错再错_054　　第六章 深谋远虑_064

第七章 先入为主_074　　第八章 鬼使神差_084

第九章 一决雌雄_094　　第十章 胜败有凭_104

第十一章 海纳百川_114　　第十二章 天下归心_124

第二部 / 孙刘联盟

第十二章 青梅煮酒_134　　第十四章 天生奇才_144

第十五章 慧眼所见_154　　第十六章 三顾茅庐_164

第十七章 隆中对策_174　　第十八章 江东基业_183

第十九章 必争之地_193　　第二十章 兵临城下_202

第二十一章 临危受命_212　　第二十二章 力挽狂澜_222

第二十三章 中流砥柱_231　　第二十四章 赤壁疑云_241

第三部 / 三国鼎立

第二十五章 半途而废_254　　第二十六章 得寸进尺_264

第二十七章 进退失据_274　　第二十八章 借刀杀人_284

第二十九章 命案真相_295　　第三十章　　夺嫡之争_305

第三十一章 乘虚而入_315　　第三十二章 蜜月阴谋_326

第三十三章 白衣渡江_336　　第三十四章 败走麦城_347

第三十五章 猇亭遗恨_358　　第三十六章 永安托孤_368

第四部 / 重归一统

第三十七章 非常君臣_380　　第三十八章 难容水火_391

第三十九章 痛失臂膀_402　　第四十章　　祸起萧墙_413

第四十一章 以攻为守_424　　第四十二章 无力回天_435

第四十三章 风云际会_446　　第四十四章 坐断东南_457

第四十五章 情天恨海_468　　第四十六章 冷暖人生_478

第四十七章 逆流而上_489　　第四十八章 殊途同归_500

结束语 / 滚滚长江东逝水_512

开场白

大江东去

这是一个英雄辈出的时代，这是一段扑朔迷离的历史，这是一些引人入胜的故事，这是一个津津乐道的话题。正史记录，野史传说，戏剧编排，小说演义。不同时期有不同的评点，不同作品有不同的描述。是非真假众说纷纭，成败得失疑窦丛生。三国，究竟应该是怎样的面目呢？

所谓"三国"，通常是指从汉献帝初平元年（公元190年）到晋武帝太康元年（公元280年）共九十年这段历史。把这段历史称为"三国"，在名目上多多少少是有些问题。因为曹丕称帝，是在公元220年；刘备称帝，是在公元221年；孙权称帝，是在公元229年。这个时候，魏、蜀、吴三国，才算是正儿八经地建立起来了。按理说，三国史，应该从这时开始，到三家归晋止，那才是名正言顺的"三国"。但是，纵览古今，几乎没有这么讲的。这么讲，曹操、关羽、周瑜，还有鲁肃等等，就都不能出场了。青梅煮酒、三顾茅庐、赤壁之战、败走麦城这些故事，也都讲不成了。能行吗？

实际上，无论是正史（比如《三国志》）还是小说（比如《三国演义》），差不多都会从董卓之乱甚至更早一些说起。这才真正是历史的态度。因为曹、刘、孙这三大势力或三大集团，是在东汉末年的军阀混战中发展壮大起来的；魏、蜀、吴三足鼎立的局面，也早在他们建国之前就已基本形成。看历史，必须历史地看。没有前因，就没有后果。只看"名"，不看"实"，咬文嚼字，死抠字眼，那不叫"严谨"，只能叫"钻牛角尖"。

那么，这九十年间是个什么世道呢？

也就两个字：乱世。展开来说，就是烽火连天，饿殍遍野，战事频仍，民不聊生。或者借用鲁迅先生的话说，就是"梦里依稀慈母泪，城头变幻大王旗"。然而，乱世出英雄。越是沧海横流，越能显出英雄本色。因此，这又是一个英雄辈出的时代，一个充满阳刚之气、既有英雄气概又有浪漫情怀的时代，多少风流人物指点江山激扬文字，多少盖世英雄大显身手叱咤风云，正所谓"江山如画，一时多少豪杰"。

列举这些熟悉的姓名，那将是一个长长的名单。雄才大略的曹操，鞠躬尽瘁的诸葛亮，英武潇洒的周瑜，坚忍不拔的刘备，他们都是这个时代的英雄，也都是我们民族的英雄，因为他们都想把分裂变成统一，把乱世变成治世，求得社会的和谐、天下的太平。当然，他们也无一例外地认为，这个历史使命应该由他们自己，或者说由他们那个集团来承担，绝不肯拱手让给他人。因此，他们之间有矛盾，有冲突，有摩擦，有战争，甚至是你死我活，杀气腾腾，结果是"一将功成万骨枯"，说起来真是让人感叹不已，悲喜交加！

这在当时，大约也是没有办法的事；而历史，也只能在悲剧性的"二律背反"中前进。一方面，是战争只能用战争来结束；另一方面，则是为了结束战争，人民必须先饱受战争的苦难。因此，当我们欣赏和赞美那些乱世英雄的时候，不要忘记那时的人民所承受的痛苦。

逐鹿中原的结果是一家独大，龙争虎斗的结果是天下一统。这就是西晋。西晋的情况其实更加不堪，这里先不说它，且说三国。三国的一个特点是时间短。魏、蜀、吴三国的存在，不过半个多世纪；加上"前三国"时期，也不过九十年。这样短暂的时间，在我们民族的历史上，真不过"弹指一挥间"。人们甚至来不及认真反思和细细品味，眼睛一眨，就已老母鸡变鸭。历史往往是由胜利者来书写的，民间修史则难免见仁见智，或者偏听偏信。因此，魏、蜀、吴三国刚一灭亡，史书的记载就众说纷纭，学者的见解也莫衷一是。比如诸葛亮的出山，就有"三顾茅庐"和"登门自荐"两种说法；而赤壁那场大火，也有黄盖诈降纵火和曹操烧船自退两种记载。三国，是一段精彩纷呈又让人眼花缭乱的历史。

三国历史的戏剧性使它成为文学艺术家垂青的对象。在民间，它也是人们津津乐道的话题。知道刘备的，肯定比知道刘秀的多；知道曹操的，也肯定要超过知道王莽的。这不能不归功于文学艺术作品，尤其是《三国演义》的影响。文学艺术作品的感染力是超过史学著作的，文学艺术作品又是需要想象和虚构的。充满想象和虚构的文学艺术作品以史为据、为线索、为题材，虚虚实实，半真半假，更为这段原本就扑朔迷离的历史平添了许多暧昧。

就说周瑜。

提起这位江东名将，人们首先想到的，往往是"三气周瑜"的故事，是"既生瑜，何生亮"，以及"周郎妙计安天下，赔了夫人又折兵"等等。可惜那是小说，不是历史。历史上的诸葛亮并不曾气过周瑜。就算气过，怕也气不死。为什么呢？因为周瑜的气量是很大的。《三国志》对他的评价是"性度恢廓"，也就是性情开朗，气度宽宏。同时代人对他的评价也很高。刘备说他"器量广大"，蒋干说他"雅量高致"。顺便说一句，蒋干这个人，也是被冤枉了的。他是到过周营，但那是赤壁之战一年以后，当然没有上当受骗盗什么书。蒋干的脸上也没有白鼻子，反倒是个帅哥。《江表传》的说法是，"干有仪容，以才辩见称，独步江淮之间，莫与为对"，看来是个才貌双全的人物。

周瑜也一样，也是一个漂亮至极的英雄。他的"帅"，在当时可谓家喻户晓。《三国志》说他"长壮有姿貌",还说"吴中皆呼为周郎"。郎,就是青年男子。呼人为郎,带有赞美的意思。所以,"周郎"就是"周帅哥"。同时被呼为"孙郎"的孙策,则是"孙帅哥"。当然,一个人的"帅",不仅仅是外貌,更重要的是内在的气质。周瑜恰恰是一个气质高贵、气度恢宏的人。他人品好,修养高,会打仗,懂艺术,尤其精通音乐。即便酒过三巡,醺醺然之时,也能听出乐队的演奏是否准确。如果不准,他就会回过头去看,当时的说法是"曲有误,周郎顾"。因此,我甚至怀疑他指挥军队也像指挥乐队,能把战争变成艺术,把仗打得十分漂亮,就像艺术品一样。

周瑜的仗打得确实漂亮。赤壁之战中,他是孙刘联军的前线总指挥。苏东坡的《念奴娇·赤壁怀古》说:"遥想公瑾当年,小乔初嫁了,雄姿英发。羽扇纶巾,谈笑间,强虏灰飞烟灭。"羽扇,就是羽毛做的扇子。纶巾,就是青丝做的头巾。羽扇纶巾在当时是儒雅的象征。本来,贵族和官员是应该戴冠的。高高的冠,宽宽的衣,峨冠博带,即所谓"汉官威仪"。但是到了东汉末年,不戴冠而戴巾,却成为名士的时髦。如果身为将帅而羽扇纶巾,那就是儒将风采了。于是我们就不难想象出当时的场景:曹操的军队列阵于长江,战舰相连,军旗猎猎,江东之人,魂飞魄散,胆战心惊。然而周瑜却安之若素,从容不迫。他戴纶巾,摇羽扇,运筹帷幄,指挥若定,终于克敌制胜,以少胜多。这是何等的惊心动魄!这个时候的周瑜,真可谓少年英雄,意气风发,光彩照人!

当然,战争不是艺术,不可能那么潇洒,那么儒雅,那么风流倜傥,更不可能谈笑风生之间,不可一世的"强虏"就"灰飞烟灭"了。这个时候的周瑜,迎娶小乔已经十年,也并非"小乔初嫁了"。苏东坡那么说,无非是要着力刻画周瑜的英雄形象罢了。文学作品是不能当作历史来看的,但要说历史上的周瑜英武儒雅,却大体不差。周瑜二十四岁就被孙策任命为"建威中郎将",驰骋疆场,建功立业。也就在这一年,孙策和周瑜分别迎娶桥公之女大桥和小桥[1]为妻,这就是苏东坡所谓"小乔初嫁了"。可见周瑜这个人,是官场、战场、情场,场场得意。对于一个男人来说,难道还有比这更让人羡慕的吗?这样一个春风得意的人,怎么还会嫉妒别人,又怎么会因为嫉妒别人而被气死呢?我们嫉妒他还差不多。

没错,周瑜和刘备集团是有过明争暗斗,也曾经建议孙权软禁刘备、分化关张,这事我们以后还会说到。但那是其集团政治利益所使然,与心胸和气量无关。而且,周瑜忌惮的是刘、关、张,不是诸葛亮。老实说,那时周瑜还真没把诸葛亮当作头号劲敌,怎么会去暗算他?反倒是原本高风亮节的诸葛亮,却因为编造出来的"三气周瑜",被写成了"奸刁险诈的小人"(胡适先生语),想想这真是何苦!

于是我们发现,历史距离我们,有时候竟是那样的遥远。

实际上,许多历史事件和历史人物都有三种面目,三种形象。一种是正史上记载的面目,我们称之为"历史形象"。这是史学家主张的样子。这里需要说明一下,就是"历史形象"不等于"历史真相"。历史有没有"真相"?有。能不能弄清楚?难。至少,弄清楚三国的历史真相,很难。因为我们已经找不到当时的原始档案,也不能起古人于地下,亲口问一问。就算能问,他们也未必肯说实话。这就只能依靠历史上的记载,而且主要是"正史"。但即便是"正史",也有靠不住的地方、靠不住的时候。史学大师吕思勉先生的《三国史话》,就多次提到《三国志》《后汉书》等等记载未必可靠。何况刘备的那个蜀汉,还没有官修史书。《三国志》中的有关记载,竟是"耳闻目见"加"道听途说"。这样一来,我们又只能寄希

---

[1] 经核查,"大乔小乔"是宋代苏东坡说的,而晋人陈寿《三国志·周瑜传》中桥公的两个女儿,的确写作"大桥小桥"。古人写作没有今人规范,所以陈寿没有错,苏东坡也算不得错。

望于历史学家的考证。然而历史学家的看法也不一致。比如蜀汉政权"国不置史，注记无官"一事，就被唐代史学家刘知幾认为是污蔑不实之词，谓之"厚诬诸葛"。这可真是越来越说不清。因此，我们只能把"历史形象"定位为史书上记载的，或者历史学家主张的形象。而且还得说清楚，即便这个形象，也并非只有一种，也是有争议的。

第二种是文艺作品包括小说和戏剧中的面目，我们称之为"文学形象"。这是文学家艺术家主张的样子，比如《三国演义》和各种"三国戏"。

还有一种是老百姓主张的样子，是一般民众心中的面目，我们称之为"民间形象"，比如各种民间传说和民间习俗、民间信仰，也包括我们每个人自己心目中的形象。其实，我们每个人的心目中，也都是有历史人物形象的。因此，一部历史剧拍出来，总会有观众议论"像不像"的问题。其实，这些历史人物，谁都没有见过，却可以议论"像不像"，可见每个人心里都有一本"账"。

文学形象和民间形象的形成，也有一个历史过程。大体上是越往后，就越不靠谱，主观臆想和个人好恶的成分就越多。当然，有了科学的历史观以后，又另当别论。但我们前面说过，文学艺术作品的感染力是超过史学著作的。街头巷尾的口口相传，其力量同样不可小看。民间人士不是历史学家，不需要"治学严谨"，也不必对谁负责，自然"想唱就唱"。这原本也没什么。但是，正如鲁迅先生所说："地上本没有路，走的人多了，也便成了路。"同样，一种形象，如果说的人多了，就有可能从"假象"变成"真相"。

就说诸葛亮。

诸葛亮这个人，至少从晋代开始，就是许多人追捧的对象，可谓魅力四射，粉丝如云。当时有一位郭冲先生，大约是诸葛亮的铁杆粉丝，感觉大家对诸葛亮的崇拜还不够，于是"条亮五事隐没不闻于世者"，其中第三件事就是空城计。这五件事，都被裴松之在为《三国志》作注的时候驳回。驳空城计的证据是：诸葛亮屯兵阳平的时候，司马懿官居荆州都督，驻节宛城，根本就不可能出现在阳平战场，哪来的什么空城计？

不过这个故事实在太好听了，于是《三国演义》便大讲特讲，三国戏也大演特演，所谓"失空斩"（失街亭、空城计、斩马谡），历来就是久演不衰的折子戏。但这个故事不是事实，也不合逻辑。第一，司马懿不敢进攻，无非是害怕城中有埋伏。那么，派一队侦察兵进去看看，行不行？第二，司马懿"果见孔明坐于城楼之上，笑容可掬"，距离应该不算太远，那么，派一个神箭手把诸葛亮射下城楼，来他个"擒贼先擒王"，行不行？第三，按照郭冲的说法，当时司马懿的军队有二十万人，诸葛亮只有一万人；按照《三国演义》的说法，当时司马懿的军队有十五万人，诸葛亮只有二千五百人。总之是敌众我寡。那么，围他三天，围而不打，行不行？何至于掉头就走呢？所以裴松之作注时，就断定郭冲所言不实。裴松之说："就如冲言，宣帝（司马懿）既举二十万众，已知亮兵少力弱，若疑其有伏兵，正可设防持重，何至便走乎？"

所以，空城计是靠不住的。其他如火烧新野、草船借箭，也都是无中生有。火烧博望是有的，但那把火是刘备所放（先主设伏兵，一旦自烧屯伪遁，惇等追之，为伏兵所破），没听说有诸葛亮什么事。火烧赤壁也是有的，但那是周瑜部将黄盖的主意和功劳，也没诸葛亮什么事。借东风就更可笑。诸葛亮"沐浴斋戒，身披道衣，跣足散发"，登坛祭风，简直就是装神弄鬼，所以鲁迅先生说《三国演义》"状诸葛之多智而近妖"。这里说的"妖"，不是妖精或妖怪，而是"妖人"，即巫师或神汉一类。

诸葛亮当然不是"妖人"。不但不是"妖人"，还是"帅哥"。陈寿的《上〈诸葛亮集〉表》说他"身长八尺，容貌甚伟"。汉代的八尺，相当于现在的五尺五寸，也就是一米八四。诸葛亮出山的时候，年龄则是二十七岁。二十七岁的年龄，一米八四的个子，而且

"容貌甚伟",大家可以想想是什么形象。至少,不可能是一身道袍、一脸长须的。羽扇纶巾大概是事实,因为那是当时的时尚,也就不是诸葛亮的专利。所谓"羽扇纶巾,谈笑间,强虏灰飞烟灭",说的是周瑜,不是诸葛亮。就算有"借东风"这事,也该是周瑜去"借"(民间传说便有说周瑜借东风的),要不然杜牧怎么说"东风不与周郎便,铜雀春深锁二乔"?

其实诸葛亮在赤壁之战期间的主要功绩,是促成了孙刘的联盟;他对刘备集团的主要贡献,则是确立了联吴抗曹、三分天下的政治策略,并身体力行。实际上,诸葛亮是杰出的政治家和外交家,未必是杰出的军事家。他的军事成就是有争议的,他的军事才能也不像后世传说的那么玄乎。历史学家缪钺先生就曾在《三国志选》的"前言"中指出:"诸葛亮征南中事,当时传说不免有夸大溢美之处,譬如对于孟获的七擒七纵,是不合情理的,所谓'南人不复反',也是不合事实的。"诸葛亮也不像文学作品和民间传说中说的那样迭出险招。爱出险招的是郭嘉。而诸葛亮的特点,无论是史家的评论,还是他的自我评论,都是"谨慎"。陈寿说他"治戎为长,奇谋为短,理民之干,优于将略",应该说是实事求是的评价。也就是说,诸葛亮是萧何,不是张良和韩信。

但是,到了《三国演义》里面,诸葛亮就集萧何、张良和韩信于一身,不但运筹帷幄决胜千里,而且神机妙算未卜先知。任何人,只要按照他的"锦囊妙计"行事,就战无不胜,攻无不克,刘备集团的大将如关羽、张飞、赵云辈,有如他手中的提线木偶,理解也执行,不理解也执行。这当然不是事实,但有原因。什么原因呢?我们以后再说。

其实,"锦囊妙计"的故事是有的,可惜是发生在曹操身上。这事记载在《三国志·张辽传》里,时间则是在建安二十年(公元215年),我们以后再说。"空城计"的故事大约也是有的,曹操、文聘、赵云可能都使过。不过这事有争议,我们也只好以后再说。但是，即便没有争议，大家也不会讲，因为民间不喜欢曹操。

民间对于三国，也是很关注的，其热情绝不亚于史学家。我们知道，中国四大古典名著中，《红楼梦》在文学史上的地位最高，有"闲谈不说《红楼梦》，读尽诗书也枉然"的说法。但正如鲁迅先生所说："细民所嗜，则仍在《三国》《水浒》。"也就是说，老百姓喜欢的还是《三国》和《水浒》。事实上对中国社会影响最大的，不是《红楼》，而是《三国》和《水浒》。比如屠宰业奉张飞为祖师爷，编织业奉刘备为祖师爷，强盗奉宋江为祖师爷，小偷奉时迁为祖师爷，没听说过哪个行业奉《红楼梦》人物比如贾宝玉、王熙凤为祖师爷的。所以，三国人物的民间形象，也很值得研究。

就说关羽。

关羽确实有令人崇敬之处，那就是特别重情义。他被曹操俘虏后，曹操对他"礼之甚厚"，关羽自己也说"吾极知曹公待我厚"，但他仍然不肯背叛刘备，最后的选择是"立效以报曹公乃去"。结果曹操对他更为敬重（曹公义之），竟然任其重返敌营（奔先主于袁军）。从这里我们也可以看出，关羽固然是义薄云天，曹操也堪称侠肝义胆，至少是尊重侠肝义胆的。可惜人们都只记住了关羽的"情"，忘记了曹操的"义"，这不公平。

民间崇拜关羽虽然有道理，但有些信仰和习俗也很奇怪。比方说剃头匠奉关羽为祖师爷，就匪夷所思。关羽并没有当过剃头匠呀！再说东汉时也不剃头。想来想去，也就是他们手上都有一把刀。不过关老爷手上的刀是杀头的，不是剃头的。清代有一剃头铺门前挂一对联云："磨砺以须，问天下头颅几许；及锋而试，看老夫手段如何"，倒很像关羽的口气。

另一件奇怪的事是把关羽当作财神。关羽是身经百战的将军，当战神还有道理，怎么会是财神呢？这当然也有道理，我们也以后再说。不过，我看总有一天，关羽会变成爱神，供奉到婚姻介绍所去，因为他对爱情的追求是很执着的。据《三国志·关羽传》裴松之注引《蜀记》和《华阳国志》，关羽曾经爱上了一个女人，一再向曹操表示要娶其为妻。这话说多了以后，曹操便"疑其有异色，先遣迎看"。一看，果然国色天香，结果"因自留之"，害得关羽很是郁闷（羽心不自安）。此事如果属实，曹操就太不地道了。

现在我们知道，三国这段历史，其实有三种形象：历史形象、文学形象和民间形象。那么，我们应该怎么看？

首先还是要弄清楚"历史形象"，这就要读正史，比如《三国志》。《三国志》的作者是陈寿。陈寿是四川南充人，他在西晋统一后五年（公元285年）就完成了《三国志》，时间隔得不久，治学态度又严谨，比较靠得住。不过，正因为陈寿治学态度严谨，许多当时的材料都弃而不用，《三国志》就比较简略。于是又有裴松之的注。裴松之是山西闻喜县人，生活在南朝刘宋时代。他作注的时候，距离陈寿完成《三国志》大约一百三十年。裴注的特点，是补充了大量材料，包括陈寿舍弃的和陈寿没见到的，并加以辨析。无法考证和辨析的就存而不论。可见裴松之的治学态度也是很严谨的，所以裴注也比较靠得住。所谓"正说"，依据就是这两个：陈寿的"志"，裴松之的"注"。其他的史书，当然也可以参考，但如果发生冲突，那就还是"先入为主"，以"寿志裴注"为据的好。

不过，"文学形象"和"民间形象"也并非就没有意义或没有道理。事实上，很多人是把三国尤其是《三国演义》当教科书来看的。正如孙犁先生所说："谋士以其为智囊，将帅视之为战策。"清代统治者还把《三国演义》作为"内部文件"发给亲贵。钱锺书先生的《管锥编》也谈到好几起后人学"空城计"的事实，甚至认为"空城计"是"不欺售欺"的典型范例。钱先生说："夫无兵备而坦然示人以不设兵备，是不欺也；示人实况以使人不信其为实况，'示弱'适以'见强'，是欺也。"毛宗岗父子的批语（简称毛批）也很有道理："唯小心人不做大胆事，亦唯小心人能做大胆事。……孔明若非小心于平日，必不敢大胆于一时。仲达不疑其大胆于一时，正为信其小心于平日耳。"不过魏禧的说法更有意思:"若遇今日山贼,直入城门,捉将孔明去矣。"可见即便是民间形象和文学形象,甚至即便是张冠李戴、移花接木、无中生有,也能给人教益。因为一种形象能够形成,能够流传,自然有它的道理。我们要做的工作,就是要把这些道理讲出来。

这就又有三件事要做。一是要"还原",就是告诉大家历史的本来面目是怎么样的。二是要"比较",就是看看这三种形象究竟有什么不同。三是要"分析",就是弄清楚历史形象为什么会变成文学形象和民间形象。我们希望通过这三项工作,来为大家品读三国。

这当然并不容易。

其实,正如历史有三种形象,历史也有三种读法。一种是站在古人的立场上看历史,这就是钱穆先生所谓"历史意见";一种是站在今天的立场上看历史,这就是钱穆先生所谓"时代意见";还有一种站在自己的立场上看历史,这就是"个人意见"。任何人讲历史,都不可能不涉及这三种意见。毕竟,"大江东去,浪淘尽,千古风流人物"。再辉煌的事件和人物,都可能只留下一些模糊的印象,任人评说。张昇的词说:"多少六朝兴废事,尽入渔樵闲话。"其实"尽入渔樵闲话"的,又岂止是"六朝兴废事"?那是可以包括一切历史的。正所谓"一壶浊酒喜相逢,古今多少事,都付笑谈中"。

接下来,我们将笑谈三分,品读三国。那么,从何说起呢?我想,还是从那个历史形象、文学形象、民间形象最复杂,分歧最多,争论最大的人说起,就让他引领我们走进那段原本就很复杂而又波澜壮阔的历史吧!

第一部

魏武挥鞭

第一章
真假曹操

范文澜先生的《中国通史》将汉献帝初平元年（公元190年）到晋武帝太康元年（公元280年）这一段，称为东汉三国史上的"分裂时期"。讲"三国"，其实就是讲这段历史；而首要人物，则是魏国的实际开创者曹操。曹操是一个千百年来褒贬不一、终难盖棺论定的人物。对他的说法评论之多，意见分歧之大，世所罕见，其民间形象则更是不堪。那么，历史上真实的曹操究竟是怎样的呢？

讲三国，先得讲曹操。

曹操在历史上的形象不算太好，客气的说法是"奸雄"，不客气的就是"奸臣"，甚至"奸贼"。但鲁迅先生说他是英雄。先生在《魏晋风度及文章与药及酒之关系》一文中说："曹操是一个很有本事的人，至少是一个英雄，我虽不是曹操一党，但无论如何，总是非常佩服他。"

这就有了三种评价，也有了三个形象：英雄、奸雄、奸贼。那么，哪一种评价最准确？

这就要弄清楚历史上真实的曹操究竟是个什么样的人。这并不容易。鲁迅先生说，读《三国演义》，看三国戏，"不是观察曹操的真正方法"。靠得住的，当然还是史书。但先生又说："历史上的记载和论断有时也是极靠不住的,不能相信的地方很多,因为通常我们晓得,某朝的年代长一点,其中必定好人多;某朝的年代短一点,其中差不多没有好人。"曹魏,恰恰就是年代很短的,所以曹操"自然也逃不了被后一朝人说坏话的公例"。

坏话说多了,就成了成见。成见一代一代传下去,就积重难返。具体到曹操,事情更麻烦。因为影响极大的两部书——《资治通鉴》和《三国演义》,对曹某人都不那么友好。《三国演义》就不说了,那是把曹操看作"国贼"的。《资治通鉴》在编撰过程中,也删掉了不少对曹操有利的史料。这其实也是一种"时代意见"。宋人多半是不喜欢曹操的。苏东坡《志林》说,当时市井说书,听众"闻刘玄德败,频蹙,有出涕者;闻曹操败,即喜唱快"。这是北宋。南宋就几乎公认曹操是"贼"。此后元明清,曹操背的基本上是骂名。说好话的也有,不多。到十八世纪,乾隆一锤定音,曹操被定为"篡逆",再也翻不过身来。

其实早在晋代,对曹操的评价就开始出现分歧。王沈《魏书》和司马彪《续汉书》是比较肯定曹操的,甚至曲笔回护;孙盛《异同杂语》和吴人《曹瞒传》就不太客气,对曹操的酷虐奸诈多有披露。东晋史学家习凿齿,更是首创"篡逆"之说。由此而至南北朝和隋唐,史家都是褒贬不一,张作耀先生的《曹操评传》一书有很详尽的描述。可见对于曹操,不但"时代意见"不同,"历史意见"也很有分歧。再加上每个人的"个人意见",曹操的"真面目"就更难弄清了。

不过有 点可以肯定,就是他挨骂。

世界上没有无缘无故的爱,也没有无缘无故的恨。曹操遭人骂,自然有他的原因。什么原因呢?也很多。但说得最多的,是"奸"。比方说,篡汉,在古人看来就是奸。狡诈,在古人看来也是奸。不过,最让一般民众痛恨的,还是曹操说了"宁教我负天下人,休教天下人负我"这句话。一个人,宁肯自己对不起普天下的人，也不能让天下的人对不起自己，这个人就太坏了。所以，我们必须弄清楚这个案子，看看是不是事实。

这事《三国志》没有记载，只见于裴松之注所引王沈《魏书》、郭颁《世语》和孙盛《杂记》。事情大概是这样的。董卓入京后，表曹操为骁骑校尉。曹操拒绝董卓的任命，逃出洛阳，抄小路回家乡。路过朋友吕伯奢家时，把他们一家都杀了。为什么要杀呢？三书的说法不一。《魏书》的说法是："伯奢不在，其子与宾客共劫太祖，取马及物，太祖手刃击杀数人。"《世语》的说法是："太祖自以背卓命，疑其图己，手剑夜杀八人而去。"孙盛《杂记》的说法是："太祖闻其食器声，以为图己，遂夜杀之。"看来，曹操杀了吕伯奢一家，是没有问题的，有问题的是杀人动机。按照《魏书》的说法，是正当防卫，或者防卫过当。按照《世语》和孙盛《杂记》的说法，则是因疑心太重而误杀。《魏书》是比较维护曹操的，我们姑且不论，就看后两种说法。

后两种说法中，孙盛《杂记》的说法又更具体。一是曹操听见了一些声音（闻其食器声），二是曹操杀人以后说了一句话："宁我负人，毋人负我。"所谓"食器声"，应该不是洗锅碗的声音，是磨刀子的声音。曹操这才疑心，才杀人。杀了以后，才发现人家是准备杀猪宰羊款待自己，误杀了好人，这才会"既而凄怆曰：宁我负人，毋人负我"。凄怆，就是凄惨、悲伤。也就是说，曹操发现自己误杀无辜以后，心里也是很凄惨，很悲伤的，只好自我安慰，自我排解，很勉强地为自己的错误行为做一个辩护。当然，这种辩护并不能洗刷他的罪过。但能够"凄怆"，总算还没有"丧尽天良"。

然而《三国演义》的改动就大了。"凄怆"的心情没有了，"宁我负人，毋人负我"也变成了"宁教我负天下人，休教天下人负我"。这又有什么区别呢？前一句话翻译过来，就是宁肯我对不起别人，不能别人对不起我。这里说的"人"（别人），是特指的，就是吕伯奢一家，是"个别人"。后一句话说的，则是普天之下的人，是

"所有人"。这个范围就大不一样。虽然都是恶,但恶的程度不同,分量不一。这是第一点。

第二点,曹操当时说"宁我负人,毋人负我"这个话,只是就事论事。意思是虽然我错杀了人家,对不起人家,但现在也没有办法。我现在走投无路,也只好是宁肯我对不起人家,不要让人家对不起我了。应该说,他还保留了一部分善心在里面。但是,"宁教我负天下人,休教天下人负我",就变成一贯如此,变成理直气壮了。那就是一个大大的奸贼。所以,仅凭此案就说曹操奸险歹毒,是有疑问的。

不过即便如此,毛批仍说:"此犹孟德之过人处也","犹不失为心口如一之小人"。为什么呢?因为如果换了别人,一定反过来,说宁肯天下人都对不起我,不可以我对不起天下人。但是实际上怎么样呢?实际上都是像曹操那样做的(试问天下人谁不有此心者),然而"谁复能开此口"呢?大家都装作正人君子,只有曹操一个人坦率地说出了这话。至少,曹操敢把奸诈的话公开地说出来。他是"真小人",不是"伪君子"。所以毛批说,这是曹操超过其他人的地方,因为这个世界上伪君子实在太多。毛宗岗父子是不喜欢曹操的。他们都说这是曹操的过人之处,那就应该是过人之处了。

实际上,狡诈中有真诚,或者有时狡诈有时真诚,正是曹操的特点之一。据《三国志·武帝纪》裴松之注引《曹瞒传》,公元200年,曹操和袁绍决战于官渡,许攸从袁绍营中来投奔他。刚一坐下,许攸开口便问:请问贵军还有多少粮食?曹操猝不及防,随口答道:起码还能支持一年。许攸毫不客气地说:不对!重讲!曹操又改口说:还可以支持半年。许攸冷笑一声:老朋友大概是存心不想打败袁绍吧?怎么一而再、再而三地不讲实话?曹操是聪明人,他知道许攸如果不是掌握了情报,便是看透了自己的心思,瞒是瞒不过去了。而且,如果再不讲真话,就难以取得许攸的信任和帮助,于是笑笑说:刚才不过是开个玩笑罢了!实打实地说,顶多只够一个月了。许攸见曹操实话实说，便将自己对战局的分析和解决的办法和盘托出，一仗就打得袁绍再也翻不过身来。

曹操如此奸诈，有没有真实的一面？有。公元220年，征战了一生的曹操一病不起。这时他已六十六岁，按照"人生七十古来稀"的说法，他也算活够了岁数。曹操是个豁达的人，对于生死一类的事看得很开，对自己的功过得失似乎也无所萦怀。他留下了一份写得断断续续的《遗令》（载《全三国文》卷三《魏武帝》），算是最后的一个交代。然而，这个天才的杰出的政治家，却出人意料地不谈政治。对自己一生的功过得失也只说了一句话：我在军中执法，总的来说是对的（吾在军中执法是也）。至于发的小脾气，犯的大错误，不值得效法。余下的篇幅，就是一些琐事的安排。比如婢妾和艺妓们平时都很勤劳辛苦，我死了以后让她们住铜雀台，不要亏待她们（吾婢妾与伎人皆勤苦，使著铜雀台，善待之）。余下的薰香分掉，不要用来祭祀，免得浪费。各房的女人闲着也是闲着，可以学着编丝带草鞋卖，等等，等等，颇有些絮絮叨叨、婆婆妈妈。

这就很让后世的一些人看不起。陆机是晋人，说得还算委婉。他在《吊魏武帝文》里文绉绉地说："系情累于外物，留曲念于闺房"，"惜内顾之缠绵，恨末命之微详"。苏东坡就不那么客气了。他说不管什么人，只有"临难不惧，谈笑就死"，才称得上是英雄。像曹操这样，临死之前，哭哭啼啼，"留连姬妇，分香卖履"，算什么事呢？因此他撇了撇嘴说："平生奸伪，死见真性。"（《孔北海赞》）意思也很明显：别看曹操平时人模狗样的，装得一副英雄豪杰气派，地地道道的一个奸雄，死到临头，还是露了马脚。

苏东坡是我最喜欢的一位文学家，但对他老先生这番高论，却实在不敢苟同。曹操是病死的，不是拉到刑场上去砍头，你要他如何"临难不惧"？曹操并没有呼天抢地哭哭闹闹地不肯去死，又怎么不英雄？老话说："慷慨赴死易，从容就义难。"曹操虽非就义，但死得还算从容。能絮絮叨叨地安排这些后事，就是从容的表现。不错，和许多英雄人物临死前的慷慨陈词、豪言壮语相比，曹操这份《遗令》一点也不英雄，完全上不了台面，和普通老百姓没什么两样。但我以为这正是真实的曹操。他本来就是一个人，不是神。他本来就是一个普通人，不是（也不想做）什么超凡脱俗的"圣人"。而且，以他的身份地位，居然敢于把"凡夫俗子"的一面公开暴露出来，并不遮遮掩掩、装腔作势，正是曹操的过人之处和英雄本色：我就是个俗人，你们又能怎么着？我就是想什么就说什么，爱怎么做就怎么做，你们又能怎么样？因此我以为，曹操这份《遗令》，实在比那些充满了政治口号、写满了官腔套话的"遗嘱"，要真实得多，也可爱得多。反倒是了不起的苏东坡，多少露出了点庸人的尾巴。

当然苏东坡说得也对："平生奸伪，死见真性。"只不过我们和苏先生对那"真性"的理解不同，评价也不同。在我看来，那就是"人性"。曹操不是杀人机器或政治符号，他是一个人，一个有血有肉有思想有感情的人。如果说，平时为了政治斗争的需要，他不得不把内心世界遮蔽起来（即所谓"平生奸伪"），那么，临死之前，就没什么顾忌了（即所谓"死见真性"）。"鸟之将死，其鸣也哀；人之将死，其言也善。"曹操临终前的"善言"，流露出的是他对生活的眷恋和对亲人的感情。

曹操确实是儿女情长的人。曹操南征北战，戎马一生，享受天伦的时间不多，因此对家人的感情特别珍惜。据《三国志·后妃传》裴松之注引《魏略》，曹操在临终前还说过这样的话。他说：我一生所作所为，没有什么可后悔的，也不觉得对不起谁，唯独不知到了九泉之下，如果子修向我要妈妈，我该怎么回答。子修就是曹昂，是曹操的长子。曹昂的生母刘夫人早逝，便由没有生育的正室丁夫人抚育，丁夫人也视为己出。后来曹昂阵亡，丁夫人哭得死去活来，又常常哭着骂着数落曹操：把我儿子杀了，你也不管。曹操一烦，便把她打发回了娘家，因此去世前有这样的说法。

其实曹操还是做过努力的。他亲自到丁夫人娘家去接她，丁夫人却坐在织布机前织她的布，动都不动，理都不理。曹操便抚着她的背，很温柔地说：我们一起坐车回家去，好不好呀？丁夫人不理他。曹操走到门外，又回过头来问：跟我回去，行不行呀？丁夫人还是不理他。曹操没有办法，只好和她分手。以曹操脾气之暴躁，为人之凶狠，做到这一步已很不简单。何况曹操还让丁夫人改嫁，不让她守活寡，只是丁夫人不肯，她父母也不敢。当然不敢的。就是敢嫁，也没人敢娶。

但曹操也会翻脸不认人。比如许攸就有点自己找死。他既恃旧，又恃功，一直对曹操不那么恭敬客气，常常当着众人的面和曹操开玩笑，甚至直呼曹操的小名说：阿瞒呀，没有我，你就得不到冀州了。曹操表面上笑着说：是呀是呀，你说得对呀，心里却恨得咬牙切齿。后来曹操攻下邺城，许攸又指着邺城城门对曹操身边的人说：这家伙要不是有了我，就进不了这个门啦！曹操便再也不能容忍。当年在官渡，曹操危在旦夕，对许攸的放肆只好忍了又忍，这会儿可就没有这个必要了。于是曹操便毫不犹豫地要了他的性命。

前面讲的这两个故事，都不见于《三国志》，而见于裴松之的注。前一个故事被裴松之注在《后妃传》，后一个故事则注在《崔琰传》。但其所引，却同出一书，那就是魏国人鱼豢所撰《魏略》。可见，即便在同一本书里，曹操也有两种形象。

其实还有更不可思议的事。

许攸是他的恩人，却被他杀了，而一些"恶毒攻击"他的人却又被他放了。官渡之战时，陈琳在袁绍手下当差，为袁绍起草檄文，对曹操破口大骂，骂得狗血喷头。这篇檄文已被裴松之注在《袁绍传》，大家不妨去看看，的确很是不堪。后来袁绍战败，陈琳被俘，曹操也只是说：骂人骂我一个就行了，怎么骂我祖宗三代呢？陈琳谢罪。曹操也就算了，仍任命他为司空军谋祭酒。这事记载在《三国志·陈琳传》正文，不是野史，应该可信。

还有背叛他的人，也放了。魏种，原本是曹操最信任的人。张邈反叛时，许多人倒戈跟随了张邈，曹操却十分自信地说：只有魏种是不会背叛我的。谁知魏种也跟着张邈跑了，气得曹操咬牙切齿：好你个魏种！就是跑到天涯海角，我也饶不得你！但当魏种果然被俘时，曹操却叹了一口气说：魏种是个人才啊！又任命他去当河内太守。毕谌的母亲、弟弟、妻子、儿女被张邈扣押，曹操便对他说：令堂大人在张邈那里，你还是到他那里去吧！毕谌跪下磕头，说自己没有异心，感动得曹操流下眼泪。谁知毕谌一转身连招呼都没打一个，就背叛曹操投奔了张邈。后来，毕谌被俘，大家都认为他这回必死无疑。谁知曹操却说：尽孝的人能不尽忠吗？这正是我到处要找的人啊！不仅不治毕谌的罪，还让他到孔夫子的老家曲阜去做了鲁国相。这两件事，都记载在《三国志·武帝纪》正文，也应该可信。

甚至对于背叛了自己的朋友，曹操也很看重当年的情谊。陈宫和曹操有过一段不平常的交往，曹操出任兖州牧，就是陈宫的功劳。后来陈宫死心塌地地帮吕布打曹操，被俘以后，也死不肯投降。曹操便叫着他的字说：公台，你死了不要紧，你的老母亲可怎么办呀！陈宫长叹一声说：陈某听说以孝治天下者不害人之亲，老母是死是活，全在明公您了。曹操又问：你的老婆孩子又怎么办呢？陈宫又说：我听说施仁政于天下者不绝人之后，老婆孩子是死是活，也由明公看着办了。说完，头也不回，昂首就刑。曹操流着眼泪，为他送行。陈宫死后，曹操赡养了他的老母，还帮着把他女儿嫁了，对他们家比当初是朋友时还要好。《三国志》里面，没有陈宫的传，这事是记载在《吕布传》里的。裴松之注引《典略》，则说得更详细。

看来，曹操是宽宏大量的。

但是，这个宽宏大量的人却又心胸狭窄，斤斤计较，而且有仇必报，不择手段。没有什么他不敢杀的人，也没有什么他杀不了的人。据《三国志·武帝纪》裴松之注引《曹瞒传》，当年在兖州时，他就杀了鼎鼎大名的边让。边让，陈留人，博学有辩才，所著《章华台赋》传诵一时，大将军何进曾特予征召，蔡邕、孔融、王朗等名士也都极为推崇，他本人也做过九江太守，后来辞官在家。边让自己是名士，自然不大看得起曹操这个宦官养子的儿子，可能很说了些侮辱不恭的话，自以为曹操不敢把他这个大名人怎么样。谁知此时的曹操还不是宰相，肚子里也还撑不了船，悍然把他杀了，而且还杀了他一家。沛相袁忠和沛人桓邵也看不起曹操，边让被杀后，两人逃到交州，家人却落入虎口。后来桓邵自首，跪在曹操面前求饶，曹操却恶狠狠地说：下跪就可以免死吗？当然不能。结果桓邵也被推出去斩首。

曹操干的这件事，影响极坏，当时就引发了一场叛乱，事后也一直被人们议论。前面提到的陈宫，也是因为边让之死而离开曹操投奔了吕布。有了这次教训，加上官也大了，野心也大了，慢慢学得"将军额上跑马，宰相肚里撑船"，报复起来，也就不那么直截了当。但报复还是要报复，嫉妒还是要嫉妒的。即便是老朋友，也不例外。比如娄圭，字子伯，少有猛志，智勇双全，追随曹操，立功极多，曹操常常自叹不如（子伯之计，孤不及也），却还是杀了他。他和许攸的死，还有孔融的死，都记载在《三国志·崔琰传》裴松之的注里面，读者可以去查看。

这就是曹操了。他可能是历史上性格最复杂、形象最多样的人。他聪明透顶，又愚不可及；奸诈狡猾，又坦率真诚；豁达大度，又疑神疑鬼；宽宏大量，又心胸狭窄。可以说是大家风范，小人嘴脸；英雄气派，儿女情怀；阎王脾气，菩萨心肠。看来，曹操好像有好几张脸，但又都长在他身上，一点都不矛盾，这真是一个奇迹。

实际上，曹操是真实的，也是本色的。包括他的奸诈、狡猾、残忍、暴虐，都表现得从容不迫，落落大方，真诚而坦然。这实在是一种"大气"。"唯大英雄能本色，是真名士自风流。"从这个角度看，曹操是英雄，而且是大英雄。不过，这个大英雄又是很奸诈的，因此也可以叫作"奸雄"，即"奸诈的英雄"。事实上，历史上对曹操的评价（英雄、奸雄、奸贼），总离不开"奸"和"雄"两个字。有强调奸的，有强调雄的，也有认为他既奸又雄的。所以我认为曹操是"奸雄"，不过前面要加上"可爱的"三个字。

那么，曹操是"可爱的奸雄"吗？

第二章
奸雄之谜

作为历史上性格最复杂、形象最多样的人，曹操是真实的，也是本色的。这种本色使他成为英雄，而且是大英雄。不过，这个大英雄又同时被看作大奸雄。我们在上一章提出的说法则是"可爱的奸雄"。那么，曹操是"奸雄"吗？作为"奸雄"，他"可爱"吗？

前面，我们得出了一个结论：曹操是"可爱的奸雄"。现在就来分析这个结论。

先说"奸雄"，再说"可爱"。

所谓"奸雄"，就是"奸而雄者"。像严嵩那样，鬼鬼祟祟，偷偷摸摸，奸而不雄，就只能叫"奸贼"；像董卓那样，横行霸道，蛮不讲理，雄而不奸，就只能叫"枭雄"。"枭雄"这个词，也有多种解释。枭，本义是猫头鹰，引申为首领、魁首、雄长，比如盐枭、毒枭；也引申为骁勇、豪雄、桀骜不驯，比如枭骑、枭将。所以，《现代汉语词典》对"枭雄"的解释，就是"强横而有野心的人物；智勇杰出的人物；魁首"。鲁肃说"刘备天下枭雄"（《三国志·鲁肃传》），黄权说"刘备有枭名"（《后汉书·刘焉传》），便都是看出刘备乃"智勇杰出的人物"，骁勇、豪雄、桀骜不驯；而我们把董卓看作枭雄,则指他"强横而有野心"。枭雄是"强横而有野心",奸贼是"奸猾而有贼心",奸雄则是"奸猾而有雄心"。奸雄者,奸诈而又豪雄也。那么,曹操是这样的人物吗?

是。

曹操从小就奸猾。他这个人,出身不好,家教不好,小时候的表现也不好。曹操,字孟德,小名阿瞒,又名吉利,沛国谯县(今安徽省亳州市)人。陈寿的《三国志》说他是西汉相国曹参之后,这是胡扯。因为曹操原本不该姓曹,姓曹是因为他的父亲曹嵩为曹腾所收养。曹嵩和曹腾并无血缘关系,即便考证出曹腾是曹参之后,与曹操又有什么相干?事实上曹嵩的亲生父母究竟是谁,在当时就是一个谜,连陈寿也只能说"莫能审其生出本末"。曹操自己,也讳莫如深。他作《家传》,自称"曹叔振铎之后",把家世追溯到周文王那里,更是胡扯。然而东汉末年,社会上和官场里十分看重出身门第,曹操虽然憎恶这种风气,但出于政治上的需要,也不能不老鼠爬秤杆——自己抬自己。

实际上曹操出生成长于一个宦官家庭。他的父亲曹嵩是曹腾的养子,而曹腾则是当时颇有名气的大宦官,封费亭侯,任大长秋。大长秋是宦官中的大官,秩二千石。曹腾的为人,在宦官当中算是相当不错,和士人的关系也比较好。他做过一些不光彩的事,也做过许多好事、大事,所以《后汉书》中有传。但不管怎么说,曹操总归是宦官养子之子。这在当时就要算作出身不好。但家境应该是好的,至少不缺钱花。曹操的父亲曹嵩后来官居太尉(名义上的全国最高军事长官),就是出钱"一亿万"买来的。曹家既然这么有钱,曹操小时候就完全有可能过着纨绔子弟的生活。

曹操受的家教可能也不怎么样。曹嵩对他这个儿子的教育,大约是很少过问的。曹操自己的诗说:"既无三徙教,不闻过庭语。"所谓"三徙",是说孟子的母亲为了保证儿子有一个好的环境,不受坏的影响,竟三次搬家。所谓"过庭",则是说孔子的儿子两次从庭院中走过，孔子都叫住他予以教育，一次叫他学诗，一次叫他学礼。这样的事情，在曹操家里都没有发生过。看来，曹操小时候，父亲母亲都不怎么管教他。

父母不管教，家境又不错，曹操便成为一个"问题少年"。《三国志》裴松之注引《曹瞒传》说，曹操年少时，"好飞鹰走狗，游荡无度"。他叔叔实在看不下去，常常提醒曹嵩应该好好管教一下他这个儿子。曹操知道了，便想出一个鬼点子，来对付他那多管闲事的叔叔。有一天，曹操远远地见叔叔来了，立即做口歪嘴斜状。叔问其故，则答以突然中风。叔叔当即去报告曹嵩。等曹嵩把曹操叫来一看，什么事都没有。曹操便趁机说，我哪里会中什么风！只因为叔叔不喜欢我，才乱讲我的坏话。有这么一个"狼来了"的故事垫底，自然以后叔叔再说曹操什么，曹嵩都不信了，曹操也就更加胡作非为。

曹操的哥们袁绍、张邈等人，大约也是同类角色。他们常常聚在一起胡闹，事情做得十分出格。南朝宋临川王刘义庆的《世说新语》说，有一次，一家人家结婚，曹操和袁绍去看热闹，居然动念要偷人家的新娘。他俩先是躲在人家的园子里，等到天黑透了，突然放声大叫：有贼！参加婚礼的人纷纷从屋里跑出来，曹操则趁乱钻进洞房抢走了新娘。匆忙间，袁绍掉进带刺的灌木丛中，动弹不得。曹操急中生智，大喊一声：贼在这里！袁绍一急，一下子就蹦了出来。

显然，青少年时代的曹操，是一个典型的公子哥儿，游手好闲，不务正业，鬼点子和坏主意层出不穷。这说明什么呢？说明曹操是一个调皮捣蛋、不守规矩的人，也是一个奸诈狡猾、诡计多端的人。所以《三国志》说他"少机警，有权数，而任侠放荡，不治行业"，因此许多人没把他放在眼里（世人未之奇也），甚至鄙视他（薄其为人）。比如南阳名士宗世林，就自称有"松柏之志"，坚决不和他交往。（见《世说新语·方正》）

然而有一个人却十分看好曹操，他就是当时的太尉桥玄。桥玄认为曹操是难得的人才，将来平定天下，非操莫属，因此竟以妻、子相托。桥玄说："天下将乱，非命世之才不能济也。能安之者，其在君乎？"这话是记载在《三国志》正文的，应该靠得住，也有道理，因为曹操并非一般的流氓地痞或纨绔子弟。孙盛的《异同杂语》说他"才武绝人，莫之能害。博览群书，特好兵法"，有一次行刺宦官张让时，竟能舞着手戟全身而退。这说明曹操是一个胸怀大志、雄心勃勃的人。既雄心勃勃，又奸诈狡猾，十分符合"奸雄"的定义。

那么，曹操自己怎么看？

曹操自己好像也很认同"奸雄"这个评价。这个评价是许劭给出的，而结交许劭则是桥玄的建议。许劭，字子将，汝南平舆（今河南省平舆县）人，是当时最有名的鉴赏家和评论家。他常在每个月的初一，发表对当时人物的品评，叫"月旦评"，又叫"汝南月旦评"。无论是谁，一经品题，身价百倍，从此进入上层社会。曹操自然也希望得到许劭的好评。但不知是曹操太不好评，还是天机不可泄露，无论曹操怎样请求，许劭都不肯发话。最后，许劭被曹操逼得没有办法，才冒出这么一句：你这个人呀，是"治世之能臣，乱世之奸雄"。

这个材料《三国志》里面没有，只见于裴松之注所引孙盛《异同杂语》。其实此事《后汉书》和《世说新语》也都有记载，但版本不同。《后汉书》的说法是"清平之奸贼，乱世之英雄"；《世说新语》的说法是"乱世之英雄，治世之奸贼"，而且说是桥玄说的。这两种说法意思相近，和孙盛《异同杂语》的说法则相反，那么哪一个可靠？张作耀先生《曹操评传》认为《后汉书》所说是实，孙盛《异同杂语》的说法则是"窜改"。张先生当然有张先生的道理，但问题是：《异同杂语》的作者孙盛是晋人，《后汉书》的作者范晔是南朝宋人，却不知先成书的《异同杂语》如何"窜改"后成书的《后汉书》？另外，裴松之和范晔是同时代人。裴松之的《〈三国志〉注》完成于宋文帝元嘉六年（公元429年），范晔开始写《后汉书》是在宋文帝元嘉九年（公元432年），也差不多同时。裴松之不采用范晔听到的说法，却采用孙盛《异同杂语》的说法，这笔墨官司真不知该怎么打？

实际上，孙盛《异同杂语》也好，《后汉书》和《世说新语》也好，很可能都是道听途说。不要以为史书上的话都可靠，有时就连见于正史的记载也都靠不住。史学大师吕思勉先生的《三国史话》，在引用包括《三国志》在内的诸多史书时，往往会在后面跟一句："这话怕靠不住"，"怕也未必确实的"，或者"这话亦系事后附会之辞"。比如《三国志》和《后汉书》都说曹操攻打陶谦是为了报父仇，吕先生就说"这句话是不确的"。诸如此类的地方很多。吕先生告诉我们："历史上的事实，所传的总不过一个外形，有时连外形都靠不住，全靠我们根据事理去推测他、考证他、解释他。"《三国志》和《后汉书》异口同声的事情尚且都要怀疑，说法不一致的地方又岂能不甄别？只不过我们已经弄不清了。

当然，裴松之可能是有道理的。我们先看裴注所引孙盛《异同杂语》怎么说。孙盛是从曹操的个性特征和所作所为说起的，这就是"才武绝人，莫之能害。博览群书，特好兵法"，后面还提到曹操抄集兵法、注释兵书。说完这些，才说到许劭的评语："治世之能臣，乱世之奸雄。"而且，孙盛还记载了曹操当时的反应："太祖大笑。"我们知道，孙盛的《异同杂语》并非歌功颂德之作，反倒对曹操的一些不堪之处时有披露。因此，这本书肯定曹操的部分，应该说相对可靠。

但是，这段话到了《三国演义》那里，就没有了前面的那些铺垫。"太祖大笑"也变成了"操闻言大喜"。这个改动就太肤浅了。有人说，《后汉书》的说法也差不多，是"操大悦而去"。喜和悦并无多大区别，难道作为"前四史"之一的《后汉书》也肤浅？我的回答是：《三国演义》肤浅，《后汉书》不肤浅。为什么呢？因为两书所载许劭的说法不同，说话时的语境也不同，岂能同日而语？

我们就来看《后汉书》怎么说。《后汉书·许劭传》说："曹操微时，常卑辞厚礼，求为己目。劭鄙其人而不肯对。操乃伺隙胁劭，劭不得已，曰：'君清平之奸贼，乱世之英雄。'操大悦而去。"这就再清楚不过。首先，曹操是很希望许劭能够点评自己一下，以便炒作一把的，因此又请客，又送礼，又说好话，低三下四（卑辞厚礼，求为己目）。可惜许劭看不起他，不买账（鄙其人而不肯对）。曹操没有办法，只好采取非正当手段（伺隙胁劭），这才逼出了许劭的话。

想当时许劭一定很为难。不说是不行的，因为已经受到了威胁。说得不好听也是不行的，曹操不会放过他。说得太离谱更不行，批评家的学术声望不能不顾。这才有"清平之奸贼，乱世之英雄"的说法。有"奸贼"二字，讨厌曹操的人可以满意。有"英雄"二字，曹操本人可以满意。何况那时"清平"的可能性已微乎其微，做"乱世之英雄"倒大有可能，也很对曹操的心思，当然是"操大悦而去"。所以，《后汉书》并不肤浅；而我们在理解这一点的时候，不能忘记许劭受到威胁或胁迫这样一个场景和情境。

然而，《三国演义》把这个语境删掉了。说法呢，采用的又是孙盛的"治世之能臣，乱世之奸雄"，却又把"大笑"改成了"大喜"。"大喜"只有一个意思，就是高兴，兴高采烈去当奸雄，好像曹操立志要当奸雄似的。这就不真实，也肤浅。因为世界上没有从小就立志要当奸雄的人，奸雄都是逼出来的。处在治世，就是能臣；处在乱世，就是奸雄。当然，所谓"治世之能臣，乱世之奸雄"，也可以理解为"治理天下的能臣，扰乱天下的奸雄"。如此，则奸能与否，在于曹操的主观愿望。显然，许劭也看出曹操是个人物。至于是成为能臣还是成为奸雄，则要看他是处在治世还是乱世，或者要看他想治理天下还是想扰乱天下。

这样一分析，曹操"大笑"的含义就复杂多了。一、我怎么会是"治世之能臣，乱世之奸雄"呢？太可笑了！二、当一个"治世之能臣"固所愿也，如果不能，当"乱世之奸雄"也不错。三、我想当能臣就能当能臣，想当奸雄就能当奸雄，那可太好了！反正，曹操是一定要成为一个人物的，至于是"能臣"还是"奸雄"，无所谓！事实上，这种"无所谓"正是一种"大气"，一种将生死成败、进退荣辱置之度外的豁达大度，一种我行我素、笑傲江湖的英雄本色。

曹操确实是很大气的。读他的诗和文，常会感到他的英雄气势。哪怕是信手拈来、嬉笑怒骂、随心所欲的短章，也因有一种大气而不显粗俗。尤其是他的《观沧海》，是何等的气势："东临碣石，以观沧海。水何澹澹，山岛竦峙。树木丛生，百草丰茂。秋风萧瑟，洪波涌起。日月之行，若出其中；星汉灿烂，若出其里。"这样的诗，确非大手笔而不能作。钟嵘说："曹公古直，甚有悲凉之句。"这种悲凉，除如刘勰所说，是"良由世积乱离，风衰俗怨，并志深而笔长，故梗概而多气也"外，与曹操对宇宙人生的哲学思考也不无关系。曹操毕竟是乱世英雄，对于生命的毁灭，他比谁都看得多，比谁都想得多。他的感慨，是多少带点终极关怀的意味的。

也许，正是这种对宇宙人生的透彻了悟，使曹操自始至终都能够以笑容面对艰难困苦和曲折坎坷。如果去读《三国志·武帝纪》，我们就会发现，"笑""笑曰""太祖大笑"这些字眼频频出现。当然，曹操的笑是各种各样的，有放声大笑、开怀大笑，也有自我调侃的苦笑、嘲笑，还有讥笑、冷笑，甚至是充满杀机的冷笑。然而曹操始终在笑。曹操也哭。他的战友去世，他的朋友去世，他的亲人去世，他也会号啕大哭。但如果是做错了事情，打了败仗，遭到人家的羞辱，曹操绝对不会哭，他一定是笑。因为曹操豁达开朗大气磅礴，他是一个性情中人和本色英雄。

这种本色使曹操这个"奸雄"平添了许多可爱。

生活中的曹操是很可爱的。他常常穿薄绸做的衣裳，腰里挂一个皮制的腰包，用来装手巾之类的零碎东西，有时还戴着丝绸制的便帽去会见宾客。与人交谈时，也没什么顾忌，想说什么就说什么，想怎么说就怎么说。说到高兴处，笑弯了腰，一头埋进桌上杯盘之中，弄得帽子上都是汤汤水水。这些细节，是一部对曹操不太友好的书《曹瞒传》告诉我们的，其本意是要给曹操扣上"佻易无威重"（轻浮）的帽子。然而我从中读出的，却是曹操的率真风趣、洒脱随和。

曹操确实风趣。他喜欢开玩笑，常常正经事也用玩笑话说。据《三国志·毛玠传》，建安十七年机构改革时，有人要求裁并东曹，其意在排挤秉公办事、不徇私情的东曹掾毛玠。曹操的回答却很幽默。他说，日出于东，月盛于东。东西，东西，人们总是先说东而后说西，为什么要裁并东曹呢？结果，被裁并的是西曹。这就既改革了机构，又保护了毛玠。

战场上的曹操也很可爱。据《三国志·武帝纪》裴松之注引《魏书》，建安十六年曹操西征马超、韩遂时，和韩遂在战场上约见。韩遂的士兵听说曹操亲自出场，都争先恐后伸长了脖子要看他。曹操便大声说：你们是想看曹操吧？告诉你们，和你们一样，也是个人，并没有四只眼睛两只嘴，只不过多了点智慧！这话说得很实在，也很可爱，还很洒脱。

作为朋友的曹操更可爱。曹操喜欢开玩笑，也喜欢会开玩笑的朋友。太尉桥玄是最早赏识曹操的人，和曹操算是"忘年交"。据《三国志·武帝纪》裴松之注，曹操在祭祀桥玄的文章里就讲了一句笑话，说当年桥老曾和他"从容约誓"：我死以后，路过我的坟墓，如果不拿一斗酒一只鸡来祭一祭，车过三步，你肚子疼起来可别怪我。这就比那些官样文章的悼词可爱得多，情感也真实得多。

曹操最可爱同时也最遭人嫉恨之处是他说真话。本来，搞政治斗争，在官场上混，是难免要讲些假话的，至少要讲官场套话，何况曹操是"奸雄"。但只要有可能，他就讲真话，或讲得像真话，不做官样文章。他的《让县自明本志令》（又名《述志令》），原本是一篇极其重要的政治文告，称得上"政治纲领"四个字的，却写得实实在在、明明白白，通篇大白话，一点官腔都没有。

曹操一开始就说，我这个人，本来是没有什么雄心壮志的。因为我知道，我出身不好，不是什么"岩穴知名之士"，很怕人家看不起。因此，"欲为一郡守，好作政教，以建立名誉，使世士明知之"。后来国家遇到了动乱，我觉得一个男子汉应该为国家效劳，建功立业，我就出来带兵打仗。这个时候我的要求也不高，只想当个征西将军，死了以后能够在墓碑上写上一行字——"汉故征西将军曹侯之墓"，我就心满意足了。但即便是这个时候，我也不想多带兵。因为我的实力越大，我的敌人就越多啊！所以我胜利一回，裁军一回，这说明什么？说明我的志向是有限的（此其本志有限也）。但是我也没有想到，怎么现如今我给弄出这么大动静来了。现在我的野心大一点了。我想当个什么呢？我想当齐桓公、晋文公。因为现在是天下大乱，诸侯割据。我只想称霸，不想称帝。我现在已经是大汉朝的丞相了。作为人臣，已经到了极点，我心满意足，再无奢望。但是我必须在这个位子上坐着。为什么呢？因为"设使国家无有孤，不知当几人称帝，几人称王"。没有我曹某人在这里镇着，那些七七八八的人还不都翻天了？有人说，我曹操应该功成身退了，我应该到我封的那个侯国去安度晚年，应该把我的职务和权力交出来了。对不起，不行！职务我是不辞的，权力我是不交的。为什么呢？"诚恐己离兵为人所祸也。"谁都知道，我现在手握兵权，才有了这一呼百应的权威。一旦交出去，那你们还不害我吗？那我的老婆孩子就不能保全，皇上也不得安全。"既为子孙计，又己败则国家倾危"，所以我绝不交权。至于皇上封给我的一些土地，那是不需要的。我要那么多土地干什么呢？这个我让出去。总之，"江湖未静，不可让位；至于邑土，可得而辞"。这叫作"不得慕虚名而处实祸"。

这话说得实在是再直白不过，直白得你没有话说。你说我没有野心？我有一点，而且我的野心是一点一点大起来的。你说我有很大的野心？我不想当皇帝，我只想当晋文公、齐桓公，九合诸侯，统一中国。你说我清高？我不清高，我实在得很。我的权力，我的实惠，我一点都不让。你说我不忍让？我忍让啊！封给我那些虚的东西，什么土地啊、头衔啊，我都让出去。而且最可爱的在于什么？在于曹操还明明白白说，我为什么要写这篇文章，我为什么说这些话？就是想让你们天下人都没话可说（欲人言尽），都给我把嘴巴闭起来！这实在是不能再实在了。这种话，也只有曹操这样大气的奸雄才说得出来。

曹操实在是聪明。在一个人人都说假话的时代，最好的武器就是实话。这不但因为实话本身具有雄辩的力量，还因为你一讲实话，西洋镜就拆穿了，讲假话的人就没辙了，他们的戏就演不下去了。当然，曹操这样说，并不完全出于斗争策略，还因为他天性爱讲真话，说实话。即便这些实话后面也有虚套，真话后面也有假心，有不可告人的东西，也隐藏得很自然，不露马脚。甚至哪怕是说假话，或者说一些半真半假的话，或者是把假话藏在真话的后面，也讲得坦荡，讲得流畅，讲得理直气壮。可以说，曹操这个家伙，就连撒起谎来，都是大气磅礴的谎。

这就是曹操了。他大气、深沉、豁达、豪爽、洒脱、风趣、机敏、随和、诡谲、狡诈、冷酷、残忍，实在是一个极为丰富、多面，极有个性又极富戏剧性的人物。所以，曹操既有奸诈的一面，又有坦诚的一面。他的奸与诚统一于"雄"，他的善与恶也统一于"雄"。曹操的人性中是有恶的，所以我不称他"英雄"而称他"奸雄"。这一点，以后还要细说。

不过，曹操的人生道路，原本是有两种选择的。那么，在一开始，他就想做奸雄吗？如果他也曾有过做能臣的想法，为什么后来又做不成了呢？

第三章
能臣之路

曹操年轻的时候，曾经被预言为"治世之能臣，乱世之奸雄"，面临着人生道路的选择；而"乱世之奸雄"的评价，则几乎成了他的盖棺论定。实际上，曹操原本是想做"治世之能臣"的。那么，是什么原因使得他做不成"治世之能臣"；而当他做不成能臣的时候，他又是怎么办的呢？

在前面，讲过一件事情，就是当时最有名的人物鉴赏家和评论家许劭曾经给曹操一句评语："治世之能臣，乱世之奸雄。"这句话其实可以有两种理解。一、处在治世，就是能臣；处在乱世，就是奸雄。二、治理天下，就是能臣；扰乱天下，就是奸雄。那么，曹操是选择做能臣呢，还是选择做奸雄呢？

曹操其实是想做能臣的。

汉灵帝熹平三年（公元174年），二十岁的曹操被举为孝廉，担任郎官。孝是孝子，廉是廉士。一个人如果被举为孝廉，他就有了做官的资格，就像现在有了一个学历，就可以去考公务员一样。那么担任郎官是怎么回事呢？汉代官制，皇帝要从亲贵子弟当中挑选一些大家认为道德品质、思想表现和外部形象都比较好的年轻人做郎。郎这个字有两个意思，一个是年轻人或者小伙子，还有一个意思就是侍卫。实际上到宫廷里面去做郎，也就是做皇帝的侍卫。因为他要在皇宫的走廊里站岗，所以称之为郎，侍卫长就叫作郎中令。在皇帝的身边做了郎，就参与了帝国的政治，耳濡目染可以得到锻炼，所以做了郎官以后很快就可以去担任别的官职，这是汉代培养干部的一种方式。但是后来就不那么讲究了，做郎官的不一定是亲贵子弟，也不一定是在皇帝身边做侍卫，不过是走向仕途的一个资格和阅历，相当于现在的"第三梯队"或"后备干部"。按照规定，郎官任满，就可以派出去当县级干部，或者县令，或者县丞，或者县尉。不过到了东汉末年，所有考核程序大体上也都是走过场，主要看有没有背景。曹操是朝中有人的。祖父曹腾，封费亭侯；父亲曹嵩，位至三公。所以曹操为郎官不久，便被任命为洛阳北部尉。

尉，就是掌军事或刑事的武官。《汉书·百官公卿表》的注说："自上安下曰尉，武官悉以为称。"所以县有县尉，郡有郡尉，朝廷有太尉、中尉、廷尉、卫尉。洛阳北部尉是县尉。汉代官制，县令以下，有丞有尉，丞理民事，尉管治安。不过洛阳是东汉的京都，是帝国最大的县，县尉就不止一人，有东西南北四个，俸禄则是四百石。所以，曹操担任的这个洛阳北部尉，就是京都一个区的公安局局长。

推荐曹操担任洛阳北部尉的人，是司马懿的父亲司马防，当时官居尚书右丞。东汉时期的尚书台，实际上是宰相府，右丞掌管武选。司马防一推荐，曹操就被任命了。据说曹操当时并不愿意，他的野心是想做洛阳令。但主管任命的"选部尚书"（相当于人事部部长）梁鹄根本不考虑曹操的想法，曹操也就只好走马上任。

这是曹操担任的第一个官职，记忆是很深刻的。据《三国志·武帝纪》裴松之注引《曹瞒传》，后来曹操被汉献帝封为魏王，还特地把司马防请到邺城，盛情款待。酒过三巡，曹操问：司马公，你看孤王今天还可以去当一个区公安局局长吗？司马防说，当年老夫推荐大王的时候，大王当那个洛阳北部尉正合适呀！于是曹操"大笑"。

曹操的问话和大笑，倒并不完全是小人得志。得意扬扬的成分有没有？有。曹操这个人，从来就不掩饰自己的情感。一旦得意，一定会把尾巴像旗杆一样高高地翘起来。但这一回，却不仅仅是因为当了魏王而自鸣得意，也不仅仅是对当年梁鹄的安排耿耿于怀，恐怕还因为想起了一段很值得回忆的往事。

这段往事和曹操担任的这个职务有关。

我们知道，洛阳北部尉是不好当的。这个差使，官不大，权不多，责任却很重大，麻烦也很不少。因为天子脚下，权贵甚多。这些权贵，没有哪个是把王法放在眼里的，没有哪个是不惹是生非的，也没有哪个是惹得起的。然而首都地面的治安又不能不维持，这就非得有一个既不信邪又有鬼点子的家伙，去当那个区公安局局长不可。曹操恰恰就是这样一个"奸而雄者"。所以司马防说的话，也不完全是为自己打圆场，而是实事求是。

事实上曹操是很称职的。他一到任，就把官署衙门修缮一新，又造五色大棒，每扇大门旁边各挂十来根，"有犯禁者，不避豪强，皆棒杀之"。几个月后，果然来了个找死的。灵帝宠信的宦官蹇硕的叔叔，依仗侄子炙手可热的权势，不把曹操的禁令放在眼里，公然违禁夜行。曹操也不含糊，立即将这家伙用五色棒打死。这一下杀一儆百，从此"京师敛迹，莫敢犯者"，治安情况大为好转，曹操也因此名震朝野。

曹操这一棍打得许多人晕头转向，不知道这个小伙子要干什么。我们知道，一个年轻人，刚刚踏入官场就得罪权贵，是不会有好下场的。这个道理，曹操不可能不懂。蹇硕权倾朝野不可一世，曹操也不是不知道。何况曹操的祖父也是宦官。宦官的孙子杀宦官的叔叔，这事让人想不通。不过，这件事是记载在对曹操并不友好的《曹瞒传》当中的，应该是事实。

也有种种猜测。一种猜测，是曹操要一鸣惊人。有没有证据呢？有一点旁证。曹操在他的《让县自明本志令》（又名《述志令》）里面说过这样的话："孤始举孝廉，年少，自以本非岩穴知名之士，恐为海内人之所见凡愚"，因此"欲为一郡守，好作政教，以建立名誉，使世士明知之"。这段话什么意思呢？就是曹操回忆说，他二十岁举孝廉的时候，很清楚自己年纪太轻，又没有什么名气，恐怕大家都认为是一个没有用的人，所以我当时就想做一个好官，做一点惊天动地的事情，让大家知道我曹操还是蛮能干的。

的确，这个时候的曹操，年纪还轻，只有二十岁；出身不好，生长在宦官家庭；表现不佳，叫作"任侠放荡"；名气不大，叫作"世人未之奇也"。甚至就连形象，可能也不太好。我们去读《三国志》，但凡形象好的，比方说周瑜啊，诸葛亮啊，都有记载；而对于曹操的容貌、长相，《三国志》是没有一个字的。《三国志》是以魏为正统的，如果曹操的形象高大魁梧，英俊潇洒，肯定大书特书。避而不谈，恐怕因为实在不怎么样。

其他的史书倒是有描述。《魏氏春秋》说，"武王姿貌短小，而神明英发"；《世说新语》则说，曹操要见匈奴使节，"自以形陋，不足雄远国"，便让崔琰做替身，自己"捉刀立床头"。崔琰当然是一表人才，史书上说他"声姿高畅，眉目疏朗，须长四尺，甚有威重"。然而匈奴使节评价却说："魏王雅望非常，然床头捉刀人，此乃英雄也。"结果曹操派人把这使节谋杀了。可见曹操虽然相貌一般，但气度不凡，猜忌心也重。也可见人不可貌相。不过曹操刚出道时，是没有什么"气度"可言的。总之这个时候的曹操，没多少站得住脚的本钱。要想在江湖上扬名立万，非得干一件惊天动地的事不可。杀蹇硕的叔叔，就能收到这种效果。

第二种猜测，是曹操要建立法制。这也是有道理的。鲁迅先生就说曹操政治的第一个特色便是"尚刑名"，也就是主张严明法纪，执法如山，甚至使用严刑酷法。曹操的立法和执法确实很严，杀起人来也毫不手软。这固然是形势所迫，也是性格使然。曹操这个人，生活上是比较随便的。他吃不讲究，穿不讲究，长期在外行军打仗，对女人大约也只能将就，不能讲究。有人便因此认为他轻浮。其实曹操并不轻浮，也不喜欢轻浮的人。他曾经给孔融写信，说我虽然进不能施行教化移风易俗，退不能建立仁德团结同僚，但是我抚养战士，杀身为国，打击那些轻浮虚华又爱结党营私的小人（浮华交会之徒），办法还是很多的。可见曹操十分憎恶轻浮，他自己当然也不轻浮。他穿便衣，说笑话，作辞赋，听音乐，只不过是他紧张工作之余的一种放松，也是他内心世界丰富的一种表现，没准还是他麻痹敌人的烟幕弹。他行文、做事、用人的不拘一格，更不是轻浮，而是大气。大法无法。对于曹操这样的大手笔，根本就用不着那么多的格式、那么多的讲究。造五色大棒，将不法之徒乱棍打死，就是这种性格和手笔的初试锋芒。

当然，曹操杀蹇硕的叔叔，也可能事出偶然。毕竟，那时的曹操，还只是一个刚刚踏入官场的初生牛犊、生瓜蛋子，不知深浅，也不知天高地厚。他只想到做官就要做个好官，做好官就得令行禁止，杀一儆百，没想到蹇硕叔叔这只大尾巴狼会撞到他的枪口上。这就没办法了。说出去的话，泼出去的水，也只好把他这只鸡杀了给猴子看。但即便如此，也不简单。曹操的出道，可谓先声夺人，出手不凡。

曹操此举也颇受后世好评，一些历史学家赞之曰"不畏强暴""执法如山"。这大约因为他之所杀，是宦官的家人，而且这个宦官还是权倾一时的人物。但我想，如果撞到他的枪口上的是别的人呢？大约也是格杀勿论的。所以，这一棒，打出了曹操的威风，打出了曹操的正义，也打出了他的杀气，打出了他嗜杀的性格。在这一棒里，铁面无私和心狠手辣是并存的。曹操后来杀了那么多的人，而且杀起来毫不手软，这件事应该算是开端。它既表现了曹操的善（对抗强权），也表现了曹操的恶（不惜杀人），还表现了曹操的铁腕性格和霹雳手段，一朝权在手，便把令来行。我总觉得，这里面是有"恶"的成分的。不过，曹操所处，乃是乱世及其前夜。乱世用重典。曹操想不做恶人，怕也难。

不管怎么说，我们现在是无法准确知道曹操当时的想法了。可以准确知道的是，他确实得罪了权贵，得罪了宦官集团。不过，权贵们拿他也没有办法。第一，曹操是正义的；第二，曹操有后台。最后只好明升暗降，打发他到顿丘（今河南省清丰县）当县令，《曹瞒传》的说法是"近习宠臣咸疾之，然不能伤，于是共称荐之，故迁为顿丘令"。

曹操在顿丘令任上的表现应该不俗。据《三国志·曹植传》，曹操曾对曹植回忆过这段经历。曹操说："吾昔为顿丘令，年二十三，思此时所行，无悔于今。"可惜没过多久，就因为受堂妹夫宋奇的牵连而被免官。后来，曹操又被召回朝廷当议郎，以后还担任过济南相（故城在今山东省历城县东）等职务，其间一次被免，两次辞官，三次被征召议郎。所谓"议郎"，也就是"调研员"。曹操想：调研员就调研员吧，那就好好调研；地方官就地方官吧，那就好好执政。然而他上书朝廷，力陈时弊，却泥牛入海无消息。他执法如山，打击豪强，肃清吏治，安定地方，则如蚍蜉撼树，以卵击石。之所以尚未招致杀身之祸，只不过是因为有曹嵩这个大后台罢了。但朝廷借口他"能明古学"，多次打发他去当有职无权的闲官议郎，则已不难看出其用心。

其实，年轻的曹操可能还不懂得一个道理，那就是做能臣要有条件。第一要看时世。如果是兵荒马乱烽烟四起，大约便只能像诸葛亮《出师表》里面说的那样，"苟全性命于乱世，不求闻达于诸侯"。第二要看政局。如果是"城头变幻大王旗"，"乱哄哄你方唱罢我登场"，也以装疯卖傻为宜。因为一不小心"站错队"，便有性命之虞。所以孔子说："邦有道则知，邦无道则愚。"（也就是装傻，比装疯含蓄一点）第三要看人主。如果那人主弱智，或昏庸、不识货，你的"货色"再好，也是不顶用的，只能空怀一腔报国情。最后，即便是治世，是明君，也还要看他的兴趣、心情。比如汉文帝，不能算是糊涂虫（有所谓"文景之治"），也很欣赏贾谊（官拜太中大夫）。但是怎么样呢？"可怜夜半虚前席，不问苍生问鬼神"，后来还把他贬到了长沙。

曹操刚刚出道那会儿，还不能算是乱世，但时局已是十分混乱。曹操生于东汉桓帝朝，长于灵帝朝，是在桓帝永寿元年（公元155年）出生，灵帝熹平三年（公元174年）入仕的，而桓、灵两朝，要算是汉王朝四百年间最黑暗、最混乱的年代。所谓"桓灵之时"，几乎就是君昏臣奸、政治腐败的代名词。比方说，灵帝时期，朝廷是卖官的，而且明码实价，公开招标。价钱则是一万钱一石官秩，比如秩四百石的四百万钱，秩二千石的二千万钱，如果位列三公，再加一千万。这是买卖。如果正式任命，交一半。这些钱官员们当然不会自己掏腰包，便在上任后拼命盘剥百姓，朝廷也睁一只眼闭一只眼，不闻不问。当时一个名叫司马直的，被任命为太守。委任状刚到，就要他交钱，还说考虑到他家庭困难，减免三百万。司马直感叹说，为民父母，还要靠盘剥百姓来求官，于心何忍！就辞官不做。朝廷见外快落空，就下令不准辞官。司马直没有办法，只好在半路自杀。临终前，他留下遗书，痛斥这种做法是亡国的征兆，一时轰动朝野。

现在看来，司马直是白死了。因为终灵帝一朝，卖官的事不但没有终止，反倒变本加厉。曹操的父亲曹嵩官居太尉，据说就是花钱一亿万买来的，算是过了把"三公"的瘾（不久就被免去）。"三公"地位崇高，想过这个瘾的人很是不少。当时有个名叫崔烈的，是冀州名士，书香门第，素有清名，靠着自己的努力，历任郡守，官至九卿。但他看见大家都在买官，便也耐不住寂寞。这时，皇帝的保姆程夫人告诉他，她可以搞到优惠价，崔烈就交了一半的钱给程夫人，皇帝也马上大会公卿，拜崔烈为司徒。不过皇帝很快又后悔了，当着众人的面说这一回帝国做了亏本生意。程夫人一听也急了，说崔烈的官怎么是买来的呢？明明是我帮他弄到的嘛！此言一出，公卿哗然，靠一个女人得官，还不如花钱买呢！

这事弄得崔烈很没有面子，连他儿子都不以为然。崔烈的儿子崔钧官居虎贲中郎将，有一天穿着铠甲从军营中回家。崔烈就问他，老夫位列三公，外间有何议论？崔钧说，大人少有英名，历任卿守，大家都说大人位居三公当之无愧。不过这一回，大人却让天下失望。崔烈问为什么。崔钧说，因为大人的身上有铜臭。崔烈勃然大怒，拿起手杖就打崔钧。崔钧掉头就跑，身上的铠甲哗哗作响。崔烈骂他说，为父一打你就跑，这是孝道吗？崔钧说，当年大舜侍奉父亲，小杖则受，大杖则走，非不孝也！崔烈无言以对，他自己也感到惭愧。

如此看来，桓灵两朝实在可以说是腐败透顶了。

不过，把东汉灭亡的账都算在桓帝和灵帝的身上，是不公平的。事实上，自王莽篡政光武中兴后，大汉王朝就没再打起过精神。外戚擅权，宦官专政，军阀称雄，奸臣拼命抓权，贪官拼命捞钱，老百姓则只好去吃观音土。道德的沦丧，更是一塌糊涂。当时的民谣说："举秀才，不知书，察孝廉，父别居"；"直如弦，死道边，曲如钩，反封侯"，可见少廉寡耻和口是心非已成风尚，反腐倡廉和整顿纲纪都无济于事。汉顺帝汉安元年（公元142年），朝廷派了八位御史到全国各地巡察，希望整顿一下地方官员的腐败问题。特派员当中最年轻的一位名叫张纲，刚刚走出京城，就下令挖一个大坑，把车轮子卸了扔进去。部下问他什么意思，张纲冷笑一声说："豺狼当道，安问狐狸！"也就是说，帝国的朝政被那些大奸大恶所把持，抓几个小鱼小虾小贪官有什么用！

曹操的时代，就是豺狼当道狐狸猖獗。曹操担任地方官的时候，曾经下大决心用霹雳手段整顿秩序，令行禁止，雷厉风行。他罢免贪官，打击不法，邪恶势力提起曹操无不谈虎色变，甚至逃之夭夭（小大震怖，奸宄遁逃，窜入他郡），结果"政教大行，一郡清平"。然而怎么样呢？找他茬子告他刁状的小报告也不断送达御前，朝廷则多次发出变更他任职的调令。如果不是他老爹曹嵩明里暗里护着，恐怕他不会有什么好果子吃。

这下子曹操把朝廷和官场都看透了。他清楚地看出，东汉王朝已不可救药，天下大乱已不可逆转。即便不乱，腐朽的朝廷和官场也不需要什么"治世之能臣"。深感报国无门的曹操不再建言献策（太祖知不可匡正，遂不复献言），并谢绝了朝廷的又一次任命（这一次是任命为秩二千石的东郡太守），回到家乡（称疾归故里），筑室城外，闭门读书，闲暇时以狩猎自娱。当然，他并没有死心，仍然在关注着国家的命运。

曹操再次出山时，时局已十分动荡。公元189年，灵帝驾崩，留下十七岁的儿子刘辩和九岁的儿子刘协，根本控制不了局势。以大将军何进为首的士人集团和以"十常侍"为代表的宦官集团在宫廷斗争中两败俱伤，政权落到了西北军阀董卓的手里。董卓一伙，在当时的士大夫们看来简直就不是人。董卓是虎，吕布是狼，他们的部下则是野狗。据说，董卓最喜欢做的事情，就是在大宴群臣的时候，一面搂着后宫女子寻欢作乐，一面随机地从宴席中拉出一位官员当场打死，或者用最残酷的刑罚折磨被他逮捕的反对派。总之，董卓废立皇帝（废刘辩为弘农王，然后毒死；立刘协为皇帝，是为献帝），屠杀百官，秽乱后宫，他的士兵们则在洛阳城里烧杀掠抢，奸淫妇女。大汉王朝的首都，变成了惨绝人寰的重灾区。

这是不得人心的，也是不可能得到地方支持的。相反，董卓成了全国各地共同声讨的对象，他也控制不了地方。一方面是朝纲紊乱，另一方面是烽烟四起。所以，公元189年董卓入京后，大汉王朝就实际上灭亡了，从此天下大乱。

乱世英雄起四方，有枪就是草头王。中央政权失去控制之后，拥兵自重的地方官就成了割据一方的诸侯王。帝国境内，开始了地方自治、军阀割据和诸侯兼并。曹操是肯定再也做不成什么"治世之能臣"了,他必须重新考虑自己人生道路的选择。其实,身处乱世,也可以有三种选择:英雄、枭雄、奸雄。董卓、袁绍、袁术选择了做"乱世枭雄"。那么,曹操的选择是什么?

第四章
何去何从

东汉王朝的政治腐败，使得曹操做不成"治世之能臣"；而接下来的天下大乱，又让他面临新的选择：身处乱世，是做英雄，还是做枭雄，或者做奸雄？事实证明，在公元190年到200年这十年间，曹操堪称"乱世之英雄"。这是为什么，又有什么证据呢？

前面说，曹操原本是想做"治世之能臣"的，然而他却遇到了一个乱世。身处乱世而又有志向、抱负和能力的人，其实可以有三种选择：做英雄，做枭雄，做奸雄。董卓、袁绍、袁术的选择，是做"乱世枭雄"；而曹操最早的选择，则是做"乱世英雄"。

汉灵帝中平六年（公元189年），灵帝驾崩，董卓入京，废少帝刘辩为弘农王，立刘协为皇帝，这就是汉献帝。于是"京都大乱"。这个时候，曹操早已回到了朝廷，担任典军校尉一职，为西园八校尉之一。西园军是汉灵帝中平五年（公元188年）八月设立的，相当于帝国的近卫军。下设八个校尉，为首的就是被曹操打死了叔叔的宦官蹇硕，为上军校尉。其次则是虎贲中郎将袁绍，为中军校尉。曹操这个典军校尉排名第四，排在下军校尉鲍鸿的后面。显然，这个时候的曹操，和当年那个洛阳北部尉已不可同日而语。董卓也看出他是个人才，便表荐曹操为骁骑校尉，要和他一起共谋大事（欲与计事）。曹操凭着自己的政治敏感和远见卓识，断定追随董卓的结果只能是祸国殃民和自取灭亡，于是变更姓名，连夜逃出京城，准备逃回家乡。杀吕伯奢一家，就发生在他逃亡的路上。

不过，曹操的腿快，董卓的追杀令更快。曹操从洛阳出走，出虎牢关（在今河南省荥阳市）逃到中牟县（今属河南省郑州市）的时候，被一个小小的亭长（级别在乡长和村长之间）疑为逃犯，捉拿归案，押解县衙。这时董卓的追杀令已经下达，中牟县衙门也收到了京城发来的文件。而且，虽然曹操一口咬定自己不是曹操，还是被县衙门里的功曹认了出来。但是，中牟县这个功曹认为，如今天下大乱，不宜拘杀英雄，就说服县令放了曹操。这个县令，《三国演义》说是陈宫。这是不对的，因为陈宫并不曾在中牟任职。其实，中牟县的县令和功曹是谁并不要紧，要紧的是，这件事说明董卓已不得人心，而曹操已被视为英雄。

曹操跑到陈留（在今河南省开封市东南），就停了下来，因为他在陈留得到了支持。陈留一位名叫卫兹的孝廉，赞助了曹操一大笔钱财。这个事情是很重要的。三国时代的许多英雄比如刘备，开始的时候都是有人赞助的；而有钱人通过赞助英雄来参与政治，也是中国古代社会的一个传统。有了这笔钱，曹操就在这一带招兵买马准备起义，并在己吾（今河南省宁陵县）公开起兵，人马有五千之多，时间则是在中平六年（公元189年）的十二月。这就是曹操成为乱世英雄所做的第一件事：首倡义兵。

和曹操一起首倡义兵的还有他的老朋友张邈（《三国志·张邈传》："董卓之乱，太祖与邈首举义兵。"）。曹氏家族对曹操也倾力支持。夏侯惇、夏侯渊、曹仁、曹洪、曹休、曹真等纷纷来到曹操身边，成为他手下的得力战将。

曹操的义举得到了天下豪杰的响应，各路诸侯纷纷打出旗号，要讨伐董卓，匡复汉室。汉献帝初平元年（公元190年），后将军袁术、冀州牧韩馥、豫州刺史孔伷（音胄）、兖州刺史刘岱、河内太守王匡、勃海太守袁绍、陈留太守张邈、东郡太守桥瑁、山阳太守袁遗、济北相鲍信，同时起兵，组成联军，并公推袁绍为盟主。由于这些人当时都在函谷关以东，所以被称作"关东义军"，简称"关东军"，董卓的部队则叫"西北军"。

联军成立这事，《三国演义》说是曹操发起的，谓之"发矫诏诸镇应曹公"，怕是抬举了曹操。曹操当时恐怕还没有那么大的面子。他在拒绝了董卓（同时也是朝廷）的任命后，就成了必须捉拿归案的钦犯，既无官衔又无地盘，人马也不多，哪来的号召力？发矫诏的事确实有，但那是东郡太守桥瑁干的，与曹操无关。所以曹操后来回忆起此事，也只把自己看作参加者。事实上，关东联军的名单里，并没有曹操的"股份"。他的头衔，也是盟主袁绍临时封的，叫作"行（代理）奋武将军"。当然，曹操接受了这个称号，并决心为平定动乱、报效国家而奋不顾身。

但是，这一次，曹操又失望了。

首先是盟主袁绍徒有其表。关东军推袁绍为盟主是有道理的。袁绍出身高贵，其家族号称"四世三公"，也就是袁绍父辈以上有四代人担任"三公"职务（高祖父袁安，是章帝时的司徒；叔太祖父袁敞，司空；祖父袁汤，历任司空、司徒、太尉；父亲袁逢，司空；叔父袁隗，太傅），是当时官场上威风八面的显赫家族。东汉以太尉、司徒、司空为"三公"，名义上地位仅次于皇帝，可谓"一人之下，万人之上"。袁氏家族四世三公，位高权重，门生故吏遍天下，具有从事政治活动最宝贵的人际关系资源。袁绍自己的条件也很好。他人长得漂亮（有姿貌威容），对人也不错（能折节下士），人缘也挺好（士多附之）。更重要的是，袁绍因为反对董卓而名声大振。董卓打算废少帝（即刘辩），立陈留王（即刘协）时，曾经找袁绍来商量，并且说"刘氏种不足复遗"，也就是要彻底颠覆大汉王朝，结果当场遭到袁绍反对。《三国志·袁绍传》的说法是："绍不应,横刀长揖而去。"《献帝春秋》的说法,则是袁绍有一番义正词严的抗议。于是董卓勃然大怒,说:臭小子,天下大事,难道不是我说了算吗?你以为董卓的刀不快是不是!袁绍也拔出刀来说:普天之下,难道只有你的刀快吗?《献帝春秋》的说法虽然被裴松之认为不实(此语妄之甚矣),但袁绍反董卓是真的,由于反对董卓而逃出京城也是真的,所以袁绍很有威望。

但是袁绍没有头脑,董卓之乱其实就是他惹的祸。灵帝去世后,士人和宦官的矛盾白热化,双方都大开杀戒。大将军何进先下手为强,杀掉了宦官头目之一、上军校尉蹇硕,接管了上军。这时,袁绍便劝他一不做二不休,干脆把宦官统统杀掉,斩草除根。然而何进却很为难,因为他的妹子何太后不同意。何太后因当年毒杀刘协的生母王美人,差点被灵帝废掉,多亏宦官求情才过了关,现在当然也不肯对宦官下手。于是袁绍又给何进出主意,劝他多召四方猛将,尤其是并州牧董卓入京,以威逼太后。董卓就是这样进京的。

这实在是馊主意。连老百姓都知道,"请神容易送神难",何况是董卓这样的凶神?只怕是引狼入室。更何况根本就没有必要。据《三国志·武帝纪》裴松之注引《魏书》,曹操听到这个消息,就曾经笑着说(注意曹操又笑了),要解决宦官问题,只要诛杀几个为首的元凶就行了。这是只用一个狱吏就能办到的事,"何必纷纷召外将乎"。结果,董卓还没进京,何进就先成了宦官们的刀下鬼。董卓一进京,皇帝也废掉了,太后也毒死了,洛阳变成了一片火海和废墟,这都是袁绍惹的祸!

袁绍这事确实做得蠢。且不说他引来的,是自己根本控制不了的一股恶势力,即便来的真是"仁义之师"和"勤王之兵",也大可不必。正如曹操所说,宦官之所以得势,是因为皇帝亲近和信任他们。如果皇帝不宠信,就成不了气候。杀鸡焉用牛刀,何况这刀还不在自己手上?兵者凶器也。刀,是不能随便出鞘的。刀出鞘,就要见血。没有鸡可杀，便会杀牛。何进、袁绍辈就是该着挨杀的蠢牛犟牛。如果不是袁绍主张把宦官赶尽杀绝，逼得张让他们走投无路，狗急跳墙，何进或许还不会死于非命。搞宫廷政变是得心狠手辣，但不等于嗜血成性，更不等于滥杀无辜，最狠毒的打击只能施加于最凶险的政敌。事实上，所谓政治斗争，说穿了，就是人事的变更、权力的均衡、利益的再分配和人际关系的重新调整。得到的支持越多，胜利的可能就越大，因此应该"团结大多数，打击一小撮"，"首恶必办，胁从不问"，怎么能像袁绍主张的这样，不问青红皂白，杀个一干二净？何况宦官当中也有好人，又岂能滥杀？可惜袁绍他们不懂这个道理。何进被谋杀后，袁绍带着军队在京城捕杀宦官，看见不长胡子就一刀砍将过去，许多年轻人只好脱裤子"验明正身"（《三国志·袁绍传》的说法是"自发露形体而后得免"），弄得人心惶惶。这就是给自己树敌了；而树敌过多的人，从来就没有好下场。所以曹操说："吾见其败也。"

盟主如此，他人如何？也不怎么样。比如孔伷，是个夸夸其谈的人，当时的说法叫作"嘘枯吹生"，也就是能把死的说成活的，活的说成死的，可惜能说不能干。韩馥，则是个没有主张的人。据《三国志·武帝纪》裴松之注引《英雄记》，当时各路诸侯大兴义兵的时候，东郡太守桥瑁假借京师三公的名义写信给他，说是"企望义兵，解国患难"，韩馥居然问部下，我们是应该帮袁绍，还是应该帮董卓？他的谋士刘子惠说，我们兴兵为国，讲什么袁绍、董卓！弄得韩馥面红耳赤。

不过刘子惠这个人也不咋的。他给韩馥出的主意，竟是按兵不动，观望。刘子惠说，"兵者凶事，不可为首"，我们还是先看看别人（往视他州），有人动了，我们再动。这话韩馥听进去了，因为他最害怕的，是别人来抢他的地盘。袁绍和董卓翻脸后，逃出京城，董卓原本是要追捕他的。正好有几个名士和袁绍关系好，又得到董卓的信任，就劝董卓说，袁绍不过是不识大体，仓皇出逃，其实胸无大志。如果逼急了，反而狗急跳墙。不如任命他做一个太守，他必定感恩戴德。袁家四世三公，门生故吏遍天下，如果收服了袁绍，那么太行山以东，不就都是您的了吗？董卓一想有道理，就任命袁绍为勃海太守。袁绍逃到冀州，又被任命为勃海太守，韩馥就怕得要死，竟然派了兵去监视他，害得袁绍动弹不得。后来，韩馥也参加了关东联军，袁绍才得以行动。韩馥既然是这么个货色，怎么会去打头阵？

其他人的想法也差不多。所以联军建立以后，谁都不动，《三国志·武帝纪》的说法是"绍等莫敢先进"。曹操看不下去，对他们说："举义兵以诛暴乱，大众已合，诸君何疑？"曹操指出，如果说过去要讨伐董卓确有困难，那么，现在就是最好的时机了。为什么呢？因为过去董卓"倚王室之重，据二周之险"，虽然倒行逆施，却能为非作歹。现在不同了。他焚烧京城，劫持皇帝，海内震动，举国愕然，这是老天爷要灭他了（此天亡之时也）。所以曹操说："一战而天下定矣，不可失也！"

但是谁都不听他的，曹操只好孤军奋战，只有张邈派了一支小部队帮他，"队长"则是当年资助过曹操的卫兹（邈遣将卫兹分兵随太祖）。这一仗打得并不顺利，曹操自己也差一点阵亡，幸亏堂弟曹洪把马让给他，才得以脱身。回到酸枣大营，关东军十几万人，按兵不动，诸侯"日置酒高会，不图进取"，用今天的话说就是整天开派对，泡酒吧，玩游戏。曹操悲愤地说："今兵以义动，持疑而不进，失天下之望，窃为诸君耻之！"然而还是没有人听他的。曹操再一次感到报国无门。

其实，说起来关东军将领原本也都是人才，甚至是帝国的精英。比如王匡，素有侠名；袁遗，满腹经纶。但是，人一旦有了私心，没了正义，不敢担当，就狗屁不如。于是曹操把诸侯们也看透了。这是一伙自私自利、贪生怕死、志大才疏、色厉内荏的家伙，根本就不足与谋。所谓"关东义军"，不过是各怀鬼胎的乌合之众，不足为凭。曹操不能不重新考虑他人生道路的选择。

曹操的选择，是自己干。

实际上，前面说过，关于曹操人生道路的选项，历史上曾经有两种说法。一种是孙盛《异同杂语》的"治世之能臣，乱世之奸雄"，另一种是《后汉书》的"清平之奸贼，乱世之英雄"，或者《世说新语》的"乱世之英雄，治世之奸贼"。现在看来，至少在公元190年到公元200年这十年间，曹操堪称"乱世之英雄"。因为几乎只有曹操，才决心在这个国家危难、民族危亡的时候，以区区一己之躯，担负起天下的兴亡。如果说还有人这样做的话，那就是孙权的父亲孙坚。但和曹操相比，孙坚还要略逊一筹。因为曹操不但有担当，还有谋略。那么，曹操做了哪些事，证明他棋高一着呢？

我们来看看曹操的作为。

从汉献帝初平二年（公元191年）到汉献帝建安元年（公元196年），曹操主要做了三件事，即略地、募兵和屯田。曹操能做成这三件事，又与黄巾起义有关。东汉末年，政治腐败，民不聊生，走投无路的农民头戴黄巾，在太平道教团首领的带领下，以"苍天已死，黄天当立"为口号发动了起义。这是不折不扣的官逼民反，但在曹操他们看来则是大逆不道，必须予以剿灭。不过，东汉朝廷和官场实在太腐败了，于是黄巾军便在贪官污吏们争权夺利的时候发展壮大起来，成了气候。公元192年（汉献帝初平三年），原本聚集在青州（治所在今山东省淄博市）的黄巾军一百万人进入兖州（治所在今山东省巨野县），兖州太守刘岱不听鲍信的劝告，被黄巾军所杀。鲍信就和陈宫迎奉当时已被袁绍任命为东郡太守的曹操来代理兖州牧。据《三国志·武帝纪》裴松之注引《世语》，陈宫对曹操说，现在兖州没有主宰，朝廷又无法任命，请太守前往署理，"资之以收天下，此霸王之业也"。陈宫又对兖州的官吏们说："曹东郡命世之才也，若迎以牧州，必宁生民。"鲍信等人也都同意。于是曹操得兖州，有了一个重要的根据地。

曹操代理兖州牧以后，就带兵和黄巾军作战。据《三国志·武帝纪》裴松之注引《魏书》，这个时候，曹操的军事力量是不如黄巾军的。黄巾军有战士三十万，加上随军人员共一百万，曹操只有上千人，而且老兵少，新兵多，因此"举军皆惧"。为了打赢这场战争，曹操披坚执锐，亲巡将士，宣布奖惩条例，又向黄巾军宣布优待俘虏政策和投降以后的出路（开示降路），然后巧设奇兵以战胜之。结果黄巾军向曹操投降。黄巾军是一支奇怪的军队，队伍当中除了战士，还有随军的家属和农民，甚至耕牛和农具，所以号称百万。曹操把投降的黄巾军当中比较有战斗力的编成队伍，号称"青州兵"，于是曹操又有了一支战斗队。

代理兖州牧，就有了根据地；收编青州兵，就有了战斗队。这样一来，曹操就在关东的心脏地区站住了脚。但是，他也面临着一个严重的问题，就是这么多人如何养活，如何安置。于是，曹操在公元196年（汉献帝建安元年）接受谋士们的建议，开始实行屯田制。当时，由于连年战争，许多土地已成为无主田亩。曹操就将其收归地方政府，一部分交给军士和黄巾降卒耕种，名为军屯；一部分招募失地农民耕种，名为民屯；耕牛和农具则由政府提供，同时收取五到六成的地租。这就叫"屯田"。所谓"屯"，就是居住方式军事化，耕作方式集体化，可谓当时的"生产建设兵团"，曹操的军政府变成了农场主。

这是一笔极其合算的买卖。第一，土地是业主遗弃的，耕牛和农具是从黄巾军那里收缴来的，曹操不花一分钱，可谓无本生意。第二，地租高达五到六成，比汉初的十五分之一不知高出多少，可谓牟取暴利。但是，战士和农民从此有饭吃，大家也都愿意。第三，居住方式军事化，耕作方式集体化，等于建立了一个军民合一的新社会，建设了一支耕战合一的新军队。这支队伍，平时能耕，急时能战。他这个"生产建设兵团"，既是粮库，又是兵源，岂非左右逢源？第四，屯田制度在解决了粮草和兵源问题的同时，还解决了令人头疼的流民以及由此造成的治安问题，岂非一举多得？

所以，曹操做的这件事，证明他在这个天下大乱的时代，不愧为一个深谋远虑的政治家和顶天立地的大英雄。据《三国志·武帝纪》裴松之注引《魏书》，曹操在决定实行屯田制度的时候说："定国之术，在于强兵足食。"兵不强，食不足，又哪里能够克敌制胜？可惜诸侯们没有这个战略眼光。《魏书》说："诸军并起，无终岁之计，饥则寇略，饱则弃余，瓦解流离，无敌自破者不可胜数。"这句话什么意思呢？就是说在天下大乱、诸侯并起的时候，除了曹操，没有一支军队有长远的打算（无终岁之计）。"饥则寇略"，肚子饿了就去抢老百姓；"饱则弃余"，吃饱了以后就把多余的粮食都扔了。最后是什么呢？最后是分崩离析，不攻自破。因为你如果断了粮，你就没有战斗力了。实际上，就在曹操的军民官兵丰衣足食的时候，袁绍的士兵在河北吃桑葚，袁术的士兵在江淮吃河蚌，连桑葚和河蚌都没得吃就吃人，到处都是惨不忍睹的景象（民人相食，州里萧条）。这样的人，怎么可能和曹操争雄？和他们相比，曹操又怎么可能不是英雄？

从首倡义兵，到屯田备战，曹操已经由一个血气方刚的青年将领成长为一个胸有成竹的政治高手，而其他所谓"一时豪杰"，却很少有什么长进和出息。他们或者明哲保身畏首畏尾，或者醉生梦死得过且过，或者心怀鬼胎浑水摸鱼，或者争权夺利自相残杀。那边西北军还在肆虐，这边关东军已经火并。先是兖州刺史刘岱杀了东郡太守桥瑁，后是勃海太守袁绍干掉了冀州牧韩馥，再是袁绍和袁术两兄弟互相拆台。袁术的做法，是联络北方的公孙瓒钳制袁绍；袁绍的办法，则是联络南方的刘表对付袁术。双方都使用了"远交近攻"的策略，所以《三国志》感叹说："其兄弟携贰，舍近交远如此！"

不过，袁绍和袁术两兄弟最大的问题还不是内讧，也不是没有想到备战备荒。导致袁绍和袁术（也包括董卓）万劫不复的原因，是他们在一个重大的政治问题上犯了严重错误。正是这个错误,终于使他们面临灭顶之灾。那么,这个重大政治问题是什么?在这个问题上,董卓、袁绍和袁术是怎样犯错误的?曹操的态度又如何呢?

第五章
一错再错

就在曹操初步显示出乱世英雄的政治远见和豪迈气概时，另一些人却似乎在表现着自己的蛮横和愚蠢。正是他们的蛮横和愚蠢，反衬出曹操的雄才大略；也正是他们的蛮横和愚蠢，成就了曹操的盖世功业。董卓、袁绍、袁术这三个野心勃勃的枭雄，都在如何对待现任皇帝这个重大政治问题上犯了严重错误，而且并不以前车之覆为后车之鉴。那么，他们又是如何一错再错的呢？

前面说到，在公元190年到公元200年这十年间，只有曹操才是真正的乱世英雄。其他那些头面人物和各路诸侯，则充其量不过是政客而已，注定了只可能是过眼烟云。甚至就如董卓、袁绍、袁术这样的枭雄，也都在同一个重大的政治问题上犯了严重错误。这个重大政治问题就是如何对待现任皇帝。这个问题是不可以含糊的。在当时的情况下，皇帝是国家统一的象征。对待现任皇帝的态度，也是考验一个臣子是忠是奸是善是恶的试金石。在这个问题上犯了错误，就会一失足成千古恨，永世不得翻身。

先说董卓。

董卓对待现任皇帝的态度最野蛮，他的做法是废立。董卓进京不久，就提出要换皇帝。至于理由，用他自己的话说，是因为少帝刘辩愚昧懦弱，陈留王刘协则有圣主的素质（尧图之表）。这也不是完全没有根据。据《三国志·董卓传》裴松之注引《典略》《献帝纪》等书，董卓进京的时候，洛阳已经大乱。大将军何进被宦官谋杀，十七岁的少帝刘辩和他九岁的弟弟陈留王刘协流落民间，千辛万苦才回到京城。董卓带兵来迎接圣驾的时候，少帝刘辩哭哭啼啼，一句完整的话也说不出。问陈留王刘协，则一清二楚，对答如流。董卓当时就起了换皇帝的心思（卓大喜，乃有废立意）。

不过，这也未必是董卓换皇帝的真实原因。董卓是早就打算像以前那些权臣一样，把皇帝当成傀儡捏在手里，自己摄政掌权，继而夺权篡位的。既然是傀儡，那又何必换，愚昧懦弱岂不更好？当然，像董卓这样的枭雄，单凭自己的个人好恶和一时兴起，硬要换他一换，也不是没有可能。但他的真实意图，恐怕还是为了树立个人威望，控制中央政权。董卓是西北来的军阀，粗野蛮横，嗜血成性，既无人缘，又无威望。尽管他一再笼络士大夫，士大夫在骨子里还是看不起他。这就要想办法。董卓这个人，野蛮归野蛮，却也狡猾。据《三国志·董卓传》裴松之注引《九州春秋》，董卓初进洛阳的时候，兵马其实只有三千。董卓怕镇不住，就让他这三千人每天晚上便装出城，第二天再大张旗鼓地进来，一连四五天，天天如此，结果人人都以为他有千军万马。

董卓忽悠成功，得意扬扬。他不但镇住了满朝文武，还有了一个意外的发现，那就是京城里面那些家伙其实并不难对付。于是董卓便决定来个更大的动作，毕其功于一役，一举建立自己不可动摇的崇高地位。这动作就是换皇帝。董卓的想法很简单：你们不是都怕皇帝，都听皇帝的吗？如果我连皇帝都能换，还怕你们不听我的？而且，废掉了少帝刘辩，也就可以废掉何太后，而陈留王刘协是没有生母的，他的生母王美人被何太后毒死了。因此，立刘协为帝，就没有什么太后可以垂帘听政。这样一来，既铲除了障碍，又树立了威望，这可真是一箭双雕。

然而董卓万万没有想到，他这么一闹，就把自己闹成了公敌，弄得"天下共讨之，全国共诛之"。因为在当时正统的士大夫即所谓"正人君子"看来，皇帝是不能随便换的，哪怕换上去的也是刘家人。因为皇帝是"一国之君"，也是"一国之本"，岂能动摇？我们知道，在当时的情况下，老百姓是没有什么发言权的。掌控着舆论的，就是这些人。这样一来，维护现存秩序，保卫现任皇帝，就不但是"正义"，也是"民意"。

所以，撤换皇帝（当时的说法叫"废立"），是有极大风险的，弄不好就会搬起石头砸自己的脚。这事早就有人干过。不过，他们要撤换的，不是汉献帝，而是汉灵帝。据《三国志·武帝纪》，汉灵帝光和七年（公元184年），冀州刺史王芬勾结地方豪强，蠢蠢欲动，阴谋废掉汉灵帝，另立合肥侯。这个合肥侯不知是什么人，大约也是刘氏宗室吧！掺和这件事的，就有后来背叛袁绍投奔曹操又被曹操杀掉的许攸。这事他们也找过曹操，所以曹操和许攸也是老朋友。但是曹操断然拒绝。《三国志·武帝纪》裴松之注引《魏书》记载了曹操的话。曹操说："废立之事，天下之至不祥也。"也就是说，撤换皇帝，是天底下最不吉利也最凶险的事，必须慎之又慎。这种事情，以前是有人做过，比如伊尹放太甲，霍光废昌邑。但那都是反复权衡成败、计算轻重以后才做出的决定，这才"计行如转圜，事成如摧朽"。如果像当年"七国之乱"那样轻举妄动，那就必败无疑。现在请诸位自己想想，你们的政治势力、军事力量，比得上当年的吴楚七国吗？合肥侯的身份、地位、人望、威信，比得上吴王刘濞、楚王刘戊吗？比不上，还要重蹈覆辙，那不是自己找死吗？

曹操这番话，实在是很够朋友。他并没有讲什么大道理，而是晓之以利害关系。可惜许攸他们听不进去，一意孤行。结果阴谋败露，许攸逃之夭夭，王芬也畏罪自杀。可见皇帝确实轻易换不得。当然，董卓不是王芬，他的情况和条件都不同。他提出要换皇帝，居然也换成了。但他最后还是为他的"倒行逆施"付出了代价：被王允和吕布谋杀，死于非命。当然，这是后话。

可惜，王芬的教训并没有人吸取，董卓的事情倒有人效法，这个人就是袁绍。

袁绍也是个想换皇帝的。不过他的方式和董卓又不相同。董卓的做法是"废立"（废掉一个，换上一个），袁绍的做法是"另立"（不废这个，另立一个）。袁绍当了关东联军的盟主以后，野心就大了起来，但是胆子却没有野心大。他不敢杀去长安，赶走董卓，恢复汉室，而是打算另外立一个皇帝，候选人则是幽州牧刘虞。据《后汉书·刘虞传》，袁绍的理由是："朝廷幼冲，逼于董卓，远隔关塞，不知存否。"也就是说，皇上年纪小（当时汉献帝才十岁），又被控制在董卓手里，天南地北的，活没活着都不知道。就算活着，也形同虚设。国不可一日无君。刘虞是"宗室长者"，应该立他为皇帝。

袁绍的心思一看就明白，他是要在洛阳和长安的中央政府（当时董卓在洛阳，天子在长安）之外，另立一个"流亡政府"。这个"流亡政府"既然是他袁绍成立的，那么，政府首脑（在当时就是大将军）自然也非他莫属。将来，这个流亡政府如果取代了中央政府，他袁绍就是"中兴名臣"，可以流芳千古的。袁绍的算盘打得很精。

说起来这也不是不可以。成立流亡政府，也是非常时期进行斗争的一种手段，但有一个前提，就是原来的政府必须已经灭亡，或者被颠覆，或者被推翻。然而当时的情况，却不是这样。至少，刘协还是名义上的大汉天子，董卓也还是名义上的大汉臣子，大汉王朝并没有被宣布灭亡。这个时候成立什么"流亡政府"，那就是"另立中央"了。这是大逆不道。因此，第一个，刘虞自己就坚决不干。刘虞是何等精明的人，他很清楚，如果贸然答应了这事，自己立马就会变成一个靶子，非万箭穿心不可。因此，刘虞在接见袁绍使节张岐等人的时候，发表了一番义正词严的讲话，痛斥袁绍等人不思"尽心王室"而"反造逆谋"。袁绍讨了个大大的没趣。

赞成的人也有，就是韩馥。这件事，袁绍是和韩馥、曹操商量过的。韩馥是个没头脑的，立马赞成，还充当了挑头举事的马前卒。不过，韩馥并没有从这件事里面捞到什么好处。皇帝没换成，他自己倒被换掉了。汉献帝初平二年（公元191年）七月，袁绍内外勾结、软硬兼施，从韩馥手中夺取了冀州。韩馥让出冀州后，始终在惊恐中度日，最后自杀在厕所里。

曹操就没有那么傻了。他既不认为袁绍能成什么大事，也反对搞分裂。他的主张，是灭董卓，迎天子，恢复国家的统一，而不是另立中央。好在袁绍也并没有把曹操这个小兄弟太当回事。在袁绍眼里，曹操大概还是当年和他一起去偷新娘子的小伙子。据《三国志·武帝纪》正文及裴松之注引《魏书》，为了说服曹操，袁绍还在"促膝谈心"的时候，悄悄出示了一块玉玺（大约是袁绍私刻的），意思是说你看天命在此了。曹操看了却在肚子里笑，心想你以为窃国也像偷新娘子一样啊！不过，既然袁绍把自己看作儿时伙伴，那就用儿时伙伴的态度来对待吧！于是，曹操就大笑着说：我可不听你的，就不听你的！但在暗地里，在心里面，而且也就在这一天，曹操已经把袁绍认定为背叛国家的奸贼，一个厚颜无耻的窃国大盗，列入了必须予以消灭的黑名单（益不直绍，图诛灭之）。

袁绍的弟弟袁术也不赞成，因为袁术蔑视和嫉恨自己的哥哥袁绍。袁绍和袁术可能是堂兄弟，也可能都是袁逢的儿子。袁绍年长，为兄，却是"庶出"。袁术年幼，为弟，却是"嫡出"。他俩到底是亲兄弟，还是堂兄弟，诸家说法不一。但袁绍庶出，袁术嫡出，则可以肯定。嫡出就是正妻所生，庶出则是妾或婢所生。嫡出和庶出，在当时的情况下，地位确有高低之别。一般地说，嫡子的地位和待遇都要高于庶子，甚至认为其素质都要好得多。这一点，就连《红楼梦》也不能免俗——嫡出的宝玉高贵无比，庶出的贾环则猥琐不堪。

但这并没有道理。事实上，袁绍虽然是庶出，甚至可能是婢女所生，但他的素质却比嫡出的袁术好，在政界的威望也比袁术高，人缘自然也好得多。这就让袁术恨得咬牙切齿，非得和他老哥拼个你死我活，争个胜败高低不可。这个时候，大约支持袁绍的人是比较多的，《后汉书·袁术传》的说法是"豪杰多附于绍"。于是袁术便破口大骂，说臭小子们，不追随我，反倒去追随我们袁家的奴才（群竖不吾从，而从吾家奴乎）！又写信给公孙瓒，说袁绍不是袁家的种（云绍非袁氏子）。这就不但激怒了袁绍（绍闻大怒），也造成了极坏的影响，为他今后的失败埋下了伏笔。

其实袁术用不着看不起袁绍，他们这哥俩实在是半斤八两，其共同特点，是出身高贵，自命不凡，又愚蠢透顶。袁绍比曹操牛，也比曹操蠢；袁术则比袁绍还牛，也比袁绍更蠢。也就是说，他们的愚蠢和他们的狂妄是成正比的。袁术最自命不凡，也最愚蠢。

袁术接到袁绍的信，肚子里面阵阵冷笑。袁术想，小老婆养的人就是没出息，居然想出这么个馊主意！另立皇帝？要立你就立自己呀！我们老袁家早就"四世三公"了，你弄个"拥立之功"，撑死了也就是由"四世三公"变成"五世三公"，又有什么了不起？不过袁术的反对，表面上还是义正词严。《后汉书·袁术传》的说法是"托以公义不肯同"。《三国志·袁术传》裴松之注引《吴书》则讲得更具体："志在灭卓，不识其他。"其实袁术哪里会去打董卓！他不赞成袁绍，说到底，实际上是另有打算。什么打算呢？自己当皇帝。

这就是袁术的做法——自立。

袁术是想做皇帝的，他一直都在做皇帝梦。袁术的逻辑是这样的：一、大汉王朝已行将就木，姓刘的已日薄西山，必将由他人取而代之。二、最有资格取代刘氏的是姓袁的，因为老袁家"四世三公"，没有人可以相提并论。三、袁家人当中，最有资格的又是他袁术，因为他袁术是嫡出，袁绍则是庶出，哪有小老婆的儿子当皇帝的道理呢？不过，袁绍势力大，人缘好，也不可小看。所以，袁术一直把袁绍看作竞争对手，必欲除之而后快。

袁术的想法也不是一点根据都没有。他的手上有一块传国玉玺，是汉灵帝中平六年（公元189年）宦官张让等人作乱时丢失，后来被孙坚获得，又被袁术从孙坚夫人那里强行夺过来的。这事《后汉书·袁术传》有记载。耗子腰里别了把枪，就起了打猫的心思。袁术有了这个宝贝，又误听了一些民间的谣言，他就觉得下一任的中国皇帝非他莫属。到了汉献帝建安二年（公元197年）春，袁术终于按捺不住，正式称帝。

袁术的称帝遭到一片反对。和他关系最好的孙策，在得知他称帝的打算时，就从江东来信表示反对，并与之绝交。袁术四处碰壁，又去找吕布，要和吕布结为儿女亲家，结果吕布把袁术派来的使节抓了起来，押送到曹操那里。袁术勃然大怒，派兵去打吕布，又被吕布打得落花流水。这个时候的袁术，已经是众叛亲离，四面楚歌。

其实，称帝之前，袁术也是征求过意见的。早在汉献帝兴平二年（公元195年）冬，袁术就曾经召开会议，说我想"应天顺民"，诸位看怎么样？袁术的部下阎象马上说，当年周文王"三分天下有其二"，尚且臣服于殷。明公比不上周文王，汉帝也不是殷纣王，怎么可以取而代之？袁术不甘心，又去问张范。张范称病，由弟弟张承代答。张承说，能不能取天下，"在德不在众"。如果众望所归、天下拥戴，便是一介匹夫，也可成就王道霸业。意思是说，当不当得上皇帝，与是不是高干子弟没什么关系。可惜这些逆耳忠言，袁术全都当成了耳边风。他实在是利令智昏。

于是曹操出手了。

建安二年（公元197年）的曹操已非同一般。一年前，他已经成功地将汉献帝迎奉到自己的根据地许县，可以"奉天子以令不臣"

或者"挟天子以令诸侯"了。这样一个大汉王朝实际上的当家人，又是一贯主张国家统一，反对分裂的，哪里容得袁术出来跳梁？自然要来收拾这个小丑，"乃自征之"。据《后汉书·袁术传》，袁术闻讯，当时就吓了个半死（术闻大骇），掉头就跑（即走渡淮），军粮也被他的"丞相"舒仲应全部分给了灾民。袁术问他为什么要这样做。舒仲应说，反正我们是死路一条了，何不用我一个人的性命来换这么多老百姓的性命呢？袁术只好苦笑着说，阁下难道要独享这个好名声，不和我共享吗？看来，袁术自己也很清楚，自从他走了这步臭棋，已经成了过街的老鼠，很难在江湖上混下去了。

不过袁术也还是苦撑了两年。到了建安四年（公元199年）夏天，走投无路的袁术终于发现他这个皇帝再也做不下去，便决定把那传国玉玺让给袁绍，好歹那也是袁家的人。这倒很对袁绍的心思，因为袁绍其实也是一个想当皇帝的。据《三国志·袁绍传》正文及裴松之注引《典略》，建安元年（公元196年），袁绍大败公孙瓒于易京（今河北省雄县西北），"并其众"，势力大增。于是袁绍野心开始膨胀，不但对天子"贡御希慢"（贡奉既少，又很无礼），而且私下里指使（私使）一个名叫耿苞的主簿向他报告，说是赤德已尽，黄天当立，应该顺应天意。所谓"赤德"，就是指刘汉；所谓"黄天"，就是指袁氏。袁绍将耿苞的密报交给大家看，没想到舆论哗然，都说耿苞妖言惑众。袁绍没有办法，只好杀了耿苞"以自解"。但他人还在，心不死，皇帝还是想当的。因此，当袁术决定"归帝号于绍"时，他心里是高兴的，《三国志》的说法是"阴然之"。

可是，就连这个想法，袁术也不能如愿，因为曹操已派刘备在下邳（今江苏省睢宁市北）截击，单等他来送死。袁术没有办法，只好又掉头回淮南。逃到离寿春（今安徽省寿县）八十里的江亭时，终于一病不起，呜呼哀哉，只当了两年半的皇帝，而且还是假的，没人承认。

据说袁术死得很惨。《三国志·袁术传》裴松之注引《吴书》

说，袁术死的时候，身边已没有粮食。询问厨房，回答说只有麦屑三十斛（音胡，十斗为一斛）。厨师将麦屑做好端来，袁术却怎么也咽不下。其时正当六月，烈日炎炎，酷暑难当。袁术想喝一口蜂蜜水，也不能够。袁术独自坐在床上，叹息良久，突然惨叫一声说：我袁术怎么会落到这个地步啊！喊完，倒伏床下，吐血一斗多死去。

袁术的死实在是罪有应得。当他求蜂蜜水而不可得的时候，不知他是否想过他当年的骄奢淫逸和对人民群众的横征暴敛。《三国志》说，袁术起兵之时，就"奢淫肆欲，征敛无度，百姓苦之"。《后汉书》也说他"不修法度，以钞掠为资，奢恣无厌"。称帝以后，更是"荒侈滋甚，后宫数百皆服绮縠，余粱肉，而士卒冻馁，江淮间空尽，人民相食"。在他的治下，人民过着水深火热的日子，"江淮间相食殆尽"。他自己每天山珍海味，手下的士兵却一个个冻死饿死。这样的东西，不失败才是怪事！

当然，袁术的失败，并不完全是他个人的责任。袁术这个人，还是很有些优点的，也是很有些本事的。《后汉书》说他"少以侠气闻"，《三国志》说他"举孝廉，除郎中，历职内外"，董卓专政时当到后将军，岂能是草包？实际上，是皇帝的至尊地位和至高权力使他鬼迷心窍。他是皇权制度的牺牲品。

这样一说，事情就清楚得多。从政治的角度讲，袁术最蠢的地方，还是他在大家都想当皇帝，又都不敢挑头的时候，迫不及待地当了出头鸟。要知道，出头的椽子是要先烂的。尤其是在群雄割据、势力相当的情况下，谁挑这个头，谁就会成为众矢之的。袁绍他们懂这个道理，因此尽管心里痒痒的，也只好忍住。曹操更是心里透亮。孙权劝他称帝，他一眼看穿孙权的鬼心眼，说这娃娃是想把我放在火上烤。袁术却不懂。他以为只要他一抢先，便占了上风，别人就不敢怎么样了。没想到皇帝的称号不是商标，抢先注册的结果只能是玩火自焚。

袁术死了，袁绍也得死。消灭袁绍的，也是曹操。其实袁术和袁绍兄弟的愚蠢，正在于他们始终就没有弄清楚谁才是自己真正的对手。于是，就在袁绍兄弟祸起萧墙的时候，曹操在他们的眼皮底下悄然崛起，成为政坛上和战场上一颗冉冉升起的新星，并一举打败了这两个自以为是的家伙。事实证明，他们两个一开始都没放在眼里的曹操，才是真正的政治高手，也才是公元208年赤壁之战以前政治斗争中最大的赢家。因为曹操比他们都更有政治头脑，知道应该怎样对待皇帝，知道应该怎样才能在这个重大问题上立于不败之地。

董卓废立，袁绍另立，袁术自立。那么，曹操是怎么做的呢？

第六章
深谋远虑

董卓废立，袁绍另立，袁术自立，说明他们充其量不过是"乱世枭雄"，也反过来证明只有曹操才是天才的政治家。因为只有曹操，才在这个混乱的时代采取了一种成本最低、风险最小、效益最高的政治策略。那么，曹操的策略是什么呢？

前面讲到了董卓、袁绍和袁术这三个"乱世枭雄"在皇帝问题上的态度和做法：董卓废立，袁绍另立，袁术自立。这三种决策，即便不能说是错误，至少也是不高明，因为成本高，风险大，效益低。相比之下，曹操的做法显然高明得多。他既不废立，也不另立，更不自立，而是把现任皇帝迎接到自己的根据地，客客气气地供奉起来。然后，利用现任皇帝的旗号，以国家的名义号令天下，征讨四方。

这就是通常所谓"挟天子以令诸侯"了。其实，"挟天子"这个说法是可以讨论的。包括曹操是否打算这样做和是否能够这样做，都可以讨论。因为无论曹操还是他的谋士，都没有说过这句话，也没有使用过"挟天子"的提法。这话是别人说他的。比如诸葛亮就说曹操"挟天子而令诸侯"，孙权集团的人也说曹操"挟天子而征四方"，袁绍则说曹操居然还想"挟天子以令我"。我们知道，那时的政治斗争很是激烈。对手的话，不一定靠得住。

曹操方面的说法是"奉天子"，是"奉天子以令不臣"（毛玠），或者"奉天子以令天下"（贾诩）。这两种说法，看起来大同小异，其实相去甚远。那么，"奉天子"和"挟天子"又有什么不同？曹操为什么要这样做？是谁给曹操出的主意？曹操是怎样实施的？他这样做了以后，又有什么好处？

不过，在回答这些问题之前，我们先要简略地介绍一下当时的情况。汉献帝初平三年（公元192年），司徒王允联合吕布发动宫廷政变，谋杀了董卓。这件事情，在《三国演义》里面说成是王允施了美人计和离间计。这当然是小说家言，貂蝉这个人也是元代的戏剧家编出来的。元代杂剧《连环计》说，貂蝉姓任，是任昂的女儿，名叫红昌，因为在皇宫里管貂蝉冠，所以叫貂蝉。不过吕布和董卓的侍婢偷情，大约确有其事；董卓因为一点小事大发雷霆，拎起手戟就扔向吕布，也大约确有其事。吕布向王允诉苦，说董卓好几次要杀他，感到害怕，也是事实。这些事，《三国志》里面都有记载。《三国志·吕布传》说，王允发现这个情况，就要吕布参加他们的行动，并担任杀手。吕布犹豫，说"奈如父子何"。王允说："君自姓吕，本非骨肉，今忧死不暇，何谓父子！"吕布就在董卓上朝时把他杀了。

这件事当然大快人心。据《三国志·董卓传》裴松之注引《英雄记》，董卓死后，横尸街头，看守尸体的人在董卓的肚脐眼上插了根灯芯，把董卓充满肥油的肚子变成了一盏灯，而且一点就着，通宵达旦。但是，胜利之后的王允也犯了和袁绍相同的错误，那就是大开杀戒，株连无辜，蔡文姬的父亲、大学者蔡邕也被诛杀。据《三国志·董卓传》裴松之注引谢承《后汉书》，杀蔡邕的时候，很多人表示反对，前来劝说。王允却说，当年孝武皇帝没把司马迁杀了，结果留下一本坏书。现在国运衰落，兵荒马乱，董卓的军队就在京郊，怎么能让一个奸人拿着笔站在年幼的皇帝身边？这事虽然被裴松之认为不实，但王允杀蔡邕，杀很多人，打击一大片，却是事实。

这就逼得董卓的旧部铤而走险，杀回长安。结果这回轮到王允暴尸街头了，只有吕布从武关杀出，到南阳投奔了袁术，朝政则落到了董卓旧部李傕（音觉）和郭汜的手里。这两个人一点也不比董卓文雅，可怜的汉献帝刚刚脱离虎口又进了狼窝。更糟糕的是，这两只狼还要窝里斗。李傕把皇帝抢到自己营里，郭汜则把百官抢到自己军中，正所谓"一人劫天子，一人质公卿"。后来，他们打得筋疲力尽、两败俱伤、死者数万，这才稍微安静下来。兴平二年（公元195年）七月，李傕的部将杨奉和董太后的侄子董承等人开始护送天子还京（洛阳）。这一去就是一年的颠沛流离，天子又变成了浪子。建安元年（公元196年）七月，皇帝终于回到了洛阳。面对被董卓烧毁破败不堪的京城，天子欲哭无泪。

如此混乱的局面，对于国家和民族当然是大大的不幸，却给了争霸的关东诸侯一个极好的机会，同时对他们也是一次考验，既考验他们对国家民族是否忠诚，也考验他们能不能抓住发展壮大自己的机遇。现在看来，曹操集团考试合格。曹操到了兖州后，他的谋士毛玠与他有过一番谈话。这番话，奠定了相当长一段时间曹操政治战略、经济战略和军事战略的基础，堪称"曹操版"或"毛玠版"的《隆中对》。

毛玠首先为曹操分析了形势。他指出，当时的情况，是社会动乱（天下分崩），国本动摇（国主迁移），经济崩溃（生民废业），灾难流行（饥馑流亡），可谓国既不泰（公家无经岁之储），民也不安（百姓无安固之志）。这样下去，绝非长久之计（难以持久）。这个时候，确实需要有一个雄才大略的人来收拾局面。这个事业，就是所谓"霸王之业"。但是，那些有此条件的人，比如袁绍、刘表，虽然实力强大（士民众强），却目光短浅（无经远之虑），不知根本（未有树基建本者也）。根本是什么？一是正义，二是实力。实力当中，又首先是经济实力。因为兵马未动，粮草先行。没有足够的粮饷，是打不了仗的。实际上，战争并不仅仅是军事力量的较量，更是经济力量的较量。当然，战争也不仅仅是实力的较量，更是人心的较量。得人心者得天下。有了正义的旗帜，就师出有名，也就能克敌制胜，这就叫"兵义者胜"。有了经济的力量，就财大气粗，也就能进退自如，这就叫"守位以财"。总之，有了这两条，就进可攻，退可守。

因此，毛玠向曹操提出三项建议，即奉天子，修耕植，畜军资。毛玠说："夫兵义者胜，守位以财，宜奉天子以令不臣，修耕植，畜军资，如此则霸王之业可成也。"为什么要"奉天子"呢？因为在当时，皇帝不但是国家元首，而且是上天的嫡子，即"天子"，也是天下人的父亲，即"君父"。这个观念，早在西周时就形成了。西周虽然没有皇帝，天子却是有的，即作为"天下共主"的周王。后来，秦灭六国，天下一统，"王制"变成了"帝制"，"共主"变成了"独主"，但取代了"王"的"皇帝"却仍然是"天子"。现在，上天的嫡子、天下人的父亲颠沛流离，食不果腹，居无定所，割据一方的诸侯都不伸手救援，许多人是愤愤不平看不下去的。如果有人能够尊奉天子，无疑会大得人心。这就是毛玠深谋远虑的地方。至于"修耕植，畜军资"，其意义则已如前说。总之，"奉天子"是政治战略，"修耕植"是经济战略，"畜军资"是军事战略，所以说毛玠的话是"纲领性文件"。

曹操立即就采纳了毛玠的建议（《三国志》的说法是"敬纳其言"），而且予以实施。前面讲过的"屯田"，就是"修耕植，畜军资"。另一件要做的事情，就是"奉天子"了。

但是这并不容易。毛玠提出建议后，曹操就派使者前往长安联系朝廷，却被河内太守张杨拦住，不得过境。这时，一个名叫董昭的人出来帮了大忙。董昭这个人，按照陈迩冬先生《闲话三分》的说法，在三国中连次要人物也够不上。但我以为，董昭的"戏份"虽然不重,每次出场却都在节骨眼上。比方说,曹操的迎奉天子,陈迩冬先生就谓之"董昭教打'皇帝牌'";后来曹操成为"魏公""魏王",《三国志》也说"皆昭所创"。其实曹操的这些事,并非董昭一人之功。比如"奉天子以令不臣",就首先是毛玠的建议。不过,这件事能够办成,董昭的作用确实很大。

董昭原本是袁绍的人,因为袁绍听信谗言对他产生怀疑,他只好离开袁绍去洛阳,半路被张杨收留。董昭见曹操的使者被张杨拦截,就对张杨说,将军不要以为袁绍和曹操是一家,我看他们两个总有一天会翻脸,而胜利者必定是曹操,因为曹操才是当今天下的英雄。现在曹操代理了兖州牧,派使节去朝见天子,路过将军这里(其实是被张杨挡住),这就是将军和曹操的缘分啊!将军不如做个顺水人情,将来你们就是好朋友了。于是张杨就上书朝廷,表荐曹操。董昭又自己掏钱以曹操的名义给李傕和郭汜送礼,从此曹操和朝廷有了来往。这是汉献帝初平三年(公元192年)的事。

到兴平二年(公元195年)的十月,曹操正式做了兖州牧,力量更强大了;而汉献帝也在次年即建安元年(公元196年)的七月,历尽千辛万苦回到了洛阳,迎奉天子的条件更为成熟。曹操便派他的堂弟、扬武中郎将曹洪去洛阳,却遭到卫将军董承和袁术的拦截。这时又多亏了董昭。董昭的办法是去找杨奉。因为他发现皇帝身边那些如狼似虎的军阀当中,杨奉的实力最强而根基最浅,很希望得到外援。于是董昭便自作主张替曹操写了一封信。信里先是吹捧了杨奉一番,然后说现在天下这么混乱,"必须众贤以清王轨,诚非一人所能独建",也就是应该联合起来。怎么联合呢?"将军当为内主,吾为外援。今吾有粮,将军有兵,有无相通,足以相济。"而且,董昭还替曹操信誓旦旦:"死生契阔,相与共之。"这话说得杨奉点头称是,就举荐曹操为镇东将军,还承袭了父爵费亭侯。正好这时董承在朝廷里和别人闹了矛盾,也派人请曹操出兵洛阳。曹操迎奉天子的障碍没有了。

汉献帝建安元年（公元196年）八月十八日，曹操进入洛阳，拜见了汉献帝。他带来了皇帝久违了的问候，也带来了皇帝许久不见的粮食和酒肉。君臣相见，想必感慨万千。曹操万万没有想到，至尊天子的饮食起居竟然形同乞丐。皇帝也没有想到，在这混乱的年头居然还当真有人惦记他，尊奉他。于是天子下诏，授予曹操符节和黄钺，录尚书事。授予符节，就有了军中执法权；授予黄钺，就有了内外指挥权；录尚书事，就有了最高行政权。曹操成功地迈出了第一步。

不过这一步也实在只能算是万里长征第一步。因为这时的皇帝，其实被捏在别人手上，并没有什么权威。曹操要在别人的地盘依靠并没有权威的皇帝行使什么军中执法权、内外指挥权和最高行政权，奉天子以令不臣，简直就是天方夜谭。因此，他还必须迈出第二步——把皇帝弄到自己身边去。

第二步的迈出也有董昭的功劳。曹操到了洛阳以后，和董昭有过一次谈话。他请董昭和自己坐在一起，感谢董昭暗中为自己做的一切，同时也问计于董昭。董昭说，将军举义兵，诛暴乱，入朝天子，辅翼王室，这是当年齐桓公、晋文公的霸业呀！但是，现在天子身边的这些将军，"人殊意异，未必服从"。如果留在洛阳辅佐皇上，"事势不便"。唯一的办法，就是"移驾幸许"，也就是请皇上到将军的根据地许县去。不过，董昭也指出，这件事情并不容易。因为董卓把皇帝劫持到长安，弄得民怨沸腾。现在皇帝好不容易回到了洛阳，天下人都翘首以待，希望从此安定下来。如果又要皇上移驾，恐怕人心不服。这就是"非常之事"了。然而，董昭强调："行非常之事，乃有非常之功，愿将军算其多者。"

这其实是考曹操的魄力了。曹操马上说，这正是我的打算。只不过杨奉就在附近，听说他的军队很厉害，只怕不会给我方便。董昭说，无碍。杨奉这个人，有勇无谋，又没有党羽，是可以忽悠的。将军不妨先给杨奉写一封信，送上厚礼，就说洛阳没有粮食了，要就食于鲁阳。鲁阳距离许县不过咫尺，岂不是说去就去了？鲁阳离杨奉所在的梁县也不远，杨奉必不怀疑，何忧之有呢？曹操依计而行，果然就把皇帝弄到了许县。

这下子杨奉才发现上当了。董昭以曹操的名义给他写信的时候，他还真以为曹操会像信中所写的那样和他合作，他出兵，曹操出粮，由他主持朝政，曹操做外援。他哪里知道，曹操这个人，岂是给别人当后勤部长的？别人给他当后勤部长还差不多！当然，杨奉也更想不到曹操居然会以"暂幸鲁阳"之名，行"迁都许县"之实。气急败坏的杨奉想和曹操算账，却被曹操抄了老窝，最后只好去投奔袁术。

迁都许县的皇帝暂时住进了曹操的行辕，天子感到很满意。到许县之前，皇帝和朝官们已经和叫花子差不太多。据《后汉书·献帝纪》，当时在洛阳，天子临时住在老宦官赵忠的宅子里，而"百官披荆棘，依墙壁间"，尚书郎以下的官都得自己出去挖野菜吃，有的竟活活饿死或被乱兵杀死。曹操却大大地改善了他们的生活，而且在做这些事时，非常地细心，很像一个管家的样子。更令天子感动的是，曹操在为他提供日用品的时候，采取的是"归还公物"的方式，还上了一道《上杂物疏》。曹操说，这些东西都是先帝赐给臣祖上的。先帝赐给臣祖，是先帝的恩宠，臣祖也是供奉在家里，从来不敢使用。现在皇上起居不便，臣又无尺寸之功，哪里还敢留下？理应归还。

这一手实在漂亮。我们知道，帮助一个人，最重要的是不要让他觉得受了施舍，欠了人情，更不能老是提醒别人受了自己的帮助。许攸就错在这里，最后死于非命。当然，臣下给皇上送东西，历来是叫作"孝敬"的。但在这个非常时期，"孝敬"和"施舍"也没有太大区别。这个时候，臣下能够说一声"孝敬"，就算是给足了面子。然而曹操居然说是"归还"！"归还"和"孝敬"是不同的。你再说"孝敬"，那东西也是你的，皇帝还是欠了你一个人情。"归还"却意味着那东西原本是皇帝的，曹操一点人情都没有。皇帝既受之无愧，曹操也理所应当。这就把人情做足了。做人情，又显得不是做人情，曹操实在高明。

曹操的这份细心不能不让皇帝感动，也不能不让他认为曹操是大大的忠臣。感动之余，皇帝庆幸自己有了这样一个忠臣，甚至庆幸上天赐给他这样一个救星。他不用再流离失所，不用再像一件可居的奇货在军阀们的手上倒卖，不用担心害怕随时会被废黜、杀害。他有了一个保护神，可以过点安生日子了。

于是，天子下诏，任命曹操为大将军，封武平侯。武平侯是县侯，比原来那个只是亭侯的费亭侯高了两级（亭侯之上是乡侯，乡侯之上是县侯）。更重要的是，大将军是武帝以来大汉王朝的最高实权职务，实际上比"三公"的地位还高，权力还大。这下子，曹操完成了"奉天子"的程序，获得了"一人之下，万人之上"的崇高地位，他可以"令诸侯"了吗？

不能。第一个，袁绍就不听他的。曹操当了大将军以后，大约是为了平衡，或者是为了安抚一下老朋友，又以皇帝的名义任命袁绍为太尉，封邺侯。袁绍便马上就跳起来了，拒不接受。因为太尉虽然是全国最高军事长官，三公之一，地位却在大将军之下。据《三国志·袁绍传》裴松之注引《献帝春秋》，袁绍气愤地对人说，曹操早就死过好几回了，每次都是我救了他，现在反倒跑到我头上撒尿来了，什么东西！难道他还想"挟天子以令我"吗？

这就十分小家子气和小心眼儿了。袁绍这个人，虽然出身高贵，却其实小心眼。这也是他最后终于要失败的原因之一。反倒是曹操大度，知道此时不可和袁绍翻脸，便上表辞去大将军一职，让给袁绍。袁绍这下以为得了面子和甜头，才不闹了。其实，袁绍不在朝中，他的号令也出不了自己的辖区范围，当大将军和小将军没什么两样。何况，这职位是曹操让出来的，也没什么面子，徒然让后人耻笑而已。

更何况，曹操可以给他"面子"，却不会给他"里子"，也不会听他指挥。据《三国志·武帝纪》裴松之注引《魏书》，当时袁绍要曹操胡乱找个茬子把杨彪和孔融杀了，曹操就不听他的。曹操知道袁绍和杨彪、孔融有过节，自己也不喜欢杨彪和孔融，却知道现在不是杀人的时候，更不能乱杀名士。就算要杀，也是曹操自己的事，岂能由袁绍来指挥？于是曹操就一本正经地给袁绍回了一封信，说现在的情况，是"天下土崩瓦解，雄豪并起"，君臣将相，既不同心，也不同德，"此上下相疑之秋也"。这个时候，作为帝国的执政者，即便以最坦诚的心态去对待别人，恐怕也难以取信于人。如果还要杀他一个两个，岂不弄得人人自危？想当年，高皇帝册封和他有过节的雍齿为侯，就安定了整个朝廷，这事阁下难道忘了吗？袁绍得信，气了个半死，认为曹操表面上大公无私（外托公义），实际上心怀鬼胎（内实离异），还要和他打官腔，就恨得咬牙切齿。

曹操当然很清楚袁绍的心思，也很清楚他和袁绍总有一天会公开翻脸。不过，袁绍这么一闹，也让曹操清楚地意识到，事情并没有想象的那么简单。不要以为你掌握了个小皇帝，当了个大将军，天下就是你的了。没有的事！事实上，袁绍不听他的，袁术不听他的，吕布、张绣这些小军阀也不听他的，更不用说远在天边的刘表和孙策了。皇帝的旗号并不能代替武器的批判，天下还得靠拳头打出来。

因此，说曹操都许之后就"挟天子以令诸侯"了，是不对的。当时他并没有这个能耐，也未必有这个想法。因为毛玠的建议，是"奉天子以令不臣"，并非"挟天子以令诸侯"。这两个说法是有本质区别的。奉，是尊奉、维护；挟，是挟持、利用。令不臣，是要地方服从中央；令诸侯，是要别人服从自己。因此，"奉天子以令不臣"是政治纲领，目的是实现国家的统一；"挟天子以令诸侯"是政治策略，目的是实现个人的野心。这两个说法，岂能混为一谈？

那么，曹操的真实想法，是要"奉天子以令不臣"，还是要"挟天子以令诸侯"呢？

第七章
先入为主

　　曹操的政治天才，集中表现在他迎奉天子迁都许县这件事上。这件事的动机，可以有两种解释。一种是为了维护国家的统一，必须维护作为国家统一象征的皇帝，铲除导致国家分裂的诸侯，即"奉天子以令不臣"；另一种解释则是曹操为了实现自己的政治野心，把皇帝作为牌来打，趁机消灭异己，即"挟天子以令诸侯"。那么，曹操的真实想法究竟是什么？

　　上一章我们讲到，曹操到洛阳见到皇帝以后，便采纳董昭的计谋，把天子客客气气地请到了自己的根据地，从此迁都许县。许多人认为，曹操开始"挟天子以令诸侯"了。但我们前面说过，曹操的政治纲领，是"奉天子以令不臣"，而不是"挟天子以令诸侯"。那么，"挟天子以令诸侯"这句话又是怎么来的呢？

　　是袁绍的谋士说的。

　　袁绍有两个谋士说过这话，一个是沮授，一个是田丰。沮授的说法是"挟天子而令诸侯，畜士马以讨不庭"，田丰的说法则是"挟天子以令诸侯，四海可指麾而定"。田丰的说法见于《三国志·武帝纪》裴松之注引《献帝春秋》，沮授的说法见于《三国志·袁绍传》裴松之注引《献帝传》。沮授的说法在前，而且详尽，我们就说沮授。

沮授是袁绍从韩馥手里骗得冀州之后，顺便接收的谋士之一。袁绍的水平比韩馥高多了，沮授当然愿意为他效劳。据《三国志·袁绍传》，沮授投靠袁绍后，两人有过一次谈话。正如毛玠的谈话可以算作"曹操版"的《隆中对》，沮授的谈话也可以算作"袁绍版"的《隆中对》，而且说得文采飞扬。沮授说，将军您是一个旷世英雄、少年才俊。年纪轻轻刚一进入朝廷，就名扬四海（弱冠登朝，则播名海内）；面对董卓的倒行逆施，您表现得大义凛然（值废立之际，则忠义奋发）；单枪匹马突出重围，董卓就心惊胆战（单骑出奔，则董卓怀怖）；渡过黄河就职勃海，勃海就俯首称臣（济河而北，则勃海稽首）。您依靠勃海一个郡的力量（振一郡之卒），获得了冀州一个州的拥戴（撮冀州之众），真可谓"威震河朔，名重天下"呀！现在天下虽然还不太平（黄巾猾乱，黑山跋扈），但是，又有谁能阻挡您前进的步伐呢？您现在"举军东向，则青州可定；还讨黑山，则张燕可灭；回众北首，则公孙必丧；震胁戎狄，则匈奴必从"，完全可以"横大河之北，合四州之地，收英雄之才，拥百万之众"，成为举世瞩目举足轻重的救世英雄。那时，您就应该把皇上从长安迎回来（迎大驾于西京），在洛阳恢复社稷和祖庙（复宗庙于洛邑），然后"号令天下，以讨未复"。将军有了这样一个政治优势，又有谁能够和您一争高下呢（以此争锋，谁能敌之）？用不了多久，就大功告成了（比及数年，此功不难）。这话说得袁绍也热血沸腾，当即表示"此吾心也"，可惜并未实行。

这事后来又议过一次，而且话说得更明确，时间则是在曹操迎奉天子之前不久。据《三国志·袁绍传》裴松之注引《献帝传》，沮授说，自从董卓造孽，天子流离失所，宗庙破败毁坏，各路诸侯名义上大举义兵，实际上自相残杀（外托义兵，内图相灭），没有一个尊崇天子、体恤百姓的（未有存主恤民者）。现在，将军您已经初步安定了州域，就应该迎奉天子定都邺城，"挟天子而令诸侯，畜士马以讨不庭",又有谁能够抵挡您呢?

这话袁绍倒是听进去了,可惜其他人反对。反对的人,据《献帝传》说是郭图,但《三国志》说郭图是赞成的,而且说主张"迎天子都邺"的正是郭图。这个我们也弄不清楚。反正那些人七嘴八舌说大汉王朝眼看就要完蛋了,咱们却去扶它,不是没事找事吗?现在大家都想问鼎中原。这个时候,先下手为强,先得手为王。如果把皇帝这宝贝弄到身边来,天天向他请示,事事向他汇报,实在麻烦。听他的吧,显得咱没分量(从之则权轻);不听他的吧,说起来又算是违命(违之则拒命),实在划不着(非计之善者也)。袁绍自己呢,一想到献帝是董卓拥立的(天子之立非绍意),心里就犯恶心,也就打消了这个念头。

机不可失,时不再来。袁绍一犹豫,曹操就抢了先。这一回轮到袁绍大跌眼镜了:曹操迎奉献帝迁都许县后,不但没有损失什么,或受制于人,反倒捞到了不少实惠。他得到了黄河以南的大片土地,关中地区的人民也纷纷归附(收河南地,关中皆附)。更重要的是,他捞到了一大笔政治资本,不但自己成了匡扶汉室的英雄,有了"一人之下,万人之上"的地位,而且把所有的反对派都置于不仁不义的不利地位。从此,曹操不管是任命官吏、扩大地盘,还是讨伐异己、打击政敌,都可以用皇帝的名义,再不义也是正义的。对手们呢?则很被动。他们要反对曹操,先得担反对皇帝的风险。即便打着"清君侧"的旗号,也远不如曹操直接用皇帝的名义下诏来得便当,来得理直气壮。比如后来袁绍要打曹操,沮授和崔琰便都说"天子在许",攻打许"于义则违"。诸葛亮也说曹操"挟天子而令诸侯,此诚不可与争锋"。曹操捷足先登,占了个大便宜。

袁绍则吃了个大亏。据《后汉书·袁绍传》,曹操刚把天子迎到许县,就一本正经地以皇帝的名义给袁绍下了一道诏书,责备他"地广兵多,而专自树党",没见他出师勤王,只见他不停地攻击别人。

袁绍接诏，浑身气都不打一处来，却也只好忍气吞声上书为自己辩解一番。后悔之余，袁绍又想出一个补救办法。他以许都低湿、洛阳残破为由，要求曹操把皇帝迁到离自己较近的鄄（音倦）城（今山东省鄄城县），试图和曹操共享这张王牌。这可真是做梦娶媳妇，净想好事。曹操肚子里好笑，毫不客气地予以拒绝。这时，袁绍的谋士田丰就对他说，迁都的事既然办不成，那就赶紧打许县的主意（徙都之计，既不克从，宜早图许，奉迎天子），否则就来不及了。袁绍不听。

实际上，这事从一开始曹操就高了袁绍一头。高在哪里？高在格调，高在品位。要知道，沮授的建议（挟天子而令诸侯）是不可以和毛玠的建议（奉天子以令不臣）等量齐观的。道理上一章讲过：奉，是尊奉、维护；挟，是挟持、利用。"奉天子以令不臣"的目的是要实现国家统一，"挟天子而令诸侯"的目的是要实现个人野心。一个光明磊落，一个鬼鬼祟祟，岂能同日而语？毛玠说得对，"兵义者胜"。不义，气度上就差了一截。

退一万步说，就算曹操接受毛玠的建议迎奉天子，并非真心要把行将就木的汉室再扶起来，不过只是把皇帝当牌来打，策略上也比袁绍高明。因为皇帝不但可以当牌来打，而且是张好牌。这张牌，好就好在它既虚又实。说它虚，是因为这时的皇帝，不要说"乾纲独断"，就连人身自由都没有，完全听人摆布，有如提线木偶。所以，它是一张可以抓到手的牌。说它实，则是因为尽管谁都知道这皇帝是虚的，是个摆设，可又谁都不敢说他是虚的，可以不要，就像童话里谁也不敢说那皇帝没穿衣服一样。皇帝有个什么吩咐，有个什么号令，大家也都得装作服从的样子（事实上有些事还得照着做），不敢明目张胆唱反调。唯其如此，当时敌对的双方便都要宣称自己的行动得到了皇帝的授权。在朝的逼着皇帝下诏书，在野的则谎称有皇帝的密诏，这样他们的行动才师出有名，才有正义的性质。所以，皇帝又是一张有用的牌，而且是王牌。只要这张牌是王牌，你管它是哪儿来的?

至于说把皇帝弄到身边,事事要向他请示,不如远离皇帝可以随心所欲,为所欲为,则更是典型的山大王意识,一点政治头脑都没有。天高固然皇帝远,但那皇帝如果是傀儡,近一点岂不更便当?请示汇报、磕头行礼当然还是要的。但只要稍微有点头脑,就该知道那不过是走走过场而已。那小皇帝当时才十六岁,还是个孩子。先是被捏在董卓手里,后来又被捏在王允等人手里,从来就没有真正掌过权。李傕、郭汜火并,在长安城里兵戎相见,皇帝派人两边讲和,谁也不买他的账。可见这位堂堂天子,不要说号令天下,就连当个和事佬都当不成。这样可怜的皇帝,到了袁绍这里,怎么会摆天子的谱,和袁大人过不去呢?政治斗争和做生意一样,讲究的是抢占商机。王牌只有一张,你不抢,就会有别人抢。沮授就说:"权不失机,功在速捷","若不早图,必有先人者也"。可惜袁绍听不进去。

可见,迎奉天子这事,也有两说。毛玠是一种说法,沮授是另一种说法。那么,曹操的真实想法是什么?他是要"奉天子以令不臣"呢,还是要"挟天子而令诸侯"呢?

曹操的谋士们显然是主张前者的。毛玠是这个观点,荀彧也是这个观点。荀彧原本是袁绍的人,但他"度绍终不能成大事",早在汉献帝初平二年(公元191年)就离开袁绍投奔了还只是东郡太守的曹操,曹操高兴地说这就是我的张良啊!建安元年(公元196年),曹操决定迎奉天子的时候,许多人是不赞成的(诸将或疑),是荀彧和程昱坚决支持。程昱说过什么我们已无从知晓,荀彧的说法则记载在《三国志·荀彧传》中,我们且看他怎么说。

荀彧说,第一,搞政治斗争,必须正义,至少要有一面正义的旗帜。想当年,晋文公迎奉被王子带驱逐的周襄王返回王城,结果诸侯影从;高皇帝为被楚霸王杀害的楚怀王披麻戴孝,结果天下归心。这就是正义旗帜的号召力。第二,将军您一贯正义。董卓祸乱国家的时候,是您第一个举起正义的旗帜并付诸行动(首倡义兵);天子颠沛流离的时候,又是您冒着天大的风险派去了使节(蒙险通使)。这说明什么呢?说明您的心无时无刻不在王室(乃心无不在王室),您的夙愿是要匡复天下啊(是将军匡天下之素志也)!现在,天子正在颠簸(车驾旋轸),洛阳一片破败(东京榛芜),忠义之士无不希望捍卫国本(义士有存本之思),人民群众怀念大汉往日的辉煌而更加悲伤(百姓感旧而增哀)。那就应该立即行动起来,做将军一直想做的事。错过了时机,人心就会大乱。等到大家都想搞分裂(四方生心)的时候再来收拾局面,恐怕就为时太晚了。

为此,荀彧向曹操提出了三大纲领,即尊奉天子以顺从民意(奉主上以从民望),大公无私以降服豪强(秉至公以服雄杰),弘扬正义以招揽英雄(扶弘义以致英俊)。荀彧说,"奉主上以从民望",是最大的趋势,即"大顺";"秉至公以服雄杰",是最大的战略,即"大略";"扶弘义以致英俊",是最大的德行,即"大德"。大顺至尊,大略至公,大德至义。有此三大纲领,就堂堂正正,气壮山河,无往而不胜。即便有人唱反调,闹别扭,倒行逆施,那也只能是小丑跳梁,螳臂当车,自取灭亡。

荀彧这段话说得大义凛然,不能不让曹操肃然起敬。如果比较一下荀彧和沮授的说辞,则品位和格调的高下就一目了然。荀彧着眼于"义",沮授着眼于"利"。荀彧始终紧扣一个主题:捍卫现任皇帝,就是维护国家统一,这是"大义"。沮授则反复强调一个策略:掌握现任皇帝,就能拥有政治资本,这是"大利"。所以,他们都认为必须抓紧时机,但着眼点不一样。荀彧说,等到大家都想搞分裂的时候再来收拾局面,就为时已晚。沮授则说,如果不先下手为强,让别人把皇帝这张牌抢走了,就来不及了。当然,沮授也说了"今迎朝廷,至义也"的话,但说得轻描淡写。轻描淡写倒不见得就是沮授格调低,归根结底还是袁绍格调低。谋士要说服东家，总是要顺着对方的心思说的。沮授晓之以"利"，说明袁绍重"利"；荀彧晓之以"义"，说明曹操重"义"。至少，在公元196年的时候，曹操是重"义"的，或装着重"义"的样子。

不过，任何说法和决策都是双刃剑。毛玠和荀彧为曹操设定的这个"政治正确"和"正义旗帜"，给曹操戴上了高帽子，也给曹操戴上了紧箍。尤其是荀彧提出的尊奉天子、大公无私和弘扬正义这三大纲领，全方位地遏制着曹操的个人野心；而"乃心无不在王室"和"将军匡天下之素志也"这两句话，则等于用曹操自己的话把曹操管得死死的，使他终其一生都不敢取现任皇帝而代之，悍然称帝。也许正是这个原因，曹操在自己野心膨胀的时候对他们产生了怨恨。荀彧被逼自杀，毛玠也下了大狱，差一点死掉。

这当然是后话。在公元196年这个时候，曹操基本上还是想做"乱世英雄"的，也是主张尊奉现任皇帝，维护国家统一的。据《三国志·武帝纪》裴松之注引《魏书》，六年前袁绍提出要另立刘虞为帝时，曹操就曾这样回答袁绍。曹操说，董卓的罪恶，暴于四海。我们的联军之所以得到那么多人的拥护和响应，就因为我们的行动是正义的。现在皇上年幼，势单力薄，受制于奸臣，自己并没有什么过错。一旦更换，天下还有谁能安心？最后，曹操悲愤地说："诸君北面，我自西向！"也就是说，你们到幽州朝拜新皇帝去吧，我自己一个人西进长安，到那里保卫当今皇上去！

曹操这段话不长，意义却很重大。它清楚地表明了曹操的政治立场：主张统一，反对分裂，因为分裂意味着战争，也意味着人民的痛苦。曹操曾经写过一首诗，叫《蒿里行》，回顾了关东联军四分五裂的故事，描绘了战争状态下人民的痛不欲生。那可真是哀鸿遍野，饿殍遍地，惨不忍睹。曹操说："关东有义士，兴兵讨群凶。初期会盟津，乃心在咸阳。军合力不齐，踌躇而雁行。势利使人争，嗣还自相戕。淮南弟称号，刻玺于北方。铠甲生虮虱，万姓以死亡。白骨露于野，千里无鸡鸣。生民百遗一，念之断人肠。"这种景象，曹操他看不下去。

因此曹操坚决主张国家的统一，并为此奋斗终身。国家要统一，就要有一个统一的象征。在当时的情况下，这就是皇帝。皇帝是谁并不重要。如果条件成熟，自己来当也不是不可以，但不能没有，也不能有两个。他反对董卓，是因为董卓把皇帝搞得等于没有。他反对袁绍，是因为袁绍要把皇帝搞成两个。他坚持不退出政治舞台，而且在条件实际上已经成熟的时候也不取代汉献帝，则因为"设使国家无有孤，不知当几人称帝，几人称王"。所以，为了国家的统一，他宁肯自己忍住，也不能弄出一大堆皇帝来。

当然，要说曹操这时一点个人野心都没有，也不是事实。据一条不太可靠的史料，即《三国志·武帝纪》裴松之注引张璠《汉纪》，当时有个名叫王立的太史公，一而再、再而三地对皇帝说，天命有去就，五行不常盛。替代汉的必定是魏。能安天下的，也只有曹氏。曹操听说这话以后，就让人对王立说："知公忠于朝廷，然天道深远，幸勿多言。"这事十分靠不住，尤其是"承汉者魏也"这句话，不大可能在曹操刚刚迎奉天子的时候就有人说出来。不过该书所引曹操的话，倒符合他的真实心理。这个时候，曹操可能已经有了野心，至少这话他听了心里舒服，但他知道不能说。

不能说，不等于不能做。曹操迁都许县以后，便悄悄地开始由"奉天子"变成"挟天子"。这个转变是有意的还是无意的，是早有预谋还是顺其自然，现在已经弄不清了。反正曹操越来越专横，越来越跋扈，越来越霸道，越来越不把皇帝当皇帝，皇帝自己也越来越觉得是从"被尊奉"变成了"被软禁"，终于在建安五年（公元200年）发生了所谓"衣带诏"事件。这件事《三国志》和《后汉书》都有记载，当是事实。《三国志·先主传》说："献帝舅（岳父）车骑将军董承辞受帝衣带中密诏，当诛曹公。……事觉，承等皆伏诛。"《后汉书·献帝纪》也说："五年春正月，车骑将军董承、偏将军王服、越骑校尉种辑受密诏诛曹操，事泄。壬午，曹操杀董承等，夷三族。"我们知道，汉献帝是在动乱和灾难中成长起来的，早就养成了逆来顺受的隐忍功夫。如果不是被逼无奈忍无可忍，应该不会下此密诏，可见曹操当时猖狂到什么程度。

不过这事也很难讲，因为正史所载也未必是实。陈迩冬先生就说"衣带诏"事件"实千古之疑案"，史学大师吕思勉先生也表示怀疑。这事我们以后再说。其实，"奉天子以令不臣"和"挟天子而令诸侯"并不矛盾。因为要维护国家统一，就必须铲除导致国家分裂的诸侯，而要实现自己的政治野心，也必须消灭异己。目的虽不一样，事情和结果却相同。这事在曹操那里就更不矛盾，因为他的个人野心已经和国家的统一大业紧密地联系在一起了。曹操很清楚，他要实现个人野心，就得实现国家统一；只有实现国家统一，他才能实现个人野心。因此，在战略上，在大庭广众之中，他必须"奉天子以令不臣"；在策略上，在私下里，则不妨"挟天子而令诸侯"。"奉天子以令不臣"是口号，是旗帜；"挟天子而令诸侯"是手段，是牌。什么时候举旗，什么时候打牌，什么时候"奉天子以令不臣"，什么时候"挟天子而令诸侯"，他心里清清楚楚，而且做起来游刃有余。

何况这事还有另一个好处，那就是曹操将能够比谁都更为有利地网罗人才。他可以用中央政府的名义广纳贤明甚至招降纳叛，那些希望为国家效劳、为天下出力的人，也只有到他的政府里来，才显得名正言顺、光明正大。这也是刘备集团和孙权集团必须把他定位为"汉贼"，把曹操和汉室区别开来的原因之一。但不管怎么说，曹操在这方面要比他们便当。因为替皇帝效劳总比替诸侯效劳正当，而替皇帝效劳和替曹操效劳实在难以区分。至少，曹操可以用皇帝的名义和国家的俸禄为自己的人才加官晋爵。官位是国家的，人才是自己的，曹操这笔生意做得合算。

总之，把皇帝弄到许县以后，曹操就上了一个新的台阶。他拥有了最大的政治资本和人力资源。于是，曹操一只手高举起维护汉室这面在当时是正义的旗帜，号召天下，号令诸侯，俨然大汉王朝的救世主；另一只手却从背后悄悄地拔出了刀子，而且出手极快。他要用这把刀，荡平四海，一统九州。那么，曹操他顺利吗？

第八章
鬼使神差

曹操迎奉天子迁都许县以后，拥有了最大的政治资本和人力资源。于是，他一手举旗子，一手拔刀子，试图以此号召天下，号令诸侯，荡平四海，一统九州。这当然并不容易，也不可能十分顺利。在这场艰苦卓绝的斗争中，曹操好几次差一点就全军覆没，死于非命。那么，是什么原因，使得他能够化险为夷、转败为胜；又是谁，鬼使神差般地来到他身边，给了他关键性的帮助呢？

前面我们讲到，汉献帝建安元年（公元196年）曹操做了两件大事，一是迎奉天子迁都许县，二是实施了屯田制度。前者使他在政治上占据了优势（奉天子以令不臣），后者使他在经济上获得了丰收（得谷百万斛）。天子所在且丰衣足食的许都成为人心所向，许多人便都来依附曹操。包括当时还不显山不露水的刘备，也带着关羽和张飞前来投奔。于是，拥有了雄厚政治资本而且人才济济、粮饷充足的曹操，便开始了他的征伐。

事情一开始出奇地顺利。汉献帝建安二年（公元197年）春正月，曹操南征，盘踞在宛城（今河南省南阳市）的张绣向曹操投降。这个时候，距离曹操实行"奉天子以令不臣"的战略才不过一两个月。刚刚拔出刀子，就兵不血刃地获得了胜利，曹操不免有些飘飘然，行为也不检点，举措也不推敲。据《三国志·张绣传》正文及裴松之注引《傅子》，这时他做了两件不该做的事。一是强纳张绣的婶婶（即张济的妻子）为妾，这让张绣感到屈辱（绣恨之）；二是拉拢张绣的贴身部将胡车儿，这使张绣感到威胁（疑太祖欲因左右刺之）。曹操听说张绣不满，恐怕变生不测，便也起了杀心（太祖闻其不悦，密有杀绣之计），但不知怎么走漏了风声（计漏）。于是，张绣便突然反叛，在曹操猝不及防的情况下把他打得落花流水。长子曹昂（曹操最中意的接班人）、猛将典韦（曹操最贴心的亲兵队长），还有一个侄子曹安民，均在战斗中身亡，曹操自己也中了箭伤，差一点就死于非命。

具体策划这次反叛行动的是张绣的谋士贾诩。贾诩，字文和，武威人，据说是张良、陈平一类的人物，实际上也堪称三国时代一等一的奇才、怪才和鬼才。他的字是"文和"，而他的"历史使命"却好像是"乱武"（这是作家周泽雄先生的发现）。《三国志·贾诩传》对他早年的"乱武"勾当，有详尽的记载。比如李傕和郭汜劫持皇帝祸乱国家，就是他造的孽。董卓被王允和吕布刺杀后，李傕和郭汜见大势已去，心灰意冷，准备解散队伍，抄小路逃回老家。贾诩却把他们拦住，说你们"弃众单行"，一个小小的亭长就能把你们捉拿归案，不如重新集结队伍，杀回长安，为董卓报仇。事情成了，你们可以"奉国家以正天下"；事情不成，你们再走不迟呀！李傕和郭汜一听有道理，就杀了回去，结果是国家、皇帝和人民再次遭灾。不过贾诩倒是有自知之明。李傕和郭汜要给他封侯，贾诩说："此救命之计，何功之有？"扪心不接受。李傕和郭汜又要拜他为尚书仆射（音业），贾诩又说："诩名不素重，非所以服人也。纵诩昧于荣利，奈国朝何！"结果李傕和郭汜又敬重他又害怕他。贾诩自己呢，大约也觉得罪孽深重，便利用自己的影响，尽可能地遏制李傕和郭汜，制止了他们不少罪行，保护了不少大臣，也算是将功补过吧！

天子离开长安以后，贾诩就辞去官职，辗转来到张绣军中，张绣对他执后辈礼。张绣准备反叛曹操，贾诩就帮他设计。据《三国志·张绣传》裴松之注引《吴书》，当时张绣采纳贾诩的计策，对曹操说部队要移动一下，又说军车少，载重多，请求让军士们把铠甲都穿在身上，武器都拿在手中。曹操没有怀疑，照准。结果张绣的部队路过曹营的时候，发动突然袭击，打得曹操措手不及，落荒而逃。

面对这次惨败，曹操并未诿过于人，更没有追究主张接受张绣投降的人，而是自己承担了责任。据《三国志·武帝纪》，曹操对诸将说，我已经知道自己错在哪儿了，我下回再也不会犯这样的错误（诸卿观之，自今已后不复败矣）。当然，曹操的检讨，并不到位。他说他这次失败的原因，是忘了让张绣交出老婆孩子做人质（失不便取其质）。这仍然是给自己打圆场。但是，能够不赖别人怪自己，就有进步的可能。汉献帝建安二年（公元197年）冬十一月，曹操再次南征张绣，果然大获全胜。张绣成了丧家之犬，南奔逃到穰（音瓤）城（今河南省邓州市）去了。

不过，一个人要成熟，也没有那么快。汉献帝建安三年（公元198年）三月，曹操第三次南征张绣，就出师不利，又差点栽了个大跟头。这次南征，许多人是反对的。据《三国志·荀攸传》，时任军师（参谋）的荀攸就对他说，现在张绣和刘表虽然在贾诩的撮合下结成了联盟，但这两个人是同床异梦的。张绣要靠刘表供应粮草，刘表又不能供，他们迟早要分道扬镳。不如等一等，他们就不战自败（不如缓军以待之，可诱而致也）。如果逼急了，刘表一定会来救援。可惜曹操不听，结果困于穰城，刘表也果然出兵，曹操只好撤退。

曹操一撤退，张绣就高兴了，立马派兵去追。贾诩说，追不得，追则必败。张绣哪里肯听？结果大败而归。贾诩说，现在可以追了。赶快去，必胜无疑。张绣听得目瞪口呆，说刚才不听先生的话，才落得这么个败局。现在败都败了,还追什么追?贾诩说,情况变了,你追就是。快去!张绣将信将疑,收拾残兵败将,又追了过去,果然大胜。这下子张绣百思不得其解了。张绣说,刚才以精兵追退军,先生说必败;现在以败兵追胜军,先生又说必胜。每次都像先生预料的那样,张绣实在想不通。贾诩说,这也没有什么好奇怪的。将军虽然善于用兵,实话实说,还是不如曹操。曹操既然决定撤退,必定亲自断后。将军的兵虽然精,但将军的将既不如曹操,曹操的兵也很精锐,所以将军必败。然而,曹操攻打将军,既无失策,又未尽力,不战而退,必定是大后方出了问题。他既然打退了将军的追兵,必定轻车速进,放心赶路,留下断后的将领军队就不是将军的对手了,所以必胜。这番话,说得张绣如醍醐灌顶,茅塞顿开,不能不心悦诚服,佩服得五体投地。我读《三国志·贾诩传》这段文字,也不能不拍案叫绝。

贾诩果然料事如神。曹操匆忙撤退,确实是后院起火。据《三国志·武帝纪》裴松之注引《献帝春秋》,原来曹操接到情报,说袁绍的谋士田丰建议袁绍趁曹操南征之机,突袭许县,"挟天子以令诸侯,四海可指麾而定"。这当然是天大的事,曹操不能不放弃张绣。不过,正如贾诩所估计,曹操是撤退,不是溃退,而且是有计划、有组织、有步骤地有序撤退,因此在撤退的过程中还是杀了个回马枪。当时的情况十分危险。后面有张绣追杀,前面有刘表拦截,可谓腹背受敌。然而曹操却胸有成竹。《三国志·武帝纪》说,当时曹操写信给留守许县的荀彧说,别看贼寇追我,害得我只能日行数里,但用不了多久,等我走到安众(今河南省镇平县东南),就一定能克敌制胜。

曹操写这封信的目的,当然是要给留守许县的荀彧吃一颗定心丸,让他们不要担心自己的安危,全力以赴准备迎击袁绍。不过曹操也确实是稳操胜券。曹操班师回朝以后,荀彧问他为什么会有必胜的信心。曹操说,贼寇追我退兵,这就是把我们逼到死路上了,我军必定拼死一战。置于死地而后生，置于亡地而后存，因此我料定必胜。

袁绍却没能抓住这次机会。他的兵马受到黑山农民军和公孙瓒的牵制，动弹不得，曹操一场虚惊。和张绣的战争，应该说也是打了个平手，双方各有胜负。可以说，曹操这次南征，不能算是赔本生意，好歹也是持平，何况在撤退的过程中还充分表现了自己的军事天才。但曹操并没有自鸣得意。他对荀攸检讨说，不听先生之言，以至于此。

实际上，扬人责己，也是曹操的一贯作风。汉献帝建安十二年（公元207年），曹操北征乌桓大获全胜。回师的路上，走到冀州时，天寒地冻，荒无人烟，连续行军二百里不见滴水，军粮也所剩无几，"杀马数千匹以为粮，凿地入三十余丈乃得水"。回到邺城后，曹操下令彻查当初劝谏他不要征讨乌桓的人。大家不知为什么，人人自危，曹操却一一予以封赏。曹操说，我这场胜利，完全是侥幸。诸君的劝阻，才是万全之策。因此我要感谢诸位，恳请诸位以后还是有什么说什么，该怎么讲还是怎么讲，不要有什么顾虑（后勿难言之）。这事是记载在对曹操不太友好的那本《曹瞒传》当中的，应该说靠得住。

其实早在这一年的二月，曹操就曾发布《封功臣令》，说我起义兵，诛暴乱，于今已十九年了，战必胜，攻必克，征必服，难道是我的功劳？全仗各位贤士大夫之力啊！

打了败仗检讨自己，打了胜仗感谢别人，而且感谢那些劝他不要打这一仗的人，这种胸襟和情怀，和袁绍、袁术之流真不可同日而语。曹操真不愧为大气磅礴和襟怀坦荡的大英雄。事实上，正是这种非凡的气度和超人的胆识，以及扬人责己的一贯作风，使他战胜了一个又一个敌人和对手，凝聚了一个又一个勇将和谋臣，也是他一次次转败为胜、化险为夷的原因之一。这种气度和胆识是有号召力和凝聚力的。于是，就连曾经背叛过他的张绣，也于汉献帝建安四年（公元199年）十一月再次向他投降。

张绣的第二次投降，也是贾诩的主意。据《三国志·贾诩传》，当时袁绍和曹操即将决一死战，双方都在争取中间力量。袁绍派人来招纳张绣，贾诩却力主去投靠曹操。贾诩自作主张地对袁绍的使者说，麻烦足下回去告诉袁本初，他们兄弟尚且不能相容，还容得下天下国士吗？此言一出，张绣当场就吓得面如土色，惊问道：你怎么这样讲？但是贾诩讲都讲了，而且是实话。于是张绣悄悄地问贾诩，你现在一点面子都不讲，就把袁绍的使者打发了，我们怎么办？贾诩说好办得很，我们去投靠曹操。张绣说，袁绍强大，曹操弱小，和我们又有前嫌，怎么还去投靠他？贾诩说，正因为如此，才应该投靠曹操。第一，曹操"奉天子以令天下"（请注意贾诩的说法也是"奉天子"而不是"挟天子"），政治上占有优势，投靠曹操名正言顺，此为有理。第二，袁绍人多势众，曹操人少势弱，我们这点人马，在袁绍那里微不足道，对于曹操却是雪中送炭，必被看重，此为有利。第三，但凡有志于王霸之业者，一定不会斤斤计较个人恩怨，反倒会拿我们做个榜样，向天下人表示他的宽宏大度和以德服人，此为安全。因此将军尽管放心。

贾诩的估计完全不差。张绣一到，曹操就亲亲热热地拉着他的手（执其手），为他设宴洗尘（与欢宴），并立即任命张绣为扬武将军，封列侯。为了进一步表示自己的诚意，曹操还为自己的儿子曹均娶张绣的女儿为妻，两人成了儿女亲家，和当年刘邦在鸿门宴之前对待项伯一样，极尽笼络之能事。至于过去的恩恩怨怨，当然也只字不提，从此，张绣成为曹操麾下一员勇武的战将，贾诩则成为曹操身边一个重要的谋臣。在接下来的官渡之战中，他们都立下了汗马功劳。《三国志·张绣传》的说法，是"官渡之役，绣力战有功"。至于贾诩的贡献，我们后面还要讲到。

张绣其实是稀里糊涂投降的，曹操和贾诩却心如明镜，心照不宣。这两个人实在是太懂政治了。他们都明白一个道理：天下的争夺，归根结底是人心的争夺。得人心者得天下，失人心者失天下。而要争取人心，就必须有宽宏大量的气度和既往不咎的政策，哪怕是装，也要装得像回事。这就需要有一个典型，一个样板，一个榜样。榜样的力量是无穷的，它比说多少好话都管用。张绣就恰恰是一个做榜样当典型的最好材料。他和曹操多次交手，而且几次把曹操打得落荒而逃。他和曹操有着深仇大恨，而且是投降了又叛变的人。这样的人，都能为曹操所容，还有什么人不能容呢？这样的人，都能为曹操所信任，还有什么人不能信任呢？相反，袁绍连自己的弟弟都不能信任，还能指望天下人归顺依附吗？

张绣来得也很是时候。曹操其时，"奉天子以令不臣"才刚刚三年，天下不服的人不可胜数。他自己在社会上的名声也不太好。后来陈琳代袁绍起草的讨曹檄文，就把他骂得狗血淋头，说他从来就不讲道德，只不过鹰爪之才，甚至说"历观古今书籍，所载贪残虐烈无道之臣，于操为甚"，简直就是天字第一号的大坏蛋、大流氓。此类文章，历来是欲加之罪何患无辞，其中难免诬蔑不实之处，但有些事，恐怕也非空穴来风，曹操自己也有口难辩，说不清楚的。比如他的杀边让、屠徐州，就是洗刷不掉的污点。汉献帝初平四年（公元193年）秋，曹操亲提大军，直扑徐州，为被徐州牧陶谦部将张闿（音凯）抢劫并杀死的父亲曹嵩和弟弟曹德报仇。陶谦逃进郯城（今山东省郯城县），曹操便拿徐州人民出气，纵兵扫荡，滥杀无辜，仅一次就在泗水边"坑杀男女数万口"，连泗水都被尸体堵塞，为之不流。徐州地区许多城池"无复形迹"，不但没有人影，连鸡犬都杀光了，简直就是惨绝人寰。所以后来曹操打算再次征讨徐州的时候，荀彧就断言徐州军民一定会拼死抵抗，绝不投降，因为上次杀的人实在太多。确实，曹操这一回，也报复得太过分了。陶谦即便罪大恶极，也顶多杀了他本人或他那一伙，关老百姓什么事呢？如此滥杀无辜，岂非丧心病狂？

因此，曹操实在很需要有一个机会，来展示自己的博大胸怀和高尚情操；很需要有一个典型，来证明自己的容人之量和仁爱之心。张绣此时送上门来，真使他喜出望外。因此他不但立即表现出尽释前嫌，而且始终如一地表现出对张绣信任有加，给予的封赏也总是超过其他将领。张绣最后封到二千户，而其他人没有超过一千户的。

当然，曹操树的这个样板，后来似乎也遭了报复。八年后，张绣随曹操北征乌桓，还没到地方就死了，死因不明。《魏略》说是被曹丕吓死的。张绣为了讨好曹丕，曾多次请他聚会，没想到曹丕竟然发怒说：你杀了我哥哥，怎么还好意思厚着脸皮见人呢！张绣"心不自安，乃自杀"。此案甚为可疑，姑不论。但他的儿子张泉被杀，则是事实。张泉是因牵扯到魏讽谋反案中被杀的。据说此案"连坐死者数千人"，时间则在建安二十四年（公元219年），距离张绣投降已经二十年。这是曹操生前最后一次大清洗，下手的人又是曹丕。现在已无法查明张泉是怎样卷进此案的。第一种可能是张泉因曹丕逼死了父亲，心怀仇恨或心存恐惧而加盟魏讽叛党。第二种可能是曹丕因有间接谋杀张绣之嫌疑，畏惧张泉报仇，干脆逼人谋反，杀人灭口。第三种可能则是曹丕并未逼死张绣，但也深知曹操笼络张绣，完全是出于政治需要，杀子之仇是不会忘记的。报复既然无法施加于张绣，那就拿张泉来抵罪。总之，张泉之死，很有可能是冤案，或是被逼上梁山。事实上，曹操这个人的报复心是很重的。而且，报复起来，一点都不手软。谁要以为曹操不会报复，那就算他看错了人。只不过，能够忍到二十年以后再报复，也不愧为"奸雄"了。

但是曹操和曹丕对贾诩却一直很好。事实上，在这场事变中，最受益的是曹操。张绣只不过找到了一个出路，贾诩也只不过找到了一个归宿，曹操却捞到了一大笔政治资本。所以，曹操对贾诩，和他对张绣是不一样的。对张绣，是既拉拢又防范，但装作不防范；对贾诩，则是既感激又欣赏，而且是真感激真欣赏。张绣来投降的时候，曹操拉着贾诩的手感激地说，使我大大取信于天下人的，就是先生了（使我信重于天下者，子也）。这不是客套，而是真话。因为曹操确实感激他雪中送炭，欣赏他谋略过人，因此后来就连立储大计，也要和贾诩密谈。这就不再是为了示人以德，而是真诚地引为知己了。

实际上，贾诩可能是三国史里最聪明的人。三国时代的那些谋士和名人，很多人结局都不好。就说曹操这边的人吧，有的早夭（如郭嘉），有的反目（如毛玠），有的神秘去世（如荀彧），有的死于非命（如许攸），贾诩却安然无恙，寿终正寝。他服务了曹氏集团两代人，在文帝曹丕朝官居太尉，七十七岁去世，谥曰肃侯，结局比许多人都好。

贾诩的聪明，体现在他洞悉人性，总能看透对方的心思。据《三国志·贾诩传》，贾诩在把李傕和郭汜这两只"西北狼"引进长安后，并没有同流合污，而是择机离开了他们。离开长安后，贾诩先是投靠段煨（音威），后是投靠张绣。离开段煨的时候，有人问他，说段煨对先生那么好，先生为什么还要走？贾诩说，段煨这个人的特点是多疑。他对我客气，正说明他对我防范，怕我取而代之，因此总有一天会对我下手。现在我离开他，他一定如释重负。段煨是个很孤立的人，希望能有外援，必定厚待我的家人。张绣没有谋士，也希望我能去。这样，我自己和我家人就都安全了。后来，事实正如贾诩之所预料，张绣对他言听计从，段煨对他的家人也礼遇有加。我们看贾诩为别人出谋划策，总是料事如神，秘密就在这里。很多人上《三国演义》的当，以为世界上真有什么"锦囊妙计"，其实哪里有？料事如神者，实际上是料人如神。所以，琢磨计谋是没有用的，你还是琢磨人性吧！

知人者也自知。贾诩投降曹操以后，很清楚自己的身份地位，知道像自己这样多谋善断的人，对任何君主而言，都既是利用对象又是危险人物，何况还是个"叛徒"？因此他为人处世都十分低调，开始变得沉默寡言，很少出谋划策，也不呼朋引类，就连为子女缔结婚姻也不攀附豪门（诩自以非太祖旧臣，而策谋深长，惧见猜疑，阖门自守，退无私交，男女嫁娶，不结高门），尾巴夹得比谁都紧。贾诩真是聪明人。

现在看来，贾诩这个聪明人一生最出色的一件事，就是促成张绣降曹了。此事真可谓鬼使神差，而张绣降得也正是时候。就在几个月前，袁绍集结了十万精锐部队，向许都方向挺进，而曹操的军队也在两个月前驻扎官渡，一场决定当时中国命运和前途的战争即将打响。那么，这是一场怎样的战争呢？

第九章
一决雌雄

公元200年的"官渡之战",是三国时期的三大战役之一。这是一场决定着当时中国命运和前途的战争。袁绍固然是志在必得,曹操也只能胜不能败。但是,曹操虽然拥有政治上的优势,军事力量却明显地不如袁绍。那么,在这场战争中,曹操是怎样出奇制胜、以寡敌众、以弱胜强的呢?

汉献帝建安四年(公元199年)三月,袁绍不顾部分谋士反对,决定集结十万精锐部队向许县挺进,悍然发动了一场意在剿灭曹操的战争。这时,袁绍已经消灭了盘踞在北方的公孙瓒,拥有了冀、青、并、幽四州之地,人多势众,兵强马壮,可以和曹操一决雌雄了。

曹操立即北上迎敌。八月,曹军北渡黄河,驻扎黎阳(今河南省浚县东)。九月,曹操还军许县,同时分兵驻守官渡(今河南省中牟县北)。十二月,曹操再次抵达官渡,把自己的大本营设在这里。他派遣东郡太守刘延驻军白马(今河南省滑县东),益寿亭侯于禁驻守延津(今河南省延津北),和袁绍的军队隔河相向,摆开了决战的态势。

战争就要打响了。

这场战争是迟早要打响的。建安三年正月，杨奉被刘备谋杀；建安三年十一月，吕布被曹操消灭；建安四年六月，袁术一病不起；建安四年十一月，张绣举手投降。杨奉已灭，吕布已亡，袁术已死，张绣已降，刘表宣布中立，孙策保守东方。于是局势变得十分明朗，那就是袁绍和曹操两雄不并立，双方都把对方看作了项羽，必欲置之死地而后快。

那我们就来看看这场战争。

战争可以分为四个阶段，首先是"交锋阶段"。这个时候，双方都在小试锋芒。袁绍先发制人。汉献帝建安五年（公元200年）二月，袁绍兵进黎阳，以黎阳为大本营，并派遣大将颜良率先头部队攻击白马，然后又派大将文丑进军延津，但战争的重点是放在白马。四月，只有三千守军的刘延招架不住，向驻守在官渡的曹操发出"鸡毛信"。曹操决定立即驰援白马，荀攸却建议他进军延津。曹操马上就明白了，荀攸是要他声东击西，做出准备北渡黄河包抄袁绍后方的架势。曹操采纳了荀攸的建议，袁绍果然上当，派兵驰援延津。于是，曹操带领部队大张旗鼓地向北挺进。走到延津附近，又突然带领一小股轻骑兵突袭白马。围攻白马的颜良猝不及防，被关羽立斩马下，白马解围。

这里必须插一句，就是所谓"车骑将军董承受皇帝衣带密诏当诛曹操"一案在三个月前（即建安五年正月）事发，董承被杀，刘备逃亡。曹操驻军官渡以后，忙里偷闲，征讨刘备。刘备不敌，投奔袁绍；关羽被俘，投降曹操。关羽投降以后，既感激曹操的信任，又怀念刘备的情意，决定报答曹操以后再去寻找刘备。斩颜良，就是关羽为曹操立的一大功。

曹操解救了白马以后，料定袁绍绝不会善罢甘休，一定会反扑，也一定会拿白马的老百姓出气——屠城。于是带着白马人民沿着黄河往西走（人们都知道刘备撤退的时候带着老百姓，不知道曹操也是这样的）。走到延津南面的时候，和渡河而来的袁军相遇，一场遭遇战在所难免。当时曹操的军队在一个高坡上，袁绍的军队杀了过来。哨兵报告：敌人那边来了五六百骑兵。过了一会儿，又报告：骑兵更多了，步兵数都数不清。曹操说，不要再报告了！于是下令：解鞍放马，原地休息。所有的将领接到命令都目瞪口呆，说敌人来了那么多，从白马带来的辎重都摊在路上，我们还是先运回军营吧！只有荀攸明白曹操的心思，笑着说，这么好的诱饵，运回去干什么！曹操也笑，神态十分自若。又过了一会儿，文丑和刘备带着五六千骑兵过来了。将领们问，现在该上马了吧？曹操说不忙。果然，文丑和刘备的骑兵冲过来以后，发现了地下的辎重，纷纷下马去抢。这时曹操一声令下，鼙鼓声号角声响彻云霄。六百铁骑顷刻之间从高坡上冲下，顿时打得袁军满地找牙。

这一仗打得是惊心动魄，就连惜墨如金的《三国志》，也在《武帝纪》中详加描述，称为"大破之"。袁绍的另一员大将文丑被斩于马下（但并不能确定是关羽的功劳），刘备则逃之夭夭。于是，就在曹军欢庆胜利的时候，关羽封存了曹操所有的赏赐，留下一封书信，悄悄离开曹营，寻找他那个跑得比兔子还快的哥哥去了。

曹操初战告捷，却不敢掉以轻心。他知道自己的实力其实不如袁绍，因此放弃白马和延津，全军退回官渡。这样做有很多好处。退回官渡，既可以集中兵力，又可以节约财力，还可以诱敌深入。敌军一旦深入，补给线就会拉长。补给线拉长，战争的成本就会增加，胜利的可能性则会减少。我们看看地图就知道。在白马和延津与袁绍作战，对曹操是不利的。把战场放在官渡，则对曹操有利。因此，在敌强我弱的情况下，就应该"敌进我退"，不要计较一城一池的得失。

曹操是高明的。他能够这样，是因为他有务实的精神，深知"不得慕虚名而处实祸"的道理。袁绍则刚好相反，他是最喜欢虚名的，尤其喜欢听部下吹捧他"势不可当""所向无敌"。因此，曹操一撤退，他就挺进了，全然没有想到曹操是以退为进，以守为攻。

七月，袁绍军进阳武。八月，袁军又向前推进，逼近官渡，沿沙丘安营扎寨，东西绵延数十里。这时曹操已无路可退，便也扎营相向。战争进入第二个阶段——"相持阶段"。

这一阶段战争的"技术含量"很高。起先是袁绍在军营里建起高楼，堆起土山，居高临下往曹营放箭，曹军死伤惨重，所有的人都只好把盾牌顶在头上（营中皆蒙楯），一个个胆战心惊（众大惧）。这当然不是个事，再说也不能只是招架，还要反攻。于是曹操又制造了"发石机"，可以把大块的石头像炮弹一样发射到袁绍的军营里去，把袁绍的箭楼全部摧毁。这在当时要算是"大规模杀伤性武器"了。袁军魂飞魄散，称之为"霹雳车"。袁绍一计不成又生一计，派工兵挖地道，准备偷袭曹操。曹操则挖壕沟来对付袁绍，又派奇兵去袭击袁绍的运粮车，烧得袁绍叫苦不迭。这两个回合，算是打了个平手。

除正面交锋外，袁绍和曹操也都在对方的背后做小动作。当时，曹操在官渡作战，原来投降曹操的黄巾军将领刘辟就在汝南背叛曹操，投靠了袁绍。于是袁绍派刘备和刘辟会合，在许县周边骚扰，结果被曹仁打得落花流水，刘辟被杀，刘备落荒而逃，又跑得比兔子还快。同时曹操也在设法联络北方乌桓的军阀，使袁绍腹背受敌。这一回，也算是打了个平手。

总之，这一阶段，是谁也战胜不了谁。

但是，战争如此旷日持久，谁都受不了，尤其是人民群众灾难深重，曹操自己也心力交瘁。据《三国志·武帝纪》及《资治通鉴》，九月的一天，曹操看见运粮来营的士卒千辛万苦、疲于奔命的样子，实在于心不忍，竟然脱口而出说，再过十五天，我一定为你们拿下袁绍，再也不辛苦你们了（却十五日为汝破绍，不复劳汝矣）。

曹操这样说，有把握吗？没有。实际上，他是不想再打了。他实在坚持不住了。然而远在许县的荀彧却鼓励他一定要坚持。据《三国志·武帝纪》，荀彧回信说，袁绍倾巢而出，孤注一掷，这是铁了心要和您决一死战啊！他是绝不会善罢甘休，也是绝不会半途而废的。现在的形势，您是"以至弱当至强"。如果不能战而胜之，就一定会被消灭干净，根本就没有第三种可能。所以荀彧说，曹公呀曹公，成败在此一举！袁绍不过"布衣之雄"，明公却是"神武明哲"，何况还是"奉天子以令不臣"，哪里有不能成功的道理呢？

贾诩也主张曹操打下去。据《三国志·贾诩传》，贾诩对曹操说，明公的智慧超过袁绍，勇敢超过袁绍，用人超过袁绍，决断超过袁绍。有这四大优势，却半年不能胜利，就因为明公您总想万无一失。其实，只要抓住机遇，一鼓作气，片刻工夫就可以大功告成。

这两个人意见都是对的。战争，是一件有着极大风险的事情。尤其是在冷兵器时代，很难说谁就有必胜的把握。因此，将帅的意志和决策，就往往是成败的关键；而最后的胜利，则往往存在于再坚持一下的努力之中。具体到这场战争，曹操一方无疑是要以寡敌众，以弱胜强，这就更需要意志，更需要坚持，需要在坚持中抓住机遇，如果有此机遇的话。

机遇说来就来。就在曹操咬紧牙关决心坚持下去的时候，有三件事情使得这场战争进入了第三个阶段——"转折阶段"。

第一件事情是"刘备开溜"。刘备从汝南逃回袁绍的大本营以后，就向袁绍提出应该联合刘表。刘表和刘备都是老刘家的人，联络刘表，自然非刘备莫属。于是袁绍让刘备"将本兵复至汝南"，刘备也就趁机开溜。刘备为什么要开溜呢？一种可能，是刘备兵败汝南回到黎阳以后，袁绍的脸色不太好看。刘备待不住，只好自己炒鱿鱼。这种可能性不大。据史书记载，袁绍父子对刘备是"倾心敬重"的。变脸的可能也有，但刘备却不会根据别人的脸色来决定自己的行动。袁绍的态度再不好，尚不至于十分难堪；而袁绍这里如果前程远大，他也会忍辱负重留下来。刘备投靠过许多人。他曾经投靠公孙瓒攻打袁绍，投靠陶谦攻打曹操，投靠曹操攻打吕布，现在又投靠袁绍攻打曹操。他早就习惯寄人篱下了，怎么会不能忍受？因此，刘备的开溜，很可能是已经预感到袁绍的失败。刘备在政治上是很敏感的。他就像海轮上的那些耗子一样，知道这条船会不会沉。看来，刘备已经意识到，袁绍这里已危机四伏，最好一走了之，所以《三国志·先主传》说是"阴欲离绍"。当时刘备的力量不强。他之于袁绍，就像年三十的凉菜，有他过年，没他也过年。所以，这事并未引起人们足够的注意。但我以为，大风起于青蘋之末。刘备开溜一事，实应视为袁绍即将失败的一个征兆。

第二件事情就比较关键了，这就是"许攸叛逃"。许攸叛逃的原因有三种说法，仅《三国志》就有两种。《武帝纪》的说法是"许攸贪财，绍不能足，来奔"，《荀彧传》的说法是"审配以许攸家不法，收其妻、子，攸怒叛绍"。习凿齿《汉晋春秋》的说法，则是因为袁绍不听许攸的建议。当时袁绍和曹操相持不下，许攸劝他留一部分军队看住曹操，然后抄小路前往许县劫持天子，则大功立即告成。袁绍不听，说我一定要先灭了曹操再说。于是许攸愤怒（攸怒），一气之下投奔了曹操。

这三种说法其实可以合并，就是许攸发现袁绍既不能听取他的意见，又不能满足他的要求，不足与谋，也不足共图，再加上老婆孩子被捕，当然要走。许攸这一走，袁绍就吃了大亏，曹操就占了大便宜。因为许攸是袁绍的老人，从袁绍与董卓翻脸在冀州建立根据地的时候起，就跟着袁绍了。这个人足智多谋，又掌握了大量军事情报。他的叛逃，不但对袁绍是重大损失，而且会动摇军心。因此《曹瞒传》说，曹操一听说许攸来奔，就高兴得搓着双手放声大笑（抚掌笑曰），说这下子我的事情就好办了（吾事济矣）。

果然，许攸一到曹营，就为曹操出了"火烧乌巢"的计谋（这事我们已在《真假曹操》一章说过）。曹操也当机立断，亲自率领轻骑兵直奔乌巢。乌巢是袁绍的粮库，却没有派重兵把守。曹操化装成袁军，人衔枚，马缚口，趁夜色，抄小路，急行军奇袭乌巢，一把火烧光了袁绍所有的军需物资和后勤设备，并直接导致了第三件事情的发生。

第三件事情的发生，使形势在顷刻之间发生了根本性的逆转，这就是"张郃反水"。张郃是袁绍的大将，有勇有谋，而且也是在冀州时就跟了袁绍的。据《三国志·张郃传》，曹操奇袭乌巢，袁绍也得到了消息。张郃主张立即增援，郭图反对。郭图说，张郃的办法不对。我们应该去攻打曹操的大本营。曹操听说老巢被攻，一定回师救官渡，乌巢也就解围了，这叫"不救而自解"。张郃说这根本就不可能。曹操的大本营哪里是顷刻之间就能攻得下的？乌巢的部队又哪里是能抵挡得住曹操的？曹营攻不下，乌巢又失守，我们恐怕只能去做俘虏了。可惜袁绍不听，接受郭图的意见，派轻兵救援乌巢，派重兵攻打官渡，结果完全如张郃所料。这下子郭图紧张了。为了推卸责任，只好嫁祸于人。于是郭图对袁绍说，张郃得到消息，幸灾乐祸，出言不逊。袁绍的性格大家是知道的，最是死要面子。郭图这么一说，袁绍肯定拿张郃问罪。张郃前方不利，后院失火，只好和部下高览烧了战车，向曹操投降。

张郃投降的时候，曹操还没有回来，镇守官渡的是荀攸和曹洪。曹洪弄不清张郃是真降还是诈降，不敢放他进来。荀攸说，没什么可怀疑的，快开营门！张郃也就进了曹营。曹操闻讯，喜出望外，说这是韩信归了刘邦呀！于是拜张郃为偏将军，封都亭侯。

刘备开溜，袁绍失了外援；许攸叛逃，袁绍丢了智囊；张郃反水，袁绍折了臂膀。所有这些，都说明袁绍大势已去，接下来只能是全军覆没，土崩瓦解。

于是战争迅速进入第四阶段——"决胜阶段"。张郃一投降，曹操马上就按照贾诩的建议，抓住机遇，集中兵力，大举反攻。这时，众叛亲离的袁绍完全丧失了斗志，带着长子袁谭弃军而走，落荒而逃。失去了统帅的袁军"大溃"，纷纷变成俘虏，袁绍的图书和珍宝也都落入曹操手中。这些东西，原本是不应该带到军中的。

但袁绍为了表现自己的"儒将风度"和"名士派头",硬是带了过来,结果全部被曹操"笑纳"。这说明袁绍虽然自视甚高,其实华而不实。华而不实爱摆谱的人,是从来就成不了大事的。据《三国志·武帝纪》,一年前,袁绍决定发动这场战争的时候,曹操就曾经笑着说,袁绍"土地虽广,粮食虽丰",不过是为我准备的礼物(适足以为吾奉也)。这些图书和珍宝,则大约要算是额外的收获了。

官渡之战是当时中国历史的一个转折点,因此史家多给予高度重视。《三国志·武帝纪》甚至还记载一则"神话"(也可以说是"鬼话")。说是桓帝时,土星出现在楚(今湖南、湖北)、宋(今河南商丘一带)之间,于是一个名叫殷馗的"预言家"便断言,五十年后必有真命天子起于梁国和沛国之间,而且"其锋不可当"。果然,五十年后,沛国谯县(今安徽省亳州市)人曹操在官渡大破袁绍,从此"天下莫敌矣"。

这当然是无稽之谈。其实就连官渡之战的许多细节,史家都有不同看法。吕思勉先生的《三国史话》在谈到这场战争时,就几乎把《三国志》全部推翻。吕先生甚至说:"《三国志》上所说的兵谋,大都是靠不住的。"他认为曹操取胜的原因并不在于谋略,主要是能咬紧牙关坚持到底。这就没办法辩证了,请有兴趣的朋友自己琢磨。官渡之战的结束,是汉献帝建安五年(公元200年)十月的事情。从此袁绍一蹶不振,再也翻不过身来。建安七年(公元202年)五月,袁绍发病呕血而死。建安九年(公元204年)七月,曹操击败袁绍的接班人袁尚。八月,曹操进入邺城,哭祭袁绍,曹丕则顺手牵羊,"接管"了袁熙新婚的妻子。建安十年(公元205年)正月,曹操击败袁绍的长子袁谭,平定冀州,袁谭被杀。建安十二年(公元207年)九月,辽东太守公孙康谋杀袁绍的接班人袁尚和二儿子袁熙,将其首级送往曹营。不可一世的袁绍家族彻底灭亡。

公孙康杀袁尚和袁熙还有两个小插曲。据《三国志·武帝纪》,袁尚和袁熙投奔公孙康以后,许多人是主张征伐的。曹操却说用不着,公孙康很快就会把他们的人头送过来。为什么呢?因为他们其实是狼狈为奸,既互相利用又互相防范的。我们逼他,他们就齐心协力;我们不管,他们就互相残杀。果然,袁尚和袁熙阴谋夺取公孙康的地盘以自立,公孙康则决定杀了袁尚和袁熙给曹操一个交代。据《三国志·袁绍传》裴松之注引《典略》,当时公孙康设下"鸿门宴",将袁尚和袁熙一举擒拿。袁尚和袁熙被捆起来扔在冰冷的地上,很难受,便请求给个坐垫。公孙康说,你们的脑袋就要出远门了,还要坐垫干什么!便把他俩杀了,一切都在曹操的预料之中。所以说,胜利总是属于那些洞悉人性的人。

袁尚、袁熙、袁谭的死,归根结底还是源于官渡之战的失败。这个结局,其实有两个人早就预见到了,他们就是袁绍的谋士沮授和田丰。沮授和田丰都是坚决反对打这场战争的。据《三国志·袁绍传》,田丰曾对袁绍说:"曹公善用兵,变化无方,众虽少,未可轻也。"因此他提出,应该打持久战和游击战。首先,应该发展壮大自己。一是要站稳脚跟(据山河之固),二是要扩大地盘(拥四州之众),三是要建立统一战线(外结英雄),四是要加紧扩建备战(内修农战)。这样,才能立于不败之地。然后,再派小股部队去骚扰曹操,"分为奇兵,乘虚迭出"。曹操救援东边我们就打西边,救援西边我们就打东边,"使敌疲于奔命,民不得安业",这样,"我未劳而彼已困"。用不了两年,就可以坐享其成了。现在我们"释庙胜之策,而决成败于一战",万一失手,那就后悔莫及。袁绍不听,田丰强谏。于是袁绍勃然大怒,认为田丰阻挠他平定天下的大计,罪该万死,就把田丰下了大狱,说等我凯旋,再来和你算账。

田丰在狱中等了一年多,等来的正是失败的消息。于是朋友来祝贺田丰,说从此足下必定受到重用。田丰却仰天长叹说,这一下我死定了。来人不解,说为什么,怎么可能?是啊,为什么,怎么可能呢?

◎ 官渡决战

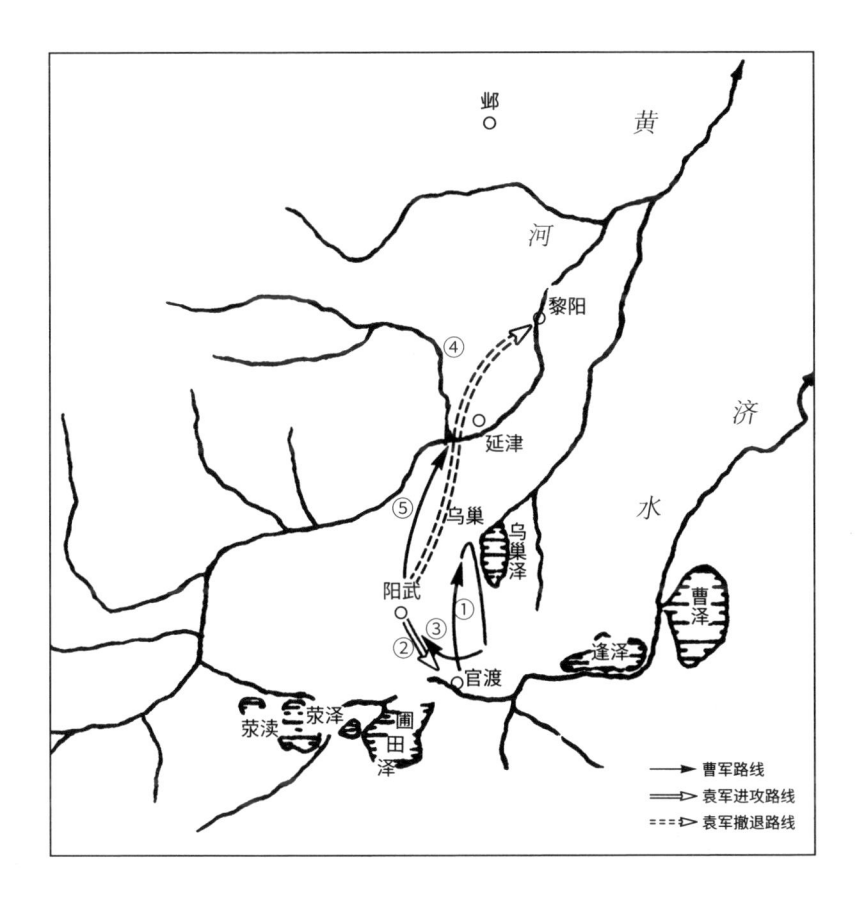

图据《中国历代战争地图集》。
① 曹操亲自率奇兵五千夜袭乌巢，一举烧尽袁绍军的粮草。
② 袁绍认为曹军倾巢出动，大本营必然空虚，遂派张郃进攻曹营。张郃进攻不利，怕袁绍降罪，于是向曹操投降。
③ 曹操斩杀乌巢守将淳于琼，割下袁军千余人的鼻子和牛马的唇舌，送到袁军大营示威。
④ 袁绍全军溃败，袁氏父子扮作平民快马向北，逃窜到黎阳。
⑤ 曹操大胜，收编了大量袁绍败军。

第十章
胜败有凭

决定着当时中国命运和前途的官渡之战，在汉献帝建安五年十月以曹操的大获全胜告终。当时袁绍拥兵十万，将帅如虎，谋臣如狼，曹操的军事力量则有着明显的差距，部下也多以为不能敌。然而曹操却终于以寡敌众、以弱胜强，这里面的原因究竟何在？

汉献帝建安五年（公元200年）十月，曹操取得了官渡之战的胜利。去年袁术已死，现在袁绍又败，不可一世的袁氏兄弟再也没戏可唱，中国北方开始姓曹。

胜利似乎在曹操的预料之中。

事实上，曹操早就把袁氏兄弟列进黑名单了。据《三国志·武帝纪》裴松之注引皇甫谧《逸士传》，袁逢的夫人去世时，袁绍和袁术兄弟俩扶灵归葬汝南，大会宾客，前来吊唁的人竟达三万之多。面对如此之多的宾客，袁绍和袁术不得不做悲痛状，内心深处的得意则不难想见。然而冷眼旁观的曹操却悄悄地对一个名叫王俊的朋友说，天下即将大乱。作为祸乱魁首的，一定就是这两个人。要想平定天下，拯救百姓，必须先灭了这两个。王俊一直认定曹操是"天下之雄"，便回应说，能够扫平天下的，除了足下，还能有谁呢？两个人就"相对而笑"。后来，曹袁相争时，王俊还劝刘表支持曹操，可惜刘表不听。

当然，那个时候，曹操也只能是说说而已，毕竟师出无名，何况心有余而力不足。实际上，曹操一直为无法战胜袁绍而烦恼。曹操迎奉天子以后，袁绍心里一百八十个不服气，便加紧扩军备战，兼并诸侯，终于拥有了冀、青、并、幽四州之地，人多势众，兵强马壮，"天下畏其强"。曹操呢，则四面都是敌人：北有袁绍，东有吕布，西有张绣，南有袁术，再加上一个不怀好意的孙策。后来官渡之战时，孙策就准备偷袭许县，只是因为被刺客谋杀才未遂。所以，曹操心里很郁闷。

看透了曹操心思的是荀彧。据《三国志·荀彧传》，建安二年正月，曹操曾经一度举止失态，行为反常，所有的人都认为是张绣背叛了他的缘故，只有荀彧认为不是。荀彧说，以曹公之聪明，绝不会追究往事，一定别的原因。一问，果然。原来，袁绍给曹操写了一封信，态度极其无礼，语气也极其傲慢。曹操就问荀彧，说我一直就想讨伐那个不仁不义的家伙，可惜力不从心，该怎么办？荀彧说，无妨。纵观古今，成败在人不在势。如果是真正的英雄，那么，即便现在弱一点，也会强大起来（诚有其才，虽弱必强）。相反，如果是冒牌货，那么，就算现在强大，很快也会变弱（苟非其人，虽强易弱）。

这当然在理。问题是，具体到曹操和袁绍，会不会有强弱、大小相互转化的可能呢？荀彧认为有。荀彧对曹操说，当今之世，能够和明公争夺天下的，也就是袁绍，而袁绍其实外强中干，因为明公有四个方面比袁绍强。第一，袁绍这个人，表面上宽宏大量，实际上嫉贤妒能（貌外宽而内忌），既要使用人才，又不能给予充分的信任（任人而疑其心）；而明公您豁达大度不拘小节（明达不拘），能够给予人才最大的信任，并且把他们放在最合适的位置（唯才所宜），这是气度胜过袁绍。第二，袁绍这个人，反应迟钝，优柔寡断，决策总是慢半拍（迟重少决，失在后机）；而明公您总是能够当机立断,而且变化莫测(能断大事,应变无方),这是谋略胜过袁绍。第三,袁绍这个人,治军不严,有令不行,有禁不止(御军宽缓,法令不立),人马虽多,其实没有用(士卒虽众,其实难用);而明公您执法如山,令行禁止,赏罚分明,言必信,行必果(法令既明,赏罚必行),军队虽然不多,但将士们都争先恐后拼力死战(士卒虽寡,皆争致死),这是英武胜过袁绍。第四,袁绍这个人,凭借"四世三公"的家族势力,装腔作势,沽名钓誉(绍凭世资,从容饰智,以收名誉),所以那些自命清高的人都投靠了他,可惜他们徒有其表,其实没有真才实学(故士之寡能好问者多归之);而明公您以诚待人,不玩虚套(公以至仁待人,推诚心不为虚美),自己的生活很简朴(行己谨俭),奖赏有功之人却毫不吝惜(与有功者无所吝惜),所以那些既忠诚又能干的人都来归顺您(故天下忠正效实之士咸愿为用),这是仁德胜过袁绍。荀彧说,有此"四胜",再加上明公尊奉天子,匡扶正义,师出有名,堂堂正正,岂有不胜之理?

类似的话郭嘉也说过。郭嘉的说法就更夸张,一口气说了"十胜":道胜、义胜、治胜、度胜、谋胜、德胜、仁胜、明胜、文胜、武胜。与之相对应,袁绍则有"十败"。不过《三国志》只记录了荀彧的"四胜",郭嘉的"十胜十败"是裴松之的注引用西晋傅玄的《傅子》所言。谋士的话不一定靠得住,尤其是荀彧和郭嘉都站在曹操的立场上说话,又要给曹操打气,难免夸大其词。但如果连袁绍的谋士也有类似的看法,就很能说明问题了。

且看袁绍这边怎么讲。

袁绍的谋士沮授和田丰倒没有(也不可能)对曹操和袁绍作全面的比较,但是,他们却提到了一个带有根本性的问题,那就是发动这场战争是否正义。据《三国志·袁绍传》裴松之注引《献帝传》,沮授和田丰对袁绍说,战争连年不断(师出历年),民众疲惫不堪(百姓疲敝),国库空无一物(仓庾无积),税费有增无减(赋役方殷),这是国家最大的忧患。因此,应该发展生产,安定人民,派使节向天子报告我们的成就。如果去不了，就公开状告曹操阻碍尊王之路，破坏统一大业，然后用运动战、游击战和持久战对付他。不出三年，"事可坐定"。

这个策略无疑是正确的。先将曹操置于不义，是为"有理"；以强制弱，以逸待劳，是为"有利"；步步为营，循序渐进，是为"有节"。但是审配和郭图反对。反对的原因，在审配，可能是因为糊涂；在郭图，则多半是拍马屁。郭图知道袁绍急功近利，自视甚高，就和审配一起说，兵法讲，我方十倍于敌就包围，五倍于敌就进攻，旗鼓相当就可以打它一仗（十围五攻，敌则能战）。如此看来，以主公之神武，军队之强大，消灭一个小小的曹操，那不是易如反掌（譬若覆手）吗？现在不抓紧，以后就来不及了。这显然是夸夸其谈，空谈误国，毫无实质性内容，因此沮授不能不予以痛斥，话就说得比较重了。

沮授说：平定动乱，诛灭残暴，叫作"义兵"（救乱诛暴，谓之义兵）。穷兵黩武，仗势欺人，叫作"骄兵"（恃众凭强，谓之骄兵）。义兵是战无不胜的（兵义无敌），骄兵则是必败无疑的（骄者先灭）。现在，天子在许，"举兵南向，于义则违"。何况曹操法纪严明，士卒精锐，哪里是像公孙瓒那样坐以待毙的？以骄兵战义兵，已是不利；以无名伐有名，更是失理。如果再不讲究策略，一心只想毕其功于一役，那就是失策了。所以沮授说："今弃万安之术，而兴无名之兵，窃为公惧之！"

沮授这话，是说到根本了。我们知道，战争是政治的延续。因此，战争的胜败，并不仅仅在于军事力量的强弱。运筹帷幄之中，决胜千里之外，也不能只考虑实力（庙胜之策，不在强弱），更应该考虑政治上是否正确，道义上是否在理。像袁绍这样，兴兵不义，师出无名，岂有不败之理？可惜袁绍不懂这个道理，听信郭图等人的强词夺理，结果在政治上和道义上就先输给了曹操。在战略上，又急功近利，务虚名而不顾实际，当然会碰个头破血流。可以说，政治上失利，道义上失理，战略上失策，是袁绍失败的首要原因。

袁绍指挥上也存在失误。战争之初，中曹操声东击西之计，不守白马，驰援延津，是一误；曹操还军官渡以后，不知曹操是以退为进，以守为攻，挺进官渡，是二误；相持阶段，派刘备和刘辟在许县周边骚扰，却不接受许攸的建议劫持天子，是三误；曹操奇袭乌巢时，接受郭图的意见，派轻兵救援乌巢，派重兵攻打官渡，是四误。袁绍指挥这场战争，可以说是一误再误。官渡之战的结局，与其说是因为曹操用兵如神，不如说是因为袁绍愚蠢透顶。俗话说，兵熊熊一个，将熊熊一窝。主帅一错再错，战争就一败涂地。

指挥失误的根本原因是袁绍并不具备帅才。荀彧就说袁绍的特点，是"迟重少决，失在后机"，也就是见事迟，反应慢，优柔寡断，总是错过时机。相反，曹操则"能断大事，应变无方"，也就是能够当机立断，随机应变。《三国志·武帝纪》说，建安五年（公元200年）正月，官渡之战即将打响的前夜，曹操忙里偷闲打了刘备一家伙。当时大家都说，和明公争夺天下的不是袁绍吗？怎么去打刘备？曹操说，刘备是真正的人杰。现在不灭了他，后患无穷。大家又说，袁绍正大兵压境，我们去打刘备，袁绍抄我们的后路怎么办？曹操说放心吧！袁绍"虽有大志而见事迟"，他一定不动。果然，一直到曹操打完了刘备，俘虏了关羽和刘备的老婆孩子，重新回到官渡时，袁绍也没动一下。据《三国志·袁绍传》，当时田丰曾经建议袁绍趁机袭击曹操。袁绍却说小儿子正在生病，不肯出兵，气得田丰用手杖敲着地说，千载难逢的机会呀！却说什么儿子生病！

指挥失误的另一个原因是用人失当。说起来，袁绍手下是很有些人才的。颜良、文丑有勇，田丰、许攸有谋，沮授、郭图多智，审配、逢纪尽忠，所以孔融曾经断言曹操不是对手。据《三国志·荀彧传》，孔融曾对荀彧说："田丰、许攸，智计之士也，为之谋；审配、逢纪，尽忠之臣也，任其事；颜良、文丑，勇冠三军，统其兵，殆难克乎！"

然而荀彧却认为毋庸忧虑。不可否认，这些人都是人才，但这些人都有毛病："田丰刚而犯上，许攸贪而不治，审配专而无谋，逢纪果而自用。"刚而犯上，计谋就难被采纳；贪而不治，忠诚就没有保证；专而无谋，决策就难以周全；果而自用，做事就难免霸道。荀彧甚至还预料，如果许攸的家人犯法，审配和逢纪这两个尽忠之臣一定会不讲情面，执法如山，许攸也一定会叛变。至于颜良、文丑，则不过匹夫之勇，"可一战而禽也"。结果完全如荀彧之所言，田丰被囚，许攸叛逃，颜良和文丑丢了脑袋。

如果只是这些人有毛病，还不要紧。世界上没有十全十美的人，人都是有毛病的。所谓"知人善任"，关键就在于知道这些人有哪些优点，有哪些缺点，然后扬其长避其短。可惜袁绍不会。袁绍用人只有一个原则，就是自己个人的好恶。好恶的标准也很简单，就是谁拍马屁就喜欢谁，谁提意见就讨厌谁。田丰喜欢提意见，他让田丰进牢房；沮授喜欢提意见，他让沮授坐冷板凳。沮授坐冷板凳的结果，是袁绍的决策一错再错。袁绍进军黎阳，派颜良攻白马。沮授提醒说，颜良性情急躁，沉不住气，虽然骁勇，却不可以独当一面。袁绍不听，结果颜良被杀。曹操还军官渡，沮授劝袁绍屯兵延津，分兵官渡。官渡那边初战告捷，延津的大部队再去不迟。如果前方失利，也还有个退路。袁绍又不听，结果被曹操拖进泥潭。曹操奇袭乌巢，沮授再次建议，派蒋奇率一支别动队断其后路，袁绍还是不听，结果被一把火烧光了所有的本钱。袁绍似乎有一种特殊的性格和特别的本事，凡是对自己有利的正确意见，他一定本能地抵制。越是对他有好处，他越是不听。这真是一个奇观。

主帅没名堂，谋臣有毛病，这已经很糟糕了，更糟糕的是他们还要窝里斗。先是郭图嫉恨沮授，后是逢纪诬陷田丰。郭图、审配和沮授、田丰意见分歧，原本正常。讨论问题，难免见仁见智，哪能完全一致？只要大家都出以公心，实无妨会上争论，会下合作。

然而袁绍集团不。会议刚散，郭图就去说沮授的坏话，说沮授"监统内外，威震三军"，如果不控制一下，只怕将来尾大不掉。袁绍马上起了疑心，不但削弱了沮授的军权，而且再也不听他的。沮授提出辞职，也不准。沮授万般无奈，只好跟着袁绍过河。据《三国志·袁绍传》裴松之注引《献帝传》，上船之前，沮授仰天长叹，说悠悠黄河啊，我怕是再也回不来了。

果然，袁绍兵败，沮授被俘，落入曹军手中。沮授原本是应该跟着袁绍撤退的，但袁绍只顾自己逃命，哪管部下死活？沮授来不及过河，做了俘虏。军人押解他去见曹操，他一路高呼"授不降也"。见到曹操，则说"速死为福"。沮授也是曹操的老朋友，曹操就迎上前去说，天翻地覆，沧海桑田，没想到我们在这里见面。沮授说，袁公失误，穷途末路（冀州失策，以取奔北）。沮授的智慧和力量都用完了，活该做你的俘虏。曹操说，"本初无谋，不用君计"，你我合作如何？沮授说，家人的性命都在袁绍手里，就请曹公成全了我吧！曹操没有办法，后来还是杀了他。曹操说，我要是早能得到沮授，天下事就无可忧虑了。

袁绍的谋士窝里斗，袁绍自己则闹家务。袁绍有三个儿子：袁谭、袁熙、袁尚。他最喜欢的是袁尚。原因也很简单，就是袁尚长得漂亮。我们知道，袁绍自己是一表人才的，《三国志》的说法是"有姿貌威容"。袁绍认为，老帅哥的接班人就应该是小帅哥，因此想立袁尚为储。但这话说不出口，就借口要考察他们的能力，让三个儿子和一个外甥各领一州：袁谭为青州刺史，袁熙为幽州刺史，高干为并州刺史，袁尚和自己一起守在根据地冀州。据《三国志·袁绍传》裴松之注引《九州春秋》，沮授当时就表示反对。沮授说，一只兔子跑到十字路口，大家都来追。如果有一个人抓住了，大家就都不追了（一兔走衢，万人逐之；一人获之，贪者悉止）。你这样做，是存心制造矛盾，"必为祸始"。袁绍不听。果然，袁绍一死，袁尚兄弟就祸起萧墙，谋士们也分为两派。审配、逢纪拥护袁尚、辛评、郭图拥护袁谭，最后在争权夺利中同归于尽。

所以，袁绍之"失"，还要加上一条，即组织上失和。政治失利，道义失理，战略失策，指挥失误，用人失当，组织失和。有此"六失"，袁绍不败，那才是天理不容。

难怪曹操充满信心了。《三国志·武帝纪》说，袁绍发兵的消息传到许县以后，曹操身边的人都很紧张，认为肯定打不过袁绍（诸将以为不可敌）。因为袁绍精兵悍将十万人，曹操的兵力却不过万余（当然裴松之认为这个数字不准确）。然而曹操却很坦然。曹操说，我太了解袁绍的为人了。他这个人，野心大，智慧少（志大而智小）；态度凶，胆子小（色厉而胆薄）；嫉妒刻薄，人缘不好（忌克而少威）。他那个集团，"兵多而分画不明，将骄而政令不一"。因此，袁绍虽然地盘大，粮食多（土地虽广，粮食虽丰），不过是给我当后勤部长罢了（适足以为吾奉也）。

曹操到底是袁绍的老朋友，他真是把袁绍看透了。袁绍这个人，确实是志大才疏、色厉内荏、外强中干，政治上短见，军事上弱智，组织上低能。当然，说他一点风度、才华、能耐都没有，也不符合事实。事实上，袁绍是有本事的，也是有魅力的。作为"四世三公"之后，他没有躺在父辈开创的基业上吃老本，也没有糟蹋父辈的好名声。相反，他凭着自己的能力，获得了比父辈更大的成就、更高的声誉，这是必须予以肯定的。但是，他却在最为关键的时刻表现出愚蠢、固执和狂妄的一面，终于自己把自己送上了绝路。

袁绍的愚蠢、固执和狂妄是三位一体的。他因狂妄而固执，因固执而愚蠢，又因愚蠢而狂妄。他蠢就蠢在没有自知之明。因为没有自知之明，他狂妄，总认为自己天下无敌，因此愚蠢。因为愚蠢，他总认为自己决策英明，因此固执。因为固执，他听不进任何不同意见，因此失败。可以说，袁绍的失败，乃是做人的失败；而他做人的失败，又是性格使然。

袁绍的性格特征是内心分裂。荀彧就说他"貌外宽而内忌，任人而疑其心"。《三国志》则说他"外宽雅，有局度，忧喜不形于色，而内多忌害"。也就是说，袁绍这个人，看起来温文尔雅，宽宏大量，风度翩翩，其实心理阴暗。他见不得别人比自己风光，容不下别人比自己聪明，受不了别人比自己正确。他打曹操，就因为曹操比自己风光；他贬沮授，就因为沮授比自己聪明；他杀田丰，则因为田丰比自己正确。据《三国志·袁绍传》裴松之注引《先贤行状》，袁绍兵败官渡以后，将士们捶着胸脯痛哭流涕，说如果田丰在这里，我们不会落得这个下场。袁绍自己也觉得没面子，就向逢纪问田丰的态度。逢纪说，田丰在狱中幸灾乐祸，拍手大笑，说自己料事如神。结果，袁绍回到邺城，第一件事就是杀了田丰。

其实，即便没有逢纪的谗言，田丰也必死无疑。据《三国志·袁绍传》，当朋友向田丰祝贺，说"君必见重"时，田丰的回答却是"若军有利，吾必全；今军败，吾其死矣"。田丰实在是太清楚袁绍的为人了。如果打了胜仗，心里高兴，还有可能释放田丰出狱，一方面显示他的宽宏大量，另一方面也可借这个"反面教员"来证明自己的伟大英明。打了败仗，恼羞成怒，便一定会迁怒于别人，拿别人的人头来给自己出气，杀正确的人来掩盖自己的错误。这样的人真不是东西！

甚至就连袁绍的老婆，也不是东西。据《三国志·袁绍传》裴松之注引《典论》，袁绍尸骨未寒尚未殡葬（僵尸未殡），他老婆刘氏就把袁绍的宠妾五人全部杀死，说都是这些狐狸精害死了她老公。杀了不算，还要毁容，说是以免在九泉之下继续勾引袁绍。袁尚则助纣为虐，帮他妈把这些女人的家属也杀了。这就和曹操截然相反。曹操是打了败仗检讨自己，打了胜仗感谢别人的。他夫人卞氏也很厚道。《三国志·后妃传》裴松之注引《魏略》说，她常常趁曹操外出的时候把离异了的丁夫人接回家来住，自己执侍妾礼，平时也经常送衣送食，问寒问暖。比较一下曹操和袁绍以及他们的夫人，谁该胜谁该负，不就一目了然了？

的确，兴亡谁人定，胜败岂无凭。现在看来，曹操的胜利，袁绍的失败，应该说是胜败有凭。事实上，曹袁二人的高下之别，很早就已经显示出来了。据《三国志·武帝纪》，还是在刚刚起兵讨董卓的时候，袁绍就问过曹操，如果讨伐董贼不能成功，你看哪方面能做我们的依靠和凭据（方面何所可据）？曹操反问，足下的意思呢？袁绍回答说，南据黄河，北占燕代（泛指今河北北部和山西东北一带），兼领戎狄（指乌桓），南向以争天下，或许可以成功吧？曹操听了肚子里好笑，心想如果人是没有用的，躲到哪里也没有用，便淡淡地说，照我看，任用普天下的智能之士，用正道和正义来统率他们，就左右逢源没有做不了的事（吾任天下之智力，以道御之，无所不可）！

在这里，曹操利用汉语词汇的多义性，表达了他与袁绍不同的政治见解。袁绍问"方面何所可据"，这个"方面"，可以理解为地理位置，也可以理解为政治条件；据，既可理解为据点，也可理解为凭据。如此，曹操的话就可以理解为：只要依靠正义和人才，什么地方都是根据地。曹操的见识，已明显地高出于袁绍之上。这也是曹操后来与袁绍逐鹿中原时的态度：你打军事地理牌，我打政治人才牌，咱哥俩就玩它一把好了！

曹操很早就意识到，正义的旗帜和精锐的队伍是克敌制胜的两大法宝。荀彧就说，袁绍"布衣之雄耳，能聚人而不能用"。相反，曹操则是既能聚人，又能用人的。那么，曹操为什么能够聚人，他的用人之道又是怎样的呢？

第十一章
海纳百川

曹操很早就意识到，正义的旗帜和精锐的队伍是克敌制胜的两大法宝。"奉天子以令不臣"，是为了高举正义的旗帜；颁布《求贤令》，主张"唯才是举"，则是为了建立精锐的队伍。实际上，袁绍和曹操都是要用人的。那么，他们的用人之道有什么不同，曹操的高明之处又在哪里？

这一章，我们讲曹操的用人之道。

这个问题是很重要的。《三国志·武帝纪》的最后一段话说："汉末，天下大乱，雄豪并起，而袁绍虎视四州，强盛莫敌。太祖运筹演谋，鞭挞宇内，揽申、商之法术，该韩、白之奇策，官方授材，各因其器，矫情任算，不念旧恶，终能总御皇机，克成洪业者，唯其明略最优也。抑可谓非常之人，超世之杰矣。"这段话，是陈寿对曹操的总体评价。从这个评语不难看出，战胜袁绍，是曹操一生中最大的成功；而曹操能够成功，又因为他精于谋略和善于用人。可见，用人之道，是曹操成功之道的核心内容。

所谓"用人之道"，其实也就两个问题，一是用什么人，二是怎么用。正是在这两个问题上，曹操和袁绍表现出截然不同的两种风格。

先说用什么人。

必须肯定,袁绍这个人,是有个人魅力的,也懂得人才和人缘的重要。《三国志·袁绍传》裴松之注引《英雄记》说,袁绍年轻的时候就在京城广交豪侠,经常在他那个豪门大院里开派对,办沙龙,迎来送往,呼朋引类,门庭若市,也结交了一大批社会贤达和社会名流。这事一度引起当局不满,说袁绍这小子"不应呼召而养死士",想干什么!他叔叔袁隗(音委)也骂他,说你想让袁家灭门呀!袁绍这才稍有收敛,投到大将军何进麾下效力。

可见,当时朝中就已经有人发现,袁绍在模仿先秦时代贵介公子的做派,交豪侠,养门客,搞小集团。袁绍自己,恐怕也暗暗以战国"四大公子"自许。贾谊《过秦论》说,那时"齐有孟尝,赵有平原,楚有春申,魏有信陵。此四君者,皆明智而忠信,宽厚而爱人,尊贤而重士",于是名扬天下,一呼百应。这份风光,是很让人神往的。袁绍出身高贵,一表人才,是个翩翩美少年,便觉得很有资格也很应该成为这样的公子哥儿。

可惜袁绍只学了点皮毛,没有学到精髓。不怕花钱(不爱珍器重宝肥饶之地)大概是学会了的,"明智而忠信,宽厚而爱人,尊贤而重士"就谈不上。他交人只有一个原则,那就是"非海内知名,不得相见"。这是一种偏见,也是一种作秀和摆谱。袁绍这样做,是要告诉大家,袁大公子可不是随便什么人都好见的(不妄通宾客)。这不是摆谱是什么?更重要的是,袁绍结交名人,是为了抬高自己,并非真心要使用他们的聪明才智。袁绍从来就是自命不凡的,他不认为有谁比自己更聪明,因此也用不着当真笼络人才,只要能装点门面就行。这就是作秀了。为此,他可以做"折节下士"状,骨子里却是刚愎自用。这是他"能聚人而不能用"的根本原因。荀彧的判断是正确的:"绍凭世资,从容饰智,以收名誉,故士之寡能好问者多归之。"翻译过来就是:袁绍凭着家族积累的人缘,装模作样做出礼贤下士的样子,以博取虚名,因此那些徒有虚名的家伙便都归附他。

这就是袁绍了：作秀演戏，沽名钓誉，装点门面，自鸣得意。

曹操却正好相反。他的方针是：实事求是，唯才是举，不拘一格，来者不拒。在这个前提下，曹操妥善地处理了五种关系。

第一是名与实。曹操的政策是：实至名归，更重实际。

曹操深知人才的重要，也很清楚自己的分量。他知道，一个篱笆三个桩，一个好汉三个帮，要成就一番事业，就必须有人帮忙。他也知道，自己的背景、资历、地位、实力都不如别人。他不是袁绍，有一个庞大的家族；他不是孙权，有一份现成的基业。他甚至不如刘备，有一张可以炫耀的名片。他的政治资本是最少的，因此需要大批的人来帮助他、支持他，尤其是要争取高门世族来合作，以资号召。能帮忙最好，帮凶、帮腔，哪怕帮闲也行。有才的要，有名的要，徒有虚名也要，总之是多多益善。曹操甚至不要求他们真有作用，能装点门面也行。也不要求他们真心实意地支持自己，只要不公开作对就好。所以曹操迎奉天子迁都许县以后，就网罗了一大批人才，包括孔融之流。这些人，当然不是来帮助曹操的。按他们的说法，是来为国家和皇帝效劳。但在曹操大权独揽的情况下，为皇帝效劳和为曹操效劳又有多少区别？至少，曹操这边也显得人才济济。

不过曹操更欣赏的，还是那些有真才实学的人。曹操这个人，是很有些平民意识和务实精神的。他有一句名言："不得慕虚名而处实祸。"他并不看重虚名。他把大将军的职位让给袁绍，就是不慕虚名的表现。他也不崇拜名人。早在关东联军的时候，他就已经领教了什么叫"徒有虚名"。的确，不要迷信名人，名人和能人是两个概念。名人并不一定就有真本事，他们往往是"盛名之下，其实难副"。尤其是东汉末年那个世风日下的时代，夸夸其谈、表里不一的人难道还少吗？曹操可不上他们的当！

曹操甚至在婚姻问题上都是这个态度。他的第二任夫人卞氏，就出身"倡家"。这在当时不但是卑微，而且是卑贱了。然而卞夫人出身虽差，人品却非常好，为人处世也很低调。《三国志·后妃传》说，曹丕立为太子后，身边的人开玩笑要卞夫人请客。卞夫人说，我没把孩子教坏，就心满意足了。裴松之注引《魏书》说，曹操让她从缴获的珍宝中挑一两件首饰，她每次都挑中等的。曹操问她为什么，卞夫人说，挑最好的是贪婪，挑最差的是虚伪，所以挑中等的。这话实在，曹操也大为赞赏。实际上，曹操在和丁夫人离异后，不顾"门当户对"的世俗观念，立卞氏为妻，恐怕就是因为务实。的确，卞氏虽然出身卑贱，却兼备德才，那又为什么要另娶名门呢？

第二是德与才。曹操的政策是：德才兼备，唯才是举。

曹操既然有这样一种平民意识和务实精神，那么，他在选拔人才的时候就不会像袁绍那样"非海内知名，不得相见"，或者像某些人主张的那样"必廉士而后可用"。他需要的，是那些能够实实在在帮助他平治天下的人。为此，曹操于建安十五年（公元210年）、建安十九年（公元214年）和建安二十二年（公元217年）先后三次颁布《求贤令》，明确提出"唯才是举"的人才政策。曹操说，现在天下未定，正是急需人才的时候（此特求贤之急时也），因此只能讲能干不能干，不能吹毛求疵，讲究太多。如果一定要求道德品质无可挑剔，方方面面十全十美，那么齐桓公又何以能够成就霸业？高皇帝又怎么能够创立大汉？所以，只要是人才，有"治国用兵之术"，哪怕有不好的名声（污辱之名）、被人耻笑的行为（见笑之行），甚至"不仁不孝"，也请大家推荐，我一定该怎么用就怎么用（吾得而用之）。

曹操的《求贤令》在中国历史上是一件大事。它改变了帝国的用人制度（两汉察举制度退出历史舞台，而后代之以魏晋荐举制度，至隋唐始改为科举制度），也牵涉一个长期以来争论不休的重大理论问题，那就是德与才的关系。理想的境界当然是德才兼备。但是，当德与才不能兼备时，哪个是熊掌哪个是鱼呢？传统的做法是取德不取才，至少是先德后才，曹操却明确提出"唯才是举"。所谓"唯才是举"，就是说，只要有才就行，德可以不问，甚至"不仁不孝"也不要紧。这当然有点惊世骇俗，也容易引起误会，因此需要稍加解释。

其实，曹操这样说，并非不要德。事实上，曹操本人是很注重道德的。他对那些真正道德高尚的人，也是很尊重的。比如崔琰，正派儒雅，曹操就很敬畏；毛玠，廉洁奉公，曹操就很敬重。曹操经常跟人说，崔琰是可以做众人表率、时代楷模的。又说，如果都像崔琰和毛玠那样选拔官吏，那么，每个人都会自觉自律，我也就没什么可做的了。

但曹操绝不是"唯道德论"者（他在建安八年颁布的一道命令就是批判"唯道德论"的）。他并不认为道德是选拔人才的唯一标准，甚至不认为是第一标准。为什么呢？因为一旦以道德为唯一标准和第一标准，就可能会出现三个问题。一是有德无才。选拔出来的人，品质倒是没有问题，可惜什么都不会，啥也干不了，是没有用的老好人。二是求全责备。一些有才能甚至有特殊才能的人，因为道德品质有瑕疵或者有问题而不得选拔。三是弄虚作假。比如为了得到选拔，作政治秀，作道德秀，结果是道德变成不道德，东汉末年就是这样。

那么，主张"德才兼备"不行吗？崔琰、毛玠，不就是德才兼备吗？德才兼备当然好，但那是理想境界。承平时期，天下大治，没有太多特殊要求，自然不妨慢慢追求，找到一个是一个。然而此时却是非常时期，曹操要做的又是非常之事，那就不能四平八稳、按部就班，必须重奖有功，重用有能。用曹操在建安八年（公元203年）发布的《赏功能令》中的话说，就是"治平尚德行，有事赏功能"。

事实上，德与才并非总能兼备，名与实也未必都能统一。有品行的不一定有能力（有行之士未必能进取），有能力的不一定有品行

（进取之士未必能有行）。同样，出身好的不一定有水平，有水平的不一定出身好。曹操说，伊尹和傅说不就是奴隶吗？萧何和曹参不就是县吏吗？陈平不是背有恶名吗？韩信不是被人耻笑吗？管仲就更不用说了，论立场，他是"敌人"；论品行，他是"小人"。然而商汤、武丁、齐桓和我们高皇帝，却重用了他们，而且依靠他们取得了胜利和成功。这难道还不说明问题吗？

何况，东汉以来的所谓"德才兼备"，其实是要德不要才，哪怕是装出来的"德"。甚至就在曹操广纳人才的时候，还有人提出主张，认为即便有功有能，如果"德行不足"，也不堪"郡国之选"。这就要矫正。矫枉必须过正，不过正不能矫枉。因此不能再四平八稳地讲什么"德才兼备"，必须振聋发聩地提出"唯才是举"。

第三是廉与贪。曹操的政策是：重用清官，不避小贪。

既然唯才是举，那就不拘一格。德才兼备固然好，有点小毛病也无妨。《魏略》记载了一个故事，说曹操有个老乡叫丁斐，爱贪小便宜，居然利用职权用自家的瘦牛换公家的一头肥牛，结果被罢了官。曹操见到他，故意问：文侯呀，你的官印到哪里去了？丁斐也嬉皮笑脸地说：拿去换大饼吃了。曹操哈哈大笑，回过头来对随从说，毛玠多次要我重罚丁斐，我说丁斐就像会抓老鼠又偷东西的狗，留着还是有用的。

第四是降与叛。曹操的政策是：招降纳叛，尽释前嫌。

不拘一格，就不问出身。甚至就连敌营中的人，他都要设法弄过来为自己所用。他手下的五员人将，就有三员来自敌营：张辽原是吕布部将，张郃原是袁绍部将，徐晃原是杨奉部将，乐进和于禁则是他亲自从底层提拔起来的。正所谓"拔于禁、乐进于行陈之间，取张辽、徐晃于亡虏之内，皆佐命立功，列为名将"（《三国志·武帝纪》裴松之注引《魏书》）。后来，陈寿为这五员大将写了合传，称"时之良将，五子为先"；曹操则称赞他们"武力既弘，计略周备"，"奋强突固，无坚不陷"。

事实上，每次战争胜利后，曹操都要在战俘中发现和招募人才。就连吕布，他原本也是想留下的，后来因为刘备的劝阻而作罢。据《三国志·吕布传》和《后汉书·吕布传》，当时在白门楼下，吕布虽然做了俘虏，却意气风发。他兴高采烈地对曹操说，好了，过去的事都了结了，天下也安定了！曹操问，什么意思？吕布说，明公的心腹之患不就是吕布吗？现在吕布臣服你了！如果让吕布率领骑兵，明公率领步兵，天下还有搞不掂的？又回头对刘备说，玄德公呀，君为座上客，我为阶下囚，绳子绑得这么紧，就不能帮我说句话吗？曹操笑呵呵地说，绑老虎嘛，不能不紧一点。就准备下令松绑。刘备却在一旁冷冰冰地说，明公没看见吕布是怎么侍奉丁原、董卓的吗？曹操马上醒了过来。忘恩负义，反复无常，这就是大节有亏了，只好杀了吕布。

谋臣中也有不少来自敌方。许攸从袁绍营中来投奔他，他光着脚出来迎接。蒯越和刘琮一起投降，他说高兴的不是得到了荆州，而是得到了蒯越。陈琳为袁绍起草檄文，骂了曹操祖宗三代，被俘后仍被任命为司空军谋祭酒。不过最让人感动的还是王修的故事。王修原本是袁谭的人。袁谭被杀后，王修号啕大哭去找曹操，请曹操批准他为袁谭收尸。曹操故意不答应。王修就说："受袁氏厚恩，若得收敛谭尸，然后就戮，无所恨。"结果曹操"嘉其义，听之"，而安葬了袁谭以后的王修也成为曹操重要的谋臣，《三国志》还为他立了传。

当然，也不是所有敌营中的人都会投降曹操。沮授，是曹操很想得到的人。《三国志·武帝纪》和《三国志·袁绍传》裴松之注引《献帝传》都说，沮授被俘后，曹操曾一再劝降并"厚待之"。但沮授因为家小在袁绍处，不肯投降，反倒"谋还袁氏"。曹操没有办法，只好杀了他。还有审配，也是曹操想要的。《三国志·袁绍传》裴松之注引《先贤行状》说，邺城之战，审配被俘，曹操问他，孤围城的时候，你射的箭为什么那么多呀？审配说，只恨太少。曹操就说，足下忠于袁氏父子，也是不得不这样啊！曹操这样说，显然是为审配打圆场，其意"欲活之"。然而审配毫无降意（《三国志·袁绍传》的说法是"声气壮烈，终无挠辞"），他的仇人又在旁边哭哭啼啼，曹操也只好杀了他。

第五是大与小。曹操的政策是：抓大放小，不拘小节。

其实，"重用清官，不避小贪"也好，"招降纳叛，尽释前嫌"也好，都不是技巧，而是气度；是用人之道，不是用人之术。想想看吧，以张绣之"深仇大恨"，一听来归，便握手言欢，封官晋爵；以许攸之"贪婪狂妄"，一听来奔，便喜不自禁，赤脚出迎；以陈琳之"恶毒攻击"，只因爱其才，竟毫不计较，坦然开释；以毕谌之"背信弃义"，只因嘉其孝，竟既往不咎，信任如故。凡此种种，都使曹操的英雄气度和大帅胸襟跃然纸上。

事实上，正是这种气度和胸襟，使许多原本是对方阵营里的人才，心悦诚服地投奔了曹操，曹操也以坦诚和谅解的态度对待他们。比如文聘，原本是刘表的大将，被刘表派去镇守北方。刘表死后，接班人刘琮（音从）投降曹操，要文聘也投降，文聘不干。文聘说，我文聘不能保全州郡，只有待罪州中了。后来，曹操南下，渡过了汉水，文聘才去拜见曹操。曹操半开玩笑地说，足下怎么来得这么晚呀？文聘说，先前我不能辅佐刘荆州（刘表）以奉国家。现在刘荆州去世了，就只想好好守住汉川，保全百姓，能够"生不负于孤弱"（指刘琮），"死无愧于地下"（指刘表）。实在因为万般无奈，才落到今天这个地步。我文聘是既悲痛又惭愧，哪里有脸早早来见明公啊！说完，痛哭流涕。曹操也陪着流泪（为之怆然），说您真是一个忠臣啊！便任命文聘为江夏太守。文聘在这个职位上一干就是数十年（但爵位则节节高升，由关内侯而亭侯、乡侯、县侯），战关羽，御孙权，"名震敌国，贼不敢侵"，为曹操守住了这个兵家必争之地。（见《三国志·文聘传》）

由此可见，曹操其实是重视道德的，也是主张德才兼备的。文聘就堪称德才兼备。但是，曹操注重的是大德，也就是忠和义，不在乎鸡毛蒜皮的小节，比如什么生活作风问题。只要大节不亏，其他小事情曹操就睁只眼闭只眼，不去管它。《三国志·郭嘉传》说，曹操的核心谋士郭嘉被另一位重要谋士陈群指责，说他行为不很检点（不治行检），而且多次当庭指控。郭嘉若无其事，依然故我（嘉意自若）；曹操也不闻不问，信任如旧，甚至更加重用（愈益重之）。不过，对于陈群的为人正派，曹操也很欣赏（以群能持正，亦悦焉）。这不是装糊涂、和稀泥、搞平衡，也不是一般人理解的"中庸之道"，而是得"中庸"之精髓。所谓"中庸"，就是执中能用，抓大放小，有经有权，既有原则性（经）又有灵活性（权）。道德是必须坚守的。不坚守，就会突破底线，弄得满朝都是小人。同样，小节又是不能计较的。一计较，就会没完没了，弄得部下人人自危。所以曹操必须肯定陈群，又绝不能追究郭嘉。这个大方向，曹操把握得很好。这个尺度，曹操也把握得很好。

看来，曹操确实是统帅之才。他知道，作为统帅，必须兼收并蓄，最大限度地吸引和使用人才。这就要包容，包括包容一般人所不能包容。所谓"海纳百川，有容乃大"，就意味着来者不拒，什么样的人都能吸纳。想想看吧，百川归海，难免泥沙俱下。如果大海只接受清水，不接受泥沙，它还能是大海吗？

曹操就具有大海一样的胸怀。正是这海样的胸怀，吸引了众多的人才投向他的阵营。据有人统计，直到曹操去世为止，他的核心谋士、重要谋士，以及各级掾属共有一百零二人。其中最重要的几位，在前期应该就是荀彧、荀攸、贾诩、郭嘉和程昱。值得注意的是，这几位几乎都是主动投奔曹操的，贾诩还捎上了一个张绣，荀彧和郭嘉则是从袁绍那里出走。这倒也没有什么。那时，谋士和武将从一个阵营跑到另一个阵营，就像现在的白领在企业之间跳槽一样稀松平常。一家人服务于不同对象的情况也很多，比如诸葛瑾和诸葛亮兄弟，就分别服务于孙权和刘备，各为其主，"退无私面"，也不影响兄弟感情。要说的是，荀彧和郭嘉从袁绍那里出走都有原因，郭嘉甚至向同郡（颍川）的老乡辛评和郭图，陈述了他弃袁投曹的真实想法。这段话，可谓一语道破天机。那么，郭嘉究竟说了什么，其中又有何玄机呢？

第十二章
天下归心

曹操会用人,这在历史上几乎是公认的。他可以说是深知"用人之机"。但问题并不在于他做了什么,而是怎样做,以及为什么这样做。也就是说,重要的不是"术",而是"道"。那么,曹操用人之道的"道"是什么,他又为什么能够掌握"道"呢?

前文讲到,曹操发展初期最重要的几位谋士荀彧、荀攸、贾诩、郭嘉和程昱,几乎都是主动投奔曹操的。最先是荀彧从袁绍那里跑了过去,时间是在汉献帝初平二年(公元191年),当时荀彧只有二十九岁。《三国志·荀彧传》说,荀彧出走的原因,是他发现袁绍成不了大业(度绍终不能成大事),就投奔了当时还只是东郡太守的曹操。曹操得到了荀彧,喜出望外,说这就是我的张良啊(吾之子房也)!到了建安元年(公元196年),曹操接受毛玠和荀彧的建议,迎奉天子,迁都许县,荀彧就成了曹操的"总参谋长"(为汉侍中,守尚书令,常居中持重),在曹操外出时总理军国事务(太祖虽征伐在外,军国事皆与彧筹焉)。曹操要荀彧再推荐一些人才,问他"谁能代卿为我谋者",荀彧便推荐了荀攸、钟繇和郭嘉。《三国志·荀攸传》说,当时荀攸因赴四川道阻,困在荆州。曹操就给荀攸写信,说现在天下大乱,正是有劳智慧之士费心的时候。先生袖手旁观,不觉得太久了一点吗?荀攸便立即来到曹操身边。曹操大喜,说我有公达先生帮忙,还有什么值得忧虑的事吗?

程昱的到来也很有趣。《三国志·程昱传》说,当时,兖州刺史刘岱请他当骑都尉,程昱说自己有病。等到曹操来到兖州,请他出山时,他一叫就到。他的同乡看不懂,说你怎么前后判若两人?程昱只是笑,不回答。郭嘉却实话实说。据《三国志·郭嘉传》,郭嘉曾对袁绍的谋士辛评和郭图说:"夫智者审于量主,故百举百全而功名可立也。袁公徒欲效周公之下士,而未知用人之机。多端寡要,好谋无决,欲与共济天下大难,定霸王之业,难矣!"于是离开袁绍投奔曹操。曹操和他谈了一次话,内容是"论天下事",结果双方都喜出望外。曹操说:"使孤成大业者,必此人也。"郭嘉从曹操那里出来,也大喜过望地说:"真吾主也。"这一年,郭嘉二十七岁。

郭嘉的话包括了三层意思。第一,一个聪明人,尤其是一个准备做谋士的人,一定要为自己选一个好老板(智者审于量主)。第二,袁绍不是一个好老板,因为他不会用人。袁绍并非不懂得人才的重要性,也曾经学着像周公那样,"一沐三握发,一饭三吐哺"。但他只学到了皮毛(徒效周公之下士),没有学到精髓(未知用人之机)。他自己也缺乏统帅之才,思绪纷繁又不得要领(多端寡要),喜欢谋划又没有决断(好谋无决),跟着他是没有前途的(欲与共济天下大难,定霸王之业,难矣)。事实证明郭嘉的判断并不错。袁绍虽然聚集了不少人才,但结果是走的走,散的散,死的死,叛的叛。剩下的几个则搞分裂,一派拥护袁谭,一派拥护袁尚,萧墙祸起,自相残杀,最后同归于尽。至于郭嘉的第三层意思,不说大家也明白:曹操是个好老板(真吾主也),因此必须去袁归曹。

那么,曹操又怎么是个好老板呢?

第一是"知人善任,唯才所宜"。《三国志》在评价曹操的用人之道时,说了十六个字:"官方授材,各因其器,矫情任算,不念旧恶"。所谓"矫情任算,不念旧恶"就是上一章讲到的"招降纳叛,尽释前嫌";而所谓"官方授材,各因其器",则可谓"知人善任,唯才所宜"。唯才所宜,是荀彧和郭嘉对曹操用人之道的评价。荀彧的说法是"明达不拘,唯才所宜";郭嘉的说法是"唯才所宜,不问远近",和陈寿的说法意思一样。"唯才所宜"是很重要的。因为所谓"知人善任",其实包括三个内容:知道哪些人是人才,知道他们是哪个方面或哪种类型的人才,知道把他们放在哪个位置上最合适。也就是说,知人善任,一要能知,二要善任。曹操就能做到这一点。比如崔琰、毛玠清廉正派,曹操就让他们选拔官吏;枣祗(音之)、任峻任劳任怨,曹操就让他们负责屯田。这一点,就连对曹操极为不屑的宋朝人洪迈,也给予很高评价,说是"智效一官,权分一郡,无小无大,卓然皆称其职"(《容斋随笔》),而且由此得出结论:曹操的成功,绝非侥幸(操无敌于建安之时,非幸也)。

第二是"推诚取信,用人不疑"。这一条,原本就是用人的原则,历史上会用人的人几乎都是这样做的。但是对于曹操,却尤为重要。首先,曹操所处的是一个乱世。乱世的特点,就是人心浮动,道德沦丧,人与人之间缺乏诚意和信任。用曹操的话说,就是"上下相疑之秋也"。其次,曹操地位特殊。他扮演的角色,用周瑜的话说,就是"名为汉相,实为汉贼"。不管曹操自己怎么想,当时许多人是这样认为的。事实上曹操的"聚人",恐怕也更多地是为了实现自己的野心。这个"双重角色"带来的好处,是曹操可以利用中央政府的名义和官职广纳人才;带来的坏处,则是恐怕连他自己也不一定分得清,这些人才究竟是谁的。这就难免会有猜疑。再次,曹操阵营庞杂。有原来就在中央政府任职的,有后来被曹操选拔招揽的,还有朝廷官员推荐任命的,更有从敌营中招降纳叛的,并非清一色都是自己的队伍。这些人之间,也难免会有猜疑。总之,曹操那边,是疑云重重。

在这样一种情况下,诚意和信任就格外重要。作为领导人,曹操不管是出于真心还是作秀，都必须表现出诚意和信任。我们看他对张绣、对魏种、对毕谌，对这些背叛过他的人那么宽容，就是为了向天下人表示，我曹操是诚心诚意的，是充满信任的，即便被人骗了，也无怨无悔，你们尽管放心投奔我吧！

诚意和信任换来的是感激和忠诚。就说于禁。据《三国志·于禁传》，张绣第一次投降又反叛时，曹操猝不及防，被打得落花流水，全军大乱。只有于禁"勒所将数百人，且战且引，虽有死伤不相离"，最后"徐整行队，鸣鼓而还"，还顺便整治了作乱的青州兵。青州兵就是投降曹操的黄巾军，军纪本来就差，曹操对他们又很宽容（太祖宽之），所以趁火打劫（故敢因缘为略）。于禁却不客气，"乃讨之，数之以罪"。青州兵便跑到曹操那里恶人先告状。然而于禁回到大本营，却"先立营垒"，并不马上去见曹操（不时谒太祖）。当时有人就说，青州兵都把你告了，还不赶快去说清楚！于禁说，追兵在后，说来就来，不早做准备，怎么对付敌人？再说了，曹公是何等英明的人，他们告刁状又有什么用！于是不慌不忙地安营扎寨，一切就绪以后才去见曹操。曹操大为赞赏，说你于禁真是有古之名将风度呀！便封他为益寿亭侯。

第三是"令行禁止，赏罚分明"。这一条也是用人之道的基本原则，但曹操却有特别之处。一是以身作则，二是实实在在。我们知道，曹操治军是很严的，他在建安八年（公元203年）五月曾颁布命令："自命将征行，但赏功而不罚罪，非国典也。其令诸将出征，败军者抵罪，失利者免官爵。"其实不但败军失利要受处分，违反军纪也要被严惩，就连曹操本人也不例外。曹操曾经下令，行军时不能践踏麦田，违令者死，于是骑兵都下马步行。然而曹操的马却跳了进去，结果是曹操用剑割下自己的头发，表示受罚。这就是有名的"以发代首"的故事。这个故事记录在对曹操并不友好的《曹瞒传》中，历来也被用来说明曹操的奸诈和虚伪。其实割发在古代也是一种肉刑，叫"髡（音昆）"。后来曹操整崔琰，判的就是髡刑，可见也不完全是轻描淡写，装模作样。

曹操罚起来很重，赏起来也不含糊。曹操有一个原则，就是从不只凭一时兴致胡乱赏人。如果他要奖赏谁，那么，首先，这个人一定建立了奇功；其次，曹操的奖励一定十分到位。用郭嘉的话说，就是"恩之所加，皆过其望"；"虑之所周，无不济也"。据《三国志·徐晃传》，在一次和刘备的战争中，徐晃深入敌军，击败关羽，保全襄樊，曹操便出营七里相迎，摆下庆功盛宴，亲自举酒劳军。曹操说，我带兵三十多年，也读过许多古书，还没见过像徐将军这样长驱直入冲进敌围的，恐怕就连孙武子也要甘拜下风。当时诸军云集，曹操巡视的时候各军将士纷纷出营围观，只有徐晃的部队"军营整齐，将士驻陈不动"。曹操便又感慨说，徐将军真是有周亚夫的风范啊！

徐晃原本是杨奉的人，归顺曹操后一直忠心耿耿。他出生入死，建功立业，上阵前甚至祭拜了祖坟，以示必死的决心。徐晃的这份忠诚，也包括其他人的忠诚，无疑是因为曹操的高度信任和赏罚分明。曹操作为统帅，从不和部下争面子、抢风头，总是把功劳归于部下。更重要的是，他的推功并不盲目，谁有什么功劳他清清楚楚；他的奖励也不走过场，该得什么奖赏都实实在在；他还不搞平衡，保证每个得到奖励的人都实至名归。用荀彧的话说，就是"以至仁待人，推诚心不为虚美，行己谨俭，而与有功者无所吝惜"。难怪周泽雄先生说曹操在这方面简直就是艺术家。

第四是"虚怀若谷，见贤思齐"。对于人才来说，奖励固然重要，但更重要的还是重用，是统帅的虚心纳谏和言听计从。我们读史，可以不断看见曹操对部下建议的态度：听之，从之，善之。当然，也有"不听""不从"的。如果事后证明曹操错了，他一定会检讨，会道歉，会感谢部下的建议和提醒。检讨，也不一定就是哭丧着脸，多半是笑着说。《三国志·蒋济传》说，曹操征孙权时，准备按照官渡之战的老办法，将淮南的老百姓都迁走，蒋济就不赞成。蒋济说，现在的情况和官渡之战时不一样了，根本没有这个必要。

再说，老百姓都恋土，并不愿意迁移。强行迁移，他们心里肯定不安。曹操不听，结果淮南的人民都跑到孙权那里去了。后来蒋济去见曹操，曹操特地迎上前来，哈哈大笑着说，你看我干的这事！原本是想让他们躲避贼寇的，结果反倒把他们全赶到那边去了。于是便拜蒋济为丹阳太守。

看来，曹操确实会用人。我们甚至可以用这样八句话来概括他的用人之术：一、真心实意，以情感人；二、推心置腹，以诚待人；三、开诚布公，以理服人；四、言行一致，以信取人；五、令行禁止，以法制人；六、设身处地，以宽容人；七、扬人责己，以功归人；八、论功行赏，以奖励人。

但是，仅仅概括出这些"顺口溜"是远远不够的。因为重要的不是"术"，而是"道"；不是做了什么，而是怎样做，以及为什么这样做。道是什么？道就是人性，就是人心。曹操用人之道的核心，就是八个字——洞察人性，洞悉人心。他很清楚，将士们跟着他出生入死是为了什么，于是他"扬人责己，以功归人"，"论功行赏，以奖励人"。他知道人都是有缺点和弱点的，也都是趋利避害的，于是他"令行禁止，以法制人"，"设身处地，以宽容人"。他知道人是理性的动物，大多数人在大多数情况下都是通情达理的，于是他"开诚布公，以理服人"，"言行一致，以信取人"。他还知道人是有感情的，感情有时候比利益更可靠，于是他"推心置腹，以诚待人"，"真心实意，以情感人"。曹操的成功，是做人的成功；而他做人的成功，又是知人的成功。

有一件事很能说明问题。这件事记载在《三国志·武帝纪》中，当是事实。曹操大败袁绍于官渡以后，袁绍的大量辎重、珍宝、图书都落到曹操手里，其中就包括己方一些人暗地里写给袁绍的书信。曹操二话不说，下令一把火把它们烧个干净。那些暗中勾结袁绍的人，原本担心要被追究的，现在都把提到嗓子眼的心又放回肚子里去了，对曹操更是又佩服又感激。据裴松之注引《魏氏春秋》，曹操的解释是这样的：袁绍强盛的时候，连我都自身难保，何况大家呢！这话说得够体贴人的。不要说那些心怀鬼胎的人疑窦冰释，便是没什么瓜葛的人，也会为曹操的宽宏大量和设身处地所感动。

曹操话说得很漂亮，算盘打得就更精。他很清楚，这事一旦动起真格，要处理的就不止一个两个。在胜败未决又敌强我弱的情况下，谁不想着给自己留条后路呢？这时，脚踏两只船的人一定不在少数。当然，不会每个人都是双重间谍，多数人不过两边敷衍罢了。但敷衍和通敌原本分不大清，而且按照纲常伦理，不忠即是叛逆。只要和袁绍有书信来往，那通敌的嫌疑可是跳进黄河也洗不清了。如果都要一一追究，只怕有半数以上的人说不清。既然追究不了，不如卖个人情，统统不追究好了。而且，人情做到底，连证据都予以销毁，大家更放心。这样，那些心中有鬼且有愧的人，就会感恩戴德；而那些原本忠心的人，则更会死心塌地。这岂不比揪出一大堆人来整治，最终削弱自己的力量合算得多？

在这里，曹操显然又表现出他政治家的天才。他深知，无论政治斗争还是军事斗争，最重要的凭据是正义，最重要的资源是人才。要网罗人才，就要有足够的气度和宽容。人上一百，形形色色。世界上哪有清一色的队伍？峣峣者易缺，皦皦者易污；水至清则无鱼，人至察则无徒。有些时候，是要装点糊涂的。装糊涂才能宽容人，宽容人才能得人心，得人心才能得天下。曹操懂这个道理，所以曹操是赢家。

洞察人性，洞悉人心，已不容易；设身处地，将心比心，也很难得。更为可圈可点的是，曹操在做这些事情时，比方说，在销毁书信、既往不咎，在检讨自己、推功他人，在重赏将士、让他们喜出望外，在释放俘虏、让他们感激涕零的时候，他做得是那样的坦诚、实在、大气、自然。这就不能不让人叹为观止了。

说起来，曹操的生性是很狡诈的。所谓"少机警，有权数"，不过是史家比较委婉客气的说法，说穿了就是狡诈。何况曹操又是带兵打仗的人，兵不厌诈。战场上用诡计，官场上用权谋，不过是军事斗争和政治斗争的家常便饭，没什么稀罕，也并不丢人，谁都这么做，只不过敌方叫"狡猾奸诈"，己方叫"足智多谋""出奇制胜"罢了。曹操的聪明之处，在于他知道什么时候该说假话，什么时候该说真话。尊奉天子，维护汉室，不过是买政治股，打正统牌，不妨作秀，也难免敷衍。和智士谋臣说话，因为双方都是聪明人，如果要小聪明使小心眼，就很容易被对方看穿而失去信任，那可真是"聪明反被聪明误"了，反倒不如实话实说。曹操很能把握这个尺寸。唯其如此，他才能和谋士们同心同德，也才有了凝聚力。

曹操具有凝聚力，还因为他有亲和力；而他具有亲和力，又与他的性格有关。曹操是个性情中人，平时也很随和。他喜欢开玩笑，常常正经事也用玩笑话说。这种性格，对他的事业很有帮助。搞政治的人，太一本正经其实不好：不是让人觉得城府太深，不可信；便是让人觉得不通人情，不可近。最好是办事严肃认真，平时洒脱随和，原则问题寸步不让，鸡毛蒜皮马马虎虎，既有领袖的威望威严，又有人情味、幽默感。这样的人，最能得人衷心的爱戴和拥护。曹操便正是这样的人。

不过，曹操能够凝聚人才，最主要的还是他爱才的真诚。他确实非常希望在自己的生活和事业中能有更多的朋友和帮手。他在《短歌行》一诗中说：青青的，是你的衣领；悠悠的，是我的深情（青青子衿，悠悠我心）。只因为你的缘故啊，让我思念到如今（但为君故，沉吟至今）。麋鹿找到了艾蒿，就会相呼相鸣（呦呦鹿鸣，食野之苹）。我要是有了嘉宾，一定要鼓瑟吹笙（我有嘉宾，鼓瑟吹笙）。明明的是那天上的玉轮，不知何时才能摘下它来（明明如月，何时可掇）。深深的是我心中的忧思，也许永远都没有止境（忧从中来，不可断绝）！来吧朋友！越过那田间小道，别管它阡陌纵横。

有劳你枉驾前来，让我们久别重逢（越陌度阡，枉用相存）。把酒临风，握手谈心，重温那往日的友情（契阔谈䜩，心念旧恩）。这不是很感人吗？

值得注意的是这首诗的开头："对酒当歌，人生几何。譬如朝露，去日苦多。"他的另一首诗《龟虽寿》则说："神龟虽寿，犹有竟时。腾蛇乘雾，终为土灰。"这就是对宇宙人生的一种哲学思考了。当然，曹操是站在他政治家的立场上来思考的。因此他的结论是"老骥伏枥，志在千里。烈士暮年，壮心不已"，是"山不厌高，水不厌深。周公吐哺，天下归心"。也就是说，应该抓紧这不多的时光，在短暂的人生中做出轰轰烈烈的事业，实现自己的政治抱负。但这样一种政治抱负，由于有对宇宙人生的哲学思考为背景，有着"让有限的生命变成永恒"的意思，就比陈胜的"王侯将相宁有种乎"和刘邦的"大丈夫当如此也"更有格调和品位，也更大气，而且大气之外还有深沉。

曹操是很深沉的，郭嘉就说他是"外易简而内机明"。曹操的深沉，还表现在他识人之准，用心之深。曹操是很有心计的。表面上，他可以和你握手言欢，可以和你嘻嘻哈哈，但他无时无刻不在观察你，而且入木三分。袁术那么气焰嚣张，袁绍那么不可一世，曹操都不放在眼里，但对于那个先前卖草鞋，此刻又寄人篱下的刘备，却另眼相看。尽管刘备在他手下时始终韬光养晦，装聋作哑，曹操还是一眼看穿："今天下英雄，唯使君与操耳！"吓得刘备当场就掉了筷子。

这又是一件奇怪的事。怪在哪里呢？怪在如果刘备是英雄，曹操就不该把这话当面说出来。如果刘备不是英雄，那又说它干什么？更奇怪的是，既然曹操已经认识到，和自己争天下的就是刘备，为什么又要把他放走？事实上，放走刘备，可以说是曹操一生中最大的错误。因此我们很想知道，刘备究竟是不是英雄？曹操又到底说了那句话没有？

第二部

孙刘联盟

第十三章

青梅煮酒

在三国时代众多的英雄人物中，刘备一直是一个谜。这个谜，就像他的字一样，玄之又玄。刘备出道的时候，一无所有，一文不名，只能东奔西走地寄人篱下，反复无常地投靠他人。然而他所到之处，总能受到尊重和款待，曹操甚至认为只有自己和刘备才是真正的英雄。那么，曹操说了这句话吗？他为什么要这样说？刘备是英雄吗？他为什么是英雄？

上一部说到，放走刘备，是曹操一生中最大的错误，因为曹操已经一眼看出刘备是当时真正的英雄。曹操甚至说了这样的话："今天下英雄，唯使君与操耳！"这句话是载入史册的。《三国志·先主传》说："先主未出时，献帝舅（岳父）车骑将军董承辞受帝衣带中密诏，当诛曹公。先主未发。是时曹公从容谓先主曰：'今天下英雄，唯使君与操耳！本初之徒，不足数也。'先主方食，失匕箸。遂与承及长水校尉种辑、将军吴子兰、王子服等同谋。会见使，未发。事觉，承等皆伏诛。"这是原文。而在"先主方食，失匕箸"后面，裴松之注引《华阳国志》补充说："于时正当雷震，备因谓操曰：圣人云'迅雷风烈必变'，良有以也。一震之威，乃可至于此也！"《三国演义》当中那个著名的故事"青梅煮酒论英雄"，就是根据这个记载改编的。

平心而论,《三国演义》这半回篇幅的故事,从文学的角度看很精彩,从历史的角度看也算真实,因为故事情节和人物对话大体上都有出处和来历。比如"衣带诏"事件,就既见于《三国志》,也见于《后汉书》;刘备种菜一事,见于裴松之注引胡冲《吴历》,而且言之凿凿,种的是大头菜一类的东西(芜菁);"望梅止渴"的故事,则见于《世说新语·假谲》,这个成语也典出于此。至于曹操评点当时人物的那些话,也都可以说是他的真实看法。靠不住的只有一处,搞错了的也只有一点。

搞错了的一点,是陈迩冬先生发现的。《三国演义》说,曹操要刘备说说谁是当今英雄,刘备第一个就提到了袁术,曹操笑着说:"冢中枯骨,吾早晚必擒之。"其实"冢中枯骨"这个说法不是曹操的,是孔融的。他说的也不是袁术,而是袁术的先人。据《三国志·先主传》,汉献帝兴平元年(公元194年),徐州牧陶谦因病去世,陈登等人要刘备来代理。刘备不敢贸然接手,说袁术近在咫尺,四世五公,海内所归,你们何不把徐州送给他?这时北海相孔融就说话了。孔融说:"袁公路岂忧国忘家者耶?冢中枯骨,何足介意!"也就是说,你不必担心,老袁家那"四世五公"早就在坟墓里了,怕他做甚!刘备这才代理了徐州牧。《三国演义》移花接木,把袁术本人说成"冢中枯骨",是不确的。如果袁术已是"冢中枯骨",又何必说"吾早晚必擒之"?

靠不住的一处,是刘备和董承他们的"立券书名"。按照《三国演义》的说法,董承受献帝密诏,联合刘备等人反曹,是结了盟,立了誓,签了字,画了押的。那份"衣带诏"和那份签字画押的"义状",最后也都是被曹操搜了出来的,可谓"铁证如山"。所以毛宗岗父子认为,董承的失败,在于事不机密。毛批说:"君不密则失臣,臣不密则失身。事欲其秘,何必歃血会饮?迹恐其露,何必立券书名?"是啊,何必呢?因此,依我看,没头脑的恐怕不是董承，而是罗贯中。罗贯中也不一定就没头脑，只不过写小说要好看而已。

指出了这一点的，也是陈迩冬先生。陈先生的《闲话三分》说，如果刘备、董承他们"立券书名"是实，而且曹操征刘备就因"衣带诏"一案而起，那么，曹操在俘虏了刘备的老婆、孩子和关羽以后，就不会那么客气了，也不会由着关羽带着嫂子和侄子一走了之了。因此，陈先生认为，就连这个"衣带诏"，是不是董承或董承父女伪造，也很难说。吕思勉先生的《三国史话》则说："董承本来是牛辅的余孽，哪里是什么公忠体国的人？""就是要除曹操，如何会付托董承呢？这话怕靠不住罢！"

其实整个事情的真实性都很可疑。按照《三国志》的说法，董承受献帝密诏谋杀曹操，刘备原本是没有参与的（先主未发）。碰巧这时曹操说了"今天下英雄，唯使君与操耳"这句话，刘备就参与了（遂与承及长水校尉种辑、将军吴子兰、王子服等同谋）。又碰巧被曹操派遣东征袁术（会见使），这才没有卷入此案（未发）。这么多的"碰巧"，不可疑吗？

可能就连罗贯中也觉得说不通，就把事情的因果关系调整了一下。按照《三国演义》的说法，刘备是参与了董承密谋的，而且签署了盟书。但刘备认为这不是可以一蹴而就的事情，必须严格保密（切宜缓缓施行，不可轻泄）。自己则"就下处后园种菜，亲自浇灌，以为韬晦之计"。没想到曹操却请他青梅煮酒论英雄，还莫名其妙地冒出一句让刘备当场就吓得掉了筷子的话。正好这时需要有人带兵拦截袁术，刘备想："我不就此时寻个脱身之计，更待何时？"便主动请缨，趁机开溜。刘备对关羽和张飞讲："吾乃笼中鸟、网中鱼，此一行如鱼入大海、鸟上青霄，不受笼网之羁绊也！"

这样说，逻辑上是通了，但刘备的人品却变得可疑。你不是和董承歃血为盟，立券书名，赌咒发誓要消灭曹贼保卫皇上吗？怎么才见了根井绳，就像见了蛇一样溜之大吉了呢？到底是万岁爷的安危重要，还是你刘备的性命重要？你刘备不是拯救天下的大英雄吗？你应该奋不顾身挺身而出呀！至少，也应该留在首都观望一阵，看看还有没有机会，怎么能只顾自己逃命，置皇帝和董承等人的死活于不顾呢？

这个问题，暗中维护刘备的陈寿大约也想到了，因此他用了一个曲笔："会见使。"会，就是碰巧。碰巧曹操派刘备东征袁术，刘备只好离开首都。也就是说，刘备出京，不是贪生怕死，也不是背信弃义，而是身不由己。

显然，这里有一个关键问题，那就是历史上的刘备东征袁术，究竟是曹操选派的，还是他主动要求的？恐怕是刘备主动请缨，曹操批准的，证据则在《三国志·董昭传》和《三国志·程昱传》。据此两传，曹操派遣刘备到徐州截击袁术后，董昭曾经前去劝阻，说"备勇而志大，关羽、张飞为之羽翼，恐备之心未可得论也"。曹操的回答是"吾已许之矣"。程昱也和郭嘉一起去找曹操，说："公前日不图备，昱等诚不及也。今借之以兵，必有异心。"曹操的反应是"悔，追之不及"。也就是说，刘备是主动要求到徐州去截击袁术的，而且还向曹操借了兵。这事曹操开始时并没有太在意。董昭去说的时候，曹操还说"我已经答应他了，不好反悔"（"许之"二字正好证明是刘备主动请缨）。直到程昱和郭嘉指出，借兵就是刘备有异心的表现，曹操才恍然大悟，但已追悔莫及。果然，刘备到了徐州以后，便杀了驻守徐州的车胄，公开反叛曹操。曹操做了一笔大大的赔本生意。

由此我们可以得出结论：刘备是主动出走的。出走的根本原因，则在于刘备是英雄。既然是英雄，就必定不会心甘情愿地寄人篱下，迟早要另立山头。直接的原因，则是曹操说了那句话，道破了天机，戳穿了刘备的心思，因此他非走不可，而且一去永不回。

但这样一来，便又有了一个问题，那就是曹操为什么会犯这样的错误？曹操不是认准了天下的英雄只有他和刘备两个吗？既然如此，那就应该把刘备杀了，至少也应该扣在自己身边，怎么能放虎归山，还借给他军队，让他如虎添翼呢？以曹操之聪明，或者说奸诈，怎么会做这种糊涂事？因此说，整个事情的真实性都很可疑。所谓可疑，就是说，要么曹操没说那话，要么刘备不是英雄。

那么，事情的真相是什么？

我的看法，第一，刘备是英雄。第二，曹操说了那句话。

先说第一点：刘备是英雄。说刘备是英雄，许多人可能难以接受。因为在一般人心目中，刘备是很窝囊的。他的本事，一是会跑，二是会哭。这是《三国演义》给我们的印象。其实这是误解。首先，刘备并非只会跑，只会哭，他还会别的。其次，在那个时代，会跑会哭也不丢人，并不能证明这人就窝囊，就不是英雄。刘备会跑，曹操就不会跑？曹操狼狈逃窜的记录也不在少数。刘备会哭，曹操就不会哭？曹操号啕大哭的故事也史不绝书。怎么就没有人说曹操窝囊？可见不能这样简单地看问题。跑，要看为什么跑。打得赢就打，打不赢就跑，就跑得有道理。哭，也要看为什么哭。为朋友的情谊而哭，就哭得不丢人。刘备的跑和哭，就多半是这种情况。

当然，相对曹操而言，刘备要跑得多一点，哭得多一点，因为他更弱小。刘备出道的时候，除了两个忠心耿耿的兄弟——关羽和张飞，可以说是一无所有，一文不名。他没有自己的军队，或者说虽然有，也很可怜。刘备初起兵的时候，也是靠财团资助。中山国（在今河北省定州市）的两个大商人张世平和苏双"多与之金财"，让他招兵买马。但刘备参加讨伐黄巾的战争，最后也只得了个"安喜尉"的官职。安喜尉就是安喜县（故治在今河北省定州市）的县尉，是个副县级的公安局局长，可见人马不多。所以刘备经常要向别人借兵。他那两员大将关羽和张飞也等于是光杆司令，只能自己去逞匹夫之勇。

刘备也没有自己的根据地，好不容易有那么一两块地盘很快又会失去，只能东奔西走地寄人篱下，反复无常地投靠他人，五易其主，四失妻子。从初出江湖到赤壁之战，刘备可谓半生颠沛流离。《三国演义》讲，有一次，刘备曾在酒后悲愤地说："备若有基本，天下碌碌之辈，诚不足虑也。"这话虽然是演义，却也在理，可以看作他的心里话。

刘备还没有什么像样的战功。什么"温酒斩华雄"，什么"三英战吕布"，都是罗贯中帮他打的。实际上，赤壁之战前，刘备在战场上每每是落荒而逃，"先主败绩"的记录屡见不鲜。《三国志·先主传》裴松之注引《魏书》说，建安五年（公元200年）曹操征讨他的时候，他认为曹操正在和袁绍作战，不会来打他。等到他亲眼看见曹操的旗帜，便吓得掉头就跑，完全不顾部下死活（见麾旌，便弃众而走），哪里像个英雄？当然，刘备也不是一次胜仗都没打过，史书上也有"数有战功"的记录，但那都是些小仗。事实上，诸侯混战的时候，没有一个军阀是被他消灭的，刘备的战功实在乏善可陈。

这样的人当然也不会有多大的名气，袁术就曾经极为不屑地说："术生年已来，不闻天下有刘备。"这话是袁术对吕布说的，见于《三国志·吕布传》裴松之注引《英雄记》和《后汉书·吕布传》。还有一件事情也能说明问题。据《后汉书·孔融传》，孔融任北海相的时候，被黄巾军包围，无可奈何，派太史慈向当时官任平原相的刘备求援。刘备惊讶地说："孔北海乃复知天下有刘备邪？"马上派出三千救兵。这段话在《三国志·太史慈传》里，是："备敛容答曰：孔北海知世间有刘备邪？"《三国演义》也这么说。但我以为，《后汉书》的"惊曰"比《三国志》的"敛容答曰"要准确，而且"惊"的背后是"喜"，即"惊喜"。这说明什么呢？说明当时刘备确实没有名，又很希望有名。

然而就是这样一个要啥没啥的刘某人，一个到处求人的刘玄德，所到之处却备受欢迎和款待。刘备被吕布打败，投靠曹操，曹操让他做豫州牧，表他为左将军，"出则同舆，坐则同席"。刘备被曹操打败，投靠袁绍，袁绍出城二百里相迎，父子"倾心敬重"。袁绍和曹操是当时最牛的人，尚且如此，何况他人？不把刘备放在眼里的，只有一个袁术。

那么，刘备为什么会受此待遇呢？

解释只有一个，就是袁绍、曹操，还有陶谦他们，都认为刘备是英雄。

那么，刘备是英雄吗？是。首先，刘备有英雄之志。《三国志·陈登传》说，刘备在荆州的时候，曾经和刘表一起讨论天下英雄，说到陈登。一个名叫许汜的人说，陈元龙（陈登字元龙）架子大，不讲礼貌。鄙人到下邳见元龙，元龙半天不和鄙人说话，然后自己去睡大床，让我睡小床。刘备说，足下素有国士之名，可惜并无国士之实。现在天下大乱，帝王失所，大家都希望足下"忧国忘家，有救世之意"。然而足下怎么样呢？"求田问舍，言无可采"，这正是元龙所不齿的，他为什么要和足下说话？这也就是碰上元龙了，还算客气。如果是小人我，恨不得自己睡在百尺高楼，让足下睡在地上，还说什么大床小床！这就是辛弃疾词"求田问舍，怕应羞见，刘郎才气"的出典。

从上面这个例子我们可以看出，刘备不但有英雄之志，而且有英雄之气。《三国演义》读多了，总认为刘备是个忍气吞声的窝囊废，其实不然。实际上，刘备也是个豪气冲天的性情中人，也有怒发冲冠拍案而起的时候。比方说那个"督邮"，就是刘备打的，不是张飞打的。当然，由于势力小处境差，常常要投靠他人，刘备不可能像曹操那样"笑傲江湖"。同样，由于性格的原因，或者斗争的需要，刘备沉默寡言（少语言），不动声色（喜怒不形于色），不像曹操那样高谈阔论，眉飞色舞，肆无忌惮地表现出英雄本色。但这不等于说刘备就不是英雄。在他那沉默寡言、不动声色甚至忍气吞声的背后，仍然荡漾着一股英雄气。这种英雄气不是表面上的，而是骨子里的。

刘备有英雄之气，是因为他有英雄之魂。这个"魂"，表现为他的坚忍不拔。前面说过，刘备起兵以来，一直不顺，可以说是人不窝囊事窝囊，几乎没过过一天舒心的日子。但我们何曾见过他垂头丧气？只见他屡败屡战。他先是参加讨伐黄巾军的战争，当了个副县级的公安局局长安喜尉，结果被自己一顿鞭子打没了。后来因为和黄巾军打仗"力战有功"，好不容易熬到一个正县级的高唐令（其间丢官一次），又被黄巾军打败，只好去投靠公孙瓒。碰巧陶谦病故，托他代理徐州，却又被吕布驱逐，只好去投靠曹操。以后，又投靠过袁绍和刘表。可以说，赤壁之战前，刘备一直寄人篱下，而且频繁地更换投靠对象，不断地在敌我友之间周旋。换了别人，尤其是那些以英雄自许的人，恐怕早就不耐烦了，甚至早就自杀了。然而刘备却一直隐忍了下来。他甚至短时间地依附过吕布。《三国志·先主传》裴松之注引《魏书》说，当时吕布的部下也看出刘备不是什么省油的灯，便对吕布说，刘备"反覆难养，宜早图之"。可惜吕布不听，后来果然死在刘备手上。但是，换一个立场，所谓"反覆难养"，不正说明刘备有英雄之志和英雄之魂，因此才不会长时间地甘居人下吗？

刘备有英雄之志、英雄之气、英雄之魂，也有英雄之义。据《三国志·先主传》裴松之注引《献帝春秋》，袁绍对刘备有一个评价："刘玄德弘雅有信义。"这个评价，应该说是准确的。袁绍到底是袁绍，他也并非总是看不清问题。但这个评价，和前面的说法是矛盾的。一个"反覆难养"的人，难道可以说是"弘雅有信义"吗？其实这要看对谁。就因为刘备是一个有英雄之志的人，有英雄之志，就不会甘居人下，也必须不断地调整策略，寻找机会，因此"反覆难养"。同样，有英雄之志，就必须团结同志，凝聚力量，也就必须"弘雅有信义"。其实，我们只要指出一个事实就够了：关羽和张飞，可都是当时一等一的人才。而刘备呢？不但一无所有，而且半生坎坷，很长时间几乎看不到任何希望。然而这两个人却一直死心塌地地跟着他，忠贞不渝，至死不悔，关羽甚至还来了个"千里走单骑"。为什么？就因为刘备"弘雅有信义"。按照《三国志》的说法，刘备和关羽、张飞，是"寝则同床，恩若兄弟"的。关羽和张飞，对刘备则名为事之如兄，实际事之如君。可见维系三人友谊的，就是英雄之义。只不过我们不知道，这三个人"寝则同床"时，他们的太太在哪里？

刘备是英雄，关羽和张飞看出来了，后来诸葛亮也看出来了，曹操不会看不出来。因此可以相信，曹操确实说了"今天下英雄，唯使君与操耳"这句话。也许曹操不该把这话当着刘备的面说出来，因为这等于说"和我争天下的就是你"。但这可以理解为不够稳重，也可以理解为火力侦察或敲山震虎。意思是咱们俩谁也别装孙子。咱俩谁也不比谁更傻，或谁也不比谁更聪明。果然，刘备再也装不下去，找个机会就逃之夭夭了。

刘备跑，不难理解；曹操放，就匪夷所思。《三国演义》那个"巧借闻雷来掩饰"，曹操不再怀疑的说法是靠不住的。曹操没有那么好骗。可能的原因是，曹操这时还不是奸雄。到了晚年，他可是大开杀戒，杀了许多不该杀的人，包括人品一流的崔琰和智慧一流的荀彧。也可能这时曹操还需要做容人状，不肯没有正当理由就杀人。据《三国志·武帝纪》，刘备前来投靠曹操时，曹操的谋士程昱曾劝曹操把刘备"处理掉"。程昱说："观刘备有雄才而甚得众心，终不为人下，不如早图之。"（从程昱的这句话也可以看出刘备确实是英雄）曹操的回答则是"方今收英雄时也，杀一人而失天下之心，不可"。当然还有一种可能，就是曹操虽然看出刘备有英雄之志、英雄之气、英雄之魂、英雄之义，却也很清楚他并没有用武之地，而一个没有用武之地的英雄是不能真正算作英雄的，也是用不着过于防范的。因为这样的人一时半会还成不了气候，不如等到师出有名的时候再来收拾他。

前两种可能，似可以解释曹操为什么不杀刘备；后一种可能，则似可以解释曹操为什么放了刘备。于是，出于一念之差，曹操铸下大错。说起来，这也是人算不如天算。因为不但曹操，就连刘备自己也没有想到，就在青梅煮酒的八年之后，有一位伟大的政治家从山林中走出，成为刘备的总参谋长，并帮助刘备建立起自己的独立王国。刘备咸鱼翻身了。他不但有了根据地，而且地盘越来越大，最后竟然与曹操和孙权形成鼎足之势。

这个人的名字我们都知道，他就是诸葛亮。

诸葛亮无疑是中国历史上罕见的杰出政治家。他的出山，使命运的天平开始向刘备倾斜。同样让人想不到的是，就在同一年，曹操最重要的谋士之一郭嘉因病不治身亡。这对曹操是沉重的打击，对于刘备，却意味着他确实时来运转了。

那么，郭嘉的死，就那么重要吗？

第十四章
天生奇才

　　由于我们不能确知的原因，曹操出于一念之差放跑了刘备。龙归大海虎归山的刘备运气出奇地好。建安十二年（公元207年），刘备从隆中请出了诸葛亮，而郭嘉则在北征的路上一病不起，英年早逝。这一出一去的结果，是刘备咸鱼翻身，曹操壮志难酬。那么，郭嘉是一个怎样的人？他和诸葛亮的异同又在哪里呢？

　　上一章我们说到，刘备这个人，有英雄志，有英雄气，有英雄魂，有英雄义，就是没有"英雄地"（自己的地盘），只能东奔西走地寄人篱下，反复无常地投靠他人。也许正是由于这个原因，曹操一念之差放跑了刘备。现在，刘备已经龙归大海虎归山，能不能成气候，就看他的运气了！

　　谁也没有想到，刘备的运气出奇地好。建安十二年（公元207年），对于刘备和曹操来说，真是一个重要的年头。就在这一年九月，曹操最欣赏的谋士郭嘉不幸病故；而也就在这一年，诸葛亮却来到了刘备身边。三十八岁的郭嘉去世了，二十七岁的诸葛亮出山了，历史的轨迹开始拐弯。

　　为什么要把郭嘉的死亡和诸葛亮的出山联系在一起呢？这二者之间有什么关系吗？

有。这种联系或者关系,当然不是这两件事发生在同一年。这不过是碰巧。关键在于这两件事对曹、刘双方的影响。我们知道,战争的胜负,在于力量的对比;而力量对比的变化,则无非此长彼消和此消彼长。诸葛亮来到了刘备身边,这是"此长彼消":刘备长,曹操消。郭嘉不幸去世,则是"此消彼长":曹操消,刘备长。怎么算,都是曹操吃了亏。

不过这里还有一个问题,就是他们两人的分量和量级。如果分量不够,这种计算就没有什么意义。同样,如果量级不同,或者差异太大,这种比较也没有什么必要。那么,诸葛亮和郭嘉的分量如何?他们是同一量级的人物吗?或者说,他们有相似之处吗?

有。郭嘉和诸葛亮确有惊人的相似之处。第一,他们都是少年天才,出山时都只有二十七岁,但思想和谋略却都已经相当成熟。第二,他们都"审于量主"。在大家都认为袁绍是绩优股时,郭嘉却看出那是垃圾股;而在大家都以为刘备是垃圾股时,诸葛亮却把他看作绩优股。第三,他们都"谋功为高"。郭嘉帮曹操统一了北部中国,诸葛亮帮助刘备实现了三国鼎立。可以说,他们一个是天生奇士,一个是旷世良才。当然,他们的忠心耿耿、兢兢业业、鞠躬尽瘁、死而后已,也是一样的。他们和曹操、刘备的关系,也都至少在表面上做到了"如鱼得水",甚至确有一份情谊。

郭嘉去世后,曹操悲痛万分。据《三国志·郭嘉传》及该传裴松之注,曹操给朝廷上表,给荀彧写信,和其他人谈话,多次追忆郭嘉,每每痛哭流涕,声泪俱下。他说:奉孝年不满四十(实为三十八岁),和我在一起的时间就有十一年。那些艰难困苦的日子,全都是他和我一起硬挺过来的。那都是千钧一发的艰险呀!我自己都拿不定主意,全靠他当机立断、鼎力玉成。奉孝其实是知道危险的。他身体不好,南方又多瘟疫,因此常说要是到了南方,只怕就不能活着回来了。可是和我讨论天下大计,却说是要先定荆州。这是拼了命来为我立功呀!这样一份情义,如何叫人忘得了!如今,我虽然为他请了功，讨了封，可这对一个死了的人来说，又有什么用啊！天下相知的人是这样少，好容易有了一个又弃我而去。苍天哪，你叫我怎么办，怎么办呀！

根据曹操的这些说法，我们不难看出，曹操和郭嘉的关系非同一般，可谓既同患难（阻险艰难，皆共罹之）又心心相印（唯奉孝为能知孤意）。郭嘉也确实是难得的人才，可谓既忠心耿耿（事人心乃尔，何得使人忘之）又能谋善断（平定天下，谋功为高）。这些特征和这种关系，都很容易让我们马上就联想到诸葛亮。

事实上，郭嘉和诸葛亮不但作为个人有惊人的相似之处，而且在各自阵营的分量也都一样。刘备得到诸葛亮以后的说法是："孤之有孔明，犹鱼之有水也。"曹操得到郭嘉以后的说法则是："使孤成大业者，必此人也。"刘备临终前，是托孤于诸葛亮的；而曹操对郭嘉，也曾"欲以后事属之"。只不过因为郭嘉英年早逝，我们没能看到那一天。也由于同样的原因，郭嘉这颗将星不像诸葛亮那样璀璨明亮。诸葛亮从二十七岁出山，到五十四岁病故，为刘备集团服务了二十七年，而且还有十一年时间是大权独揽；郭嘉为曹操集团服务却一共只有十一年，而且职务不过军师祭酒（参谋）。两人施展才华的条件，真不可同日而语。

然而，尽管只有短短十一年，郭嘉却留下了辉煌的业绩。郭嘉在曹操军中时，曹操可谓凯歌高唱、捷报频传，成功地统一了北方。郭嘉一去世，曹操的军事成就便显得乏善可陈。用周泽雄先生的话说，也就对付了马腾、韩遂几个"草寇型军阀"。对付孙权、刘备这两大"枭雄"，就有点力不从心，在赤壁还差一点就被烧得焦头烂额。当然，刘备反败为胜，并不仅仅因为有了诸葛亮；曹操事业受阻，也并非仅仅因为没了郭嘉。我们不可以过分夸大个人的作用。但郭嘉的去世，对于曹操确实是重大损失。因此，曹操败退赤壁时，曾仰天长叹，突然冒出这么一句话："郭奉孝在，不使孤至此！"

这句话到了《三国演义》那里，就变成了这样一个场面：曹操华容道脱身回到南郡，曹仁设宴压惊，众谋士也都在座。曹操忽然仰天大恸。众谋士说，丞相遇难时全无惧怯，现在安全回到城中，人已得食，马已得料，可以重整军队报仇雪恨，怎么反倒痛哭？曹操说："吾哭郭奉孝耳！若奉孝在，决不使吾有此大失也！"接着便捶胸大哭说："哀哉奉孝！痛哉奉孝！惜哉奉孝！"于是"众谋士皆默然自惭"。

曹操的捶胸大哭被毛宗岗父子批得狗血喷头，而且把这一哭和宛城之战哭典韦联系起来了。战宛城的故事，在《鬼使神差》那一章讲过，就是建安二年（公元197年）正月，由于曹操自己的失误，刚刚投降十几天的张绣，采用谋士贾诩的计谋突然反叛。猝不及防的曹操靠着典韦奋不顾身拼力死战才逃得性命，长子曹昂、侄子曹安民和爱将典韦却均在战斗中身亡。事后，曹操设祭，祭奠典韦，痛哭流涕。在《三国演义》第十六回，曹操是这样哭的："吾折长子、爱侄，俱无深痛，独号泣典韦也！"于是他身边的那些将士都十分感动（众皆感叹）。

这真可谓"曹操版"的"刘备摔孩子"了。刘备摔孩子的故事大家都很熟悉，就是赵云在长坂坡救回阿斗后，刘备把那孩子往地上一扔，说"为汝这孺子，几损我一员大将"，惊得赵云扑翻在地，哭着说非肝脑涂地不可。你看，曹操是不哭爱子哭爱将，刘备是不疼爱子疼爱将，结果都让将士们感激涕零，真是异曲同工。

同样，哭典韦和哭郭嘉也有的比。毛批说，曹操以前哭典韦，后来哭郭嘉。哭典韦之哭，是为了感动众将士；哭郭嘉之哭，是为了羞愧众谋士。"前之哭胜似赏，后之哭胜似打"，真想不到奸雄的眼泪，居然"既可作钱帛用，又可作梃杖用"。于是毛宗岗父子冷笑一声说："奸雄之奸，真是奸得可爱。"

这个批语当然很精彩，只可惜曹操哭典韦的话，哭郭嘉的场面，和"刘备摔孩子"一样，都是小说家言。没错，为典韦治丧时，曹操确实亲临哭祭，但没有说过"吾折长子、爱侄，俱无深痛"的话。曹操也确实说过"郭奉孝在，不使孤至此"的话，但并没有捶胸大哭。我们也不知道他是在什么场合说的，有没有众谋士在座就更不知道。那个场面是罗贯中的演义，靠不住的。也就是说，毛宗岗父子批的是小说中的曹操，不是历史上的曹操。

历史上的曹操并不可笑。他的叹息，也未必是为了"愧众谋士"。事实上，曹操赤壁失利，有多方面的原因，主要责任并不在谋士。何况曹操的谋士也并不无能。比如孙刘的联盟，就早已有人料定，这个人就是程昱。曹操在夺取荆州以后继续顺江东下，也有人反对，这个人就是贾诩。可惜"太祖不从，军遂无利"。可见，曹操的谋士是尽责的，也是称职的，他怎么会借口怀念郭嘉来"愧众谋士"？

那么，曹操又为什么要叹息呢？实际上曹操是在叹自己命苦，过早失去了郭嘉。《三国志·郭嘉传》说："太祖征荆州还，于巴丘遇疾疫，烧船，叹曰：'郭奉孝在，不使孤至此！'"也就是说，如果郭嘉还活着，事情就不会这样了。

怎么就不会这样呢？因为郭嘉是军事天才。他"深通有算略，达于事情"，总能随机应变，当机立断，而且神机妙算，出奇制胜。比方说，曹操三战吕布，士卒疲倦，准备撤军。郭嘉力主再战，而且断定再战必胜，结果吕布被擒。曹操征伐袁谭、袁尚，连战连克，诸将主张再战，郭嘉主张撤军，结果袁谭、袁尚兄弟祸起萧墙，曹操渔翁得利。曹操战袁绍，有人担心孙策趁机偷袭许都，郭嘉说来不了；曹操征乌丸，有人担心刘表趁机偷袭许县，郭嘉说不会来。结果呢？和郭嘉预料的完全一样。

郭嘉不但料事如神，而且敢于出险招，走钢丝。比如战官渡、征乌丸这两回，别人的担心不是没有道理的。按照常理，孙策和刘表肯定要趁火打劫，在曹操的背后插一刀子。偏偏郭嘉就敢断言不会，也偏偏曹操就敢听他的，冒此天大的风险。其实官渡之战这一回,是多少有些侥幸的,这个我们以后再说。但征乌丸那一仗,则确实体现了郭嘉的军事天才。

乌丸也叫乌桓,是居住在我国北方的少数民族,此前一直倒向袁绍。官渡之战后,袁绍病死,袁谭和高干被杀。袁尚和袁熙被曹操打败,在建安十年(公元205年)逃入乌丸,想借乌丸的力量与曹操抗衡。所以,曹操要消灭袁氏残余势力,统一北部中国,非征伐乌丸不可。但是乌丸并不好打,许多人都不主张打,最后也是险胜。据《三国志·武帝纪》裴松之注引《曹瞒传》,当时天寒地冻,荒无人烟,连续行军二百里不见滴水,军粮也所剩无几,曹操"杀马数千匹以为粮,凿地入三十余丈乃得水"。因此回到邺城后,曹操下令彻查并重赏当初劝谏他不要征讨乌丸的人。曹操说,我这场胜利,完全是侥幸。诸君的劝阻,才是万全之策。可见这场战争实在是惊险得很。

事实上,当时反对征伐乌丸的人很多。据《三国志·武帝纪》,反对的理由主要有两个。第一,他们认为,袁尚不过是一个狼狈逃窜的"亡虏"。乌丸是"夷狄","贪而无亲",哪里会帮助袁尚?因此用不着打。第二,他们认为,乌丸地处偏远,我军一旦远征,刘备一定鼓动刘表趁机偷袭许县,"万一为变,事不可悔"。因此打不得。

然而郭嘉却认为可以打、应该打、打得赢,因此力主此战。据《三国志·郭嘉传》,郭嘉认为,第一,乌丸是很远,但正因为离得远,他们必定"恃其远"而"不设备"。如果我们出其不意,突然袭击,一定能打他个措手不及,因此"可破灭也"。第二,袁绍家族的影响不可小看,三郡乌丸的实力也不可低估。一旦他们联合起来,"招其死主之臣","成觊觎之计",只怕青州和冀州就不再是我们的了。至于刘表——这是第三点,不过是个夸夸其谈的家伙(坐谈客耳)。他很清楚自己的才能比不上刘备,因此对刘备是有防范的,也不知道该怎么对待刘备。委以重任吧,怕自己控制不了;不予重任吧,刘备肯定不会真心实意地帮助他。所以,尽管我们"虚国远征"，却不必顾虑后院失火。曹公你就放心吧！

事情果然如郭嘉之所预料。据《三国志·先主传》及裴松之注引《汉晋春秋》，建安十二年（公元207年），曹操出征乌丸，刘备劝刘表偷袭许县，刘表不干（先主说表袭许，表不能用）。等到曹操从乌丸王蹋顿大本营柳城（今辽宁省朝阳市附近）班师时，刘表才后悔，说不听刘备的话，失去了一个大好机会。刘备只好安慰他说，现在天下大乱，战事频仍，恨不得天天都要打仗（日寻干戈），机会嘛，那还多得很。如果今后能够迅速反应（应之于后者），这一次也不算遗憾（此未足为恨也）。其实刘表哪里还有机会？曹操平定三郡乌丸以后，很快就把斗争的矛头指向了他；而他自己还没有来得及和曹操交锋，就见上帝去了。

曹操接受郭嘉的建议，不理会刘表，率军北上，五月的时候到达了易县（今河北省雄县西北）。这时，郭嘉对曹操说，兵贵神速。现在我们千里奔袭，辎重多，速度慢，难以迅速取得胜利。一旦走漏风声，对方必有准备。不如留下辎重，日夜兼程，打他个措手不及。曹操然其计，率轻兵来到无终（今天津蓟州区），然后在当地名士田畴的导引下，抄小路经徐无（今河北省玉田北）、卢龙塞（今河北省喜峰口）、白檀（今河北省滦平县）、平冈（今河北省平泉市），登上了距离柳城只有二百多里地的白狼堆。这时乌丸王蹋顿才知道曹军来了，仓促应战，结果兵败被杀。袁尚和袁熙也只好远走辽东，投奔公孙康。

看来郭嘉确实料事如神。所以，《三国演义》便把这场战争最后的胜利也归功于他。这个故事我们前面讲过，就是破乌丸后，曹操按兵不动，并不急于去消灭投奔公孙康的袁尚和袁熙，而是等着公孙康把这两个人的人头送来，公孙康也果然这么做了。这原本是曹操自己的决策，《三国演义》却说是郭嘉的"锦囊妙计"，谓之"郭嘉遗计定辽东"。《三国演义》这么讲，固然是不想让曹操太风光，但同时恐怕也因为郭嘉实在谋略过人。

事实上，罗贯中的移花接木也不是一点谱都没有，郭嘉确实出过类似的主意。据《三国志·郭嘉传》，袁绍死后，袁尚和袁谭也被曹操打得落花流水。当时诸将都主张一鼓作气灭了那两个，郭嘉却说不必，不如等着这兄弟俩自己打起来。郭嘉的分析是：袁尚和袁谭因为争当接班人原本不和，他们两个又各有各的谋士，因此势必祸起萧墙。如果我们逼急了，他们就会相濡以沫；我们不管他，他们就会鹬蚌相争。所以，我们应该做出南征刘表的态势，等待他们的事变，"变成而后击之，可一举定也"。果然，曹操的军队才开到西平（今河南省西平县西），袁尚和袁谭就因为争夺冀州大打出手，曹操也就坐收渔利。

现在，我们已经不难看出郭嘉为什么能料事如神了。原因很简单，那就是他把人琢磨透了。他看透了袁绍，看透了吕布，看透了孙策，看透了刘表，也看透了袁尚和袁谭，这才敢迭出险招。也难怪曹操说郭嘉"见时事兵事，过绝于人"了。其实时事也好，兵事也好，说穿了都是人事。只有精于人事，才能明于时事和兵事啊！

郭嘉确实太会看人了。他不但看透了敌人，也看清了主人。曹操的表文说："每有大议，临敌制变。臣策未决，嘉辄成之。"可见郭嘉在做出判断时，每每想到了曹操的前面，而且常常帮助曹操下了决心。但这显然要有一个前提，就是曹操的为人能够让郭嘉放心地去出谋划策，出险招，出奇招。如果像袁绍那样优柔寡断又刚愎自用，志大才疏又嫉贤妒能，郭嘉的聪明才智就不会有用武之地。可见，郭嘉的成功，也是曹操的成功。这样的成功在历史上是很罕见的。不难想象，赤壁之战时，郭嘉如果在世，他也一定会出奇制胜，让曹操转败为胜，化险为夷。这就是曹操要说"郭奉孝在，不使孤至此"的原因。可惜那时郭嘉已经不在了，否则历史恐怕得重写，《三国演义》也得重来。因为郭嘉即便没有"回天之力"，他和诸葛亮之间，也至少会有一场"智斗"的戏好看。

这样一双察见渊鱼的眼睛，当然不会看不透刘备。事实上郭嘉和曹操一样，也看出刘备是英雄，但他的意见却似乎很矛盾。有人主张杀刘备，郭嘉说杀不得。曹操放走刘备，郭嘉又说放不得。《郭嘉传》裴松之注引用了这两种说法。《魏书》的说法是，有人对曹操说："备有英雄志，今不早图，后必为患。"曹操问计于郭嘉，郭嘉说，有道理。但是，明公提宝剑而兴义兵，为的是除暴安良，靠的是推诚置信。即便这样，也还怕招不来天下英雄。现在刘备这个英雄走投无路，来投靠明公，明公却把他杀了。那么，还有谁会愿意追随明公平定天下呢？以一人之患，绝四海之望，这可得想清楚了。《傅子》的说法则是，郭嘉主动去找曹操，说："备终不为人下，其谋未可测也。古人有言，一日纵敌，数世之患。宜早为之所。"但当时曹操"奉天子以号令天下，方招怀英雄以明大信"，就没有听郭嘉的。等到刘备公开背叛曹操时，曹操便"恨不用嘉之言"。

对此，裴松之评论说："《魏书》所云，与《傅子》正反也。"但我认为两书其实并不相反。所谓"宜早为之所"，只不过是要早做安排，未必就是要杀了刘备。在这个问题上，我同意周泽雄先生的观点。周泽雄认为，郭嘉的意见，是既不能杀，也不能放。怎么办？软禁。但不知由于什么原因，这一回曹操没弄懂郭嘉的意思。也许这件事实在太敏感，郭嘉也不能说得太明白吧！毕竟，曹操也好，郭嘉也好，都是人不是神。他们再怎么看透人性，再怎么神机妙算，也算不出刘备会时来运转，更算不出世界上还有一个诸葛亮。

诸葛亮在三国这段历史上，无疑是一个举足轻重的人物。然而在建安十二年（公元207年）以前，我们却一直看不到他的身影，听不见他的声音。这不能完全归结于他的年轻。那个时代，少年英雄还少吗？何况诸葛亮出山的时候，已经非常成熟。这当然也不能归结为他不想出山。要知道一个"每自比管仲、乐毅"的人，是不会甘心"苟全性命于乱世，不求闻达于诸侯"的。显然，诸葛亮是在观望和等待。说得再明白一点，就是在观望时局，等待刘备的召唤。那么，在当时众多的英雄豪杰当中，诸葛亮为什么就一眼看中了刘备呢？他那双明察秋毫的眼睛，在刘备身上又看见了什么呢？

第十五章
慧眼所见

正如刘备是一个谜，诸葛亮也是一个谜。他似乎是老天专为刘备准备的人才，他也似乎一直就在等待刘备的召唤。那么，诸葛亮究竟是一个什么样的人，他为什么对刘备情有独钟，他在刘备身上又究竟看到了什么？

前文说到，当各路英雄纷纷登场，各方谋士也纷纷出山的时候，诸葛亮却一直蛰伏在隆中，并不急于一展风采。他似乎在静悄悄地等待着刘备的召唤。在众多的诸侯中，他也最看好刘备。那么，刘备又有什么打动了他，他为什么一眼就看中了刘备呢？

要回答这个问题，必须先看看青年时代的诸葛亮是一个什么样的人。

诸葛亮是一个少年英才，而且是一个帅哥。陈寿的《上〈诸葛亮集〉表》说他"少有逸群之才，英霸之器，身长八尺，容貌甚伟，时人异焉"。他的身世，史书上的记载不是很多。我们只知道他是一个孤儿，由从父（叔父）诸葛玄抚养成人。诸葛玄和刘表有旧，诸葛亮也就跟着到了荆州。诸葛玄去世后，诸葛亮便"躬耕垄亩"于隆中。隆中这个地方，一直有襄阳、南阳之争。据说清代有个名叫顾嘉蘅的，是襄阳人，却被派到南阳做知府。于是南阳人就让这个身为南阳知府的襄阳人表态，说清楚隆中到底在襄阳还是在南阳。顾大人两边都不能得罪，没有办法，只好撰得一联云"心在朝廷，原无论先主后主；名高天下，何必辨襄阳南阳"，算是摆平了这场"官司"。其实隆中地理位置在襄阳城外二十里，行政区域却属于南阳郡的邓县，所以说襄阳、南阳都对。何况当时襄阳、南阳都属于荆州，也原本就没有问题。

诸葛亮到了隆中以后，过着一边劳动一边读书的耕读生活。用他自己在《出师表》中的话说，就是"臣本布衣，躬耕于南阳，苟全性命于乱世，不求闻达于诸侯"。这里面，"苟全性命""不求闻达"云云，恐怕只能看作套话；"躬耕于南阳"则大约是实，但未必是自食其力，要靠种田来维持生计，不过参加一些农业劳动而已。这在当时，甚至也是一种"雅事"，不能视为身份。比如嵇康，是喜欢打铁的，难道就是铁匠？诸葛亮也肯定种过地，却未必就是农民。当然，诸葛亮是把耕耘垄亩看作闲来雅兴还是谋生手段，我们已无法断定。但相信不管哪一种情况，他的劳作一定很认真。诸葛亮是一个兢兢业业一丝不苟的人。直到他位居丞相，仍然事必躬亲，亲力亲为，说不定就是他"躬耕于南阳"时养成的习惯。

诸葛亮读书却很马虎。《三国志·诸葛亮传》裴松之注引《魏略》说，他的朋友如石韬等人都"务于精熟"，唯独他自己"观其大略"而已。这其实是会读书。实际上，一个人如果不做学问，像陶渊明那样"好读书，不求甚解"就是对的。所谓"不求甚解"，其实就是不钻牛角尖；而所谓"观其大略"，其实就是善于抓住要点。从这一点可以看出，诸葛亮是一个大气的人。一个大气的读书人，总是会一下子就掌握书中的思想精髓和智慧所在，不会去寻章摘句咬文嚼字，就像一个大气的将领和统帅不会计较一城一池的得失一样。

除了耕作和读书，诸葛亮还有两个爱好。一是喜欢"抱膝长啸"（此为《魏略》所云），二是"好为《梁父吟》"（此为本传所云）。

啸,是撮口发出舒长清越的声音;《梁父吟》,则是悲凉的葬歌,或者由葬歌发展而来的乐府诗。这两条记录加在一起,我们就知道青年时代的诸葛亮,心中充满了一种慷慨悲凉之气。这长啸,这诗歌,应该寄托了他对世事人生的深度关切和悲悯情怀。

这其实就是典型的"士人"了。一个"士",尤其是一个"国士",是必须以天下为己任的。当然,光有这志向不行,还得有能力和条件。诸葛亮就既有志向,又有能力和条件。"每自比管仲、乐毅",就是有志向的证明;他后来治国家,平天下,定乾坤,就是有能力的证明。至于条件,也是有的,而且应该说很好。

首先,诸葛亮有一个好背景。我们知道,诸葛家族并非寻常百姓,其先祖诸葛丰是当过司隶校尉的。司隶校尉位高权重,在西汉位列三公之下、九卿之上,在东汉则与尚书令、御史中丞号为"三独坐"。诸葛亮的父亲诸葛珪当过郡丞,叔叔诸葛玄当过太守,所以诸葛亮也是"干部子弟"。官场的事情,他应该是知道一些的;官场的关系,也应该是有一些的。

事实上,诸葛亮有一个关系网。他的岳母和刘表的后妻是亲姐妹,都是蔡讽的女儿,蔡瑁的姐姐。这样算下来,刘表是诸葛亮妻子的姨父,蔡瑁是诸葛亮妻子的舅舅,诸葛亮本人则是蔡讽的外孙女婿。刘表是荆州长官,蔡家是襄阳望族,蔡瑁是刘表亲信,诸葛亮有这样的政治资源,难道不是条件甚好吗?

说来诸葛亮的这门亲事也是一段佳话。诸葛亮的岳父叫黄承彦,也是当时的名士。这个人是很看好诸葛亮的,便打算把女儿许配给他。黄承彦对诸葛亮说,我有一个女儿,人长得很丑,但很有才华,你愿意娶她吗?诸葛亮同意,黄承彦立即就用车子把丑女送了过去。这事史家也有不同看法。有人认为黄承彦的说法是谦词,其实不丑。也有人认为黄承彦这样说是考验诸葛亮,看他是重色还是重才。但我认为黄女应该是丑的。第一,有黄承彦自己的说法为证:"身有丑女,黄头黑色。"如果是谦词,不会说得这么具体,何况"才堪相配"一词也并不谦虚。第二，有别人的反应为证。据记载此事的《襄阳记》说："时人以为笑乐，乡里为之谚曰：莫作孔明择妇，正得阿承丑女。"可见黄女之丑，是众所周知的。

那么，诸葛亮为什么要答应这门亲事呢？也有两种说法。一种认为诸葛亮娶妻重德重才不重貌，高风亮节；另一种则相反，认为诸葛亮看重的，正是黄承彦的社会声望和社会关系。何况妻子丑一点，并无碍，因为还可以纳妾。娶妻娶德，纳妾纳色，是当时的常规观念。至于到底是什么原因，我可不敢唐突古人，还是请读者明察吧！但有这么一层关系，诸葛亮如果要在刘表那里谋个一官半职，应该说是很容易的。

何况诸葛亮还有一个小圈子。这个小圈子里的人，也都是一时之选。他们也都欣赏诸葛亮，常常帮诸葛亮做宣传。事实上刘备认识诸葛亮，就是徐庶推荐的。另外如荆州名士司马徽、庞德公等人，对诸葛亮的评价也很高。"卧龙"的称号就是庞德公送给诸葛亮的，庞德公还让自己的儿子娶诸葛亮的二姐为妻。可见诸葛亮当时虽然隐居草庐高卧隆中，却是"谈笑有鸿儒，往来无白丁"。和他有关系或者有交往的，不是高官，就是名士。他的政治资源和政治条件，比当时不少人要好。比如贾诩，就既没有家族背景，又没有关系网络，还没有人到处为他做宣传（少时人莫知），只能只身一人闯天下、碰运气，在土匪和军阀的窝子里鬼混。最后能在曹操那里混了个高官厚禄寿终正寝，实在是不容易。

诸葛亮的条件显然要好得多。他有好背景，有关系网，有小圈子，如果要从政，应该说是很便当的。但在建安十二年以前，他几乎没有任何动静，一副"苟全性命于乱世，不求闻达于诸侯"，决心隐居南阳、终老隆中的样子，这是为什么？

因为诸葛亮的志向非同一般。《魏略》说，诸葛亮曾经对他的三个朋友——石韬（广元）、徐庶（元直）、孟建（公威）说，你们从政，官可以做到刺史、郡守。朋友反问，足下呢？只有微笑，没有回答（亮但笑而不言）。其实答案早就有了——"每自比管仲、乐毅"。管仲是什么人？名相。乐毅是什么人？名将。这就再清楚不过，诸葛亮的理想，既不是称王称帝坐北朝南，也不是为官一任造福一方，而是辅佐贤明，廓清四海，平治天下，定鼎中原。

显然，这就必须像郭嘉说的那样，为自己选一个好老板，而他可选的人又很多。比如刘表，就近在眼前，而且沾亲带故。曹操和孙权，也都在招兵买马、招贤纳士。但诸葛亮对他们似乎都没有兴趣，这又是为什么呢？

原因也很简单：刘表太差，曹操太强，孙权的空间又太小。刘表的差，我们以后还要再说，这里说一点就够了。当时中原士人到荆州来避难的很多，刘表却一个都不能用，诸葛亮出山又能如何？曹操那边，人才济济，曹操自己也是强人，诸葛亮当真去了，也未必能如何。据《三国志·诸葛亮传》裴松之注引《魏略》，孟建投奔曹操时，诸葛亮就说："中国饶士大夫，遨游何必故乡邪！"这话虽然被裴松之认为"未达其心"（裴松之认为诸葛亮不投奔曹操是政治立场原因），但我认为这至少是诸葛亮的想法之一。仍据《魏略》，后来石韬在魏任郡守、典农校尉，徐庶在魏任右中郎将、御史中丞，诸葛亮就叹息说："魏殊多士邪！何彼二人不见用乎？"可见，见用不见用，总还是要考虑的。

何况对于诸葛亮来说，仅仅"见用"恐怕还不行，还必须"重用"甚至"专用"。据《三国志·诸葛亮传》裴松之注引《袁子》，赤壁之战前，诸葛亮出使东吴，说服孙权与刘备联盟。孙权的首席谋士张昭看出诸葛亮非同寻常，极力向孙权推荐，孙权也想留他，但遭到诸葛亮拒绝。人问其故，诸葛亮说："孙将军可谓人主，然观其度，能贤亮而不能尽亮，吾是以不留。"也就是说，孙权确实是好老板（可谓人主），但孙权至多能够做到尊重和器重他（贤亮），却不能让他尽展其才（尽亮）。

这事也被裴松之认为不实，理由有两点。第一，诸葛亮与刘备的君臣际遇，可谓"希世一时"。这样"其利断金"的关系，谁能离间得了？第二，诸葛亮终其一生，可谓忠贞不渝，怎么会见异思迁？裴松之说，关羽被俘后，在曹操那里也是能够"尽其用"的，尚且"义不背本"，难道诸葛亮的为人就不如关羽吗？

裴松之的说法自然有道理。我们甚至还可以加上一条：刘备是诸葛亮再三考虑精心挑选的老板。既然如此，他就绝不会轻易跳槽。因此，即便孙权能够"尽亮"，诸葛亮也不会背叛刘备投靠孙权。但是，诸葛亮在选择刘备之前，难道就不能选择孙权吗？当然可以。那么，他为什么不就近投奔东吴呢？恐怕就因为他早已看出孙权"能贤亮而不能尽亮"。道理也很简单：江东，是一个历经孙坚、孙策、孙权三代人苦心经营发展起来的利益集团。孙权那边人才太多，而且关系密切。张昭，是孙策创业时的老臣，孙策曾带着他"升堂拜母，如比肩之旧"，也就是视为兄长，临终时又把孙权托付给他（以弟权托昭），而且说了"若仲谋不任事者，君便自取之"的话。周瑜，也是孙策创业时的老臣，而且有连襟之情、兄弟之谊。孙权的母亲也明确告诉孙权，要他把周瑜当哥哥（我视之如子也，汝其兄事之）。不难想象，任凭诸葛亮能力再强、本事再大、水平再高，到了东吴，权位也只能在张、周二人之下，甚至不如鲁肃。这显然是诸葛亮所不愿意的。

所以，诸葛亮所谓"观其度，能贤亮而不能尽亮"的"度"，恐怕不是"度量"，而应理解为"空间"。《三国志·鲁肃传》说，当年周瑜劝鲁肃投奔孙权时，就曾经引用了东汉名将马援回答光武帝刘秀的一句话："当今之世，非但君择臣，臣亦择君。"这个观点，用现在的话说就是"双向选择"，和郭嘉所谓"智者审于量主"也是一个意思。郭嘉、周瑜他们要"择君"，诸葛亮当然也要"择君"。但诸葛亮的选择，要求似乎更高一些，那就是这个老板必须能保证自己最大限度地实现政治抱负和人生理想。

那么，诸葛亮的政治抱负和人生理想是什么呢？从他"每自比管仲、乐毅"的说法和后来的《隆中对》可以看出，就是廓清四海，一统九州，从而建不世之伟业，立盖世之奇功。这个伟业和奇功，可以是齐桓公那样的"霸业"，也可以是光武帝那样的"帝业"，但必须是经天纬地的事业。能成就"帝业"固然好，能成就"霸业"也可以。退而再求其次，也得三足鼎立，割据一方。用陈寿的话说，就是"进欲龙骧虎视，苞括四海；退欲跨陵边疆，震荡宇内"。这话所说，虽然是诸葛亮在刘备去世之后的心愿，但没有前因，就没有后果。总之，他要成为一个实际上的新政权、新国家、新王朝的开国元勋。他选择的老板，则必须是能够使他实现这一抱负和理想的人。

这样一说，诸葛亮的选择标准也就很清楚了。第一，这个人必须有建立一个新政权、新国家、新王朝的可能性。他应该有这个志向，也有这个条件。第二，他的这个志向和条件还不明显，还处于潜在状态。志向既鲜为人知，甚至自己也还不明确；条件也不成熟，甚至还有欠缺。正因为不明确，有欠缺，才需要有一个诸葛亮。也因为不明确，有欠缺，诸葛亮去了以后，才保证能够成为可以大显身手的定鼎之臣。

符合这些条件的，显然只有刘备。

首先，刘备为帝王之胄。他是汉景帝之子中山靖王刘胜的后代。按照《三国演义》的说法，细细地排起来，当今皇上还要叫他一声"叔"。虽然这个谱系十分可疑——《三国志》说他是陆城亭侯刘贞之后，《典略》则说他是"临邑侯枝属"；虽然刘胜的儿子刘贞也不过是个亭侯，后来还丢了爵位；虽然刘备本人已经沦落到"与母贩履织席为业"，毫无凤子龙孙的待遇；但他这个"皇族"身份，大家似乎还认。这在政治上就占了便宜。因为尽管后来大家都清楚，汉室已经不再扶得起来，刘备的那个"汉"和刘邦、刘秀的那个"汉"也不是一回事，但由刘备取代（或"继承"）刘协，总比由曹操、孙权这些和皇家八竿子打不着的人来取代，要顺理成章一些。另外，刘备七尺五寸（合一米七二点五）的身高，两耳垂肩、手长过膝（《三国志》的说法是"垂手下膝，顾自见其耳"）的形象，也比曹操好。这在当时，都算优势。

其次，刘备有帝王之志。《三国志》说，刘备小时候就说过他将来肯定要乘坐天子之车（吾必当乘此羽葆盖车）的话。这当然靠不住。古时史家为开国皇帝作传，总难免会写一些诸如此类的"童话"，以示其人乃"真命天子"，从小就"胸怀大志"。但刘备两个儿子的名字，却能说明问题。这两个儿子，一个叫刘封，一个叫刘禅，合起来是"封禅"。封禅，是有德君王祭祀天地的大典（登泰山筑坛祭天曰"封"，在山南梁父山上辟基祭地曰"禅"）。刘备如果不想当皇帝，儿子叫"封禅"干什么？

第三，刘备有帝王之术。刘备和刘邦的血统关系虽然可疑，性格和作风倒不乏相似之处。比如《三国志》本传所云"不甚乐读书，喜狗马、音乐、美衣服"，就很像。善于笼络人才收买人心，也像。喜欢呼朋引类行侠仗义，也像。陈寿说"先主之弘毅宽厚，知人待士，盖有高祖之风，英雄之器焉"，应该说有几分道理。不过两人做派并不完全相同。比如刘邦喜欢骂人，刘备就不骂。不但不骂，而且"少语言，善下人，喜怒不形于色"，至少在表面上比刘邦厚道。因为厚道，也因为侠义，所以很得人心。《三国志》本传和裴松之注引《魏书》都说，刘备当平原相时，郡民刘平看不起他，"耻为之下"，派刺客去杀他，刺客竟不忍下手，"语之而去"，陈寿评论说"其得人心如此"。裴松之所引《魏书》则说，不忍下手的直接原因，是刘备不知来人是谁而"待客甚厚"，感动了刺客。而根本原因，则是刘备"外御寇难，内丰财施，士之下者，必与同席而坐，同簋而食，无所简择"，因此"众多归焉"。人心，是一笔巨大的无形资产。

第四，刘备有帝王之福。在三国时代三巨头当中，他和孙权应该说都算是有福气的人。孙权的福气最好，有一片现成的基业和一批现成的人才。刘备的福气,则表现为关键时刻总有高人相助,危难之际总能化险为夷。刘备刚出山时,就得到了关羽和张飞。谁都知道,人才,忠诚的好找,能干的也好找,又忠诚又能干的不好找,关羽和张飞偏偏就是既忠诚又能干。这是刘备的第一大福气,以后的运气也不错。比方说,正愁没有根据地,陶谦就死了,刘备不费吹灰之力就得了徐州。正愁不知如何摆脱曹操的控制,碰巧曹操就派他去拦截袁术(会见使),躲过了"衣带诏"一案的大清洗。到徐州后,又正好袁术就死了(会术病死)。刘备再次得到徐州,还差一点就成了气候(郡县多叛曹公为先主,众数万人)。

不过,从灵帝末年聚众起兵,到建安六年投奔刘表,刘备虽有好运气,却没有好命运。他的道路十分坎坷。刚刚得到了徐州,就被吕布夺走了。刚刚投靠了袁绍,又被曹操打败了。刚刚依附了刘表,又被刘表猜疑了(表疑其心,阴御之)。《三国志·先主传》裴松之注引《九州春秋》说,一次,刘备上厕所,看见自己大腿内侧生了赘肉,竟潸然泪下。刘表奇怪,问他为什么。刘备说:"日月若驰,老将至矣,而功业不建,是以悲耳!"我相信这是真话。因为在那个时代,四十多岁还一事无成,确实是时日不多希望渺茫。更何况,实在地讲,直到这时,包括我们也包括刘备自己,恐怕都还看不出他有什么希望。就算他再坚忍不拔,恐怕也快熬不下去了。

然而苍天不负有心人,刘备终于等到了时来运转的那一天。建安十二年,诸葛亮出现了,他的出现意义重大。前一章讲到,刘备有英雄之志,有英雄之气,有英雄之魂,有英雄之义,之所以没有成为英雄,是因为没有用武之地。刚才我们又讲到,刘备为帝王之胄,有帝王之志,有帝王之术,有帝王之福,但却只能寄人篱下,是因为没有找到成功之路。也就是说,刘备缺两样东西。一是一块稳固的根据地(用武之地),二是一条明确的政治路线(成功之路)。诸葛亮,恰恰就能为他解决这两个问题。

显然,建安十二年的刘备和诸葛亮,双方都需要对方,也都在寻找对方。打个比方，刘备集团好比一家很有前途的民营企业，可惜缺一个能干的首席执行官，搞不清自己的主打产品和营销路线，因此生意做得平平淡淡，一直没有起色。诸葛亮则好比一位超一流的职业经理人，可以让企业扭亏为盈、起死回生，但自己没有公司，也不想当老板。难怪他们一拍即合。

留下的便只有一个问题，那就是他们两个究竟谁先找谁。《三国志》和《三国演义》的说法，是刘备三顾茅庐；《魏略》和《九州春秋》的说法，则是诸葛亮主动出山。那么，事情的真相是什么？这两个不同版本故事背后的文章和意义又是什么呢？

第十六章
三顾茅庐

诸葛亮的出山，在《三国志》上只有短短一行字："先主遂诣亮，凡三往，乃见。"这行文字被罗贯中演义为非常精彩的一个故事。而《魏略》和《九州春秋》则说，是诸葛亮主动去见刘备的。那么，事情的真相究竟如何？三顾茅庐的故事为什么会被一再传唱？

前文讲到，歧路彷徨的刘备与诸葛亮相遇，从此峰回路转，事业蒸蒸日上。但问题是，他们两个究竟谁先找谁。是刘备礼贤下士，还是诸葛亮投怀送抱？关于这个问题，历史上有不同说法。《魏略》和《九州春秋》说，刘备来到荆州后，屯兵于樊城。建安十二年，曹操平定了北方，诸葛亮料定其下一个攻击目标必是荆州，而刘表"性缓，不晓军事"，于是"北行见备"。刘备并不认识诸葛亮（备与亮非旧），没把这个年轻人放在眼里，只当作一般士人接待（以其年少，以诸生意待之）。座谈完了，众人散去，只有诸葛亮留了下来。刘备也不问他想说什么，顺手拿起一根牦牛尾巴编起工艺品来。诸葛亮便说，将军的雄心壮志难道就是编牦牛尾巴吗？刘备知道诸葛亮不是寻常人等了，就说：这是什么话！我不过"聊以忘忧"罢了。诸葛亮说，将军度量一下，刘镇南（指刘表）和曹公相比怎么样？刘备说，比不上。诸葛亮又问，将军自己呢？刘备说，也比不上。诸葛亮说，都比不上，难道就等着人家来宰割吗？刘备说，我也发愁，那你说怎么办？诸葛亮就给他出了个主意，让刘备建议刘表鼓励游民自力更生，并登记在册，这样就可以增加荆州的实力了。

这种说法明显地和诸葛亮《出师表》相异，因此裴松之认为不实（非亮先诣备，明矣）。但他同时也表示不可理解。裴松之说："虽闻见异辞，各生彼此，然乖背至是，亦良为可怪。"其实这事并不可怪，道理马上就要讲到。事实上，《魏略》和《九州春秋》的说法虽然是非主流观点，也并非没有人支持。刘啸先生的《"三顾茅庐"质疑》就赞成此说。刘啸先生认为，许多人只看到了刘备求贤若渴的一面，没看到诸葛亮其实更需要刘备。第一，诸葛亮是一定要出山的，而刘备则是他最愿意选择的老板。如果一定要等刘备三顾茅庐才肯出山，岂非等于说："你刘备不来请我三次，我这辈子就在南阳耕地算了。"这是讲不通的。第二，刘备虽然急需人才，但在遇到诸葛亮以前，他需要的是一群人，即一群"贤臣"，并不一定非得是谁不可；而诸葛亮需要的却是一个人，即一个"明君"，那就是刘备。诸葛亮的选择余地更小，甚至别无选择。第三，以诸葛亮之敏锐，他发现刘备应该比刘备发现他早。既然机会对于他只有一次，他又岂肯在隆中坐等"三顾"？何况当时形势急如燃眉，哪里还有在隆中摆架子的时间？因此刘啸先生说，三顾茅庐的逻辑结论"实在叫人难以接受"。

刘啸先生的说法并非没有道理，但《出师表》的说法也无法否定。《出师表》（即通常所谓《前出师表》）为诸葛亮所作，是没有问题的。在这里，诸葛亮说得很明白："臣本布衣，躬耕于南阳，苟全性命于乱世，不求闻达于诸侯。先帝不以臣卑鄙，猥自枉屈，三顾臣于草庐之中，谘臣以当世之事。由是感激，遂许先帝以驱驰。"这就再清楚也不过。第一，刘备确实亲自到隆中找过诸葛亮，而且去了多次。第二，刘备到隆中找过诸葛亮，谈论的是"当世之事"。第三，诸葛亮决定出山辅佐刘备，直接原因是刘备三顾茅庐。"由是"和"遂许"，意思明明白白。古人的自述当然不可全信，但要说诸葛亮凭空捏造一个"三顾茅庐"的故事，无论从诸葛亮的为人看，还是从当时的实际情况看，恐怕都不可能。从他出山到上表，不过二十年，许多当事人都还健在，诸葛亮就会当面撒谎？

所以，陈寿在为诸葛亮作传的时候，不取"登门自荐"说，而取"三顾茅庐"说。另外，陈寿在他的《上〈诸葛亮集〉表》中，也做了很清楚的描述。陈寿说："左将军刘备以亮有殊量，乃三顾亮于草庐之中。亮深谓备雄姿杰出，遂解带写诚，厚相结纳。"这就把前因后果说得再清楚不过了。

但问题是，这种说法实在风险太大，让人觉得这个事情简直就是"传奇"，只怕真是"千年等一回"。我们要问，诸葛亮难道就算准了刘备会"三顾茅庐"吗？万一没有，或者只顾了一顾呢？诸葛亮就从此终老隆中了吗？再说了，一个"每自比管仲、乐毅"的人，留在隆中干什么呢？

看来，《魏略》和《九州春秋》的说法，也是轻易否定不了的。而如果既要接受《魏略》和《九州春秋》，同时又不否定《出师表》和《三国志》，就只有一种可能，即两种说法都是事实，而且"登门自荐"在前，"三顾茅庐"在后。也就是说，诸葛亮先去找刘备，刘备也接受了他的建议，但仍然没有给予足够的重视，于是诸葛亮就又回去了。等到刘备意识到诸葛亮的价值时，只好亲自出马，三顾茅庐，重新把诸葛亮请了出来。正因为有前面的那个曲折，这才需要亲自出马，也才需要"三顾"而不是"一顾"。这可是历史上不曾有过的说法，但这个猜想是不是太大胆了一点呢？

其实这里面还有一个问题，那就是从建安六年（公元201年）到建安十二年（公元207年），刘备在荆州待了六七年，他和诸葛亮为什么从来就没见过面？要说他们不认识，倒是事实。要说他们不知名，就不对了。至少，刘备"天下枭雄"的名声，诸葛亮应该是知道的。如果刘啸先生的观点成立，那他为什么不早一点去找刘备，非得等到火烧眉毛才出山呢？反过来也一样。就算诸葛亮沉得住气，刘备也不该六年之后才发现诸葛亮这个一等一的人才呀？也有人说，刘备倒是早就知道诸葛亮了，先前也曾去了两次，都没见着，到建安十二年第三次去才见面。但这也不通。一年之间去了三次还说得过去。六年之间才去三次，可能吗？以刘备的进取心和紧迫感，会这样优哉游哉地一拖几年，一而再、再而三地徒劳往返吗？至于说诸葛亮住得隐秘，不好找，就更加不通。刘备是何等人？他那么多手下，如果铁了心要找一个人，哪有找不到的？再说诸葛亮又不是隐姓埋名躲避仇家的什么神秘人物，他和荆州官场，和荆州的士人集团、上流社会是有来往的，怎么会找不到？

对此，尹韵公先生的解释是：三顾茅庐之前，刘备虽然听说过诸葛亮，但人们的评价不一致。虽然司马徽、庞德公等人称他为"卧龙"，诸葛亮也"每自比管仲、乐毅"，但只有他那个小圈子里的人"谓为信然"，大多数人则不以为然（时人莫之许也），刘备有些吃不准。徐庶推荐诸葛亮时，刘备就说"君与俱来"，可见并未视若神明。这也不奇怪。刘表作为诸葛亮的"姨父"，都不把他当回事，何况刘备？

诸葛亮心理上也有阻碍，那就是刘关张的关系太密切。据《三国志·关羽传》，他们三人"寝则同床，恩若兄弟"，关系铁得不能再铁，根本容不得他人插足。也就是说，刘备那个集团，那个小圈子，排他性人强，任何后来者都难以居其上；而诸葛亮的理想，却是要做"首席执行官"的。他是千里马，不能先去拉磨盘。没有十足的把握，他宁肯不出山。所以，刘备和诸葛亮都需要有一个观察、了解和试探的过程。

这是有道理的。但我认为还应该注意一个问题，就是年龄。要知道，刘备比诸葛亮整整大了二十岁，而诸葛亮出山时才二十七岁。让一个四十七岁的人，对一个二十七岁的人表示心悦诚服，已属不易，你又怎么能要求他在四十一二岁或者四十三四岁的时候，去拜访一个二十一二岁或者二十三四岁的人？可见这六年工夫是非等不可的。如果不是六年下来，刘备已熬得快要心灰意冷，曹操又正好准备南下，他们再等几年，说不定也有可能。

总之，等到诸葛亮已经二十七岁，刘备也已经四十七岁，双方都深感时不我待时，由于某种机缘，他们终于见面。司马徽和徐庶的推荐也无疑至关重要。刘备曾向司马徽请教时事，司马徽说，要成就大业，不能用书呆子。书呆子懂得什么时事？"识时务者在乎俊杰"，我们这里的俊杰就是卧龙和凤雏。刘备问他们是谁，司马徽说就是诸葛亮和庞统。

徐庶的推荐则无疑更直接。徐庶对刘备说，诸葛孔明可是一条卧龙，将军难道不想见他一见？徐庶是刘备器重信任的人（先主器之），他的话自然靠得住。刘备便说，那就请他和足下一起来吧！徐庶说，这个人是不可以随便召唤的，将军还是屈尊去拜访他吧！

这里有一点需要说明，就是我认为司马徽和徐庶的推荐，不能简单地看作他们的个人行为。我们知道，荆州是一个人才济济的地方。除了本土的人才，还有中原地区避难而来的士人。这些人关心国家大事，也关注荆州的安危。当他们发现刘表不足依靠时，势必寄希望于号称"天下枭雄"的刘备。于是，一部分愿意效力的（比如徐庶），就开始团结在刘备周围，形成《三国志·先主传》所谓"荆州豪杰归先主者日益多"的局面；而那些无意出山的（比如司马徽），则会帮助刘备发现人才。所以，这应该看作荆州士人集团的集体推荐。

也是刘备福至心灵了。不管他出于什么原因，求贤若渴也好，信任徐庶也好，病急乱投医也好，总之，刘备做出了一个正确的决定。他决定放下皇族和长辈的架子，亲自去拜访那个比自己小了二十岁，又没有什么职务头衔的年轻人。拜访之前，诸葛亮是否找过刘备，我们已无法确知。在我的"假说"成立之前，我们只能说，三顾茅庐可以肯定，登门自荐暂且存疑。现在的问题是，刘备三顾茅庐，是见到三次，还是只见到一次？

有学者（比如尹韵公先生）认为是见了三次，谈了三次。这是有可能的。诸葛亮的《出师表》和陈寿的《上〈诸葛亮集〉表》，一则说"三顾臣于草庐之中"，一则说"乃三顾亮于草庐之中"，都是这个意思。至于《诸葛亮传》说"凡三往，乃见"，也未必是去了三次才见到。这个"乃"，和"乃三顾亮于草庐之中"的"乃"一样，是"于是""就"的意思。因此，"凡三往，乃见"也可以理解为来三次见三次。

如果这样说还不明确，那么唐人的理解或许可以参考。杜甫说"三顾频烦天下计"，周汝昌先生解释"频烦"就是"屡屡、几次"，还特别说"不是频频烦请"。当然不是。因为三顾的"顾"，并非"聘请"，而应理解为"拜访"。甚至"三顾"也不一定就是实指，即只去了三次，也可以理解为多次，即"再三""频繁"的意思。也就是说，刘备多次光顾隆中，向诸葛亮请教"当世之事"，两人越谈越拢，越谈越投机，于是诸葛亮决定出山辅佐刘备。是啊，这两个人的合作是何等重要，哪里能只谈一次就拍板呢？

所以，《三国演义》之"刘玄德三顾草庐"就是地地道道的演义了。其实，即便所谓"凡三往，乃见"是去了三次才见到，罗贯中编的故事也是演义。不过这个演义实在精彩，也很有意思。刘备第一次去，罗贯中为他安排的节目，是先听歌，再看山，再碰钉子，再观景，再见崔州平。山是"清景异常"，景是"观之不已"，人是"容貌轩昂"，而且不同寻常：童子不懂事，农民会唱歌，朋友满腹经纶。这一番看得刘备是目瞪口呆大开眼界赞叹不已，只觉得隆中这地方真是神秘莫测，那卧龙岗上藏着的必是高人。

第二次去，就没有必要再看景了，只看人。先见其友，次见其弟，再见其岳父。如果说上一次只是让刘备开了眼界，那么，这一次就让刘备更加按捺不住。你想，诸葛亮的朋友、弟弟、岳父都如此地超凡脱俗，诸葛亮本人还不了得吗？

所以第三次刘备就要择吉斋戒，沐浴更衣了。而且，离草庐半里，就要下马步行；到草堂之外，就要拱立阶下；诸葛亮高卧不起，他就要一等再等了。那心情，已不像一个礼贤下士的招聘者，倒像是上门求婚的痴情人。

实际上刘备初入隆中，刚刚听了歌，看了山，便已肃然起敬。因此当他"亲叩柴门"与童子对话时，便有了些《西厢记》里面张生见红娘的味道。张生见红娘时是怎么说的？"小生姓张，名珙，字君瑞，本贯西洛人也，年二十三岁，正月十七日子时建生，并不曾娶妻。"结果被红娘抢白："却是谁问他来？"刘备怎么说？"汉左将军宜城亭侯领豫州牧皇叔刘备特来拜见先生。"结果也碰钉子："我记不得许多名字。"两个场景，岂非神似？

当然相似的。如果说戏剧中的崔莺莺是"待字闺中"，那么，小说中的诸葛亮就是"待价隆中"。他们都是心气极高的人，绝不肯随随便便就"以身相许"。所以，他们都必须摆足了架子，做足了文章，吊足了胃口，以保证对方的诚意禁得住考验。

另一方的情况则略有不同。张君瑞对崔莺莺，自然是一见钟情；刘玄德对诸葛亮呢，按照罗贯中的说法，也是相见恨晚。刘备怎么就那么想见诸葛亮呢？因为"水镜先生"已经让他意识到，自己迟迟不能成功的原因，是缺少一个可以运筹帷幄、总揽全局的智囊型人物，一个当代的姜尚和张良。好不容易有了一个徐庶，又走了。其实，徐庶离开刘备，是在诸葛亮出山之后。《三国志》的记载很清楚，诸葛亮出山以后，曹操南征，刘琮投降，刘备"率其众南行，亮与徐庶并从，为曹公所追破，获庶母"，《三国演义》改成了"元直走马荐诸葛"。这一改，就改出问题来了。请问，徐庶既然知道诸葛亮是经天纬地的政治天才，为什么早不推荐，非得要等自己走了才说？这岂非等于说徐庶害怕诸葛亮抢了自己的地位和风头吗？罗贯中显然也想到了这一点，便安排徐庶在推荐了诸葛亮之后，又特地去做说服动员工作，结果被诸葛亮臭骂一通。也就是说，徐庶之所以早不推荐，是因为他知道诸葛亮不肯出山。但这样一来诸葛亮的道德品质就成问题了。一个"每自比管仲、乐毅"的人，偏说徐庶的推荐是把自己当替罪羊、牺牲品，还要勃然变色，这也未免太矫情了吧！罗贯中想帮诸葛亮抬价，结果却是给他的脸上抹黑。这和"状诸葛之多智而近妖"一样，都是弄巧成拙适得其反。

前面讲的那个故事也如此。尽管罗贯中说得天衣无缝，实际上处处露出马脚，让人一眼就看出刘备在隆中的那些奇遇和巧遇，其实都是诸葛亮的刻意安排。什么会唱歌的农民，不懂事的童子，满腹经纶的朋友，道貌岸然的丈人，都是诸葛亮的"托儿"。其目的，就是要把买方市场变成卖方市场，让刘备出大价钱把自己买断。

所以，《三国演义》里面这个"三顾茅庐"的故事，完全可以看作三国版的营销学教材。在这个故事里，刘备好比投资方，他要买断诸葛亮，又不知道货色如何。这倒也是商家的正常心理，但以刘备为尤，因为《三国演义》里面刘备这家公司的资本，是他打着"皇叔"的招牌忽悠来的；而他这个"皇叔"身份虽非假冒伪劣，却也含金量不高，有点"注水猪肉"的意思。因此刘备就会想，我这个"皇叔"是注水猪肉，诸葛亮那个"管仲""乐毅"就货真价实？我刘备可以忽悠天下，诸葛亮就不会忽悠我？这就要探个虚实。所以，他听了徐庶的推荐后，并没有像老祖宗刘邦那样冲动。刘邦听了萧何的推荐，立即就拜韩信为大将军，刘备却得先看看再说（当然他手上的官帽也不多）。所以他的三顾茅庐，表面上看是礼贤下士，实际上是实地考察。刘备这点小心眼，以诸葛亮之聪明，哪里会看不清？便给他来了个欲擒故纵、曲径通幽。这就是我对"罗贯中版"之"三顾茅庐"的理解。

这当然未免有点"以小人之心度君子之腹"。它只是我的一点"个人意见"，连"时代意见"都算不上，更非"历史意见"，也不会是罗贯中的意见。那么，罗贯中为什么要这样写呢？我想原因之一是为了好看。看过《三国演义》的人，不管相信不相信，都承认这故事实在精彩。另一个原因，则可能是寄托了罗贯中自己的人生理想。罗贯中是元末明初人，据说曾经当过义军领袖张士诚的幕僚。明代王圻的《稗史汇编》说他"有志图王"，只不过壮志未酬而已。因此，他在写作《三国演义》时，难免会借古人之杯酒，浇心中之块垒，把自己的理想抱负投射到人物身上。其实，像他这样的古代读书人，是差不多都有"诸葛亮情结"的。他们敬佩诸葛亮的才智，仰慕他的人品，感动他"鞠躬尽瘁，死而后已"，叹息他"出师未捷身先死"。他们和诸葛亮之间，几乎处处都有共鸣。

问题是，历史上和诸葛亮一样具有这些优秀品质的人并不在少数，成为读书人精神偶像的也还有一些，为什么诸葛亮最受崇拜呢？原因之一，我认为就在"三顾茅庐"。中国古代的读书人有一种矛盾心理。一方面，他们希望出将入相，建功立业，至少也得谋个一官半职，以便光宗耀祖。另一方面，他们又很清高，很脆弱，碰不得钉子，受不了冷遇。没错，"男儿本自重横行"，但那也得"天子非常赐颜色"呀！最好是那机会、那职务、那乌纱帽不用自己去求，去考，是人主恭恭敬敬给你送来，八抬轿子请你出山。诸葛亮享受的就是这种待遇。他就是刘备"请"出山的，还请了三回，实实在在给足了面子。

这就太让人羡慕了，也太让人向往了，因此必须大书特书。读书人是没有什么权力的，能够有的也就是"话语权"。那还不把文章做足？"罗贯中版"之"三顾茅庐"就这样诞生了。但可惜，这是罗贯中的诸葛亮，未必是真实的诸葛亮。

其实，刘备和诸葛亮的君臣际遇，是刘备"三顾茅庐"，还是诸葛亮"登门自荐"，以及刘备是否去了三次，见了三次，谈了三次，都不重要，重要的是他们谈了什么。无疑，如果他们真的谈了多次，我们现在是不可能完全和准确地知道其内容了。我们所能知道的，是结论性的意见，这就是著名的《隆中对》。诸葛亮的政治天才，在这里表现得淋漓尽致。两个人之间的对话，也充满张力，其戏剧性绝不亚于罗贯中的"刘玄德三顾草庐"。

更有意思的是，早在建安五年（公元200年），也就是刘备和诸葛亮相见的七年前，就有人为孙权做了类似的战略规划，堪称"孙权版"或者"东吴版"的《隆中对》。这个人和诸葛亮一样，也预见到了"天下三分"的结果。或者说，也制定了"三分天下"的战略目标。那么，这个人是谁？他那个"孙权版"或者说"东吴版"的《隆中对》，和诸葛亮的《隆中对》又有什么异曲同工之妙呢？

第十七章
隆中对策

刘玄德三顾茅庐，和诸葛亮深入讨论了天下的形势和今后的去向。在这次历史性的会见中，诸葛亮为刘备制定了一个长远的战略规划，这就是著名的《隆中对》。其实，在此之前，早就已经有人为孙权做了类似的规划，即"东吴版"的《隆中对》。那么，这两个战略规划的意义何在，它们的异同又在哪里呢？

这一章我们讲《隆中对》。

这是一次两个人之间的秘密会谈，由刘备和诸葛亮的一问一答构成。关于这次谈话的情况，《三国志·诸葛亮传》说得很清楚——"屏人曰"，也就是没有别人在场。因此，密谈的内容为什么会传出来，这是一个谜，姑不考。

刘备先发问："汉室倾颓，奸臣窃命，主上蒙尘。孤不度德量力，欲信大义于天下，而智术短浅，遂用猖獗，至于今日。然志犹未已，君谓计将安出？"这段话字数不多，内容和层次却很丰富。就说开头一节，便不简单。这十二个字，表面上看是套话，其实不然。这话刘备必须说，也有意义。因为刘备是所谓"帝室之胄"，不能不先表明心忧天下的态度和心系皇室的立场。有此"政治正确"的前提，自己要干一番大事业的话，说起来就理直气壮、顺理成章；自己遇到困难需要帮助的话，也才能够得到同情。何况刘备对诸葛亮是寄予厚望的。他到隆中来，要找的不是处理具体问题的技术型人才，而是能够为他制定政治路线和总体战略的人，他当然要从天下大势说起。

接下来的话也有作用，那就是说明情况，宣示决心，表达诚意，提出问题。刘备实言相告：我现在情况不好（遂用猖獗），也没有办法（智术短浅），但我人还在，心不死（志犹未已），那么请问该怎么办（君谓计将安出）？

这些诸葛亮当然清楚。他理解刘备的心情，知道他的诚意，同时也清楚所谓"君谓计将安出"，不是要问皇上蒙尘了"计将安出"，而是他刘备至今一筹莫展"计将安出"。于是，诸葛亮便为刘备分析形势。什么形势呢？就是"自董卓已来，豪杰并起，跨州连郡者不可胜数"。这话的意思再清楚不过，就是说，现在最大的问题，还不是什么"汉室倾颓，奸臣窃命，主上蒙尘"，而是大家都在抢地盘。我们大汉已经进入一个不问皇帝死活、纷纷抢占地盘的时代了。这个时候，说那些"汉贼不两立"的废话没有意义，当务之急是给自己也弄它一块。地盘是最实在的。不管你是不是要"信大义于天下"，也不管你那个"光复汉室"是真是假，没有根据地，都是扯淡！

那么，身无分文、要啥没啥的刘备，也能弄到地盘吗？能。诸葛亮说："曹操比于袁绍，则名微而众寡。然操遂能克绍，以弱为强者，非唯天时，抑亦人谋也。"这意思同样也很清楚，就是强弱有无是会转化的。强者可能变弱，弱者可以变强。当年，曹操和袁绍相比，就像将军您现在和曹操，可谓"名微而众寡"。既然曹操能够战胜袁绍，那么，将军您怎么就不能战胜曹操呢？关键在于一要把握时机（天时），二要善于谋划（人谋）啊！

于是诸葛亮就帮刘备谋划。曹操"拥百万之众，挟天子而令诸侯"，我们不能打他的主意（此诚不可与争锋）。孙权"据有江东，已历三世，国险而民附，贤能为之用"，这个也只能联合，不能图谋（此可以为援而不可图也）。可以下手的有两个地方，一个荆州，一个益州。荆州，包括南阳、南郡、江夏、零陵、桂阳、长沙、武陵。它的北面是汉水、沔水（北据汉沔），南面是广东、广西（利尽南海），东边连着江苏、浙江（东连吴会），西边通到重庆、四川（西通巴蜀），这可真是"用武之国"。这样一个地方，如果把它拿下，一盘棋也就活了。那么，能不能拿下呢？能。因为它的主人守不住。这简直就是上天赐给将军的（此殆天所以资将军），就看将军想要不想要了（将军岂有意乎）。

这是明知故问，也是实话实说。这个时候的刘备，上无片瓦，下无立锥之地，随便给他一块地方都是好的，何况是荆州，哪有不要的道理？但诸葛亮必须这么问。因为荆州是刘表的地盘，而刘表和刘备同为刘氏宗亲，哪有自家人抢自家人的道理？所以必须说清楚，这是"天所以资将军"，因为"其主不能守"；也必须问一句"将军岂有意乎"，因为你不要还会有别人要。但答案，却是不言而喻，所以并不需要明确回答。

益州的情况也差不多。益州，包括汉中、广汉、巴郡、蜀郡等。这个地方，对外是天险，对内是乐土。汉中平原和成都平原，更可谓"沃野千里，天府之土"，高皇帝（刘邦）就是在那里（具体说是在汉中）成就帝业的。可是，在成都的刘璋也好，在汉中的张鲁也好，都是"民殷国富而不知存恤"，因此"智能之士思得明君"。也就是说，这个地方差不多也是"天所以资将军"，只不过恐怕得自己动手去拿而已。

拿下了荆州和益州又怎么样呢？诸葛亮说，以将军您的身份（帝室之胄）、名望（信义著于四海），再加上"总揽英雄，思贤如渴"的号召力，一旦拥有了荆州和益州，那就可以建立一个根据地了。有了这个根据地，只要实行"西和诸戎，南抚夷越，外结好孙权，内修政理"的政策，事业就能发展，力量就能壮大。将来，一旦形势发生变化（天下有变），就可以派一员大将从荆州出发，取道宛城挺进洛阳；将军您则亲自从益州北上，取道秦川直抵西安。那时候，人民群众还不捧着酒饭来夹道欢迎吗（百姓孰敢不箪食壶浆以迎将军者乎）？于是诸葛亮最后说："诚如是，则霸业可成，汉室可兴矣。"

这一番话说得刘备是醍醐灌顶，如梦方醒，豁然开朗。原来所谓"霸业"或者"帝业"就是这样实现的。不过，这个最终目标的实现有一个前提，就是"天下有变"。那么，天下无变呢？诸葛亮没说，刘备也没问，因为用不着。诸葛亮是卧龙，刘备则是潜龙，两个都是明白人，话就不必说得那么直白。天下无变怎么办？就在荆州和益州待着呗！有这么大一块地盘，够吃个七顿八顿的了。也就是说，按照诸葛亮的策划，刘备进可一统中华，退可三分天下，"帝业"不成还有"霸业"，"霸业"不成也有"事业"。难怪刘备要说"孤之有孔明，犹鱼之有水也"了。刘备这条鲤鱼要跳龙门，得靠诸葛亮告诉他水在哪里！

诸葛亮能帮刘备弄来"水"，是因为他务实。他并没有因为刘备表现出一副忧国忧民的样子，就跟着大唱道德高调，而是实实在在地为他策划了一整套可行的方案。事实证明，后来形势的发展，也完全在诸葛亮的预料之中。因此史家评论说，诸葛亮是"未出隆中，已知三分"，甚至有人认为是"未出隆中，已定三分"。当然，"汉室可兴"这个目标最后并没有实现，否则刘备就会到洛阳或西安去当皇帝，中国历史上就会冒出一个"后后汉"来。

刘备三顾茅庐请出了诸葛亮，从此他有了一个能够让他从一无所有到三分天下的总设计师。但是，诸葛亮刚刚走出隆中时，还只是刘备的私人顾问，并没有具体职务，只不过和刘备"情好日密"而已。这并不奇怪。第一，刘备自己此时还是一个"光杆司令"，就算给诸葛亮封个头衔又有什么意义？第二，此刻的诸葛亮还只是"纸上谈兵"，并没有表现出自己处理政治事务的实际操作能力，刘备又如何给他任命职务？第三，诸葛亮的"三分天下"，现在也还只是纸上的蓝图，并无实施方案。比方说，取刘表而代之，如何取，如何代，并没有具体办法。也不是诸葛亮想不出办法，而是需要机会。刘表毕竟是刘备的同宗，刘备也毕竟是刘表的客人。刘备就是再想鸠占鹊巢，也不能明火执仗地去抢吧！再说他也没有这个能力。

同样，诸葛亮这边也有阻碍。刘表毕竟是诸葛亮太太的姨父，诸葛亮也毕竟是刘表老婆的外甥女婿。他再怎么为刘备出谋划策，也不能教唆刘备去谋杀刘表。也就是说，刘备只能巧取，不能豪夺。诸葛亮也只能教刘备趁火打劫，而且这把火还不是他们自己能放的。诸葛亮在隆中说得很清楚："此用武之国，而其主不能守，此殆天所以资将军，将军岂有意乎？"这话再明白不过：我不是要你去抢别人的地盘，是他自己守不住，老天爷又要送给你，不要白不要，只看你有意无意了。但是，这地方也不是我们想要就能要的，必须等到"其主不能守"，自己送上门来的时候。那么，送不上门呢？诸葛亮没有说，大约也只能等。这样一来，岂不让人急死？这一点，就连罗贯中都想到了。因此，他让司马徽对刘备说，我算过命，民谣也有暗示，刘表将不久于人世，天命所归就在将军身上了。

这当然是鬼话，但刘表终将失去荆州倒是事实。这一点，诸葛亮看到了，其他人也看到了。事实上，早在建安五年（公元200年），也就是刘备和诸葛亮相见的七年前，就有人为孙权做了类似的战略规划，其观点和诸葛亮的《隆中对》极为相似。那么，这个人是谁？

是鲁肃。

提起鲁肃，我们受《三国演义》的影响，总觉得那是一个忠厚老实到迂腐无用的人。其实不然。历史上的鲁肃豪爽侠义，深得人心。《三国志·鲁肃传》裴松之注引《吴书》说他"体貌魁奇，少有壮节，好为奇计"，本传则说他"性好施与"。他们家大约是比较富有的,鲁肃却不趁机发国难财(不治家事),而是"大散财货",接济穷人,资助英雄。周瑜当居巢(今安徽省巢湖市)县长的时候,曾经向鲁肃借军粮。当时鲁肃家有两囷(音逡,圆形谷仓)米,各三千石,鲁肃就随便指一囷送给周瑜。这就是著名的"指囷相赠"故事。从此周瑜和鲁肃成为好朋友。在周瑜的建议和推荐下,鲁肃投奔孙权,和张昭、周瑜一起,成为孙权最信任的人,而且实际上起的作用可能比张昭还大。

鲁肃也是一个有政治头脑的人。鲁肃投奔孙权后,孙权马上就接见了他,而且和他有过一次同桌喝酒(合榻对饮)的密谈。这次密谈,堪称"鲁肃版"或"东吴版"的《隆中对》。当时孙权问鲁肃,如今"汉室倾危,四方云扰",孙某既然继承了父兄的余功,便也想建立齐桓公、晋文公那样的霸业(思有桓文之功)。先生既然看得起孙某,不知有什么办法可以教我(君既惠顾,何以佐之)?

这话问得和刘备一样,然而鲁肃却当场就泼了一瓢冷水,说将军怕是当不成齐桓公、晋文公了。想当年,高皇帝(刘邦)也想尊奉义帝成就霸业的,但是不行,因为有项羽为害。今天的曹操,就是当年的项羽。有曹操在,将军怎么成得了齐桓、晋文?

但这绝不等于没事可做。做不成齐桓、晋文,做什么呢?做皇帝呀!于是,接下来鲁肃说了两句极其重要的话:"汉室不可复兴,曹操不可卒除。"汉王朝是没有希望的了。曹操呢,只怕一时半会也除他不掉。所以,为将军计,只有"鼎足江东,以观天下之衅"。衅,就是裂痕、破绽。那么,天下会不会有破绽呢?会有,因为"北方诚多务也"。多务就是多事,多事就破绽百出。等到北方处于多事之秋时,我们就向西进军,灭黄祖,伐刘表,将整个长江流域都据为己有(因其多务,剿除黄祖,进伐刘表,竟长江所极,据而有之)。那时,将军就可以"建号帝王以图天下"了。这可是高皇帝的功业啊!

这当然是一个宏伟蓝图。但在建安五年(公元200年)这个时候，在鲁肃，恐怕只能是说说而已；在孙权，同样也只能是听听而已。当时孙权才十九岁，按照男子二十始行冠礼（成年礼）的规矩，还要算未成年人。他刚刚接了哥哥孙策的班，屁股还没坐稳。《三国志·吴主传》的说法，是"深险之地犹未尽从，而天下英豪布在州郡，宾旅寄寓之士以安危去就为意，未有君臣之固"。孙权的两个堂兄，都在下面做小动作。孙辅暗通曹操，孙暠（音皓）图谋夺权，孙权自己内部都差一点摆不平，哪里还能打荆州的主意做皇帝的梦？就算他有这个"贼心"，也没有"贼胆"和"贼力"。因此，孙权只是淡淡地说了一句："今尽力一方，冀以辅汉耳，此言非所及也。"这当然是打官腔，却也只能如此。别看这时孙权年纪轻轻，政治上却已经是十分成熟的了。

但是，到建安十三年（公元208年），情况就不同了。这个时候，孙权不但有了"贼心"，也有了"贼胆"和"贼力"。鲁肃曾经做过的那个规划，又被人旧话重提，而且主张立即实施。这个人就是甘宁。

甘宁，字兴霸，巴郡临江人。《三国志·甘宁传》说他"少有气力，好游侠"，经常召集一帮"轻薄少年"，自己当领袖，呼朋引类，招摇过市。碰到什么人，对方态度好就交朋友，态度不好就抢东西。《吴书》说他"轻侠杀人，藏舍亡命，闻于郡中"，还说他出门的时候"步则陈车骑，水则连轻舟，侍从被文绣，所如光道路"。住下来的时候，就用丝绸锦缎代替绳索系船，走的时候就割断丢弃（住止常以缯锦维舟，去或割弃），看来是个横行霸道又大手大脚的，或者说是一个喜欢漂亮喜欢玩酷的黑社会老大。

后来甘宁忽然改邪归正。他不再打家劫舍，反倒读起书来，而且"颇读诸子"。这时甘宁觉得不能再像年轻时那样胡作非为，该干点正经事了，便去投靠刘表。但是刘表并不把他当回事（不见进用），便又去投靠黄祖。黄祖也不把他当回事（凡人畜之），便又投靠孙权。甘宁投奔孙权是在什么时候，司马光的《资治通鉴考异》

说"今无年月可据",我们当然就更加搞不清楚。但我们知道,他见到孙权,是周瑜和吕蒙的共同推荐;而孙权对他,则是礼遇有加,而且"同于旧臣"。

于是甘宁便在建安十三年(公元208年)春献策于孙权。据《三国志·甘宁传》,甘宁对孙权说,现在,大汉王朝的国运是一天一天地衰落了(汉祚日微),曹操也一天比一天猖狂了(曹操弥憍),他是终究要成为国贼的(终为篡盗)。荆州这个地方,"山陵形便,江川流通",这是我们东吴西面的屏障啊(诚是国之西势也)!我是在刘表手下干过的。据我观察,刘表这个人,自己既没有什么深谋远虑(虑既不远),接班人也很差(儿子又劣),根本就守不住那地方(非能承业传基者也)。将军一定要先下手为强,不能落在曹操后面(至尊当早规之,不可后操)。具体步骤,是先消灭黄祖。黄祖一灭,就打开了一个口子,也就能乘胜西进。那时,我们的天地就广阔了,就连占领巴郡、蜀郡,囊括益州,也不是什么困难的事(一破祖军,鼓行而西,西据楚关,大势弥广,即可渐规巴蜀)。甘宁这番话,思路和鲁肃相同,但更具备可操作性,不妨看作"鲁肃版"《隆中对》的实施方案。

现在,我们已经有了四个版本的《隆中对》。第一个是"袁绍版"的,即沮授所谓"挟天子而令诸侯,畜士马以讨不庭"。第二个是"曹操版"的,即毛玠所谓"奉天子以令不臣,修耕植以畜军资"。说这两个是《隆中对》,只不过因为它们都是实现"霸王之业"的战略规划。从这个意义上,我们不妨广义地也称之为"隆中对",其实和诸葛亮的《隆中对》有很大区别。真正可以并称为《隆中对》的,还是鲁肃的规划。

鲁肃的这个规划,和诸葛亮替刘备所做的规划,真可谓英雄所见略同,有异曲同工之妙。这两个方案,都认为曹操是最强大的敌人(此诚不可与争锋),也最不好对付(不可卒除)。同时,鲁肃和诸葛亮也都很清楚己方的力量还很弱小,统一大业不可能一蹴而就，因此都主张先三分后一统。这是两个方案最重要的共同之处，事实上孙权集团和刘备集团也基本上是按照他们两人的规划来实施的。后来，在这两个集团中，鲁肃和诸葛亮的关系最好，很重要的一个原因，就是他们观点相同，主张一致，惺惺相惜。

这两个方案也有很多不同之处。第一，鲁肃的三分，是孙权、刘表、曹操；诸葛亮的三分，是刘备、孙权、曹操。这并不奇怪。诸葛亮是替刘备做规划，而且要为他谋取荆州，当然不会把刘表算一份；而鲁肃替孙权规划时，刘备还在寄人篱下，自然也不会想到和他来三分天下。但到刘表死后，鲁肃就立即调整了战略，变成联合刘备对抗曹操了。

第二，诸葛亮设定的目标，是"汉室可兴"，而鲁肃则直言"汉室不可复兴"。这也是立场不同所致。其实他们心里都很清楚，刘秀或者刘协的那个"汉"，是再也扶不起来了。但是，鲁肃作为孙权的人，可以公开把话挑明，而且撺掇孙权"建号帝王以图天下"。诸葛亮就不行，只能高举"复兴汉室"的旗帜，等将来有条件的时候再说。不过，这和荀彧给曹操戴的高帽子一样，也成为诸葛亮一个沉重的政治包袱，我们以后还要讲到。

第三，鲁肃的实施方案，是先夺取荆州，占有益州，由三分而两立，也就是把"三国"变成"南北朝"；诸葛亮的实施方案，是联合孙权，占领荆、益，等到曹操和孙权两败俱伤时再东进北上，也就是把"三国"变成"东西汉"。鲁肃的"三分"是现在时，诸葛亮的"三分"是将来时。但都要打荆州的主意，则是一样的。甘宁的建议，就是要迈出的第一步。

然而孙权的首席谋臣张昭却表示反对。张昭说，我们的情况并不乐观（吴下业业），只能小心谨慎，兢兢业业。大军一旦出发，灾难恐怕就会来了（若军果行，恐必致乱）。甘宁也马上顶了回去，说国家把阁下当作萧何，怎么能这样畏首畏尾？那么，张昭和甘宁为什么会这样说话？孙权是怎么表态的？事情的结果又如何呢？

第十八章

江东基业

诸葛亮的《隆中对》，称孙吴集团"可以为援而不可图也"。鲁肃版的《隆中对》，则更认为他们可以"建号帝王以图天下"。事实上，以孙权为首的江东集团也是三国鼎立中不可或缺的一足。那么，这是一个什么样的政权呢？

上一章讲到，诸葛亮在隆中为刘备制定了一个战略规划，那就是接管荆州，占领益州，联合孙权，对抗曹操，先三分后一统。而在七年前，鲁肃也为孙权制定了一个战略规划，那就是先取荆州，再取益州，由三分而两立，和曹操划江而治，然后再求一统。江东，显然是一个绕不过去的话题，我们也必须弄清楚盘踞在那里的，究竟是怎样的一个利益集团？

对此，诸葛亮在他的《隆中对》里有一个准确的描述和判断："孙权据有江东，已历三世，国险而民附，贤能为之用，此可以为援而不可图也。"江东，大约就是江苏、浙江、安徽三省长江以南一带地区。因为长江在芜湖、南京之间偏北斜流，古人便把这一段两岸分别称为江东、江西，而把现在的湖南称为江南。所谓"江东集团"，则是一个历经两代三世建立起来的地方割据政权。它的创始人是孙坚，奠基者是孙策，真正的领袖是孙权。

孙坚，字文台，吴郡富春（今浙江省富阳）人。《三国志》说他是孙武之后，恐怕靠不住；但《吴书》说他们家族世代仕吴，则大约是真。孙坚从小就胆识过人。十七岁时，他和父亲乘船去钱塘，路上遇见海盗抢劫，在岸上分赃，舟船都不敢前进。孙坚说，这等毛贼可以打他一下，就操刀上岸，指指画画，好像在指挥人马。强盗以为官兵来了，一哄而散。孙坚穷追不舍，抓住其中一个，斩其首而还。于是孙坚名声大振，被官府任命为代理县尉（县公安局局长），后来又升到县丞（副县长）。

不过，孙坚真正让天下人刮目相看，还是在讨伐董卓的战争中。前面说过，其时关东义士虽然建立了以袁绍为首的联军，却"日置酒高会，不图进取"，真正忧国忧民而且出兵作战的，只有代理奋武将军的曹操和身为长沙太守的孙坚。曹操是被董卓打败了的，孙坚却是威风凛凛，斗志昂扬。谁要想挡住他的步伐，拖他的后腿，他就灭了谁。他在荆州杀了荆州刺史王睿，罪名是"无所知"（以坚武官，言颇轻之）；在南阳又杀了南阳太守张咨，罪名是"不作为"（道路不治，军资不具，稽停义兵，使贼不时讨）。于是"郡中震栗，无求不获"，孙坚也就狂飙突进，一路凯歌，终于在鲁阳（今河南省鲁山县）一带大破卓军，杀了董卓的都督华雄（不是关羽杀的）。

这时发生了两个小插曲。一是袁术听信谗言，不给孙坚运送军粮。孙坚便夜驰百里去见袁术，对袁术说，我孙坚和董卓前世无冤，后世无仇，之所以要不顾一切来讨伐他，就是为了上替国家灭贼，下替将军报仇（袁术一家被董卓杀害），将军为什么还要猜忌孙坚？袁术不好意思，马上就调集了军粮。第二件事就是董卓见孙坚骁勇，派人求和许亲。孙坚说，董卓罪大恶极，死有余辜。孙某若不能将其夷灭三族，拎着他的脑袋四海示众，死不瞑目，还说什么和亲！于是孙坚一鼓作气，进军距离洛阳只有九十里的大谷，吓得董卓挟持皇帝、百官和百姓，烧了洛阳就往西安跑。据野史记载，孙坚进入洛阳后，在宫中井内获得了汉代的传国玉玺。这枚玉玺后来被袁术夺走，成为他称帝的依据之一。孙坚，当之无愧地称得上是那个时代的"乱世英雄"。

可惜英雄也有英雄病，那就是骄傲。因为轻敌，孙坚在与刘表部将黄祖的战斗中，单枪匹马陷于敌阵被射杀，终年三十七岁。继承其事业的，是他的长子，十七岁的孙策。

孙策字伯符，英武一如其父，而且一表人才，不折不扣的是一个少年英雄，当地人都叫他"孙帅哥"（呼为孙郎）。吴郡太守许贡上书朝廷的时候，也说他很像当年的西楚霸王项羽（孙策骁雄，与项籍相似），所以人称"小霸王"，也就是"小项羽"的意思。

其实在我看来，孙策比项羽更可爱。《三国志·孙策传》说他人长得漂亮，也爱漂亮（美姿颜），好说笑（好笑语），性格开朗（性阔达），能接受不同意见（听受），还"善于用人"，因此"士民见者，莫不尽心，乐为致死"。这些都是项羽没有的优点。我们知道，项羽是不会用人的。刘邦在总结自己成功之道时就讲过一句话："项羽有一范增而不能用，此其所以为我擒也。"孙策这边却是人才济济。虽然程普、黄盖是孙坚的老人，周瑜、张昭却是孙策的队伍。张昭字子布，彭城（今江苏省徐州市）人，聪明好学，博览群书，还写得一笔好字。《三国志·张昭传》说，孙策创业之初，便任命他为长史（秘书长）、抚军中郎将（秩比二千石，位次将军）。政务军事，全都交给张昭处理。张昭总理全局，名气又比较大，所以北方士大夫来信，总是把功劳都归于张昭。张昭就不安了，不知道该怎么办。告诉孙策吧，好像炫耀自己；不说吧，又好像有二心。孙策知道以后，却非常高兴。他讲了一个故事，就是当年齐桓公对管仲事之如父，称为"仲父"（即叔父）。国家大事，也都交给管仲。臣下有事来请示，桓公就说你去告诉仲父。再问，又说你去告诉仲父。旁边就有人说，一则告仲父，二则告仲父，当国君也太容易了吧！桓公说，当国君的有劳有逸。劳在求贤，逸在得人。没有仲父的时候,我很难;有了仲父,我这个国君当得就容易了。因此孙策笑着说,正因为桓公"一则仲父,二则仲父",他才成就了霸业。现在,子布就是治国的大贤人呀!我能用他,这难道不就是我的功劳和名声吗?

这就真是英雄!不但大气,而且聪明。要知道,做臣下的,最怕的就是功高盖主。或者说,最怕的就是被认为功高盖主。事实上,历史上怀疑部下、嫉贤妒能的领导人不在少数,袁绍就是。这样的人,如果碰上比他更差劲的,也许还能得逞于一时;如果碰上曹操和孙策这样的,那就只有失败了。孙策能够在短短几年内打下一大片江山,不能不归结于他的这种大气和聪明。

孙策的大气和聪明使他英气逼人,充满人格魅力,也使他和其他英雄惺惺相惜,比如刘繇的部将太史慈。有一次孙策和太史慈狭路相逢,两个人短兵相接,搏斗中孙策抢到了太史慈背上的短戟,太史慈也抢到了孙策的头盔,最后不分胜负。后来,在另一次战斗中,太史慈被俘。孙策亲自为他松绑,拉着他的手说,我要是被你俘虏了,会怎么样?太史慈说,那可说不清!孙策大笑,说以后还是我们共济大事吧!便拜太史慈为折冲中郎将,还让他回去安抚招募刘繇旧部。当时旁边的人都说,太史慈这回肯定一去不复返了,孙策却充满信心地说,子义(太史慈字)不跟我,还能跟谁(子义舍我,当复与谁)。果然,六十天后,太史慈如期归来,从此成为孙策手下一员骁勇的战将,就连曹操也想得到他。曹操曾经给太史慈寄去一个包裹,里面只装了一味中药——当归。但太史慈终其一生,都在孙氏兄弟部下,这不能不归结于孙策的人格魅力。

太史慈和孙策的这个故事,记载在《三国志·太史慈传》中,《三国演义》第十五回"太史慈酣斗小霸王"也有描写,但孙策的话"子义舍我,当复与谁"被改成了"子义乃信义之士,必不背我",意思就差多了。实际上,《三国志》那句话,表现的是孙策的自信;而自信,则恰恰是英雄人物的魅力所在。自信的人是有魅力的,有魅力的人是有吸引力的,何况孙策还能以诚相待!

孙策对人比项羽好,他的军纪也比项羽好,不像项羽,所到之处,不是烧宫殿、坑降卒,就是屠城池、杀无辜。《三国志·孙策传》裴松之注引《江表传》说,开始的时候,人们对他还不了解,一听说"小霸王"来了,都魂飞魄散。及至孙军一到,"军士奉令,不敢虏略,鸡犬菜茹,一无所犯",大家便都拥护,纷纷前来劳军。这在那个乱世,实属难得。

不过更难得的,是孙策讲政治。有两件事情可以证明这一点。第一,袁术称帝时,拉拢过孙策,被孙策断然拒绝。我们知道,孙坚这股力量,原本是属于袁术系统的。孙坚攻击刘表,就是受袁术派遣(术使坚征荆州,击刘表)。孙坚阵亡后,孙策投奔和依靠的也是袁术。所以,论关系,孙策是袁术的部下;论辈分,袁术是孙策的父执。何况袁术也很欣赏孙策,曾经说过"使术有子如孙郎,死复何恨"的话,比曹操夸孙权"生子当如孙仲谋"早了十五年。然而,当袁术公然"大逆不道"时,孙策便"大义灭亲",立即宣布与"袁伯伯"断绝关系。当然,孙策对袁术也有怨气(袁术多次对他封官许愿,又多次出尔反尔)。他反对袁术称帝,也未必就是忠于汉室。但他并不稀里糊涂跟着袁术跑,就说明他有政治头脑。

第二件事情,就是当曹操"奉天子以令不臣"时,孙策打了同样的主意。曹操和袁绍在官渡作战,孙策便调兵遣将"阴欲袭许,迎汉帝",只是因为自己被刺客谋杀而未遂。据说当时郭嘉曾料到了这一点。郭嘉说,孙策这个人,骄傲轻敌,没有戒备,因此"虽有百万之众,无异于独行中原也"。只要派出刺客,一个人就能搞掂,因此他"必死于匹夫之手"。果然,孙策未及过江,就被刺受伤身亡。这事并非野史所传,而是见于《三国志·郭嘉传》正文。但孙策不早不晚,恰好死在官渡之战的节骨眼上,就未免太巧了。所以裴松之在作注的时候,就说郭嘉"诚为明于见事",但他再神机妙算，也"无以知其死在何年也"。所以曹操躲过这一劫，实属运气（此盖事之偶合），并非当真是郭嘉料事如神。

当然，对于这事学术界有不同说法。比如吕思勉先生就认为《三国志》关于孙策要偷袭许县的记载是"痴话"，因为江东离许县比河北远得多，孙策能不能到达都是问题，哪里还能劫持皇帝？因此他认为《江表传》的说法更可靠——孙策北上是去打陈登的。这事我们就不讨论了。要说的是，如果孙策当真是去劫持皇帝而且得手，那么，"挟天子以令诸侯"的，还真不知道会是谁，历史也可能要改写。至少，孙策就不再是"小霸王"，而是"大霸王"了，因为他在政治上确实比项羽强。

不过孙策也有和项羽同样的毛病，那就是意气用事，喜欢杀人，而且说杀就杀。比如严舆，是严白虎的弟弟，而且是代表严白虎来讲和的，孙策也答应了。但是，会谈的时候却把他杀了。据《三国志·孙策传》裴松之注引《吴录》，当时孙策突然拔出刀来砍断坐席。严舆身子动了一下，孙策说，听说足下有轻功，能坐着跳起来，所以开个玩笑。严舆说，我看见刀子就这样（见刃乃然），孙策就拿起手戟扔过去，把严舆杀了。

如果说，孙策杀严舆还多少有些道理，比方说是为了威慑敌人（严舆死后，其党羽丧胆败亡）；那么，他杀高岱，就完全是为了面子。据《吴录》说，当时高岱隐居在余姚，孙策请他出来讨论《左传》，自己也做了充分的准备。这时有人就在中间倒闲话了。这个人对孙策说，高岱瞧不起将军，认为将军只有武功，没有文化。将军和他讨论学术问题，他肯定懒得搭理，说自己不知道。又对高岱说，孙策最忌恨别人超过自己。他要问你什么，你最好说不知道。如果和他争论，那就危险了。高岱信以为真，就照着做，结果孙策果然认为高岱轻视自己，就把高岱关了起来。这时很多人出来为高岱求情。孙策登楼一看，黑压压一片（数里中填满），更加忌恨高岱（恶其收众心），便把他杀了。另外，孙策杀于吉，也是因为其追随者太多,使诸将"不复相顾君臣之礼",伤了自己的自尊心。所以,我们实在要庆幸孙策没能够"挟天子以令诸侯"。否则,他杀的人恐怕比曹操还多。

事实上,喜欢杀人和死要面子,是孙策的致命伤,他就是死在这两个毛病上的。孙策的死,《三国志·孙策传》的记载是"为故吴郡太守许贡客所杀",而《江表传》和《吴历》的说法则更有戏剧性。前面说过,当时吴郡太守许贡上书朝廷,曾说过"孙策骁雄,与项籍相似"的话。其实后面许贡还有说法,就是建议朝廷把孙策召到京都严加约束,免得他在外面作乱。孙策看到许贡的表文,就把许贡杀了。许贡的仆人和门客为了替许贡报仇,便去刺杀孙策。本来,这次刺客只是伤了孙策的面部,完全可以治好(医言可治),但必须静养百日(当好自将护,百日勿动)。然而孙策却去照镜子。照完,便对着旁边的人说,我的脸变成这副样子了,还能再建功立业吗(面如此,尚可复建功立事乎)?便推开案几,大吼一声,结果创口破裂,流血不止,当夜身亡,时年二十六岁。这可真是"死要面子"的典型了。

这样看来,孙策还真是个"小项羽",但比项羽优点多。陈迩冬先生在他的《闲话三分》一书中说,孙策对其母,不失为孝子;对其妻,不失为佳偶;对其弟,不失为好兄长。这是有道理的。《三国志·吴夫人传》裴松之注引《会稽典略》说,有一次,也是因为面子问题,孙策要杀一个名叫魏腾的人,大家都没有办法营救。孙策的母亲就站在水井旁边说,你要再这么乱杀提意见的人,我就跳进井里去,免得看见你自取灭亡。孙策大惊,就放了魏腾。这可以算是孝子。据《三国志·周瑜传》及裴松之注引《江表传》,孙策为自己和周瑜分别迎娶了江东美女大桥和小桥。当时孙策和周瑜都只有二十四岁,又都是成功人士,所以孙策对周瑜说,桥公这两个女儿能够有我们两个人做老公,也还是很开心的事。这可以算是佳偶。最后一点,孙坚阵亡那年,孙策十七岁,二弟孙权十岁，另外三个弟弟年纪更小。孙策把老母幼弟托付给朋友，把孙权带在身边，让他耳濡目染学习军事政治，临终前又把权力交给他，更为他留下一片基业、许多良臣。这可以算是好兄长。但陈先生也说，让老母亲白发人送黑发人，不能算是好儿子；让桥大姑娘年纪轻轻就守寡，不能算是好丈夫。这位短命的孙帅哥，恐怕只能算是好兄长。

陈先生的话十分幽默，但我以为还可以补充一点：对江东集团，孙策不失为好领导。理由也有两条：第一，他的基础打得好；第二，他的接班人选得对。我们知道，孙坚南征北战，主要是打出了威望；孙策南征北战，却打出了地盘。江东六郡基本上是孙策平定的，所以陈寿说"割据江东，策之基兆也"。可以说，孙策自十八岁领兵，至二十六岁身亡，短短七八年间就做了人家半辈子甚至一辈子的事，实在好生了得！这份基业，他自然不会轻易与人。《三国志·孙翊传》裴松之注引《典略》说，当时，张昭等人都以为孙策会把权力交给老三孙俨，也就是孙翊，因为孙翊"骁悍果烈，有兄策风"。但是孙策却选择了孙权。事实证明，孙策的选择是对的。在三国时代的三巨头中，孙权的寿命是最长的，七十一岁（次则曹操，六十六岁；再次刘备，六十三岁）；在三国时代的三个政权中，孙吴的国祚也是最长的，五十八年（次则曹魏，四十五年；再次刘蜀，四十二年）。东吴的相对稳定，与孙策选对了接班人大有关系。

那么，孙策为什么要选择孙权呢？

答案就在孙策的遗言那里。《三国志·孙策传》说，临终前，孙策先找来张昭等人，对他们说："中国方乱。夫以吴越之众、三江之固，足以观成败，公等善相吾弟！"然后再把孙权叫过来，把印绶给他戴上，说："举江东之众，决机于两阵之间，与天下争衡，卿不如我；举贤任能，各尽其心，以保江东，我不如卿。"这就十分明白。也就是说，孙策心里很清楚，靠武力打江山，是自己的历史使命,而且这个使命已经基本上完成。以江东集团的政治资源和军事力量,其"天下"暂时就只能这么大。下一步,只能是"保江东"而"观成败"。这样一来,作为自己的接班人,需要的就不是军事才能,而是政治才能;不是英勇善战,而是老成谋国了。因此,他没有选择性格作风和自己相似的孙翊,而是选择了和自己不同的孙权。我们知道,帝制时代的接班人,常常是以所谓"深肖朕躬"为条件的。孙策偏偏选择"不肖"(不像),这正是他了不起的地方。这也再次证明,孙策是有政治眼光和政治头脑的。

但这也就给江东集团今后的政治路线定了一个调子,那就是要以所谓"守成"为"基本国策",在守成的前提下图谋进取。这个决策无疑是正确的。当时官渡之战犹酣,曹操袁绍雌雄未决,各路诸侯心怀鬼胎虎视眈眈。荆州有刘表,益州有刘璋,汉中有张鲁,关中有马腾,确实是中原方乱,天下未定。这个时候,已有一定规模的江东集团作为后起之秀,既然一时半会儿还没有那么大一只"胃"把他们都"消化"了,那就只能"保江东"而"观成败",即先巩固成果,同时等待时机,窥测方向,以求一逞。

不过,守,也有各种守法。抱残守缺是一种,以攻为守也是一种。事实上,在孙权时代,江东集团内部一直存在着两种不同的意见,代表着两条不同的路线。以张昭为代表,是主张保守的,这可以算是"鸽派"。以周瑜、鲁肃为代表,是主张进攻的,这可以算是"鹰派"。孙权是在两派之间搞平衡,但骨子里是"鹰派"。因此,当甘宁提出要讨伐黄祖时,孙权当场就表了态。孙权举起酒杯说,兴霸,这件事就像这杯酒,就托付给你了!

事实上,孙氏兄弟一直都在讨伐黄祖。建安五年(公元200年)和建安八年(公元203年),孙策和孙权都出过兵,这一回是第三次出击。这固然因为他们和黄祖有杀父之仇,但更重要的恐怕还是集团的利益使然。刘备和刘表无冤无仇,不也在打这块地方的主意吗?其实,垂涎荆州的又岂止孙权集团和刘备集团,曹操同样也是虎视眈眈。当初,郭嘉为曹操所做的设计,也是要尽快拿下荆州。荆州,成了一群虎狼眼中的羊。

那么,荆州的情况又如何?

第十九章
必争之地

在郭嘉、鲁肃和诸葛亮为各自君主所做的战略规划中,荆州都成为他们决意夺取的必争之地;而诸葛亮和甘宁,也都断定刘表守不住荆州。事实上,荆州的争夺改变了当时中国的状态,争夺的结果成为三国鼎立的前兆。荆州,究竟是一个什么样的地方?荆州的州牧刘表,又是一个什么样的人?

前几章讲到,无论诸葛亮,还是郭嘉、鲁肃,在他们为自己老板制定的战略规划中,都把荆州看作必争之地。而且,诸葛亮和甘宁都断定刘表守不住荆州。鲁肃虽未明说,似乎也有这个意思。那么,荆州是怎么回事,刘表又为什么守不住荆州呢?

现在我们就来说说刘表。

如果说曹操是"可爱的奸雄",那么,刘表给人的印象,就可以说是"漂亮的草包"。刘表字景升,和刘备一样,也是"帝室之胄",而且是当时的名士。《后汉书》说他是鲁恭王之后,"身长八尺余,姿貌温伟",与张俭等人一起号为"八顾"(八个以有德行引导别人的人)。《三国志》则说他"少知名,号八俊,长八尺余,姿貌甚伟"。看来,刘表这个"帝室之胄",大约是真的,不像刘备那个"皇族身份"可能是注水猪肉。他这个名士,也是真的,还上了排行榜。他还是个帅哥，个子比诸葛亮还略高一点，而且长得漂亮。另外，他的名声也很好，是东汉末年的"党锢中人"（受迫害的正派士人），曾被宦官集团追捕，只因为逃得快才幸免于难（诏书捕案党人，表亡走得免）。这在当时，都是成就一番事业的资本。

刘表也有本事。对于这一点，《三国志》和《后汉书》都有记载和描述。依两书所载（以下凡未注明者均引自两书），汉献帝初平元年（公元190年），孙权的父亲、长沙太守孙坚杀了荆州刺史王叡，朝廷就任命刘表担任这个职务。当时荆州地区并不太平，"宗贼大盛""袁术阻兵"，刘表甚至不能到任（表不能得至），只好"单马入宜城（今湖北省宜城市）"。这时，刘表做出了一个正确的决策，那就是依靠当地豪族来平定荆州。刘表找到了两个人，一个是南郡人蒯越，一个是襄阳人蔡瑁。蔡瑁财大气粗，婢妾数百人，别业四五十。此人后来成为刘表的内弟、诸葛亮妻子的舅父。蒯越足智多谋，是曹操最为欣赏的荆州士人。《后汉书·刘表传》李贤注引《傅子》说，建安十三年刘琮投降，曹操兵不血刃就得了荆州，却写信给荀彧说："不喜得荆州，喜得蒯异度耳。"（异度即蒯越之字）这固然表现了曹操的求贤若渴，也说明蒯越非同一般。刘表找到这两个人，事情就成功了一半。

蒯越为刘表出的主意是软硬兼施。蒯越告诉刘表，为害荆州的，一是袁术，二是宗贼。所谓"宗贼"，大约就是以豪门大族为中心、按照宗族关系组织起来的地方性非政府武装力量。刘表受命而不能到任，就因为他们作梗。那么，应该怎么办呢？蒯越说："理平者先仁义，理乱者先权谋。兵不在多，贵乎得人。"也就是说，治理荆州，必须有两手，那就是道德的感召和武力的威慑。使君的敌人不就是袁术和宗贼吗？袁术的特点是什么？是"骄而无谋"。宗贼的特点是什么？是"率多贪暴"，因此应该先灭宗贼，后阻袁术。具体的做法，是"诛其无道，施其才用"。使君"威德既行"，所有的人便都会归顺（襁负而至矣）。然后使君"南据江陵，北守襄阳"，荆州八郡就可以"传檄而定"。那时候,就算袁术打过来,又有什么关系呢(公路虽至,无能为也)?

刘表采纳了蒯越的计策,让蒯越召来宗贼头目十五人,"皆斩之而袭取其众"。如此这般做下来,结果"江南悉平"(此处之"江南"指今长江以南的两湖地区),刘表也得以坐镇襄阳(理兵襄阳)。后来袁术和孙坚合纵,袁术派孙坚袭击刘表,刘表部将黄祖前来救援,孙坚中流矢而死,从此袁术势力无法到达荆州。于是朝廷任命刘表为镇南将军、荆州牧,封成武侯,假节(有尚方宝剑的意思),刘表成功了。

这里要稍微讲一下汉代的地方行政制度。西汉初年,汉王朝实行的是"郡国制",即郡县和封国并存的"一朝两制"(一个王朝,两种制度)。汉景帝采纳晁错的建议削藩以后,至汉武帝时期,封国已徒有虚名,实际上实行的是郡县制,即中央、郡、县三级管理。县属郡,郡属中央,全国一百多个郡,一千多个县。县的长官叫县令或县长,郡的长官叫郡守,后来叫太守。前面提到的长沙太守孙坚、江夏太守黄祖,便是郡的长官。

不过,东汉的太守和西汉的太守是不一样的。西汉的太守之上,没有地方行政长官,东汉却有,那就是刺史或州牧。这事还得从西汉说起。西汉元封五年(公元前106年),汉武帝将天下分为十三个州部,即十二个州,一个部(司隶部),每个州派遣一名刺史。所谓"刺史",就是中央派到地方上监察不法(刺)的特派员(史)。刺史的级别是六百石,职责是巡视监察,没有固定治所,也不常驻地方,而且不能干预地方行政。到了东汉,情况就变了。天下还是十三个州:司隶、豫州、冀州、兖州、徐州、青州、荆州、扬州、益州、凉州、并州、幽州、交州,但这十三个州却变成了一级地方行政区域,郡管县的两级管理制变成了州管郡、郡管县的三级管理。州的长官,有时候叫刺史,有时候叫州牧,有时候既有刺史又有州牧。相比较而言,刺史威轻,州牧权重。汉灵帝时,州牧已是任重、位高、权大；汉献帝时的州牧，更多为天下枭雄、一方诸侯，比如冀州牧袁绍、兖州牧曹操。刘表由刺史变成州牧，是他成功的表现。

刘表担任荆州牧以后，气度不凡。建安元年（公元196年），也就是曹操奉迎天子的那年，张绣的叔叔骠骑将军张济因为辖地无粮，入侵荆州南阳郡的穰城（今河南省邓州市），中箭身亡。荆州的官员都来对刘表表示祝贺。刘表却说，张济是因为走投无路才来荆州的。我们做主人的无礼，导致战争，这不是我的初衷，因此本州牧接受吊唁，不接受祝贺（济以穷来，主人无礼，至于交锋，此非牧意，牧受吊不受贺也）。于是张绣驻兵宛城（今河南省南阳市），和刘表联盟。

刘表此举无疑大得人心，《三国志》说张济的部众"遂服从"，《后汉书》说"皆服从"。到建安三年（公元198年），刘表不但实际拥有了荆州七郡（南阳、南郡、江夏、零陵、桂阳、长沙、武陵），而且广开疆土，"南接五岭，北据汉川，地方数千里，带甲十余万"，境内"万里肃清，大小咸悦而服之"，俨然独立王国。中原士人见此，纷纷避难荆州，投奔刘表的学士竟多达千人，刘表也都"安慰赈赡，皆得资全"。同时，他还建学校，兴儒术，把荆州建设成为一个乱世之中的"王道乐土"。刘表，应该说是一个好州牧。

刘表既然这样有本事，为什么还要说他是"草包"呢？也有几个原因。

第一，刘表胸无大志。他不是一个雄才大略的人，也没有什么紧迫感和进取心。郭嘉就曾极为不屑地说："表，坐谈客耳！"（《三国志·郭嘉传》）曹操也说："我攻吕布，表不为寇；官渡之役，不救袁绍，此自守之贼也。"（《魏书》）这都是看透了刘表。事实上，刘表的愿望，就是守住自己这一亩三分地，老婆孩子热炕头。所以，不管谁和谁发生了矛盾和战争，他都按兵不动，作壁上观，满门心思"欲保江汉间，观天下变"。官渡之战时，袁绍派人向刘表求助，刘表答应袁绍，却又不出兵，也不帮曹操。后来曹操征乌丸，刘备劝他袭击许县，他也不动，结果坐失良机。曹操和郭嘉瞧不起他，并非没有道理。

第二，刘表也没有度量。官渡之战时，刘表坐山观虎斗，他的部下韩嵩和刘先就对他说："豪杰并争，两雄相持，天下之重，在于将军。"将军如果想有所作为，就应该趁机下手干他一把（若欲有为，起乘其敝可也）。如果不然，则应该选择其中一方（如其不然，固将择所宜从）。现在，将军"拥十万之众，安坐而观望"，见到该支持的不能支持（见贤而不能助），劝他们讲和吧又劝不了（请和而不得），最后的结果，必定是双方的怨恨都集中在将军您的身上。到时候，将军就是想守中立，怕也不能（将军不得中立矣）！刘表的大将蒯越也这么劝他。于是刘表便派韩嵩到曹操那里探个虚实。韩嵩回来后，"深陈太祖威德"，刘表又怀疑韩嵩背叛自己，要杀他。只不过查来查去查不出什么问题，这才作罢。

刘表这事做得实在没道理。据《后汉书》，韩嵩临行之前，是有言在先的。韩嵩对刘表说，依韩嵩愚见，以曹公之英明，必将得志于天下。将军如果打算投靠曹操，派韩嵩出使中原，是可以的。如果心存犹豫，那就不合适。为什么呢？因为韩嵩一到京师，皇上说不定就会给韩嵩一官半职。韩嵩能够推辞，当然没有关系；如果推辞不掉，从此韩嵩就成了天子的新臣，将军的故吏了。"在君为君，不复为将军死也"，请将军三思。

韩嵩这话说得实在，然而刘表不听，坚持要韩嵩北上。果然，汉献帝拜韩嵩为侍中、零陵太守，韩嵩也果然站在朝廷和曹操的立场上说话。刘表大怒，要杀韩嵩，韩嵩神色自若不为动容，把临行前的话说了一遍，刘表的老婆也来劝说，刘表还是怒不可遏。最后查不出韩嵩的问题，还是将他囚禁起来，直到曹操拿下荆州后才被放出。对此，陈寿评论说："表虽外貌儒雅，而心多疑忌，皆此类也。"

既无大志，又无度量，就造成了刘表的第三个问题——不会用人。刘备天下枭雄,诸葛亮人中之龙,两个都在他的身边、眼前,他居然视而不见;中原士人南下荆州有千人之多,也只见他安顿,不见他重用。刘备初到荆州时,刘表是礼遇甚厚的。《三国志·先主传》说,他亲自到郊外迎接,"以上宾礼待之",还拨了军队给刘备。但是,随着"荆州豪杰归先主者日益多",刘表便开始"疑其心"而"阴御之"了。裴松之注所引《世语》甚至说刘表还摆了"鸿门宴",蒯越和蔡瑁还准备在席间下手,被刘备看出,借口上厕所而遁逃。逃到檀溪,的卢马一跃三丈,这才逃得性命。《世语》的说法是:"备屯樊城,刘表礼焉,惮其为人,不甚信用。曾请备宴会,蒯越、蔡瑁欲因会取备,备觉之,伪如厕,潜遁出。所乘马名的卢,骑的卢走,堕襄阳城西檀溪水中,溺不得出。备急曰:'的卢,今日厄矣,可努力!'的卢乃一踊三丈,遂得过。"后来,罗贯中便据此写成"刘皇叔跃马过檀溪",故事当然复杂得多,也好看得多。

但这是靠不住的,孙盛便认为不可能(此不然之言)。因为当时刘备依附刘表,双方力量悬殊。如果刘表有谋杀刘备的意思,刘备在荆州岂能安然无恙待六年?所以孙盛说"此皆世俗妄说,非事实也"。裴松之在为《三国志》作注时,引用了《世语》的说法,也引用了孙盛的批评,看来他是赞成孙盛的。

不过,"刘皇叔跃马过檀溪"的故事虽然是"世俗妄说",但"备屯樊城,刘表礼焉,惮其为人,不甚信用"这十六个字还是准确的。何况刘表提防刘备,也并非没有道理。刘备这个人,确实很让诸侯们头疼。一方面,他投靠谁,谁就倒霉,走到哪里,哪里就闹地震;另一方面,除袁术外,大家又都承认他是个人物,是个英雄,因此都得对他礼遇有加,包括袁绍,包括曹操。可以说,这是一个"猫头鹰"式的人物,体面的说法是"天下枭雄"。这样一个人物来到刘表这里,刘表其实是没有办法的。郭嘉就曾一针见血地指出,"表,坐谈客耳!自知才不足以御备,重任之则恐不能制,轻任之则备不为用",他能做的,大约也就是客客气气把刘备束之高阁,而且时时刻刻小心提防吧!

  刘表的第四个问题是后继无人。所谓"后继无人",不是说刘表没有接班人,而是说他的接班人既不中用,又安排失当。刘表长子叫刘琦,次子叫刘琮。刘琦和刘琮都是刘表前妻所生,但刘表后妻蔡夫人已将娘家侄女许配给刘琮,就希望刘琮做接班人。蔡瑁这些人也都帮刘琮说话,实际上蔡氏家族已经控制了刘表。这个情况,刘琦当然不会看不出,便多次希望求教于诸葛亮。诸葛亮论身份,是刘表的部下;论辈分,是刘表的晚辈;论关系,是蔡夫人的外甥女婿;论亲疏,和刘琦、刘琮都一样。这个主意,他自然不好拿,于是就有了一个颇具戏剧性的故事。《三国志·诸葛亮传》说,刘琦多次向诸葛亮讨教"自安之术",而"亮辄拒塞,未与处画"。刘琦没有办法,只好在游园的时候请诸葛亮上楼,让人撤去楼梯,说:"今日上不至天,下不至地,言出子口,入于吾耳,可以言未?"诸葛亮这才说:"君不见申生在内而危,重耳在外而安乎?"申生和重耳都是春秋时期晋献公的儿子。晋献公宠信后妻骊姬,要立骊姬之子奚齐为接班人。结果,留在国内的太子申生被杀,逃出国的公子重耳后来回国当了国君,这就是晋文公。诸葛亮这么一说,刘琦恍然大悟,便设法谋得江夏太守的职务,离开了是非之地。诸葛亮可能自己也没想到,以他经天纬地之才,初出茅庐第一计,竟然是管了别人的家务事;而他管的这件闲事,却又为刘备立了一大功。为什么呢?因为刘琦带走的一万人,是后来赤壁之战中刘备一半的本钱。

  刘表的这个安排,实际上为后来荆州的分裂埋下了伏笔。事实上,刘琦出走后,荆州集团就已经分裂为两派。一派以刘琮为名义上的代表,背后是蔡瑁、蒯越等人。这些人是倾向于曹操的,蔡瑁可能还和曹操有旧。《襄阳耆旧传》说他"少为魏武所亲",而且刘琮投降后,曹操还到了他的内室,见了他的妻子。后来鼓动刘琮投降曹操的,也是这些人。这一派,可以叫作"降曹派"。另一派,以刘琦为名义上的代表，背后是刘备、诸葛亮等人。刘备是铁了心要对抗曹操的，诸葛亮则是主张联吴抗曹的，因此这一派是"抗曹派"。至于刘表自己的心思，恐怕是既不愿意降曹，也不愿意联吴，最好是守中立而观时变。但他只管得了自己的生前，管不了自己的身后。他的两个儿子，也没有一个是可以成就一番事业的。何况争夺荆州的赤壁之战还没开始，他自己家里就快打起来了。如此不能安排后事，岂非"草包"？

由是之故，刘表在历史上得到的评价不高，陈寿甚至认为他和袁绍是一路货色。陈寿认为，刘表和袁绍，都是有仪表（威容）、有风度（器观）、有名气（知名当世）、有成就（表跨蹈汉南，绍鹰扬河朔），但都"外宽内忌，好谋无决，有才而不能用，闻善而不能纳，废嫡立庶，舍礼崇爱"，正可谓"漂亮的草包"，因此其失败也是理所当然（非不幸也）。

这个评价应该说有道理，刘表和袁绍也确实不乏相似之处，所以《后汉书》便将袁绍和刘表合为一传，将刘焉、袁术、吕布合为一传（《三国志》则将董卓、袁绍、袁术、刘表合为一传）。但我觉得还是要为刘表说句公道话。第一，袁绍和刘表虽然都失败了，但袁绍是自取灭亡，刘表是在劫难逃，他自己并没有招谁惹谁。第二，以刘表的实力和能耐，除了当一个"自守之贼"外，也别无选择。他的错误，只在于不明白一个道理，就是单靠守，是守不住的，有时候还得"以攻为守"。第三，正是由于刘表实行"爱民养士，从容自保"的政策和策略，荆州地区保持了十多年的安定和平，许多北方南下的难民也得到了资助和周全，这不能不说是刘表做的好事。

所以，"漂亮的草包"这个评价用在袁绍身上，大体准确。当然，袁绍这个人还是有本事的，不能完全说是"草包"。只不过他遇到了一个比他更强的对手，就显得像"草包"了。但不管怎么说，袁绍确有自以为是、自鸣得意、自我膨胀和刻意作秀之嫌。他看重"漂亮",也甚于看重"能力"。因此,说他是"漂亮的草包",不算很冤。

刘表就有些冤枉了。他并没有自命不凡,反倒有些自知之明,这才实行"爱民养士,从容自保"的策略,希望能够"苟全荆州于乱世"。因此,比较准确的评价,还是如历史学家何兹全先生所言。何先生在他的《三国史》中说,如果说曹操是"治世之能臣,乱世之奸雄",那么,刘表就是"治世之贤臣,乱世之庸人"。看来,刘表最大的不幸,是生错了时代。他不该生在这个弱肉强食的乱世。这不是他的错误,只能算运气不好。

当然,刘表也不是一点运气都没有。他被派到荆州,就是他的运气。荆州,是东汉时期最大的两个州之一。这两个州,就是荆州和益州,都是领县上百个。次为幽州,领县八十余。不过荆州和益州虽然大,分量却不是最重。当时中国的政治中心是在北方,争夺政权的战场也主要在北方,荆州和益州一时半会还不至于落入虎口,最适合刘表这样的弱者生存,刘备这样的小集团发家。可见刘表的运气不能说是很坏,也可见诸葛亮在隆中为刘备所做的策划,是何等的深谋远虑。

可惜,树欲静而风不止,上帝和他人都不让刘表平安无事。诸葛亮为刘备定下了取而代之的策略,北边的曹操和东边的孙权也都虎视眈眈。其实,像刘表这样的人,在天下未定之时,是可以苟且偷生偏安一隅的。一旦天下将定,他的好日子就到头了。而所有这一切,都因为他是荆州牧,正所谓成也荆州,败也荆州,生也荆州,死也荆州。

从这个意义上讲,刘表是"不幸的幸运儿"。

事实上,到了建安十三年(公元208年),孙权和曹操都开始下手,刘表和他的荆州面临重大变故。连同暂时依附他的刘备,也几乎面临灭顶之灾。那么,在建安十三年这个不寻常的年头,荆州地区究竟发生了什么事情呢?

第二十章
兵临城下

建安十二年（公元207年），曹操平定了北方，孙权坐稳了江山，刘备得到了诸葛亮，原本希望屯兵襄阳以观时变的刘表好日子到头。建安十三年，孙权和曹操都开始对荆州下手，刘表和他的荆州，包括依附他的刘备，都面临危机。那么，他们的命运究竟如何呢？

前文讲到，胸无大志也没有雄才大略的刘表，原本是想在这个群雄逐鹿、弱肉强食的时代苟全偏安的。然而树欲静而风不止，荆州注定要成为各方争夺的对象。孙权终于先下手。建安十三年（公元208年）春，孙权实施鲁肃和甘宁的战略规划，在曹操从乌丸返回邺城的时候，出兵西征，一举剿灭了刘表的大将、江夏太守黄祖。其实孙权征黄祖，这是第三次。第一次是在建安八年（公元203年），结果是"破其舟军"；第二次是在建安十二年（公元207年），结果是"虏其人民"。这一回最厉害，是"屠其城"而"枭其首"。黄祖彻底灭亡了（屠城，即"毁其城，杀其民，若屠者然也"，是历史上一种极其野蛮的行径）。

孙权灭黄祖是有原因的。表面上的原因，是要报杀父之仇（孙坚是在和黄祖作战时中流矢而死）；实际上的原因，则是图谋荆州。荆州地处吴之上游。孙权即便为了自身安全，也要打荆州的主意；而黄祖身为江夏太守，距离江东最近，当然要拿他开刀。事实上，孙权破江夏、灭黄祖后，势力已向西部扩展，可以觊觎江陵、贪图襄阳、鲸吞荆州了。

孙权的胜利让曹操感到时不我待。曹操很清楚，荆州一旦为孙权所有，整个中国的形势就会发生巨大变化。前面说过，曹操也是早就想拿下荆州的，而且做了准备。建安十三年（公元208年）正月，曹操在邺城造玄武池，训练水军。这是军事上的准备。六月，曹操罢三公，重新设置丞相和御史大夫职务，并自任丞相，大权独揽。这是政治上的准备。此外，曹操还派张辽屯兵长社（今河南省长葛市），于禁屯兵颍阴（今河南省许昌市），乐进屯兵阳翟（今河南省禹州市），保卫许县，以防不测。又安抚马腾，推荐他做卫尉，同时将其家属扣在邺城，成为实际上的人质，以解除后顾之忧。做完这些事情以后，曹操于七月份出兵南征刘表。

几乎在同时，刘表也一病不起，并于八月身亡。据《三国志·先主传》裴松之注引《魏书》，刘表临终前曾托国于刘备，被刘备婉言谢绝。刘表说："我儿不才，而诸将并零落。我死之后，卿便摄荆州。"（《英雄记》的说法是代理荆州刺史）刘备回答说："诸子自贤，君其忧病。"有人劝刘备接受，刘备说："此人待我厚，今从其言，人必以我为薄，所不忍也。"

这事裴松之认为不实（此亦不然之言），我也认为靠不住。上一章我们讲过，刘表对刘备的态度，如《三国志·先主传》所说，是"疑其心，阴御之"，怎么会把荆州拱手相让？何况刘表和他老婆早就选定了接班人，这个人就是刘琮。裴松之说："表夫妻素爱琮，舍嫡立庶，情计久定，无缘临终举荆州以授备。"这是在理的。《后汉书·刘表传》说，刘表病重时，长子刘琦从夏口到襄阳来探视，竟被挡驾，不得相见。刘琦都见不到的人，刘备怎么见得到？刘备和诸葛亮暗中支持刘琦，蔡瑁一伙不会完全不知道，他们又怎么会让刘备去见刘表，让刘表托国于刘备？何况，就算他们不知道刘备和刘琦的关系，刘备是一个不甘居人下的枭雄，他们总是知道的，岂能在这关键时刻让刘备去见刘表？从《后汉书》所说的情况看，病重时的刘表实际上已经被这一伙人控制了；而屯兵樊城的刘备，消息也并不灵通（比如后来刘琮投降曹操，刘备就完全蒙在鼓里）。刘备和刘表，应该说没有可能相见。

没有可能的事，为什么会有人信以为真呢？原来这事是刘备自己所说。据《三国志·先主传》裴松之注引孔衍《汉魏春秋》，刘备曾对人说过"刘荆州临亡托我以孤遗"的话。这话司马光认为属实，而且写进了他的《资治通鉴》。当然，"托孤"和"托国"略有区别。但把刘琦和刘琮托给刘备，也等于交出了荆州。何况"托孤"也好"托国"也好，二刘总要见面。刘备和刘表既然不可能相见，又怎么可能有"托孤"之事呢？

也有两种可能。

一种是刘备说了假话。这也没什么。当时，曹操长驱直入兵临城下，荆州大难临头，人心浮动。一些人不愿意荆州落入曹操之手，也很清楚无论刘琦还是刘琮，都抵挡不了曹操的凌厉攻势，便寄希望于刘备。刘备自己也不想失去荆州，至少不想失去荆州的人心。荆州对于他，进，是成就霸业的根据地；退，是保全性命的栖息地。也就是说，刘备需要荆州，荆州也需要刘备。刘备的话，无妨看作一种稳定人心的策略。

第二种可能，是刘表确曾"托国"于刘备，但并非真心，而是试探。我们知道，刘备到荆州以后，笼络人心网罗人才，曾经引起刘表的警惕，《三国志·先主传》说得很清楚："荆州豪杰归先主者日益多，表疑其心，阴御之。"刘表既然在平时都疑心颇重，临终前又怎能放心？这就要试探，甚至威胁。我甚至怀疑刘表说"我死之后，卿便摄荆州"时，屋后已埋伏着蔡瑁他们安排的刀斧手。刘备"天下枭雄"，政治经验丰富，还能不明白其中利害？便说了一句漂亮话："诸子自贤，君其忧病。"其实刘表那两个宝贝儿子贤不贤，两个人心里都有数,这番话不过演戏作秀而已。这也同样不奇怪。在那个尔虞我诈、弱肉强食的乱世,什么事情都可能发生。

所以,把刘表的"托国"和刘备的"谦让"看作"高风亮节",不过腐儒之见。在这个问题上,我们需要一点"历史意见"。也就是说,在那个时代,优胜劣汰,强者为王,乃是天经地义;而由刘备接管荆州,则是保全荆州的最好方案,有什么好让的?诸葛亮不是早就说了吗——"此殆天所以资将军,将军岂有意乎?"可见并无道德问题。实际上,刘备此时没有欣然从命取而代之,并非"不忍",而是"不能"。所谓"吾不忍也"云云,也是作秀。同样,诸葛亮建议刘琦出任江夏太守,既是帮了刘琦一把,也是为刘备留了后路。

刘琦出走没多久,刘表便一命呜呼,接班人自然是刘琮。这时曹操的军队已经在路上了,很快就会兵临城下。《三国志·刘表传》说,当时蒯越、韩嵩、傅巽(音训)等人都劝刘琮投降。刘琮说,我就不能和诸位一起守住先君留下的基业,以观天下之变吗?傅巽说,不能。"逆顺有大体,强弱有定势"。以人臣对抗人主,是以逆抗顺;以地方对抗中央,是以弱战强;以刘备对抗曹操,是以卵击石。我们三个方面都不行,还要对抗王师,那是找死。不过,最有说服力的还是傅巽下面的这段话。傅巽问刘琮,将军自己想想,你比得上刘备吗?刘琮说,比不上。傅巽说,那好!"诚以刘备不足御曹公乎,则虽保楚之地,不足以自存也;诚以刘备足御曹公乎,则备不为将军下也。"也就是说,如果刘备打不过曹操,将军就无法自保;如果刘备打得过曹操,他还会再做将军的部下吗?刘琮一听就明白了。对抗曹操,无论输赢,自己都没有好下场,那还不如投降呢!

刘琮投降,不敢告诉刘备,刘备也不知道。等到曹操大兵已至南阳郡的宛城,刘琮才派宋忠去和刘备讲。《三国演义》说宋忠是刘琮派到宛城给曹操送降书的人,回来的路上被关羽拦截捉拿,并非事实。据《三国志·先主传》裴松之注引《汉魏春秋》，事实是刘琮派宋忠向刘备"宣旨"，刘备"乃大惊骇"，说你们这些人怎么这样做事，大祸临头才来和我说，不觉得太过分了吗？于是拔出刀来对宋忠说，我今天就是宰了你也不解恨，只不过不想弄脏了我的刀，也不想丢我的人！

不过此时此刻说什么都没有用了，刘备唯一的选择是走为上计，便带着诸葛亮和徐庶等人往南走。《三国演义》说刘备出走之前，诸葛亮在新野放了一把火，于史无据。此前的"火烧博望"是有的，但那把火应该是刘备所放（先主设伏兵，一旦自烧屯伪遁，惇等追之，为伏兵所破），没诸葛亮什么事。

有事是在南撤途中，不过这有事也等于没事。《三国志·先主传》说，当时刘备驻兵樊城，在汉水之北，刘琮的襄阳则在江南，诸葛亮便劝刘备攻击刘琮。按照诸葛亮的意见，刘琮根本就不堪一击，而只要拿下襄阳，荆州就是自己的了。然而刘备说"吾不忍也"，谢绝了诸葛亮的建议。这事吕思勉先生认为未必确实。吕先生说："当时的襄阳，人心自然不定，攻破它自然是容易的，（但是）转瞬曹操的大兵来了，却如何能守呢？诸葛一生唯谨慎，怕不会出这种主意罢？"当然这也说不清。反正刘备没有攻打襄阳，只在路过襄阳的时候对刘琮喊了一番话，然后继续南逃。

刘备跑得快，曹操追得也快。据《三国志·荀彧传》，出征前，曹操曾问计于荀彧。荀彧认为，现在"华夏已平，南土知困"，是夺取荆州的大好时机，但必须速战速决。因此他建议曹操"显出宛、叶而间行轻进，以掩其不意"，即在大张旗鼓由宛城（今河南省南阳市）和叶县（叶音摄，今河南省叶县南）进军的同时，率轻骑兵抄小路向襄阳和江陵挺进。曹操马上就明白了其中的道理：襄阳是刘表老窝，而江陵则囤积了大量的军需物资，包括水战必需的舰船。这是绝不能让刘备得手的。于是采纳荀彧的建议，浩浩荡荡由宛城、叶县向荆州挺进（直趋宛、叶如彧计），走到半路，留下辎重，自己率轻骑兵直扑襄阳,《三国志·先主传》的说法是"曹公以江陵有军实,恐先主据之,乃释辎重,轻军到襄阳"。曹操抵达襄阳后,得知刘备已向江陵逃窜,又亲点五千精锐骑兵,以一天一夜三百里的速度追了过去,试图将他那个眼中钉、肉中刺一举歼灭。

曹操的速度快,刘备却是跑得快,走得慢。说他"跑得快",是说他逃跑的决心下得快,实际上却走得很慢。走得慢的原因,是他路过襄阳时,当地许多士人、百姓,包括刘琮的部下都跟着他南撤,随行人员多达十几万,辎重数千辆。这样一支队伍,呼朋引类,扶老携幼,一天只能走十几里。《三国志·先主传》说,当时有人劝刘备不要再管这些人了,赶快率轻军保江陵。然而刘备不肯。他派关羽率领水军,走水路到江陵会合,自己则坚持和众人同行。对此,刘备的解释是:"夫济大事必以人为本。今人归吾,吾何忍弃去!"

据历史学家朱维铮先生说,这可能就是"以人为本"一语最早的出处。但必须指出,刘备的"以人为本",和我们现在所讲的"以人为本"是不同的。我们今天讲"以人为本",是要以人为"根本";刘备讲"以人为本",恐怕更多地是以人为"资本"。我们知道,在东汉末年的政治博弈中,刘备的资本或者说本钱是不太多的。但他所到之处,都备受尊敬和欢迎,其原因就如程昱所说,他刘备"有雄才而甚得众心"。人望、人缘、人心,是刘备的本钱和资本,也是他的根本和基本。一旦丢失,就一无所有。何况,得人心者得天下,失人心者失天下。刘备既然有得天下之意,就必须先得天下之心,这就是"济大事必以人为本"的含义。因此,尽管追兵在后危险在前,他也不能丢了这个"本"。正如吕思勉先生所说,"要做事业,手下一定要有人",和道德不道德、仁慈不仁慈没有关系。

同样,襄阳地方有那么多人跟着刘备走,也未必因为在他们眼里,刘备是好人曹操是坏人,更未必是要跟着刘备打江山,不让曹操得手。吕思勉先生说得好："老百姓只要饱食暖衣、安居乐业，谁来管你们争天夺地的事情？"有人说襄阳士民追随刘备，是害怕曹操屠城，这也是不确的。没错，曹操是干过屠城的事。兴平元年（公元194年），曹操征徐州，"所过多所残戮"。这事影响极其恶劣，荀彧就批评了曹操，曹操后来也接受了教训，我们以后还要再说。反正，自徐州事件后，曹操已经明白屠城这种野蛮行径并不利于自己一统天下的事业，何况刘琮已经不战而降，有什么必要滥杀无辜呢？曹操还没有蠢到这个地步。

总之，不知道由于什么原因，很有一些人跟着刘备走了。此时古风尚存，士人和官员迁移必是拖家带口举族而行的，因此人数极多。于是双方的形势便不可同日而语。曹操日行三百里，刘备日行十几里，曹操很快就追上了刘备。两军在当阳的长坂（今湖北省当阳市东北）相遇，胜败几乎不言而喻。《三国志·先主传》的记载只有短短一行字，但刘备当时的狼狈已跃然纸上："先主弃妻子，与诸葛亮、张飞、赵云等数十骑走，曹公大获其人众辎重。"可怜的刘豫州，这时不但再也讲不得"以人为本"，就连老婆孩子也顾不上了。

这一仗虽然是刘备惨败，但维护刘备的文学家、艺术家也做足了文章。"赵子龙单骑救主""张益德大闹长坂"，都是大家熟悉的故事。这些事也都有根据。《三国志·赵云传》说："先主为曹公所追于当阳长阪，弃妻子南走，云身抱弱子，即后主也，保护甘夫人，即后主母也，皆得免难。"《张飞传》说："先主闻曹公卒至，弃妻子走，使飞将二十骑拒后。飞据水断桥，瞋目横矛曰：'身是张益德也，可来共决死！'敌皆无敢近者，故遂得免。"可见赵云救阿斗是实，但刘备并没有摔孩子；张飞"长坂坡一声吼"也是实，但并没有"吼断了桥梁水倒流"，那桥是张飞拆掉的。

刘备虽然靠张飞保全了性命，靠赵云找回了妻子，但他并没有出路。前往江陵的道路已被曹操截断，他只有东行，和关羽、刘琦会合。但是，刘琦手上，只有一万人马；关羽手上，也只有一万水军。这两万人合起来,能抵挡曹操的泰山压顶吗?

就在刘备一筹莫展的时候,鲁肃来了。

鲁肃是日夜兼程赶过来的。原来,刘表病故后,政治上极为敏感的鲁肃,立即意识到这件事对于江东的重要性。据《三国志·鲁肃传》,鲁肃对孙权说,荆州这个地方,极具战略意义,不可掉以轻心。鲁肃说,荆州"与国邻接,水流顺北,外带江汉,内阻山陵,有金城之固,沃野万里,士民殷富",如果能"据而有之",那就是"帝王之资"。现在刘表死了,两个儿子早有矛盾,军中将领也各有彼此,再加上刘备这个"天下枭雄"夹在当中,未来局势很不明朗。刘备在刘表这里是很不得志的(表恶其能而不能用也),和曹操又有矛盾(与操有隙)。如果现在他和刘琦、刘琮齐心协力、同心同德,我们就应该与之联盟;如果他们同床异梦、互不合作,我们就应该另打主意,以济大事。所以,请将军派我以吊唁的名义出使荆州,到那里去探探虚实,做做工作。

鲁肃的想法其实很明确,那就是要利用刘表去世这样一个机会,实施他那个"东吴版"或者"孙权版"的《隆中对》。其战略目标,是将荆州"据而有之",以为孙权的"帝王之资";其战术方案,则是联合刘备来对抗曹操(说备使抚表众,同心一意,共治曹操)。而且,鲁肃断定刘备"必喜而从命"。那样一来,就"天下可定"了。因此他请孙权早做决断。如果不早去,就怕曹操抢了先机(恐为操所先)。

做出这个决断不太容易,因为孙权和刘表,或者说江东集团和荆州集团是世仇。孙权的父亲是被黄祖杀死的,黄祖也刚刚被孙权所杀。但孙权是一个政治家,政治家就不会感情用事、意气用事。他马上就批准了鲁肃的计划,鲁肃也立即启程。然而曹操的动作更迅速。鲁肃从柴桑(今江西省九江市)走到夏口(今武汉市汉口),曹军已向荆州;走到江陵,刘琮已经投降。措手不及的刘备从樊城出走,准备南下渡过长江。鲁肃得到消息,立即北上,与刘备相会于当阳长坂。

对于兵败如山倒、已经狼狈不堪的刘备来说，鲁肃真是天上掉下来的活神仙。据《三国志·先主传》裴松之注引《江表传》，鲁肃和刘备有这样一番对话。鲁肃问刘备，豫州现在准备到哪里去？刘备说，准备投靠苍梧太守吴巨。鲁肃说，吴巨是个凡人，远在天边，自身难保，还能保护将军吗？依鲁肃愚见，不如和孙将军联合，共图大业。孙将军聪明仁慧，礼贤下士，兵多将勇，众望所归，而且拥有会稽、丹阳、吴郡、豫章、庐陵、庐江六郡之地；如果贵我双方联盟，足以成就大事呀！而且，据《三国志·鲁肃传》，为了促成此事，鲁肃还和诸葛亮套近乎，说我是令兄诸葛瑾先生的好朋友啊！

其实这话可说可不说，因为这个方案很对刘备心思，也符合诸葛亮在隆中定下的规划和方略。结果如《三国志·鲁肃传》所说，是"即共定交"。于是刘备、诸葛亮和鲁肃同行，与前来接应的关羽、刘琦一起，率军东向，从当阳来到夏口（后来又到樊口）。这时曹操也没有再追杀刘备，而是率军直扑江陵。刘备似乎可以喘口气了。

然而曹操却并不让刘备消停。他在得到了江陵的军需物资以后，就决定顺江东下。曹操的矛头自然是指向刘备的，至少刘备是首当其冲；而孙权的态度和立场却不明确，也不明朗，《三国志·诸葛亮传》的说法是"时权拥军在柴桑，观望成败"。这实在是太危险了。因此，诸葛亮就向刘备提出立即出使东吴，说服孙权联盟抗曹的建议。诸葛亮的说法是："事急矣，请奉命求救于孙将军。"

这话说得铿锵有力、掷地有声，然而在《三国演义》里面却还有一场忸怩作态："肃坚请孔明同去，玄德佯不许。"这其实是小说家言，事实应该是诸葛亮挺身而出，刘备当机立断，根本就没有那么多装腔作势。生死攸关，岂能儿戏？后来，诸葛亮在他的《出师表》里回忆说，"后值倾覆，受任于败军之际，奉命于危难之间"，说的就是这件事。我们从他的话里，不难想见当时的气氛。

显然，这是关系到刘备集团生死存亡的事情。但这件事的成功与否，却并不取决于刘备方面的一厢情愿，也不完全取决于诸葛亮的外交才能。其根本所在，还在于江东集团的政治利益。那么，孙权集团的态度如何？诸葛亮能完成他的使命吗？

第二十一章
临危受命

曹操南征荆州，势如破竹；刘备败走当阳，求救江东。这就使原本计划要夺取荆州与曹操划江而治的江东集团，处于一个两难选择的尴尬境地。不帮刘备，唇亡齿寒；帮助刘备，养虎遗患。面对如此难题，帮助孙权做出决策的究竟是谁？

前面我们讲到，鲁肃从柴桑赶到当阳，说服了刘备与孙权联合，并一起来到夏口。这时，曹操已经占领了江陵，获得了大量军需物资，即将顺江东下。感到事态严重的诸葛亮临危受命，奔赴江东"求救于孙将军"。鲁肃和诸葛亮都在应对突如其来的变故，也都开始实施自己的计划，而他们的成功与否，就全看孙权如何决策了。

孙权的决策并不容易，因为这意味着他要在曹操和刘备之间做一个选择。论亲疏，孙权和曹操是姻亲——曹操的侄女嫁给了孙权的弟弟（孙匡），曹操的儿子（曹彰）娶了孙权的侄女。辈分关系虽然有点混乱，总归结了亲。不像刘备，非亲非故，八竿子打不着。论强弱，按照《三国志·刘晔传》的说法，曹操南征荆州时已是"九州百郡，十并其八，威震天下，势慑海外"，可谓实力雄厚；刘备则本无力量，又遭打击，落落如丧家之犬。论情感，孙权对曹操是又恨又怕又作恭敬状，对刘备这个"天下枭雄"则谈不上喜欢不喜欢，至少犯不着去管他的死活。但是，曹操的手伸到自己的隔壁，而且是自己觊觎的地方，孙权是不高兴的。何况这次被消灭的是刘备，下一步可能就会轮到自己。至少，占据荆州的计划就会落空。这种唇亡齿寒的感觉，孙权不会没有；由此造成的严重后果，孙权也不能不考虑。

但是决策却很难。因为有一笔账很清楚，那就是天底下没有免费的午餐，也没有火中取栗不烧手的事。一旦介入曹刘之争，那就再也脱不了干系。何况刘备这个"天下枭雄"，也不是什么"善类"，帮他等于帮强盗，弄不好还会引狼入室。问题是袖手旁观就安全吗？也未必。想当年，刘表在官渡之战时采取中立态度，结果是曹操灭了袁绍又来灭他。总之，帮助刘备，无异于引火烧身；不帮刘备，则等于助纣为虐。反过来说也一样：不帮刘备，唇亡齿寒；帮助刘备，养虎遗患。联刘不是，降曹不是，守中立也不是。这就尴尬，也就两难。何去何从，对年轻的孙权（二十七岁）来讲，不能不说是一个严峻的考验。

因此，在事态还不严重，情况还不明了的阶段，孙权的态度是犹豫的。《三国志·诸葛亮传》说，当时孙权"拥军在柴桑，观望成败"，应该说是准确的描述。然而孙权最后却决定联刘抗曹。正是由于孙权的这一决策，曹操的势力再也无法到达南方，历史也开始由诸侯混战变成三国鼎立。因此，这可以说是一个划时代的决策。但问题是，原本打算"观望成败"的孙权，最后为什么会毅然介入曹刘之争？究竟是谁使他做出了这样的决定？

在一般人看来，扭转了乾坤的当然是诸葛亮。这显然是受了《资治通鉴》和《三国演义》的影响。尤其是《三国演义》，还特别安排了"舌战群儒"和"智激周瑜"，似乎不但"主和派"的投降论调要靠诸葛亮来痛斥，就连周瑜都需要他来"激励"，鲁肃则只能傻乎乎地干着急。《三国演义》是小说，且不去管它。《资治通鉴》是正史，就不能不讨论了。

那我们就先来看《资治通鉴》怎么说。

《资治通鉴》说，鲁肃到当阳见到刘备和诸葛亮后，双方一拍即合（即共定交）。于是刘备采纳鲁肃的计策（备用肃计），进驻鄂县樊口（今湖北省鄂州市），诸葛亮则和鲁肃一起到柴桑（今江西省九江市）去见孙权。这里有一个问题，就是《三国志》的《先主传》《关羽传》《吴主传》《周瑜传》和《鲁肃传》，都说是到夏口，不是樊口。到樊口是《江表传》的说法，而且应该是诸葛亮使吴以后。但这是小问题，且看它后面怎么说。

按照司马光的描述，诸葛亮应该很快就见到了孙权。诸葛亮一出场，就表现出非凡的政治智慧和外交才能。作为荆州方面的代表，诸葛亮和孙权初次见面，自然要有一段开场白，以便分析形势，介绍情况，说明来意。这话如果是由平庸之辈来说，八成不是客套话，就是打官腔。但到了诸葛亮那里，却变成了折冲樽俎的经典，可以看作外交学的绝妙教材。

诸葛亮的第一句话是这样说的："海内大乱，将军起兵江东，刘豫州收众汉南，与曹操并争天下。"这话精彩！表面上看，诸葛亮只不过平平淡淡地描述了局势，回顾了历史，但这三言两语之中，却埋下了伏笔，充满玄机。我们知道，天下大乱，群雄并起逐鹿中原，并非只有曹操、刘备、孙权三家。已经被消灭了的，比如袁绍、袁术、吕布等等，或许可以不算，刘璋、张鲁、马超他们也不算？但是诸葛亮只字不提。不提的原因，可以解释为他们不值一提，也可以解释为现在要谈的事情与他们无关。但既然只说当前之事，那就应该说"并争荆州"，不该说"并争天下"。说"并争天下"，等于说三分天下的就是我们，或者能争天下的就是三家。这就把《隆中对》的观念和思想，在不知不觉中传递给孙权了。

与此同时，诸葛亮又不动声色地传达了第二个信息，那就是在这三家中，我们两家是统一战线，因为是我们两家"与曹操并争天下",曹操是我们共同的敌人。我们知道,弄清楚谁是我们的朋友,谁是我们的敌人,是政治斗争的首要问题。这个问题不能不说,但又不能刻意去说。刻意去说,不是引起猜疑,就是引起反感。尤其是作为刘备的代表,就更不能那么说。因为就实力而言,刘备和曹操、孙权实在不能同日而语。曹操拥有半个中国,数十万大军,孙权也好歹有江东六郡十万精兵。刘备呢?对不起,只有一郡之地两万人马,这还是算上了刘琦的那一份。如果诸葛亮公开亮出"统战"旗号,恐怕孙权肚子里就会冷笑:就你那个要啥没啥的刘豫州,也和我同日而语?但现在诸葛亮只是讲历史,讲情况,孙权就没有什么话好说。孙权不说,也就等于默认。

于是,轻飘飘一句"将军起兵江东,刘豫州收众汉南",就使刘备获得了和孙权平起平坐的地位,也使自己获得了和东吴方面对等谈判的地位,还不动声色地把孙权拉下水,把他置于和曹操敌对的地位。这可真是一箭数雕。好了,既然我们两家是统一战线,曹操是我们共同的敌人,那你还不赶快出兵帮我们打?要知道,这才是诸葛亮出使东吴的真正目的。这根骨头,就这么不显山不露水地埋在了开场白里面,诸葛亮的外交能力不能不让人佩服。

实际上"将军起兵江东,刘豫州收众汉南"这句话的意义还不止于此。孙权集团确实发家于江东,所以"将军起兵江东"的说法没有问题。但是,刘备却并非在汉南起兵,他起兵是在涿郡的涿县,也就是现在河北省的涿州市,为什么要说"收众汉南"?我认为诸葛亮的用心很深。我们知道,刘备从汉灵帝末年起兵到依附刘表,一直是寄人篱下,没有自己独立的地位。一个没有独立地位的集团,是没有资格和孙权这样实际上的独立王国君主对话的。但是现在刘表死了,诸葛亮来了,刘备也独立了。"收众汉南"就是独立的标志。所以,诸葛亮回顾历史也好,描述现状也好,都不能说"起兵涿郡",只能说"收众汉南"。这就等于告诉孙权,我们刘豫州和你孙讨虏一样,也是一个独立王国的君主,而且我们将来还要三分天下。现在，还是赶紧把"与曹操并争天下"的局面定下来吧！

这些就是诸葛亮"海内大乱，将军起兵江东，刘豫州收众汉南，与曹操并争天下"这句话的话外音。短短二十四个字里面竟然暗藏着那么多的潜台词，孔明不愧谈判高手！

不过东吴方面也未必就那么好糊弄。好吧，就算你们刘豫州和我们孙讨虏一样，也是一方霸主，甚至可以和曹丞相叫板抗衡，那怎么不继续待在荆州呢？又怎么跑到我们这里来搬救兵呢？这就必须有个交代。但这个问题不能深究，只能敷衍了事。于是诸葛亮轻描淡写一笔带过：现在，曹操已经平定了中原，攻破了荆州，威震四海。我们刘豫州"英雄无用武之地"（《三国志》的说法是"英雄无所用武"），所以到了这里（故豫州遁逃至此），请将军根据自己的力量做一个决断，看看应该怎么办（愿将军量力而处之）。

这可真是太极高手！一句"英雄无所用武"，一句"量力而处之"，轻飘飘四两拨千斤，球就踢到孙权那里去了。按照诸葛亮的这个说法，似乎刘备既未战败，也不狼狈，有麻烦的倒是孙权，还要他自己"量力而行"，也不想想这麻烦是谁给孙权惹来的。

但你不能说诸葛亮不对，因为他话里有话，而且是给孙权交底。没错，我们刘豫州确实没有用武之地，却也因此没了麻烦，因为反正是死路一条，了不起拼他个鱼死网破。反倒是您孙将军，虽有用武之地，却也有不少麻烦。为什么呢？因为你观望狐疑，犹豫不决，"事急而不断"呀！所以诸葛亮对孙权说，如果江东能够和中原抗衡，不如及早和曹操一刀两断。如不能，就应该偃旗息鼓，俯首称臣。像将军这样，表面上唯命是从，实际上心怀二志（外托服从之名，而内怀犹豫之计），火烧眉毛却当断不断，恐怕马上就会大祸临头（祸至无日矣）。这意思就再清楚不过：我们刘豫州是英雄无用武之地了，您孙将军还是有用武之地的。但是如果用得不好，就是麻烦，阁下就看着办吧（量力而处之）！

明明是自己走投无路，只好"求救于孙将军"，却偏说是孙权有麻烦，还要做出一副设身处地替他谋划的样子，这可真是反客为主，得了便宜又卖乖！孙权当然不吃这一套，马上就反唇相讥说，既然如此，你们刘豫州怎么就不投降呢？

这话说得够损，挖苦讽刺之意溢于言表，也不好回答。诸葛亮却大义凛然地回答说，想当年，齐国壮士田横不过是个匹夫，尚且不肯投降（守义不辱），何况刘豫州！我们刘豫州可是王室之胄，英才盖世，众望所归（众士慕仰，若水之归海）呀！我们是铁定要抵抗的。如果抵抗失败，那是天意（此乃天也）。投降，却是万万不能！

这就只能看作外交辞令了。没错，刘备当然是英雄，但并非从来就不投靠他人，或投降他人。在此之前，他可是在不断地改换门庭，包括投靠曹操，也包括投降别人。当吕布来袭击他，俘虏了他的老婆孩子时，他不也"求和于吕布"吗？那个时候，刘备难道就不是"王室之胄，英才盖世，众士慕仰，若水之归海"？当他一会儿投靠陶谦，一会儿投靠吕布，一会儿投靠曹操，一会儿投靠袁绍时，他的"骨气"在哪里？毕竟，人在屋檐下，不能不低头。何况我们这位"刘皇叔"，历来就是能屈能伸的。近来学得乌龟法，该缩头时且缩头，才是他的一贯作风。《三国演义》有诗咏刘备云："勉从虎穴暂趋身，说破英雄惊杀人。巧借闻雷来掩饰，随机应变信如神。"这倒是说准了刘备的性格。可见"守义不辱"是大话，"随机应变"才是实话。我们当然没有必要因此谴责或者小看刘备，但也别真以为他是宁折不弯的什么"铮铮铁汉"。其实，这回那位刘豫州不肯投降哪里是骨头硬？他是吃准了曹操根本就不会放过他，投降也没用，只能死硬到底。

当然，这些话诸葛亮不能说穿，何况诸葛亮的说法也并不错。要知道，当时刘备集团的处境十分危险，除了抵抗到底别无出路，而孙权方面却还很犹豫。在这种情况下，作为刘备方面的使节，无疑只能以高尚的道德激励对方，绝不能长他人志气，灭自己威风。

至少，诸葛亮这样说，就把刘备方面准备抵抗到底的信息，传达给了孙权。这对于双方的合作是十分重要的。另外，诸葛亮这么说，也可能是认为二十七岁的孙权年少气盛，血气方刚，要激他一下。果然，孙权吃不消了，勃然变色说，我孙某又岂能以六郡之地、十万精兵受制于人？于是当场表态："吾计决矣，非刘豫州莫可以当曹操者！"

诸葛亮达到目的了，但孙权还是有点不放心，也不买"英雄无所用武"的账，直截了当就问："豫州新败之后，安能抗此难乎？"诸葛亮便又向孙权陈述了战胜曹操的可能性，以及曹操失败的必然性。诸葛亮说，曹操率领轻骑兵千里奔袭，杀到这里已成强弩之末，哪里会有战斗力？北方之人，不习水战，哪里会有战斗力？刘琮的部队投降曹操，原本是迫于压力，并非心悦诚服，又哪里会有战斗力？事实证明，诸葛亮的这些判断完全正确。更重要的是，诸葛亮还带来一个重要的信息，那就是刘备虽然败于长坂，但剩余部队加上关羽的水军，也还有一万人马，刘琦那里也有一万。荆州水军，并没有全都落到曹操手上。实际上，江东集团对于是和是战之所以一直争论不休，其中一个重要原因，就是以为刘备已全军覆没，荆州已全部沦陷。既然刘备方面还有这么多的力量，那就太让人欣慰了！

于是"权大悦，与其群下谋之"。但长史（秘书长）张昭等人却都主张投降曹操，只有鲁肃私下里表示了不同意见，并劝孙权召回在外地的周瑜。周瑜自然也是主战的。有了他们两个的支持，孙权最后下定了决心，支援刘备对曹作战，并且作了部署。这就是《资治通鉴》所说孙权决策的整个过程。按照这个顺序，诸葛亮说服孙权在前，鲁肃旁敲侧击、周瑜推波助澜在后。孙刘联盟，是诸葛亮外交活动的辉煌成果。

不可否认，《资治通鉴》这一段讲述是有依据的，基本上是照抄《三国志》正文及裴注，只有个别文字不同（比如将"英雄无所用武"改成"英雄无用武之地"），无伤大雅，也没有添油加醋，应该说真实可信。但是这里面有问题。问题的关键，就是《三国志》并没有告诉我们孙权和诸葛亮的这次谈话是在什么时候。比方说，是在和"群下"商量讨论之前呢，还是之后？这个问题，《三国志》是没有说的。这里面可是大有文章。因此我们要问，孙权是否可能不和任何人商量，仅凭诸葛亮一席话就拍板表态？

我认为不可能。

第一，曹操发动的这场战争，原本就不是冲着孙权来的。《三国志·武帝纪》说得很清楚："公自江陵征备""公至赤壁与备战"。也就是说，这场战争，也包括后来的赤壁之战，原本是曹刘之战，孙权是被拖下水的。既然曹操打的是刘备，夺的是荆州，并不关孙权什么事，孙权又怎么可能仅凭诸葛亮一席话就卷入这场是非，去蹚这汪浑水？有人说是因为诸葛亮使用了激将法。这就实在太"小儿科"了一点，未免把历史文学化，视政治为儿戏了。要知道，政治家进行决策是不能感情用事的，孙权也不例外。不错，孙权当时是还年轻，却也少年老成，哪里会像《西游记》里的孙猴子一样，你一激，他就跳将起来？

第二，孙权集团内部对于此事一直有不同看法。不少人主张倒向曹操，甚至投降曹操。这一派，我们无妨称之为"主和派"，或"降曹派"，或"鸽派"。鲁肃、周瑜等人则主张联合刘备，对抗曹操。这一派，无妨称之为"主战派"，或"联刘派"，或"鹰派"。这两派的分歧很大，争论也很激烈，正所谓"文要降，武要战，纷纷不定"。当然，这话是戏文里说的，不能看作史料；按照文臣武将来区分两派，也未免简单了一点。但"纷纷不定"，则是可以肯定的，有《三国志》之《吴主传》《周瑜传》和《鲁肃传》的记载为证。《吴主传》说"是时曹公新得表众，形势甚盛，诸议者皆望风畏惧，多劝权迎之，唯瑜、肃执拒之议"；《周瑜传》说孙权"延见群下，问以计策"，大家都主张投降而周瑜反对；《鲁肃传》则说"权得曹公欲东之问，与诸将议，皆劝权迎之，而肃独不言"，可见确实是"纷纷不定"。

问题在于，这种"纷纷不定"是不是像司马光说的那样，是在孙权和诸葛亮谈话并且表态之后呢？我认为不可能。江东集团是一直关注着荆州的，他们应该早就有反应。也就是说，"鹰派"和"鸽派"早就形成了，孙权也应该是心里有数的。以孙权之善于"举贤任能，各尽其心"，怎么可能在其内部还没有充分讨论统一思想的情况下，就对一个其实是潜在竞争对手的外人轻率表态？

这个问题，就连罗贯中也想到了。因此，在诸葛亮见到孙权之前，《三国演义》安排了一场"舌战群儒"。可惜此事于史无据，也就不能算数。何况，就算是事实，那也是"荆州鹰派"和"江东鸽派"的辩论，不是孙权集团内部的讨论。当然，讨论也是有的，因为孙权集团的内部会议，《三国演义》是安排在孙权和诸葛亮谈话之前的，但可惜没有结论。再说，有结论也没有用，因为这不是《资治通鉴》的时间顺序。

第三，诸葛亮这次行动的成功与否，并不完全取决于他的外交才能，而在于江东集团的政治利益。事实上，孙权最后决定出兵帮助刘备，并非行侠仗义，路见不平一声吼，而是为了保住自己的既得利益，甚至在此前捞下再捞一把。其实，但凡如此重大的决策，都只能是对政治利益进行反复掂量，对成败得失进行反复权衡之后的选择。但是我们前面说过，这笔账并不好算。弄好了可以火中取栗，弄不好就是引火烧身。这其实是押宝，是赌博。孙权如果算得清，算得准，诸葛亮不来做工作他也会做决策。正因为一时半会拿捏不准，这才犹豫。因此可以肯定，孙权是对诸葛亮表了这个态，但不是在一开始，也不是因为诸葛亮的激将法。他之所以答应帮助刘备，是因为在此之前，已经有人帮他算清了账。

或许有人要问，这个人难道就不能是诸葛亮吗？我认为不能。因为诸葛亮不可能真正帮孙权进行政治利益的掂量和成败得失的权衡。这工作诸葛亮不是没做，而是没做到位。没做到位也不是没有水平，而是立场所决定。作为刘备集团的使节，诸葛亮只可能代表刘备的利益，不可能代表孙权的利益。为了刘备的利益，他可以帮孙权出谋划策，甚至可以做到设身处地。但再设身处地，立场也不会变，说服力也就会打折扣。这一点，我们后面还要讲到。

何况孙权要考虑的，除了江东集团的利益，还有他个人的利益。由此可见，真正能够说服孙权并帮他拿定主意的，只可能是他那个集团内部的"自己人"，而且是深知孙权内心深处的想法，能够真正替他着想的人。那么，这个人是谁呢？

第二十二章
力挽狂澜

诸葛亮对孙权的劝说，无疑是其外交活动中精彩的一笔。但孙权最终决定联刘抗曹，却是其根本利益所使然。作为刘备集团的代言人，诸葛亮显然不可能代表孙权集团的利益。那么，是谁从根本利益的角度为孙权进行了分析，从而使孙权下定了决心呢？

前文讲到，联刘抗曹，是孙权根据集团和个人的利益做出的决定。因此，帮助他拿定主意的，只可能是他那个集团内部的"自己人"，不可能是诸葛亮。因为诸葛亮作为刘备集团的使节，代表的是刘备的利益，坚守的是刘备的立场。他怎么可能深入孙权的内心世界，贴心贴肺地替孙权着想？不能深入其心，又怎能把账算清？

当然，账还是算了的。而且，诸葛亮说服孙权的主要办法也是算账。他帮孙权算了三笔账。第一，关键时刻，最忌犹豫。当断不断，反受其乱。像你这样"外托服从之名，而内怀犹豫之计"，结果必然是两头不讨好。第二，江东兵强马壮，荆州尚有余威，只要贵我双方"协规同力"，则"破操军必矣"。第三，曹军一旦失利，必定退回北方。这样一来，我们荆州和你们东吴的力量就会强大起来，三足鼎立的形势也就形成了（如此则荆、吴之势强，鼎足之形成矣），所以"成败之机，在于今日"。

这当然能打动孙权，但还不是最能打动孙权的。因为诸葛亮算的这三笔账，并没有也不可能触及孙权内心深处最隐秘的东西。何况诸葛亮的算法也有问题。有什么问题呢？有两笔账没算。第一，他只是说你孙权要么投降要么战斗，不能观望狐疑，犹豫不决，却没说投降了会怎么样。这可是关键问题。如果投降的结果很好，为什么不呢？第二，他只说如果能够战胜曹操，就可以三分天下，至少也能三分荆州，但打败了呢？也没说。那好，如果败了怎么办？你们刘豫州打败了，那是咎由自取。孙将军可是被你们拖下水的。他要是败了，请问谁为他买单？这个诸葛亮也没说。这就等于说，我们去抢银行吧！抢成了，一辈子都不缺钱花。但是被发现了会坐牢，会杀头，却不告诉你。警察来抓，我也不管你。请大家想想，有这么说话的吗？我要是孙权，就不上这个当！

其实，兵马未动，先想败局，这个道理诸葛亮不会不懂。同样，替人谋划，就要把话说透，这个道理诸葛亮也不会不懂。那他为什么不说？因为没有办法。曹操的军队已在路上，杀气腾腾，虎视眈眈。如果孙权不出兵，刘备大约只有死路一条。诸葛亮呢？和刘备已经"厚相结纳"，决心同生死、共患难。何况自刘备三顾茅庐以来，诸葛亮一直是纸上谈兵，可谓寸功未立。这回出使东吴说服孙权，正是他"初出茅庐第一功"。无论从道义上讲，还是从策略上讲，诸葛亮都只能千方百计去游说孙权，别无选择！所以，我们不能怪他没说清楚，但要说孙权心里不明白，怕也未必。他之所以并不追问，很爽快地就回应了诸葛亮，是因为此前已经有人说服了他。那么，这个人是谁呢？

我认为是鲁肃。

为什么是鲁肃呢？因为鲁肃是东吴集团政治路线和政策策略的设计师。前面说过，鲁肃是有一个"东吴版"《隆中对》的。根据鲁肃的这个规划，也根据孙策的政治遗嘱，东吴集团的政治路线，应该是"保江东"而"观成败"，先三分而后一统。第一步，巩固和发展孙策创立的基业；第二步，夺取荆州和益州，和曹操划江而治；第三步，在适当的时候北伐，统一中国，建立新王朝。

应该说这是一个不错的规划，因为它包含着近、中、远三个步骤，高、中、低三个目标。最高纲领和远期目标是一统天下，最低纲领和近期目标是保住江东，居中而有弹性的是夺取荆、益。荆州和益州当然不是他孙权和鲁肃说要就能要的，但逆水行舟，不进则退。有此"以攻为守"的策略，则最差也能割据一方南面称孤，因此可以说是如意算盘。但是这个如意算盘却有一个重要前提，那就是荆州在刘表手上。以刘表之反应迟钝、软弱无能、不思进取和空谈误国，当然可以打他的主意。

因此，曹操的南征和刘表的去世，便打破了孙权和鲁肃的好梦。鲁肃马上意识到事情的严重性，向孙权请命奔赴荆州，孙权也马上就批准了他的行动。可惜，孙权、鲁肃也好，刘备、诸葛亮也好，都没想到曹操的动作会那么快，结果"肃未到而曹公已临其境"。于是鲁肃当机立断，向刘备提出双方联合"共济世业"的建议，实际上是想让刘备当挡箭牌，不让荆州落入曹操之手。所以，孙权是否同意联刘抗曹，诸葛亮固然着急，鲁肃也着急。

这个时候，曹操帮了他们的忙。由于我们不能确知的原因，曹操莫名其妙地给孙权写了一封信，说是"近者奉辞伐罪，旄麾南指，刘琮束手。今治水军八十万众，方与将军会猎于吴"。这话翻译过来就是：最近老夫奉朝廷之命，伐有罪之人。军旗往南一指，刘琮就举手投降。现在，老夫又准备了八十万水军，准备和将军您一起，在您待的那个地方打打猎。这真是好大的口气。所以，当孙权把这封信交给部下看时，部下"莫不响震失色"。

曹操这封信是本案的一个关键，因为这是曹操的对吴宣战书，也是形势急转直下的转折点。在此之前，这场战争是曹刘之战，即曹操征刘表，降刘琮，伐刘备。这个时候，孙权是可以隔岸观火的。但此信一出，曹刘之战就变成了曹孙之战，刘备的事情就变成了孙权自己的事情，孙权再也无法作壁上观。这可大不一样。因此我们要问，曹操是否写了这封信？曹操为什么要写这封信？曹操这封信是什么时候送到孙权那里的？

曹操这封信的原文，不见于《三国志》正文，而见于其《吴主传》裴松之注所引《江表传》。正文的说法，是"曹公新得表众，形势甚盛，诸议者皆望风畏惧，多劝权迎之"。《周瑜传》也说曹操夺得荆州后，江东这边"将士闻之皆恐"，也没说收到一封什么信。我们知道，《江表传》是晋人虞溥（音普）的作品，后来由他的儿子虞勃献给晋元帝。这是东晋时期的事，陈寿当然不可能看到。但曹操给孙权写信，在当时也应该算是大事，陈寿会不知道？为什么《三国志》不收录这封信，而要采用"望风畏惧""闻之皆恐"这个说法呢？因此，曹操是否写了这封信，实在可疑。

曹操这封信也写得蹊跷。如前所说，曹操发动这场战争的初始目的，是征刘表，灭刘备，占据荆州，并不关孙权的事。据《三国志·程昱传》，刘备逃往夏口时，除程昱外，曹操的许多谋士都认为孙权肯定会杀了刘备（论者以为孙权必杀备）。这是很能代表曹操集团的想法的。显然，这个时候，曹操最希望的，是孙权帮他杀了刘备，至少也要守中立。他怎么会写这样一封刺激孙权的信？

有学者（比如尹韵公先生）认为，曹操写的是恐吓信。这是有道理的。因为曹操所有的兵力加起来也没有八十万，又哪来的八十万水军？明摆着是虚张声势嘛！那么，曹操为什么要虚张声势呢？是为了警告孙权，或者给孙权打招呼：你小子不要管闲事！既不要帮助刘备，更不要觊觎荆州。你要是胡乱插手的话，老夫可不是好惹的！

恐吓当然也是战争中常用的手段，何况是曹操这个"奸雄"！自然，"兵不厌诈"。但这里有个问题，就是这种做法会不会适得其反？按照曹操谋士程昱的预测，孙权是有可能和刘备结盟的。程昱说，曹公原本就无敌于天下，最近又拿下了荆州，已经"威震江表"。孙权虽然有勇有谋,但年纪轻,资历浅,在位时间短,单枪匹马显然力不从心。刘备这个人素有英名,关羽、张飞也都是"万人敌",孙权肯定要利用他们对付曹公。如果他们联手,局势就会难解难分,杀刘备就更困难了。

程昱这个预测很有道理。孙权受到威胁,你不让他找帮手,是不可能的。刘备打了败仗,你不让他往东吴那边跑,也是不可能的。对于曹操来说,最好的结果,是孙权像袁绍、刘表一样,把刘备养起来,既不用他也不帮他。在这种情况下,你去吓唬孙权,岂不是逼得他们结为同盟?这个道理,曹操是懂得的。就在一年前,被曹操打得落荒而逃的袁尚和袁熙逃往辽东,曹操就不追,也不讨伐收留他俩的公孙康。曹操说,"急之则并力,缓之则自相图",不如等他们自己打起来。再早一些,征袁谭、袁尚时,郭嘉的建议也是如此。这显然是明智的。那么,这一回曹操为什么不等他们"自相图",偏要"急之"?

因此不能排除另一种可能性,就是曹操在顺利占领荆州后,起了得寸进尺的心思,打算一鼓作气再消灭东吴。毕竟,他手上并非只有那五千轻骑兵,还有十几万大军跟在后面。这也有可能。《三国志·贾诩传》说"太祖破荆州,欲顺江东下",而贾诩反对。贾诩认为,曹操"昔破袁氏,今收汉南",已经"威名远著"了。下一步,就应该实行怀柔政策,安抚荆州士民,让他们安居乐业,过和平安定的好日子。那样一来,便"可不劳众而江东稽服矣"。从这段文字看,当时曹操"顺江东下",打的就是孙权。

因此,这件事有三种可能:一、曹操写这封信是向孙权下战表;二、曹操写这封信是为了吓唬孙权;三、曹操没有写这封信。我个人的意见,这封信可能写了也可能没写。但如果写了,那就是向孙权下战表。至于它是什么时候送到江东的,以后再说。

其实,就算曹操不写这封信,东吴方面也十分紧张。因为单是曹操在荆州的凌厉攻势,就已经让他们"望风畏惧"了。而且,不管怎么说，曹操"顺江东下"，矛头所指，不是孙权也是孙权。也就是说，不管曹操写没写这封信，江东诸臣的感受都是大祸临头。这才会有投降曹操的主张。如果曹操只是要灭刘备，他们投什么降？

这就到"烈火见真金"的关头了。

当时，孙权肯定召开了紧急会议。开会的原因，是孙权得到了曹操要来打他的消息。得到消息的途径，《资治通鉴》和《三国演义》都说是收到了曹操的信，《三国志·鲁肃传》则说是"得曹公欲东之问"。问，就是消息、信息，很可能是情报。那时各方的情报工作也都是做得很好的。总之，孙权明确得知曹操杀过来了，就和部下商量应该怎么办。结果上上下下一片投降论调，大小官员"皆劝权迎之"，只有鲁肃一言不发（肃独不言）。孙权无奈，起身上厕所，鲁肃也跟着追到屋檐下。聪明的孙权立即意识到鲁肃有话要说，而且是极其重要的话，便拉着他的手说，足下有什么要对我说的吗？

鲁肃确实有话要说，而且他意识到这是说服孙权的最好时机，只是这些话不能当众说出来。为什么呢？我们知道，鲁肃到当阳见刘备，劝说刘备与孙权联合，是得到了孙权事先批准的。鲁肃请命的时候说得很清楚，他此行的目的，是"说备使抚表众，同心一意，共治曹操"。既然如此，孙权怎么又犹豫呢？是因为有一笔账不太好算：不帮刘备，荆州就是曹操的；帮助刘备，荆州就是刘备的。两个都不帮，袖手旁观，荆州仍然不可能变成自己的，弄不好战火还会烧到家门口来。这实在是个好决策。但是现在问题变了，不再是要不要帮助刘备，而是要不要投降曹操。这个账就好算得多。把这个账算清，也就什么都清楚了。

于是鲁肃就对孙权说，刚才那些人的议论，都是误导将军。投降曹操不是不可以，但要看是谁。比如我鲁肃，是可以的；将军您，就不可以。为什么呢？鲁肃投降曹操，曹操会让鲁肃回到家乡，接受地方上的品评，获得一个品行和才能的鉴定。然后，鲁肃就可以做一个最基层的小官,坐着牛车,带着随从,和士大夫们交往,一步一步升上去,当个郡守、州牧总不成问题。然而将军如果投降曹操,又能到哪里去呢?

这当然是只能悄悄说的话,但说到孙权心坎上了。孙权叹息说,刚才他们的议论,很是让我失望。只有仁兄这一番话,才是深谋远虑,正和我的想法相同,这是上天以仁兄赐我啊(今卿廓开大计,正与孤同,此天以卿赐我也)!

鲁肃这样说,是因为他看透了孙权的心思;而他能够看穿孙权,又因为他和孙权有同样的想法。前两章讲到,鲁肃在他那个"东吴版"的《隆中对》里面所做的规划,最终是要"建号帝王以图天下"的。对此,孙权当时的反应看起来很冷淡,说我现在"尽力一方",只不过是要辅佐汉室,你讲的那些话"非所及也"。以当时全国的形势和东吴的力量,孙权大约也只能这么说,但心里肯定是高兴的,也是赞成的。据《三国志·鲁肃传》,二十一年后,孙权称帝,登坛之前还特地回过头来对众人说,当初鲁子敬就想到了今天,真可谓"明于事势"了。可见"非所及也"是言不由衷,"明于事势"才是心里话。孙权既然要南面称孤,又岂能北向称臣?这笔账,他可是算得清。

不投降曹操,就只有联合刘备。这叫别无选择。至于打不赢怎么办,鲁肃没说,孙权也没问。因为战败的结果和投降没什么两样,然而光荣得多。但这个话,只有自己人说才合适,孙权也才听得进。同样,也只有孙权和鲁肃,才能有此心照不宣的默契。而且,孙权既然已经明白,投降和战败对于他来说是同样的结果,也就不必再问诸葛亮这个问题了。所以,鲁肃和孙权谈话必在诸葛亮之前,而且差不多已经一锤定音。

在这个问题上,我们不可迷信《资治通鉴》。这本书其实是有倾向性的。我们知道,作为历史学家,司马光不可能编故事,但他可以选故事,还可以改故事。一些有利于曹操或者不利于刘备的史料，就被他删去。孙权对鲁肃说的"此天以卿赐我也"这句话，也被删除。曹操和吕布的"乘氏之战"，则被他从两天改成了一天。《资治通鉴》的"猫腻"如此之多，我们怎么能不多一个心眼？

司马光不但在史料的取舍上做文章，还在时间的顺序上做手脚。我们知道，陈寿的《三国志》是纪传体史书。它的特点，是同一时期发生的事情，其片段往往散见于各人的传，如果不标出精确时间，就根本看不出先后。鲁肃和诸葛亮的话就是这样。但《资治通鉴》是编年体史书，就有先后问题了。谁先谁后，也就变成了一种"春秋笔法"。

孙权的决策过程正好就有这个问题。根据《三国志·鲁肃传》的记载，刘备和鲁肃"共定交"后，刘备"遂到夏口，遣亮使权，肃亦反命"，所以《资治通鉴》说诸葛亮和鲁肃到柴桑"俱诣孙权"，是没有问题的。问题是这个"俱诣孙权"，是两个人一起去见还是分头去见？大家都说是分头见。那么，谁先见谁后见？司马光说是诸葛亮先见，而且是诸葛亮说服孙权以后，孙权才和包括鲁肃在内的群臣集体见面，司马光的说法是"权大悦，与其群下谋之"。这样一来，诸葛亮"先入为主"，说服孙权的头功当然是他的。

可惜"权大悦，与其群下谋之"这句话是司马光的，《三国志·诸葛亮传》的说法是"权大悦，即遣周瑜、程普、鲁肃等水军三万，随亮诣先主，并力拒曹公"。按照这个上下文关系，孙权竟没有和鲁肃、周瑜谈话，或者和诸葛亮谈话是在最后。这当然也不对。因此，事情的真相应该是这样：鲁肃和诸葛亮回到柴桑时，正好曹操的信也到了。这一点司马光也承认，因此他使用了"是时"（这时）这个词。这时，孙权当然不能马上就见诸葛亮，而必须先在内部统一认识。于是便有了他召开的紧急会议，以及和鲁肃私下里的谈话。《三国演义》的时间表就是这样的。正是这次谈话，使孙权清楚地意识到，投降曹操绝无出路。只有联刘抗曹，才可能现在南面称孤，将来克成帝业。鲁肃可谓"一言兴邦"。

这一点孙权心里十分清楚。据《三国志·鲁肃传》，赤壁之战曹操败走之后，鲁肃先回，孙权派了许多头面人物前去迎接（大请诸将迎肃）。鲁肃来到殿前，正要入门行礼，孙权却站起身来，叫着他的字说，子敬呀，本将军"持鞍下马相迎"，够给面子了吧？鲁肃小步急行向前说，不够。大家听了这话，无不愕然。等到坐下以后，鲁肃才慢慢举起鞭子说，鲁肃的愿望，是将军位至至尊，威加四海，一统九州，成就帝业，然后派一辆舒舒服服的小车子来接鲁肃，那才是有面子呐！孙权听了，抚掌大笑，因为这话说到他心坎里了。

我们还可以再提供一个证据。据《江表传》，孙权登基时，群臣都来祝贺，张昭也举起笏来准备歌功颂德。孙权却打断他说，当年朕要是听了张公您的话，现在恐怕在讨饭了！结果张昭趴在地上汗流浃背。看来孙权对当年那场争论一直耿耿于怀。由此推论，当时真正打动他的，一定是鲁肃的那句话："将军迎操，欲安所归？"

在这个问题上，司马光之前的史学家陈寿、裴松之的态度显然要客观、公正得多。裴松之在《鲁肃传》和《周瑜传》的注文中说得很清楚："刘备与权并力，共拒中国，皆肃之本谋"；"建计拒曹公，实始鲁肃"。也就是说，建议刘备联合孙权的，是鲁肃；说服孙权联合刘备的，也是鲁肃。鲁肃是孙刘联盟的带头人，也是孙刘联盟的第一功臣。

不过，鲁肃只是帮孙权算清了政治账，也就是解决了要不要打的问题。他并没有帮孙权算军事账，也就是并没有解决能不能打的问题。这个问题不解决，仗也打不得的。那么，能不能打的问题又是谁解决的呢？

第二十三章

中流砥柱

经过鲁肃和诸葛亮的劝说,孙权审时度势,反复掂量,决定联合刘备对抗曹操。但是,进行这样一场风险很大的战争,不能不探讨军事上的可能性。那么,是谁为孙权做了可行性分析,孙权最后又是怎样决策和部署的呢?

前文讲到,鲁肃向孙权直陈利害,一针见血地指出"将军迎操,欲安所归",从而使孙权下定对抗曹操的决心。但鲁肃只是帮孙权算清了政治账,并没有帮孙权算军事账,而这个问题同样重要。鲁肃显然意识到了这一点,因此他建议孙权立即召回正在去鄱阳(今江西省鄱阳县)途中的周瑜。周瑜接到命令后,也立即回到了柴桑。

这件事《三国志·鲁肃传》有明确记载,原文是"时周瑜受使至鄱阳,肃劝追召瑜还"。但《周瑜传》没有这么说,而是说孙权召开紧急会议,大家都主张投降,遭到周瑜痛斥。为此,裴松之在为《周瑜传》作注的时候,很替鲁肃打抱不平。裴松之说,首先提出要抵抗曹操的,其实是鲁肃(建计拒曹公,实始鲁肃),周瑜的观点不过和鲁肃正好相同罢了(与肃暗同),这才能够"共成大勋"。可是《周瑜传》对鲁肃在前的谋划只字不提,给人的感觉好像是周瑜"独言抗拒之计",只怕是故意要抹杀鲁肃的功劳(殆为攘肃之善也)。

裴松之这话可能说得重了一点。陈寿那样写,倒未必是要"攘肃之善",只不过惜墨如金,不想重复记载而已,否则就不会有《鲁肃传》里那几句话了。同样,周瑜的观点,也未必是"与肃暗同",只怕是"明同",否则鲁肃就不会建议孙权召回周瑜了。如果周瑜和张昭他们一样,也是个投降派,鲁肃把他请回来,岂不是给自己找麻烦?鲁肃没有那么蠢。

这样看来,《三国演义》里面那场"智激周瑜"的戏,就未免滑稽可笑而且荒诞不经了。按照《三国演义》的说法,第一,建议召回周瑜的不是鲁肃,而是所谓"吴国太"的主意。第二,周瑜也不是孙权召回的,而是自己回来的,是周瑜得到了曹军东进的消息,立即往回赶,结果"使者未发,周瑜已先到"。第三,周瑜回到柴桑后,并没有马上去见孙权,而是先见了东吴的文臣武将,后见了诸葛亮,第二天清晨才见到孙权。第四,周瑜和这些人见面时,态度极其暧昧,见人说人话,见鬼说鬼话。等到众人辞去,却又"冷笑不止"。第五,周瑜和诸葛亮见面时,大唱投降论调,弄得鲁肃一头雾水,直到诸葛亮扯出什么"揽二乔于东南兮"的所谓《铜雀台赋》,周瑜才跳将起来,原形毕露,也才有第二天会议上力主抵抗的慷慨陈词。这就是所谓"孔明用智激周瑜,孙权决计破曹操"。

这里面显然有太多的虚构和戏说。比如"吴国太",就是编出来的。所谓"吴国太",乃是吴夫人的妹妹,和吴夫人一起嫁给了孙坚。这事于史无据,似乎也不大可能。据《三国志·吴夫人传》,当年孙坚见吴夫人(这时应该叫吴姑娘)才貌双全,打算向她求婚;而女方家族则"嫌坚轻狡",准备拒绝,弄得孙坚又羞又恨。吴姑娘便说,何必为了一个小女子惹出祸端来呢?如果所嫁非人,那也是命啊!吴家这才把她嫁给了孙坚。请大家想想,就连吴夫人自己,吴家原本都是不想嫁的,怎么可能再搭上一个吴妹妹?

那么，为什么会凭空冒出一个"吴国太"来呢？原来《三国演义》对孙权的决策过程另有一套说法。《三国演义》第四十三回和第四十四回说，鲁肃和诸葛亮回到柴桑后，鲁肃请诸葛亮在宾馆休息，自己先去见孙权。正好孙权和众人在讨论曹操的来信，大家都主张投降，只有鲁肃持反对意见。也就是说，鲁肃和孙权谈话，在孙权与诸葛亮谈话之前。这个顺序和《资治通鉴》不同，但显然合理得多。

问题是，《三国演义》是要拔高诸葛亮的。为了拔高诸葛亮，就得贬低鲁肃，也就必须淡化鲁肃谈话的意义，更不能让鲁肃立即成功。所以，孙权虽然赞成鲁肃，却仍有疑问。于是鲁肃便建议孙权和诸葛亮谈，因此有了诸葛亮的"舌战群儒"，也有了诸葛亮和孙权的谈话。谈完以后，孙权对诸葛亮说："先生之言，顿开茅塞，吾意已决，更无他疑。即日商议起兵，共灭曹操。"这样一来，说服孙权的功劳，就是诸葛亮的了。

但是，这时周瑜还没有出场啊！周瑜的作用，也不能视而不见、忽略不计呀！于是《三国演义》便安排了这样的情节：孙权表态的消息传出，张昭等人都说中了孔明把东吴拖下水的奸计，又去游说孙权，孙权又犹豫起来。这个时候，鲁肃再来说什么，就没有用了。因为鲁肃这时已经有了"里通外国"的嫌疑，没有了公信力。何况，为了拔高诸葛亮，鲁肃在罗贯中的笔下已经定位为忠厚老实没有用的人，出不了这主意。这就要另找人说，而且得有一个说法。孙策的遗言"内事不决问张昭，外事不决问周瑜"，就是最好的说法。这话据《三国演义》第二十九回说，是孙策对吴夫人说的，孙权也知道。问题是此刻孙权自己想不起来，张昭来说也不合适，吴夫人又早在建安七年或者十二年去世（历史上有两种说法），也就只好给她编出一个妹妹吴国太来。当然，这位吴国太还有一个作用，那就是"佛寺看新郎"（第五十四回），充当孙权嫁妹时女方的家长。

其实，不但这位吴国太，就连孙策的遗言，也都是子虚乌有。但不这样，又如何增加诸葛亮在赤壁之战中的功劳呢？实际上所有这些，都是为了让诸葛亮出场，以便他表演"智激周瑜"的好戏。这场戏是在深夜时分（至晚）表演的，故事大家都熟悉，不说也罢。在我看来，这是一场滑稽戏，而且三个人的形象都不好。鲁肃不用说，迂腐迟钝到可笑的程度。周瑜和诸葛亮，则一个装腔作势，一个阴阳怪气。三人刚一开谈，周瑜就装出一副投降派的样子，大放力主投降之厥词。结果鲁肃"愕然"，诸葛亮"冷笑"。"愕然"是有道理的，因为在鲁肃看来，周瑜当然应该是主战派。何况事先周瑜已经给他吃过定心丸："子敬休忧，瑜自有主张。"怎么转眼之间就变成投降派了呢？这就该过过脑子。也就是说，愕然之后应该是思考。然而鲁肃不，当真跟周瑜急。这哪像是一个发表过东吴版《隆中对》的政治家？

诸葛亮的"冷笑"就更可笑。以他之聪明睿智和明察秋毫，难道看不出周瑜是在装？居然跟着起哄，话说得也很没有格调和品位。他对鲁肃说，子敬呀，你怎么和我们刘豫州一样不识时务？你看刘豫州现在是什么下场？公瑾兄的主意多好，荣华富贵也能保住，老婆孩子也能保全，国家兴亡什么的，管他呐！这像是诸葛亮吗？

周瑜也可笑。明明是"承伯符寄托，安有屈身降操之理""自离鄱阳湖，便有北伐之心"，却偏要等诸葛亮扯出什么《铜雀台赋》，才勃然大怒说"吾与老贼誓不两立"。请问这是逐鹿中原，还是争风吃醋？这是赤壁之战，还是特洛伊战争？

当然，《三国演义》这么写，道理也不是没有。有什么道理呢？就是周瑜后来说的："适来所言，故相试耳！"原来周瑜是在试探诸葛亮。周瑜为什么要试探诸葛亮呢？因为按照《三国演义》的性格定位，他这个人气量狭窄心眼小。心眼小，就容易怀疑别人，也就要试探。问题是你不能光讲性格，也要讲道理。两个素不相识的人第一次合作，代表的又是有着各自利益的集团，一般地说，也都是要试探一下的，何况江东集团和荆州集团原本关系不好。但是，第一，这种试探应该是双向的，为什么诸葛亮不试探孙权，不试探周瑜？第二，试探总要有内容，不能为试探而试探。那么请问，周瑜要试探什么呢？立场？态度？诚意？用不着吧！事情是明摆着的。刘备集团如果可以投降曹操，跑来求你干什么？这正是诸葛亮不试探孙权和周瑜的原因。也就是说，刘备已走投无路，只能"求救于孙将军"。这个时候，就算孙权有投降的打算，诸葛亮也得硬着头皮把他扭过来，拽回来，他何必要试探？他既然已经别无选择铁了心，你又试探什么？

所谓"智激周瑜"就更没有道理。我们知道，诸葛亮是"未出隆中，已知三分"的，可见他平时十分关心时局，对东吴方面的情况也相当熟悉，不会不知道周瑜的一贯态度和一贯立场。就算以前不太了解，在从夏口到柴桑的旅途中，他也应该向鲁肃打听清楚了。诸葛亮是何等做事认真的人，承担的又是何等重大的任务，他怎么可能不事先了解一些情况，又怎么可能不去了解周瑜这样的重要人物？这时，鲁肃和诸葛亮已经成了朋友，又有共同的主张。就算诸葛亮不问，他也会主动介绍周瑜。因此，诸葛亮应该清楚地知道周瑜是一个什么样的人，也应该清楚地知道周瑜根本就用不着"激"。

那么，周瑜是一个什么样的人呢？一句话："铁杆鹰派"。事实上，鲁肃之所以建议孙权召回周瑜，不但因为周瑜既懂军事，又熟悉情况，还因为周瑜是"铁杆鹰派"。这恐怕是更重要的。建安七年（公元202年），袁绍病死，曹操气焰嚣张，责令孙权送了弟做人质。当时张昭等人"犹豫不能决"，是周瑜义正词严地说服孙权，拒绝了曹操的要挟。也就是在那一次，孙权的母亲吴夫人明确表态，让儿子把只比孙策小一个月的周瑜看作自己的兄长。周瑜既然是这样的人，"智激"云云，岂非多余？

或许有人会问，难道周瑜过去态度强硬，这回就不会软弱？过去是"鹰派",这回就不会变成"鸽派"？不会。因为周瑜的这种态度并非莽撞冲动的一时兴起,而是日积月累和深思熟虑的结果。《三国志·周瑜传》告诉我们,周瑜是孙策的"铁哥们",从小一起长大,而且"独相友善",已达到"升堂拜母,有无通共"的程度。后来孙策在袁术那里不得志,带领部下离开袁术到历阳（今安徽省和县）,手下只有五六千人,是周瑜"将兵迎策",辅佐孙策荡平江东。孙策去世后,又是周瑜率先支持孙权,和张昭一起成为孙权的左膀右臂。据《三国志·鲁肃传》,周瑜还对鲁肃说,现在是"烈士攀龙附凤驰骛之秋",而孙权是一定能够成就帝业的,鲁肃这才投奔了孙权。可见周瑜和孙权的关系,就像诸葛亮和刘备的关系,那是不会变的。他对孙权和曹操的态度中,也既有感性的成分,又有理性的成分,因此完全靠得住,既不用试探,也不用智激。

实际上这一次周瑜的态度也很明朗。在孙权召开的会议上,周瑜充分表现出他中流砥柱的英雄本色,说话掷地有声。据《三国志》本传,周瑜在会上说,曹操"托名汉相,其实汉贼"。以将军之"神武雄才"兼"父兄之烈",要做的事情,应该是"横行天下,为汉家除残去秽"。何况曹操自己来送死,岂有我们反倒投降之理（况操自送死,而可迎之邪）？

这话说得大义凛然,而且也是必须说的。因为战争是政治斗争的延续。只有政治上正确,自己才是"正义之师",也才能鼓舞士气。问题是政治上的正确并不等于军事上的可行,"鸽派"的意见也并非全无道理。在他们看来,曹操无异于豺狼虎豹（曹公豺虎也）,且又"挟天子以征四方,动以朝廷为辞",本来就不好对付。如果再公开和他翻脸,事情就更不好办（今日拒之,事更不顺）。何况江东方面赖以为据的,就是长江。但是现在曹操已经占据了荆州,获得了江陵的舰船和刘表的水军,长江天险"已与我共之矣"。再加上曹操原本人多势众,船马并行,水陆俱进,双管齐下,哪里抵挡得住？显然,重要的不是该不该"除残去秽",而是能不能"横行天下"。至少是，所谓"操自送死"究竟有没有根据。

周瑜当然不会想不到这一点。针对"鸽派"的担忧，他指出了曹操这次出征的四大弊端。本土不安，后患未除，贸然南下，此其一；放弃鞍马，使用舰船，舍长就短，此其二；寒冬十月，马无草料，给养不足，此其三；劳师远征，水土不服，必生疾病，此其四。周瑜说，这四条，都是兵家大忌，曹操却一条不落地都犯了。我看活捉此贼，就在今日！请将军给我三万精兵，周瑜保证为将军大破曹操！

这和诸葛亮的判断是一致的，可谓"英雄所见略同"。诸葛亮的判断，在前文提过了。他指出了曹操此战的三大问题：劳师远征，舍长就短，人心不服。尤其是曹操远道而来，长途跋涉，本来就很疲劳。再加上他求胜心切，轻骑兵"一日一夜行三百余里"，结果使自己变成了"势不能穿鲁缟"的"强弩之末"。这就犯了兵家的大忌。诸葛亮说，依兵法，犯如此大忌者"必蹶上将军"。

诸葛亮这番话，是对孙权"豫州新败之后，安能抗此难乎"问题的回答。那么，孙权和诸葛亮的这次谈话是在什么时候？我认为应该是在和鲁肃谈话之后，和周瑜谈话之前。具体时间，就是在鲁肃建议召回周瑜，周瑜也正往回赶的那个空当。因此可以说，诸葛亮和周瑜一起，粉碎了曹操不可战胜的神话。

总之，鲁肃帮孙权算清了政治账，诸葛亮帮孙权算清了联盟账，而且和周瑜一起算清了军事账。鲁肃解决了该不该的问题，诸葛亮和周瑜则解决了能不能的问题。现在孙权心里有数了，于是亮出底牌："老贼欲废汉自立久矣，徒忌二袁、吕布、刘表与孤耳！今数雄已灭，唯孤尚存。孤与老贼，势不两立！君言当击，甚与孤合，此天以君授孤也。"请注意，曹操此刻已不再是"曹公"，而是"老贼"了。这显然只能是在决心下定之后。据《三国志·周瑜传》裴松之注引《江表传》，为了表示这个决心，孙权拔出刀来砍断案角，声色俱厉地说，再有人胆敢主张投降曹操的，他的下场就和这案子一样!

大约也就在这天晚上,周瑜和孙权有一次单独谈话。据《江表传》,周瑜说,我那些尊敬的同事只看到曹操的来信,说有八十万大军,就无谓地紧张起来。他们甚至都不去核实一下,就发表立即投降的意见,实在没有道理。现在周瑜就为主公算一笔明细账。老贼率领的北方军队,充其量不过十五六万,而且疲劳不堪。收编的刘表旧部,也不过七八万人,而且狐疑观望。以疲劳不堪之师,率狐疑观望之众,人数虽多,又有什么可怕?只要给周瑜五万精兵,就足以对付这二十多万没有战斗力的队伍。请将军不必犹豫!

孙权听了这话,便抚着周瑜的背(抚背)说,公瑾呀,你这话说到我心里去了。子布(张昭)他们,只顾自己的小家庭、小算盘,很让我失望,只有公瑾和子敬,和我想法相同。这是上天派你们二人帮助我啊(此天以卿二人赞孤也)!五万人马,短时间内很难结集。我已经选好了三万人,舰船、粮草和武器也都准备完毕。请公瑾和子敬、程公(程普)先行一步,我在后方"续发人众,多载资粮,为卿后援"。公瑾兄能够对付曹操,那当然好。如果不利,就回来,本将军亲自和他曹孟德决一死战。

这里值得注意的是这样三句话:"独卿与子敬与孤同";"已选三万人,船粮战具俱办";"邂逅不如意,便还就孤,孤当与孟德决之"。这就再次证明,此前孙权已有参战打算,连人马、舰船、粮草和武器都准备好了。这次谈话,则坚定了孙权的信心。于是任命周瑜、程普为左右督(正副总指挥),鲁肃为赞军校尉(参谋长),率领吴军向西与刘备会合。

据《三国志·先主传》裴松之注引《江表传》,这时刘备已经按照鲁肃的安排,从夏口到了樊口。当时"诸葛亮诣吴未还",曹军又一天天逼近,刘备心急如焚,天天派人守在码头,终于盼来了周瑜的救兵。刘备派人去劳军,周瑜说,军务在身,不敢擅离职守。如果豫州能够屈就,那是周瑜十分盼望的。刘备对关羽和张飞说,是我们主动和东吴方面结盟的。如果我不去,恐怕就显得没有诚意。于是便来了个"单舸赴会"(乃乘单舸往见瑜)。舸,就是大船,比如"弘舸",但有时也指小船,比如"走舸"。总之是刘备自己一个人乘船去见周瑜。我们都知道《三国演义》里面有一个关羽"单刀赴会"的故事(实际上是双方都"单刀赴会"),不知道刘备真有"单舸赴会"。这也可见刘备确实是英雄。

刘备见了周瑜,想必自有一番慰问。但他最关心的,显然还是军情。刘备问:"今拒曹公,深为得计。战卒有几?"周瑜说,三万。这个数字显然不能让刘备满意,也无法让他放心。顺便说一句,《江表传》甚至说刘备根本不相信周瑜能够胜利,还存了一个小心眼,故意"差池在后",自己带了两千人和关羽、张飞在一起,不和周瑜联合。这事孙盛认为不实,是"吴人欲专美之辞"。这个且不管它,刘备不放心应该是可能的,就说太少了(恨少)!然而周瑜却意气风发信心十足地说,三万人足够了!请刘豫州放宽心思看我破敌吧!

周瑜的态度自然是英雄气概,刘备的担心也不无道理。周瑜的三万人马,加上关羽的一万和刘琦的一万,总共也才五万;而按照周瑜的测算,曹操那边少说也有二十万人。五万对二十多万,打得赢吗?

答案是现成的,那就是周瑜指挥的孙刘联军在赤壁大破曹军。曹操焦头烂额,丢盔弃甲,狼狈逃窜,在周瑜和刘备的夹击下一路狂奔,幸得张辽、许褚等人的接应方才脱险。周瑜和刘备的部队则水陆并进双管齐下,追击曹操直至南郡城下。曹操留征南将军曹仁和横野将军徐晃守江陵,折冲将军乐进守襄阳,自己带着残兵败将退回北方,而且再也没有来过。

这就是赤壁之战。它是中国历史上一次有名的以少胜多、以弱胜强的战争,历来受到高度重视和评价。但是,也有学者认为,当时曹操其实只有五千人,赤壁之战不过是一次普普通通的遭遇战,战争的规模被史家扩大化了。这当然只是一家之言。但这场战争在历史上聚讼纷纭，倒是事实。包括战争的目的、规模、时间、地点、胜败原因，历史学家都有不同意见。比方说，有学者认为，曹操失败的主要原因，是遇到了"非典"或者"禽流感"，只好自己把船烧了撤退。这是有曹操的话为证的。据《三国志·周瑜传》裴松之注引《江表传》，赤壁之战后，曹操曾写信给孙权，说"赤壁之役，值有疾病，孤烧船自退，横使周瑜虚获此名"。那么我们要问，是这样吗？还有，《三国演义》对这场战争进行了浓墨重彩的描述，其中许多故事都脍炙人口，比如"舌战群儒"、"智激周瑜"、"借刀杀人"（第四十五回周瑜要诸葛亮去"断操粮道"）、"草船借箭"、"阚泽献书"、"庞统献计"，以及"苦肉计""借东风"等，都是我们耳熟能详的。因此我们也要问一句：有这些事吗？

第二十四章
赤壁疑云

经过本集团鲁肃、周瑜和刘备集团使者诸葛亮的劝说，孙权审时度势，反复掂量，决定联合刘备对抗曹操，赤壁之战由此发生。然而，历史上对于这场战争的记载和描述却是疑云重重，历史学家的看法也众说纷纭，有人甚至认为那不过是一次普普通通的遭遇战。那么，赤壁之战的真相究竟如何？

赤壁之战大约是三国时代最有名的一场战争。说起三国，很少有人不知道赤壁之战的。这实在要归功于罗贯中。因为《三国演义》中虚构成分最多的就是这一部分，写得最精彩的也是这一部分。其实，对于这场战争，正史上的记载并不多，留下的问题倒不少，以至于史学界多次为此爆发"新赤壁之战"。牵涉到的问题，包括以下方面：一、谁的战争；二、规模如何；三、时间地点；四、胜败原因。在这些问题上，历史学家们各执一词，甚至针锋相对。比如曹方投入的兵力，就有说实际五十万和其实五千人的（此外还有四十万、三十万和二十多万三种说法），分歧之大可见一斑。这里谈一点"个人意见"。

事情还得从第一个问题说起，那就是这场战争究竟是为谁发动的。众所周知，曹操此番南下，是为了伐刘表、夺荆州。这个目的在刘琮投降、刘备战败、江陵陷落以后，应该说就已经实现了。这才有贾诩劝曹操就此收手的说法，这事在《天生奇才》一章已经讲过了。当然，刘备虽然成了"穷寇"，但"人还在，心不死"，应该追他一追。不过我以为也不排除另一种可能性，那就是曹操准备在消灭刘备以后，一鼓作气再消灭东吴。《三国志·贾诩传》说："太祖破荆州，欲顺江东下。"这个"顺江东下"难道只是为了消灭刘备吗？周瑜出征前，孙权跟他说什么？孙权说："卿能办之者诚决。邂逅不如意，便还就孤，孤当与孟德决之。"如果这回曹操当真打的只是刘备，孙权恐怕就该说，瑜哥呀，你先打着试试看。打得赢就打，咱捞一把；打不赢就回来，咱不管那"刘皇叔"的死活了。

如果事情是这样的话，那么，后面的问题也就好解决了。结论应该是：这是一场规模较大的战争，时间是在建安十三年的十二月，地点则在今湖北省赤壁市（即原蒲圻县）。为什么这样说呢？因为主张赤壁之战是"小战"的学者，对这场战争的描述大约是这样的：建安十三年七月曹操出兵，八月刘表病亡，九月刘琮投降。曹操"以江陵有军实，恐先主据之"，遂亲率精骑五千，以一日一夜三百里的速度追赶刘备，两军相遇于当阳。刘备败走夏口，曹操军进江陵。在获得了大量军需物资后，曹操又立即顺江而下，结果和溯流而上的孙刘联军不期而遇，仓促之间打了一次"遭遇战"。因为是不期而遇，因为是仓促应战，再加上其他一些原因，曹操战败了。

显然，如果赞成这个说法，就得承认战争发生的时间是在十月。因为到了十二月，曹操的后续部队也该到了，兵力不会只有五千。那么，曹操这五千精兵在十月份赶到赤壁是干什么的呢？当然是打刘备的，不是打孙权的。据《三国志·程昱传》，当时"刘备奔吴"，而曹操的许多谋士都断定孙权会杀了刘备，只有程昱不以为然。曹操是否以为然呢？没说。因此可以想象曹操当时的判断，是孙刘不会联盟。但没有想到他们居然联盟了，而且集结了五万兵力。五千人对五万人，当然不是对手，也当然是"小战"。

这个说法也不是没有道理和证据，证据就在《三国志·诸葛亮传》。据此传，当时诸葛亮对孙权说："曹操之众，远来疲敝，闻追豫州，轻骑一日一夜行三百余里，此所谓'强弩之末，势不能穿鲁缟'者也。"按照这个说法，曹操的兵力就只有五千，而且就是从襄阳到江陵一路急行军赶过来的那支轻骑兵。

但这里有个问题，就是如果曹操果真只带了五千人东下，那么，当周瑜带了三万人马前来救援时，刘备为什么还要说"恨少"？可见曹操的兵力少说也有十万。或者说，诸葛亮说这话时只有五千，后来就不止了。这就需要时间，因此战争应该发生在十二月。至于交战地点，湖北省史学家已有"文武赤壁"的说法（即蒲圻赤壁因赤壁之战而为"武赤壁"，黄州赤壁因苏东坡的辞赋而为"文赤壁"），就不讨论了。

其实，只要曹操的矛头所向是孙权，或刘备捎带孙权，或孙权捎带刘备，他就不会如此轻敌。当阳一战，刘备已是败军之将、惊弓之鸟，五千精兵或许可以对付。但孙权就不一样了。诸葛亮的说法是"孙权据有江东，已历三世，国险而民附，贤能为之用"，这情况曹操不会不知道。所以他要打孙权，就不能只有五千人。实际上《三国志·周瑜传》说得很清楚："曹公入荆州，刘琮举众降，曹公得其水军，船步兵数十万"，怎么会只有五千？只不过我们搞不清楚到底是几十万而已。曹操自己的说法是八十万，这当然是吹牛。但打个对折，也有四十万；再打个对折，也有二十万。周瑜计算的结果，就是这个数。有学者认为，周瑜计算的，是曹操的全部兵力，不是参战部队的数字。那么再打个对折，也有十万。何况，追赶刘备的那五千人是骑兵，哪来"首尾相接"的船舰，火烧赤壁又从何说起？所以，赤壁之战是"遭遇战"的说法，恐怕只能算是一家之言。

战争的目的和规模确定以后，剩下的就是过程和结果了。

作为一场规模较大的战争，赤壁之战有四个阶段，即决策、准备、交战、完成。这个过程，《三国演义》写得非常精彩，为中国古代文

◎ 赤壁之战

◀--------- 曹军败退路线　　　　◀——— 孙刘联军追击路线

学的宝库留下了一笔宝贵的遗产。但是，我们不得不十分遗憾地指出，文学不是历史。《三国演义》花了八回篇幅浓墨重彩加以描述的战争过程，尤其是那些脍炙人口的故事，竟大多是虚构的。

这里也有两种情况。一种是历史上完全没影的，比如"舌战群儒""智激周瑜""阚泽献书""庞统献计"以及"借东风"等等。还有一种是有点影儿，但被移花接木或者夸张放大了。比方说"蒋干中计"，就不完全是无中生有。至少，蒋干这个人是有的，也到过周营。但可惜，那是在赤壁之战之后，《资治通鉴》记载在建安十四年（公元209年），当然没有上当受骗盗什么书。这个故事我们以后再说。

另一件有点影的事是"草船借箭"，但事情发生得更晚，是在建安十八年（公元213年）。不过是发生在孙权身上，而且也不是为了借箭。这事我们也以后再说。事实上，"草船借箭"在技术上根本就不可能。有人已经算过这笔账了，这里不讨论。

看来，《三国演义》里面的许多好戏，历史上都没有演过。

实际上，对于这场战争，正史的记载十分简略，而且陈寿自己的说法也很矛盾。比方说，赤壁的那一场大火是谁放的？就有两种说法。《先主传》和《周瑜传》说烧船的是孙刘联军，《郭嘉传》和《吴主传》说烧船的是曹操自己。为了不影响读者的阅读情绪，我把这两种说法都列在下面，不感兴趣的读者可以跳过这一段，直接阅读下文。

关于烧船一事的两种说法是：

《先主传》说："权遣周瑜、程普等水军数万，与先主并力，与曹公战于赤壁，大破之，焚其舟船。先主与吴军水陆并进，追到南郡。时又疾疫，北军多死，曹公引归。"《郭嘉传》说："太祖征荆州还，于巴丘遇疾疫，烧船。"《吴主传》说："瑜、普为左右督，各领万人，与备俱进，遇于赤壁，大破曹公军。公烧其余船引退，士卒饥疫，死者大半。备、瑜等复追至南郡，曹公遂北还。"《周瑜传》裴松之注引《江表传》甚至说，事后曹操曾经写信给孙权，说是"赤壁之役，值有疾病，孤烧船自退，横使周瑜虚获此名"。按照这个说法，就连曹军的战舰，也是曹操自己烧的，没周瑜什么事，更没诸葛亮什么事。

曹操的这封信当然不一定靠得住，但也不是一点影儿都没有。我认为比较靠得住的，应该是《周瑜传》的说法："时曹公军众已有疾病，初一交战，公军败退，引次江北，瑜等在南岸。"也就是说，曹军从江陵顺江而下，孙刘联军从樊口逆流而上，两军在赤壁相遇，结果曹军败北，只好"引次江北"，把战舰停靠在对岸的乌林（在今湖北省洪湖市）。

为什么两军刚一交战，曹操就败了呢？张作耀先生的《曹操评传》提出了四个"直接原因"。第一，曹军中瘟疫流行，病者甚多，减弱了战斗力。这也是有旁证的。《三国志·武帝纪》说："公至赤壁，与备战，不利。于是大疫，吏士多死者，乃引军还。"《蒋济传》也说："大军征荆州，遇疾疫。"第二，曹军不习水战，站立尚且不稳，哪里还能打仗？第三，曹操料敌不周，自以为来势汹汹势不可当，没想到会遭遇迎头痛击。第四，两军狭路相逢，又在江中，曹操人多并不顶用，陆军就更是用不上。因此张先生说，在这种特定的情况下，本来处于优势的曹操，反倒处于劣势了。

这四个原因，差不多都被诸葛亮和周瑜预料到了。比方说生病，周瑜就料到了。不习水战，周瑜和诸葛亮都说了。另外，诸葛亮说的两条：军队疲劳和人心不服，恐怕也很重要。还有一点也不能不指出，就是曹操打的是"侵略战"，孙刘联军打的是"保卫战"。兔子急了也咬人，何况是周瑜和刘备？我们看史料，孙刘联军这边，斗志是很昂扬的。我相信，当他们来到赤壁时，将士们很可能是摩拳擦掌跃跃欲试。曹操那边呢？似乎没有这方面的记载。两军相敌勇者胜。孙刘联军的初战告捷，并不奇怪。

初战失利后，曹操不得不停止前进，把战船靠到北岸。这时已是寒冬，北风劲吹，船舰颠簸，曹军中又一堆病人。为了解决这些问题，曹操下令将战舰锁在一起，陆军则在岸边安营扎寨。这个做法，是曹操自己的决策，还是某个谋士的建议，我们不得而知，但可以肯定没庞统什么事。《三国志·庞统传》的记载很清楚，他没有参与这场战争。

这个情况孙刘联军马上就知道了。据《三国志·周瑜传》，这时周瑜的部将黄盖对周瑜说："今寇众我寡，难与持久。然观操军船舰首尾相接，可烧而走也。"由此可见，此战曹方的兵力是多于孙刘联军的，这才有"寇众我寡"的说法。但此时曹军已经大面积地感染了某种严重的传染病，失去战斗力，而且已经战败了一次，又犯了战舰相连的错误，黄盖这才提出放火的建议。

周瑜然其计，于是黄盖诈降纵火，曹军大败。据说那天黄盖准备了战舰数十艘，都装满了柴草，又浇了油，蒙上篷布，插上旗帜，浩浩荡荡驶向北岸。曹操的部队都跑出来伸长了脖子观看，指指点点说黄盖投降来了，没想到黄盖的船驶过来以后，竟是一齐放火。当时东南风劲吹，火势一直蔓延到岸上。曹操的战舰和军营全都着火，顷刻之间"烟炎张天"。曹军有的被烧死，有的被淹死，人仰马翻，曹操只好撤退。撤退之前，大约又把剩下的船也烧了，这就是《吴主传》所谓"公烧其余船引退"。这样讲，就都讲通了。

曹操这次败退十分狼狈。据《三国志·武帝纪》裴松之注引《山阳公载记》，曹操在船被烧了以后（该书说是刘备烧的），率领残余部队"从华容道步归"。当时道路泥泞，无法行走，天上又刮着大风，曹操就命令"羸兵"背草填路。羸，音雷，瘦弱的意思。所谓"羸兵"，就是部队中战斗力较弱的那一部分，甚至可能是伤病员。这些弱者刚刚把路修得勉强可行，骑兵就冲了过去，全然不顾羸兵的死活。结果，羸兵被冲过去的人马所践踏，陷在泥泞之中，死于非命。我不知道这些羸兵是哪一部分的，是曹操自己从北方带来的，还是投降了的刘琮部队；也不知道他们是原本就体弱伤残，还是在这次战争中感染了疾病。但不管怎么说，他们都是应该被救助的对象。按照人道主义原则，曹操应该让这些羸兵先走，自己率精兵断后。

但那个时代似乎并无人道主义观念，曹操就更没有。

司马光的《资治通鉴》，采用的就是这个说法。由此可见，赤壁之战曹操失利，一是因为染疾，二是因为被烧，这才决定撤军。所以裴松之在《贾诩传》的注文中说："赤壁之败，盖有运数。实由疾疫大兴，以损凌厉之锋；凯风自南，用成焚如之势。天实为之，岂人事哉！"也就是说，首先是因为遇到了"非典"或者"禽流感"（疾疫大兴），削弱了战斗力（以损凌厉之锋）。其次是因为没想到寒冬腊月居然刮起了东南风（凯风自南），让黄盖火攻得手（用成焚如之势）。曹操的失败，实在是因为运气不好。

其实事情没有这么简单。曹操的失败，有客观原因，也有主观原因。对此，张作耀先生的《曹操评传》有很好的总结。我们知道，本来，曹操的优势是很明显的。第一，曹操挟天子以令诸侯，诸侯不敢与之争锋，有政治上的优势；第二，曹操夺得荆州，威震四海，许多人闻风丧胆，有心理上的优势；第三，曹操南下，势如破竹，军心振奋，以新胜之军战丧胆之师，有气势上的优势；第四，曹操兵力数倍于孙刘联军，有军事上的优势。张先生的书里面说的就是这四条。那么，曹操为什么还是败了呢？

也有几个原因。根据张先生的分析，也参考其他学者的观点，我认为，主要是战略有误。也就是说，曹操似乎没有明确他的战略目标是什么：是夺取荆州，还是夺取江东？是消灭刘备，还是连孙权也一起干掉？现在看来，似乎是后者，或兼而有之，总之是不明确。其实，曹操的胃口不该这么大。他应该把他的战略目标锁定在荆州和刘备。如果是这样，他的做法就应该是在当阳大败刘备后，乘胜追击，赶在刘备逃往夏口之前将其一举歼灭，说不定连鲁肃也一起俘虏了。即便不能消灭刘备，也可以把他堵在路上，隔断他和江东的联系，逼他南下投奔苍梧。那样一来，结果就会大不一样。

然而不知为什么，曹操竟放过刘备，掉转头来直扑江陵。其实江陵那些军需物资完全可以留给后续部队去解决。刘琮已经投降了，襄阳已在手中，江陵岂非囊中之物？放刘备可是放虎归山。不过，也还不要紧。这时，曹操也仍然可以在稍事停留后，即马不停蹄迅速东进，急破刘备于孙刘联盟形成之前。要知道，这事也是有一个过程的。只要孙、刘不联盟，单单消灭一个刘备，曹操的力量是绰绰有余的。

但是曹操却在江陵停了下来，而且一停就是两个月。当然，这时他有许多事情要做，比如安顿荆州吏民，包括任命刘琮为青州刺史、文聘为江夏太守，释放被刘表囚禁的韩嵩，封蒯越等十五人为侯。这些工作也是要做的。但既然如此，就该接受贾诩的建议，干脆用怀柔政策使江东臣服。可是他不。在江陵停留了不长不短的两个月后，又匆匆东进了。在这里，事情坏就坏在"不长不短"这四个字上。如果停留的时间短，孙、刘的联盟就还没形成，曹操的敌人就只有刘备一个；停留的时间长，战争的准备就更充分，作战的时间也更合适。比如在来年开春以后再进军赤壁，也许就不会有后来那么多麻烦了。

曹操甚至还有第三种选择，就是自己留在江陵，另派大将率军进攻夏口，把夏口拿下，或者把守在夏口。我们知道，当时刘琦在夏口，手上有一万人；关羽在江陵，手上也有一万人。刘备兵败当阳后，无法再去江陵，遂"斜趋汉津"（汉津是一个渡口，在今湖北省荆门境内），和前来接应的关羽会合，渡过了沔水，又遇到江夏太守刘琦，一起到了夏口。这个时候，曹操如果以那五千轻骑兵去打刘备，是有风险的。但是，派大军（步兵和骑兵）从襄阳出发，或者从江陵出发去打，则是可能的。至少，大军压境于夏口，对孙权集团就是威慑。那时候，不要说张昭他们，就连孙权自己，态度恐怕都会变。

其实一开始曹操就应该以陆军为主力，走陆路向东挺进，扼江两岸，寻找合适的战场。曹操的陆军是久经沙场英勇善战的，水军却问题多多。自己训练的没有战斗经验，荆州投降的又离心离德。

这样的队伍，怎么可以做先锋队，又怎么可以做主力军？

就算这些都没做，或者都错了，曹操也还有一次机会，那就是当他的部队在巴丘（今湖南省岳阳市）遇到疾病的时候，立即停下来，甚至退回江陵。留在巴丘，孙刘联军会不会迎上来，这不好讲；但退回江陵，这场战争肯定可以避免。可以说，曹操是一错再错。

那么，身经百战又老谋深算的曹操为什么会犯这么多错误呢？张作耀先生的《曹操评传》认为"根本原因就在于思想上的骄傲轻敌"，并说这是史家共识。这是有道理的。也许正是由于这个原因，他对孙刘联盟的可能性估计不足，总认为孙权会像公孙康那样，把刘备的人头送来。但他没有想到，孙权不是公孙康，此时也不是彼时。王夫之的《读通鉴论》说，曹操之所以能够荡平北方，就因为诸侯自相残杀，孙、刘这两家要是再不团结，就只有死路一条。所以，孙刘联盟，那是势在必行的。

综上所述，我们可以说，曹操之败，在于轻敌；孙刘之胜，在于联盟。这是最重要的原因。至于曹操没有看出黄盖是诈降，没有想到冬天也会刮东南风，都是小问题了。

此外，曹操的失败，可能还有一个原因，那就是他老了。著名历史学家吴晗先生在《赤壁之战里的周瑜、诸葛亮、张昭》一文中列了一个年龄表。他说，赤壁之战这一年，孙权二十七岁，诸葛亮二十七岁（应为二十八岁），周瑜三十四岁，鲁肃三十七岁，曹操五十四岁。因此吴晗先生说，这一仗不但是弱的打败了强的，被攻的打败了进攻的，哀兵打败了骄兵，而且是"青年打败了老将"。其实吴晗先生少算了一个人，那就是刘备，四十八岁。但即便加上刘备，孙刘联军这边，统帅的平均年龄也只有三十四岁出头，正是周瑜的年龄。周瑜是孙刘联军的总指挥。所以，赤壁之战也可以说是周瑜打败了曹操，三十四岁的打败了五十四岁的。

不过曹操到底是曹操。虽然老了，败了，笑傲江湖的英雄本色却依然故我。《山阳公载记》说，曹操从华容道冲出去后，喜形于色。

大家问他为什么，曹操说，刘备确实是我的对手（刘备吾俦也），可惜动作稍微晚了一点。如果在这个地方堵住放一把火，我们只怕连骨灰都没有了。过了一会儿，刘备当真来放火，但曹操已经走了。顺便说一句，这些内容，被司马光在编撰《资治通鉴》时删去。再顺便说一句，整个过程都没关羽什么事。

赤壁之战是曹操南征北战中遇到的最大挫折，但是曹操又笑了。那么，他能笑到最后吗？

第三部

三国鼎立

第二十五章
半途而废

赤壁之战对于曹操是当头一棒，从此他的势力不再到达南方。但曹操不是一个轻易言败的人。所谓"烈士暮年，壮心不已"，也绝非自吹自擂。赤壁战败，只不过把他从飘飘然的骄傲情绪中拉回现实，该做的事情他还会做，而且会更加抓紧时间。那么，赤壁之战后，曹操做了些什么呢？

赤壁之战后，曹操在军事上主要做了三件事情，那就是破马、韩，征孙权，伐张鲁。这三件事，成败不一，但有一个共同特点，就是都没有把事情做到底，或者穷寇不追，或者无功而返，或者得而复失，可谓"半途而废"。因此，我们就很想知道这是为什么。

先说第一件事。

建安十六年（公元211年），曹操决定西征马超和韩遂。这是赤壁之战后曹操第一次大规模用兵。按理说，在经过了两年多的整顿和积蓄后，曹操应该再次挥师南下，征讨孙权和刘备，以除心腹之患，以雪赤壁之恨，为什么要西征呢？张作耀先生的《曹操传》讲了三个原因。第一，孙刘联盟已成气候，一时半会儿瓦解不了；第二，马超、韩遂拥兵中原，迟早必除；第三，孙权有同马、韩联合的倾向，只是因为周瑜病逝才没能实施。据《三国志·周瑜传》，周瑜提出夺蜀（刘璋）、并张（张鲁）、联马（马超）的建议，是在建安十五年的十二月。弄清楚了这一点，我们就不难明白曹操为什么会在建安十六年一开春，就准备对马超和韩遂动手了。

但讨伐马超、韩遂并不容易。因为他们都是曹操表荐的朝廷命官，又并无谋反迹象，莫名其妙地骤然征讨他们，师出无名，说不过去。于是曹操就使用了一个阴谋诡计。据《三国志·武帝纪》，这年三月，曹操命司隶校尉钟繇（音由）西征张鲁，命征西护军夏侯渊出河东与钟繇会师共进。我们知道，当时马超、韩遂的主要兵力在关中，张鲁的主要兵力在汉中。攻击张鲁，必经马超、韩遂的防地。所以此令一出，反对的人很多（比如治书侍御史卫觊、仓曹属高柔）。他们认为，马超、韩遂之流，都是些胸无大志的武夫，不过苟安一时而已。张鲁远在深山，道路不通。朝廷劳师远征，只怕张鲁没灭掉，反倒惊动了马超、韩遂，那就麻烦了。曹操听了这些意见，肚子里好笑，因为他要的就是逼反马、韩。

不过这事《三国志·卫觊传》裴松之注引《魏书》另有说法。《魏书》说出这主意的人是钟繇，原因是他认为马超、韩遂这些人"外虽怀附，内未可信"，应该借口讨伐张鲁来强迫马超等送人质（胁取质任）。曹操让荀彧去问卫觊，卫觊反对。但曹操认为既然是钟繇"自典其任"，那就随他好了。结果关西果然大叛，曹操只好亲自带兵前去平叛，死了几万人才平息下来，于是曹操"悔不从觊议"。

这当然也是一种说法。但我以为，以曹操之善用权谋，怕不会是轻信了钟繇吧！胡三省注《资治通鉴》，就认为所谓"明讨张鲁，暗伐马、韩"，乃是曹操的主意，而且是"伐虢取虞"之计，目的是逼反马超、韩遂，再发兵讨伐（以速其反，然后加兵）。这个我们也就不讨论了。反正钟繇的军队一动，马超、韩遂等关西十部，果然全都反了。他们合众十万，屯据潼关，准备和曹操拼个鱼死网破。

这下子曹操可以名正言顺地打他们了。当年七月，曹操在做了一系列战略部署之后,以五十七岁的高龄,不辞鞍马之劳,亲临前线。据《三国志·武帝纪》裴松之注引《魏书》,当时有人提醒曹操,说关西兵惯用长矛,厉害得很,要注意呢!曹操却轻松地说,无碍!战争的主动权在我不在贼。他们的长矛虽然厉害,我却可以让他刺杀不了,诸位就好好看吧!

事实上战争并不像曹操所说的那么轻松。当年闰八月,曹操北渡黄河的时候就差一点阵亡。据《三国志·武帝纪》裴松之注引《曹瞒传》和《资治通鉴》,当时曹操让兵众先过黄河,自己带精兵百余人在南岸断后。刚要渡河,这时马超率领步兵骑兵万余人杀了过来,曹操却"犹据胡床不动"。许褚、张郃等人见势不妙,急扶曹操上船。河流湍急,船在北渡时就向东漂流了四五里,马超等一路追射,"矢下如雨"。将士们不知曹操在哪里,人人恐惧。等到曹操过河相见,大家悲喜交加,涕泪纵横。曹操却哈哈大笑说,今天差点让一个小贼给干掉了。

不过到了九月,情况就大不一样了。曹操的军队全部渡过了渭水,马超等人已毫无章法可言。据《三国志·贾诩传》,当时马超等人提出割地求和,并表示愿意送子弟为人质。曹操征求贾诩的意见,贾诩说可以假装答应(伪许之)。曹操又问假装答应以后怎么办,贾诩说"离之而已"。曹操马上就明白了——用离间计。

这里必须交代一下背景,就是马超、韩遂这支叛军,虽然号称十路人马,十万大军,其实不过是乌合之众。主帅之间,也离心离德。马超是马腾的儿子,马腾和韩遂则关系复杂。他们原本是老朋友,继而又反目成仇。后来经曹操居中调解,把马腾调入朝廷,马超才又和韩遂合伙。这就有空子可钻,有文章可做。正好,韩遂提出要和曹操见面,曹操便很好地利用了这次机会。据《三国志·武帝纪》,当时曹操和韩遂从各自军营打马出列,走到中间地带,亲亲热热地谈了多时(交马语移时)。谈什么呢?据说是"不及军事,但说京都旧故"。这并不奇怪。曹操和韩遂的父亲是"同岁孝廉",和韩遂则是"同时侪辈",叙旧也很正常。而且,说到会心处,还"拊手欢笑"。等到韩遂回去后,马超问他曹操都说了什么时,韩遂的回答便是"无所言也"。当然"无所言也",因为本来就没说什么。但马超等人是不会相信的。这么多时间谈笑风生,众目睽睽,有目共睹,怎么会"无所言也"?

马超起了疑心以后,曹操又再做文章。据《三国志·武帝纪》裴松之注引《魏书》,以及《三国志·许褚传》《三国志·马超传》,第三天,曹操又和韩遂见了面。不过,这次有马超在场,曹操的态度也和上次不一样。他在现场设了"木行马",作为屏障,又让许褚横刀立马跟在后面,明显表示出对马超的不信任。事实证明曹操的警惕是对的,因为马超在这次见面时确有袭击曹操的意图,只是因为害怕许褚才不敢动手。

这次会面还有一件可圈可点之事。当曹操从从容容地来到阵前时,韩遂、马超的属将都在马上向曹操拱手行礼。战士们则争前恐后来看曹操,挤成一团。曹操便笑着说,大家是想看曹操吧?告诉你们,他也是个普通人,并没有四只眼睛两个嘴巴,只不过多了点智慧就是。韩遂、马超的部下听曹操这么说,前前后后一看,才发现曹操已"列铁骑五千为十重陈(阵),精光耀日",一个个吓得胆战心惊。斗志既丧,战斗力就打折扣了。

有了这些铺垫,曹操就又使了一计。他给韩遂写了一封信,故意圈圈点点,好像是韩遂改过的。曹操这封信是什么内容,我们不知道,也不重要。重要的是张作耀先生指出的这几点:一、曹操料定马超必看;二、内容必定闪烁其词,歧义甚多;三、一看就像是收信人改过的。结果,马超果然看到了,而且果然起疑,不再相信韩遂。

我们知道,联军作战,最怕的就是主帅不和。韩遂、马超互相猜忌,军心不稳,这个仗就打不赢了。曹操抓住时机,一仗就打得韩遂、马超败走凉州。胜利之后,曹操留夏侯渊守长安,自己则于次年即建安十七年（公元212年）回到了邺城。后来，韩遂在建安二十年（公元215年），也就是曹操征张鲁的那一年，被西平、金城诸将所杀；马超则于建安十九年（公元214年），也就是刘备攻刘璋的那一年投奔了刘备。

现在说第二件事——征孙权。

曹操破韩、马，目的之一就是解除后顾之忧。关中既平，征讨孙权便提到了议事日程。备战期间，曹操曾让阮瑀捉刀代笔，给孙权写了一封软硬兼施的长信，而且开出条件：一、如果能够"内取子布，外击刘备"，那么，江东之任永远归你，还要加官晋爵。二、如果舍不得杀张昭，只杀刘备也行。孙权当然不吃这一套。为了抗击曹操，早在建安十六年，也就是曹操征讨韩遂、马超的那一年，他就采纳长史张纮（音红）的建议，将治所从京口（今江苏省镇江市）移到了秣陵（今江苏省南京市），并将秣陵改名建业。又采纳吕蒙的建议，在濡须口（濡音如，濡须在今安徽省无为市）建立了军港。孙权态度如此，决战在所难免。

于是，建安十七年（公元212年）十月，曹操率领大军，号称四十万，征讨孙权，建安十八年（公元213年）正月挺进濡须口。现在看来，曹操对这场战争的天时地利是估计有误的，因此刚一交战就陷于被动，两军处于相持胶着状态。据《三国志·吴主传》裴松之注引《吴历》，当时孙权屡屡向曹军挑战，曹操却"坚守不出"。于是孙权便亲自乘了一条轻船（估计应该有一个船队），从濡须口驶入曹军水寨前。曹操一看，就知道是孙权来了，是孙权要亲自来看看曹军的阵势（欲身见吾军部伍也），便下令各军严加戒备，箭弩"不得妄发"。孙权的船队"舟船器仗军伍整肃"，在曹营前走了五六里路，才返回。回去的时候还转了个圈，对着曹军击鼓奏乐，"鼓吹"了一番。所有这些，曹操都看在眼里，不由得喟然叹息说："生子当如孙仲谋，刘景升儿子若豚犬耳！"

不过《魏略》却另有说法，说当时孙权来看曹营的时候，乘的不是轻船，是大船。曹操也没有说"弓弩不得妄发"，而是下令射箭。结果万箭齐发，都射在孙权的船上，船就向一边倾斜。于是孙权下令掉头，让船的另一面也受箭，使"箭均船平"，孙权也就回去了。这事后来被罗贯中移花接木，变成了赤壁之战时诸葛亮"草船借箭"的原型。其实"草船借箭"在技术上并不可能，孙权此举也不是"借箭"，这里且不说。

这两件事，裴松之是并列地注在《吴主传》的。这事不可能发生两次，而学者多以《吴历》所说为是。这个我们也搞不清。何况不管哪种说法是实，孙权的英雄气概都跃然纸上。当然，《吴历》所说，更有审美价值。想想看，孙权在轻船上看曹操，曹操在军营里看孙权，那是一种何等让人心仪的场面。它甚至让我想起了卞之琳的《断章》："你站在桥上看风景，看风景的人在楼上看你。明月装饰了你的窗子，你装饰了别人的梦。"当然，战争不是艺术不是诗。孙权此行如果装饰了曹操的梦，只怕也是噩梦。

据《三国志·吴主传》裴松之注引《吴历》，孙权回去后给曹操写了一封信，说"春水方生，公宜速去"。又用另一张纸写了八个字："足下不死，孤不得安。"曹操看了，很是感叹了一番。的确，春雨绵绵，洪水将至，很不利于北方将士作战。"足下不死，孤不得安"，也是实话。曹操点点头，对诸将说："孙权不欺孤！"于是下令撤军，于当年四月回到邺城。当然，后来曹操和孙权还有过几次战争，这个我们以后有机会再说，现在先说第三件事。

第三件事——伐张鲁，就比较简单了。

曹操是在建安二十年（公元215年）三月率兵征讨张鲁的。这年曹操已六十一岁，却还是亲自出征，奔赴疆场。七月，曹军来到阳平关（今陕西省勉县西）。张鲁听说，准备投降，但他的弟弟张卫不同意，结果就打了一仗。这一仗打得很有戏剧性。据说，当时曹操发现阳平关并不像线人报告的那样好打，就下令撤军，撤走后又杀了个回马枪，打得张卫落花流水，张鲁也跑到巴中去了。这事史料记载诸说不一。《三国志·武帝纪》说杀回马枪是曹操的密令，《刘晔传》说是刘晔的建议，《张鲁传》裴松之注引《魏名臣奏》和《世语》则说是事出偶然。《魏名臣奏》载董昭的表文说，当时本欲撤军，但前头的部队迷了路，误入张卫军营。张卫军以为是曹军夜袭，吓得一哄而散。曹操得到消息，就因势利导，下令将撤退改为进攻。《世语》则说撞入张卫军营的不是曹军，而是数千头麋鹿。曹操的部将高祚等人又鸣鼓吹号集合部队。张卫以为大军来了，一害怕，就投降了。总之，曹操征张鲁，初期十分艰难，告捷却非常迅速。所以王粲赋诗歌颂说："所从神且武，安得久劳师。"但我认为，曹操这次得胜，与其说是因为他"神且武"，不如说是因为张鲁集团已经没有了斗志。

张鲁集团一战即溃，张鲁本人也于当年十一月投降，并受到曹操的优待。张鲁投降，汉中就是曹操的了。汉中是益州的咽喉和门户。拿下了汉中，就可以对蜀郡下手。所以，刚刚拿下蜀郡、正在为争夺荆州而战的刘备非常紧张，成都方面也十分恐慌。据《三国志·刘晔传》裴松之注引《傅子》，当时"蜀中一日数十惊"，即使刘备（准确地说是刘备留在成都的守将）不停地杀人，也不能安定（备虽斩之而不能安也）。在这种情况下，乘胜前进，乘势入蜀，荡平益州，消灭刘备，应该说是一个可以考虑的方案。

曹操的两位主簿（参与机要的高级幕僚）刘晔和司马懿，便都提出了这个建议，而且力主实施。他们的建议，分别记载在《三国志·刘晔传》和《晋书·宣帝纪》。刘晔说，明公拿下汉中后，蜀人闻风丧胆。只要一鼓作气推向前进，蜀郡就可"传檄而定"。现在，蜀郡在刘备的手里。刘备这人是个英雄，可惜反应稍微慢了一点，得蜀又不久，威望还不高。以明公之神武，我军之气盛，此时入蜀，则"无不克也"。如果错过这个时机，让刘备喘过气来，那就麻烦了。为什么呢？因为刘备文有诸葛亮为相，明于治国；武有关羽、张飞为将，勇冠三军。诸葛亮能安定蜀民，关羽、张飞能据守险要。国险而民附,搞不掂了!

司马懿也认为这是一个大好时机,因为这时刘备和孙权两家,正在为争夺荆州而陈兵相向。这就为曹操留下了乘隙而入的好机会。所以司马懿说,刘备靠着巧取豪夺灭了刘璋,蜀人还没有归顺又去攻江陵,这个机会不容错过。他说:"圣人不能违时,亦不失时矣。"也就是说,时机不到,条件不成熟,你不能硬来。时机到了,条件成熟了,也不能坐失良机。机不可失,时不再来,机遇是不会两次惠顾同一个人的。

这些话都很有道理,但曹操没有采纳。据《晋书·宣帝纪》,曹操只是十分感慨地说了一句话:"人苦无足,既得陇右,复欲得蜀!"

这是反用典故,原话是汉光武帝刘秀对大将军岑彭说的。据《后汉书·岑彭传》,建武八年(公元32年),岑彭跟随刘秀破天水,围西城,胜利在望。不久,刘秀东归,致书岑彭说:"人苦不知足,既平陇,复望蜀。"刘秀的意思是:人,总是不知足的,得了陇,就肯定望蜀。曹操的意思却是反过来:人,不能不知足,得了陇,就不要再望蜀了吧!

曹操一撤退,刘备就牛了起来。本来,刘备是很紧张的。据《三国志·先主传》,当刘备听说"曹公定汉中,张鲁遁走巴西"后,便立即与孙权讲和,两家平分了荆州(这事我们后面还要讲到),又立即派大将黄权带兵去接张鲁,可惜晚了一步,张鲁已投降。但是,曹操的撤军决策却给了刘备可乘之机,刘备集团对汉中重要性的认识也不断提高。建安二十二年(公元217年)末,刘备派张飞、马超等人屯兵下辩(今甘肃省成县西),次年亲率诸将进军,开始了对汉中的大规模军事行动。

力主进军夺取汉中的,是刘备的二号谋臣法正。为什么说法正是二号谋臣?根据在《三国志·先主传》。传云:建安十九年,刘备得蜀,领益州牧,以"诸葛亮为股肱,法正为谋主,关羽、张飞、马超为爪牙"。看来,这时总理军政要务的是诸葛亮,南征北战的主要是关羽、张飞、马超,出谋划策的主要是法正。

据《三国志·法正传》,曹操撤退以后,法正就去找刘备,说"此盖天以与我,时不可失也"。结果"先主善其策",亲征汉中,法正随行,诸葛亮留守成都。刘备这个决定是正确的,也是当然的。我们知道,刘备这辈子只怕一个人,那就是曹操。曹操的部将他是不怕的。何况镇守汉中的夏侯渊,还是个有勇无谋不会用兵的"白地将军"(没能耐的将领)。而且刘备也很清楚,只有拿下汉中,形势才会根本扭转,他也才能真正和曹操、孙权三分天下。这个仗,他是非打不可的。

但是战争一开始并不顺利,刘备在阳平关遭遇了曹操诸将的顽强抵抗。于是刘备发现,即便曹操不在,他的部队也不好对付,便急忙给时为军师将军的诸葛亮写信,让他尽快发兵增援。然而不知为什么,可能是因为入蜀不久,或者因为做事谨慎,诸葛亮有些迟疑。据《三国志·杨洪传》,刘备"急书发兵",诸葛亮便拿着信去问蜀臣杨洪。杨洪说,汉中是益州的咽喉,存亡的关键。如果没了汉中,也就没有蜀了(若无汉中则无蜀矣)。失去汉中是家门口的祸事呀(此家门之祸也)!这个时候,男人就该上战场(男子当战),女人就该搞后勤(女子当运)。军师你赶快发兵吧,还犹豫什么呢(发兵何疑)?

杨洪这话说到了根本——"若无汉中则无蜀矣"。这也正是曹、刘双方的不同之处:曹操可以得陇不复望蜀,刘备却是不得陇则不能保蜀。一个志在必得,一个能守则守,战争的胜败几乎一开始就定下来了。事实上,在这两年当中,刘备一方一直掌握着战争的主动权,而且还在建安二十四年(公元219年)正月,在定军山斩杀了曹军主帅夏侯渊。因此,等到当年三月曹操本人再次亲临汉中时,局势已无法挽回。曹操审时度势,一声长叹,出夜间口令为"鸡肋",然后大步后退,撤回长安,汉中从此姓刘,刘备也在当年七月自称汉中王。当然,曹操不会将整个天下拱手相让。善于用兵的他，把防线建在了汉中与关中之间的交通要冲，同时也是历代兵家必争之地的陈仓。这个决策有效地遏制了刘备前进的势头。刘备、诸葛亮终其一生，也没能越过这条防线。

曹操得陇不复望蜀的结果，是连已经得到的陇右也不能保全。他永远地失去了谋蜀的可能，一统天下的理想从此彻底化为乌有。因此，我们就很想知道，这究竟是为什么。

法正的说法也许有道理。当初，法正劝刘备攻击汉中的时候，开头第一句话就说到了这个问题。法正说，曹操一举而降服张鲁，平定汉中，不乘胜前进一鼓作气拿下巴、蜀，反倒匆匆忙忙退了回去，这不是他考虑不周，兵力不足（此非其智不逮而力不足也），一定是他内部出了问题，是他感觉受到了威胁。

那么，事情是这样的吗？如果是这样，曹操又怎么应对呢？

第二十六章
得寸进尺

赤壁之战后，曹操又进行了三次战争，即破马、韩，征孙权，伐张鲁。三次战争，时间都不超过一年。曹操甚至宁肯半途而废，也要返回邺城。那么，曹操为什么要这样做？他每次都匆匆忙忙地赶了回去，究竟是要做什么？是什么事情让他一直在牵挂着呢？

前文讲到，法正指出，曹操一举而降张鲁，定汉中，不继续前进拿下巴、蜀，反倒"身遽北还"，一定是因为"内有忧逼"。这是有道理的。曹操的大后方，一直不太稳定，这是他和孙权、刘备不同的地方。孙权的情况最好。他那个东吴政权，基本上都是自己人。不是孙坚、孙策留下的老臣，如程普、黄盖、张昭、周瑜，就是他自己网罗、发现、提拔、培养的，如鲁肃、甘宁、吕蒙、陆逊。刘备的情况复杂一点。他得到益州以后，蜀汉政权由三部分人组成。一部分是他从荆州带来的，包括诸葛亮，也包括和他出生入死打天下的关羽、张飞，无妨称之为"荆州集团"。一部分是刘焉入川时带去的，无妨称之为"东州集团"。还有一部分是当地的，无妨称之为"益州集团"。这三个集团之间是有矛盾的，这个矛盾是后来蜀汉政权灭亡的原因之一。不过，刘备入蜀之前，并无此矛盾。入蜀之后，也还没有尖锐到刘备镇不住的程度。

曹操就不一样了。曹操不像刘备、孙权那样自立门户，而是"奉天子以令不臣"，或者"挟天子而令诸侯"。这样一来，他的"大后方"，也往往同时是他的"大前方"，因为朝廷里并不都是他的人。相反，蔑视、嫉妒、反感、仇恨，打他主意，看他笑话的，大有人在。赤壁之战前，曹操所向披靡，战果辉煌，反对派一般不敢公开非议。而且，赤壁之战前，曹操对皇帝、对百官的态度可能还相对比较谦和，野心也不那么明显，一些心存汉室的人对他还抱有希望，也表示支持。赤壁之战后就不同了。曹操的功劳没有以前多，野心倒比以前大。这就引起不满。朝廷内部，一方面，正如胡三省注《资治通鉴》时所云，有人想借赤壁之败扳倒曹操，趁机取而代之（操以赤壁之败，威望顿损，中国之人或欲因其败而图之）；另一方面，也开始有人对曹操是忠是奸产生警惕和怀疑。这些人以前不多，或者不公开，赤壁之战后就多起来了，甚至此起彼伏，前赴后继。

对此，曹操心里非常清楚。因此，他在赤壁之战后，征讨马超、韩遂前，也就是建安十五年（公元210年）十二月，发布了一道教令，即《让县自明本志令》，也叫《述志令》，这在第一部《奸雄之谜》一章中已经讲过。这事的起因，是汉献帝给曹操增加了封地。我们知道，曹操把献帝迎奉到许县后，就被封为武平侯。武平是一个大县，食一万户。所以，武平侯是县侯，也是万户侯。这个等级已经很高了，比他的祖父和父亲高了两级。曹腾和曹嵩的封爵是亭侯（费亭侯），亭侯之上是乡侯，乡侯之上才是县侯。建安元年（公元196年），袁术、袁绍、吕布、刘表他们都还在，曹操便已是县侯，地位是很高的。

十五年光阴过去，此刻的曹操，已不是一个万户侯就可以满足的了。但是，县侯已是最高规格，再封就是公爵和王爵。这是不可以的，至少暂时不行。于是，傀儡皇帝就给曹操增加封地，增封阳夏（音甲，今河南省太康县）、柘（音蔗，今河南省柘城县）、苦

（音户，今河南省鹿邑县东）三县二万户。曹操发布《让县自明本志令》，就是要辞让增封的这三县二万户。

这是曹操自编自导自演的一场戏，也是他沽名钓誉的惯用伎俩。事情很简单，如果不是演戏、作秀，那就该真让。然而实际上怎么样呢？据《三国志·武帝纪》裴松之注引《魏书》，增封曹操的三县二万户倒是收回了，他的三个儿子却在几天后封侯。曹植封平原侯，曹据封范阳侯，曹豹封饶阳侯，均食邑五千户。平原在青州平原郡，范阳在幽州涿郡，饶阳在冀州安平国。表面上看，曹操少了五千户，换来的却是三个县侯，而且一个州一个，封地都是战略要冲，你说曹操是赔了还是赚了？

再说了，曹操的目的如果真是让封，或者只是让封，那就应该给皇帝上表章。然而曹操的做法却是给群臣下教令。这是临下，不是奏上。很显然，曹操是要借个由头把自己想说该说的话说出来，就像现在的公众人物制造一个事件，以便开新闻发布会一样。这一点，曹操倒不避讳。他在《让县自明本志令》中说得很清楚，发布这个教令，就是要让朝廷内朝廷外的反对派都没有话说（欲人言尽）。这就是大实话了。此外，令中所言，比如绝不让位、绝不让权等等，也都是真话。所以，也不能说他全是演戏作秀。有些学者因为曹操让县并非本志，就说他的《让县自明本志令》也不是真话，这就未免书呆子气了。要知道曹操原本就是借鸡下蛋借壳上市，你管他让县是真是假呢！实际上，曹操让县是假的，让县时说的话是真的，或基本上是真的，大部分是真的。假戏真做，真戏假做，半真半假，以假乱真，这就是曹操高明的地方。

那么，曹操把别人的嘴巴都堵起来了吗？没有，也堵不住。事实上，《让县自明本志令》发布以后，反对的声音不是少了，而是多了；不是小了，而是大了。这些"谤议"让曹操清醒地意识到，舆论固然重要，权力更重要；笔杆子固然重要，枪杆子更重要；与其堵住天下人的嘴巴，不如捏住天下人的脑袋。因此，曹操在利用甚至创造机会来大造舆论的同时,加紧了对权力的攫取和控制。

要攫取和控制权力,尤其是中央政府的最高权力,就不能长时间地离开政治中心。所以,上一章说到的三次出征,曹操用的时间都不长,甚至不惜无功而返,半途而废。西征马超、韩遂,是建安十六年七月出兵,次年正月回到邺城,前后不超过七个月;南征孙权,是建安十七年十月出兵,次年四月回到邺城,前后也不超过七个月;征张鲁的时间长一点,建安二十年三月出兵,次年二月回到邺城,也不超过一年。

曹操匆匆忙忙赶回邺城,并不是为了陪老婆孩子。战场上没得到的东西,他要在官场上捞回来。西征马超、韩遂归来,他得到的是"赞拜不名,入朝不趋,剑履上殿,如萧何故事";南征孙权归来,他得到的是封魏公,加九锡,建社稷;征张鲁归来,他得到的是"进公爵为魏王"。所谓"赞拜不名",就是朝见天子的时候,司仪官只报他的官衔,不呼他的名字。所谓"入朝不趋",就是朝见天子的时候,用不着小步快走表示恭敬。所谓"剑履上殿",就是朝见天子的时候,可以佩戴兵器穿着鞋子。所谓"如萧何故事",就是享受当年刘邦给萧何的待遇。封魏公,晋魏王,就是从侯爵升为公爵,又由公爵升为王爵了。这三件事,第一件是在建安十七年,第二件是在建安十八年,第三件是在建安二十一年。中间,建安十九年时,还有一个"天子使魏公位在诸侯王上",真可谓年年都有新套套,一步一个新台阶。

建安二十二年(公元217年),曹操的政治待遇已经到了登峰造极的地步。四月,皇帝批准他"设天子旌旗,出入称警跸"。十月,享受"冕十有二旒,乘金根车,驾六马,设五时副车"。警跸(音必),是天子出入的专称。出称警,入称跸。冕十二旒,是天子的服饰。东汉制度,皇帝十二旒,白玉;三公诸侯七旒,青玉;卿大夫五旒,黑玉。金根车是皇帝的专车,驾六马也是皇帝的待遇,诸侯只能驾四匹。五时副车是和金根车配套的,按东西南北中涂成青白红黑黄五色，也是皇帝专用的。天子旌旗就更不用说了。曹操获得这些待遇以后，在礼仪上和皇帝已经没有什么两样。再加上他大权独揽，已是没有皇帝称号的皇帝，而且比那个傀儡皇帝更像皇帝。

这个时候，几乎所有的人都认为曹操要代汉自立了，而实际情况是曹操终其一生都没有迈出这一步。那么，曹操为什么不称帝呢？

对此，学术界有不同意见。比较通行的说法，是曹操虽有此念，但他审时度势，最终还是决定知难而退，适可而止，把代汉自立的任务留给了他儿子，证据则在《三国志·武帝纪》裴松之注引《魏略》和《魏氏春秋》。据两书，曹操成为没有皇帝名号的皇帝后，代汉自立的呼声就开始高涨起来。建安二十四年（公元219年），以陈群、桓阶、夏侯惇为代表的一些人积极劝进。陈群、桓阶认为，汉朝早已名存实亡，天底下一尺土地一个子民都不属于汉（尺土一民，皆非汉有），只剩下一个虚名（唯有名号），取而代之有什么不可以？夏侯惇则说，什么是万民之主？就是能够为民除害、众望所归的人。从古至今，都是这样。殿下就是这样的人，应该尽快"应天顺民"，有什么好犹豫的？曹操的回答是：孔子说过，把孝悌的道理施于政事，也就是从政（施于有政，是亦为政）。如果天命确实眷顾我，我就做周文王好了（若天命在吾，吾为周文王矣）。众所周知，周文王是三分天下有其二，却仍然服事殷商的。取代殷商的是他的儿子周武王。所以学术界一般都认为，曹操这话的意思是要曹丕去做他想做的事。果然，曹操去世才几个月，曹丕就逼汉禅位了。

然而吕思勉先生不同意。吕先生的《三国史话》中有一节《替魏武帝辨诬》，全盘否定曹操代汉自立的说法，认为曹操根本就没有这个念头。他说，曹操自比周文王，"正见得他不肯篡汉"。至于学术界普遍认为这话的意思是暗示曹丕来做，吕先生的评论是"岂非梦呓"。我对吕思勉先生是十分敬佩的，先前曾多次引用先生的话以为论据。但实在地讲，这段话我真没看懂。周文王的儿子不就是周武王吗？周武王不是把殷商王朝灭了吗？怎么曹操自比周文，就只不过是想做齐桓、晋文呢？

那么，事情到底是怎样的？

我认为在这个问题上，曹操的内心深处其实很矛盾。要说曹操从来就没想过要代汉自立，怕不是事实。说曹操没有这个资格和条件，就更不是事实。但他终其一生确实没有这样做，却是事实。原因何在呢？有障碍。张作耀先生的《曹操评传》总结了四条，我归纳为十二个字：不吉利，想报恩，难改口，不合算。具体说来就是：一、曹操年轻的时候说过"废立之事，天下之至不祥也"的话。这个观念，晚年时可能还有。二、曹操世受汉恩，报答之心还是有的。三、曹操一直信誓旦旦，绝无篡汉之意，总不能自食其言。四、刘备和孙权一直把曹操看作对手和榜样，一方面骂他是汉贼，另一方面又巴不得他早点称帝。据《三国志·武帝纪》裴松之注引《魏略》，孙权甚至在建安二十四年（公元219年）上表称臣，说天命就在曹操这里。对此，曹操的头脑倒是很清醒。他明白，只要自己称帝，刘备、孙权他们马上就会跟着来，"篡汉"的罪名却得由他曹某来背。他可不上这个当。再说了，曹操现在虽然不是皇帝，却是"中央"，刘备、孙权只是"地方"。如果三个人都称帝，刘备、孙权他们就不是"地方"，而是"对方"了。这可不划算。所以，曹操拿着孙权的信对大家说，这小子是要把老夫搁在炉子上烤哇（是儿欲踞吾著炉火上邪）！这才有"若天命在吾，吾为周文王矣"的说法。也就是说，是否代汉自立，另创大魏王朝，听天由命吧！但是，封公、建国、称王这些事，该做还得做，而且一往无前。

这当中最重要的是封魏公，加九锡，建社稷，因为它是一个转折点。封公和封侯有什么不同呢？表面上看，不过是爵位高了一等，从侯爵晋升为公爵，然而实际上却有质的区别。封侯，不过得到了一片土地、一个食邑，甚至只是荣誉和面子（比如关内侯）；封公，就可以建立社稷和宗庙了。社稷，就是社神和稷神，亦即土神和谷神。《白虎通·社稷》说："人非土不立，非谷不食。"拥有了土地和五谷，也就拥有了统治权。所以，在中国古代，国家的统治者一定要立社坛以祭土神，立稷坛以祭谷神。宗庙则是祭祀列祖列宗的地方。中国古代的国家元首（天子或诸侯，皇帝或国君）都是世袭的。建立宗庙，就表示某个公族、王族或皇族的统治由来有自，而且万代千秋。

宗庙和社稷分别建在宫殿前方的左右两边。左边是宗庙，右边是社稷，叫"左祖右社"。在中国古代，这是只有独立主权国家的元首才能享受的待遇。它们也同时意味着这个国家的独立主权。所以，在中国古代的兼并战争中，如果要消灭一个国家，那么，在攻入这个国家的首都以后，一定要毁灭它的宗庙和社稷坛，叫"毁庙灭国"。相反，如果要建立一个新的国家，则一定会同时把宗庙和社稷坛建立起来，叫"建庙立国"。在西汉初年，只有诸侯王才能这样做，侯是不可以的。也就是说，封侯是赐爵，封公是建国。曹操被封为魏公，而且明文规定"如汉初诸侯王之制"，就意味着他可以名正言顺地在魏郡建立一个独立公国。

这在当时是一件惊天动地、非同小可的事，事先一定做了大量的准备，其间也颇有些周折。据《三国志·董昭传》，提出这个建议的是董昭。董昭这个人，我们在《深谋远虑》一章讲过。他的事迹虽然不算太多，却总是出现在关键时刻。建安元年，曹操到洛阳见皇帝，又把天子迎奉到许县，把许县变成大汉王朝的陪都，就是董昭帮的大忙。这一次曹操册封魏公，后来又晋爵魏王，也都是董昭的倡议（皆昭所创）。

董昭的这个建议是他自己想到的，还是曹操授意的？不知道，也不重要。再说这事也用不着多少创造性，只要像上一回一样，"如某某故事"就行。因此依我看，很可能是董昭看透了曹操的心思，投其所好。实际上曹操恐怕早就想干这事了。此前,他做了三项准备工作。第一是扩地。建安十七年(公元212年),曹操获得"赞拜不名,入朝不趋,剑履上殿,如萧何故事"的待遇,同时还得到了十四座城池,地盘就由原来的十五城变成了二十九城,几乎翻了一倍。第二是并州,在建安十八年(公元213年)正月将原来的十四个州变成九个,并州和幽州两个州,司州的河东、河内、冯翊、扶风四个郡,都划归曹操当州牧的冀州。第三件事也在同时进行,那就是造舆论。这事曹操当然不便亲自出面,而且也用不着,自然有人帮他做,比如董昭。董昭至少在建安十七年,也就是曹操"如萧何故事"之后,十月南征孙权之前,就开始游说了。据《三国志·董昭传》裴松之注引《献帝春秋》,还有《三国志·武帝纪》裴松之注引《魏书》,当时董昭找了曹操,找了荀彧,还在朝廷上到处找人说,终于形成议案,而且得到天子的批准。

于是,建安十八年(公元213年)五月,傀儡皇帝派御史大夫郗虑(郗音痴)持节策命曹操为魏公,措辞冠冕堂皇,条件也非常优厚。成为魏公的曹操不但照样担任丞相,而且仍然兼领冀州牧一职。新建立的魏国的制度,则"皆如汉初诸侯王之制"。

这正是曹操要的东西。因为他的实权实惠一点都没少,地位却高了许多,名誉也得了不少。曹操的主张,是"不得慕虚名而处实祸"。但如果名利双收,实权不小,实惠不少,那又为什么不呢?何况"魏公"这个头衔也不是虚名,也是意味着实惠的。所以,这时曹操心里肯定高兴,却还是要做谦让状,先后让了三次。于是,以中军师荀攸为首,包括钟繇、毛玠、程昱、贾诩、董昭等三十多人联名上书劝进。曹操说,封公爵,加九锡(九种特殊赏赐),这是周公才能享受的待遇呀!我怎么敢当呢?这些人说,敢当,敢当!明公的功劳比周公大多了。自从有文字记载以来,没有比明公功劳更大的。曹操还是要让,只接受封地,不接受爵位。这些人又说,明公这样,就是既不尊重皇上,又不给我们面子了(是犹汉朝之赏不行，而攸等之请未许也）。话说到这个份上，曹操才扭扭捏捏地当了魏公。

现在看来，曹操这戏演得真是恶心，让人看了很是不爽，也不符合曹操的性格。但没有办法，因为这是规矩，是惯例，也是非走不可的程序。如果不装模作样让一让，他就会被骂作"厚颜无耻"。更何况，曹操还必须应对舆论的压力。他的封公建国，毕竟是冒天下之大不韪，在当时并非一片赞成。这不能不让他多加小心，甚至演戏作秀。

事实上，反对派大有人在。而且，有一个曹操最信任、最看重的人，也表示反对。这个人在过去的岁月里，一直在关键时刻支持和帮助着曹操，这回却唱起了反调。这就让曹操意想不到和倍感伤心。那么，这个人是谁呢？

是荀彧。

荀彧在曹操的阵营中，绝对是一等一的重量级人物。曹操是把他当作张良来看待的。他二十九岁投奔曹操时，曹操就说"吾之子房也"。在后来的岁月里，荀彧不负厚望，为曹操出谋划策，甚至出生入死。据《三国志》之《武帝纪》《程昱传》和《荀彧传》，兴平元年（公元194年）夏，身为代理兖州牧的曹操率军倾巢而出征陶谦，留荀彧和程昱守兖州。这时，曹操的老朋友张邈和陈宫突然翻脸，联合吕布来打兖州。兖州境内，处处举起了降旗。没投降的，只有鄄城、范县（今河南省范县）和东阿（今山东省阳谷县）。这三座城再保不住，曹操就变成丧家之犬了。荀彧就和程昱商量，两人分头行事。程昱先稳定了范县，然后和枣祗（音之）一起固守东阿。荀彧则急调东郡太守夏侯惇前来同守鄄城。夏侯惇到了鄄城以后，一个晚上"诛谋叛者数十人"，局势才算稳定下来。这时，豫州刺史郭贡带了数万人来到城下，要见荀彧。夏侯惇说，见不得！阁下是一州之镇守，一去，必有生命危险。荀彧说，无碍！郭贡和张邈一伙平时并无勾结。如今匆匆忙忙赶来，显然还没有拿定主意,正好可以去劝说一下。即便不能把他争取过来,也可以让他守中立。如果不去见他,他觉得我们不信任,反倒会恼羞成怒。于是荀彧只身一人去见郭贡。郭贡见荀彧毫无怯色,知道鄄城不容易攻下,便撤了回去,鄄城也得以保全。荀彧此举,实在可以和传说中关羽的"单刀赴会"相媲美。

实际上,在曹操进行政治斗争和军事斗争的每一个关键时刻,我们几乎总能看到荀彧的重要作用。初起兵时,董卓威陵天下,曹操信心不足,是荀彧告诉他董卓"必以乱终,无能为也",事在初平二年(公元191年);发展时期,诸侯割据中原,曹操举棋不定,是荀彧指点迷津,帮他做出战略规划,事在兴平元年(公元194年);曹操欲迎天子,诸将众说纷纭,是荀彧为他制定政治上的三大纲领,支持他"奉天子以令不臣",事在建安元年(公元196年);曹操欲战袁绍,痛感力不从心,是荀彧为他分析必能胜利的四大原因,激励了他的斗志,事在建安二年(公元197年)。甚至直到建安十三年(公元208年)南征刘表时,为曹操策划战略方案的,也还是荀彧。

然而,正当曹操兴致勃勃准备封公建国的时候,荀彧却泼了一瓢冷水。荀彧对前来秘密征求意见的董昭说,曹公兴义兵,除暴乱,平天下,原本为的是匡扶朝廷,安定国家(匡朝宁国)。他秉持的是忠诚(秉忠贞之诚),坚守的是谦让(守退让之实)。"君子爱人以德"呀!你们如果真爱曹公,就应该帮助他保持晚节。即便不能功成身退,至少也别得寸进尺,"如萧何故事"以后又"如周公故事"。所以这事怕不合适(不宜如此)!

这就奇怪!荀彧不是曹操的"张良"吗?他怎么会唱反调呢?荀彧唱了反调以后,结果又如何呢?

第二十七章
进退失据

正当曹操在政治上步步为营一路逼进时，他最亲密的战友荀彧却唱起了反调，并且神秘地去世。这事在当时闹得沸沸扬扬，谣言四起，正史的记载又含糊其词，讳莫如深。那么，在这一事件的背后，究竟隐藏着什么？荀彧为什么会和曹操决裂？与此相关的曹操封公建国，又意味着什么呢？

前文讲到，董昭等人在朝廷中大造舆论，主张曹操进爵国公时，曾经私下里征求荀彧的意见，结果碰了钉子。其实，董昭他们这样做，意思很明显，就是不但希望荀彧支持，而且希望荀彧挑头来做这件事情。因为荀彧出身东汉名门，名气和影响都大。而且，从建安元年曹操迎奉天子到许县以后，荀彧就一直担任尚书令一职（先代理，后实任），而且"常居中持重"。尚书令，就是宫廷秘书长。东汉政归尚书，尚书令就成为总揽朝政的首脑级人物，相当于不是丞相的丞相。当然，汉献帝那个朝廷，是被曹操架空了的。曹操本人，也在建安十三年恢复丞相职位后亲任其职，所以不能说荀彧就是"不是丞相的丞相"。不过，曹操是经常要外出行军打仗的。即便回师，也住在邺城，不在许县。朝廷里的日常事务，就交给荀彧了，由荀彧帮他看住朝廷，看住皇帝。所谓"居中持重"，就是这个意思（居中，就是在朝廷做官；持重，就是承担重任）。

荀彧不但帮曹操看家护院，而且帮曹操出谋划策。曹操在外面打仗，有了问题，总要写信回去问荀彧，荀彧也总能给予协助和支持，想出办法，做出决定。起到的作用，和随军的郭嘉、贾诩一样。也就是说，荀彧对于曹操，是萧何兼张良。由这样一个人领衔提出封公建国的议案，较之董昭，分量显然要重得多，身份也合适得多。

但是荀彧反对。尽管从"君子爱人以德，不宜如此"的语气上看，荀彧这话是对董昭等人说的，但以他之聪明睿智，不会不知道封公建国这事，表面上是董昭的建议，实际上是曹操的心意。董昭等人的"密以咨彧"，也实际上是代替曹操来打探，所以他这话其实是说给曹操听的。但为了留有余地，他装作不知道这是曹操的意思，希望曹操听了这话以后能就坡下驴，阻止董昭他们的行动。然而曹操早就铁了心，哪里肯听？结果不但深感失望，而且大为光火，《荀彧传》的说法是"太祖由是心不能平"。

曹操很生气，后果很严重。正好这时要南征孙权，曹操就上表朝廷，要荀彧到谯县（今安徽省亳州市）劳军，趁机把荀彧扣在军中，以侍中兼光禄大夫的身份"参丞相军事"，实际上是免掉了他尚书令的职务。荀彧随军来到寿春（今安徽省寿县）就病倒了，不久，神秘地去世，享年五十。

荀彧的死，有两种说法。一种是忧郁而死，一种是被迫自杀。前一种见于《三国志·荀彧传》，说法是"以忧薨（音轰）"。后一种见于裴松之注引《魏氏春秋》，说是曹操送给荀彧一个食盒，荀彧打开一看，里面是空的，于是服毒自杀。这事当时就闹得沸沸扬扬，谣言四起。裴松之注引《献帝春秋》说，荀彧死后，有人从寿春逃出去报告孙权，说曹操要荀彧谋杀伏皇后，荀彧不肯，就自杀了。

这当然是谣言。但我们也很想知道，荀彧到底是怎么死的？他和曹操为什么最后会闹到这个地步？在史家讳莫如深的故事背后，又究竟隐藏着什么？

先说《献帝春秋》的故事。这故事说，建安五年（公元200年），车骑将军董承因"衣带诏"一案被杀，伏皇后便给她的父亲屯骑校尉伏完写信，说曹操杀了董承，皇上十分怨恨。伏完收到这封信，就拿给荀彧看。荀彧看了很反感，却又一直不说。后来这封信落到了曹操手里——据说是伏完的小舅子樊普密封了交给曹操的，荀彧就紧张了，从许县跑到邺城，向曹操提出嫁女儿给皇帝的建议。曹操说，宫中有皇后呀！小女怎么能够配皇上？再说了，曹某位居丞相，靠的是战功，难道还要靠裙带关系吗？荀彧说，伏皇后没有儿子，又本性凶残，内心邪恶。她在给伏完的信中恶毒攻击丞相，话说得很难听，可以因此废了她！曹操说，有这事吗？足下怎么不早说？荀彧假装大吃一惊的样子说，早就说过了呀！曹操说，这么大的事，我还会忘记？荀彧又假装大吃一惊的样子说，真的没说过吗？啊，啊，想起来了！当时明公不是在官渡和袁绍作战吗？荀彧担心增加明公的后顾之忧，就没有讲。曹操又问，官渡之战后怎么不讲？荀彧没有话说，只好连连认错谢罪。结果"太祖以此恨彧"。

这故事一看就是假的。裴松之就说"虽在庸人，犹不至此"，何况是荀彧？再说了，董承"衣带诏"一案事在建安五年正月，伏皇后被杀则在建安十九年十一月。两件事间隔将近十五年，一封信怎么可能瞒那么久？荀彧去世于建安十七年底，他什么时候去和曹操说这件事？至少也在该年十月曹操南征孙权之前。那么，曹操又为什么要过两年才杀伏皇后？其实，不但荀彧这故事是假，就连董承"衣带诏"案和伏皇后书信案，都很可疑。"衣带诏"一案的可疑，在《青梅煮酒》里已经讲过；伏皇后一案的可疑，吕思勉先生的《三国史话》也有分析。为了说清楚道理，我们还得把这故事讲一遍。

据《三国志·武帝纪》，建安十九年（公元214年）十一月，伏皇后十四年前给她父亲屯骑校尉伏完写信一案东窗事发，皇后被废并被处死，她的兄弟也被诛杀。事情的经过，裴松之注引《曹瞒传》有比较详细的描述。《曹瞒传》说，当时曹操派接替荀彧担任尚书令的华歆（音新）带兵去抓皇后，皇后关了门，躲在墙壁里。华歆劈开门，砸破墙壁，一把将皇后拖了出来。这时，皇帝正和御史大夫郗虑坐在一起。皇后披头散发光着脚走过，拉着皇帝的手说，就不能救救我吗？皇帝说，我也不知道自己的性命什么时候结束。又对郗虑说，郗公，天底下还有这样的事吗？郗虑怎么说书上没写，大约是形同木偶吧！

这故事后来被载入《后汉书·伏皇后纪》，而且常常被用来证明曹操之犯上作乱，华歆之为虎作伥，郗虑之没心没肺。然而吕思勉先生却指出，"一望而知其是附会之谈"。吕先生还特别告诉我们，不要以为这事后来载入了《后汉书》，就信以为真。这话是对的，《后汉书》靠不住的地方多了！何况《后汉书》之所本，又是原本就很靠不住的《曹瞒传》！

当然，伏皇后被废被杀，总是真的。不过事情的起因，却很可疑。吕先生的意思，是这事一定另有原因。吕先生说，但凡做大事的人，总会有人说好，有人说坏，根本就不可能人人都说好。所以，做大事的人，都是把毁誉置之度外的。何况曹操又岂是在乎别人说三道四的人。如果因为别人写了一封辱骂他的信，就要杀人，那真不知道要杀多少才够。因此，此案一定另有政治上的阴谋，只不过真相已不传于世了。

吕先生这番话，我认为十分在理。我的看法，是这件事的背后不但另有原因，而且很可能是一个天大的阴谋，否则不会动到皇后头上。谁都知道，皇后位居中宫，母仪天下，哪里是可以随便废的？更不用说随便杀了。就算要废要杀，那也是皇帝的权力，岂能由丞相来代行其事？何况皇后并没有罪，她只不过转述了皇帝的话。皇帝说丞相的坏话，却由丞相替皇帝来处置皇后，天底下哪有这样的道理？有人说，这正好证明了献帝是傀儡，曹操太猖狂。这话也似是而非。献帝窝囊不假，曹操猖狂是实，但窗户纸并没有捅破，面子还是维护着的。建安十九年的曹操，和皇帝的关系确实已经非常微妙，但绝没有到公开翻脸的程度。这年三月，皇帝还刚刚给了他"位在诸侯王上"的待遇；以后，也还有用得着这个傀儡皇帝的地方，曹操怎么会连假仁假义的样子都不装了？不管怎么说，越俎代庖替皇帝废皇后，总归是不给皇帝面子，在别人看来也是欺人太甚。这个利害，曹操不可能不知道。

因此，这件事只有一种可能，就是背后有一个天大的阴谋。这个阴谋是冲着曹操来的，皇后卷入了其中，或者必须借皇后的一颗人头才能杀一儆百。正因为阴谋太大，甚至皇帝本人也参与其中，他才忍气吞声，唯唯诺诺任由曹操大施暴虐。也正因为阴谋太大，谁都不能公开说出来，这才胡乱找了一个小岔子来做掩饰。我甚至怀疑皇后根本就没写什么信，这封信是曹操捏造的，用来陷害皇后的。反正伏完在建安十四年已经去世，死无对证。皇帝自己心虚，不敢公开证诬，只好眼睁睁看着那伏皇后变成冤魂。可怜一个弱女子，就这样成了政治斗争的牺牲品，某些臭男人的替罪羊。

当然，这里使用"阴谋"一词，是站在曹操的立场上说的。如果换一个立场，就应该说是"反抗"。也就是说，这件事的背景，很可能是那位献皇帝一次徒劳的反抗。这才使得曹操用这种暴戾的手段来给他一个下马威，就像当年棒杀蹇硕的叔叔一样。杀"鸡"的结果，是"猴子"从此不敢乱说乱动，直到最后乖乖地交出皇位，换得一个"献"的谥号。顺便说一句，献，就是乖巧明白识时务的意思。

不过，《献帝春秋》的说法虽然荒唐，但说荀彧不肯谋杀皇后，倒是符合他的为人。荀彧为人之正派、正直，在当时是有口皆碑的。《三国志》裴松之注引《荀彧别传》说，荀彧"德行周备，非正道不用心，名重天下"，海内英才俊杰"莫不以为仪表"，司马懿、钟繇等人更是推崇备至。裴松之注引《典略》说，荀彧"折节下士，坐不累席。其在台阁，不以私欲挠意"。他有一个堂兄弟，能力比较差，当然也就得不到任用。于是就有人对荀彧说，阁下官居尚书令，难道就不能让他当个议郎（调研员）吗？荀彧笑着说，议郎这样的闲差，也不是不能安排。但是，尚书令的职责，是为朝廷选拔人才，应该选贤任能。如果像足下说的那样做，大家会把我看成什么人呢？

由此可见，以荀彧的为人，是不可能掺和到谋杀皇后这类事情里的，曹操也不会让他去做。做这种勾当，曹操那里有的是人，怎么会劳荀彧的大驾？何况他还不内行！当然，我们也不知道荀彧是否赞成曹操铲除异己，因为没有这方面的记载，大约是不置可否吧！只不过，他可能想不到（其实就连曹操也想不到），有一天他自己竟会变成"异己"，成为曹操要铲除的对象。那么，荀彧和曹操的关系又为什么会破裂，他究竟是怎么得罪了曹操呢？

说到底，是政见分歧。

荀彧其实早就和曹操有分歧了。建安九年（公元204年），曹操攻克邺城，代理了冀州牧，原来属于袁绍的冀州姓了曹。这时，就有人建议，说应该恢复古代的九州制度，这样冀州的地盘就大了。因为按照古代所谓"九州"的建制，并州和幽州两个州，司州的河东、河内、冯翊、扶风四个郡，就都得划归冀州。曹操一听就动了心，然而荀彧反对。当然，荀彧这次反对，主要是认为这样做对曹操不利。据《三国志》本传，荀彧对曹操说，此前明公破袁尚，擒审配，已经是"海内震骇"。如果再把别人的地盘也划到冀州来，势必弄得"人人自恐不得保其土地，守其兵众"，一定认为明公是要一个个依次收拾他们（以次见夺），也就会拼死反抗，则"天下未易图也"。曹操认为荀彧讲得有道理，就放弃了这个念头。

不过，荀彧的话里面也有话，那就是主张"修复旧京"。这个主张,曹操当时既没有反对,也没有采纳,事实上也做不到。但是,等到曹操有条件做这件事情的时候,他不但没做,反而还在建安十八年(公元213年)正月实施了并州的计划,也就是把天下十四州并成了九州。司州(司隶)被一分为三,河东、河内、冯翊、扶风归冀州,弘农和河南归豫州,京兆归雍州。我们知道,司州原本是大汉王朝京都所在地,长安和洛阳都在那里,长安在京兆,洛阳在河南。曹操把司州一分为三,就等于把"天下第一州"给拆了,也等于把大汉王朝的首都地区给灭了。这和荀彧当初的理想,相距何可以道里计!

当然,曹操并州的时候,荀彧已经去世了。问题在于,曹操实施并州,是在荀彧去世之后;而酝酿此事,则当在荀彧去世之前。何况,曹操的并州,是和他的封公建国联系在一起的。实际上,曹操是要把司州四郡和幽州、并州都纳入冀州,然后在此基础上建立一个和大汉王朝分庭抗礼的独立王国(公国)。这不是一件开玩笑的事。它意味着曹操和献帝之间的关系,已经发生了根本的变化。在此之前,曹操是东汉王朝的丞相,冀州和魏郡是东汉王朝的州郡。曹操与献帝之间是臣与君关系,冀州与朝廷之间则是地方和中央的关系。但是,曹操封公建国以后,冀州就变成了魏公国,曹操就变成了魏国公。魏国与汉朝的关系,是诸侯国与中央的关系;魏公与献帝的关系,则是国公与皇帝的关系。没错,此刻的魏公国,还不是完全独立的国家。它是汉王朝册封的"邦国",汉王朝则是它的"宗主国"。此刻的曹操,也还不是一个完全独立主权国家的元首。在名义上,他还是东汉王朝的"臣子",汉献帝也还是他的"君主"。不过,谁都知道,所谓汉朝,此刻是一片土地都没有的;所谓皇帝,此刻也是半点权威也没有的。能够有的,也就是一个面子,一个名分。现在如果连名分都发生了变化,这个所谓的"东汉王朝",那就更加是"君不君,臣不臣"了。

这正是荀彧不愿意看到的。

荀彧常常被人称为曹操的"首席谋士"。从他起到的作用看，这话并无大错。但我们必须清楚，荀彧这个人，是不能简单地以"谋士"视之的。一般地说，所谓"谋士"，只不过为君主出谋划策，帮助君主实现理想或目标。至于君主的理想和目标是什么，他们是不管的。这就像律师，其任务就是帮当事人打赢官司。至于这官司该不该赢，当事人做得对不对，他们也是不管的。这是一般谋士和律师的职业道德和职业规则。也就是说，按照职业道德和职业规则，谋士一般都以君主的理想为理想，以君主的目标为目标，就像律师，一般都以当事人的利益为利益，以当事人的是非为是非。这并没有什么不对。

但是，在谋士和律师当中也有一类人，他们是有自己的理想、主张和底线的。如果当事人的主张和他们的理想相冲突，或者突破了他们的底线，他们就宁肯不接这个案子。其中，对自己要求特别高的人，还会对君主、对当事人进行选择，比如诸葛亮就是。诸葛亮选择刘备，除了在《慧眼所见》一章所讲诸多原因外，还有一个重要原因，就是刘备的政治理想、政治主张和他一致。荀彧也是这样的人。在曹操集团中，其实只有荀彧才是真正可以和诸葛亮相提并论的人物。他们的共同特点，是都有自己的政治理想和政治主张。诸葛亮的政治理想和政治主张，在《隆中对策》一章已经讲过，那就是成霸业而兴汉室，先三分而后一统；荀彧的政治主张，则集中体现在建安元年（公元196年）曹操准备迎奉天子时，他向曹操提出的三大纲领：尊奉天子以顺从民意（奉主上以从民望），大公无私以降服豪强（秉至公以服雄杰），弘扬正义以招揽英雄（扶弘义以致英俊）。这三大纲领，分别被荀彧称为大顺、大略、大德。因此，它们不是策略，更不是谋略，而是理想，是纲领。这个纲领的核心，就是荀彧所谓的"存本之思"。什么"本"？国本。国本在哪里？在皇帝那里。

显然，荀彧的理想，就是辅佐一位乱世英雄，平定天下，匡扶汉室。在他看来，曹操就是这样的英雄。因为曹操不但有这个能力，更重要的是，他有这个心思。我们知道，在东汉末年董卓之乱时，是曹操首倡义兵；在关东联军踌躇不前时，是曹操奋勇杀敌；在袁绍、袁术、吕布、刘表这些人都不管皇帝死活时，是曹操千方百计寻找皇帝，迎奉皇帝。所以，荀彧对曹操说，这说明将军的心无时无刻不在王室（乃心无不在王室），您的夙愿是要匡复天下啊（是将军匡天下之素志也）！这不是吹牛拍马，而是实事求是，是荀彧对曹操的真诚赞美，也是他对曹操寄予的厚望。

然而曹操却让他失望。

这里面也有一个过程。在荀彧来到曹操身边的初平二年（公元191年），三十七岁的东郡太守曹操确实是一个热血沸腾的爱国将领。在荀彧主张迎奉天子的建安元年（公元196年），四十二岁的兖州牧曹操也还是心系王室的一方诸侯。以后是十二年的南征北战，征袁术，杀吕布，降张绣，灭袁绍，平定北方。这在荀彧看来，是应该的，也是必须的，因此鼎力玉成。建安十三年（公元208年），五十四岁的司空、冀州牧曹操罢三公，置丞相，自任其职，大权独揽，荀彧也还认为合情合理，仍为他南征刘表建言献策。甚至到建安十七年（公元212年）正月，五十八岁的丞相曹操，为自己弄了个"赞拜不名，入朝不趋，剑履上殿，如萧何故事"的待遇，我估计荀彧也仍能接受，因为萧何毕竟是忠于刘邦的。但是，当曹操暗示或者暗许董昭等人策划酝酿封公建国一事时，荀彧就不能同意了。政治上极为敏锐的荀彧，立即意识到这件事情的严重性。他很清楚，曹魏一旦建国，天下终将不再姓刘。这就突破了荀彧的底线，因此绝对以为不可，万万不能赞成。

天下只能姓刘，不能姓曹，这在今天看来未免可笑，在当时却是大是大非。在这个问题上，我们需要有一点"历史意见"。因此我认为，曹操最终没有代汉自立，很可能还有一个原因，就是曹操无法面对荀彧那双忧郁的眼睛。因为即便曹操对"篡汉"一事采取了不置可否的态度，荀彧也是不能同意的，更不要说当真代汉自立了。荀彧的理想，是要曹操恢复和振兴大汉王朝。这个理想，现在看来显然是没有希望了。荀彧他死不瞑目！

弄清楚了这些，我认为就不必再讨论荀彧究竟是忧郁而死，还是被迫自杀了，因为结果都一样。对于荀彧这样一个有理想的人来说，没有什么比理想的破灭更为痛苦。再说，荀彧也没有别的办法，他总不能去投奔刘备吧？退无可退，又不能跟着曹操进，进退失据的荀彧只有"死路一条"。而且，不管是忧郁而死，还是被迫自杀，荀彧死前都会很痛苦。我甚至突发奇想，荀彧如果是今人，临终前也许会对曹操唱一首歌："千万里，我追寻着你。可是你，却并不在意。"是啊，荀彧今生注定要独行，他的热情也早已被曹操耗尽。尽管在梦里，曹操曾经是他的唯一，现在，他却只能一次又一次地问：你到底好在哪里？

当然，荀彧并不会问。就是问，曹操也不会答。事实上曹操和荀彧一样，也是进退两难。而且，曹操比荀彧更难。荀彧只是一个人，他可以选择退出。曹操却代表着一个庞大的利益集团，就算他想退，别人也不答应。更何况，他已经走火入魔，鬼迷心窍，已经把自己的灵魂卖给了魔鬼。这个魔鬼，就是不受监督、限制和制约的最高权力。为了攫取、掌握和永远保有这个权力，他只能在这条血染的道路上走下去。因此，荀彧选择了死，曹操选择了杀。他将毫不留情地继续杀人，包括杀他的亲朋好友，一直杀到血流成河。

那么，曹操他还要杀谁，又是怎么杀的呢？

第二十八章
借刀杀人

荀彧之死和曹魏建国是一个不祥之兆，意味着曹操已彻底由乱世英雄变成了乱世奸雄，也意味着他将以更加残酷的手段来对付反对派。实际上曹操一直就是两面作战的，既要对付公开的敌人，又要对付隐蔽的敌人。那么，在此之前，他又是怎么做的呢？

前面讲到，曹操破马、韩，征孙权，伐张鲁，军事上半途而废；起先"如萧何故事"，继而封公爵建国家，最后晋爵魏王，政治上得寸进尺。这说明曹操的战略重点已由军事转向政治，由战场转向官场，而且在背离自己初衷的道路上越走越远。这当然是他野心膨胀的结果。于是，进退失据的荀彧只好去死，同样退无可退的曹操则继续杀人。

实际上曹操早就在杀人了。自从曹操进入朝廷，"奉天子以令不臣"或者"挟天子而令诸侯"以后，反对派就一直存在。这也并不奇怪。一个人，把持朝政，大权独揽，为所欲为，居然没人反对，那才是咄咄怪事。何况曹操是要两面作战的，朝廷内外的敌人都要对付。比如荀彧之死，当时就有人大做文章。孙权把这消息公开告知刘备，刘备马上说："老贼不死，祸乱未已。"可见当时曹操确实腹背受敌，内外交困，非心狠手辣不可。

问题在于，曹操并非听不得不同意见的人。他清楚地知道多听不同意见对自己有好处，因此鼓励大家实话实说，多提意见。这有他的言行为证。所谓"言"，就是他在建安十年（公元205年）十月颁布的《求直言令》；所谓"行"，就是他在建安十二年（公元207年）重赏反对他征乌丸的人，这事我们前面讲过。在《求直言令》中，曹操指出，作为下级，最不可取的，就是当面说是，背后说非；而重赏反对征乌丸的人，则是明确告诉大家，只要你是出于好意，又说得对，哪怕和我意见不同，也不会得罪，反倒还会受奖。

那么，你怎么区分"善意反对"和"恶毒攻击"？你又怎么在营造宽松环境、鼓励正当批评的同时，防止有人利用舆论图谋不轨？当你打击那些敌对势力时，会不会也弄得万马齐喑、人人自危、鸦雀无声？这可是考水平的。

曹操的做法，是"三个区分"。一是区分"提意见"和"唱反调"，二是区分"闹别扭"和"搞阴谋"，三是区分"一个人"和"一伙人"。如果只是一个人，又不过是闹别扭，那么，哪怕是故意唱反调，曹操也未必杀他，比如祢衡（祢音迷，旧音你）。

祢衡，字正平，平原郡般县（今山东省乐陵市西南）人，《后汉书》将其传列入"文苑"传，并说他"少有才辩"，看来是个文人，也是个才子。文人兼才子多半有个通病，就是恃才傲物，目空一切，祢衡便正是这样。所以，尽管他满腹经纶，却没人用他，只有孔融深爱祢衡之才，上表朝廷，极力推荐，把祢衡说得简直天下第一，后来又多次向曹操举荐。曹操自己也是爱才的人，便也想见一见这位名士。可是祢衡却看不起曹操，自称狂病，不肯前往，背地里又大放厥词，讥讽曹操。曹操哪里受得了这个？但考虑到祢衡才气大名气大，也并不想杀他，只想杀杀他的威风。听说祢衡善击鼓，便召祢衡为鼓吏，并大会宾客，阅试音节。这回祢衡倒是来了，而且鼓击得十分精彩漂亮，据说是"容态有异，声节悲壮，听者莫不慷慨"。祢衡又走到曹操面前，却被负责礼仪的吏员喝住，说鼓吏应该换上专门的服装,你怎么就这样走进来了?祢衡说:诺。于是当着曹操的面,不慌不忙一件一件脱下自己的衣服,脱得赤身裸体一丝不挂,然后又慢慢吞吞换上制服,再奏鼓曲而去,脸上没有半点羞愧的意思。这一来,曹操反倒弄得下不了台。不过曹操到底是曹操,便呵呵一笑对宾客说:我本来是想羞辱一下祢衡的,没想到反而被他羞辱了。

这事连孔融也觉得太不像话,下来就责备了祢衡一番,并再三申说曹操的慕才之意。祢衡便答应见曹操。孔融十分高兴,立即跑去对曹操说了。曹操听了也很高兴,吩咐门人,祢衡来了立即通报。谁知一直等到下午,祢衡才来,而且也不是来道歉,而是来骂人的。只见他身穿一件单布衣,头戴一顶粗布巾,手拿一根木棒,往大营门口一坐,开口就骂。一边骂,还一边用木棒击地,骂得抑扬顿挫,有声有色。曹操勃然大怒,回头对孔融说:祢衡小子,算什么东西!孤要杀他,不过杀一只麻雀老鼠罢了!

祢衡这事做得确实不地道。至少是,他不该把孔融也卖了,弄得孔融里外不是人,也让曹操看不起。也许正是出于这种极度的蔑视,加上不愿意背"不能容之"的恶名,曹操没有处死他,而是把他打发到刘表那里去。刘表素有宽和爱士的名声,祢衡去了以后,如能改弦更张,和睦相处,倒不失为一个很好的解决办法。可惜祢衡江山易改,本性难移,最终与刘表闹翻,又被刘表打发到黄祖那儿去。黄祖是个大老粗,哪里吃祢衡这一套?一次宴会上,祢衡又出言不逊。黄祖呵斥他,他反以骂言相对。黄祖大怒,喝令拉出去打屁股,祢衡却越骂越凶。黄祖忍无可忍,便下令杀人。正好黄祖的主簿平时就痛恨祢衡,就忙不迭地把他杀了。祢衡死的时候,才二十六岁。

祢衡的死,在后世博得了许多同情。同情的原因,也无非三个:第一,祢衡有傲骨;第二,祢衡骂曹操;第三,祢衡死得冤。死得冤也有两层意思,一是他不该死,二是他死于曹操之手,是曹操借刀杀人。其实，这些说法都似是而非。不加分析，就会被表面现象所迷惑，做出错误的判断。

我们不妨来分析一下。

第一个问题，祢衡有傲骨吗？好像有。因为他每到一处，都要辱骂最高当局。在曹操那里他骂曹操，在刘表那里他骂刘表，在黄祖那里他骂黄祖。有几个人敢这样做呢？没有几个。这就很让一些人钦佩。但我们不能这样简单地看问题。骂当局，也未必就是铮铮傲骨。我们还要问：一、这个当局该不该骂？二、这个人为什么要骂？三、他是不是从来就骂，从来就不和当局合作的？这样一问，问题就出来了。

首先，祢衡并非"不合作主义者"，他其实很想和当局合作。《后汉书·祢衡传》说，祢衡原本是"避难荆州"的。当时在荆州避难人很多，因为刘表创造了一个对士人来说相对比较宽松的环境。这个时候，祢衡如果真是高士，他可以有两种选择。一种是像诸葛亮说的那样，苟全性命于乱世，不求闻达于诸侯；一种是像诸葛亮做的那样，待机而动，择时而出。但祢衡没有这样。他按捺不住表现自己的冲动，离开荆州，来游许下。据说，祢衡出来寻找发展机会时，曾"阴怀一刺"。刺，就是名片，也叫名帖。也就是说，祢衡的身上悄悄地揣了张名片，准备投给他看中的老板。这也没有什么不可以，当时许多人也都是这样做的。问题是祢衡走来走去，竟然找不到一个可以让他"高就"的地方（无所之适）。这就让他非常失望，也就开始骂人。

史书所载祢衡的开骂，是在许县，时间则是建安元年（公元196年）。据《三国志·荀彧传》裴松之注引《典略》，那时曹操刚刚迎奉天子，许县也刚刚建都，四方豪杰，云集于此，可谓人才济济。于是有人就好心好意地建议祢衡与陈群、司马朗交往，谁知他竟一脸的不屑，说我岂能和屠户卖酒的人打交道！陈群字长文，祖父、父亲、叔父都是当时的名士，他本人也和孔融是朋友，同朝为官，并不是屠户。司马朗字伯达，世家子弟，是司马懿的长兄，当然也不是卖酒的。别人又问他，那么荀文若、赵稚长怎么样呢？荀文若就是荀彧，是曹操的头号谋士，一表人才；赵是当时的荡寇将军，饭量颇大。于是祢衡便嘴巴一撇说：荀某可以凭他的脸蛋去司仪吊丧，赵某凭他的肚皮可以去监厨请客。请大家看看，这都是什么话！总之，祢衡谁都看不起，稍微看得顺眼一点的也就是孔融和杨修。但祢衡对他俩也不客气，常常对人说，也就大儿子孔文举（孔融）、小儿子杨德祖（杨修）还凑合，其他小子提都提不起来。祢衡说这话时，自己不过二十出头，孔融已经四十岁了，竟被呼为"大儿"！这哪里是什么傲骨？分明是狂悖！

现在我们也弄不清祢衡是因为到处碰壁而破口大骂，还是因为喜欢骂人而到处碰壁。依我看多半是第二种情况，或者兼而有之，恶性循环。《后汉书》说他"少有才辩，而尚气刚傲，好矫时慢物"，也就是非常意气用事，非常刚愎狂傲，喜欢故意和时尚唱反调，故意和别人过不去，也不把别人放在眼里的意思。《三国志·荀彧传》裴松之注引《平原祢衡传》则说他"恃才傲逸，臧否过差"。如果认为某个人不如自己，就懒得和他说话（见不如己者不与语），所有的人都因此而讨厌他（人皆以是憎之）。

讨厌他也是当然的。如此狂悖无礼的人，人际关系怎么好得了？而祢衡似乎也不想搞好关系。《三国志·荀彧传》裴松之注引《平原祢衡传》说，祢衡被曹操驱逐出境，众人来送他，相约说："衡数不逊，今因其后到，以不起报之。"因此，祢衡来到时，众人坐的坐，躺的躺，都不理他。祢衡却一屁股坐下来放声大哭。大家问他为什么哭，他说坐着的是坟堆，躺着的是尸体，我夹在坟墓和尸体之间，能不难过吗？这样喜欢骂人，而且骂起来这样尖酸刻毒的家伙，有谁会喜欢？所以很多人都把他恨到了骨头里（众人皆切齿）。

显然，讨厌祢衡的，并非只是曹操、刘表、黄祖，而是除孔融以外的大多数人。祢衡对抗的，也不仅仅是当局，而是整个社会。事实上祢衡的所谓傲骨，毫无正义的内容，只不过是他自我表现的恶性膨胀而已，而且到了不惜贬低别人来抬高自己的地步。这说明什么呢？说明他其实是一个极端自私的人。他的自高自大，就是他自私的表现。在他的心目中，只有自己，没有别人，所以他谁都看不起。为了表现他的所谓傲气，不惜把自己的朋友孔融推到极为尴尬的境地。这就不能算是英雄，只能叫作混蛋。

何况祢衡也不是见了当局就开骂的。据《三国志·荀彧传》裴松之注引《傅子》，他对刘表，就曾经赞不绝口（称表之美盈口），也是歌功颂德的。只是到了后来，老毛病又犯了，开始口出狂言（《后汉书》的说法是"后复侮慢于表"），这才被刘表打发到黄祖那里。到了黄祖那里，黄祖对他也很客气（祖亦善待焉），双方也曾和睦相处。但他忍不住又要出言不逊，还骂黄祖是"该死的"（死公），黄祖这才杀了他。所以，祢衡并非傲骨铮铮，而是心理变态，骂人骂惯了，逮住谁就骂谁。

弄清楚了这些背景，我们就可以回答第二个问题了，那就是曹操该不该骂。

曹操无疑有该骂的地方，但不等于祢衡骂了他就是英雄，还要看他骂了什么，为什么要骂。当然，我们也弄不清具体内容。不过，根据祢衡的一贯为人，怕也没有多少正义性。有人说祢衡骂曹操，盖因曹操篡汉，是"汉贼"。其实曹操是否篡汉，本身就是个问题。就算是，建安元年时的曹操，也还没有什么篡汉举动，反倒十分尊奉天子。再说了，就算曹操篡汉，荀彧却是忠于汉室的，为什么也要挨骂？这就只能认为是祢衡爱骂人。实际上祢衡骂曹操，是因为他对曹操既蔑视，又厌恶；既厌恶，又憎恨。《后汉书》的说法是"素相轻疾"，《三国志·荀彧传》裴松之注引《文士传》的说法是"疾恶之"。为什么蔑视、厌恶、憎恨呢？不知道。但除了孔融、杨修，这个世界上，好像也没有什么人是祢衡不蔑视、不厌恶、不憎恨的。何况曹操对祢衡，实在是够意思的了。他受到祢衡的羞辱，并没有如何。听说祢衡肯来见他，还十分高兴，等到很晚（待之极晏）。礼贤下士如此，怎么就该挨骂？

现在回答第三个问题：祢衡死得冤不冤？我的回答是，也冤也不冤。说他冤，是因为无论祢衡多么可恶和讨厌，至少罪不当死。说他不冤，则因为他多少有些咎由自取。实际上祢衡正死于他的盛气凌人。据《三国志·荀彧传》裴松之注引《傅子》，他到刘表那里，刘表把他奉为上宾，他对刘表也不吝赞美之词，却又不断讽刺刘表的左右亲信。于是这些人便到刘表那里去打小报告，说祢衡赞美将军仁爱宽厚，其实是暗示将军不过妇人之仁，没有决断能力，必败无疑。这话击中了刘表的要害，祢衡却并没有说过。然而说它出自祢衡之口，却谁听了都信。结果刘表恼羞成怒，便把他打发到黄祖那里，《后汉书》的说法是"以江夏太守黄祖性急，故送衡与之"。我们知道，曹操送祢衡到刘表那里，是知道刘表宽厚，对祢衡也尚且网开一面，希望他能好自为之，或者以观后效（视当何如）的意思。刘表明知黄祖暴躁，还要把祢衡往他那里推，就是存心和祢衡过不去，甚至有借刀杀人之意了。但黄祖是个什么样的人，你祢衡难道不知道？怎么就不能收敛一点呢？恐怕是病入膏肓，不骂人没法活。

所以，祢衡之死，有三个原因，一是祢衡自己找死，二是刘表借刀杀人，三是时代社会黑暗。而且，说到底，祢衡是死于没有法制和人权。一个江夏太守，仅仅因为没面子，就可以随便杀人，这是什么主义？是专制主义！这是什么社会？是黑暗社会！但即便是在讲法制和人权的社会，祢衡也不会讨人喜欢。在所有冤死的文士中，他最不值得同情。因为他太不尊重别人，也太不会做人，一开口就是狂悖之言，既不给对方留面子，也不给自己留余地，而且打击面极广，等于自绝于人民。他实在做得太过分了。

结论是：祢衡不该死，但也不值得学习，更不能当作英雄来歌颂。

孔融的死则有所不同。

论者常常将祢衡和孔融归为一类人物，在当时的文人中他们两个的关系也确实是最好的，称得上是臭味相投。据《后汉书·孔融传》，曹操杀孔融的时候，就有人揭发说，孔融和祢衡相互吹捧。祢衡说孔融是"仲尼不死"，孔融则夸祢衡是"颜回复生"。这个举报材料一再提到祢衡，可见孔融一案，在某种意义上是祢衡一案的延续。不过，孔融的来头比祢衡大，是孔子的第二十世孙；官也大，是将作大匠（相当于建设部部长）。所以，他死得也晚。

孔融被杀，也是得罪了曹操，而且不止一次。建安二年（公元197年），袁术称帝，曹操便想公报私仇，趁机杀掉和袁术有姻亲关系的太尉杨彪。孔融听说后，立即去找曹操，说《周书》有云，"父子兄弟，罪不相及"，何况杨彪和袁术只是亲家。曹操打官腔，说这是皇上的意思。孔融心想，扯你妈的淡！便反问：莫非成王要杀召公，周公也说不知道？如今天下人敬仰您，只因为您聪明仁智，办事公道。如果滥杀无辜，只怕天下人都要寒心。首先第一个，我孔融堂堂鲁国男子汉，明儿个就不来上班了！曹操想想他说得也有道理，就不杀杨彪了，但心里肯定结了个疙瘩。

然而孔融却不放过曹操，一有机会就找他的岔子，用讽刺挖苦和故意捣乱的方式来发泄他对曹操的不满。据《三国志·崔琰传》裴松之注引《魏氏春秋》，建安九年（公元204年），曹操攻破邺城，曹丕把袁熙的妻子甄氏抢来做老婆。孔融就给曹操写信，说当年武王伐纣，把妲己赐给周公了。曹操因孔融博学，以为真有这事，便问他是在哪本书上看到的。孔融说"以今度之，想其当然耳"。又据《三国志·崔琰传》裴松之注引《汉纪》，曹操为了节约粮食，下令禁酒，孔融又跳出来唱反调，说天上有酒星，地上有酒泉，人间有酒德，酒怎么可以禁？再说从古以来就有因女人而亡国的，怎么不禁女人？这些话，当然让曹操很不受用。但孔融来头大，名气大，曹操轻易也奈何他不得，但"外虽宽容，而内不能平"。

如果孔融只是说些风凉话，或者话说得刻薄一点，也许曹操忍一忍也就罢了。可惜孔融还要攻击曹操的政治路线和政治纲领，对曹操的每一重大决策都要表示反对，这就使曹操不能容忍。比方说，官渡之战时，孔融就在朝廷散布袁绍不可战胜的言论，遭到荀彧的驳斥，事见《三国志·荀彧传》。又据《后汉书·孔融传》，孔融曾上书朝廷，提出应该按照古代的制度，首都千里之内不封侯。曹操便疑心是冲着自己来的，是要把自己这个侯爵打发到千里之外去。加上孔融和刘备关系非同一般，曹操便决定在用兵荆州之前，先消灭了孔融。

但孔融毕竟不是什么无名鼠辈，杀他还得讲点程序。正好，建安十三年（公元208年）六月曹操改革官制，恢复了丞相和御史大夫，新任御史大夫（相当于监察部部长）就是前面一再提到的郗虑。郗虑原本与孔融不和，对曹操的任命也心领神会。据《孔融传》，郗虑很快就搜集到孔融的罪证，并让一个叫路粹的人写了举报材料。其中最严重的一条，是扬言"有天下者，何必卯金刀"。卯金刀就是刘（劉）字。这便是谋反了，当然该杀，可杀。于是孔融很快就被下狱、处死，时年五十六岁，老婆孩子也统统受到株连。

不过曹操杀孔融，用的却不是"谋反"的罪名，而是"不孝"的罪名。据《三国志·崔琰传》裴松之注引《魏氏春秋》，因为孔融名气太大，曹操怕别人不服，还特别公布了罪状。据说，孔融有两条"不孝言论"。一是说，父与子，有什么恩？论其本义，不过当时情欲发作而已。子与母，又有什么爱？就像一件东西暂时寄放在瓦罐里，倒出来后就什么关系都没有了。二是说，闹饥荒时，有点吃的，如果父亲不好，便宁肯拿给别人去吃。这样的言论，当然是"不孝"。所以曹操在布告上恶狠狠地说："融违天反道，败伦乱理，虽肆市朝，犹恨其晚。"也就是说，孔融不但该杀，而且还杀晚了。

这是典型的以言治罪，也是典型的专制政治。首先，我们并不知道孔融是否真有上述言论，布告上讲是听祢衡说的。祢衡从孔融那里听说后，便到处传播，影响恶劣。然而祢衡已死，死无对证，哪里说得清？依我看，这话倒像是祢衡说给孔融听的。但曹操说是孔融所说，那就是，不容申辩的。其次，即便这话系孔融所说，也顶多是不像话，有错而无罪。但曹操那个时代是不讲人权的，连"腹诽心谤"都有罪，何况"猖狂攻击"？当然该死。最后，曹操自己说"唯才是举"，盗嫂受金、不仁不孝也不要紧，怎么可以因为不孝而杀人呢？岂非出尔反尔、自打耳光？再说，孔融只不过有不孝的言论，曹操还把它用到组织路线和人事政策上去了，岂不更该杀？不过，这些话我们并不能去问曹操。正如鲁迅先生所说："我们倘若去问他，恐怕他把我们也杀了！"

其实，曹操用不孝的罪名杀孔融，用心是很深的，再次表明曹操是极有心计的政治家而孔融是意气用事的书呆子。首先，汉王朝历来主张以孝道治天下。曹操杀孔融，说明他维护孝道，而维护孝道就是维护汉室。这就光明正大，同时还洗刷了自己"谋篡"的嫌疑，政治上又捞了一票。其次，这样做，不但能消灭孔融的肉体，还能诋毁孔融的名誉。你想，孔子的二十世孙居然主张不孝，他的人品还靠得住吗？一个连祖宗都背叛的人，难道还不该死吗？显然，曹操不但要整死孔融，还要让他遗臭万年。这一招是非常狠毒也非常厉害的。因此陈寿作《三国志》时，便不敢为孔融立传。

说来曹操的杀孔融，除消火异己外，也确有正一正风气的目的。只不过这风气与孝不孝没有什么关系，却与政治关系颇大。我们知道，东汉末年，许多名士都以"清流"相标榜。其中自然有洁身自好的高洁之士，也不乏沽名钓誉之徒。但不论何种"清流"，共同的特点，是才气大脾气也大，或没有才气脾气却很大。他们都自命清高，不肯与所谓俗人来往，也不肯和当局合作，或装作不和当局合作。如果只是个人生活闹闹脾气，还不要紧，然而他们还要把这种风气带到政治生活中来，而且弄得影响很大，这就不能不让曹操头疼。曹操是一个在非常之时行非常之事的非常之人。他要专政，岂容别人天天说他的怪话？他要用人，岂容大家都不来合作？这就要杀一儆百，而孔融正好是这样一只大公鸡。

祢衡死了，事在建安元年（公元196年）；孔融死了，事在建安十三年（公元208年）；荀彧死了，事在建安十七年（公元212年）。以后，建安二十一年（公元216年）和建安二十四年（公元219年），曹操又先后杀了崔琰和杨修。他们的死，在当时也既是大案，又是疑案，而且情况与前三人不同。那么，崔琰和杨修又是为什么被杀的呢？

第二十九章
命案真相

曹操制造冤案，杀死孔融；暗施淫威，逼死荀彧。这说明曹操作为政治上的强势和强权人物，绝不允许任何人反对他的政治路线，就连怀疑也不行；也说明曹操的杀人，主要是由于他政治上的需要。那么，曹操杀崔琰，杀杨修，又是由于什么政治原因呢？

前面两章，我们讲了祢衡之死、孔融之死、荀彧之死。不难看出，这三个人的死因是不一样的，死法也是不一样的。祢衡只是闹别扭，闹意气，人缘又不好，只代表他一个人，并没有形成一个政治集团或一股政治力量，曹操就不杀他。荀彧已经是唱反调，但也只是一个人，不代表某个集团或势力，又是自己的大功臣，就不公开杀他，死后也给予厚待（谥曰敬）。孔融一贯唱反调，又代表着社会上和朝廷中的反对势力，长期和曹操作对，就不但要公开处死，满门抄斩，还要妄加罪名，批倒批臭。这说明什么呢？说明曹操是以政治画线的。他或许可以容忍别人不给他面子（当然也有不能容忍的时候），却绝不能允许反对他的政治路线和政治安排。谁要是胆敢反对，他就一定会举起屠刀，毫不犹豫地予以消灭，就连荀彧这样的功臣也不例外，更不用说崔琰和杨修了。

崔琰之死，是当时的一大冤案。就连对曹操多有回护，甚至不敢为孔融作传的陈寿，也忍不住说崔琰的死"最为世所痛惜，至今冤之"。为了说清楚这一点，我们先来看崔琰是一个什么样的人，再说他为什么死。

我对崔琰的描述，是十六个字：文武全才，朝廷重臣，正人君子，德高望重。崔琰，字季珪，清河东武城（今山东省武城县西北）人。《三国志·崔琰传》说他小时候喜欢击剑，酷爱武术，而不善言谈。到了二十三岁时，他被乡里定为"正卒"，每年必须出去服一段时间的徭役（包括力役和军役）。这种徭役，只有成为文学弟子后才能免除。于是他便开始发愤学习《论语》和《韩诗》，二十九岁成为经学大师郑玄的弟子，后来又被袁绍招聘到麾下，担任骑都尉（统率羽林骑兵的军官）。我们知道，袁绍是一个听不进不同意见的人。崔琰劝他不要去打曹操，袁绍不听，结果败于官渡。袁绍死后，袁尚和袁谭都抢着要崔琰，崔琰只好"称疾固辞"，结果被关进监狱，靠陈琳等人的营救才幸免于死。

曹操攻破邺城以后，崔琰就跟了曹操。建安十三年（公元208年），曹操废除三公，恢复丞相制度，自任丞相。丞相府下设东曹和西曹，负责选拔干部。西曹管中央各部门，东曹管地方和军队，崔琰在东曹和西曹都干过。裴松之注引《先贤行状》说，崔琰在东西两曹任职时，选拔了大量优秀人才（文武群才，多所明拔），而且量才录用，不讲情面，以致"朝廷归高，天下称平"，杜绝了用人的腐败，树立了朝廷的威望。

事实上，崔琰是当时最为德高望重的名士。他从小性情敦厚，寡言少语，而且相貌堂堂，一表人才。《三国志》本传的说法是"声姿高畅，眉目疏朗，须长四尺，甚有威重"，《先贤行状》则称他"清忠高亮，雅识经远，推方直道，正色于朝"，也就是清廉忠贞，正派儒雅，既有高风亮节，又有远见卓识，看人看得准，做事做得正，而且仪表堂堂，凛然于朝。据说，不但朝廷中人都崇敬他（朝士瞻望），就连曹操也为他那一身正气而慑服（太祖亦敬惮焉）。其实，曹操要他到东西曹任职，就因为他可以使贪婪的人变得清廉（贪夫慕名而清），勇敢的人得到激励（壮士尚称而厉）。这可是曹操自己说的话。也就是说，曹操是把崔琰当作众人的表率、官员的榜样、时代的楷模来看待的（斯可以率时者已）。

然而就是这样一个人，也被曹操杀了，而且完全是诬杀。杀他的理由，则是"腹诽心谤"。以所谓"腹诽心谤"为罪名来杀人，原本就是混账逻辑，更何况说崔琰"腹诽心谤"，理由根本就不能成立。据《三国志·崔琰传》，事情是这样的：曹操做了魏王之后，有一个名叫杨训的人写了表章，称颂曹操的功勋和盛德，遭到一些人的非议，说他迎合权势，为人虚伪。进而又议及崔琰，认为他居然举荐杨训做官，是他作为"组织部部长"的失察和失职。于是崔琰便把杨训表章的底稿要来看了一下，然后给杨训写了一封短信，说："省表，事佳耳！时乎时乎，会当有变时。"这封信被人向曹操告密，此案便由此而起。

崔琰为什么要写这封信？他的真实想法和动机究竟是什么？我们现在恐怕是无法确知了。陈寿认为，崔琰的本意是讽刺那些反对派的（讥论者好谴呵而不寻情理）。但此信确实有些含糊其词模棱两可。它直译过来是：表章我看过了，事情做得还算可以嘛！时间啊时间，随着时间的变化，情况也一定会发生变化的！这里的关键是：那个还算可以的事是什么事，而那个会发生变化的情况又是什么。它们可以理解为：杨训的这份表章写得还算可以，或他上表章这件事做得还算可以，而随着时间的迁移，人们对杨训的看法也是会发生变化的。这种理解，就事论事，顺理成章。

但告密的人不这么理解。他的解释翻译过来就是这样：表章我看过了，曹某人做的那些事还算是可以嘛！天时啊天时，总会有变的时候。所以曹操愤怒地说：老百姓生了女儿，通常都讲"生女耳"，也就是生个女娃儿罢了，不过"还算可以"而已。这个"耳"字不是好字眼。"会当有变时"，就更是出言不逊，别有用心！于是便处崔琰以髡刑输徒，也就是剃掉头发，去做苦工。对于崔琰这样一个人品和相貌都好，地位和品德都高的人，这当然是极大的侮辱。然而崔琰受此凌辱，内心却很坦然，行止如故，辞色不挠，毫无猥琐卑屈、摇尾乞怜的样子。那个告密者又去报告曹操，说崔琰并无认罪悔改之意。曹操便下令说：崔琰虽然受刑，却仍结交宾客，门庭若市，说话抖动着胡须，看人直瞪着眼睛，好像心怀不满嘛！于是赐崔琰死。这事《魏略》还有更详细的描述。《魏略》说，当时曹操派人去对负责此案的官员说，三天以后听消息。几天过去，负责监视的官吏报告说崔琰平安无事。曹操竟发怒说：崔琰难道一定要本王动刀动锯子吗？崔琰听说这话，点点头说，这是我的不是了，不知曹公竟有这个意思（我殊不宜，不知公意至此也）。于是从容自尽。

崔琰之死，几乎不用分析，一看就是冤案。曹操的表现，则近乎歇斯底里。所用的罪名，也等于是"莫须有"。因此这事当时就有反弹。据《三国志·毛玠传》，担任过东曹掾（音院）和崔琰一起负责选拔干部的毛玠，就很不满。那些卑鄙的告密者和马屁精把这情况告诉了曹操，曹操勃然大怒，找个岔子将毛玠下狱问罪。毛玠坦然面对无妄之灾，冷静陈词。毛玠说，古往今来，被嫉妒、被陷害、被冤杀的，不胜枚举。毛玠从县吏做起，直到成为朝廷大臣，得罪的人岂在少数，要找岔子又有什么困难？毛玠只希望能够有一次当庭对质答辩的机会。如果毛玠理屈词穷，那么，处臣极刑就是加官晋爵（即刑之日，方之安驷之赠），取臣首级就是浩荡天恩（赐剑之来，比之重赏之惠）。毛玠这话当然驳不倒。加上一贯挺曹，甚至主张曹操当皇帝的桓阶（还有其他人）也出面营救，曹操这才放了毛玠，但仍然罢了他的官。

这事早就有人不以为然，比如孙盛就说"魏武于是失政刑矣"。我们也很想不通，因为这不像曹操过去的为人和主张。看来，随着权力的扩张和野心的膨胀，此刻的曹操已不是当年的曹操。但问题是，曹操再歇斯底里，还不至于神经错乱，也不至于像疯子一样无缘无故乱杀人。他杀人，总有原因。更奇怪的是，崔琰一案，明摆着是诬陷，崔琰为什么不像毛玠这样陈词答辩，甚至连解释一下都不肯？崔琰的话，明明可以有两种解释，曹操为什么要曲意误解？曹操和崔琰究竟是什么关系？他为什么要杀崔琰？崔琰又为什么要自杀？

陈寿的解释是"恃旧不虔"。陈寿说："太祖性忌，有所不堪者，鲁国孔融，南阳许攸、娄圭，皆以恃旧不虔见诛。而琰最为世所痛惜，至今冤之。"其实，许攸之死，确因"不虔"，孔融则不是。他的死因，不是"不虔"，而是"作对"。崔琰呢？既无"不虔"，也不曾"作对"。曹操封魏公、晋魏王，他都没有反对呀！就连被曹操视为或者说成"不虔"的那个"事佳耳"，也未必是冲着曹操来的。那么，曹操到底为什么要杀崔琰？

也有三种猜测。

第一种可能是神经过敏。我们知道，曹操封魏公，建魏国，称魏王，是很有一些人不以为然的。你想，就连荀彧这样的智囊都表示反对，何况其他人？只不过荀彧是公开反对，其他人是背后嘀咕罢了。这就不能不让曹操精神紧张，杯弓蛇影，风声鹤唳，疑神疑鬼。而且，按照传统观念，维护王室，防止政变，是正人君子的责任担当。曹操虽然不承认"谋篡"，却有洗刷不掉的"谋篡"嫌疑。所以，对那些道德高尚的人，曹操便格外警惕，特别怀疑。崔琰恰恰就是这样的人。因此，曹操一听到崔琰的说法，就不会往善意方面去猜测，只会怀疑他"恶毒攻击"。

问题在于，崔琰为什么不辩解呢？也有两种可能。一种是"不屑于"。我们知道，崔琰的人品是很高尚也很高贵的。高尚高贵的人往往也都有傲气和傲骨。真君子一身正气，大丈夫视死如归，辩解什么？！要杀就杀好了，自己动手也可以，这才从容自尽。还有一种可能是"用不着"。也就是说，崔琰心里有数，曹操迟早是要杀他的，辩解也没用，不如从容就义。所以，曹操为什么要杀崔琰，除第一种可能外，还有第二、第三两种可能。

第二种可能是报复杀人。崔琰得罪过曹操吗？得罪过，只不过时间很早。据《三国志·崔琰传》，建安九年（公元204年），曹操攻克邺城，平定袁氏，领冀州牧。他得意扬扬地对刚从冀州监狱里救出来、当了他的别驾从事的崔琰说，昨天我查了一下户口，这一回我可得三十万人，冀州可真是个大州啊！谁知崔琰却说：如今天下分崩，九州分裂，袁氏弟兄同室操戈，冀州百姓露尸荒野。王师驾到，没听说先传布仁声，存问风俗，救民于涂炭，反倒首先算计能得到多少兵甲，以扩充实力为当务之急，这难道是敝州男女老少寄希望于明公的吗？这一番义正词严，吓得旁边的宾客脸都白了，曹操也连忙收起得意的神态，向崔琰道歉。因为这实在是正义和正直的声音，不能不让人肃然起敬。但那疙瘩，也就结在了心底。此番杀人，就是要报当年那一箭之仇。我在《品人录》一书中，提出的就是这个观点。

问题是这可能吗？

可能。我们不要忘记，专制时代那些掌握了权力的家伙，没有一个是喜欢部下顶撞自己的，也没有一个不想打击报复、公报私仇，就连最窝囊最低能的皇帝和官员都会这一手。对于他们来说，没有想不想的问题，只有能不能的问题。如果说有什么不同，那就是什么时候报复。有的人会当场翻脸，立即实施；有的人则会为了长远的目标和更大的利益，先忍下来，等到秋后再算账。当场翻脸的是笨蛋，秋后算账的是奸雄。曹操用崔琰的死，证明了自己是奸雄。从建安九年结怨，到建安二十一年杀人，曹操等了十二年，他已经等得够久的了。

第三种可能是安排后事。曹操晚年，曾为立嗣问题苦恼，不知是立最年长的曹丕呢，还是立最有才的曹植。于是便以信函密问百官，请他们陈述意见。因为曹操是秘密征求意见，大家也都答以密函。唯独身为魏国尚书（政治秘书）的崔琰，却"露板"（不封板牍）公开作答。崔琰说，根据《春秋》之义，立子以长，何况五官中郎将（曹丕）仁孝聪明，宜承正统。我崔琰愿以死恪守正道。曹操一看，大为惊异。因为曹植正是崔琰的侄女婿。崔琰不举荐曹植而举荐曹丕，实在是大公无私。曹操"喟然叹息"之余，任命崔琰担任了魏国的中尉（宫廷卫队长兼首都卫戍司令）。

表面上看，这事不可能成为崔琰被杀的原因，因为崔琰的主张和曹操一致。但是，裴松之却在这段话的后面加了一条注，说据《世语》，曹植的妻子，也就是崔琰的侄女，因为穿了一件漂亮衣服，竟被曹操以"违制命"的罪名赐死。崔琰和他的侄女，都和曹植有关，都被曹操"赐死"，而且"赐死"的理由也都不成其为原因，就不能不让人怀疑其中有什么关系。我甚至认为，裴松之在这里加注，其实就是一种暗示。这当然也是猜测，但并非没有道理。事实上，确实有人因此而死。比如杨修，就被认为是曹丕、曹植夺嫡之争的牺牲品。

杨修死得有些不明不白。

杨修，字德祖，系杨彪之子，杨赐之孙，杨秉之曾孙，杨震之玄孙。杨震当过司徒、太尉，杨秉当过太尉，杨赐当过司空、司徒、太尉，杨彪也当过司空、司徒、太尉。所以他们杨家，和袁绍、袁术家一样，也是"四世三公"（四代人当中都有位居三公的），而且还是"四世三太尉"，一脉相承。杨修的家庭背景，非同一般。

杨修也是一个聪明绝顶、极有才华的人，连"狂妄冠军"祢衡也承认他还算个人物，呼他为"小儿"。杨修又是一个谦恭的人。《三国志·曹植传》裴松之注引《典略》说他"谦恭才博"，曹操所有的儿子包括曹丕，都争着和他交朋友。他的死，并非因为得罪了谁。史家一般认为，杨修是死于立储之争。当时曹丕和曹植争当太子，而杨修是帮曹植的。曹操决意立曹丕为储以后，为了防止杨修给曹植出坏主意，和曹丕对着干，惹麻烦，弄得兄弟相争，祸起萧墙，再加上杨修是袁术的外甥，便在自己去世一百多天前，把杨修杀了。《三国志·曹植传》和《后汉书·杨修传》就是这种说法。

此说甚为可疑。杨修确实是帮过曹植，但杨修并非曹植死党。据《三国志·曹植传》裴松之注引《典略》，曹丕被立为太子后，杨修就想疏远曹植。曹植却一再拉拢杨修，杨修"亦不敢自绝"。曹植毕竟是曹操的爱子，即便当不上太子，也是得罪不起的。杨修虽然出身名门，四世三公，但此刻就连皇帝都成了曹操的玩偶，屡受曹操打击的杨彪又算什么？据《后汉书·杨彪传》，建安十年（公元205年），杨彪被免去职务；十一年（公元206年），所有因为"恩泽"（即不是因为战功）而封侯的，都被削去爵位，杨彪也在其中。此公既被罢官又被夺封，虽非"冢中枯骨"，已是"明日黄花"，杨修对曹氏兄弟能不巴结着点吗？

何况杨修和曹丕的关系也不坏。据《典略》，杨修曾把一把宝剑献给曹丕，曹丕十分喜欢，经常把它佩戴在身上。后来曹丕当了皇帝，住在洛阳，也仍佩戴这把宝剑。有一天，曹丕从容出宫，睹物思人，忽然想起了杨修，便抚着宝剑喝令停车，回头对左右说：这就是当年杨德祖说的王髦之剑了。王髦现在在哪里呢？及至找到王髦，曹丕便赐给他一些粮食和衣物。俗话说，爱屋及乌。曹丕这么喜欢这把宝剑，喜欢到连王髦都要赏赐；提起杨修时，称他的字不称他的名，都说明曹丕对杨修还是有感情的，至少不那么反感。曹丕自己都不想杀的人，曹操替他杀什么？

所以我认为，曹操是为自己杀杨修的。

杨修这个人，虽然大家都公认他聪明，其实不过小聪明。据《后汉书·杨修传》，他身为丞相主簿，却又不肯老老实实坐在办公室里，老想溜出去玩。可是又怕曹操有问题要问。于是每当外出时，都要事先揣度曹操的心思，写出答案，让侍从转交。一来二去，曹操就奇怪了：杨修怎么答得这样快？派人去看，原来如此，便开始忌恨杨修。

这事还有一个版本。据《世说新语·捷悟》刘孝标注引《文士传》，杨修写这些答案时，连曹操的提问会有几次反复都算准了，便按次序写好，并吩咐侍从，如果丞相有令传出，就按这个次序一一作答。没想到人算不如天算。一阵风吹来，纸张的次序全乱。侍从按乱了的次序作答，自然文不对题。曹操勃然大怒，把杨修叫来盘问。杨修不敢隐瞒，只好老实交代。结果是什么呢？是小聪明误了大事情，曹操的不满可想而知。

更糟糕的是，杨修还要在众人面前卖弄这种小聪明。据《世说新语·捷悟》，有一次曹操去视察新建的相国府，看后不置可否，只让人在门上写了个"活"字。杨修便令人将门拆掉重建，因为"门"中"活"，就是"阔"，丞相是嫌门太大了。又一次，有人送给曹操一盒酥糖。曹操吃了一口，便在盒子上写了个"合"字交给众人。众人不解，杨修却接过来就吃，并说：不就是"人一口"吗？如果说这尚属雕虫小技，无伤大雅，那么，他在军中的表现就会让曹操大起杀心。据《三国志·武帝纪》裴松之注引《九州春秋》，建安二十四年（公元219年），曹操亲率大军，从长安出斜谷，进军汉中，准备和刘备决战一场。谁知刘备敛众据险，死守不战。曹操欲攻不得进，欲守无所据，战守无策，进退两难。有一天部下向他请示军中口令，竟答之以"鸡肋"。杨修听了，立即收拾行装。大家连忙问他为什么。杨修说：鸡肋这玩意，食之无味，弃之可惜，魏王是打算回家了。

这一回又叫杨修猜中了，但这一回只怕也就要了他的脑袋。果然，不到半年工夫，曹操就杀了杨修。据《典略》，杨修的罪名是"漏泄言教，交关诸侯"，大约相当于泄漏国家机密罪、结党营私罪和妖言惑众罪。

据说，杨修临死前曾对人说："我固自以死之晚也。"但如果他以为他的死，是受曹植的牵连，那就是死都不明白。杨修不明白，他是生活在一个专制的体制之中，而曹操又是这种体制下罕见的几个"雄猜之主"之一。这类人物,猜忌心和防范心都是很重的。他们最忌恨的,便是别人猜透他们的心思。因为他们要维护自己一人专政的独裁统治,就必须实行愚民政策和特务政治。别人的一切他都要掌握,自己的想法却不能让别人知道,除非他有意暗示、提醒。总之,独裁者必须把自己神秘化,才能显得"天威莫测",让别人战战兢兢,自己得心应手。杨修对曹操的心思洞若观火,而且连将要提问的次序都能猜到,这实在太恐怖了。有这么一个人物守在自己身边,曹操还能玩政治吗?如果杨修猜出来了却并不说出去,也许还好一点。他又偏要到处张扬,这就至少会显得曹操城府不深,就会启动一些人的不臣之心。因此,杨修这颗钉子,迟早要拔。更何况,他又和曹植及其党羽搅和在一起,那就非拔掉不可。可以说,祢衡之死,是因为他太不了解人;杨修之死,则因为他太了解人。而且,他们又都不了解自己,也不了解人与人之间究竟应如何相处。

其实,崔琰之死也一样,也是犯了专制政治的大忌。表面上看,崔琰在立储问题上并没有站错队,问题在于他不该"露板"作答。第一,专制政治是一种秘密政治,喜欢的是暗箱操作。你公开,就坏了规矩。第二,在暗箱操作的时代,公开的不一定是真实的,真实的往往藏在幕后。崔琰公开,在他自己或许是心底无私,在曹操看来却可能是刻意作秀,否则为什么别人都密封唯独你露板?第三,就算崔琰是襟怀坦荡,但你这样做,岂非显得曹操鬼鬼祟祟?你是坦荡荡的君子,岂非显得曹操是长戚戚的小人?你说曹操怎么会高兴?所以他在"喟然叹息"之余,没准也起了别的心思。

当然这都是猜测。所谓"历史的真相",还是留给历史学家去打探吧!我想说的是,专制政权杀人是不讲道理的。尤其是涉及皇权、皇位等问题时,往往毫无人性、人情、人权可言。就连自己的亲生父母、兄弟、子女,杀起来也毫不手软。汉武帝不是杀了儿子吗?唐太宗不是杀了兄弟吗?那么曹操做得又如何呢?

第三十章

夺嫡之争

在曹操的晚年，接班人的问题被提到了议事日程；曹丕、曹彰、曹植等人的夺嫡之争也异常激烈。为此，曹操甚至不惜制造冤案和血案。但令人费解的是，拥戴曹丕的崔琰被赐死，拥戴曹植的杨修也被杀，曹操究竟要立谁为接班人呢？

前文讲到，曹操在自己去世一百多天前，悍然杀了"高干子弟"杨修。可怜老杨家四世三公一朝倾覆，正应了那句老话："君子之泽，五世而斩。"

这个时候，杨修的父亲杨彪还在世。杨彪这个人，是既担任过司空，又担任过司徒，还担任过太尉的。他把所谓"三公"的三个职务都当了一遍，地位之崇高可想而知。如今，却只能眼睁睁地看着爱子被杀，落得白发人送黑发人，内心之悲痛也可想而知。据《后汉书·杨彪传》，有一天，曹操碰到杨彪，见他形容枯槁，大吃一惊。曹操便问，杨公怎么瘦成这个样子了？杨彪说，愧无先见之明，犹怀舐犊之爱。于是"操为之改容"。

曹操的问可能是故作关切，杨彪的答却是肺腑之言。这就不能不让曹操"改容"。此刻的杨彪，虽然已被罢官夺封，毕竟还是元老级的人物。这样一个人物，尚且不能保全家人，何况其他人？再说了，杨彪有舐犊之爱，曹操就没有吗？杨彪不能保全家人，曹操就能够吗？别看这时的曹操威风八面称霸一时，"君子之泽，五世而斩"的规律对他就未必无效。这实在不能不让他想得更多些，更远些。

实际上，接班人的问题早就提到了曹操的议事日程。只可惜，这个问题并不容易解决。

据统计，曹操至少有十五个老婆，二十五个儿子。最有资格接班的长子曹昂在建安二年（公元197年）正月阵亡，另一个为曹操所钟爱的儿子曹冲，则在建安十三年（公元208年）五月病故。其他儿子，或者早夭，或者庸常，比较有希望的是曹丕、曹彰、曹植。据《三国志·曹冲传》，曹冲病故时，曹操极为悲痛。曹丕上前安慰父亲，曹操说："此我之不幸，而汝曹之幸也。"所谓"汝曹"（你们几个），当是曹丕、曹彰和曹植。

这三个也都想当接班人。首先，他们都是卞夫人的儿子。曹操的原配是丁夫人。丁夫人无出，养子曹昂阵亡，自己又离异，就不在"立嫡"的考虑之列。丁夫人被废以后，继承正妻地位的是卞夫人。按照"立嫡"原则，接班人应该从卞夫人的儿子当中挑选。卞夫人有四个儿子，其中曹熊早薨，可选的就是曹丕、曹彰和曹植。这是第一点。第二，他们三个也都有能力，有作为，水平明显高于曹操的其他儿子。这样，无论"立嫡"还是"立贤"，他们都最有资格。所谓"夺嫡之争"，便在卞夫人的这三个儿子当中展开。

那么，曹操选谁？

史家一般都认为，首先可以排除的是曹彰。不可否认，曹彰是个人物。据《三国志·曹彰传》，此君从小就善于骑马射箭，胆子大力气也大，战事多战功也多。建安二十三年（公元218年），代郡乌丸反，曹操任命曹彰为北中郎将，行骁骑将军，前去征讨。临行前，曹操对曹彰说，儿啊，在家为父子，受命为君臣，你可要好自为之！曹彰明白父王的意思，在北伐战争中冲锋陷阵，身先士卒，亲射胡骑，以至于"应弦而倒者前后相属"。曹彰自己也"铠中数箭"，然而"意气益厉"，结果"大破之"。中立观望的鲜卑人见曹彰如此英勇善战势不可当，也表示归顺，于是"北方悉平"。胜利后，曹彰一方面超常规地大赏将士，另一方面在向曹操汇报时按照曹丕的建议"归功诸将"。这下子曹操高兴坏了，抓住曹彰的黄胡须说："黄须儿竟大奇也！"

事实上，曹操的确很为他这个儿子感到骄傲。据《三国志·曹彰传》裴松之注引《魏略》，汉中之战时，刘备躲在山上，派刘封下山挑战。曹操大骂：卖草鞋的（卖履舍儿），怎么总弄个假儿子来打仗（长使假子拒汝公乎）？你等着，看我把黄须儿叫来！

然而曹彰有个问题，就是有勇无谋，不爱读书。这事曹操管教过。曹操说，你总喜欢弄枪舞剑，飞鹰走狗，不过匹夫之勇，哪里能成大事？便安排他读《诗》《书》。曹彰却对旁边的人说，男子汉大丈夫，就该像卫青、霍去病那样，将百万之众，驰骋疆场，建功立业，哪能靠几本破书混个博士？这种想法，显然不像"人君"。

曹操也考察过曹彰。他曾经询问诸子的爱好，让他们各言其志，曹彰的回答是"好为将"。曹操又问："为将奈何？"曹彰说："被坚执锐，临难不顾，为士卒先，赏必行，罚必信。"于是"太祖大笑"。立曹彰为储的念头如果有过的话，大约也一笑了之了。因为曹操很清楚，曹彰是个好将军，却未必是好国君、好皇帝。

剩下的就是曹丕和曹植了。不少人认为，曹操原本是要立曹植为储君的，只是因为曹丕搞鬼，曹植自己又多有失误，才立了曹丕。这也不是没有根据。《三国志·曹植传》就是这个说法，而且说得很明白，是"几为太子者数矣"。原因也有两个，一是曹植有才，二是曹操喜欢他。这两个原因也有因果关系，即正因为"每进见难问，应声而对"，这才"特见宠爱"。但我认为，这两条，恰恰证明了曹操不可能立曹植。

先说喜欢。曹操喜欢曹植不假。但唯其如此，反倒不能立他为太子。为什么呢？因为立储，历来有四种立法：立嫡、立长、立贤、立爱。按照传统观念，最可取的是立嫡，准确地说就是立嫡长子。一个儿子，如果既是嫡子（正妻所生），又是长子（年龄最大），那他就是当之无愧的储君。如果长子不是嫡子（是庶子），嫡子不是长子（是次子），那么，宁肯立年幼的嫡子，也不可立年长的庶子，这叫"立子以嫡不以长"。如果嫡子有两个以上，或者没有嫡子都是庶子，那就立年长的，不考虑品行和才能，这叫"立嫡以长不以贤"。当然，立贤也不是绝对不可以，因为立贤毕竟有道理。立个贤君，对国家对人民都有好处，大家也还能接受。最不可取的是立爱，因为这完全是由着性子胡来，非遭到抵制不可。总之，立储之道，首选立嫡，其次立长，再次立贤，最次立爱。立曹丕，是立嫡，也是立长；立曹植，则是立爱。你说曹操立哪个？没错，曹操这人是不大守规矩的，有时也不按牌理出牌，但他未必肯背"立爱"的罪名，何况曹操又并不是只爱曹植一个。

或许有人会说，曹操立曹植，不是"立爱"，是"立贤"。曹操这个人，是主张"唯才是举"的，怎么会受传统观念的羁绊？当然是立最有才华的曹植啦！这其实也是似是而非。的确，曹植是一个特有才华的人，可以说是少年才子。据《三国志·曹植传》，曹植很小的时候就会写文章。曹操读到他的作品，曾甚为惊异，问他是不是请别人代笔（汝倩人邪）。曹植回答说："言出为论，下笔成章，顾当面试，奈何倩人？"后来铜雀台建成，曹操令诸子登台作赋，曹植"援笔立成，可观，太祖甚异之"，可见其文才之好。

但问题是，选储君不是选作协主席，不能光看文章写得好不好，还得看有没有政治才能。应该说，在这方面，曹操也是考察过曹植并寄予厚望的。建安十九年（公元214年），曹操征孙权，留曹植守邺城。曹操语重心长地对他说，为父当年做顿丘令的时候，也不过二十三岁。现在回想起来，没有什么可以后悔的事情。你今年也二十三岁了，好自为之！那么，曹植表现如何？《三国志·曹植传》没有说，应该还不错，因此下文才有"几为太子者数矣"。但后来表现又不好了，结果失宠。

这里面显然疑点甚多。第一，曹植留守邺城时，是否有突出表现？如果有，为什么史无记载？第二，曹植原先表现不错，后来为什么又变差了？可惜，《三国志》这段记载含糊其词，语焉不详，吞吞吐吐，让人感觉是在避讳什么。但我以为，如果曹植在政治上确有突出表现，那是瞒不住的。实际上曹植也不可能做什么惊天动地的大事。一是曹操本人太强。他的儿子，除了曹彰可以出去打打仗外，其他人都难有作为。二是曹植也不像政治上很成熟的人。《三国志·曹植传》讲曹丕夺嫡成功曹植争宠失败的原因，用了春秋笔法，说是"植任性而行，不自雕励，饮酒不节"，而曹丕"御之以术，矫情自饰，宫人左右，并为之说"，也就是装模作样，控制自己，收买人心，于是曹操决定立曹丕为嗣。

这应该也是事实，因此后世多半同情曹植，不同情甚至鄙视曹丕。毫无疑问，在我们看来，"任性而行"显然比"矫情自饰"可爱。"矫情自饰"岂止不可爱，简直就是可怕。但这是我们的看法，不是曹操的看法。曹操此刻，并不是要评选"谁是最可爱的人"，而是要考虑"谁是最可靠的人"。什么方面可靠？政治上可靠。政治上可靠是什么意思？是能够保证曹魏政权的代代延续。这就不能看"性情"，而要看"心计"。缺心眼的人是不能被选做曹魏政权接班人的，"任性而行"也不是政治家应有的品质。有人说曹操也是"性情中人"，曹植"任性而行"岂非"深肖朕躬"？没错，曹操的确是"性情中人"，但不要忘了他还有"奸猾狡诈"的一面。他这两个儿子，一个继承了他的"任性率真"，一个继承了他的"奸猾狡诈"，正可谓鱼与熊掌不可得兼。这才"狐疑"。思想斗争的结果，是理智占了上风。毕竟，当时天下并不太平，曹魏政权也腹背受敌。选一个有心计的人，显然要放心一些。张作耀先生的《曹操评传》说"从治国大计上考虑，曹植的确不如曹丕"，我认为这个结论是对的。

其实，即便从才能的角度考虑，也应该选曹丕而不是选曹植。卞夫人的三个儿子——曹丕、曹彰、曹植，都是有才的人，又并不相同。陈寿对曹彰的描述，是"武艺壮猛，有将领之气"；对曹植的描述，则是"文才富艳，足以自通后叶"。也就是说，他们两个，一则文才，一则武艺，曹丕却是文武双全。曹丕是当时著名的诗人，和曹操、曹植并称"三曹"。当然，"三曹"当中，曹丕的诗写得不如父亲和兄弟，但在文学史上的地位却并不低。一是有创新，其《燕歌行》被认为是七言诗之祖。二是有理论，其《典论·论文》是中国文学批评史上的经典。鲁迅先生在讲文学史的时候，甚至把魏晋称之为"曹丕的时代"，认为他代表了"文学的自觉"精神。一人而两个"划时代"，曹丕够本了。

曹丕的武功也很好，骑术和剑术都堪称一流。他的骑射之好，已达到"逐禽辄十里，驰射常百步"的程度；剑术之好，则可以和当时武林高手比武论剑。据《典论·自叙》，曹丕曾以甘蔗代剑和奋威将军邓展较量，结果大败对手。所以，我们不能因为曹植有才，就说曹丕无能。相反，我们还应该承认，和曹植、曹彰相比，曹丕更全面。

何况曹丕还有一个优势，那就是其年最长。立嫡以长，这是传统，也是规矩，就连高皇帝刘邦也不能不屈服。曹操征求意见时，主流意见也是如此。《三国志》之《崔琰传》《毛玠传》《邢颙传》《贾诩传》都记录了这些意见。崔琰的意见上一章说过，毛玠和邢颙的态度也很明朗，都认为立嫡以长天经地义，嫡庶不分后患无穷，毛玠还特别提到袁绍的教训。最有意思的是贾诩。曹操曾私下里问贾诩，究竟选谁最合适，贾诩一语不发。曹操说，孤问爱卿，爱卿怎么不说话？贾诩说，刚才正想事呢！曹操问，想什么事？贾诩说，想袁绍和刘表的事。我们知道，袁绍和刘表都是因为立幼不立长，才弄得内部分裂、自取灭亡的。这个道理，曹操当然明白。

因此结果"太祖大笑,于是太子遂定"。

实际上曹操并非没有这种考虑。建安十六年(公元211年),曹操的好几个儿子包括曹植都被封为侯,却没有封曹丕,而是任命他为五官中郎将,而且"置官属,为丞相副"。五官中郎将的品级不高,只不过宫廷侍卫队的分队长,并没有资格设置下属官员,更不可能成为丞相的副手。曹操这样安排,用现在的话说就是"低职高配",即一方面职位很低,另一方面地位却很高,权力很大,以至于中郎将远胜万户侯。显然,曹操是将曹丕区别对待的。所以,建安二十二年(公元217年)十月立太子时,曹操便发布《告子文》,声称"汝等悉为侯,而子桓独不封,而为五官中郎将,此是太子可知矣"。可以说,工于心计、文武双全和身为长子这三条,是曹丕最终被曹操选中的主要原因。

如果说曹丕的胜出还有什么原因,那就是得高人指点。事实上,自从曹丕和曹植开始为太子地位明争暗斗,曹操集团内部就形成了两个小集团,或者说两个政治派别,一派拥戴曹丕,一派拥戴曹植。用《三国志·贾诩传》的话说,就是"各有党与"。曹植这边,主要的谋士是丁仪、丁廙(音异)、杨修;曹丕这边,则主要是吴质。可惜,丁仪、丁廙、杨修这"三个臭皮匠",不但抵不了"诸葛亮",就连吴质也对付不了。

吴质,字季重,济阴(今山东省菏泽市定陶区)人。《三国志·吴质传》裴松之注引《魏略》说他因为"才学通博",而为曹丕和诸侯礼遇,喜爱有加。但在曹丕和曹植的夺嫡之争中,吴质是向着曹丕的。他为曹丕出的主意,其实也就两条,一是"输诚",二是"设疑"。据《三国志·吴质传》裴松之注引《世语》,有一次,曹操出征,曹丕和曹植都到路边送行。曹植卖弄小聪明,歌功颂德,文辞华丽,大家听了都很欣赏,曹操心里也很舒服,只有曹丕不舒服。这时,吴质附耳说:"王当行,流涕可也。"曹丕依计"泣而拜",哭得感天动地,曹操和其他人也跟着流泪。结果可想而知,曹操更为感动，其他人也"皆以植辞多华，而诚心不及也"。吴质真不愧于自己的名字，他用最简单、最质朴，而且成本也最低的方式击败了曹植。

吴质如此厉害，自然会被曹植小集团视为眼中钉，密切注意他的动向。据《三国志·曹植传》裴松之注引《世语》，有一次，曹丕用废弃了的"簏"（音鹿，用竹条、藤条或柳条编的筐）把吴质偷偷运到府中，密谋对付曹植，被杨修发现，报告了曹操。不过这时已经来不及查了，就没有查。曹丕很紧张，问吴质怎么办。吴质说怕什么！如此这般即可。过了几天，曹丕又运"簏"进府，杨修又去报告，曹操马上派人去查。打开一看，里面装的是丝绢，结果"太祖由是疑焉"。怀疑什么呢？怀疑曹植、杨修等人阴谋陷害曹丕。

显然，吴质成功，是因为他把曹操琢磨透了。他知道曹操虽然重才，却更重情，所以让曹丕"输诚"。他知道曹操这个人多疑，而且越是聪明的人他越猜疑，所以让曹丕"设疑"。相比之下，杨修就差得多。他总是耍小聪明，出馊主意。我们前面讲过，杨修是喜欢揣度曹操心思的，可惜会猜不会做。据《三国志·曹植传》裴松之注引《世语》，杨修常常像自己对付曹操那样，替曹植预先设想许多问题，并写好答案。每当曹操有事询问，便把事先准备好的合适答案送去，希图给曹操"才思敏捷"的印象。然而杨修事不缜密，没有把握好节奏，以至于"教裁出，答已入"。结果曹操便起了疑心，心想曹植再聪明，也不至于如此之快呀！派人一查，真相大白。从此曹操便对曹植有了看法，对杨修则更是厌恶至极。

杨修的猜测也不都准确。仍据《三国志·曹植传》裴松之注引《世语》，有一次曹操命令曹丕、曹植兄弟各出邺城门外办事，同时又密令门卫不得放行。杨修猜中了曹操必然有此安排，便事先告诉曹植说，万一门卫不放侯爷出去，侯爷身有王命，可以杀了他。结果曹植出了城，曹丕没出去。但曹操的这一安排，是对兄弟俩的综合考察，既要察其才，更要察其德。曹植表面上赢了这场比赛，却给曹操留下了曹丕仁厚、曹植残忍的印象，实际上输了。杨修知其一，不知其二，看得并不远，并不深，所以是小聪明。小聪明的杨修，当然斗不过大聪明的吴质。何况曹丕只有吴质一个谋士，曹植却形成了党羽，这也为曹操所不容。

不过在我看来，吴质虽然高杨修一着，却仍逊贾诩一筹。因为吴质教给曹丕的是"术"，贾诩教给曹丕的却是"道"。据《三国志·贾诩传》，曹丕曾派人去请教贾诩，问怎样才能保住自己的地位，贾诩的回答十分淡然。贾诩说，但愿将军能够弘扬道德，培养气度，实践士人的责任和义务，勤勤恳恳，孜孜不倦，不做违背孝道的事情，也就可以了（愿将军恢崇德度，躬素士之业，朝夕孜孜，不违子道。如此而已）。这话在一般人看来好像打官腔，然而却是至理名言，因为他说到了根本。事实上，不管你做什么，做工也好，做官也好，做生意也好，做学问也好，归根结底是做人。做人是最根本的。只有做人成功，其他事情才会成功，否则就只能得逞于一时。这正是贾诩的高明之处。我曾经说过，诸葛亮是大智慧，贾诩是小聪明。因为诸葛亮的聪明才智用于治国，贾诩的聪明才智用于权谋。但是，和那"三个臭皮匠"相比，贾诩就是大智慧了。

曹丕按照贾诩的教诲磨砺自己（深自砥砺），终于赢得曹操信任。然而，尽管有贾诩的提醒，他的狐狸尾巴还是露了出来。据《三国志·辛毗传》裴松之注引《世语》，曹丕被立为太子时，曾情不自禁地抱着议郎辛毗（音皮）的脖子说，辛君呀辛君，你知道我有多高兴吗？这在当时人看来，就有些小人得志了，至少是失态。反倒有两个女人，这时表现得十分冷静、理智和低调。一个是曹丕的母亲卞夫人，故事在《海纳百川》一章讲过，还有一个则是辛毗的女儿宪英。辛毗回家，把曹丕的表现告诉宪英，宪英长叹一声说，太子怎么能这样！什么是太子？太子就是接替君王治理国家的人。接替君王应该感到悲痛（因为这意味着父兄去世），治理国家应该感到畏惧（因为这意味着责任重大）。应该悲痛和畏惧，却反倒兴高采烈,那还能够持久吗?魏国,怕是不能繁荣昌盛长治久安吧?

现在看来,事情还真被宪英不幸而言中。曹丕于建安二十二年(公元217年)十月被立为太子,建安二十五年(公元220年)正月继承王位,同年十月逼汉献帝禅位,当了六年皇帝后于黄初七年(公元226年)去世,享年四十岁。曹操去世后四十五年,即晋武帝泰始元年(公元265年),魏亡。

当然,魏的短命,倒并不是因为曹丕当时的得意忘形,归根结底仍是制度问题。必须指出,曹丕"篡汉"成功,原因之一,是因为他实行了九品中正制。所谓"九品中正制",说到底,就是让士族垄断了官场。曹丕以此为筹码,换得士族的支持。可惜成也萧何,败也萧何。曹魏最后,竟亡于士族之手。相反,蜀汉政权则实行汉初的制度,不实行九品中正制,结果失去士族拥戴,也终于灭亡。所以,这个制度是魏亡的原因,也是蜀亡的原因。

不过我们现在还顾不上讲这个问题,我们得先回过头去看看孙、刘。赤壁之战以后,刘备和孙权又怎么样了?他们是怎样发展壮大自己的?在这个过程中,他们还能像当初那样结成巩固的联盟共同对抗曹操吗?

第三十一章
乘虚而入

赤壁之战后，三分了荆州的曹操、刘备和孙权都把争夺的目标指向了益州，而最后的胜利者是刘备。那么，刘备为什么能够在这场争夺中胜出？曹操和孙权为什么没能得手？原本据有益州的刘璋又为什么失去了他的地盘呢？

赤壁之战后，又经过一系列战争和讨价还价，刘备占有了武陵（治所在今常德）、长沙（治所在今长沙）、桂阳（治所在今郴州）、零陵（治所在今零陵）江南四郡和南郡的一半，自任荆州牧；周瑜攻下江陵，孙权控制了西起夷陵（今湖北省宜昌市）东至寻阳（今江西省九江市）的长江防线，并占有江夏郡；曹操退回北方，仍占有南阳郡和以襄阳为中心的南郡的另一半。曹、刘、孙三分了荆州。此刻，他们谁也吃不掉谁，便开始打益州的主意。

益州，包括汉中、广汉、巴郡、蜀郡等，是东汉最大的两个州之一，而且沃野千里，堪称天府之国。再加上其主人刘璋基本上是个没本事的，守不住，因此必然成为虎狼们要争夺的羊。争夺的结果，是刘备得手，孙权、曹操落空，三国鼎立之势形成。我们知道，刘备原本是这三家中最弱的，他占领的荆州四郡在当时也是最穷的地方。然而强者没有得到的，弱者却得到了，这又是为什么呢？

也有四个原因。

第一是孙权困难。孙权取蜀，有两条路。一是北上经安康进汉中，二是走南路沿长江而西进。这两条路，其实都走不通。走南路，要过刘备的地盘；走北路，曹操不会答应。孙权想出的办法，是联合刘备共同取蜀。据《三国志·先主传》，当时已是孙权妹夫的刘备和手下人商量，有人就说可以答应他，反正孙权不能越过我们的地盘去占领益州，益州就是我们的了（吴终不能越荆有蜀，蜀地可为己有）。然而有一个名叫殷观的人不同意。殷观说，荆吴联合攻蜀，充当马前卒的肯定是我们。拿得下益州还好，如果拿不下，东吴的军队堵在后面，我们可就变成三夹板了。

殷观的话说穿了孙权的心思。什么联合取蜀！其实是想把刘备挤出荆州，刘备当然不会上当。何况就算联合取蜀成功，刘备也不愿意。按照裴松之注引《献帝春秋》的说法，刘备的心思是"欲自图蜀"，怎么会和孙权合伙？不过这时又不能得罪孙权。于是殷观又献计说，我们可以支持孙权伐蜀，但不出兵。就说我们新得四郡，局势不稳，不敢轻举妄动，反正他们也不敢越过我们的防地自己去攻蜀。刘备接受了殷观的建议，孙权果然放弃了自己的打算（先主从之，权果辍计）。

这是《先主传》的说法，实际情况可能还要复杂一点。据该传裴松之注引《献帝春秋》，刘备当时给孙权回信，讲了两条不能攻蜀的理由。一是蜀地民富国强，易守难攻，只怕是吴起、孙武也对付不了。二是大敌曹操当前，荆、吴应该联合蜀（刘璋）、汉（张鲁），不能给曹操可乘之机。刘备说，曹操虽然是个居心叵测的奸贼（虽有无君之心），但表面上还是尊奉天子的，名义上也还是大汉的臣子（而有奉主之名），政治上有优势。有人说，曹操失利于赤壁，已经山穷水尽，没有雄心壮志了，其实不然。现如今，曹操"三分天下已有其二"，正准备"饮马于沧海，观兵于吴会"，怎么会坐在家里等待老去呢（何肯守此坐须老乎）？我们如果和刘璋、张鲁自相残杀，曹操肯定乘虚而入，这可不是长久之计。

孙权当然不吃这一套，仍派奋威将军孙瑜进驻夏口。刘备当然不会放孙瑜过去，就来了个软硬兼施。据《三国志·鲁肃传》，刘备给孙权写了一封信，说是我刘备和刘璋同为大汉宗室，齐心协力要匡扶大汉王朝。如今刘璋得罪了将军，刘备深感恐惧，希望将军宽恕了他。至于夺取益州的话，刘备简直就不敢听见。如果将军硬是不肯放过刘璋，刘备就只好披头散发归隐于山林了。

这当然是绵里藏针，与此同时则是相应的军事行动。刘备派关羽屯兵江陵，张飞屯兵秭归，诸葛亮屯兵南郡，自己驻扎在孱陵（孱音戋）。孙权明白了，便将孙瑜撤回。可是孙瑜一走，刘备就开始打益州的主意，并在建安十六年（公元211年）带兵入蜀。据《三国志·鲁肃传》，孙权闻讯气得破口大骂，说刘备这个滑头竟敢使用诈术（猾虏乃敢挟诈）！

孙权这样说，自有他的立场。站在刘备的立场，这只能叫"兵不厌诈"。这里面并没有仗义不仗义、诚信不诚信的问题。你总不能说益州这地方，孙权夺得，刘备夺不得吧？只不过孙权要取益州，确实十分困难，刘备则方便得多。但刘备再方便，益州也是人家的，刘备怎么就说拿就能拿到手呢？

这就要说到刘备得手的第二个原因——刘璋窝囊。

刘璋确实比较窝囊，或者说比较温和柔弱。他和刘表一样，只想守住自己那一亩三分地。但不幸的是，他和刘表一样，也是守不住。据《三国志·先主传》，建安十六年（公元211年）刘璋听说曹操要西征张鲁（其实是要逼反马超和韩遂，《半途而废》那一章说过），立即就慌了神。这时，他的部下张松就跑去跟他说，曹公可是无敌于天下呀！一旦拥有了张鲁的军需和军队，再来攻打益州，请问谁能顶得住？刘璋说，我这不是正发愁吗？张松说，可以依靠刘豫州。刘豫州和将军是一家子，和曹操是死对头，又善于用兵，不如请他去打张鲁。张鲁打下来，益州就强大了，曹操来了也不怕。刘璋一听有道理，就采纳张松的建议，派法正将兵四千，去迎刘备。

张松这主意吃里爬外，至少也是馊主意！刘备"天下枭雄"谁人不知，请他入蜀岂非"引狼入室"？起码也是"请神容易送神难"，因此理所当然地引起许多人的警惕，遭到许多人的反对。据《三国志·黄权传》《刘巴传》裴松之注引《零陵先贤传》和《刘璋传》，黄权等人都曾向刘璋力谏此计不可行。黄权说，左将军（指刘备）素有骁名，将军把他请来，请问如何对待呢？当作部下吧，他不愿意（欲以部曲遇之，则不满其心）；平起平坐吧，一个山头又不能有两个王（欲以宾客礼待，则一国不容二君）。两雄并立，对方稳如泰山，我方就危如累卵（若客有泰山之安，则主有累卵之危），这是万万使不得的。刘巴也说，刘备是一个有雄心壮志的人，"入必为害"不可接纳。还有一个名叫王累的态度更坚决，竟然"自倒悬于州门以谏"。而且，据《华阳国志》，王累最后还"自刎州门，以明不可"。

黄权、刘巴、王累的意见显然是对的，然而刘璋却充耳不闻。这就奇怪。刘璋再窝囊，也不会糊涂到连黄权他们讲的道理都不明白，为什么还要一意孤行呢？

原来刘璋有他自己的算盘。据《三国志·刘璋传》，张松对刘璋还有一番说辞。张松说，现在州中诸将比如庞羲、李异这些人，都"恃功骄豪"，而且有通敌叛变的意思（欲有外意）。如果我们不把刘豫州请来，一旦"敌攻其外，民攻其内"，那就麻烦大了。

这话说到了刘璋的心病。对于益州而言，刘璋和他父亲刘焉建立的，乃是一个外来的政权。刘焉入川时，亲朋故旧追随他的很多。他以这些人为骨干，又把从长安和南阳一带入川的流民编成军队，号称"东州兵"，形成一个"客籍"的"东州集团"。与此同时，当地士族则自然而然地形成了"土著"的"益州集团"。这两个集团的矛盾很深。刘焉在世时，曾经镇压过一次。刘璋继位后，又镇压过一次，但矛盾并没有缓和。所以，刘璋采纳张松的建议，正如吕思勉先生《秦汉史》所言，是因为他更担心内乱（是时所患者，实在蜀中诸将），指望同为宗室的刘备能帮他一把。但是，无缘无故地把刘备请来，恐怕"将为群下所疑"，于是以讨伐张鲁为名。这在刘璋看来，是一举两得有利无弊的。因为他的想法，是让刘备去打张鲁。打下来了，就让刘备在汉中待着。反正张鲁已经背叛，汉中早非己有。与其让张鲁在那里占着，不如送给刘备。刘备和曹操是死对头。有他看着北门，那就高枕无忧了。何况汉中和蜀郡虽同为一州，却是各自为政。刘备在汉中，自己在蜀中，并不存在黄权所谓"一国不容二君"的问题，反倒可以相辅相成，相依为命，唇齿相依，对内（蜀将）对外（曹操）都形成威慑力量。所以吕先生说"在璋未尝不自谓得计"。

可惜刘璋机关算尽适得其反。刘备入川，不但没有帮他看家护院，反而把他吃掉了。这事从根本上说，是刘璋原本就不该存了利用别人的心思。你利用别人，别人就不利用你？你算计别人，别人就不算计你？利用别人的必为别人利用，算计别人的必为别人算计，引狼入室的结果一定是玩火自焚。这也不是没有教训的。远的不说，何进、袁绍把董卓弄进洛阳就是前车之鉴。所以，说到底，还是做人要老实，不要去打把别人当炮灰的主意。不过，具体到刘璋，他的失算，又有两个"没想到"。

第一个"没想到"，是没想到刘备并不听自己的指挥。第二个"没想到"，是张松和法正并不是什么大忠臣，他们早就策划好了要把益州献给刘备。张松勾结刘备，是因为他痛恨曹操；法正勾结刘备，是因为他不满刘璋。建安十三年（公元208年），张松受刘璋派遣去见曹操，表示友好，结果碰了钉子，受到羞辱，回来后大讲曹操坏话，主张联合刘备。法正则是在刘璋那里不得志的，《三国志》本传的说法是"既不任用，又为其州邑俱侨客者所谤无行，志意不得"，也就是刘璋不重用他，"土著"和"客籍"也都说他坏话，很不得志。张松受辱于曹操，法正不满于刘璋，两个人又是好朋友，而且都认为刘璋成不了气候（忖璋不足与有为），便充当了刘备在益州的"线人"，连地图都献出去了。这地图是谁献的？《三国演义》根据《三国志·先主传》裴松之注引《吴书》说是张松，但学术界一般认为《吴书》的这条记载不可靠。司马光的《资治通鉴考异》就说张松并没有见过刘备，张作耀先生的《刘备传》也说《三国演义》讲的那些故事"都是不存在的"，因此有可能是法正献的图。张松从曹操那里回来，极力主张结好刘备，并推荐法正做"联络员"。据《三国志·法正传》，法正从刘备那里回来后，对张松称赞刘备有雄才大略（称说先主有雄略），两个人暗中谋划要奉刘备为君（密谋协规，愿共戴奉）。法正的"献图"，大约就在这一次。

这样看来，刘璋派法正将兵四千迎刘备入蜀，就不但是"引狼入室"，而且是"送货上门"。据《三国志·法正传》和《资治通鉴》，法正见到刘备，先是传达了刘璋的意思，然后就向刘备献计。法正说，以将军的英明，对付刘璋的懦弱，再加上张松等人做内应，完成大业不是易如反掌吗？

法正这话刘备爱听，但又犹豫（备疑未决）。这时，庞统又来进言。庞统，字士元，襄阳人，《三国志》说他做过刘表的部下，《江表传》说他做过周瑜的部下，职务都是功曹。所谓"功曹"，乃是一种事务性文官。刘备自领荆州牧以后，庞统到了刘备手下做"从事"，并以此身份代理耒阳县令，仍然是个办事员，后来还被罢了官。据《三国志·庞统传》，当时鲁肃给刘备写了一封信，说庞统并不是做县官的材料，只有委以重任，才能大显身手。诸葛亮也这么说。刘备这才和庞统谈话，结果"大器之"，便让他和诸葛亮一起担任要职（与亮并为军师中郎将），亲近待遇也仅次于诸葛亮（亲待亚于诸葛亮）。

这事颇有些可疑。第一，据晋人习凿齿《襄阳记》，庞德公曾说过，诸葛亮是卧龙，庞统是凤雏，《三国演义》更是借水镜先生之口说"两人得一，可安天下"，但他们在刘备那里的待遇一开始为什么差那么远？第二，以刘备之思贤如渴，如果听说过"卧龙""凤雏"的说法，怎么可能轻慢庞统？第三，首先向刘备推荐庞统的怎么居然是鲁肃？诸葛亮为什么要在鲁肃推荐之后才"亦言之于先主"？张作耀先生的《刘备传》就问了这个问题。这事我们也说不清，最大的可能是《襄阳记》的说法靠不住。"卧龙"是有的，但没有"凤雏"。

事实上庞统和诸葛亮也不可相提并论。庞统的功劳只有一件，就是帮刘备得到益州。据《三国志·庞统传》裴松之注引《九州春秋》和《资治通鉴》，法正献策，刘备犹豫，庞统便极力鼓吹。庞统说，荆州这地方（准确地说指刘备所拥有的荆州四郡）既不富裕又不强大，要钱没钱要人没人，东边有孙吴北边有曹操，很难形成鼎足之势。益州"国富民强，户口百万"，兵强马壮而且自给自足，不妨借来成就大事。

刘备仍然犹豫。刘备说，不行啊！现如今，和我势同水火的就是曹操。曹操急切，我就宽和；曹操残暴，我就仁慈；曹操奸诈，我就忠厚。每件事都和曹操相反，这才成功（每与操反，事乃可成耳）。如果因为一个小原因就失信义于天下，这种事情干不得！这话张作耀先生认为是"言不由衷"，我则认为是半真半假。按照诸葛亮《隆中对》的规划，夺取益州以为基地，实现成霸业、兴汉室的理想，怎么是"小故"呢？明明是"大事"嘛！但刘备心里有障碍，则是真的，因为他确实处处和曹操相反——"操以急，吾以宽；操以暴，吾以仁；操以谲，吾以忠"。以，作为动词，有使用、凭借等意思。也就是说，刘备是以"每与操反"相标榜、为策略的。现在，刘璋请他去帮忙，他却把人家给灭了，确实讲不过去。不过按照诸葛亮的规划，益州是迟早要拿下的。刘璋请上门来，不能不说是一个机会。何况，正如《三国志·法正传》载诸葛亮所言，当时刘备夹在曹操和孙权中间，身边又有一个孙夫人盯着，确实困难，不能不向西发展。因此，刘备此刻的心情，应该是既想做又有顾虑。由是之故，司马光在照录这段话时就做了一点微妙的修改，是把刘备的否定改成了询问，不再是"吾所不取"，而是"奈何"，可谓精准。

这心思庞统当然明白，便帮刘备打消顾虑。庞统说，凡事有经有权，不能死心眼（权变之时，固非一道所能定也）。兼并弱小的，攻击愚昧的，天经地义。只要将来封他一个大国，不也对得起人了吗？咱们现在不下手，迟早便宜了别人。

这可真是强词夺理。趁火打劫，夺人之地，还说什么"报之以义"，"何负于信"，实在是强盗逻辑。其实庞统完全可以把话说得更漂亮一些。庞统可以说，义，是不能不要的，也是不能不讲的。但是，义，也有好几种。有正义，有道义，有信义，有情义，你不可能面面俱到。如果鱼与熊掌不可得兼，那就只能舍小义取大义。对抗曹贼，匡扶汉室，平定天下，这是大义。相比较而言，刘璋的恩义，就是小义了。大道理管小道理。为了天下苍生，只好委屈他刘季玉。何况我们要取的，只是他的地，不是他的头。再说了，对于季玉将军来说，与其被曹操兼并，不如让给我们，至少我们还能给个妥善安置嘛！

不过庞统并没有这样说，刘备也没有再问。看来此刻刘备要的，也就是一个说法。只要马马虎虎能够交代过去，或者让自己感觉心安理得，也就对付了。何况"今日不取，终为人利"也是实话。益州这地方，刘璋反正是守不住的。与其让给曹操、孙权，不如我刘备占了。至于孙权那边，也不难交代。因为此番出兵，并非要夺人地盘，而是受人邀请，帮刘璋去看家护院的，至少在名义上是这样。

于是，建安十六年（公元211年）十二月，刘备留诸葛亮、关羽、张飞守荆州，赵云为后备，自己和庞统率军溯流西上，向益州进发。由于刘璋事先打了招呼，刘备西进一路绿灯，《三国志》的说法是"入境如归"，进入他国就像回家一样。刘璋也亲自从成都到涪县（今四川省绵阳市）迎接，宾主相见甚欢。刘璋还给了刘备大量的资助。据《三国志·先主传》，此时刘备"并军三万余人，车甲器械资货甚盛"，足以对付张鲁。那么，他去了吗？

没有。

刘备得到刘璋的资助，率军北上，走到刘璋的涪县和张鲁的阳平关之间的葭萌（葭音加，葭萌在今四川省广元境），就停了下来。刘备在葭萌停下来干什么，他会不会去打张鲁呢？

这就要说到刘备得手的第三个原因——刘备厉害。

前面说过，刘备是早就存了心思要拿下益州的，这是他和诸葛亮在隆中定下的事情。刘璋的邀请不过提供了一个机会，法正和庞统的劝说则只是推波助澜。现在看来，刘备不愧为政治家，张松和庞统就只好叫作政客。据《三国志》之《先主传》和《庞统传》，二刘在涪县相见时，张松和庞统都建议刘备在见面时干掉刘璋（张松的建议是通过法正传达的）。刘备对法正说"此大事也，不可仓卒"，对庞统说"初入他国，恩信未著，此不可也"。于是，政治上远比张松之流高明的刘备，便在葭萌"厚树恩德，以收众心"，并等待机会。

机会说来就来。据《三国志·先主传》，建安十七年（公元212年）十月，曹操南征孙权。十二月，孙权向刘备求救。刘备就给刘璋写信，说孙权和自己唇齿相依，关羽在荆州也势单力薄，张鲁则不过自守之贼，不足为虑，因此请刘璋再给一万人马和军需物资，让自己回荆州救援。刘璋对刘备在葭萌的动作本有怀疑，听说他"欲以东行"就更有疑惑，便只肯给兵四千，其余减半。张松闻讯则大吃一惊，写信给法正说，咱们的事眼看就要弄成了，怎么可以功亏一篑呢（今大事垂可立，如何释此去乎）？结果被自己的哥哥广汉太守张肃告发，刘璋便将张松收监斩首。

刘璋的狐疑和张松的猴急给了刘备伐蜀的口实。当时，庞统向刘备提出上中下三策。上策是挑选精兵，日夜兼程，奇袭成都；下策是退回白帝，巩固荆州，从长计议。刘备采纳其中策，杀白水关（在今四川省广元境）刘璋守将，然后反戈一击，攻克涪县。建安十八年（公元213年）五月，刘备从涪县向成都进军。建安十九年（公元214年）五月，刘备命关羽守荆州，诸葛亮、张飞、赵云率军入蜀，分兵略地。夏，刘备攻克雒城（雒音洛，雒城在今四川省广汉北），与诸葛亮、张飞、赵云会师，进围成都。这时，马超也来投奔刘备，刘璋已成瓮中之鳖。据《三国志·刘璋传》，当时刘璋说，我们父子在益州二十多年，对人民无恩无德，现在又害得老百姓吃了三年的战争之苦，于心何忍啊！便开门投降。

对于刘备的夺益驱璋和刘璋的蒙辱投降，史家评价不一，我个人倾向于赞同张作耀先生《刘备传》的观点。刘备夺益驱璋，心情不乏龌龊之思，手段多有卑鄙之为，但从大局出发不宜苛求指责。刘璋蒙辱投降，使人民避免了战争的灾难，后人可以责其软弱无能，不能讥其骨头不硬。对待历史人物，是要有"历史之同情"的。

这里可以补充两条史料。其一，据《三国志·庞统传》，刘备攻下涪县后，大开庆祝会，置酒作乐，还对庞统说："今日之会，可谓乐矣！"庞统说，占了人家的地盘还高兴，恐怕不是"仁者之兵"吧？这时刘备已有醉意，就发怒说，武王伐纣，前歌后舞，难道也不是仁者？给我出去！稍后刘备觉得不妥，又把庞统召了回来。庞统也不道歉，一屁股坐下来照吃照喝。刘备问他，刚才谁不对？庞统说，君臣都不对。刘备哈哈大笑，照旧饮酒作乐。其二，刘备进攻成都时，一个名叫郑度的人建议刘璋坚壁清野，刘璋不同意。刘璋说："吾闻拒敌以安民，未闻动民以避敌也。"结果，沿途的库藏和庄稼，全都留给了刘备。这两件事应该如何看，相信读者自有明鉴。总之，刘璋引狼入室，刘备乘虚而入，是益州易主的主要原因。

  刘备终于得手还有一个原因，就是曹操失误。曹操取蜀，须走北路。只有先消灭马超、韩遂、张鲁，取得汉中，才能相机行事。这是他的难处。但对刘备估计不足，则不能不说是失误。刘备取蜀，用了三年时间，曹操毫无动作（比如牵制骚扰一下），反倒向孙权耀武扬威。曹、孙鹬蚌相争，刘备渔翁得利，这也算一种乘虚而入吧！

  刘备得到益州以后，孙权立即感到大事不好。除大骂刘备背信弃义外，还派人向刘备讨还荆州。那么，刘备是向孙权借了荆州吗？他是怎么借的，孙权为什么要给他，现在讨得回吗？如果讨不回，又会怎么样呢？

第三十二章
蜜月阴谋

赤壁之战期间，孙权和刘备为了对付共同的敌人结成了联盟。这是他们克敌制胜的重要原因。然而，这种联盟是脆弱的。一旦敌人的威胁暂时缓解，各自的利益发生冲突，联盟就面临破裂的可能。实际上，即便在孙、刘两家表面友好的"蜜月期"，种种政治阴谋也层出不穷。那么，孙权方面又对刘备使了哪些计谋呢？

前面讲过，赤壁之战以曹操的失败告终，孙权和刘备则乘胜扩大自己的战果。就在当年，刘备拿下了武陵、长沙、桂阳、零陵四郡，任命诸葛亮为军师中郎将，总督长沙、桂阳、零陵三郡，职在"调其赋税以充军实"。周瑜耗时一年，在次年十二月攻下了江陵。于是，刘备上表朝廷，推荐孙权"行车骑将军，领徐州牧"，孙权则同意刘备"领荆州牧"，还把自己的妹妹嫁给了他，孙刘联盟进入"蜜月期"。

然而，这又是一个充满了阴谋的"蜜月期"。在此期间，有三件事值得注意，即孙权嫁妹妹、周瑜出狠招、鲁肃借荆州。从这三件事情当中，我们不难看出孙、刘之间关系的微妙。现在先说第一件事——孙权嫁妹妹。

孙权嫁妹妹是阴谋吗？不好说。《三国演义》是当作阴谋来写的，还说出主意的是周瑜。结果阴谋被孔明识破，将计就计，于是刘玄德洞房续佳偶，周公瑾赔了夫人又折兵。但这是演义，靠不住的。关于这段婚姻，《三国志·先主传》只有寥寥数字："（刘）琦病死，群下推先主为荆州牧，治公安。权稍畏之，进妹固好。"公安，就是现在湖北省的公安县，原名油江口，也叫油口。公安是刘备改的名字。荆州的治所本在襄阳，但襄阳被曹操占着，刘备这个自封的荆州牧就只好以公安为治所了。

刘备得到了荆州七郡中的四郡，虽然是最穷的四郡，也让孙权逐渐不敢小看（权稍畏之），这才"进妹固好"，也就是想通过婚姻关系来巩固联盟。这是好意，至少没有恶意。何况这也是古已有之的老办法，曹操和孙权就有这种关系。因此，叫它"政治婚姻"可，叫它"政治阴谋"怕就不妥。要叫，也只能叫"计谋"，或者"阳谋"。

不过，这段婚姻是否幸福，这对夫妻是否般配，倒是可以讨论。至少，年龄是不相当的。孙权嫁妹时，自己才二十八岁，其妹大约十九岁，刘备则已四十九岁。所以戏文里演刘备相亲时，就让所谓"乔国老"出主意，教刘备用乌须药把胡子染黑了。其实这是多此一举，因为刘备根本就没有胡子。《三国志·周群传》说得很清楚——"先主无须"。该传还说，刘备和刘璋在涪县见面时，有个名叫张裕的人也在座。张裕这个人，满嘴都是胡须。刘备就讲了个笑话讽刺他，意思是"猪毛把嘴巴都遮住了"。张裕便也讲笑话来反唇相讥，意思是"没毛就露出猪嘴巴了"。这事让刘备耿耿于怀，后来终于借故杀了张裕，就连诸葛亮出面相救，都救不了。刘备的说法是，就算是兰花，如果挡在门口，也得除掉！当然这是后话，或者是插曲，我们还是说孙小妹。

孙权这位小妹，名字据说叫孙仁，跟她四个哥哥——孙策、孙权、孙翊、孙匡一样，都是单名。她生于孙氏家庭，又嫁给荆州州牧，是江东第一小姐、荆州第一夫人，自然非同小可。据《三国志·法正传》，孙小妹"才捷刚猛，有诸兄之风"。身边的侍婢多达百人，都拿着刀侍立两旁。刘备每次进她的房间，都"衷心常凛凛"。凛凛，《辞海》的解释是寒冷貌、可敬畏貌、戒惧貌，而且第三种解释的举例就是前面这段话。也就是说，身经百战的刘豫州，每次去见他这位夫人的时候，都感到一股阴森的寒气，因此心怀戒惧。这种戒惧，用胡三省注《资治通鉴》的话说，就是"恐为所图也"。

这一点，刘备和诸葛亮心里都很清楚。仍据《三国志·法正传》，诸葛亮事后回忆起这段历史，就说了"惧孙夫人生变于肘腋之下"的话；而刘备则把赵云安排在自己身边，以防不测。据《三国志·赵云传》裴松之注引《云别传》，当时这位孙夫人仗着自己是孙权的妹妹，十分"骄豪"了得。她带了许多东吴的官员和军队（多将吴吏兵），居然"纵横不法"。刘备没有办法，只好任命为人严谨持重（严重）的赵云帮他对付和看住这位惹不起也躲不起的孙夫人。

事实证明，刘备、诸葛亮的担心并非多余。建安十六年（公元211年）十二月，刘备带兵入蜀。孙权闻讯，一面大骂刘备背信弃义，一面派船队去接妹妹，孙夫人则准备把刘禅也带走。只是因为赵云和张飞"勒兵截江"，才没能如愿。这事虽见于野史（《云别传》），但《资治通鉴》采信，看来是真的。《三国志·先主穆后传》裴松之注引《汉晋春秋》则说是诸葛亮派赵云去截江的。这就是《三国演义》第六十一回《赵云截江夺阿斗》的根据。显然，孙小妹嫁到荆州以后，荆州方面并不轻松。正如陈迩冬先生《闲话三分》所言："诸葛亮不动声色注意于后，赵云出入防范于前，他们随时都是提心吊胆的。"

那么，孙小妹这样做，是受孙权指使，还是自作主张？这就弄不清了。如果是前者，则这段婚姻就是不折不扣的"蜜月阴谋"；如果是后者，则我们不能不佩服她实在是"巾帼英雄"。祝秀侠先生《大智大勇的孙夫人》一文说，三国女中人才，孙夫人当数第一位。虽然任务没有完成，但进退自如，威风八面，远嫁他国如入无人之境,岂是一般女性所能?这当然也是对的。但我觉得她作为一个女人,其实不幸。嫁人既非本愿,离异也身不由己。事实上孙夫人回去以后就没了下文,不知所终。她和刘备当然不可能"鸳梦重温",和别人大约也很难有什么"廊桥遗梦"或者"魂断蓝桥"的。

实际上,不但孙小妹白白做了牺牲品,就连劫持刘禅以为人质,在孙权方面也是不得已的下策,因为他们原本是要以刘备为人质的。这就要说到第二件事——周瑜出狠招。

据《资治通鉴》,孙权嫁妹,是在建安十四年(公元209年)十二月(蒋干到周营策反周瑜也是这时)。过了一年,即建安十五年(公元210年)十二月,刘备亲自到了京口(今江苏省镇江市),去见他的大舅子孙权。这事《三国志》之《先主传》《周瑜传》和《鲁肃传》都有记载。刘备此行的目的,《鲁肃传》的说法是"求都督荆州"。我们知道,周瑜拿下江陵以后,被孙权任命为南郡太守,驻江陵。这时,刘备已表荐孙权"行车骑将军,领徐州牧",孙权也同意刘备"领荆州牧",周瑜就把南岸的地方让给刘备,刘备也得以在公安建立他荆州牧的治所。但刘备并不满足,便又去京口要地盘。《先主传》裴松之注引《江表传》说:"备以瑜所给地少,不足以安民,复从权借荆州数郡。"这就是通常所谓"借荆州"。

其实"借荆州"的说法是不通的,我们后面还要讲到。刘备也"借"不了荆州,他要的只是南郡。南郡控扼长江,北可攻中原,西可进益州,历来就是兵家必争之地,刘备当然也想得到。但他的话不能这么说,只能说我想"都督荆州"。什么意思呢?就是说,我现在不是荆州牧吗?荆州牧就应该到荆州的治所去就任。荆州的治所在哪里呢?在襄阳。襄阳在哪个郡?在南郡。但是,襄阳现在被曹操占着,当然去不了,只好在南郡另找个地方。什么地方呢?江陵。因为江陵是南郡的治所。到不了荆州的治所,到南郡的治所也算马马虎虎了。所以刘备要说"求都督荆州"。也就是说,刘备的"借荆州",其实是借南郡,要江陵。

这对于周瑜来说，无异于与虎谋皮。因为江陵是周瑜花了一年工夫才打下来的，怎么可能给刘备？当然，刘备要江陵，也不是没有道理，因为周瑜攻打江陵时刘备是出了力的，《三国志·周瑜传》裴松之注引《吴录》有记载。但周瑜不这么看，到嘴的肥肉也不会让给别人。不但不让，还主张软禁刘备。据《三国志·周瑜传》，刘备从公安到京口，周瑜便上疏孙权，说刘备这个人有"枭雄之姿"，关羽、张飞又是"熊虎之将"，哪里是能够长久屈身被人利用的？不如把刘备弄到吴县（今江苏省苏州市），给他漂亮房子漂亮女人，让他声色犬马花天酒地。然后把关羽和张飞拆开，让他们天各一方。再派一个像我周瑜这样的人带着他们打仗，事情就搞掂了！相反，如果割让土地资助他们，让他们聚在一起，又都在疆场之上，只怕是蛟龙得到了云雨，不会再是池中之物。

周瑜这一招够狠，可惜并不现实。软禁刘备不难，软禁刘备以后还能调度关、张，则是痴人说梦。三国时代的军队，都是效忠主将的。吕布的军队听吕布的，马超的军队听马超的，关羽、张飞的军队自然听关羽、张飞的，岂能听你周瑜的？关羽和张飞当然更不会服从周瑜。他们只忠于一个人，那就是刘备。想当年，曹操对关羽如何？最后关羽还是要离他而去。你现在把刘备软禁起来，还想让他们服从你，岂非异想天开？只怕他们会杀上门来，夺回刘备。夺不回，则结为死仇。所以这是馊主意。大约孙权也认为不可行，再加上鲁肃等人反对，就没有实施，《周瑜传》的说法是"权以曹公在北方，当广揽英雄，又恐备难卒制，故不纳"。这个决策对于孙权来说，显然是明智的。

不过这事还是让刘备感到后怕。据《三国志·庞统传》裴松之注引《江表传》，有一次刘备和庞统聊天，刘备问，先生不是在周公瑾手下当过功曹吗？据说孤到京口时，有人要仲谋把孤扣留起来，有这事吗？没关系，在君为君，但说无妨。庞统说，有的。刘备长叹一声说，孤那时也是没有办法！要求人嘛！所以不得不走那一趟,差一点就栽在周瑜手里了。天下智谋之士,真是英雄所见略同。当时孔明就一再劝孤不要去,他的情意是非常的恳切,他的考虑是非常的周全啊!孤当时想,他孙仲谋的敌人不是在北方吗?他不是还要依靠孤吗?这才"决意不疑"。看来孤是冒险了,不是"万全之计"啊!

现在看来,这恐怕也是刘备要夺取益州的原因之一。前面说过,刘备反客为主夺益驱璋,事情做得是有点不地道。但他没有办法。不建立自己稳固的根据地,就难免被别人挤对和暗算。说到底,只怪那个世道。如果是和平年代,以刘备的为人和才能,原本也是可以做一个不错的地方官的。

刘备躲过了一劫,但周瑜并不死心。他一计不成又生一计,并马上亲自到京口去见孙权,提出了一个重要的战略建议——夺蜀(刘璋)、并张(张鲁)、联马(马超)。据《三国志·周瑜传》,周瑜对孙权说,曹操在赤壁吃了大亏,正担心自己的内部发生变乱,无法和我们再战。这是一个极好的机会。因此,请将军批准周瑜和奋武将军(即孙坚小弟孙静之子孙瑜)一起伐蜀,灭了刘璋以后再灭张鲁。这时,将军可以让孙瑜留守益州,周瑜自己回来和将军一起据守襄阳威逼曹操,则"北方可图也"。

这个计划,表面上看是针对曹操的,但其实也在暗算刘备。因为如果周瑜真能拿下益州,则长江的上游和下游便都是孙权的了。刘备夹在当中,就算再厉害,又能如何呢?再说,我们也不知道周瑜伐蜀要走哪条路,会不会走到半路掉转枪头去打刘备?故吕思勉先生的《秦汉史》说"此瑜之计所以为雄"。相比较而言,后来那个联刘取蜀的计谋就差多了。

孙权批准了周瑜的方案,周瑜也就回江陵整治行装。不幸的是,他走到巴丘(今湖南省岳阳市)就病逝了,时年三十六岁。临终前,周瑜上疏孙权,一是推荐鲁肃继任,二是念念不忘于曹、刘。据本传裴松之注引《江表传》,周瑜说:"曹公在北,疆场未静；刘备寄寓，有似养虎。"他是把曹操和刘备当作东吴两大敌人来看待的。

鲁肃的想法却不同。

鲁肃和周瑜是好朋友。赤壁之战前，他们的观点是一致的，那就是必须联合刘备对抗曹操。但是，战后的情况就不同了。周瑜主张吞刘自大，鲁肃坚持联刘抗曹，于是江东集团就形成了以周瑜为首的"吞刘派"和以鲁肃为首的"联刘派"。所以，周瑜临终时居然推荐鲁肃接班，不能不让我们对他肃然起敬。那么，鲁肃会不会因为知恩图报而改变态度呢？

这就要说到第三件事——鲁肃借荆州。

鲁肃接替周瑜之后，就调整了政策，说服孙权把江陵让给了刘备，这就是所谓"借荆州"。前面说过，"借荆州"的说法是不通的。第一，刘备并没有要整个荆州。他要不了，孙权也给不了。南阳和南郡的一部分在曹操手里，刘备怎么能向孙权"借"？实际上，刘备"借"的，只是南郡，而且只是南郡的一部分，即江陵。所以，这不能叫"借荆州"，只能叫"借江陵"。第二，就算"借江陵"，也是不通的，因为刘备索要江陵根本就不能叫作"借"。这事早就有人来辩论。清人赵翼的《廿二史札记·借荆州之非》说，什么叫作"借"？就是一个东西，本来是我的，暂时给别人用，这才叫作"借"（夫借者，本我所有之物而假与人也）。那么，荆州也好，江陵也好，是孙权的吗？否。荆州本是刘表的。刘表死了，那就是他儿子的。所以赤壁之战后，刘备就表荐刘琦做荆州刺史，并没有说荆州是自己的。后来刘琦病死，刘备在大家的推举下接班做了荆州牧。按照继承关系，荆州该是刘备的。荆州是刘备的，江陵和南郡当然也是。只不过江陵被周瑜占着，得去讨要而已。因此，《资治通鉴》就不说"从权借荆州数郡"，而使用"求都督荆州"的说法。因为从继承关系和权属关系看，刘备向孙权要江陵，只能说是"索荆州"，不能说是"借荆州"。

那么,"借荆州"的说法从何而来呢?来自《三国志》。《鲁肃传》说:"备诣京见权,求都督荆州,唯肃劝权借之,共拒曹公。"后来鲁肃和关羽交涉时,也说"本以土地借卿家"。《先主传》裴松之注引《江表传》更说"从权借荆州数郡"。可见这是东吴方面的说法。这也不是没有道理。战争年代,是不讲什么"继承权"的。一个地方,谁用武力拿下,那就是谁的。你想拿走,或者索回,还得用武力。刘备不能对孙权使用武力,便只好忍气吞声去"借"。当然,我们也不知道当时刘备的话是怎么说的,估计是含糊其词的"求都督荆州"。这在孙权,就理解为"借荆州"了。

然而正是这一个"借"字,埋下了伏笔,种下了祸根,终于造成孙刘联盟的破裂。因为孙权既不会长期"借"给刘备,刘备也不会"还"他。在刘备看来,南郡和江陵本来就是自己的,为什么要"还"?就算是"借"的,那也是"老虎借猪"。这个道理,我想孙、刘双方应该都心里有数。于是,我们就有了一个问题:孙权为什么要同意刘备"借荆州"?

主要是为了对付曹操。据《三国志·鲁肃传》裴松之注引《汉晋春秋》,刘备到京口"求都督荆州"时,周瑜建议软禁刘备,吕范也有同样的主张,鲁肃却不同意。鲁肃说服孙权的理由,就是"曹公威力实重",必须借助刘备的力量,多树曹操的敌人。劝孙权"借"地给刘备,原因一样,也是为了"共拒曹公"。《鲁肃传》还说,听到这个消息时,正在写字的曹操竟"落笔于地"。这个记载,虽见于正史,也有人不相信。司马光的《资治通鉴考异》就说"恐操不至于是"。但这事对曹操不利,则是肯定的。

占便宜的是刘备。他得到了一块战略要地,进可攻退可守。孙权也有好处(没好处他不会干),一是巩固了孙刘联盟,使曹操不敢轻易南下;二是解除了后顾之忧,让他能够腾出手来解决一些境内问题;三是可以在"借地"的名义下,将自己的势力扩展到刘备的占领区。这第三条好处,张作耀先生的《刘备传》有详细说明。总之，孙权和鲁肃"借荆州"，并不是什么菩萨心肠，或者喜欢刘备。他们也是把刘备当作潜在敌人来看待的，只不过认为刘备还有利用价值罢了。也就是说，他们和刘璋一样，也是想让刘备来帮他们看家护院。

可惜算盘人人能打，算法各有不同。孙权有孙权的算盘，刘璋有刘璋的算盘，刘备自然也有刘备的算盘。一路算下来的结果，是刘备赚了，孙权和刘璋赔了。刘璋赔得最惨——公司破产，身败名裂；孙权则眼睁睁地看着刘备坐大——牧兼二州（既是荆州牧又是益州牧），得寸进尺。刘备不但不再是给他看家护院的，没准还会掉过头来吃了他。

这下孙权不干了。据《三国志·吴主传》和《资治通鉴》，建安二十年（公元215年）五月，孙权派诸葛亮的哥哥诸葛瑾去向刘备索回荆州。刘备不答应，说我现在正准备攻打凉州。等凉州打下来，我就把荆州所有的地方都给你们。孙权说，这明明是借了荆州不还，还说些空话来拖延时间。于是孙权也不管刘备还不还，自说自话地往刘备管辖的长沙、桂阳、零陵三郡派遣官员。这时，总督荆州的是关羽。关羽哪里会吃这一套？就把孙权派去的地方官统统驱逐出境。孙权大怒，立即派吕蒙率军二万直取长沙、桂阳、零陵三郡，命令鲁肃率军一万进驻巴丘（今湖南省岳阳市）对抗关羽，自己驻扎在陆口（今湖北省嘉鱼县西南陆水入江处）指挥调度。刘备闻讯，情知形势严峻，便留诸葛亮守成都，自己率军五万大约在六月份回到公安，同时命令关羽率军三万进驻益阳，准备和孙权决一死战。

就在战争的前夕，鲁肃和关羽有一次会谈。据《三国志·鲁肃传》，当时双方约定，两军相距百步，每个人都单刀赴会（不是只有关羽一人这样）。鲁肃谴责关羽说，敝国好心好意地把土地借给贵方（国家区区本以土地借卿家），是因为贵军新遭战败，远道而来，不能没有一个落脚的地方。现在你们已经得到了益州，就应该归还荆州。我们只要三郡，都不肯给！话音未落，关羽方面一个人插嘴说，天下的土地，只属于有德的人，哪有什么永恒不变的！鲁肃就声色俱厉地呵斥这个人，关羽则持刀起立对那人说，这是主公考虑的事，你懂什么？！目示那人走开，会谈也没有结果。

其实鲁肃的话没有道理。刘备"借荆州"时，并非"军败远来，无以为资"。孙权索要的长沙、桂阳、零陵三郡，也不是东吴的，是刘备自己打下来的，凭什么要给你？难道向你"借"了南郡，便连长沙、桂阳、零陵三郡也都是"借"的了？反倒是裴松之注引《吴书》的话有些道理。据《吴书》，关羽说，赤壁之战时，左将军（刘备）亲临前线奋战抗敌，难道是徒劳的，连一块地盘都不能有，有了一块你们还要收走？鲁肃听了，自然另有一番说辞。反正，鲁肃和关羽没有谈出什么结果，他们只能疆场上见了。

战争，似乎一触即发。

这对鲁肃来说是痛苦的。作为东吴方面"联盟派"的领袖（刘备方面的"联盟派"领袖是诸葛亮），他并不愿意看到这种结果，远在成都的诸葛亮想必也不愿意。

这时，曹操帮了他们的忙。这年三月，曹操西征张鲁，七月进入汉中。消息传来，刘备马上明白现在不是和孙权翻脸的时候，便派人向孙权求和。孙权也不想和刘备兵戎相见，便派诸葛瑾去谈判。最后，双方达成协议，以湘水为界瓜分荆州。长沙、江夏、桂阳以东归孙权，南郡、零陵、武陵以西归刘备，南阳和南郡的襄阳当然还是曹操的。刘备失去了湘水以东的地区，但避免了曹操、孙权的两面夹攻，可谓"以土地换和平"。

这次斗争，孙权并没能收回荆州，只接回了妹妹，他当然不会死心。何况，江东集团中，主张夺回荆州的大有人在，比如吕蒙就是。那么，吕蒙又是什么人？他能够替孙权夺得荆州吗？如果能，他又是怎么做的呢？

第三十三章
白衣渡江

建安二十年（公元215年）的荆州之争，以孙权和刘备相互妥协、瓜分领地告终，但他们都不会因此而满足。孙权采纳吕蒙的建议，把夺取荆州当作首要任务；关羽则利用一个有利时机，发动了从曹操手中夺取襄阳、樊城的战争。曹、刘、孙三家在荆州大地上展开了一场既斗智又斗勇的博弈。那么，斗争的结果又如何呢？

建安二十二年（公元217年），鲁肃去世，接替他的是吕蒙。

这是一件有趣的事。前面说过，赤壁之战后，江东集团内部形成了"吞刘"和"联刘"的两派。"吞刘"的周瑜去世后，接替他的是主张"联刘"的鲁肃。"联刘"的鲁肃去世后，接替他的则是主张"吞刘"的吕蒙。这可真是三十年河东三十年河西，风水轮流转，"吞刘夺荆"的呼声开始在江东甚嚣尘上。

那么，吕蒙是什么人，他为什么要主张"吞刘夺荆"？

说起来吕蒙也算是鲁肃的朋友，而且他们的交往还颇有些戏剧性。据《三国志·吕蒙传》，建安十五年（公元210年）底，周瑜病故，鲁肃接班，前往陆口，路过吕蒙的防地。这时，有人建议鲁肃去拜访吕蒙。这人说，吕将军现在的功劳和名气都越来越大，不可以还像以前那样对待他。鲁肃想想也是，就去看望吕蒙，但内心深处还是不怎么当回事。我们知道，吕蒙出身贫贱，又没文化，不爱读书。如果要上书写信，就自己口述由别人代笔，给人感觉属于有勇无谋的武夫，鲁肃当然有些轻视（意尚轻蒙）。

然而这次见面却让鲁肃大吃一惊。鲁肃去看吕蒙，吕蒙设宴款待。酒过三巡之后，吕蒙就说，阁下现在身负重任，又与关羽为邻，请问准备了什么计谋以防不测呢？鲁肃因为轻视吕蒙，就不假思索地说，随机应变好了。吕蒙说，恐怕不行吧！现在，我们和刘备表面上是一家人，其实关羽是熊虎，岂能不未雨绸缪？就为鲁肃策划了五条计谋。鲁肃听了，情不自禁地越过席位，坐到吕蒙身边，摸着他的背说，吕子明呀吕子明，真没想到兄弟你的才略已经到了这个水平！于是，鲁肃进入内室拜见了吕蒙的母亲，两个人结为好友才分别。

这事裴松之注引《江表传》说得更细。据说，当时鲁肃摸着吕蒙的背说，大兄弟呀，我还以为你只会打仗呢！原来还有这么多学问，已经不是当年的"吴下阿蒙"了！吕蒙说，"士别三日，即更刮目相待"嘛！请大哥（大兄）想想关羽是什么人。勤奋好学，熟读《左传》，刚毅果断，雄气十足，却也清高自负，盛气凌人。对付这样的人，能没有出奇制胜的策略吗？于是就向鲁肃献策，鲁肃则"敬受之，秘而不宣"。

那么，吕蒙为什么会从一个"愣头青"变成了"谋略家"呢？原来这是孙权教导有方。据《江表传》，孙权曾对吕蒙和蒋钦说，你们现在都是做长官的人了，应该多读点书。吕蒙说，军中事务繁忙，哪有时间读书！孙权说，孤难道是要你们做学问、当博士？也就是多少懂一点历史罢了！你们事多，难道比孤还忙吗？光武帝南征北战手不释卷，曹孟德逐鹿中原老而好学，你们怎么就不自勉呢？于是吕蒙开始读书，读得比许多儒生还多。

吕蒙原本就是一个天分很高、悟性极好的人，阅历又多。一旦读书，就有了见解。不过他的见解和鲁肃不同。鲁肃认为，曹操是头号敌人，必须和刘备协同作战同仇敌忾，吕蒙却不同意。吕蒙认为，关羽是个大英雄，一直有吞吴自大的雄心，又处在上游有利位置，联盟其实难以持久，便向孙权"密陈计策"。据《三国志·吕蒙传》，这个"密计"讨论了两个问题，一是对抗曹操是不是一定要依靠关羽，二是关羽是否可靠。对于第一个问题，吕蒙的回答是未必。吕蒙对孙权说，主公完全可以派孙皎据守南郡，潘璋进驻白帝，蒋钦率军一万在长江上游弋，末将自己为主公前据襄阳。只要有这样一个战略部署，我们还怕什么曹操（何忧于操），又何必一定要依靠关羽呢（何赖于羽）？

更何况关羽并不可靠。吕蒙说，关羽君臣，巧取豪夺，反复无常，绝不可以视为自己人（不可以腹心待也）。他们是迟早要和我们翻脸的。之所以现在还没有对我们下手，只不过因为主公您神武圣明，末将等人也还活着。如果现在不先发制人，那么，等我们这些人都呜呼哀哉了，还搞得掂吗？

这话孙权很以为然，但他还是有些拿不准，不知道是应该先取荆州，还是应该先取徐州。吕蒙说，拿下徐州并不困难，难的是能不能守住。徐州这个地方，一马平川，最适合北方骁骑纵横驰骋。我们今天拿下徐州，曹操明天就会来抢。到时候，只怕是七八万人也守他不住。不如先干掉关羽，完全占据长江，我们的势力就强大了。孙权听了，觉得所论甚为精当。

站在江东集团的立场上，吕蒙说得确实不错。据缪钺先生《三国志选》考证，吕蒙说这话当在建安十六年（公元211年）。其时刘备已经入蜀，只不过尚未得蜀而已。然而刘备得蜀以后，并不"归还"荆州，孙权也"讨要"不得，正好说明其"不可以腹心待也"，也说明江东集团只能以武力夺取荆州。吕蒙是有先见之明的。

不过关羽毕竟是关羽，并非说干掉就能干掉，还得有机会。到建安二十四年（公元219年），机会来了。据《资治通鉴》，这年五月，刘备从曹操手里夺得汉中；七月，自称汉中王，还师成都，任命许靖为太傅，法正为尚书令，关羽为前将军，张飞为右将军，马超为左将军，黄忠为后将军。这一连串的好消息让刘备集团的人大受鼓舞，再加上孙权正在东方进攻合肥，关羽便趁着这大好形势，发动了夺取襄阳、樊城的襄樊战争。

这一仗打得惊心动魄。当时，曹操刚从汉中撤军回到长安，听说关羽攻樊城，便派左将军于禁前往增援。襄樊守将曹仁让于禁和立义将军庞德驻守樊北。于禁是曹操亲自提拔的爱将，《三国志·于禁传》说他"与张辽、乐进、张郃、徐晃俱为名将"，曹操甚至称赞他说"虽古名将，何以加之"。庞德则原本是马超的部下，渭南战役时归降曹操，因此被拜为"立义将军"。据《三国志·庞德传》，襄樊之战时，马超已归刘备，庞德的堂兄庞柔也在刘备手下当差，樊城守将对庞德的忠诚颇有怀疑。庞德说，我受国家厚恩，义在效死疆场。今天不是我杀了关羽，就是关羽杀了我。后来他和关羽交战，一箭射中关羽前额，关羽军中都叫他"白马将军"，闻风丧胆。有这样两员战将驻守樊城之北，应该说能够抵挡一阵子。

然而老天爷不帮忙。八月，天降大雨，汉水暴涨，溢出堤外，樊城被洪水包围，于禁所督七军全部被淹，这就是所谓"水淹七军"。但《三国志·关羽传》只说"秋，大霖雨，汉水泛溢，禁所督七军皆没"，没说这水是关羽放的，更没说关羽料定会发洪水。《资治通鉴》也没这么说。事实上所谓"水淹七军"是自然灾害，关羽则趁机进攻，结果于禁被俘投降，庞德被俘就义。据《三国志·庞德传》，当时庞德站立不跪，关羽好言劝降。关羽说，足下的哥哥在汉中，本帅也想请足下做将军，为什么不快快投降呢？庞德大骂说，你这竖子，说什么屁话！魏王雄兵百万，威震天下，所向无敌。你们刘备算什么东西？不过一个庸才罢了，哪里是我们魏王的对手！我庞德宁愿做朝廷的鬼，也不做贼人的将！关羽只好把他杀了。消息传到曹方，曹操"闻而悲之，为之流涕"。

于禁降，庞德死，驻守樊城的曹仁痛失左膀右臂，再加上樊城城墙被洪水浸泡，不断坍塌，城中守军一片恐慌。据《三国志·满宠传》，当时有人建议曹仁趁关羽合围之势尚未形成之机，连夜乘快艇逃出樊城，协助曹仁守城的满宠却不赞成。满宠说，洪水嘛，来得快去得也快，应该说不会持久。关羽嘛，也不会贸然进攻，因为他的后方并不安全。但是，如果我们今天弃城而走，那么，黄河以南的地方，就不会再属于朝廷了。曹仁说，对！于是满宠下令沉白马，与将士们盟誓，拼力死战。正好这时徐晃的援军赶到，关羽也就只好撤军。

关羽虽然暂时停止了对樊城的包围，但战争并没有结束，关羽也不会放弃。这对蓄谋已久要夺取荆州的孙权集团，无疑是一个好机会。因为关羽要啃襄阳、樊城这两块硬骨头，对付曹仁、徐晃这两员大将，没有足够的兵力是不行的。一旦从后方抽调兵力，南郡就会虚弱；但不大量调兵，前方又会吃紧。这正是关羽为难的地方。于是吕蒙就向孙权提出，先想办法把关羽的军队尽量忽悠到襄樊，然后乘虚而入，在他背后捅一刀子。这个想法当然不错，问题是江东集团能忽悠关羽吗？

能。

吕蒙其实早就在忽悠关羽了。据《三国志·吕蒙传》，吕蒙虽然主张消灭关羽，但他接替了鲁肃的职务后，表面上却是"倍修恩厚，与羽结好"。我们知道，鲁肃当年和关羽两军相邻时，由于盟军之间相互猜疑（数生狐疑），双方边界又犬牙交错（疆场纷错），摩擦和纠纷很是不少，鲁肃做了很多调和工作（肃常以欢好抚之）。所以吕蒙的"倍修恩厚"就不会引起关羽的怀疑，只会认为是鲁肃政策的延续。这是吕蒙的第一招——装友好。

吕蒙的第二招是装病。仍据《三国志·吕蒙传》，吕蒙上书孙权说，关羽北征樊城而多留备兵，一定是害怕吕蒙在他背后下手。众所周知，吕蒙是一个身体不好的人，常常要生病的。现在就请主公批准我带兵回建业治疗。关羽知道了,一定会把南郡的军队全部调往襄阳。这时,我们"大军浮江,昼夜驰上,袭其空虚",则南郡不难拿下,关羽不难活捉。于是吕蒙宣称自己病重,孙权也故意用不加密封的公文召回吕蒙,关羽果然上当。

第三招是装孙子。不过这一招不是吕蒙使的,是陆逊使的。陆逊字伯言,吴郡吴县(今江苏省苏州市)人,世代都是江东大族,本人则是孙权的侄女婿(权以兄策女配逊)。据《三国志·陆逊传》,吕蒙装病回建业,路过芜湖时,陆逊去看他。陆逊说,关羽的防区在上游,和将军的防区接壤。现在将军跑到下游来了,前方岂不堪忧?吕蒙说,足下所言极是,只不过鄙人实在是病得太重了,不能不回建业治疗。陆逊说,将军回建业治病,当然是应该的,只不过陆逊希望将军见到主公时,和主公好好谈谈。关羽这个人,仗着自己骁勇英武,一贯盛气凌人。更何况这一回他围樊城,降于禁,杀庞德,战果辉煌,正是志得意满牛皮烘烘的时候。现在,他一门心思只想北伐,没把我们放在眼里(但务北进,未嫌于我)。听说将军病重,就更不把我们当回事。如果乘其不备出其不意打他一下,不难擒拿。吕蒙听了,虽深以为然,但事关机密,并不敢轻率表态,就打官腔说,关羽没那么好对付吧?第一,他英勇善战,天下闻名,这叫有威风;第二,他"已据荆州,恩信大行",这叫有威望;第三,他初战告捷,胆壮气盛,这叫有威力。这样的人,只怕"未易图也"。

吕蒙的话是这么说,心里却是十分看好陆逊。一到建业,便向孙权推荐。当时孙权询问吕蒙,他离职以后,谁可以接替他镇守陆口,吕蒙说陆逊最合适,原因则有两条。第一,陆逊是个难得的人才,吕蒙对他的评价是"意思深长,才堪负重,观其规虑,终可大任"。这里说的"意思",就是意念和思考。所谓"意思深长",也就是深谋远虑。何况陆逊对战事已有成熟想法,当然是合适的人选。第二,陆逊虽然"才堪负重",却"未有远名",关羽不会对他有什么顾忌（非羽所忌），正好可以继续忽悠关羽。所以吕蒙说，不会有比陆逊更合适的人了（无复是过）。

孙权然其言，任命陆逊为偏将军、右部督，接替吕蒙。当时吕蒙为陆逊定下的策略，是"外自韬隐，内察形便"，也就是表面装孙子，背后磨刀子。陆逊也真这么做了。他一到陆口，就给关羽写了一封信，极尽忽悠之能事。这封信写得文采斐然，意思却很简单。一是歌颂关羽，说将军这一次的战绩已经史无前例，就连韩信也比不上了；二是贬低自己，说自己原本一介书生，根本就不能胜任其职，希望将军多多指教；三是虚情假意表示庆贺，说盟军胜利对我们极为有利，江东这边无不拍手称快；四是装模作样提醒关羽，说曹操狡猾，将军可不敢掉以轻心，实际上是要关羽把兵调往前线。

这下子关羽上当受骗了。他觉得东吴这边真是一代不如一代。起先，守军将领是周瑜。这是一个才雄心狠的，可惜寿命不长，是个"短命鬼"。周瑜死了，换成鲁肃，虽然也很厉害，却是个"和事佬"。鲁肃死了，换成吕蒙，虽然也是一员战将，却是个"病秧子"。现在换成陆逊，名不见经传，还是个"书呆子"。看来孙权这边确实没戏了，不足为虑。于是开始逐步抽兵，调往樊城。

关羽一抽兵，陆逊就立即向孙权报告，陈述可以将其擒拿消灭的计划要点，孙权也开始调兵遣将，而关羽则完全被蒙在鼓里。关羽想不到，表面上温柔谦和的"病秧子"和"书呆子"，其实是心狠手辣的"狼羔子"；表面上为自己樊城之战拍手称快的盟军，其实是正在背后磨刀霍霍的敌人。他当然更想不到，这个过去的盟友已经和现在的敌人勾结在一起，正准备联合起来取他的项上人头。

孙权和曹操的勾结，不但出乎关羽的意料，也为许多人所想不通。孙权和曹操不是敌人，和刘备不是盟友吗？怎么会和曹操化敌为友，和刘备反目为仇？其实，在多边政治关系中，从来就没有永远的朋友，也没有永远的敌人。敌人可以变为朋友，朋友也可以变为敌人，全看利益所在和形势如何。赤壁之战时，曹操是最大的威胁，当然要和刘备联盟。但现在，刘备在"借"得南郡，夺取益州，据有汉中之后，又占领了房陵（今湖北省房县）和上庸（今湖北省竹山县），刘备的地盘已经越来越大，而且连成一片。如果关羽再拿下襄阳、樊城，对江东的威胁就大了。作为一个长江下游的地方割据政权，江东集团绝不能眼睁睁地看着刘备和关羽在自己的上游越做越大。这已经不是"吞刘"以"自大"的问题，而是"扼刘"以"自保"的问题了。

但是，以孙权集团的力量，实在不足以遏制刘备。正如赤壁之战时只有联合刘备才能对抗曹操，这时也只有联合曹操，才能解除刘备和关羽的威胁。碰巧的是，曹操这边也有需要。关羽在樊城降于禁，斩庞德，初战告捷，举世瞩目，天下震惊，《三国志·关羽传》的说法是"羽威震华夏，曹公议徙许都以避其锐"。也就是说，曹操甚至不得不考虑迁都了。这事虽然被吕思勉先生的《秦汉史》认为靠不住，不过"传闻不审之辞"，但曹操方面感到紧张，总是事实。最好的办法，莫过于联合孙权，南北夹击，让关羽首尾难顾，顾此失彼。这也正是曹操方面某些谋士的主张。据《三国志·蒋济传》，曹操与部下讨论是否迁都时，司马懿和蒋济对曹操说，刘备和孙权表面上亲密，实际上疏远。关羽得志，孙权必不情愿。不妨派人劝说孙权偷袭关羽后方，许愿把江南封给孙权，樊城之围必解，就用不着迁什么都了。

曹操采纳了这个建议，向孙权伸出了橄榄枝。孙权也立即回应，写信给曹操，表示要用征讨关羽来报效朝廷，《三国志·吴主传》的说法是"乞以讨羽自效"。据《三国志·董昭传》，当时孙权向曹操保证，自己一定带兵西上，偷袭关羽，但希望曹操方面对此保密，以防关羽有所准备。曹操向部下征求意见，大家都说当然要保密，老谋深算的董昭却主张泄密。董昭认为，保密对孙权有利，泄密对曹操有利。为什么呢？因为关羽得到消息以后，可能会做出两种反应。一种是立即回师救援，则樊城之围立解，还可以让孙权和关羽打起来，我们坐收渔利。但是，关羽这个人一贯蛮横霸道，多半不会立即撤军。这时，城中守军如果还不知道事情已经有救，对我们是不利的。因此，应该口头上答应保密，实际上故意泄密。曹操完全赞成这个建议，下令徐晃将孙权的来信抄写多份，用箭射入樊城和关羽的军营之中，把孙权即将偷袭江陵、公安的消息公布了出去。

董昭的预料不错。果然，樊城守军闻讯，士气倍增，守城的决心更大，而关羽则犹豫不决。关羽为什么举棋不定呢？为《资治通鉴》作注的胡三省的观点是：关羽自恃江陵、公安金城汤池，并非孙权"旦夕可破"；而樊城被洪水包围，已是到嘴的肥肉，岂能前功尽弃？实在于心不甘。

关羽一犹豫，徐晃的机会就来了。徐晃是奉命前来救援樊城的，却一直按兵不动，一方面是因为兵力"不足解围"，另一方面也是在等待机会。正好这时曹操又给徐晃派来了十二营军队，于是徐晃大举进攻。据《三国志·关羽传》裴松之注引《蜀记》，当时徐晃和关羽还在战场上隔着老远聊了一会儿天，而且"但说平生，不及军事"，因为徐晃是关羽在曹操手下时的老朋友。但是，转眼之间，徐晃便下马宣令："得关云长头，赏金千斤。"关羽目瞪口呆，说大哥怎么这样讲话？徐晃说，这是公事。也就是说，私情是私情，公事是公事，徐晃办公绝不手软。结果，关羽被打得落花流水，不得不撤离樊城。

樊城之围解除了，然而曹操却并不乘胜追击。这倒不是曹操仁慈或者念旧，而是要坐山观虎斗。他相信，早就磨刀霍霍的孙权，是不会把手缩回去的。

曹操的预料完全正确。关羽犹豫，孙权不犹豫。岂止不犹豫，而且动作迅速，策划精心。据《三国志·吕蒙传》，当时吕蒙奉命到达寻阳后，为了蒙蔽敌人，便将精兵藏在大船中，让船工穿上老百姓的衣服摇橹，把军人扮作商人，兵船扮作货船。一路上遇到关羽的岗哨，就悄悄干掉，神不知鬼不觉地就到了南郡。南郡守将，是将军士仁和太守糜芳。士仁守公安，糜芳守江陵。这两个人，对关羽既心怀不满又心存畏惧。因此，吕蒙的大军一到，他们就先后投降。等到关羽醒过来，南郡已经姓了孙。这就是所谓的"白衣渡江"。

关羽得到南郡失守的消息，匆匆忙忙就往回赶，但已无济于事。因为南郡的人心已归了吕蒙。现在看来，吕蒙这个人是很有政治头脑的。他入据南郡以后，大做安抚工作，利用怀柔政策，很快就稳定了局势。吕蒙做了些什么工作呢？第一，约束部队，严明军纪，秋毫无犯；第二，存恤百姓，问寒问暖，送医送药；第三，封存关羽库藏，以待孙权；第四，厚待关羽及其将士家属，收买人心。据《三国志·吕蒙传》，当时关羽一面往回赶，一面不断派人和吕蒙联系。吕蒙每次都厚待使者，让他们在城中各处走，向每家每户致以问候，甚至还带回家人的亲笔书信，让关羽的随员都知道家人平安，生活很好。结果，关羽还没赶回，他的部下已"吏士无斗心"，没有人会替关羽卖命了。

与此同时，陆逊那边也是一路凯歌。刘备的守将，跑的跑（如宜都太守樊友），败的败（如房陵太守邓辅），降的降（如蜀将陈凤）。据《三国志·陆逊传》，陆逊"前后斩获招纳，凡数万计"。《三国志·吴主传》则说陆逊拿下宜都以后，还占领了秭归、枝江、夷道，屯兵夷陵，把守峡口，防备蜀军进攻。而且，据《三国志·吕蒙传》，没过多久，孙权也到了南郡，坐镇指挥，张开罗网，单等关羽前来送死。

何况关羽此刻已是腹背受敌。关羽离开樊城时，曹仁的部下都主张乘胜追击，将关羽一举擒杀，只有赵俨反对，主张把关羽留下来，作为孙权的祸害（存之以为权害）。赵俨的职务是议郎，任务则是"参（曹）仁军事"，其实是曹操派到曹仁军中体现自己意图的人。实际上，赵俨的想法和曹操完全一致，那就是把消灭关羽的活留给孙权干，让孙权和刘备结下深仇大恨。那么，曹操他得逞了吗？等待关羽的，将是什么样的命运呢？

第三十四章

败走麦城

建安二十四年（公元219年）的荆州之争，由于孙权和曹操的暗中勾结，其形势很快发生了根本性的转变。在曹操和孙权的南北夹击下，关羽腹背受敌，进无可进，退无可退，终于败走麦城，以身殉职，刘备集团也因此永远失去了荆州。那么，一个曾经"威震华夏"的虎将为什么会一败涂地？在刘备方面，谁又该对这次惨败负责呢？

上一章讲到，吕蒙白衣渡江，偷袭南郡；徐晃趁机反攻，解救樊城。此时关羽的处境，用张作耀先生《刘备传》的说法，是"既失地盘，又失将吏，更失民心"。如此"三失"，关羽走投无路，只有死路一条了。

大约关羽自己也意识到了这一点。据《三国志·吕蒙传》，关羽很清楚自己势单力薄穷途末路（羽自知孤穷），便逃往麦城（在今湖北省当阳市东南），又从麦城逃出（乃走麦城）。据《吴主传》，关羽进入麦城后，孙权曾经劝他投降。关羽一面假装同意，一面在城头竖起旗帜和假人，悄悄逃走。逃亡的路上，士兵纷纷开小差，最后只剩下十几人（兵皆解散，尚十余骑）。这大约就是《吕蒙传》所谓"西至漳乡，众皆委羽而降"，也就是从麦城向西（西北）走到漳乡（在今湖北省当阳市东北）的时候，部下全都离他而去，叛变投降。孙权也料定关羽会逃，早就安排了朱然和潘璋"断其径路"。据《三国志》之《潘璋传》和《朱然传》，潘璋和朱然进军临沮（在今湖北省远安县西北），扎营夹石（在今湖北省当阳市东北）。十二月，关羽和他的儿子关平、都督赵累被潘璋的部下马忠俘虏，后来又被杀。

关于关羽之死，历史上颇有些不同的说法。包括谁杀的，死在哪里等等，都有争议。争议的原因，是《三国志》的说法看起来比较含糊，裴注所引材料又有些矛盾。《三国志·吴主传》说："马忠获羽及其子平、都督赵累等于章乡。"《三国志·关羽传》说："权遣将逆击羽，斩羽及子平于临沮。"这就有两个地名了，一个漳乡，一个临沮。至于是谁杀的，依《关羽传》，应该是奉命"逆击羽"的潘璋，甚至干脆就是他的部下马忠。然而该传裴松之注引《蜀记》，却说是孙权的决定。而且，孙权开始还不打算杀，说是要"活羽以敌刘、曹"。不过部下都不同意，说是"狼子不可养，后必为害"。曹公没有及时除掉关羽，不是弄得差一点就要迁都吗？孙权这才杀了关羽。

此说裴松之认为不实。裴松之说，当时孙权命令潘璋拦截关羽，下令"羽至即斩"，当然一抓到关羽，立马就杀了。何况临沮距离江陵二三百里，哪能不立即斩杀，还磨磨蹭蹭地讨论什么该杀不该杀（岂容不时杀羽，方议其生死乎）？

对此，张作耀先生不以为然。《刘备传》说，潘璋他们的任务只是拦截，没有擅杀之权，《三国志》各传也没有孙权下令"羽至即斩"的记载。而且，从临沮或漳乡到江陵，水路不会超过百里，完全来得及请示。此外，张先生还举《三国志·吴范传》为例，来支持他的观点。吴范其人，大约是位比较灵通的"预言家"，本传说他"每有灾祥，辄推数言状，其术多效"。孙权和吕蒙策划偷袭关羽，许多人都说不可，吴范说能行。关羽向孙权请降，孙权问吴范是真是假，吴范说是假。孙权派潘璋断路，探子说关羽跑了，吴范说跑不掉。孙权问什么时候能抓住，吴范说明天中午。第二天中午，有风吹动帷幔，吴范双手一拍说："羽至矣！"转眼之间，外面山呼万岁，"传言得羽"。据此，张先生认为杀关羽的是孙权。

张先生的这个说法其实是可以商量的。所谓"羽至矣"，并不是关羽已被押解到孙权的大本营，只不过是已经抓住了的意思。因为不可能在此之前没有关羽的任何消息，一有消息就连人都带来了。所谓"传言得羽"，便正是传来了抓住关羽的消息。何况，裴松之的观点也不无道理，《蜀记》的说法反倒可疑。什么"活羽以敌刘、曹"？利用关羽对付曹操还说得过去，要关羽去对付刘备岂非痴人说梦？

因此我认为，关羽是潘璋或者马忠杀的，但不是"擅杀"，而是"奉命"。一种可能是孙权确实事先下达了"羽至即斩"的命令。此事虽然史无记载，但在逻辑上并非没有可能。如此，则关羽很可能是马忠杀的。另一种可能是孙权得到关羽被擒的消息后，发出了这一指令。据《吴主传》，关羽被俘是在漳乡；据《关羽传》，关羽被杀是在临沮；而据《潘璋传》，潘璋和朱然"断羽走道，到临沮，住夹石"，即以临沮为军营，夹石为设伏地。夹石在漳乡偏西北。由此推论，潘璋在漳乡抓住关羽后，便将其押解到军营临沮。这时，孙权的命令到了，潘璋便杀了关羽。因此，说关羽是孙权杀的，或者说是潘璋杀的，都通。

其实，就算是潘璋或者马忠"擅杀"，责任也得由孙权负，刘备也会把账记在孙权头上。这让孙权感到后怕。孙权就想出了一个嫁祸于人的办法。据《关羽传》裴松之注引《吴历》，关羽被杀后，孙权把他的首级送到了曹操那里。很显然，孙权是要制造一个假象，让大家认为是曹操要他杀关羽的。孙权的这点小心眼，曹操还能看不出？就按照诸侯的礼仪厚葬了关羽。这也等于向大家宣布，关羽不是我要杀的。那么，曹操为什么不把关羽的首级退给孙权呢？第一，这也未免太过分，会和孙权翻脸，何况曹操确实有和孙权联合共击关羽的盟约。第二，曹操此刻是大汉王朝的丞相，代表"中央"，没有退回"地方"上缴"中央"东西的道理。他只能用厚葬的办法来撇清自己。

无论如何，关羽是死了，荆州也丢了。这对于刘备集团无疑是重大损失。因此我们就要问，在刘备方面，究竟谁应该为这次惨败负责？

也有各种说法。有说该由关羽负责的，有说该由刘备负责的，还有说该由诸葛亮负责的。之所以有这么多说法，根本的原因在于三个问题：第一，关羽该不该发动襄樊战争？第二，刘备该不该让关羽都督荆州？第三，刘备集团为什么听任关羽孤军奋战不去救援？这三个问题当中，第一个问题又最根本，我们就从第一个问题说起。

我们知道，关羽之所以败走麦城，直接原因当然是吕蒙和陆逊偷袭南郡，孙权集团在他背后捅了一刀。不过，孙权和吕蒙、陆逊虽然蓄谋已久，但关羽如果不去打襄阳、樊城，他们也没有机会。也就是说，没有前面的襄樊战争，就没有后面的败走麦城。这就又有了三个小问题：一、是谁决定要打襄樊的？二、为什么要打襄樊？三、襄樊战争该不该打？

先说第一个小问题。关于这个问题，有两种不同意见。张作耀先生的《刘备传》认为，襄樊战争是"关羽在刘备、诸葛亮的授意下"发动的。战争发动后，刘备和诸葛亮又没有采取一系列配套措施。他们既不预警设援应急，又不配置军师将佐，居然放手让那个有勇无谋、刚愎自用的关羽"独自去做"。因此，对于这次失败，刘备和诸葛亮难辞其咎，甚至"应该承担主要责任"。

何兹全先生的《三国史》则是另一种观点。何先生说："关羽进攻襄阳、樊城，似乎预先没有和刘备、诸葛亮商讨。"这是有道理的。因为查遍《三国志》，也找不到刘备或者诸葛亮"命令"或者

"授意"关羽进攻襄樊的记载。如此重大的决策,史书不该漏记,因此只能理解为关羽的自作主张。不过,刘备没有授权或授意,也没有反对。如果反对,历史上也应该有记载。如果刘备坚决反对,关羽就不会再打。看来,刘备当时的态度,是听之任之,或者默许,甚至赞成。因此,他也不能说一点责任都没有。

诸葛亮则没有责任。据《三国志·诸葛亮传》,襄樊战争时,诸葛亮的官衔是"军师将军",职务是"署左将军府事"。这是刘备占领成都以后的安排。当时刘备的官衔是左将军,他的衙门就是左将军府。所谓"署左将军府事",其实就是刘备的"总理大臣"或者"大管家",任务是协助刘备做好工作,保境安民,并在刘备外出时"镇守成都,足食足兵"。也就是说,诸葛亮并非刘备的"三军总司令"或者"总参谋长",职责也主要在行政、民政而非军事,他有什么责任?

有人说,关羽发动襄樊战争,是按照诸葛亮的总体战略部署行事的。跨有荆、益,是诸葛亮的既定方针,《隆中对》里面说明白了的。因此诸葛亮也有责任。这话不通。诸葛亮的《隆中对》只是总体规划,不是实施方案。关羽进攻襄阳、樊城,诸葛亮并没有直接下达命令,他也没有这个权力。如果仅仅因为诸葛亮有一个隆中对策,就把责任算在他的头上,这对诸葛亮不公平。

何况《隆中对》是怎么说的?诸葛亮说得很清楚:"天下有变,则命一上将将荆州之众以向宛、洛,将军(刘备)身率益州之众出于秦川。"也就是说,诸葛亮的规划,一是要天下有变,二是要两路出兵。请问,关羽进攻襄阳、樊城的时候,天下有变吗?没有。两路出兵了吗?也没有。这怎么能说是贯彻诸葛亮的战略部署?而且,照我看,关羽不但没有贯彻诸葛亮的战略思想,反倒破坏了他的战略部署。因为荆州一失,两路出兵北上灭曹一统天下的可能性就永远没有了。

这一点,我想诸葛亮不会不明白。那么,他为什么不阻止关羽的行动？这里先留一点悬念，我们以后再说。现在先回答前面提出的第二个小问题：为什么要发动襄樊战争？

吕思勉先生的说法是为了配合刘备在汉中的行动。吕先生的《秦汉史》说："逐利之兵，亦宜同时并出，首尾相应，故刘备之兵未还，关羽之师已起矣。"对此，我有些想不通。刘备进军汉中，是在建安二十三年（公元218年）。斩夏侯渊于定军山，是在建安二十四年（公元219年）正月。曹操进临汉中，是在这年三月，五月即撤兵退回长安。如果关羽此战是为了牵制曹操，为什么早不动手？等到七月，刘备早就据有汉中，都已经自称汉中王了，再来进攻襄樊，岂非多此一举？

因此，关羽此举，只能理解为得寸进尺。说得好听是乘胜前进再接再厉，说得难听是贪得无厌自不量力。到底是哪种情况呢？这就牵涉到前面提出的又一个小问题，那就是襄樊战争该不该打。

对于这个问题，也有两种意见。一种认为该打。所谓"该打"，也包括两个内容。第一，按照诸葛亮为刘备在隆中所做的规划，襄阳和樊城是迟早要拿下的。拿下襄樊，才能全部据有荆州。这叫作"必打"。第二，关羽拿下襄樊并非全无可能，至少有条件：一、半年多以前，南阳地区发生了反叛曹操的事件，说明曹操在荆州北部的统治并不稳定；二、刘备已得汉中，又得上庸等地，军心大振，气势正旺；三、孙权在东方进攻合肥，可以遥相呼应。曹操那边，刚刚撤离汉中，又要对付孙权，难免顾此失彼，这叫作"能打"。必打加能打，得出的结论就是"该打"。

但是，何兹全先生却另有说法，他认为襄樊战争是关羽"在一个不是时机的时候的一次军事冒险"。按照何先生《三国史》的观点，刘备刚刚夺取汉中，正需要稳定局势，休养生息，岂能一战再战？此其一。刘备已定汉中，关羽再取襄樊，一前一后，并非两路出兵东西夹击，何况天下无变，不符合诸葛亮的设计，此其二。关羽之军，貌似声势浩大，其实力量有限。如果没有洪水帮忙，他连降于禁、斩庞德恐怕都做不到。即便如此，樊城仍然久攻不下，而徐晃一军突入，关羽就只能撤围。也就是说，关羽的威力，是被夸大了。所以何先生说，孙权偷袭南郡，只是捡了个便宜。没有孙权的背后袭击，曹军也能反击，关羽也会失败，只不过不会败得那么惨罢了。

我个人认为，何先生所言甚是。综上所述，我们可以对第一个大问题得出结论：第一，襄樊战争是关羽发动的，刘备没有授权或授意，但也没有反对。第二，关羽发动襄樊战争的原因，是胜利冲昏头脑，错误估计形势，以为可以再接再厉，一战而定乾坤；而刘备集团上下，则正如卢弼《三国志集解》引黄恩彤所言，是"但喜其胜，不虞其败"，放手让他进攻。第三，发动襄樊战争，时机不对，准备不足，是错误的。之所以有此错误判断，又与关羽的好大喜功有关。于是我们便又有了一个问题：刘备该不该让关羽都督荆州？

这个问题就不太好回答了，因为你不能说刘备完全选错了人。首先，关羽忠诚，这个不成问题。其次，关羽能干。自从刘备起兵，南征北战，不管在什么时候，不分兵则罢，一旦分兵，一定是自己带一支部队，关羽带一支部队，可见其有独当一面的才干。最后，关羽在行。守荆州，是要能带水军的，偏偏关羽就能。当年刘备败于长坂坡，就是靠关羽率水军接应才脱离危险。关羽本是北方人，居然一到南方就能带水军，也可见其能干。忠诚，能干，内行，这样算下来，刘备入蜀，要留一员大将驻守荆州，还真非关羽莫属。

但是，关羽的性格有问题，那就是狂妄自大，刚愎自用，好大喜功，爱戴高帽子。据《三国志·关羽传》，建安十九年（公元214年）刘备进攻成都，马超前来投奔。关羽因为和马超不熟，就给诸葛亮写信，问马超这个人的才能可以和谁相提并论。诸葛亮知道关羽耻为人下（亮知羽护前），就回答说，马孟起（马超字孟起）文武双全，雄烈过人，堪称"一世之杰"，可以和张益德（张飞）并驾齐驱，但还是比不上美髯公（关羽）之"绝伦逸群"呀！关羽看了，十分高兴，把诸葛亮的信递给来访的客人传看。

对于这件事，也有不同评价。有人说，诸葛亮真滑头，两边都不得罪。我说不是。相反，我认为，此时的诸葛亮虽然还不是丞相，却已经表现出丞相之才。丞相的任务是什么？是"燮理阴阳"，也就是处理好上上下下方方面面的关系。马超新来投奔，内心未免忐忑，必须予以肯定和安抚，何况人家本来就是人才，岂能贬损？然而关羽又不容有人超过自己，也就只好来他个"一世之杰"仍不如"绝伦逸群"了。

当然，诸葛亮这样说，也有副作用，那就是把关羽给"惯坏了"。不过这也不是诸葛亮一个人的责任，刘备集团包括刘备本人，也都要负责任的。因为他们也都让着关羽，给关羽戴高帽子，或者用戴高帽子的办法来对付关羽。据《三国志·黄忠传》，建安二十四年（公元219年）七月，刘备自称汉中王，拜关羽为前将军，张飞为右将军，马超为左将军，同时拟拜黄忠为后将军。当时诸葛亮就料定关羽必不高兴。因为论关系，黄忠不及张飞；论名声，黄忠不及马超。关羽岂肯与之"同列"？刘备说，没关系，我自有办法。刘备的办法是派费诗去做工作。据《三国志·费诗传》，费诗一到关羽那里，关羽果然就跳了起来，说大丈夫怎么能和一个老兵平起平坐！费诗不紧不慢地说，王者用人，不拘一格。汉王（刘备）破格提拔黄汉升（黄忠），不过因为他新立大功罢了。但在汉王的内心深处，汉升的轻重岂能和君侯（关羽）相提并论！君侯和汉王是什么关系？心心相印，血肉相连，等于是一个人。汉王的荣辱就是君侯的荣辱，汉王的祸福就是君侯的祸福，君侯难道还要和汉王讲价吗？我费诗只不过是个送信的，君侯不接受，费诗回去就是，只怕君侯要后悔。关羽闻言感悟，立即受拜。

费诗这样说，在刘备集团当中，已经算是敢摸老虎屁股的了，但也还是顺着毛摸。这说明刘备集团从来就是惯着关羽的，关羽变成了一个"惯坏了的孩子"。"惯坏了的孩子"有两个特点，一是任性，二是天真。因为惯坏了，所以任性；因为是孩子，所以天真。关羽就是这样一种人。因为任性，所以发动了襄樊战争；因为天真，所以被吕蒙和陆逊忽悠。因为既任性又天真，所以在处理敌、我、友关系时，犯了一系列错误。

这里有两个例子可以说明问题。据《三国志·关羽传》裴松之注引《典略》，襄樊之战时，孙权曾主动提出帮助关羽，但也存了一个小心眼。他下令部队不要走得太快，同时派使者去通知关羽。关羽非但不利用这个机会稳住孙权，或者利用孙权牵制曹操，反而毫无道理地痛骂孙权动作太慢。他仗着自己新降于禁牛气冲天，居然破口大骂说，王八羔子，竟敢磨磨蹭蹭（貉子敢尔）！等我拿下樊城，再来灭你！

这事裴松之认为不实。因为孙权和吕蒙早就策划好了要偷袭关羽。如果有前往助战的借口，又何必偷偷摸摸白衣渡江？但另一件事当是事实，那就是孙权向关羽提出联姻，其使者被关羽骂回，《关羽传》的原文是："权遣使为子索羽女，羽骂辱其使，不许婚。"众所周知，此类婚姻历来就是政治性的，其目的无非是维护联盟关系而已。孙权可以嫁妹妹给刘备，关羽怎么就不能嫁女儿给孙权之子？当然，关羽可以看不起孙权，也可以痛恨孙权（此时孙权已将妹妹召回），还可以不同意这门婚事，但应该使用外交辞令，不该骂人。

实际上，"惯坏了的孩子"还有一个特点，就是喜欢骂人。上一章讲过，吕蒙的军队一到南郡，两个守将就投降了。原因之一，就是他们两个对关羽既心怀不满又心存畏惧。据《关羽传》，关羽是一贯看不起他们的。这种看不起肯定都被关羽毫无顾忌地表现了出来，因此他们"素皆嫌羽轻己"。关羽出征，要他两个"供给军资"。因为办事不力，被关羽辱骂，扬言"还当治之"，结果两人

"怀惧不安"，吕蒙的诱降也就成功。请想一想，你在前方打仗，他俩在后方看家，这是何等重要的事，就不能对人家态度好一点吗？

　　凡此种种，都说明派关羽督荆州是不合适的。没错，关羽是有独当一面的能力和资历，但那是在刘备事业的初级阶段，所守不过小城（如下邳），所战亦非劲敌（如颜良）。镇守荆州这样的战略要地，对付曹操、孙权这样的奸雄巨猾，在政治和军事两方面同时作战，关羽就力所不能及了。他没有政治头脑，没有战略眼光，刚愎自用，一意孤行，根本就不适合承担如此重任；而他的天真和任性，傲慢和骄狂，则给敌人留下许多可乘之机。换句话说，像他这样性格的人，可以成为行走江湖的"大侠"，无法成为逐鹿中原的"大帅"。

　　那么，是刘备、诸葛亮用人不当吗？倒也不是。诸葛亮是没有责任的，因为他这时并无用人之权，刘备对他也并非人们想象的那样言听计从。刘备当然有责任，但也无可厚非。因为刘备也想不到那么远。他的事业发展得太快了，以至于没有足够的思想准备和组织准备。他没有想到，自己一旦拿下益州，荆州就会面临空前的压力；而关羽，则是扛不住的。也许，入主成都以后，他应该迅速派人去帮助和制约关羽。但是他能派谁呢？诸葛亮走不开（在益州建立新政权全靠诸葛亮），庞统死了，法正和关羽不熟，派张飞、赵云、马超、黄忠？怕也不行吧？说来说去，刘备也是没办法。何况他自己，也正陶醉在胜利之中。

　　现在回答最后一个问题：刘备集团为什么听任关羽孤军奋战不去救援？我的看法是三个字："想不到。"吕思勉先生《秦汉史》有云："羽之一败涂地，非徒曹操所不及料，即孙权，亦未必能豫计其败若此之速也。"也就是说，谁也没有想到，历来让敌人闻风丧胆，而且刚刚在樊城大破曹军，威震天下，差一点就逼得曹操迁都的关羽，竟会兵败如山倒。曹操没想到，孙权没想到，刘备难道就想得到？应该说也想不到的。何况刘备比曹操和孙权更加想不到。因为他实在想不到孙权和曹操已经暗中勾结起来，吕蒙和陆逊竟然会两路出兵，白衣渡江，偷袭南郡，而且居然是迅雷不及掩耳。没错，从建安二十四年（公元219年）七月进攻襄樊城，到同年十二月败走麦城，其间是有将近半年时间。但是，战争形势的逆转，却是转眼之间。要知道，在曹操把孙权的信发表出去之前，关羽还是抱着必胜信心的。即便知道了孙权的想法，他也仍然不肯立即撤离樊城。也就是说，他自己也想不到会失败，刘备那边，听到的自然也都是些捷报，怎么会再派援兵。等到关羽败走麦城众叛亲离时，刘备就是想救，也来不及了，除非他能派出空降兵。

最后的结论是：败走麦城，丢失荆州，是曹操和孙权联合起来遏制刘备集团的结果。在刘备集团这边，关羽负直接责任，刘备负领导责任，诸葛亮没有责任。但不管谁负责任，刘备都无法接受这一切，他也不会善罢甘休。那么，刘备又将如何动作，其结果又如何呢？

第三十五章
猇亭遗恨

建安二十四年十二月,刘备在毫无思想准备的情况下既失关羽又失荆州。这对于刚刚获得益州不久,正打算大展宏图的刘备,无疑是沉重打击。不肯善罢甘休的刘备在一年半以后发动了意在夺回荆州的夷陵之战,却以兵败身亡而告终。那么,这是一场什么样的战争,志在必得的刘备又为什么会一败涂地呢?

上一章我们讲了荆州争夺战。这次战争的结果,是刘备痛失关羽和荆州。关羽是刘备的爱将,荆州则是刘备的命根子,刘备当然不会善罢甘休。于是,一年半以后,刘备东征,发动了讨伐孙权的战争。这场战争发动的时间,是在公元221年阴历七月。此前,公元220年阴历十月,曹丕称帝,改元黄初。次年四月,刘备称帝,建元章武。所以,战争发动的时间,在历史上称为"黄初二年七月"或者"章武元年七月"。当时,刘备驻军猇亭(猇音消,猇亭在今湖北省宜都市北)和夷陵(在今湖北省宜昌市东南),因此这场战争史称"夷陵—猇亭之战",简称"夷陵之战"或"猇亭之战"。

夷陵—猇亭之战,是和官渡之战、赤壁之战齐名的重要战役。而且,这场战争和官渡之战、赤壁之战一样,都是以战争发动者的失败而告终。官渡之战是袁绍发动的,结果袁绍失败了。赤壁之战是曹操发动的,结果曹操失败了。夷陵之战或者猇亭之战是刘备发动的,结果刘备失败了,并在战后去世。那么,刘备为什么会失败呢?我认为主要有三个原因:一、孙权有备无患;二、刘备一意孤行;三、陆逊指挥若定。关于这三点,我们只要看看战争的决策过程和进行过程,就不难明白。

先讲第一点:孙权有备无患。

荆州争夺战之后,原本就很脆弱的孙刘联盟公开破裂。孙权心里很清楚,他这回是把刘备得罪到家了,于是干脆和刘备翻脸,倒向曹操。据《三国志》之《刘璋传》《吴主传》和《武帝纪》裴松之注引《魏略》,夺取南郡后,孙权宣布不再承认刘备是益州牧,仍以刘璋为益州牧,驻节秭归。曹操也表荐孙权为骠骑将军,假节,领荆州牧,封南昌侯,孙权则上表称臣,甚至主张曹操称帝。也就是说,孙权承认曹操是"中央",曹操承认荆州是孙权的,孙权则不承认益州是刘备的。我们知道,此前,刘备原本是"牧兼二州"的,既是荆州牧,又是益州牧。现在,按照曹操和孙权的逻辑,他什么都不是,刘备当然不干。

孙权也知道刘备不干。何况,就算孙权承认刘备是益州牧,刘备也不干。于利,他要夺回荆州;于义,他要报仇雪恨。一场大战势所难免,孙权不能不未雨绸缪。

因此,孙权在政治和军事两方面都做了充分的准备。他在政治上做的工作,主要是积极靠拢曹魏。其实,早在荆州争夺战之前,孙权就已经向曹操暗送秋波。建安二十二年(公元217年)春,孙权派人向曹操"请降",曹操则投桃报李,表示要再次和孙权通婚(誓重结婚)。这才有荆州争夺战时双方的勾结。战后,孙权继续靠拢曹魏。建安二十五年(公元220年)十月,曹丕代汉称帝,刘备集团反应强烈,口诛笔伐,痛骂曹丕,孙权方面则保持沉默。等到曹丕黄初二年(公元221年)七月刘备伐吴时,孙权便在一个月后向曹丕上表称臣,并在十一月接受了曹丕册封的吴王称号,次年建元黄武。

这时，曹丕、刘备均已称帝，孙权也成了独立王国的国王，三国鼎立的形势正式形成。

不过，孙权此时在名义上还是曹魏王朝的藩王（称帝是在八年以后的公元229年）。迈出这一步，对于孙权来说并不容易。因为第一，这意味着承认曹丕"篡汉"是正当的。第二，意味着曹丕和孙权是君臣关系。因此，江东集团内部颇有些不同意见。据《三国志·吴主传》裴松之注引《江表传》，孙权坦然地对部下说，想当年，刘邦不也接受了项羽的封号，当了汉王吗？这不过是随机应变一时之宜罢了，有什么关系呢？

显然，孙权接受曹魏封号，不过权宜之计。时机成熟后，他自己也会称帝。但此刻，他只能先稳住曹丕，以便集中精力对付刘备。实际上，孙权在做政治准备的同时也在做军事准备。据《三国志·吴主传》，七个月前，即黄初二年（公元221年）四月刘备称帝后，孙权就把自己的指挥部从公安迁到了鄂城（今湖北省鄂州市），改名武昌（不是现在湖北省武汉市的武昌区），并以武昌、下雉、寻阳、阳新、柴桑、沙羡六县为武昌郡。对此，孙权在八月份有个解释。孙权说，居安思危，这是先哲先贤的教诲（存不忘亡，安必虑危，古之善教）。何况豺狼就在身边，能不做好应变的准备吗？因此，他不顾所谓"宁饮建业水，不食武昌鱼"的反对呼声，毅然决然移都武昌，并在刘备出兵之后，在长江沿岸布下道道防线。可见，孙权一直在提防刘备。也可见，孙权打的是有准备之仗。

相比较而言，刘备的准备则是不足的。荆州之战后，刘备虽然又气又恨，却既没有沉下心来总结经验，也没有休养生息厉兵秣马，而是匆匆忙忙称起皇帝来。曹魏黄初二年四月丙午（公元221年5月15日），刘备在成都西北之武担山即皇帝位。草草收场后，便在六月调兵遣将，七月御驾亲征，并且命令张飞到江州（今重庆）会合。结果张飞还没动身，就被部下杀死，其首级也被拎到孙权那里去了。

张飞之死对于刘备无疑是重大损失。我们知道，刘备这边的一流将领，素有所谓"五虎上将"之说。其实刘备称王之后，只封了四员上将，即前将军关羽、右将军张飞、左将军马超、后将军黄忠，没有赵云。赵云仍然是翊军将军。不过，陈寿作《三国志》，将赵云与关张马黄并为一传，因此民间有"五虎上将"的说法。关羽已在荆州争夺战中被杀，黄忠也于一年前病故。张飞一死，刘备的所谓"五虎上将"就去了三个。剩下马超防魏于北，赵云不受信任（原因下面再说），东征的队伍中，竟没有像样的将领。另外，庞统已在建安十九年（公元214年）战死，法正也在建安二十五年（公元220年）去世，诸葛亮镇守成都走不开，因此东征的队伍中也没有一流的谋臣和军师。可以说，刘备发动这场战争，是匆匆忙忙的，出师不利，将帅乏人。那么，刘备为什么还要打这一仗呢？

这就牵涉到我们要讲的第二个问题——刘备一意孤行。

其实，对于刘备这时的一系列决定，包括他的东征，也包括他的称帝，当时是有不少人表示反对的。比如前面提到过的费诗，还有尚书令刘巴和主簿雍茂，便都不赞成刘备称帝。反对东征的则有翊军将军赵云和从事祭酒秦宓。如果说，秦宓的说法或许可以视为妄言（《三国志·秦宓传》的记载是"陈天时必无其利"），那么，赵云的意见就言之成理了。据《三国志·赵云传》裴松之注引《云别传》，赵云对刘备说，国贼是曹操，不是孙权。何况只要灭了曹魏，东吴就不成问题。现在曹操虽然死了，他儿子曹丕更坏，因此"不应置魏，先与吴战"。何况此番战端一开，只怕不可开交，不好收场。

这就是所谓逆耳之言了。我们知道，这时的刘备，已进入孔子所说的"耳顺"之年。所谓"耳顺"，有一种说法就是什么话都听得进。但不知为什么，刘备并不"耳顺"。结果，费诗被贬，雍茂被杀，秦宓"下狱幽闭"（后来放了），刘巴吓得从此不敢说话（惧见猜嫌，恭默守静，退无私交，非公事不言），赵云则不受信任，不得随行东征。

说起来也不奇怪。刘备其实和曹操一样,也是强权人物,容不得别人反对自己既定的政治路线和战略方针,问题是这路线和方针对不对。称帝一事,这里先不讨论,只说东征。刘备为什么要东征呢?一般人都说是要为关羽报仇(包括《三国志·法正传》都说"复关羽之耻"),或者是因为愤怒。这是靠不住的。吕思勉先生的《三国史话》说,替义弟报仇一说"固然是笑话",说刘军是愤怒之师"也未必是真相"。我认为吕先生此说有理。为什么呢?第一,像刘备这样意志坚定坚忍不拔的人,是不会感情用事的。第二,关羽被害后,刘备并没有痛不欲生或者拍案而起,而是忙于自己称帝,也没有给关羽封号,追谥其为壮缪侯是景耀三年(公元260年)后主刘禅所为。第三,刘备起兵时,关羽已经死了一年半,哪里还会情感冲动?只能说是既定方针。

但是,我们知道,按照诸葛亮的隆中对策,刘备的既定方针应该是联吴抗曹,赵云也说"当因众心,早图关中",不应该放过曹魏,先伐东吴。那么,刘备为什么不按照诸葛亮的战略规划行事,也不接受赵云的意见?吕先生认为,这和吕蒙主张不攻徐州攻荆州一样,都是吃柿子拣软的捏。这也有道理。曹魏是劲敌,拥有大半个天下,哪里是一口吞得下的?所以,吕蒙认为关羽好对付,刘备则认为孙权好欺负。孙权那边,让刘备和关羽大吃其亏的吕蒙,在荆州争夺战结束之后,还没来得及领赏就死了,接班的陆逊是个书生,难道也对付不了?

这一点,曹魏那边倒是有人看出来了。据《三国志·刘晔传》,刘备兴兵的前一年,即关羽被害的第二年,亦即魏文帝黄初元年(公元220年),曹丕下诏询问群臣,要他们预测刘备会不会出兵伐吴为关羽报仇,大家都说不会。他们认为,蜀是一个小国,大将也就关羽一个。关羽死了,谁还敢出兵?刘晔却说肯定会。刘晔说,蜀国虽然又小又弱,但刘备的策略,是要倚仗武力来自强,势必兴师动众耀武扬威,来显示他力量有余。再说了,刘备和关羽,那是"义为君臣,恩犹父子"。关羽死了却不能为他报仇,讲不过去。

刘晔所说也很在理,很可能也是刘备当时的真实想法。因此,综上所述,我认为刘备伐吴,原因有三:第一,关羽和他情同手足,生死与共,此仇不可不报。第二,在一个弱肉强食的时代,刘备作为弱者,必须以攻为守;而曹魏太强,能攻的只有东吴。当然,这里还有一个重要原因,就是荆州非夺回不可。前面说过,荆州是刘备的命根子,岂能任凭孙权夺去?此为原因之三。

然而,即便荆州必须夺回,也得从长计议,做好准备。至少,在战争的过程中可以从容稳妥一点。据《三国志·黄权传》,时任偏将军的黄权担心长驱直入有风险,曾经建议刘备稳扎稳打。黄权说,吴军骁勇善战,不好对付;我军顺江而下,进易退难。因此,为臣请求担任先锋,为陛下试探深浅,陛下在后方坐镇指挥就好。刘备不听,把黄权打发到江北,自己则不顾一切地继续向前推进。

这就是刘备的不是了。实际上,在整个猇亭之战中,刘备表现出来的情绪就是两个字:浮躁。当然,如果对方也浮躁,他们倒还有得一拼。可惜,对方的主帅不但不浮躁,反倒十分沉着镇静。而且,刘备越是浮躁,对方就越是冷静。这也正是猇亭之战刘备失败的第三个原因——陆逊指挥若定。

陆逊是猇亭之战中吴军的前敌总指挥。据《三国志·陆逊传》,刘备率军东下后,孙权即任命陆逊为大都督,假节,督朱然、潘璋、宋谦、韩当、徐盛、孙桓、鲜于丹等部五万人西上拒敌。现在看来,孙权的这一决策完全正确,用人也非常得当。事实证明,这场战争如果不是由陆逊来指挥,结果很可能就是另外一个样子。

我们就来看看陆逊如何用兵。

据《三国志·先主传》,蜀章武二年,即吴黄武元年、魏黄初三年(公元222年)正月,刘备的先头部队到达夷陵(故城在今湖北省宜昌市东南)。二月,刘备到达猇亭(故址在今湖北省宜都市北三十里)。据《三国志·陆逊传》，以及该传裴松之注引《吴书》和《资治通鉴》，当时，吴军将领纷纷要求出击，陆逊却不同意。陆逊很清楚，刘备来者不善，必须沉着应战。他对将领们说，刘备亲率大军顺江东下，来势汹汹锐气正旺，而且凭借高地据守险要，不是轻易能够击破的，大获全胜就更难。如果出师不利，影响全局，问题就严重了。不过，蜀军是山地行军，难以施展，拖久必成疲劳之师，我们不如静观其变。将领们听了，都认为陆逊是胆小怕事，因此"各怀愤恨"。

但陆逊自有主张。他下令大步撤退，把这数百里的崇山峻岭都让给刘备，自己坚守在猇亭前线，拒不应战。刘备无奈，只好命令蜀将吴班率数千人在平地立营。吴军将领都说，山林里面打不得仗，这回到了平地，总可以打他一下了吧？陆逊说且慢！刘备此举必有诈。果然，刘备发现他骗不了陆逊，埋伏在山谷里面的八千人便全都杀了出来。吴军将领这才恍然大悟，佩服陆逊料事如神。

其实，陆逊的过人之处并不仅仅在他的神机妙算，更在于他沉得住气。读过《曹刿论战》的人都知道："夫战，勇气也。一鼓作气，再而衰，三而竭。"蜀军顺江而下，来势汹汹，恨不得一口吞了东吴。然而，他们来到夷陵、猇亭前线时，却被吴军死死地堵在那里，一连几个月找不到决战的机会。再加上运输困难，给养不足，天气渐渐炎热，蜀军的斗志越来越涣散，士气越来越低落。这时，陆逊宣布，反攻的时机到了。

据《三国志·文帝纪》及陈垣《二十史朔闰表》，陆逊决定反攻是在这年的闰六月。《陆逊传》说，当时吴军将领都不理解。他们认为，进攻刘备，应该是在他刚刚入境的时候。现在，敌人深入已经五六百里，双方相持也有七八个月。刘备已经站稳脚跟了，天险要害也都加固了，怎么还能进攻？陆逊说，刘备是一个狡猾的家伙（备是猾虏），又经验丰富见多识广（更尝事多），刚开始的时候肯定虑事周全，所以我们不能硬拼。现在，几个月过去，他的士兵已经疲劳，斗志已经消沉，也想不出什么招了（兵疲意沮，计不复生）。我看消灭此贼，就在今天。

话虽这么说，陆逊还是决定谨慎行事，便"先攻一营"，结果"不利"。诸将都说，看看！白死了许多人。陆逊却认为没白死。因为他已经看出了刘备的破绽，找到了破敌的办法。

那么，刘备的布阵有什么破绽，陆逊的进攻又有什么奇招呢？原来，刘备到达前线后，就命令部队从巫峡到夷陵连营，立营数十屯，绵延七百里。据《三国志·文帝纪》，当时曹丕就断定刘备必败。曹丕说，刘备不懂用兵啊（备不晓兵）！哪有连营七百里还可以抵抗敌人的？何况他那些营寨，扎得也不是地方。我看孙权的捷报就要来了。

刘备的破绽，远在洛阳的曹丕都能看出，近在咫尺的陆逊还能看不出？据《三国志·陆逊传》，在战争的相持阶段，陆逊曾上疏孙权陈述方略。在这道奏疏中，陆逊说，他当初最担心的，是刘备"水陆俱进"。没想到刘备放弃了这一有利条件，反而让水军上岸，在山林之中安营扎寨，还连成一片。这就等于把自己置于败军之地。所以，陆逊搞了一次火力侦察后，办法就有了。

陆逊的办法也很简单，是赤壁之战中孙刘联军用过的——火烧。据《三国志·陆逊传》，他命令士兵每个人都带一把茅草，到了刘备的军营就放火，在放火的同时进行攻击。一旦火势形成，诸军同时出击。这一办法果然成功。于是，在陆逊的号令下，吴军主力齐集猇亭，大战刘备，连拔蜀军四十余营。刘备猝不及防，焦头烂额，逃到马鞍山（在今湖北省宜昌市西北）。陆逊再接再厉，督促各军从四面逼进。蜀军"土崩瓦解，死者万数"，只有刘备带着少数随从连夜逃往白帝城。他的舟船、器械、军资"一时略尽"，他的部队则"尸骸漂流，塞江而下"。一败涂地的刘备既羞愧又愤恨（大惭恚），仰天长叹说，朕居然被陆逊打击羞辱，只怕是天意吧（岂非天邪）！

看来，刘备对于"为逊所折辱"很是不服。也许，在他和关羽的眼里，陆逊不过一介书生，不足为虑，更不用说会败在他的手下了。其实，陆逊不是书生，而是儒将，是东吴方面一流的政治家和军事家。他的成功也不是什么"天意"，而是"人谋"。前面说过，陆逊曾经向孙权上过一道奏疏。在那篇疏文中，陆逊首先向孙权阐述了这场战争的重要性。我们知道，长江三峡最东边的是西陵峡，西陵峡的东口就是夷陵县。所以陆逊说，夷陵是战略要地，也是我们东吴王国的西大门。这个地方，容易占领，也容易丢失。一旦丢失，不仅会损失一郡之地，就连整个荆州的安全也会变得十分堪忧。因此，这场战争，不能失败，只能成功（今日争之，当令必谐）。这就是陆逊成功的第一个原因——高度重视，志在必得。

不过，陆逊固然高度重视，刘备又何尝不是志在必得？于是，陆逊又向孙权陈述了刘备的三大弱点。一是刘备违背常规，不守巢穴，劳师远征，这是自来送死；二是刘备征战一生，败多胜少，由此推论，这回也不足为虑；三就是他的"舍船就步，处处结营"了。因此，陆逊请孙权高枕无忧，静候佳音。这是陆逊成功的第二个原因——知己知彼，胸有成竹。

第三个原因是"沉着应战，后发制人"，具体情况前面已经讲过。这里要讲的是，做到这一点并不容易。据《三国志·陆逊传》，就在陆逊和刘备相持不下的时候，孙桓被刘备的军队包围在夷道（今湖北省宜都市枝城镇西北）。孙桓是孙权的同族侄辈（其父孙河乃孙坚族子），时任安东中郎将。所以，孙桓向陆逊求援，诸将都说应该出兵，陆逊却按兵不动。陆逊说，安东众望所归深得人心，夷道金城汤池粮草充足，无可忧虑。等到本帅计谋施展，夷道之围不救自解。果然，陆逊这边一放火，孙桓那边就解了围。而且，据《三国志·孙桓传》和《陆逊传》，解围之后的孙桓还逢山开路遇河搭桥，抄近路去拦截刘备，害得刘备翻山越岭才得以幸免。事后，刘备气愤不已地说，当年朕到京口的时候，孙桓还是个小娃娃（孙桓与刘备作战时二十五岁），现在居然把朕逼得这么紧！孙桓则对陆逊说，孙某求援不得时，确实怨恨将军，现在才知道将军实在是调度有方啊！

的确，正是由于陆逊的镇定自如和调度有方，尤其是他能够一忍再忍后发制人，保证了吴军的一举成功和大获全胜。不过，陆逊能够如此，归根结底还是他的思想境界高。当时，受陆逊节制的将领，不是元老宿将，就是宗亲贵戚。每个人都有恃无恐，不太买陆逊的账。于是陆逊便召集会议，手按宝剑声色俱厉慷慨陈词。陆逊说，刘备这个人，闻名天下人所共知，就连曹操也都怕他三分。现在他亲率大军犯我疆界，这是一个强劲的对手，岂能儿戏视之！诸位既然深受国恩，就该和衷共济，同仇敌忾，不听指挥又成何道理？陆某虽不过一介书生，却是受命于主上。主上看中陆逊，则不过是陆逊能够忍辱负重罢了。在将为将，岂容推辞；军令如山，不可冒犯。本帅有言在先了！

陆逊这番话义正词严，再加上他确实用兵如神，大家也都服了他。于是孙权就问，诸将不听指挥，将军怎么不向寡人报告呢？陆逊回答说，为臣虽然平庸怯懦，蔺相如、寇恂的故事还是听说过的。孙权大笑，加拜陆逊辅国将军，领荆州牧，封江陵侯。张作耀先生《刘备传》总结猇亭之战的成败，认为孙权得胜有四个原因，其中之一便是"选帅得人"（其余三条分别为战备充分、战略正确、地势有利），是为笃论。

猇亭之战对于刘备是个沉重打击。据《三国志·先主传》，章武二年（公元222年）八月，刘备兵败退回秭县（今重庆市巫山县），后驻跸白帝城（今重庆市奉节县东），不久就染疾在身，一病不起。章武三年（公元223年）二月，刘备知道自己将不久于人世，便召诸葛亮到永安（原名鱼复，县治白帝城），安排后事。这又是一件影响深远的事情。那么，刘备是怎样做出安排的，这种安排的背后又有什么文章呢？

第三十六章
永安托孤

兵败猇亭之后，刘备便在次年四月病逝于永安宫。去世前，他妥善地安排了后事，传位于刘禅，托孤于诸葛亮，还说了若嗣子不才君可自取的话。对此，历史上有截然不同的两种评价。那么，刘备说这番话，其目的和想法究竟是什么？在白帝城托孤的背后，有没有讳莫如深的难言之隐呢？

蜀汉章武二年（公元222年）闰六月，刘备兵败猇亭，退回永安县，驻跸白帝城。这时的刘备，既心力交瘁，又身染疾病，而且一病不起。刘备知道，自己已将不久于人世，便开始有条不紊地安排后事。所谓"后事"，主要是蜀汉政权交给谁。依照世袭制，皇位当然要传给刘禅。但那时刘禅才十七岁，还是未成年人，才能似乎也远远比不上刘备。这就要有人辅佐，刘备选定的是诸葛亮和李严。这一点，《三国志·先主传》说得很清楚："先主病笃，托孤于丞相亮，尚书令李严为副。"托孤之后，章武三年四月二十四日（公元223年6月10日），刘备驾崩于永安宫，享年六十三岁。

刘备的托孤，在三国史上是一件大事，因为它把刘备集团和蜀汉政权不太长的历史一分为二：前期，领导人是刘备；后期，主心骨是诸葛亮。这个分期，是永安宫托孤的直接结果。据《三国志·诸葛亮传》，刘备病重的时候，特地将诸葛亮从成都召到永安"属以后事"，而且说了一段语重心长的话。刘备对诸葛亮说，先生的才能，是曹丕的十倍（君才十倍曹丕），一定能够安邦定国，成就大业（必能安国，终定大事）。因此，请先生酌情处理。如果刘禅还行，请辅佐他（若嗣子可辅，辅之）。如果这孩子不成器（如其不才），先生不妨自行其是（君可自取）。诸葛亮听了，泪流满面，泣不成声地说，为臣一定竭尽全力辅佐皇上（臣敢竭股肱之力），忠贞不贰报效国家（效忠贞之节），直到献出自己的生命（继之以死）。刘备便又下诏训示刘禅，今后要像对待父亲那样对待丞相（汝与丞相从事，事之如父）。

这就是著名的"永安托孤"，历史上的争论也由此而起。

最先表示肯定和赞扬的是陈寿。陈寿在《三国志·先主传》的评语中说，刘备此举，是古往今来君臣关系中最大公无私的典范（诚君臣之至公，古今之盛轨）。为什么呢？因为刘备把整个国家和亲生之子全都托付给了诸葛亮（举国托孤于诸葛亮），自己一点想法都没有，已经到了毫无保留和没有二心（心神无贰）的程度。我想，陈寿这样说，无非因为刘备把话说到了"如其不才，君可自取"的份上。这句话是什么意思，陈寿没有明说，我们不能乱猜，但一般都理解为如果刘禅"扶不起来"，就请诸葛亮取而代之。那么，这在一个以君主世袭为天经地义的时代，就不但难得，而且堪称伟大了。因为这意味着把国家和人民的利益看得高于一切。为了国家和人民，宁肯牺牲自己这个家族，放弃天赋的和神授的权力。这当然是大公无私（君臣之至公），当然是空前绝后（古今之盛轨）。

但问题是，这可能吗？

我的看法是不可能。第一，中国历史上从无此例。无论刘备之前的秦皇汉武，还是刘备之后的唐宗宋祖，从来就没有一个皇帝会因为自己的儿子不中用，就把江山社稷让给别人的。他们日之所思夜之所想，都是如何保证自己家族的统治，子孙万代绵延不绝。这是历朝历代所有皇帝的共性，刘备怎么可能是例外？第二，就算刘备是一个例外，我们也不知道他的这种想法从何而来。第三，当时没有人会认为这种替代是正当的。孙权劝曹操代汉，曹操就说孙权不怀好意；刘备让诸葛亮"自取"，难道不也是把诸葛亮放到火上去烤？何况曹操只不过架空皇帝，就被骂作"汉贼"；诸葛亮如果当真取代刘禅，又会被看作什么？

因此，后世就有不少人对陈寿的说法持相反意见。最先质疑的是晋代的孙盛，他认为刘备的托孤简直荒唐（备之命亮，乱孰甚焉）。据《三国志·诸葛亮传》裴松之注，孙盛对此发表了很长的一段议论。在他看来，托孤的关键在于选准了人，而不在于怎么说。如果选对了人，就用不着这么说，因为你不说这话对方也会忠贞不贰（苟所寄忠贤，则不须若斯之诲）；如果选错了人，就更不能这么说，因为这等于打开篡位叛逆的途径（如非其人，不宜启篡逆之涂）。所以孙盛说，古往今来，没有这么托孤的（古之顾命，必贻话言，诡伪之辞，非托孤之谓）。只不过刘备的运气好，碰巧刘禅是个缺心眼的，不会胡思乱想（幸值刘禅暗弱，无猜险之性），诸葛亮威望又高，镇得住（诸葛威略，足以检卫异端），这才没闹出事来。要不然，早就满城风雨，人心大乱了。

现在看来，孙盛的批评还是比较客气的，只不过认为刘备"失言"而已。所以，近人卢弼的《三国志集解》在反驳孙盛时，就认为刘备的托孤之辞乃"情之所出"的有感而发（有所感于中，不觉言之如是），根本来不及想什么别的（启衅之说容暇计乎）！卢弼认为，当时刘备担心的是"嗣子不肖"，焦虑的是"成业之倾败"，想到的是要"发愤授贤"，怎么可能有那么多花花肠子弯弯绕，凭什么要怀疑他心存诡诈（何疑为伪乎）？

这当然也是一种说法，而且不无道理。但必须指出，所谓"情之所出"也只是猜测之词。毕竟，我们不是刘备，谁也不能肯定刘备就是这么想的。既然卢弼可以猜测,别人当然也可以。比如张作耀先生的《刘备传》,就认为刘备别有用心,而且"其意甚明",那就是变着法地逼着诸葛亮表忠心。张先生认为,刘备对诸葛亮其实是"怀有很大疑虑"的。为了保证儿子的皇位稳如泰山,他不惜"把诸葛亮逼到没有回旋的余地",只能跪下来泪流满面地赌咒发誓。正如王夫之《读通鉴论》所言,刘备把话说到那个份上,诸葛亮除了把心掏出来给他看,还有什么办法能消除疑虑呢(非剖心出血以示之,岂能无疑哉)?因此,刘备的这番托国之辞并不是"心神无贰",反倒是"阴怀诡诈"。

显然,这里有一个关键问题,就是"如其不才,君可自取"这八个字到底是什么意思。对此,今人方北辰先生另有说法。方先生《三国志注译》一书说,"君可自取"的取,不是取代的意思,而是选取的意思。"如其不才,君可自取"这句话翻译过来,就是如果那孩子不成器,先生可以自行选取处置办法。其实办法也很简单,就是从刘备的其他儿子当中另外挑一个当皇帝。也就是说,刘备赋予诸葛亮的,是废立之权,并非要他自立为君。

这是有道理的。第一,除刘禅外,刘备至少还有两个儿子,即鲁王刘永和梁王刘理,有的挑。第二,据《三国志·先主传》裴松之注引《诸葛亮集》,刘备临终时曾把鲁王刘永叫到跟前,对他说,朕死了以后,你们兄弟要"父事丞相,令卿与丞相共事而已"。这和刘备对刘禅说的话如出一辙,也可以理解为已把刘永视为"第二梯队"。第三,赋予诸葛亮以废立之权,已是十分破格,算是信任到家了,不可能再说把皇位也让出去的话。

所以,我认为方先生的解释是讲得通的,至少也是一家之言。按照这种解释,刘备确实是把家和国、儿子和政权都托给了诸葛亮,也确实是"心神无贰",是"君臣之至公,古今之盛轨"。诸葛亮对刘备所说的那一段话,当然也不是因为被逼到了墙角,不得不"剖心出血以示之",而是发自肺腑的感激涕零。因此,我在前面没有将"君可自取"翻译为"先生可以取而代之",而是翻译为"先生可以自行其是"。实际上,赋予臣子自行其是之权,这在当时,已经是皇恩浩荡,而且恩重如山了。

但是,我们仍然有问题。

第一个问题是:如果刘备的本意,只是赋予诸葛亮以废立之权,并非让他取而代之,那么,他为什么要提曹丕?曹丕既不是什么"顾命大臣",更不是什么做臣子的"好榜样"。众所周知,曹丕此时,可是已经把汉献帝赶下了台,自己当了皇帝的。刘备前面说"君才十倍曹丕",后面又说"如其不才,君可自取",这就只能让人这么理解:曹丕可以做的,你这个才干十倍于曹丕的人也可以做嘛!朕让你做,尽管做就是!

第二个问题是:刘备的这种说法,并非史无前例,孙策托孤时就对张昭说过。据《三国志·张昭传》裴松之注引《吴历》,孙策的说法是"若仲谋不任事者,君便自取之"。这可真是无独有偶!而孙策的意思并无歧义,就是取而代之的意思。当然,孙策说的是"自取之",刘备说的是"自取"。那么,难道一字之差,就有天壤之别吗?

第三个问题是:即便刘备的本意,只是赋予诸葛亮以废立之权,这在当时也是吓死人的事。东汉末年,行废立之事的人是谁?董卓。将现任皇帝赶下台自己取而代之的人是谁?曹丕。因此,所谓"自取",不是当曹丕,就是当董卓,这是诸葛亮能做的事吗?方北辰先生说,刘备的意思当然不是让诸葛亮当董卓,是让他当霍光。霍光是西汉权臣,汉武帝临终时曾托孤于他。霍光则既尽辅佐之忠(辅佐昭帝十三年),亦行废立之事(废昌邑王刘贺,立宣帝刘询)。但霍光死后,其家族却招致灭顶之灾。包括霍光的夫人在内,霍家人几乎被斩尽杀绝。可见就算是当霍光,也很恐怖。将心比心,换了我们,也会吓得魂飞魄散,一身冷汗,只能匍匐在地,说"臣敢竭股肱之力,效忠贞之节,继之以死"。

看来，无论将"君可自取"这四个字理解为取而代之，还是理解为自行其是，是让诸葛亮当霍光，还是让他当曹丕，对诸葛亮都会产生巨大的压力。因此我们就要问：刘备是"故意施压"，还是"无心失言"？或者说，是"真心相托"，还是"暗中设套"？

这当然只有刘备自己清楚，但也并非不可猜测。实际上，无论陈寿的"心神无贰"，或者卢弼的"情之所出"，也都是猜测。他们之所以得出这个结论，无非是因为在他们看来，刘备和诸葛亮的关系是如鱼得水，心心相印，毫无隔阂。临终托孤，当然是披肝沥胆，坦诚相待了。但是，这些可爱的先生们忘记了一点，那就是：关系再好的君臣也是君臣，对臣子再信任的君主也是君主。何况，刘备还不是一般的君主。他的江山，是他自己打下来的；他的为人，也被称为"天下枭雄"。因此，他的心思，恐怕没有书生们想象的那么简单。

最懂君主心思的，应该说还是君主。因此，康熙皇帝的评语，就值得注意了。据《御批通鉴辑览》，康熙也看出刘备话里有话，话外有音，而且深表鄙视，不以为然。康熙说，昭烈（刘备）平时不总说自己和诸葛亮鱼水情深吗？诸葛亮的忠贞不贰他难道不清楚？为什么托孤之时还要说这种疑神疑鬼阴阳怪气的话（猜疑语）？康熙的结论是：三国时代的人，都是那种德行，十分可鄙（三国人以谲诈相尚，鄙哉）！

康熙的这个结论，也就聊备一格罢了。其实，刘备的托孤之辞哪里是什么"三国陋习"，准确地说，是"帝王心思"。这种心思，就连不是帝王的孙策也有。因为孙策虽然不是皇帝，却实际上是君主，而且是自己打江山的君主。这样的人，是绝不甘心自己打下来的基业落入他人之手的。可惜，正如陈迩冬先生《闲话三分》所言，孙策和刘备的运气都不好。两个接班的人，孙权十八，刘禅十七，都还未成年（皆未及冠）。年纪轻轻，就做那些骄兵悍将开国元勋的"主子"，镇得住吗？这就不能放心。不放心，就要托孤。所托之人，也不能随便,一要关系好,二要威望高,三要能力强。关系不好不能托。威望不高能力不强,托了也没有用。但是,一个人,威望又高,能力又强,就不会趁着孤儿寡母坐不稳江山,自己取而代之吗?托也不是,不托也不是,这就为难了。为难的结果是只有摊牌。或者用陈先生的话说,是"把话当面说透——透底"。怎么个透底呢?"如其不才,君可自取。"话说到这个份上,谁都没话可说了。

这是很高明的一招。前面说过,关系再好的君臣也是君臣,对臣子再信任的君主也是君主。何况,正如陈迩冬先生所言,对于孙策、刘备这样的"英雄之主"来说,最信任的人往往同时也是最猜疑的人,因为彼此之间实在太知根知底了。这一点,为君的心里清楚,为臣的心里也清楚。如果大家都憋在心里,就会产生隔阂和怀疑;而在托孤之时,是万万不能有隔阂和怀疑的。这就不如把话说开,说透。说开说透了,双方释然,各自放心。刘备放心去死,诸葛亮放心去做,岂不两全其美,于公于私都有利!当然,这种"高明"是站在"古代立场"上说的,不是"现代视角",但也只能如此。

或许有人会说,你说的君臣关系、帝王心思,那是一般而言,刘备和诸葛亮就不能是特例吗?要知道,他们的际遇,前有"三顾茅庐",后有"永安托孤",正可谓肝胆相照,休戚与共,岂能一概而论?这其实也是历史上许多人的共识。比如裴松之在《诸葛亮传》的注文中就说"观亮君臣相遇,可谓希世一时"。据《三国志·先主传》,刘备也说"孤之有孔明,犹鱼之有水也"。既然如此,托孤之时,又怎么会有猜疑,怎么会要透底呢?

看来,我们还得说说刘备和诸葛亮的关系。

那么,刘备和诸葛亮关系究竟如何呢?确实曾经是"希世一时",但那只是"相遇"之初;确实曾经是如鱼得水,但也只是在赤壁之战前。后来就难讲了。《三国志·诸葛亮传》记载得很清楚,三顾茅庐后,刘备和诸葛亮经常促膝谈心,双方"情好日密",以至于"关羽、张飞等不悦"。赤壁之战前,诸葛亮出使东吴,折冲樽俎,促成孙刘联盟,帮助刘备克敌制胜,渡过难关,还拥有了荆州的江南四郡,自己也被任命为军师中郎将。这一阶段,可以说是刘备和诸葛亮的"蜜月期"。

但是,从赤壁之战(公元208年)到白帝托孤(公元223年),整整十五年间,我们很少看见诸葛亮的身影,也很少听见他的声音。刘备入蜀,带的是庞统;进攻汉中,带的是法正。诸葛亮的工作,或者是"调其赋税,以充军实",或者是"镇守成都,足食足兵",再就是和张飞、赵云一起带兵入蜀"共围成都",给人的感觉好像是已经"退居二线"。

当然,这并不说明刘备和诸葛亮的关系有什么问题。恰恰相反,诸葛亮这时的地位,类似于当年的萧何。据《史记·萧相国世家》,刘邦打天下时,萧何也不跟着南征北战,诸将谓之"未尝有汗马之劳,徒持文墨议论"。但事后论功行赏,刘邦却将萧何定为第一。刘备称帝以后,诸葛亮在大臣中也是位居第一。实际上,前期守荆州也好,后期守成都也好,都是责任重大。因为荆州和成都是刘备的根据地、大本营,非有老成谋国、稳重可靠的人看守不可。调集赋税、足兵足食也同样重要,因为兵马未动,粮草先行。没有粮饷,仗是打不成的。何况,按照陈寿《进〈诸葛亮集〉表》的说法,诸葛亮的才能特点,是"治戎为长,奇谋为短,理民之干,优于将略"。那么,让善于理民的诸葛亮留守大后方,让善于奇谋的庞统、法正随军出征,不正说明刘备知人善任吗?所以没有问题。

不过,赤壁之战后,刘备和诸葛亮的关系确实有点微妙。

我们知道,诸葛亮是为刘备做过战略规划的,这就是著名的《隆中对》。照理,赤壁之战后,刘备有可能实施这一战略规划了,诸葛亮应该大显身手才是。然而不知为什么,诸葛亮却变得沉默了。入蜀,是庞统的极力怂恿,而且出谋划策;进攻汉中,是法正的极力主张,而且出生入死。所以,庞统战死,刘备"痛惜,言则流涕";法正病故,刘备"为之流涕者累日"。为刘备出力更多,和刘备情感更深的,似乎是庞统和法正。

这倒也没什么。诸葛亮是做规划的,并不一定要执行;庞统和法正跟着刘备南征北战,情感日深也在情理之中。奇怪的是,关羽征襄樊,刘备征东吴,事实证明都是错误的决策,诸葛亮为什么不反对?当然,关羽伐魏时(公元219年),法正还在(任尚书令,兼护军将军),不妨多听法正的。但刘备征吴时(公元221年),庞统早死,法正亦亡(卒于公元220年),诸葛亮为什么还是一语不发?我们只知道,据《法正传》,刘备兵败猇亭之后,诸葛亮曾长叹一声说,如果法孝直(法正)在,就不会这样了。他一定能阻止皇上,不让皇上东征(能制主上,令不东行)。就算东征,也不至于败得如此之惨啊(必不倾危矣)!

这就是诸葛亮对猇亭之战的态度,也是我们能够在史书上找到的唯一记载。那么,它是诸葛亮事后的反省吗?恐怕不是。如果是,岂不当真成了"事后诸葛亮"?实际上,诸葛亮是有难言之隐的。众所周知,诸葛亮的战略规划,是主张"结好孙权",并且认为孙权"可以为援而不可图"的。从这一点看,他不大可能赞成伐吴,然而他没有说。为什么不说?一种可能是他也不甘心丢失荆州,或者对猇亭之战抱有侥幸心理。但也不排除另一种可能,那就是他知道说了也没有用,不如不说。

那么,后一种可能有证据吗?有。证据就是诸葛亮自己的话:"法孝直若在,则能制主上。"言外之意也很清楚:第一,刘备只听法正的。如果法正反对,刘备就不会伐吴。第二,法正不在了,刘备就谁的话也不听,包括他诸葛亮。显然,法正和诸葛亮,与刘备的关系是不同的。刘备对诸葛亮只能叫"相敬如宾",对法正才是"言听计从"。这恐怕也是关羽征襄樊时诸葛亮一语不发的原因之一。

还有一件事也能说明两人关系之微妙。据《三国志·诸葛亮传》,刘备称帝后,诸葛亮被任命为丞相,并以丞相的身份录尚书事,假节,张飞死后又兼司隶校尉。表面上看,无论身份、地位、权力,诸葛亮在蜀汉政权群臣之中都堪称第一，而且无可比拟。但请注意，诸葛亮这个丞相是不"开府"的，"开府"是刘备去世之后。我们知道，东汉没有丞相，丞相是西汉的制度，其特点是可以"开府治事"。所谓"开府"，即开建府署，设置属官，也就是有自己的直属办事机构和下级官员。这意味着什么呢？意味着丞相有独立于"皇宫"的"相府"，也有独立于"皇权"的"相权"。所以，曹操恢复丞相制度并且自任丞相，其实就是要从汉献帝手上分权。那么，刘备任命诸葛亮为丞相却又不"开府"，恐怕就只能如张作耀先生所言，理解为"隐含着刘备的无奈和担心大权旁落以及对诸葛亮的不完全信任"。也就是说，刘备对诸葛亮，并非"无限信任"或者"完全信任"，而是"有限信任"或者"有保留的信任"。

诸葛亮与刘备关系发生微妙变化，如果仅仅因为刘备"喜新厌旧"，倒也无妨。可怕的是两人的政治理念发生了冲突。众所周知，诸葛亮是一位伟大的政治家。政治家和政客的区别之一，就在于政治家有理想，政客只有利益。诸葛亮是有理想的，这理想就是"复兴汉室"。这个理想，贯穿了他的一生。刘备有没有理想呢？原先或许是有的，但后来忘记了。忘记的时间，王夫之《读通鉴论》说是在得到了荆州和益州之后（乃分荆得益而忘之矣）。这个时候，他就只有利益没有理想了，这才不伐魏而伐吴。所以王夫之说："先主之志见矣，乘时以自王而已矣。"什么"汉贼不两立"，不过是自己称王称帝的招牌。

刘备忘记了自己的理想（或者原本就没有），诸葛亮没忘。然而尴尬的是，这种微妙的变化谁都不能说出来。刘备要装着没忘的样子，诸葛亮也不能戳穿或者提醒。于是只好心照不宣。诸葛亮埋头苦干做好自己分内的事情，刘备则依靠法正去攫取更多的利益。

问题是现在法正已经死了。谋臣当中，庞统、许靖、刘巴、马良死了；武将当中，关羽、张飞、马超、黄忠也死了。剩下有威望有能力的，除了诸葛亮，只有赵云和魏延。魏延倒是很受刘备信任，所谓先主出征，文有法正，武有魏延，但总不能托孤于魏延吧？能够托孤的，也就只有诸葛亮，何况此时诸葛亮的职务已是丞相、录尚书事，假节，还兼司隶校尉。但此刻的君臣关系，已不同于先前，这才有了开头的那一幕，也才有了"掺沙子"的方案——"尚书令李严为副"。这个李严，原本是犍为太守，章武二年（公元222年）十月被任命为尚书令。这时，是兵败猇亭之后四个月，永安托孤之前六个月，显然是刘备的特意安排。关于这个安排，北京大学教授田余庆先生另有说法，我们以后还要讲到。

以上就是我对"永安托孤"的看法，而且仅仅只是猜测而已。无论如何，刘备是托孤于诸葛亮了，诸葛亮也接过了蜀汉政权这副担子。这对于一位杰出的政治家而言，既是他实现其政治理想和政治抱负的机会，同时也意味着重大的责任和巨大的压力。显然，作为一个政治家，要治理这片国土，巩固这个政权，首先就必须处理好种种关系。那么，诸葛亮是怎样做的，我们又从中能够得到哪些启示呢？

第四部

重归一统

第三十七章
非常君臣

刘备病逝于永安后，继位的刘禅只当名义上的国家元首，把所有的军政要务都交给了诸葛亮，蜀汉政权从此进入"诸葛亮时代"。这是中国历史上的一个特殊时期，刘禅和诸葛亮也是一对非常君臣。那么，他们的关系究竟如何？在这种特殊的关系背后，又有什么历史的隐秘呢？

章武三年四月二十四日（公元223年6月10日），刘备驾崩于永安宫，临终前"托孤于丞相亮，尚书令李严为副"，蜀汉政权进入了一个新的时代。

这个时代是可以称之为"诸葛亮时代"的。因为刘备的托孤，托出去的不仅是他的儿子，也是整个蜀汉政权。这对于诸葛亮来说，可谓机遇和挑战并存。一方面，他可以开始实现自己的政治理想和政治抱负；另一方面，他又必须面对诸多难题。我们知道，诸葛亮是一位杰出的政治家。什么是政治？政治就是关系。或者说，就是处理好各种关系。诸葛亮要处理的关系至少有四种，即君臣关系、同僚关系、盟友关系和敌对关系。这些关系都很重要，但按照帝国制度，第一位的还是他和刘禅的君臣关系。

这里面显然有诸多问题。因为刘备的托孤太特别，既有"汝与丞相从事,事之如父"的交代,又有"如其不才,君可自取"的安排,确实非同一般。因此我们就有了第一个问题:刘禅执行了刘备的遗嘱吗?

答案是肯定的。《三国志·诸葛亮传》说:"建兴元年,封亮武乡侯,开府治事。顷之,又领益州牧。政事无巨细,咸决于亮。"显然,刘禅不但执行了刘备的遗嘱,还有加码。我们不妨一项一项来做个解释。

一、封武乡侯。武乡,前人解释为南郑的武乡谷,缪钺先生说是错的,应该是琅琊郡的武乡县。因为诸葛亮是琅琊郡人,所以就把琅琊郡的武乡县封给他;正如张飞是涿郡人,就封张飞为西乡侯。西乡和武乡都是县。西乡县在今北京市房山西南,武乡县西汉时属琅琊郡,后来撤销,所以张飞和诸葛亮都是县侯,不是乡侯。有人说,琅琊郡武乡县并非蜀土,怎么能封?这其实也是当时的一种制度,叫作"遥领"。比如刘备的儿子刘永封鲁王,刘理封梁王,都是。后来孙权也用这样的方式封建诸王。这样封,有两个意义。一是抬高受封者的地位,二是表明自己是天下之主。对于蜀汉政权,则还有一个意义,即表明自己是正统。

二、开府治事。开府,就是建立府署,自辟僚属,也就是建立属于官员自己的、相对独立的办事机构和官僚体系。西汉初年,丞相、太尉、御史大夫这"三公"都是开府的。后来的大将军,也开府。曹操恢复丞相制度并且自任丞相,是开府的;刘备任命诸葛亮为丞相,却不开府。这里面差别很大。开府,就有相对独立于皇权的相权,不开府就没有。所以这件事情的意义最为重大,后面还要再说。

三、领益州牧。我们知道,所谓"蜀汉",其实就是益州。蜀汉丞相管的地方,和益州牧管的地方,没有什么区别。那么,丞相而兼益州牧,岂非多此一举?当然不是。尽管从地理范围看,蜀汉就是益州;但从国家体制看,蜀汉是蜀汉,益州是益州。区别在哪里呢？蜀汉是王朝，益州是郡县；蜀汉丞相是中枢政要，益州州牧是地方官员。前者拥有的是中央行政权，后者拥有的是地方行政权。这两个职务的权限是不一样的，任务也是不一样的。州牧是"牧民"的官，丞相是"牧官"的官。当然，州牧也"牧官"（管理太守、县令），但丞相却不"牧民"。因此从制度上讲，是两个不同的职务。

但是刘禅却把这两个职务都给了诸葛亮。这就很有意思。我们不妨来总结一下：封武乡侯，是赋予诸葛亮尊贵地位；开府治事，是授予诸葛亮独立相权；领益州牧，则是授予诸葛亮牧民之权。这就等于是把整个蜀国从上到下都交给诸葛亮了。

事实上诸葛亮不但位极人臣，而且大权独揽。据《三国志·后主传》裴松之注引《魏略》，刘禅继位后曾明确表示："政由葛氏，祭则寡人。"这话什么意思呢？就是所有的军政要务都由诸葛亮处理，自己只担任名义上的国家元首。如果说这话不见于正史，不一定靠得住，那么，《三国志·诸葛亮传》所云"政事无巨细，咸决于亮"，总是事实。

这就几乎和曹操一模一样。曹操的头衔和职务是什么？武平侯（县侯）、丞相（开府）、领冀州牧。诸葛亮呢？武乡侯（县侯）、丞相（开府）、领益州牧。这真是何其相似乃尔！不同的是，曹操的头衔和职务至少有一半是自己弄来的，只有武平侯是汉献帝自愿封的，诸葛亮的头衔和职务却都是出自先帝和后主的本意。

但是自愿也好，被迫也好，刘禅和刘协这两个皇帝，在本质上没什么两样，都是"橡皮图章"。于是我们就要问第二个问题：刘禅的感觉如何？

我的看法是不爽。有证据吗？有。据《三国志·诸葛亮传》裴松之注引《襄阳记》，诸葛亮去世后，各地人民纷纷要求为故丞相立庙，不被批准。人民群众只好在大街小巷"因时节私祭"。于是有人提出，处处立庙固然不必，立于成都则未尝不可，然而"后主不从"。这事闹得很僵，实际上已造成朝野对立，幸亏后来有人出来打了圆场。他们上表刘禅说，崇拜圣贤追思功臣，是古往今来的美德。何况诸葛亮功勋盖世，王室幸存实在靠了他老人家。再说让人民群众在街头巷尾、田间地头"巷祭""野祀"，也不像话。当然了，丞相的庙建在成都也确实不太合适，因为昭烈皇帝的庙在这里。怎么办呢？办法是就近（因近其墓），在定军山诸葛丞相的墓前立庙（立之于沔阳）。同时规定，所有的人要祭奠诸葛亮，都只能到这座庙里面去（限至庙），不能再随随便便"私祭"。也就是说，庙，还是要立的，但不能立在成都，更不能全国各地都是，只能建于丞相墓前。祭祀，也是能搞的，但不能想祭祀就祭祀，也不能随便在什么地方，只能到汉中的丞相庙里去。刘禅这才同意（于是始从之）。

上表的人是步兵校尉习隆、中书郎向充等，不是什么头面人物。而且，细读这封表章，也不难看出他们是何等地苦口婆心、讨价还价、委曲求全。先是以古人为例（周人怀召伯之德，甘棠为之不伐；越王思范蠡之功，铸金以存其像），后是为刘禅开脱（建之京师，又逼宗庙，此圣怀所以唯疑也），最后提出一个后主可以接受的方案：规定只能在诸葛亮的墓前立庙和祭祀。你想，诸葛亮的墓远在汉中的定军山，又有几个人能去？当然比屡禁不止的"全民私祭"更能让刘禅接受。由此不难看出，刘禅对这事是多么的不痛快。

有人说，刘禅不批准为诸葛亮立庙，是有依据的，这个依据就是礼法。《襄阳记》说得很清楚，"朝议以礼秩不听"嘛！这话不通！习隆他们的表文怎么说？大汉王朝四百年，因为一点点小德行小功劳，就树碑立传塑像立庙的多了去了（自汉兴以来，小善小德而图形立庙者多矣），难道皇皇大汉从来就是不讲礼仪规范的？既然小善小德尚且可以塑像建庙，诸葛丞相如此大恩大德，为他立庙怎么就犯规了？再说了，刘禅也未必是什么守规矩的人。孔明去世后，丞相制度就被他废除，北伐中原也被他停止，怎么就不能为诸葛亮破一个例？说穿了，就是他心里不愿意，小心眼而已。

因此我们要问第三个问题：刘禅为什么不爽？

也有三个原因。第一，形同软禁。刘禅这孩子继位以后，估计就再没出过宫。直到诸葛亮去世后一年多，也就是建兴十四年（公元236年）的四月，才去都江堰看了一次岷江，被陈寿郑重其事地记录在案（见《三国志·后主传》）。众所周知，都江堰是我国古代著名的水利工程，作为蜀汉王朝的一国之君，去视察一下是完全应该的，却也遭到批评。胡三省注《资治通鉴》的时候就说，诸葛亮不在了（诸葛亮既殁），刘禅就跑出去游山玩水（汉主游观），居然没有人能阻止他（莫之敢止）。可见诸葛亮在世时，他是不敢去的。或者说，如果他想去，诸葛亮是要阻止的。刘禅当皇帝的时候十七岁，到诸葛亮去世的时候，也才二十八岁。这是一个什么样的年龄？这样的年龄，成天关在宫里，能不郁闷吗？再说了，一个将来要治国的人，难道就不该出去了解一下国情吗？所以陈迩冬先生说他"很为刘禅叫屈"。

第二，不免挨训。建兴五年（公元227年），诸葛亮准备北伐，临行前上表刘禅，这就是有名的《出师表》。《出师表》当然是千古高风的华章，我们每个人读了都要深受感动佩服不已的。但有一个人可能例外，那就是刘禅。因为诸葛亮这篇表文的口气，完全是训小孩子。什么"不宜妄自菲薄，引喻失义"，什么"不宜偏私""不宜异同"，都不怎么好听。或许有人会说，不好听又怎么着？忠言逆耳嘛！对不起，你搞错题目了。我这里不是要讨论诸葛亮说得对不对，而是要讨论刘禅听了爽不爽。诸葛亮的话当然是对的，但刘禅听了不爽，怕也是可能的。何况诸葛亮在说这些话时，还动不动就抬出"先帝"来。你看短短一篇《出师表》，提及"先帝"就达十三处之多，可见平时也是"先帝"不离口的。我要是刘禅，心里就不爽。什么都是我爸如何，那朕呢？

第三，难以亲政。我们知道，诸葛亮只是顾命大臣，不是摄政王，更不是皇帝。他的任务只是辅佐刘禅，不是代替刘禅。所谓"托孤"，只不过新君年幼，这才要托。新君成年以后，就应该让他亲政。何况刘备说得很清楚："如其不才，君可自取。"那么，刘禅如果"才"呢？当然就不能"自取"了。但是，我们看不到诸葛亮有还政于君的打算，也不知道在他的计划中，什么时候才能让刘禅从一个"见习皇帝"变成"在职皇帝"。刘禅的"实习期"好像总是不满，总是不能"转正"。请问，如果你是刘禅，高兴吗？

形同软禁，不免挨训，难以亲政，这三条加起来，估计刘禅是不爽的。于是我们就要问第四个问题：诸葛亮为什么不肯还政于君？

通常的说法是刘禅太差。扶不起来的刘阿斗嘛！把蜀国交给他，还不完蛋？那么，有证据吗？有。四个证据。第一，亲信小人。这是大家都知道的，不说也罢。而且，刘禅的亲信小人，恐怕早有预兆，否则诸葛亮在《出师表》中就不会大讲先汉后汉如何如何了。

第二，不战而降。这也是大家都知道的。而且，据《三国志·后主传》裴松之注引《汉晋春秋》，刘禅准备投降时，他的第五个儿子、北地王刘谌极力表示反对。刘谌对他的父皇说，就算我们穷途末路必败无疑，也得君臣父子齐心协力背水一战以身殉国，才对得起先帝呀！然而刘禅不听，刘谌只好跑到刘备的庙里痛哭一场，杀了全家然后自杀。有刘谌做比较，刘禅不更显得窝囊吗？

第三，忘恩负义。据《三国志》之《后主传》及《赵云传》裴松之注引《云别传》，景耀三年（公元260年），刘禅追谥故将军，关羽、张飞、马超、黄忠都有份。关羽追谥为壮缪侯，张飞追谥为桓侯，马超追谥为威侯，黄忠追谥为刚侯，偏偏没有赵云。后来，由于姜维等人打抱不平，才在第二年追谥赵云为顺平侯。赵云是刘备集团的大功臣，更是他刘禅的大恩人。追谥故人，居然不念赵云，还要别人提醒，岂非忘恩负义？

第四，没有心肝。据《三国志·后主传》及裴松之注引《汉晋春秋》，刘禅投降后到了洛阳，被封为"安乐公"。司马昭设宴招待他，席间特地演奏了蜀国的乐舞（为之作故蜀技）。"凄凉蜀故伎，来舞魏宫前"，这是何等悲哀的事情！所以"旁人皆为之感怆"，只有刘禅"喜笑自若"。这一表现，就连司马昭也看不下去。司马昭对部下说，一个人没有心肝，怎么可以到这种地步（人之无情，乃可至于是乎）！又一天，司马昭问刘禅：你很想念蜀国吧？刘禅说，这里快乐得很，不想念蜀国（此间乐，不思蜀）。这实在太不像话。于是，随刘禅入洛阳的旧臣郤正（郤音戏）就去对他说，下次再问，主公就说先人的坟墓在那里，没有一天不想念，然后把眼睛闭起来。后来，司马昭又问这个问题，刘禅就按照郤正教的那样说那样做。司马昭听了大为怀疑，说我怎么听着像是郤正的话呀？刘禅马上睁开眼睛，说你猜对了，就是他（诚如尊命）！结果所有的人都笑（左右皆笑）。你说刘禅是不是没有心肝？

但是这些说法也都可以商量。第一，历朝历代的皇帝，哪个身边没有小人？汉文帝有没有？汉武帝有没有？昭烈皇帝刘备的身边，难道就没有？比如那个法正，就有很多人认为他是小人，很让诸葛亮伤脑筋的。再说刘禅也并非只是亲信小人。诸葛亮、蒋琬、费祎、董允，号为"四英"，前赴后继地辅佐刘禅。刘禅的政府，难道不是"贤人内阁"吗？

第二，不战而降也可以讨论。历史上不战而降的并非只有刘禅，刘璋也是。难道刘璋不战而降就是弃暗投明，刘禅不战而降就是丧权辱国？讲不通吧？当然，刘禅和刘璋还是有区别的。刘璋说得很清楚：我们刘家父子在益州二十多年，没给人民带来什么好处，反倒让老百姓遭受战争之苦，实在于心不忍！这就值得肯定。刘禅却没有这个境界，他考虑的是保命问题，因此原本准备逃跑。只是因为跑不掉，才投降。所以，刘禅的不战而降没什么可取之处。但蜀汉亡国也不是他一个人的责任,不能因为他是亡国之君就把他说得一无是处。

第三,不追谥赵云也有原因,原因就在刘备称王时只封了四员大将——前将军关羽、右将军张飞、左将军马超、后将军黄忠,没有赵云,也没有"五虎上将"一说。事实上,赵云终其一生,也未能做到"名号将军"。刘备在世时,是翊军将军。刘禅继位后,做到征南将军、镇东将军,后来又因"失利于箕谷"而被贬为镇军将军。所以,赵云的地位一直不如关、张、马、黄。刘禅按照四员大将的名单和规格来追谥已故将军,正是继承了其父的做法。这当然是委屈了赵云,也确实忘恩负义。但这笔账得先算在刘备头上,不能只骂刘禅一人。何况刘禅最后还是追谥了赵云,应该说是从善如流,何必厚非?

第四,刘禅在司马昭面前的表现确实恶心。即便是亡国之君,也不该这样窝囊,这样没有骨气,没有心肝。刘禅降魏十七年后,吴帝孙皓降晋,被封为"归命侯",级别比刘禅低一等。据《晋书·武帝纪》,孙皓到了洛阳,登殿拜见晋武帝司马炎。司马炎让他坐下,并对他说,朕设此座等待足下,已经等得很久了。谁知孙皓倒驴不倒架,鸭子死了嘴巴硬,反唇相讥说,臣在南方也设此座以待陛下!常言道,败军之将不敢言勇。孙皓作为一个亡国之君,面对受降者,居然如此张狂,至少比刘禅的表演更有"审美价值"。

但是,刘禅虽然窝囊,却绝不弱智。他只是没有骨气,并非没有心眼。说白了,他是装疯卖傻。刘禅很清楚,作为亡国之君,他是永远也回不去了,能保住性命就是好事。他也清楚,要保住性命,就不能让人觉得自己有复辟之心,就连想念蜀国也不行。正如《三国志集解》引于慎行所言:"思蜀之心,(司马)昭之所不欲闻也。"因此,他必须表示自己"乐不思蜀"。而且,他还必须表示,即便有了思蜀之心,也是别人教的,自己学不像。结果,"左右皆笑"时,他这个"安乐公"就"安乐"定了。因为他那一句"诚如尊命",不但证明自己并不思蜀,还证明自己缺心眼儿,可谓"一举两得"。做到这一点其实极难。试想,刘禅在照着郤正所教说了做了以后,如果司马昭不问"何乃似郤正语邪"这句话,又该怎么办?这就说明,刘禅要么有胆,敢赌这一把;要么有智,算准了司马昭会问。无论何种情况,都证明刘禅不是草包。

其实,对于刘禅的智力,诸葛亮是有过评价的。据《三国志·先主传》裴松之注引《诸葛亮集》,刘备临终前曾有遗诏给刘禅,说丞相感叹你"智量甚大",进步也快(增修过于所望)。果真如此,朕也就放心了。诸葛亮不会拍马屁,刘备也不是护短的人,此说应该可靠。或许有人说,这是诸葛亮安慰刘备,属于"善意的谎言"。这当然也有可能。但再夸张,也不至于"智量甚大"。也就是说,刘禅顶多是平庸,不是弱智。

事实上刘禅并非弱智之人。尹韵公先生的《刘禅与诸葛亮》一文,就曾用两件事说明这一点。第一件事,是诸葛亮去世以后,刘禅就不再任命丞相,以免自己再次大权旁落。刘禅的做法也十分精彩。建兴十二年(公元234年),刘禅任命蒋琬为尚书令,接替诸葛亮"总统国事"。建兴十三年(公元235年)四月,任命蒋琬为大将军,录尚书事,恢复了汉武帝以后的制度。延熙二年(公元239年),任命蒋琬为大司马。延熙六年(公元243年),任命尚书令费祎为大将军,也录尚书事。大司马蒋琬主管行政,兼管军事。大将军费祎主管军事,兼管行政。两大权臣权力交叉,相互制衡,各有侧重。这样一种高明的政治格局和权力分配,岂是弱智的人想得出的?而且,据《三国志·后主传》裴松之注引《魏略》,延熙九年(公元246年)蒋琬去世后,刘禅干脆"自摄国事"。如此这般不动声色地从辅臣手中夺回君权,又岂是弱智的人干得了的?

第二件事是:延熙元年(公元238年)六月,司马懿军至辽东,征讨公孙渊。这在蜀人看来,无疑又是一次北伐的好机会。然而刘禅给蒋琬的指令,却很沉着冷静。据《三国志·蒋琬传》,刘禅说:

辽东三郡发生的反曹事件,就是当年陈胜、吴广的起义呀!看来上天是要灭亡曹魏了。请爱卿整治行装,奖率三军,进驻汉中。等到吴国的军队也开始行动(须吴举动),东西两方相互呼应(东西掎角),魏国内部又出现问题时,就可以发动进攻了(以乘其衅)。好一个"须吴举动,东西掎角,以乘其衅"!其实就是告诫蒋琬不要轻举妄动,以免重蹈前人劳而无功的覆辙。弱智吗?否!

由此可见,刘禅并不像人们想象的那么差。他之所以显得很差,是因为他的父辈(刘备、诸葛亮)和对手(孙权、司马懿)太强,自己又是一个亡国之君。如果是一统天下的承平时代,他当个"守成之君"还是可以对付的。

于是我们必须继续追问:诸葛亮为什么要大权独揽,不肯还政于君?

有一种说法是刘禅没有执政经验。比如《三国志·后主传》裴松之注引《魏略》,就说诸葛亮"以禅未闲于政,遂总内外"。闲通娴。所谓"未闲",也就是不熟习。刘禅没当过皇帝,当然是不熟习政务的。那么,如果"闲"了呢?再说了,你不让他实习、实践,他怎么"闲"得了?所以此说不通,或只能勉强做出解释。

我猜测,诸葛亮这样做,可能有三个原因。

第一是"风追汉初,虚君实相"。我在《帝国的惆怅》一书中讲过,西汉初年中央机构的设置,在中华帝国的历史上要算是最好的。其最为合理之处,就是区分了"宫廷"与"朝廷",或"皇权"与"相权"。皇帝是国家元首,主要起象征国家统一的作用;宰相是政府首脑,带领官员实际管理国家,并负政治上一切实际之责任。打个比方说,皇帝好比是董事长,宰相好比是总经理。皇帝授权而不负责,宰相负责而无主权,一旦国家有事,皇帝就能够以授权人的名义责问宰相和政府,宰相和政府也不能不承担政治责任。这样,宰相领导的政府就有可能成为"责任内阁"或"问责政府"。诸葛亮主政期间的蜀汉就是这样。《出师表》说:"愿陛下托臣以讨贼兴复之效；不效，则治臣之罪，以告先帝之灵。"这就是既有"授权"又有"问责"了，是最好的。反过来，皇帝亲政并不好。皇帝自己授权，又自己行政，则一旦国家有事，也就无人负责，无责可问，是不好的。所以必须"虚君实相"，即刘禅所谓"政由葛氏，祭则寡人"。可惜，诸葛亮一去世，就人亡政息了。这不能不说是一个遗憾。

第二是"任重道远，不敢放手"。《出师表》说："先帝知臣谨慎，故临崩寄臣以大事也。受命以来，夙夜忧叹，恐托付不效，以伤先帝之明。"这是实话。诸葛亮是一个极其负责任的人。他总怕事情做不好，也总是不放心别人。宁肯自己累，也不肯放手。也许，在他眼里，刘禅还是孩子，怎么能把国家交给他？

第三是"内外交困，危机四伏"。《出师表》说："今天下三分，益州疲弊，此诚危急存亡之秋也。"这也是实话。事实上，诸葛亮全面接管蜀政时，蜀国的情况并不容乐观。北有曹魏，东有孙吴，蜀汉政权内部表面上一团和气，实际上矛盾重重。而且，正是这错综复杂的内部矛盾，使诸葛亮面临巨大压力，必须小心翼翼地处理他和同僚的关系，解决一系列棘手的问题。这些问题也只有他能够处理好。这恐怕也是他不能轻易就还政于君的原因之一。

那么，蜀汉政权内部又有什么矛盾？其中最主要的是什么？诸葛亮又是如何解决的呢？

第三十八章
难容水火

刘备病逝于永安前，曾精心安排了一个"亮正严副"的辅臣结构，即托孤于诸葛亮，并以尚书令李严为副。但是，刘备去世后，李严并没有能够起到辅臣的作用。相反，他还在八年后被废黜和流放。那么，诸葛亮为什么要这样做？在这种断然的决定背后，又有什么深刻的政治原因呢？

上一章讲了诸葛亮和刘禅的君臣关系，这一章讲诸葛亮要处理的第二种关系：同僚关系。在蜀国，诸葛亮的同僚很多，但最重要的是李严。为什么呢？同为顾命，并受遗诏。据《三国志·先主传》，刘备临终前曾"托孤于丞相亮，尚书令李严为副"。《李严传》也说李严"与诸葛亮并受遗诏辅少主"，而且刘备还"以严为中都护，统内外军事，留镇永安"。这个安排，和孙策死后的情况十分相似。据《三国志》之《张昭传》和《周瑜传》，孙策临终前曾托孤于张昭，周瑜也"以中护军与长史张昭共掌众事"。诸葛亮担任的丞相和张昭担任的长史都是文职，或行政长官；李严担任的中都护和周瑜担任的中护军都是武职，或军事长官。周瑜与张昭"共掌众事"，李严与孔明"并受遗诏"。一武一文，一副一正，真是何其相似乃尔！这说明什么呢？说明在刘备的心目中，李严就是周瑜，或者希望他是周瑜。

那么，李严起到了周瑜的作用吗？

没有。李严不但没有能够和诸葛亮一起辅佐刘禅，反倒还在刘备托孤八年以后被废，身败名裂。这就和周瑜的情况完全不同，也为历史留下了一个疑案。本章要讲的，就是这个疑案。为此，我们必须把李严被废的经过说一下。

据《三国志·李严传》，事情大体上是这样的：蜀汉建兴九年（公元231年），诸葛亮四出祁山，北伐曹魏，安排李严督运军粮。这时，李严已改名李平（为方便读者，以下仍称李严），正以中都护的身份代理丞相府的政务，催办督运粮草自然是分内的工作。可惜李严的运气实在太差。这年夏秋之际，连降大雨，军粮无法如期运到前方。于是，李严就派人到军中说明情况和想法，请诸葛亮回师（呼亮来还），诸葛亮也答应了（亮承以退军）。但是，当诸葛亮退兵的消息传来时，李严却故作奇异大惊小怪地说，哎呀，军粮很充足嘛，为什么要撤退（军粮饶足，何以便归）？又上表刘禅，说诸葛亮的撤军是"伪退"，目的是诱敌深入（欲以诱贼与战）。这当然不是事实，也会引起猜疑。诸葛亮只好把李严前前后后亲笔所写的书信都原原本本地拿出来给大家看（具出其前后手笔书疏本末）。这下子李严没有话说（辞穷情竭），只能坦白交代，低头认罪（首谢罪负）。

这就是李严被废的经过，明眼人一看便知其情节可疑。第一，犯罪动机不明。《三国志》的说法，是李严要推卸责任（解己不办之责），嫁祸于人（显亮不进之愆）。前一条说得过去，后一条就有问题。李严的表文说得很清楚，诸葛亮的撤军是"欲以诱贼与战"。这明明是说他诱敌深入以退为进嘛，怎么会是"显亮不进之愆"呢？第二，作案手法拙劣。李严如果要陷害诸葛亮，他就不该这样前言不搭后语，也不该留下证据和把柄。以李严之聪明，岂能想不到将来诸葛亮会"具出其前后手笔书疏本末"？第三，只有一面之词。我们知道，蜀汉是没有史官的，也没有人为李严编文集。所以，李严的真实想法和说法，我们是永远都不得而知了。不过，正如北京大学田余庆教授《李严兴废与诸葛用人》一文所言，前述故事"过于乖谬，不符常情"，实在不像李严的所作所为。因此，田先生"颇疑其间另有文章"。

当然是另有文章的。中国古代的政治，是一种暗箱操作的秘密政治。公布出来的材料，往往未必能够代表事情的真相，甚至是掩盖真相的。比如伏皇后的那封信，我就怀疑是曹操捏造的。诸葛亮当然不会伪造李严的信，却不等于李严的"罪行"和"罪证"只有这几封信。也就是说，李严肯定出了问题，但问题不会这么简单。

不过这并不重要，第一，李严认了（辞穷情竭，首谢罪负）。这就说明，诸葛亮至少是抓住了李严的把柄。第二，众臣支持。据《三国志·李严传》裴松之注，诸葛亮上书时，联署者多达二十余人，包括魏延、杨仪、邓芝、刘巴、费祎、姜维。于是，李严被废黜为平民，流放到梓潼（郡名，治所在今四川省梓潼县）。三年后，也就是蜀汉建兴十二年（公元234年），李严听说诸葛亮去世，也发病而死。

李严被废，对于蜀汉政权来说无疑是一件大事；而冰冻三尺，也绝非一日之寒。也就是说，诸葛亮恐怕早就想解决李严问题了。这次事件，只不过提供了一个机会而已。于是我们就有了一个问题：诸葛亮为什么要废掉李严？

也有两种观点。一种观点认为，李严被废，是他争权夺利自取灭亡。另一种观点则认为，是诸葛亮玩弄权术排斥异己。这就针锋相对，我们也必须先把情况弄清楚了再说。

情况大体上是这样的。据《三国志》之《诸葛亮传》和《李严传》，在刘备把诸葛亮和李严召到永安托孤以后，诸葛亮回到了成都，李严则留镇永安。刘禅继位，封诸葛亮为武乡侯，李严为都乡侯。诸葛亮开府治事，领益州牧；李严则假节（有尚方宝剑）、加光禄勋（宫廷卫队长）之衔。建兴四年（公元226年），李严由辅汉将军晋升为前将军。辅汉将军是"杂号将军"，级别较低。前将军是"名号将军"，级别较高。而且，前将军还是关羽担任过的职务，可以说是给足了李严面子。建兴八年（公元230年），李严又由前将军晋升为骠骑将军。据《后汉书·百官志》及注，将军当中，地位最高的是大将军，其次骠骑将军，又次车骑将军，再次卫将军，又再次前、后、左、右将军。大将军和骠骑将军"位次丞相"，车骑将军、卫将军，以及前、后、左、右将军则"位次上卿"。李严由前将军晋升为骠骑将军，地位又上升了一步。而且他的儿子李丰还被任命为江州都督，统率江州军队。

那么，这又有什么问题呢？

表面上看，李严是步步高升。但和诸葛亮相比，却是处处不如。首先，诸葛亮在朝，李严在外。诸葛亮近在君侧，总揽朝政，无论大事小事都由他说了算（政事无巨细，咸决于亮），李严可是一句话也插不上。实际上，由于李严留镇永安（今奉节），后来又移驻江州（今重庆），可以说是一直远离政治中心和权力中心。这对李严来说是不利的。由于远离成都，他无法参与朝政，难以辅佐少主，也疏远了官场关系，失去了表现机会。南征北战都没他的事，举贤荐能也没他的份；上上下下既疏于来往，扬名立万也不大可能。用现在的话说，李严有被"边缘化"的危险。他后来在官场斗争中败北，这不能不说是一个潜在原因。

这里面显然有一个谜，那就是李严为什么不入朝？是他自己不愿意呢，还是诸葛亮不让？托孤之后，诸葛亮回成都主持朝政，李严留永安镇守边关，从"以严为中都护，统内外军事，留镇永安"这句话看，这应该是刘备的安排。那么，刘备为什么要这样安排？这是临时的安排，还是长期的安排？如果是临时的，后来为什么不改变？如果是长期的，刘备的想法又是什么？可惜，关于这一切，我们都已经无法得知了。

可以肯定的是，同为顾命的李严在很多方面都比不上诸葛亮。比方说，诸葛亮拥有自己的行政机关和官僚系统（开府治事），李严就没有；诸葛亮兼任地方官员（领益州牧），李严也不能。再加上一个在朝，一个在外，李严很明显地被比下去了。这当然会引起不平。于是李严就想，你这个正的顾命大臣可以兼任州牧，我这个副的就不能当个刺史？但是，当时的蜀汉只有一个州，就是益州，总不能一州之内又有州牧又有刺史吧？不过李严也有办法。据《三国志·李严传》和《华阳国志》，李严移防江州以后，曾向朝廷提出，以江州为中心划出五个郡，另外成立一个巴州，自己当巴州刺史，结果"丞相诸葛亮不许"。这当然又让李严不爽。过了几年，李严又向朝廷提出要开府。理由也很正当：在曹魏，并受魏文帝曹丕之遗诏，共同辅佐魏明帝曹叡的四位顾命大臣——曹真、陈群、曹休、司马懿，可都是开府的。结果，这个要求又被拒绝。不过，诸葛亮也给了李严补偿，就是表荐李严的儿子李丰为江州都督，以提高其待遇（隆崇其遇）。

这就是李严与诸葛亮关系的大概。据此，一些历史学家认为，李严被废，完全是咎由自取。为什么呢？因为李严身为顾命大臣，既不见他出谋划策建设国家，又不见他出生入死保卫国家，却只见他争权夺利以权谋私，而且不择手段。比方说，他的"求以五郡为巴州刺史"，是在什么时候呢？大约是在蜀汉建兴五年（公元227年）。当时，魏文帝曹丕已经去世，魏明帝曹叡已经继位。诸葛亮为了相机北伐，要调李严之兵进驻汉中。李严接到命令，推三阻四，拖拖拉拉，却要求划出五郡，建立巴州，让他当刺史。这不是讨价还价是什么？建兴八年（公元230年），诸葛亮准备西出祁山，打算让李严镇守汉中。李严却趁机大谈司马懿等人开府的事，实际上是借司马懿说自己。这不是敲诈勒索又是什么？

更为严重的是，据《三国志·李严传》裴松之注引《诸葛亮集》，此前李严还曾写信给诸葛亮，劝他"宜受九锡，进爵称王"，结果被拒绝。李严为什么要怂恿诸葛亮受命称王呢？一种可能是为了自己要官，先鼓动别人要官。还有一种可能，就是要陷孔明于不义。上一章讲过，此时的诸葛亮，权力和地位颇似当年的曹操。曹操爵封县侯（武平侯），官任丞相，开府治事，兼领州牧（冀州牧）。诸葛亮也是爵封县侯（武乡侯），官任丞相，开府治事，兼领州牧（益州牧）。如果再来一个受九锡，称某王，那就和曹操毫无区别一模一样了。显然，无论何种可能，李严都是不怀好意。

如此看来，李严的人品十分可疑。所以，余明侠先生的《诸葛亮评传》就说李严"完全是一个奸诈自私、阴险残忍、不以国事为重的恶劣分子"。将其废黜，可谓天经地义。

不过这事也有两说。第一，所谓李严自私自利（所在治家），滥施恩惠（尚为小惠），沽名钓誉（安身求名），不以国事为重（无忧国之事），只是诸葛亮的一面之词，缺乏证据。第二，李严没有起到辅臣作用，是因为他不在朝廷，使不上劲，不能怪他。第三，李严要求当刺史，要求开府，也不能简单地说就是争权夺利，跑官要官。因为他这位"副顾命大臣"的权力、地位、待遇，与那位"正顾命大臣"相比，实在是相去甚远。所以尹韵公先生的《李严之废》一文，就认为李严是在"光明正大、理直气壮地"争取和捍卫自己的合法权益。为此，李严甚至想出了劝诸葛亮"宜受九锡，进爵称王"的馊主意。在尹先生看来，李严此举，是"存心让诸葛亮难堪"。结果，诸葛亮"大为恐慌"，不得不立即回信表明心迹。诸葛亮说，如果灭了曹魏，杀了曹叡，和诸位一起受封，即便十锡我也敢接受，何况九锡（虽十命可受，况于九邪）？这话说得大义凛然，却也大犯忌讳。什么叫"十命可受"？曹操只不过受了九命，就被大家骂得半死；诸葛亮如果当真受了十命，又会怎么样呢？

由此也可见李严相煎之急。这在赞成诸葛亮的人看来，就是"猖狂进攻"。但在赞成李严的人看来，则无妨说是"维权行动"。尹韵公先生就认为，李严已经看出，诸葛亮"没有把他这位托孤同事放在眼里",处处"排挤、压制、冷落"他这个副手,还时时"予以掣肘",李严当然会"不示弱,不服气,不买账,伺机反扑"了。

或许有人会问,诸葛亮为什么就不能给李严一些权力呢?尹韵公先生认为,就因为诸葛亮是一个"权欲极盛的政治家"。他的作风,是"大权独揽,小权也不分散"(按即所谓"政事无巨细,咸决于亮")。哪怕同为托孤,也得束之高阁,而李严偏不吃这一套。也就是说,李严的悲剧,就在于他不愿意当一个有名无实的顾命大臣,而"擅权心烈的诸葛亮"则"根本不愿也不容他人染指最高权力",这才水火不能相容。结果,"善于玩权的诸葛亮"逮住了"李严送上门来的过失",一出手就把他打翻在地,再也没能翻过身来。

好了。现在我们已经有了两种截然不同的意见。按照以余明侠先生为代表的历史学家的看法,严亮之争的实质,是李严争权夺利猖狂进攻,诸葛亮顾全大局一让再让。其斗争轨迹则是:进攻,忍让;再进攻,再忍让;直至李严自我暴露自取灭亡。相反,按照以尹韵公先生为代表的历史学家的看法,严亮之争的实质,是诸葛亮擅权心烈打压同事,李严奋起维权据理抗争。其斗争轨迹则是:打压,抗争;再打压,再抗争;直至李严出师不利头破血流。

这实在是太有趣了。

余明侠和尹韵公都是严谨的历史学家,他们根据的材料,都是正史所载,没有戏说,所说也都不无道理,得出的结论却大相径庭。这说明什么呢?说明以人品和道德来看历史事件,这条路是不通的。就事论事也不行。我们知道,政治斗争的导火线常常是些小事情。小事情引发大事件,背后必有大原因。何况诸葛亮是大政治家,他作为蜀汉政权的掌门人,考虑的一定是大局、全局。所以,即便认定李严是小人,是"恶劣分子",把诸葛亮和他的斗争仅仅看作君子与小人之争,也是小看诸葛亮的肤浅之见。何况李严是不是小人,还很难说。

那么,诸葛亮考虑的大局又是什么呢?

这就必须追溯到刘备的永安托孤。也就是说,刘备托孤时,为什么要安排李严这样一个被尹韵公先生称之为"第二提琴手"的人物?谁都知道,刘备乃"天下枭雄",一生征战,见多识广,虑事周全。他的安排,肯定不是一时兴起,而是出于深思熟虑。问题仅仅在于:刘备考虑的是什么?

田余庆先生回答了这个"哥德巴赫猜想"。田先生的《蜀史四题》一文认为,"亮正严副"的托孤安排,乃是为了消除隐患,巩固政权;而蜀汉政权的最大隐忧和祸患,不在曹魏、孙吴,恰恰就在蜀汉政权内部。正是这一内部矛盾,让刘备的托孤非同寻常。

于是我们就要问:是这样的吗?

是。我们知道,刘备建立的蜀汉王朝或者蜀汉政权,是由三股政治势力组成的。第一股是"本土势力",包括原仕洛阳的益州官僚和仕于益州的本土豪强,我们统称之为"益州集团"。第二股是"刘璋旧部",包括追随刘焉父子入蜀的和后来投靠刘璋的,我们统称之为"东州集团"。第三股是"刘备亲信",包括刘备的骨干(如关羽、张飞)和后来投靠刘备的(如马超),我们统称之为"荆州集团"。这三股力量,由于有一个先来后到的关系,就形成了一种错综复杂的主客新旧矛盾。刘焉父子入蜀时,益州集团是主,是旧;东州集团是客,是新。主客新旧之间,曾大打出手刀兵相见。刘备入蜀以后,关系就变了。原本是客是新的东州集团,变成了主,变成了旧。主客新旧矛盾,则变成了荆州集团与益州、东州两个集团的矛盾;而东州、益州两个集团的矛盾,也依然存在。刘备的蜀汉政权,就是建立在这三重矛盾之上的,这可不是什么好玩的事。

更不好玩的是,刘备在猇亭和夷陵一败涂地,这就难免让一些原本就心怀不满的人蠢蠢欲动。据《华阳国志》,刘备败退永安后,十一月生病,十二月汉嘉太守黄元就反了(次年三月被剿)。而据《三国志·诸葛亮传》,刘备去世后,南中地区各郡居然全都反了(南中诸郡,并皆叛乱)。可以这么说,刘备建国,基础不牢;夷陵战败，地动山摇。

这无疑是让刘备深感忧虑的事情，而可以为他分忧的只有诸葛亮。这是刘备要"托孤于丞相亮"的原因。那么，为什么又要以李严为副呢？因为另外两股力量也不能不考虑。也就是说，所谓"旧人"当中，也应该有代表人物，而李严是最合适的。据《三国志·李严传》，李严原本是荆州（南阳）人，曾经在刘表手下做事，因为能干而名扬一时（以才干称）。曹操南下，刘琮投降，李严却西行投奔了刘璋。刘备入蜀，李严又率众投降了刘备。所以，刘备选中李严，除清代何焯《义门读书记》提出的"蜀土故臣，宜加奖慰""荆土归操，严独西归""理民治戎，干略亦优"三个原因外，恐怕还因为他在所谓"旧人"中，和刘备的"荆州集团"关系最好，也最密切。

当然，更重要的还是他的代表性。前面讲过，蜀汉政权是由三股政治势力组成的，而这三股政治力量在刘备心中的分量是不一样的。从当时政权的结构不难看出，荆州集团是政权主体，东州集团是团结对象，益州集团是防范对象。这并不奇怪，因为以刘备为首的荆州集团是一股新的外来势力。他们要在益州站稳脚跟，不能不团结依靠比他们来得早一些的外来势力。这就是东州集团。东州集团半新半旧，亦客亦主，正好可以起到一种沟通新旧双方的作用。这样一来，属于东州集团又亲近荆州集团的李严，便成了刘备寄予厚望的人选。

实际上刘备的这一安排的用心极深。首先，它体现了处理新旧关系的基本原则。这个原则虽无明文记载，却不难从蜀汉政权的官员任命中看出，那就是"后来居上，不容颠倒；以我为主，兼容三方"。因为要"以我为主"，所以诸葛亮为正；因为要"兼容三方"，所以李严为副。也就是说，刘备的托孤，是用人事安排的方式留下了自己的政治遗嘱。这也是后来诸葛亮能够废掉另一位顾命大臣的政治底气——此人挑衅了"后来居上"的原则。

但这只是"首先",还有"其次"。其次就是刘备的"帝王心思"了。据《三国志》之《李严传》《先主传》和《诸葛亮传》,刘备将李严召到永安,拜为尚书令,是在章武二年(公元222年),月份当在十月。召诸葛亮到永安则是在第二年,即章武三年(公元223年)的二月。从两个人到达永安的时间和"严与诸葛亮并受遗诏"这句话看,刘备对诸葛亮说"如其不才,君可自取"时,李严很可能是在场的,至少也是知情的。这就很有意思了。有什么意思呢?一方面,刘备是在告诉李严:诸葛亮是朕最信任的人,信任到可以让他"自取"的程度,你不要挑衅他的地位!因为李严作为"旧人"的代表,既可能维系新旧关系,也可能促成旧人异动。这是一把双刃剑,不能不防患于未然。因此田余庆先生认为,诸葛亮的角色是打鬼的钟馗,而且"这个鬼就是李严"。

不过,依我"小人之见",事情恐怕没有那么简单。或者说,李严未必这么理解。李严很可能认为,刘备是在"用为君的两手对付为臣的两手",否则为什么安排他留镇永安?无非是在暗示,如果诸葛亮当真取刘禅而代之,他李严就可以从永安出兵勤王。这是李严敢于和诸葛亮抗衡的政治底气。正因为这样,他才要求开府,要求当巴州刺史,才写信要诸葛亮接受九锡,晋爵称王,也就是看看诸葛亮是不是有"不臣之心"。他认为这是在执行刘备的政治遗嘱,所以理直气壮。

当然,这些都是猜测。我们还是愿意善意地相信,刘备的愿望,只不过是新人旧人和衷共济,荆州、东州、益州三个集团同心同德。

现在看来,刘备虽然用心良苦,但他的愿望还是多少有些落空。一方面,诸葛亮的手太紧,只肯让名,不肯让权。另一方面,李严的表现也让人失望。第一,自视甚高,难以共事。当时的民谚有"难可狎,李鳞甲"的说法,意思是李严的身上有鳞甲,轻易碰不得(乡党以为不可近)。这一点,《太平御览》引《江表传》和

《三国志·陈震传》都有记载。第二，朝秦暮楚，挑拨离间。据《三国志·陈震传》，诸葛亮曾写信给蒋琬和董允，说我原本以为李严只是不好合作，不惹他就是（吾以为鳞甲者但不当犯之耳），没想到他还会有"苏张之事"。所谓"苏张之事"，也就是像苏秦、张仪那样搞"穿梭外交"。这在政权内部就是破坏安定团结了。第三，拥兵自重，分庭抗礼。比如他要当巴州刺史，在诸葛亮看来就是要搞独立王国。他要求开府，在诸葛亮看来就更是对抗中央。

这就让诸葛亮为难。诸葛亮深知，作为丞相，他要做的工作，是巩固新人地位，稳定旧人情绪，协调新旧关系，消除新旧界线。这是他对李严一让再让的原因。但是，团结不能是无原则的。李严既然挑衅了"以我为主，后来居上"的原则，那就只能假借理由废了他，哪怕这口实"难于置信"（田余庆先生语）。

现在可以得出结论：诸葛亮废黜李严，有近因，有远因，有表面原因，有根本原因。根本原因就是益州、东州、荆州三股政治力量构成的蜀汉政权内部矛盾；而诸葛亮毅然废黜李严，则归根结底是为了一劳永逸地解决这一矛盾，实施依法治蜀。依法治蜀，是诸葛亮解决新旧矛盾的根本之策。为此，他早在第一次北伐时，就依法惩治了错失街亭的马谡，并自请处分。这件事，当然体现了诸葛亮执法之公正，赏罚之分明，但又并不那么简单。那么，在诸葛亮的"挥泪斩马谡"背后，又有什么文章呢？

第三十九章
痛失臂膀

正如李严之废疑窦丛生，马谡之死也是一个谜。关于马谡的下落，《三国志》有三种不同记载；对于诸葛亮的"挥泪斩马谡"，历史上也有不同的意见。那么，诸葛亮为什么要断然处置马谡，又为什么会一再流泪？在他"戮谡以谢众"的背后，除了严明军纪和执法如山以外，还有没有什么不为人知的难言之隐呢？

上一章讲了李严之废，这一章讲马谡之死。

马谡的故事，在中国可谓家喻户晓。演义有"挥泪斩马谡"，京剧有"失街亭""空城计""斩马谡"，合称"失空斩"，是久演不衰的折子戏。无论小说还是戏剧，从艺术的角度讲都非常精彩。但要说历史真相，却很麻烦。就连街亭战败之后，马谡是死是活，都说不清。我们知道，《三国志》一书中，马谡是没有传的。马谡的结局，只能到别人的传里面去找，而《三国志》的相关记载却说法不一。《诸葛亮传》说，诸葛亮还军汉中后，便"戮谡以谢众"。《王平传》也说"丞相亮既诛马谡"。依此说，马谡系为诸葛亮所杀。《马良传》则说"亮进无所据，退军还汉中。谡下狱物故，亮为之流涕"。依此说，马谡是下了大狱，死在狱中。《向朗传》的说法就更不一样，道是"谡逃亡，朗知情不举，亮恨之，免官还成都"。按照这个说法，马谡竟是跑了，还连累他的好朋友向朗罢了官。同是一个人（陈寿），同是一本书（《三国志》），就有三种说法。治史之难，由此可见一斑。

那么，马谡到底怎么样了？是跑了、被杀了，还是死于狱中？

我认为可以说是被杀了。因为《诸葛亮传》的记载不会错，而其他三传的说法也可以统一。事实上，所谓"戮谡以谢众"，也可以是判处死刑，不一定就是验明正身，绑赴刑场，斩首示众。这样一来，就好解释了。比方说，有人就认为事情是这样的：诸葛亮判处马谡死刑（戮谡以谢众），马谡闻讯逃跑（谡逃亡），又被抓回来关进大狱，还没来得及执行就死了（下狱物故）。不过我觉得这种可能性不大。因为据《三国志·马良传》裴松之注引《襄阳记》，马谡临终前曾上书诸葛亮，说明公看待马谡就像看待亲生儿子，马谡尊敬明公就像尊敬父亲。因此，请明公像大舜处置治水不力的鲧那样处置马谡（愿深惟殛鲧兴禹之义），不负我们恩犹父子的深情（使平生之交不亏于此）。这样，我马谡就算是死，也没有遗憾了（谡虽死无恨于黄壤也）。马谡的态度既然如此，怎么可能在被捕后逃亡？

不过，马谡不大可能在被捕后逃亡，并不等于说他不会跑。因为他还可能在被捕前逃亡。大家想想，马谡写这封信是在什么时候？《襄阳记》说是"临终"，也就是下了大狱被判死刑之后了。此前，作为一个败军之将，出于本能拔腿就跑，也并非不可能。如此看来，事情可能是这样的：马谡丢失街亭后，曾经逃跑（谡逃亡），但后来被抓获，或者自首。马谡自知罪不可赎，便上书丞相，表示"愿深惟殛鲧兴禹之义"。诸葛亮也依法宣布判处马谡死刑，以谢国人（戮谡以谢众）。只不过，未及执行，马谡就死在狱中（下狱物故）。

这一猜测，比前面那个说法可能合理一些，马马虎虎讲得过去。当然，这里面仍然缺失一些环节，比如马谡究竟是被捕还是自首，就没有材料可以证明。他的逃亡是在被判死刑之前还是之后，也不能确定。但不管怎么说，诸葛亮下达了死刑命令，大约总是事实。这也是有旁证的。仍据前引《襄阳记》，马谡死后，蒋琬到了汉中，对诸葛亮说，现在天下尚未安定，正是用人之时。这个时候，杀这样杰出的人才实在太可惜（天下未定而戮智计之士，岂不惜乎）。诸葛亮听了蒋琬的话，流着眼泪说了一番不得不杀的理由。如果诸葛亮并未杀马谡，就用不着做这番解释。由此可见，无论马谡是死在刑场，还是死在狱中，都是被诸葛亮判了死刑的，所以《诸葛亮传》才说诸葛亮"戮谡以谢众"，《王平传》也才说"丞相亮既诛马谡"。因此，只要不钻牛角尖，"挥泪斩马谡"的说法完全可以成立。

于是，我们就有了两个问题。第一，马谡该不该杀？第二，诸葛亮想不想杀？

先说该不该杀。这个问题，当时就有争论，后来也众说纷纭。比如蒋琬，就认为不该杀。东晋历史学家习凿齿就更是发表了长篇大论，甚至认为诸葛亮不能战胜曹魏，原因就在于此（诸葛亮之不能兼上国也，岂不宜哉）。习凿齿说，蜀汉原本弱小（僻陋一方），人才又很稀缺（才少上国），居然还"杀其俊杰"！如此用人，要想成就大业，岂不是太困难了吗（将以成业，不亦难乎）？因此习凿齿说，诸葛亮在对待马谡的问题上，实在很难说是明智的（难乎其可与言智者也）。

蒋琬是诸葛亮的亲信，习凿齿则是历史上第一个把曹操定为"篡逆"，主张以蜀汉为正统的人。他们对诸葛亮并无偏见，却都批评不该杀马谡，这就值得思考。事实上，在战争年代，将领是轻易杀不得的。因为胜败乃兵家常事，而人才是制胜的法宝。如果打了败仗就该杀，请问有多少人可供你杀？何况你这边杀掉一个人才，敌人那边就增加一分胜算，岂非亲痛仇快？这其实也正是蒋琬和习凿齿要批评诸葛亮的原因。比如蒋琬就说"楚杀得臣，然后文公喜可知也"，习凿齿也说"楚成暗得臣之益己，故杀之以重败"。蒋琬和习凿齿讲的是同一个典故,就是楚晋城濮之战,故事记载在《春秋》和《左传》的僖公二十八年。故事里面的人物——得臣,又叫子玉,是当时的楚军统帅。这一仗,楚国是打败了的。战败以后,楚成王就派使节去对得臣说,阁下要是回到封地,不知父老乡亲会怎么样(大夫若入,其若申、息之老何)?这意思如杜预的《集解》所云,是"何以见其父老"。得臣没有办法,只好自杀。但得臣虽然自杀,却是成王所逼,因此《春秋》说"楚杀其大夫得臣"。这下子敌人高兴了(晋侯闻之而后喜可知),楚国这边则如习凿齿所说,是加重了失败(重败)。蒋琬和习凿齿讲这个故事,意思也很清楚:楚成王杀得臣,晋侯喜出望外;诸葛亮杀马谡,曹魏方面难道就不会拍手称快?

当然,马谡失了街亭,误了大事,那是应该处分的,但不等于一定要杀头。比方说,也可以降级贬官或者罚他军前效力,责令其戴罪立功。这也是处分败军之将的常规办法。从这个意义上说,马谡是不杀也可,或可杀可不杀。

马谡可以不杀,诸葛亮也并不想杀,流泪就是证明。陈迩冬先生的《闲话三分》在讲到诸葛亮为什么要流泪时,总结了四个原因,第一条就是"惜马谡"。诸葛亮为什么痛惜马谡呢?也有三个原因。第一,马谡是亲信。第二,马谡是人才。第三,马谡有威望。据《三国志·马良传》,马谡是马良的弟弟。马良、马谡兄弟一共五人,个个是人才(并有才名),最杰出的是马良。当时的民谚说:"马氏五常,白眉最良。"白眉,就是马良。可惜,在夷陵之战中,马良阵亡了。所以他这个弟弟马谡,便要算作"烈属"。马良和诸葛亮的关系是极好的,好到称兄道弟的程度。裴松之甚至认为他们两人要么曾经结拜,要么本是亲戚。马良牺牲后,诸葛亮对他的弟弟马谡也十分关照。马谡临终前曾上书诸葛亮,说"明公视谡犹子,谡视明公犹父",讲的就是这种关系。这个说法,从年龄辈分看并不合适。因为马良称诸葛亮为"尊兄",马谡比诸葛亮也只小七岁。但中国历来就有"长兄如父,长嫂如母"的说法,刘晔也说刘备和关羽"恩犹父子"。可见诸葛亮之于马谡,就是如父的长兄。

于是有人便因此而认为,诸葛亮的重用马谡是"任人唯亲"。这其实是不对的,因为马谡确实是人才。据《三国志·马良传》,马谡其人"才器过人,好论军计",丞相诸葛亮"深加器异",以至于"每引见谈论,自昼达夜"。大家想想,诸葛亮公务繁忙日理万机,哪有时间胡吹海哨侃大山,摆龙门阵?他和马谡作彻夜谈,当然是因为马谡的见解颇多可取之处。事实上,诸葛亮是采纳过马谡的建议的。据《三国志·马良传》裴松之注引《襄阳记》,建兴三年(公元225年)诸葛亮征南中,马谡送行数十里。临别之际,诸葛亮对马谡说,我们两人虽然策划了好几年(虽共谋之历年),但我想今天你一定有更好的建议(今可更惠良规)。马谡便提出了著名的"十六字方针":"攻心为上,攻城为下;心战为上,兵战为下。"诸葛亮"纳其策",这才有了后来的"七擒孟获"。

当然,没有马谡的建议,我估计诸葛亮也会这么做。但马谡能够和他想到一处,岂非英雄所见略同?可见马谡是人才。正因为是人才,所以也有威望。仍据《襄阳记》,马谡死时,为他流泪的竟达十万人之多(于时十万之众为之垂涕)。可见痛惜马谡之死的,并非只有诸葛亮一人,也可见马谡其实可以不杀。

这就有了第三个问题:既然如此,诸葛亮为什么仍然要杀马谡?

前面讲过,这个问题,蒋琬是问过诸葛亮的。诸葛亮的回答是什么呢?诸葛亮流着眼泪说,孙武之所以无敌于天下,就因为他执法严明。现在,天下分崩离析(四海分裂),战争不知何时才是尽头(兵交方始)。如果不能遵纪守法令行禁止,我们靠什么去战胜敌人呢(若复废法,何用讨贼邪)?

显然,按照这个说法,诸葛亮"挥泪斩马谡",就是为了"依法治蜀"。既然要"依法治蜀",就必须依照法治的原则——王子犯法,与庶民同罪。这就要铁面无私,也就要执法如山,绝不能因人废法，也不能徇情枉法。在这方面，诸葛亮堪称千古楷模。撤回汉中后，他严肃追究街亭失守的责任。据《三国志》之《王平传》和《赵云传》，除了将马谡下狱处死外，还杀了将军张休、李盛，夺将军黄袭兵权，将赵云从镇东将军贬为镇军将军。唯一没有处分反而升迁的是王平——加拜参军，统五部（统帅由一万青羌人组成的精锐部队），当营事（负责诸葛亮的大本营），进位讨寇将军（原为裨将军），封亭侯。至于诸葛亮自己，也受了处分。据《三国志·诸葛亮传》，朝廷根据他"自贬三等"的请求，决定将他降为右将军，地位比建兴四年（公元226年）晋升为前将军的李严还略低一点。

这一系列的处置，在当时无疑是震惊朝野的事情，我们今天也同样看得惊心动魄。在这里，我们看到了诸葛亮的许多过人之处。

第一是严于律己。诸葛亮在处分马谡等人的同时，也上疏刘禅，自请处分。在这篇著名的《街亭自贬疏》中，诸葛亮几乎承担起这次战败的全部责任。诸葛亮说，为臣以平庸的才能，不幸承担了不该承担的重任（臣以弱才，叨窃非据），亲执权柄统帅三军（亲秉旄钺以厉三军），却不能训示规章、严明法令（不能训章明法），也不能心存戒惧小心谨慎（临事而惧），以至于街亭将领不遵命令（至有街亭违命之阙），箕谷守军不听告诫（箕谷不戒之失）。究其所以，都是因为臣用人失误（咎皆在臣授任无方）。臣看人模糊不清（明不知人），遇事稀里糊涂（恤事多暗）。按照一旦战败就必须问责主帅的"《春秋》大义"（《春秋》责帅），臣应该承担全部责任（臣职是当）。因此请求自贬三等，以便督促臣改正错误（以督厥咎）。

这就实在让人肃然起敬！我在前面讲过，曹操之所以成功，就是因为他能够正视和承认自己的错误，尽管有时承认得扭扭捏捏。但能够正视，就好。诸葛亮就更了不起，他是把别人的责任（比如马谡的街亭之失和赵云的箕谷之败）也都揽在自己身上了。有人说，诸葛亮的"自贬三等"和曹操的"割发代首"一样，都是作秀。因为当真执法如山，曹操就应该杀头；而诸葛亮虽然降为右将军，却仍然代理丞相（行丞相事），权力也一点不少（所总统如前），这不是虚伪，不是忽悠吗？其实是不懂历史，也不懂政治。中国古代的政治，是以儒家学说为指导思想的。儒家思想在方法论上讲什么？讲"经""权"。经，就是必须坚持的；权，就是可以灵活的。也就是说，政策既要有原则性，又要有灵活性。所以"《春秋》大义"，既有"战败责帅"的规定，又有"罚不加尊"的说法。因为如不责帅，则人人都可以不负责任；而当真将主帅正法，则势必亲痛仇快，帮了敌人的大忙。所以，主帅犯错误，必须处分，但要适可而止，或者点到为止。因此之故，曹操不能自杀，只能以发代首；诸葛亮也只能"自贬三等"，同时仍然"行丞相事，所总统如前"。实际上，曹操"援剑割发以置地"，等于判处自己髡刑；诸葛亮降为右将军，也是不轻的处分。这不能说是作秀。

第二是敢于认错。诸葛亮上《街亭自贬疏》，用现在的话说就是做检讨。中国人喜欢写检讨，也善于写检讨，就连皇帝，也有"罪己诏"。但深刻反省者少，言不由衷者多。诸葛亮这篇《街亭自贬疏》却毫无文过饰非之处，全为实事求是之心。他的反省，有以下几点值得注意：一是承担了全部责任（咎皆在臣），二是指出了问题关键（授任无方），三是确立了问责制度（《春秋》责帅），四是采取了改正措施。这一点，疏文里面没说，但是做了。街亭失利以后，每战诸葛亮都必定亲临前线，坐镇指挥，不复再有"授任无方"或者"违命""不戒"的阙失。这就是诸葛亮了不起的地方了。实际上，人不可能不犯错误，诸葛亮也不例外。难得的是他能够正视错误，并亡羊补牢。古人云："知错能改，善莫大焉。"诸葛亮能从街亭一战中总结经验吸取教训，可谓大善。

第三是赏罚分明。马谡是丢失街亭的直接责任人，处死；赵云虽然"失利于箕谷"，但确因"兵弱敌强"，且能"敛众固守，不至大败"，降级；王平在战前"连规谏谡"，败后"鸣鼓自持"，挡住了张郃的进攻,重奖。这叫什么?这就叫:依法治蜀,执法如山。

但我们仍然有问题——诸葛亮既然做得这样对,他为什么还要哭?

这可是不能用"依法治蜀"来解释的。谁都知道,依法治国,就得执法如山;而要执法如山,就难免大义灭亲。这道理,诸葛亮不会不懂。当然,大义灭亲,不等于没有痛苦。曹操杀陈宫尚且要流泪,诸葛亮杀马谡又岂能不流泪?问题是,如果马谡确实该死,那么,哭一回也就罢了,总不至于一提起来就哭。而且,诸葛亮第二次流泪,是面对蒋琬。讨论的问题,是人才和法制谁更重要。蒋琬认为人才更重要,孔明认为法制更重要。这样的话,为什么要流着眼泪来说呢?我认为其中必有隐情。

实际上,早就有人认为诸葛亮的流泪并不简单,比如陈迩冬先生就总结了四个原因:第一,叹惜马谡;第二,悼念将士;第三,悔恨自己;第四,追思先帝。惜马谡的道理前面讲了,悼将士也是理所当然。那么,为什么会悔恨自己、追思先帝呢?因为据《三国志·马良传》,刘备生前曾特别告诫诸葛亮:"马谡言过其实,不可大用,君其察之!"可惜诸葛亮太欣赏马谡了,没把刘备的话放在心上,结果铸成大错。据此,《三国演义》安排了诸葛亮和蒋琬的一段对话。蒋琬问,马谡既然罪当正法,丞相为什么要哭?诸葛亮说,我不是哭马谡(吾非为马谡而哭),而是"深恨己之不明,追思先帝之言"。也就是说,诸葛亮哭,是后悔没有听刘备的话,当然是既悔恨自己,又追思先帝了。

这些当然都有道理,而且我们还可以再加一条:痛失良机。请问,诸葛亮杀马谡是在什么时候?是在第一次北伐。这次战争,一开始是非常顺利的。据《三国志·诸葛亮传》及裴松之注引《魏略》,对于诸葛亮的这次北伐,曹魏方面是毫无思想准备的。因为他们的眼里只有刘备(国家以蜀中唯有刘备),没有诸葛亮。何况刘备去世以后,蜀汉方面多年没有动静(数岁寂然无声),就更加放松了警惕（略无备预）。没想到诸葛亮不但敢于进攻，而且善于治军，居然亲率大军出兵祁山，其部队"戎阵整齐，赏罚肃而号令明"。于是曹魏方面"朝野恐惧"，南安、天水、安定三郡则"同时应亮"，结果"关中响震"。这是诸葛亮多年精心策划准备才获得的战果，也是进一步夺取胜利的大好时机，却被马谡毁于一旦，怎能不让他痛彻心脾！

那么，所有这些，就是诸葛亮失声痛哭的全部原因吗？

不是。比如严冷先生的《"三国史话"随笔》就认为另有原因。什么原因呢？严冷先生认为，原因就在《诸葛亮传》的那五个字——"戮谡以谢众"。谢众，大约也就是向民众认错的意思吧！于是严冷先生问，杀马谡是军法从事，与"谢众"有什么关系？原来，诸葛亮使用马谡是"违众"的。据《三国志·马良传》，当时诸葛亮的帐下并非没有将才。比如魏延和吴壹，就是众人心目中合适的先锋人选（论者皆以为宜令为先锋）。然而诸葛亮却力排众议，起用马谡。诸葛亮是丞相，又是主帅。他要用马谡，别人当然没有办法，但不等于背后不嘀咕，心里没想法。马谡如果成功了，大家自然没有话说。可惜马谡不争气，丢了街亭，还当了逃兵。这下子麻烦就大了。前面说过，对于马谡的使用问题，刘备生前是打过招呼的。不用魏延、吴壹而用马谡，大家也是不同意的。偏偏诸葛亮一意孤行，要"违众拔谡"，结果一败涂地，请问他如何交代？恐怕浑身是嘴也说不清！

想当年一定是满城风雨议论纷纷。你想嘛，魏延是什么人？先帝宠信之人。吴壹是什么人？当今国舅。马谡是什么人？先帝叮嘱"不可大用"的人。你不用魏延、吴壹，偏用马谡，究竟什么意思？这种既违背先帝遗嘱，又违背众人主张的做法，该不该追究？当然要追究。因此，诸葛亮不但要杀马谡，还必须自贬三等。也就是说，诸葛亮要杀马谡，严明法纪固然是原因，平抑众怒就更是原因。用严冷先生的话说，就是"迫于众怒不得不杀之"。正因为是迫不得已，因此"悲愤之情"也就油然而生，而且难以遏制。

这是有道理的。的确，斩马谡不单是法律问题，也是政治问题。正因为是政治问题，我们就不能简单化。在我看来，诸葛亮"挥泪斩马谡"的政治目的，并不简单地就是"谢众"。或者说，他杀马谡，并不仅仅因为在选拔先锋时"违众"。他要"谢"的"众"，也不仅仅是魏延、吴壹以及主张由魏延、吴壹担任先锋的人，而是蜀汉政权中所有的权势人物。上一章讲过，蜀汉政权是由三股政治势力组成的。第一股是荆州集团，以刘备、诸葛亮为代表，在蜀汉政权中坐头把交椅，不妨称之为"第一势力"。第二股是东州集团，以李严、吴壹为代表，坐二把交椅，不妨称之为"第二势力"。第三股是益州集团，以彭羕（广汉人）、杜琼（成都人）、谯周（阆中人）为代表，地位最低，坐三把交椅，甚至在野，不妨称之为"第三势力"。刘备死后，诸葛亮接管政权，位极人臣，大权独揽，很多人心里是不服的。不但"第三势力"心怀不满，"第二势力"暗中较劲，就连"第一势力"中的某些人（比如魏延）也有看法。在这种情况下，"代行君权"的诸葛亮，唯一正确的选择就是实行"法治"。唯有"依法治国"，而且做到公开、公正、公平，才能摆平三大势力的关系，安定人心，巩固政权。所以，就连诸葛亮的依法治蜀，也不单是法律问题，更是政治问题。

说明了这一点，我们就不难理解诸葛亮为什么要处死马谡，为什么要自贬三等，为什么会在这样做了以后痛哭流涕了。他这是"壮士断腕"啊！事实上，马谡被杀，事在建兴六年（公元228年），距离建兴九年（公元231年）李严被废只有三年。而且，大约也就在一年前，即建兴五年（公元227年），李严已经向诸葛亮叫板，要求划出五郡，建立巴州，让他当刺史。可以猜测，此时诸葛亮当已考虑如何解决李严问题了。诸葛亮是主张并实施依法治国的。对于李严这样的重量级人物，就更不能使用非法手段，只能绳之以法。这就要求执法必须公平。为此，诸葛亮已经处置了两个重要人物。一个是廖立，属于荆州集团；一个是来敏，属于东州集团。两个人的派别不同，问题却一样，那就是不满人事安排，挑起内部矛盾，破坏安定团结。结果是廖立被废，来敏罢官。这正是诸葛亮执法公平的表现。

不难想象，在这样一种情况下马谡出了事，诸葛亮面临的是一个多大的难题，承受的是一种多大的压力！他很清楚，对马谡的处理如不能从重从快，就无法向国人交代，也无法继续依法治国。因为谁都知道，马谡是他诸葛亮的人。放过马谡，不但魏延、吴壹不服，廖立、来敏也会不服，李严等人则会更加肆无忌惮。为了顾全大局，诸葛亮只能拔出刀来，一刀砍向马谡，戮谡谢众；一刀砍向自己，自贬三等。马谡也深明大义，主动请求诸葛亮将自己正法以谢国人。这就不但是自断臂膀，而且是自伤心灵了。这是何等悲壮的行为，又是何等让人心痛的事情。我们恨不得与武侯同哭！

由此可见，诸葛亮的"挥泪斩马谡"，直接原因是马谡丢失街亭，根本原因则是蜀汉政权的内部斗争。由于诸葛亮以身作则，公开、公正、公平地依法治国，在他生前，蜀国总算是大体太平。然而，树欲静而风不止。建兴十二年（公元234年）八月，诸葛亮病故于北伐军中。他的丧事都还没来得及办，同属于荆州集团的魏延和杨仪就刀兵相见，展开了你死我活的斗争。那么，魏延和杨仪的斗争又是怎么回事？魏延这个人，难道真如《三国演义》所说，是一个"反贼"吗？

第四十章

祸起萧墙

李严之废,马谡之死,魏延之乱,是"诸葛亮时代"的三大疑案。对于这一段历史,也从来就有不同意见。有人说魏延忠心耿耿,无端被害,蒙冤受屈;也有人说魏延乱臣贼子,死有余辜,无案可翻;还有人说魏延一案不过"内讧",无妨各打五十大板。那么,哪一种说法更接近历史的真相呢?

上一章我们讲到,由于蜀汉政权内部此起彼伏、时隐时现的权力斗争,诸葛亮不得不殚精竭虑,千方百计协调各方,甚至不得不采取断然措施。建兴六年(公元228年),马谡被杀;建兴九年(公元231年),李严被废。这两记重拳,虽然暂时摆平了荆州、东州、益州三大集团的关系,却只能治标,不能治本。而且,正是蜀汉政权内部的"窝里斗",导致了所谓"魏延谋反"一案。

说起来,魏延"谋反"这件事,不少人是相当的熟悉。因为《三国演义》的这一段写得有声有色,从文学的角度看很是精彩,因此深入人心。但如果以为那就是历史,就不但冤枉了魏延,也冤枉了诸葛亮。

为什么这么说呢?我们不妨先看史书上怎么讲。

据《三国志·魏延传》,事情是这样的:建兴十二年(公元234

年）八月，诸葛亮病逝于北伐军中。病重时，他召来长史杨仪、司马费祎、护军姜维等人，交代自己死后的撤军部署，命令魏延断后，姜维次之。如果魏延不服从命令，就不管他，部队自行出发（若延或不从命，军便自发）。诸葛亮去世后，杨仪等人秘不发表，派费祎去打探魏延的想法。魏延果然不听指挥，勃然大怒说，丞相虽然去世了，我魏延却还活着（丞相虽亡，吾自见在），还可以继续和魏军作战嘛（吾自当率诸军击贼），为什么要因为一个人的去世而耽误天下的大事呢（云何以一人死废天下之事邪）？再说了，我魏延是什么人，要听他杨仪的指挥，为他断后（且魏延何人，当为杨仪所部勒，作断后将乎）！

于是魏延不管三七二十一，自说自话进行部署，还要费祎联名发布命令。费祎当然不会签字，就哄骗魏延说，我还是回去做工作吧！杨仪是个书生（长史文吏），没打过什么仗（稀更军事），肯定不会违抗将军的命令（必不违命也）。魏延一想也是，就让费祎回大本营。费祎一出门，拔腿就跑，驰马绝尘而去。魏延随即后悔，追赶费祎，没有追上（延寻悔，追之已不及矣）。再派人去打听，杨仪等人已经准备按照诸葛亮的部署，撇下魏延自己撤退（欲案亮成规，诸营相次引军还）。怒不可遏的魏延便抢在杨仪之前率领部队先行回国（搀仪未发，率所领径先南归），而且过河拆桥，一路上把所有的栈道都烧个一干二净（所过烧绝阁道）。这就不但是和杨仪他们公开翻脸，而且是不给对方退路了。与此同时，魏延还上表朝廷，宣称杨仪谋反。杨仪被魏延抢了先，又被断了后，走投无路，逼到墙角，便也状告魏延谋反。结果"一日之中，羽檄交至"，双方告状的信函同时不断地送达御前，都说对方"叛逆"。刘禅当然真假难辨，就去询问董允、蒋琬等人。这一问不要紧，几乎所有的人都说杨仪不会谋反，竟没有一个人同情魏延（咸保仪疑延）。

这下子魏延在劫难逃了。一方面，朝廷令蒋琬率宿卫营"赴难北行"，迎战于前；另一方面，杨仪令工兵伐木修路"昼夜兼行"，追尾于后。魏延先到，驻军南谷口（即褒斜谷道南口，在今陕西省汉中市西北），阻击杨仪，杨仪则令何平居前抵抗。何平就是王平，因为母亲姓何，自己又曾经寄养在外婆家，所以也姓何。何平一见魏延，就冲上前去大声说，丞相尸骨未寒，你们就敢这样（公亡，身尚未寒，汝辈何敢乃尔）！魏延的部下听了，知道无理的一方是魏延，就不肯替他卖命，一哄而散。魏延没有办法，只好带着儿子和少数亲信逃往汉中，最后被马岱所杀。马岱按照杨仪的命令，将魏延的首级带了回来。杨仪得此头颅，竟然忽地一下站起来，一脚踏了上去，一边狠狠地踩，一边狠狠地骂：狗奴才，看你还能不能干坏事（庸奴，复能作恶不）！于是诛灭魏延三族。

以上就是《三国志·魏延传》对本案的记载。从这个记载不难看出，所谓"魏延谋反"，可以说是事出有因，查无实据。为什么说"事出有因"呢？第一，军人以服从为天职。战争年代，不服从统帅命令，自作主张，就难免有谋反嫌疑。第二，掉转枪头，挥师南下，还是擅自行动，谁知道你要干什么？第三，北伐大军，本为一体，单独行动也就罢了，为什么还要断绝别人的退路？这不能不让人猜测，魏延是要杀回成都颠覆蜀汉，还不让杨仪他们赶回来救驾。所以董允、蒋琬等人怀疑魏延，是有道理的。毕竟，在魏延和杨仪都状告对方"叛逆"的时候，杨仪并无反迹（其实也无可能），魏延却说不清楚。在不明真相而且难明真相的情况下，为了国家安全，只能先假定魏延谋反。

但是，要说魏延当真谋反，却又证据不足，而且不合逻辑。道理很简单，以魏延当时的能耐和实力，自立山头当皇帝，怕是不可能的。魏延自己，也不会有此非分之想。他要谋反，只可能是叛汉降魏。苟如此，则他最便当的办法，就是利用"断后"之便，就近降了曹魏，然后充当司马懿的马前卒，掉过头来打杨仪。这可是司马懿求之不得的事情。我们知道，正如刘备一生只怕曹操一个人，司马懿也只怕诸葛亮。所以，一听说诸葛亮去世了，司马懿就蠢蠢欲动。据《三国志·诸葛亮传》裴松之注引《汉晋春秋》，杨仪从战场撤退时，司马懿是迫了的，但被姜维的"反旗鸣鼓"吓退，民谚谓之"死诸葛走生仲达"。这个时候，魏延如果叛变投敌反戈一击，情况可想而知。至少，踩在脚下的头颅，就多半是杨仪的，不会是魏延的。但魏延并没有这样做，而是抢先南行。而且，他被王平打败以后，也没有北上，而是朝更南边的汉中跑。这说明魏延并不想降魏。不想降魏，又怎么会谋反？

所以，对于魏延的"谋反"，董允、蒋琬等人也只是怀疑（疑延），并不肯定。怀疑的原因，是魏延不听指挥擅自行动；而魏延这样做，按照他自己的说法，又有两个原因，一是坚持北伐（吾自当率诸军击贼，云何以一人死废天下之事邪），二是不服杨仪（魏延何人，当为杨仪所部勒，作断后将乎）。第一个原因当然能够证明魏延并不想谋反，但细想起来也不是没有问题。因为如果当真是要坚持北伐，那么，你自己留下来继续战斗就是，为什么要抢先南下呢？同样，第二个原因也有问题。因为如果仅仅只是不服杨仪，那么，你走你的阳关道，他过他的独木桥，你自己抢先南下就是，为什么还要"所过烧绝阁道"呢？明摆着是要置杨仪于死地嘛！当然，这和魏延自己的说法也不矛盾。杀了杨仪，就可以夺杨仪之兵，也就更可以按照自己的想法继续北伐灭魏了。因此，魏延说的两个原因也都讲得通的。但在当时，却是第二个原因占了上风，而且在行动之时还起了杀心。

这当然也是应该谴责的。但诬为谋反，实属冤案；夷灭三族，更是量刑不当。这一点，后来蜀汉政权可能也意识到了。证据有两个。一个是陈寿为魏延作传时所下的结论。陈寿认为，魏延之所以不北上而南下，其当时的真实想法，只不过是要杀了杨仪等人而已（原延意不北降魏而南还者，但欲除杀仪等）。杀了杨仪，就可能接替诸葛亮的职务（冀时论必当以代亮）。他的想法就是这样，并没有谋反的意思（本指如此，不便背叛）。我们知道，作为一位严谨的历史学家，陈寿是不会轻易做出判断的。他的这个说法，很可能代表了当时的共识，甚至是因为蜀汉朝廷在查明真相后，已经有了这个结论。

证据之二，是汉中城北门外的石马坡遗址。清代乾隆朝修编的《南郑县志》认为，该遗址很可能是蜀汉朝廷"以礼收葬"魏延之墓。为什么要"以礼收葬"呢？因为蒋琬等人也发现"魏延谋反"是冤案（蒋琬原其本意，但欲诛杀杨仪，不便背叛）。再加上魏延既是宿将，又有战功，当然应该"追述前劳"，以礼厚葬。这也就等于是为魏延平反昭雪了。

当然，这两个证据都不怎么过硬。过硬的证据是蜀汉朝廷的正式文件。但这恐怕永远也找不到。不过，我们还是可以再提供一个旁证，那就是杨仪之死。按照常理，魏延如果当真是谋反，或者蜀汉政权确实认为他谋反，那么，杨仪这个"平叛有功"的大英雄，在回朝之后是应该得到重赏的。杨仪自己，似乎也这么想。《三国志·杨仪传》说，杨仪"既领军还，又诛讨延，自以为功勋至大，宜当代亮秉政"。然而怎么样呢？只封了个有职无权的中军师，手下一个兵都没有（无所统领），实际上处于闲置状态（从容而已）。接替诸葛亮的，是资历、才能和贡献都不如杨仪的蒋琬。

这下子杨仪浑身气都不打一处来，牢骚满腹，怨气冲天。《三国志·杨仪传》的说法是"怨愤形于声色，叹咤之音发于五内"，也就是怨恨悲愤都写在脸上，不满之辞都发自肺腑。结果是所有的人都怕他说话出格，没有节制，犯了忌讳，不敢去看他（时人畏其言语不节，莫敢从也），只有后军师费祎前往抚慰。杨仪就对费祎大发牢骚，前前后后絮絮叨叨说了许多。费祎呢，大约是只听不说。最后，杨仪居然说，想当初丞相去世时，我要是率领全军"以就魏氏"，怎么会像今天这样寂寞失意？真是追悔莫及啊！

杨仪这话，实在是"反动透顶"，费祎自然也不能"知情不报"。费祎据实密报的结果，则是杨仪在建兴十三年（公元235年）被废为平民，流放嘉郡。杨仪到了嘉郡，不思悔改，又上书诽谤朝廷，而且出言不逊，于是朝廷下令将其逮捕入狱。结果杨仪自杀，老婆孩子则回到了蜀郡，其时距离魏延被杀（建兴十二年八月）也就一年半载。蜀汉朝廷如果当真曾经为魏延平反，我想大约就在这时。

当然，这里有一个不大说得清楚的问题，就是杨仪所谓"吾若举军以就魏氏"的"魏氏"，究竟是曹魏呢，还是魏延？如果是曹魏，则想谋反的就不是魏延，反倒是他杨仪。如果是魏延，则魏延必无反意。因为如果魏延要反蜀降魏，那么，率领全军追随魏延的，岂非也是"反贼"？杨仪的"吾若举军以就魏氏"岂非自认谋反？杨仪当然不会这么傻，朝廷也没有按"谋反罪"来处理杨仪（其妻子还蜀）。可见"吾若举军以就魏氏"这句话不能翻译为"我如果率领全军投降曹魏"，只能翻译为"我如果率领全军追随魏延"。后悔未能追随魏延的杨仪是并不想谋反的，因此，可能被杨仪追随的魏延也不想谋反。

毫无疑问，杨仪并不可能追随魏延，他的"吾若举军以就魏氏"也只是发牢骚。但这句牢骚话还是证明了魏延的清白。由此可见，魏延一案不是"谋反"，而是"内讧"，而且是典型的"窝里斗"。魏延和杨仪，彼此都咬牙切齿恨之入骨，必欲置之死地而后快，甚至不惜置国家安危于不顾，大打出手。

这就奇怪！因为魏延和杨仪在蜀汉政权中都属于"第一势力"（荆州集团），刘备和诸葛亮对他们也都非常器重（魏延任前军师、征西大将军、假节、封南郑侯，杨仪任丞相长史、绥军将军）。他们之间，既无集团、派别利益之争，也没有什么方针、路线分歧。于是我们就要问，这两个人哪来的深仇大恨呢？

说起来还真没什么。这两个人闹矛盾的原因，竟不过是意气用事。《三国志·魏延传》说，魏延这个人善待将士，勇猛过人，又生性矜持高傲，当时所有人都让他三分，只有杨仪不买账（唯杨仪不假借），魏延便把杨仪恨到骨头里，水火不容（以为至忿，有如水火）。那么，这两个人的矛盾闹到什么程度呢？就连坐到一起说说话都不能。《三国志·费祎传》说，魏延和杨仪只要坐到一起，就要吵架。吵着吵着，魏延就会拔出刀剑来对着杨仪比画（举刃拟仪），杨仪则哭得泪人儿似的（泣涕横集）。这时，也就只有费祎能当和事佬了。费祎的办法，是插到两个人当中去，一边劝解一边把他们拉开。你说这都是什么事！

魏延与杨仪的"窝里斗"臭名远扬，连孙权都知道，而且不以为然。据《三国志·董允传》裴松之注引《襄阳记》，有一次费祎出使东吴，孙权设宴款待。喝得酩酊大醉时，孙权对费祎说，杨仪和魏延是两个卑贱的小人。虽然有些鸡鸣狗盗的本事，却是一旦得意必定忘形。贵国如果没了诸葛亮，这两个家伙肯定会作乱，你们怎么能不防患于未然？费祎猝不及防，张口结舌（愕然四顾视，不能即答）。副大使董恢就教他回答，说杨仪和魏延不过"人民内部矛盾"（仪、延之不协，起于私忿耳），并不像黥布（黥音晴）、韩信那样不可驾驭（无黥、韩难御之心也），就不要因噎废食云云，算是忽悠过去。

费祎的回答马马虎虎还算得体，孙权的说法则未免偏激。魏延和杨仪确实有缺点、有错误、有问题，但杨仪有才，魏延骁勇，不好说就是"牧竖小人"。事实上魏延和杨仪都是刘备和诸葛亮极其赏识器重的人。《魏延传》说，当年刘备在汉中称王之后，准备回成都，要留一员大将镇守汉中。这时，几乎所有的人都认为担此大任的一定是张飞（众论以为必在张飞），张飞自己也这么想（飞亦以心自许），然而刘备却破格选择了魏延，结果"一军尽惊"。刘备当然看得出众人的不服，便大会群臣，问魏延说，寡人委爱卿以重任，爱卿打算怎么样呀？魏延说，曹操如果倾巢而出，末将就替大王挡住他（拒之）！如果派一员偏将率十万人马来，末将就替大王吃了他（吞之）！这可真是气壮山河！事实上魏延的确英勇善战。所以，诸葛亮北伐时，魏延就既曾经"督前部"，也曾经"为先锋"。

杨仪也是一个有能力的人。《杨仪传》说，诸葛亮多次出兵，常常是杨仪进行规划，负责部署，筹集粮草，计算军费（规画分部，筹度粮谷），而且不假思索，一会儿工夫就处理完毕（不稽思虑，斯须便了）。所以，杨仪和魏延闹矛盾，诸葛亮便很头疼（亮深惜仪之才干，凭魏延之骁勇，常恨二人之不平）。他既然不忍心厚此薄彼，便只好尽可能把一碗水端平（不忍有所偏废也）。遗憾的是，尽管有诸葛亮搞平衡，费祎打圆场，这两个人还是要"窝里斗"，结果是两败俱伤。魏延固然家破人亡，杨仪也同样身败名裂。想想真是何苦！

更窝囊的是，这两个人死后也都背上了骂名。魏延被骂作"反贼"，而且这罪名还被《三国演义》夺得严严实实，几乎是"永世不得翻身"。杨仪则被骂作"小人"，遭到许多替魏延抱屈的人痛斥。的确，所谓"魏延谋反"既然是冤案，那么，冤有头债有主，制造这起冤案的直接当事人杨仪就难辞其咎。正如陈迩冬先生所言，魏延身为大将，一生征战，可谓"有大功，无大罪"，却"遭大祸，蒙大诬"，已是天大的冤枉，你杨仪为什么还要赶尽杀绝，灭其三族呢？所以后人很是不平。比如郝经就认为，杨仪"以私憾杀大将"，罪过比魏延更大（罪浮于延）。刘家立也说，魏延"其功不可没，夷其三族，亦太甚矣"（均见《三国志集解》）。再说了，杀人不过头点地。你杨仪已经把魏延杀了，还要用脚在他头上踩，太过分了吧？

但是，杨仪也有委屈的地方。第一，杨仪与魏延的争端，纯属个人恩怨，很难说谁是谁非。而且，平心而论，魏延的责任还要大些。因为两人不和的起因，完全是魏延盛气凌人不可一世，唯独杨仪不肯屈就。这在杨仪，是没有什么责任的。你魏延可以飞扬跋扈，难道就不允许杨仪保持独立？何况每次争吵，受欺负的都是杨仪。一个大男人，被当众羞辱得痛哭流涕，你说他心里是什么滋味？难怪杨仪后来要那样对待魏延了。他是积怨太深啊！

第二，杨仪在此案的前期也没什么过错，因为他是按照诸葛亮的部署来行动的。《三国志·魏延传》说得很清楚，诸葛亮临终前

"令延断后，姜维次之；若延或不从命，军便自发"。杨仪照着做，有什么错？魏延不听指挥，擅自行动，而且"所过烧绝阁道"，断了杨仪的后路，杨仪难道应该留在原地等死？魏延不但置杨仪于死地，还要状告杨仪谋反，杨仪难道不该自卫？杨仪和魏延同时告状，满朝文武"咸保仪疑延"，这难道也是杨仪的错？

如此说来，则此案的发生，便错在魏延了。然而这也有问题，因为魏延也有可能是在按照诸葛亮的部署行动。据《三国志·魏延传》裴松之注引《魏略》，诸葛亮临终前指定的代理人并不是杨仪，而是魏延。而且，诸葛亮下达的命令很明确，是让魏延"摄行己事，密持丧去"。魏延遵命秘密行动，走到褒口（即前面所说的南谷口）才发丧。这下子杨仪紧张了，担心"摄行军事"的魏延害自己（惧为所害），就恶人先告状，制造魏延叛变投敌的舆论（乃张言延欲举众北附），并且先发制人，攻击魏延（率其众攻延）。魏延原本并无反意，自然不会和杨仪作战（不战），只能撤退（军走），结果被害（追而杀之）。

这事严重！因为此说如果成立，《三国志》的记载又不能否定，那么诸葛亮的责任就大了。他居然下达了两个自相矛盾的命令，一方面命令魏延"摄行己事，密持丧去"，另一方面又交代杨仪让魏延断后，而且"若延或不从命，军便自发"。这不是存心要让魏延和杨仪打起来吗？所以张作耀先生的《刘备传》，就说魏延的冤案"完全是由诸葛亮一手策划的"。

按照这个逻辑，诸葛亮不但"策划"了魏延的冤案，还"导致"了杨仪的悲剧。前面说过，与蒋琬相比，杨仪资格老（年宦先琬）、能力强（才能逾之）、功劳大（功勋至大），或者没有功劳也有苦劳（当其劳剧），再加上还有"平叛"之功，怎么着也不该位在蒋琬之下。那么，为什么蒋琬接替了诸葛亮的职权（但没有当丞相），杨仪却只弄到了一个闲差呢？原来，这都是因为诸葛亮的看法。《三国志·杨仪传》说，诸葛亮内心深处的意思（亮平生密指），认为杨仪这个人的性格是不好的，急躁狭隘，不如蒋琬（以仪性狷狭，意在蒋琬）。结果蒋琬升了上去，杨仪挂了起来，最后自取灭亡。

这真是恐怖！诸葛亮"二桃杀三士"，一箭双雕，既除掉了魏延，又除掉了杨仪，岂非阴险歹毒？于是我们要问：是这样的吗？

不是。

就说蒋琬的接班和杨仪的闲置，便很可疑。这一安排，《三国志·杨仪传》的说法，是根据诸葛亮的"平生密指"。但我们要问，诸葛亮内心深处的意思，他们怎么知道的？当然，《三国志》对此也做了交代。据《蒋琬传》，诸葛亮在世时常常对人说，公琰（蒋琬的字）的志向，既忠贞又高雅（公琰托志忠雅），是一位可以和我一起共同辅佐皇上成就大业的人（当与吾共赞王业者也）。这算是造了舆论。诸葛亮还秘密上书刘禅，说"臣若不幸，后事宜以付琬"。这算是做了安排。

但我们还是要问：既然如此，诸葛亮临终时为什么不把这个想法公布出来，却要"密表后主"呢？我们知道，蒋琬接班时，大家其实是不服的，后来才"众望渐服"。这一个"渐"字，就说明蒋琬的班，接得多少有些突兀，有些勉强。因此吕思勉先生的《三国史话》就说，以诸葛亮的地位威望，如果事先公开嘱咐，并不怕什么人反对，事情反倒会妥帖得多。那么，诸葛亮又为什么不这样做呢？吕先生的结论是，诸葛亮秘密推荐蒋琬一事"不是实情"。

这当然也有可能。中国的古代史，一旦事关权力交替，总难免有些虚虚实实、遮遮掩掩、鬼鬼祟祟。但我认为也不排除另一种可能，就是诸葛亮确实有所顾忌。顾忌谁？杨仪。前面说过，杨仪资格比蒋琬老，能力比蒋琬强，功劳比蒋琬大，又是一个自命不凡的。如果诸葛亮临终前宣布由蒋琬接班，杨仪还不得跳起来？没错，诸葛亮在世的时候他不敢跳。去世了呢？跳不跳？要知道，这时蒋琬并不在军中，魏延也在前线，军队掌握在杨仪手里。身边一个费祎,一个姜维,怕也镇他不住。就算镇得住,杨仪闹起来也不是个事。因此只能等大军回朝以后再说。也因此,诸葛亮只能"密表后主"。

那么,诸葛亮为什么又要命令魏延"摄行己事,密持丧去"呢?难道也是为了对付杨仪?我认为,这事倒是靠不住的。靠不住的原因,倒不完全如裴松之所说,此乃"敌国传闻之言,不得与本传争审",还因为这根本就不可能。诸葛亮病逝时,魏延并不在他身边,在他身边的是杨仪。诸葛亮怎么可能命令魏延"摄行己事"?魏延又怎么可能"密持丧去"?再说了,诸葛亮病逝在武功五丈原。魏延"密持丧去""行至褒口",已是往南走了很远,杨仪怎么可能还说他"欲举众北附"?所以《魏略》的说法可以推翻。

鱼豢《魏略》的这段记载并不可靠,《三国志·魏延传》的说法是否真实呢?如果真实,诸葛亮就必须对魏延之死负责;如果不真实,则必须回答真相是什么。对此,历史上也有三种不同的态度和意见。第一种观点认为,《魏延传》所说是实,而诸葛亮这样安排,是他料定魏延必反。此说可以《三国演义》为代表。第二种观点也认为《魏延传》所说是实,因此是诸葛亮"一手策划"了魏延的冤案。此说可以张作耀先生的《刘备传》为代表。第三种观点认为,《魏延传》所载并非事实,此事另有真相。此说可以吕思勉先生的《三国史话》和陈迩冬先生的《闲话三分》为代表。显然,同意第一种观点,就要冤枉魏延;同意第二种观点,就要批判诸葛亮;同意第三种观点,就要否定《三国志》。这可真让人为难。那么,有没有可以采信的第四种解释呢?

第四十一章
以攻为守

魏延一案中有一个不解之谜,那就是诸葛亮在临终前,为什么要做出不利于魏延的撤军部署。这个部署真与两人的军事路线分歧有关吗?诸葛亮北伐时,为什么不采纳魏延的"子午谷奇谋"?在这个分歧的背后,有什么不能公开的隐情?诸葛亮数出祁山,劳而无功,却仍然锲而不舍地进行北伐,又究竟是为了什么呢?

上一章讲了魏延一案。此案的性质,现在大致上已经清楚,即魏延的"作乱"不是"谋反",而是"内讧"。其直接责任人,是杨仪和魏延自己。但是,诸葛亮也有脱不了的干系,因为他在临终前做了一个奇怪的部署。据《三国志·魏延传》,诸葛亮病重时,召开了一次秘密的"榻前会议",与会的有长史杨仪、司马费祎、护军姜维等人。诸葛亮交代,自己死后立即撤军,让魏延断后。如果魏延不服从命令,就不管他,部队径行开拔。

这事十分可疑。众所周知,当时北伐军中,除诸葛亮外,魏延的地位是最高的,任前军师、征西大将军、假节、封南郑侯。南郑侯是县侯,爵位最高;大将军是实职,军衔最高;假节就是有尚方宝剑,权威最高。按照常规常理,接替诸葛亮指挥全军行动的,当然应该是魏延。然而诸葛亮却指定了杨仪。杨仪是什么职务?丞相长史加绥军将军。丞相长史就是丞相府秘书长，其实是大管家。绥军将军则是不统帅部队的"光杆司令"，实际上是军队里的文职人员。也就是说，诸葛亮的这个部署，是军权不交给军人却交给文人，不交给高官却交给低官，不交给"副统帅"却交给"秘书长"。如此颠倒错乱，难道不奇怪吗？

于是我们就要问：一、诸葛亮为什么不用魏延而用杨仪？二、他召开的这个"秘密榻前会议"为什么不通知魏延参加？三、诸葛亮为什么料定魏延不会服从命令，而且要求部队不管魏延自行出发？这里面最奇怪的是这一条："若延或不从命，军便自发。"谁都看得出来，这简直就是置魏延于死地，或者逼他谋反，至少也是准备抛弃他嘛！其中利害，诸葛亮不会不知道。那么，他为什么还要这样做呢？

也有三种解释。《三国演义》的说法，是诸葛亮料定魏延会造反。这当然能够解释所有的疑团。但这是小说家言，靠不住的。事实上，没有哪个严谨的历史学家会采用这个说法。就连对诸葛亮推崇备至的那些学者（比如余明侠先生），也都认为所谓"魏延谋反"实为"当时的一大冤案"（见《诸葛亮评传》）。所以，此说不能成立。

但是，魏延不谋反，诸葛亮就有麻烦——统帅抛弃副统帅，你说这是什么事？所以，某些既认为魏延冤枉又维护诸葛亮的历史学家，就主张《三国志》所载并非事实。比如吕思勉先生的《三国史话》就认为，诸葛亮病危时，并没有制订退兵计划就突然去世。所谓"令延断后，姜维次之"是杨仪的计划，不是诸葛亮的计划。撇下魏延径自开拔，自然也是杨仪的主张，不是诸葛亮的主张。诸葛亮压根儿就没说过"若延或不从命，军便自发"的话。按照陈迩冬先生《闲话三分》的猜测，这话很可能是杨仪等人假传"丞相遗命"。

这当然也讲得通。魏延不在身边，孔明死无对证，"丞相遗命"

之类的"口谕",还不是由着杨仪之流信口雌黄?而且,这种说法还有一个好处,就是一了百了,什么问题都解决了。可惜,这只是猜测,只是推理,一点证据都没有。

于是,我们不得不面对第三种可能:诸葛亮确实召开了秘密的"榻前会议",也确实做了"令延断后,姜维次之;若延或不从命,军便自发"的部署。至于诸葛亮为什么要做出这样一个不利于魏延的部署,张作耀先生《刘备传》的解释,是诸葛亮对魏延不信任。为什么不信任呢?因为他们"在军事战术上有分歧"。

这个说法有证据吗?有。《三国志·魏延传》说,每次出征(每随亮出),魏延总是要向诸葛亮请兵(辄欲请兵万人),让他单独率领一支队伍走不同的路线,两路出击,会师潼关(与亮异道会于潼关),就像当年韩信替刘邦打天下那样(如韩信故事),而诸葛亮也总是不答应他(制而不许)。于是魏延便认为诸葛亮胆小怕事(谓亮为怯),因怀才不遇而愤愤不平(叹恨己才用之不尽)。

魏延与诸葛亮存在分歧还有一个实例,那就是所谓"子午谷奇谋"。我们知道,蜀军从汉中北进中原,必经秦岭,而跨越秦岭的路线则有三条。一条是东面的子午谷通道,全长六百多里,出口即长安;一条是中间的驻谷通道,全长四百多里,出口即武功;还有一条是西面的斜谷通道,全长近五百里,出口即郿国(郿县)。斜谷道中段有一条西北向的支道,叫箕谷。从箕谷出散关,就到了陈仓。建兴六年(公元228年)春,早已抵达汉中的诸葛亮决定发起进攻,开始他的第一次北伐。走哪条路,就成了问题。

据《三国志·魏延传》裴松之注引《魏略》,当时诸葛亮是召开了军事会议的,会议地点是在南郑。在会上,魏延第一次提出了兵分两路的主张。具体地说,就是由他自己率领五千精兵,再加搬运粮草的五千人,从褒中出发,沿秦岭而东,顺子午谷而北。不用十天,就可以到达长安。与此同时,诸葛亮也亲率大军走斜谷,挺进陈仓、郿国。魏延说,镇守长安的,是曹操的女婿夏侯楙(音茂)。

这是一个没有用的公子哥儿（怯而无谋）。听说末将神兵天降，肯定吓得掉头就跑（必乘船逃走）。长安城里并没有什么像样的官员（唯有御史、京兆太守耳），钱粮却很充足，末将足可抵挡一阵。等丞相兵到，两军会合，咸阳以西不就搞掂了吗（一举而咸阳以西可定矣）？诸葛亮不听。

这就是所谓"子午谷奇谋"。这是"诸葛亮时代"的一桩有名的公案，也是史学家争论不休的一个问题。很多人都想不通诸葛亮为什么不采纳魏延的建议，出奇兵走子午谷打曹魏一个措手不及。其实，魏延的建议包括两个内容。一是分兵（魏延率领万人走子午谷，诸葛亮率领大军走斜谷），二是奇袭（直捣长安）。因此，此案也包括两个问题。一是诸葛亮为什么不让魏延分兵，二是诸葛亮为什么不走子午谷。

先说分兵。分兵其实很正常。刘备和关羽就常常分兵，《隆中对》也说"命一上将将荆州之军以向宛、洛，将军身率益州之众出于秦川"，魏延自己也说"如韩信故事"。可见魏延是把诸葛亮拟于刘邦、刘备，把自己看作韩信、关羽，并无不忠，也并无不妥。此其一。其二，诸葛亮也不是绝不分兵。据《三国志·诸葛亮传》，他后来的决策，就是扬言要从斜谷攻郿国，并且派赵云和邓芝占据箕谷，自己却亲率大军进攻西边的祁山。所以，分兵并非绝不可行。但诸葛亮派赵云、邓芝不派魏延，就让人觉得他对魏延不信任。

这个说法可以讨论。因为第一，赵云和邓芝率领的只是"疑军"，并不一定非派谁不可。何况这时赵云的地位也不比魏延低（两人均在建兴元年封为亭侯，赵云的职务是中护军、镇东将军，魏延的职务是丞相司马、凉州刺史）。派赵云不派魏延，不能说就是对魏延不信任。第二，从魏延的履历看，诸葛亮对他还是重用的。毕竟，魏延是刘备赏识的人，正所谓"先主重臣"。刘备在世时，他已经从牙门将军、镇远将军，一直做到镇北将军。诸葛亮接手后，又封都亭侯。建兴五年（公元227年），诸葛亮进驻汉中，任命魏延为前部指挥官（督前部），兼任丞相司马、凉州刺史。建兴八年（公元230年），又晋升他为前军师、征西大将军、假节。爵位也升了两级，从亭侯（都亭侯）晋升为县侯（南郑侯）。另外，据《三国志·刘琰传》，刘琰与魏延闹矛盾，被诸葛亮责备的还是刘琰。所以，此说不大讲得通。

再说子午谷。这也是历史上争论颇多的一个问题。争论的焦点，多半在魏延的奇谋是否可行。一派认为，诸葛亮不用魏延之计，实在可惜。众所周知，对于诸葛亮的这次北伐，曹魏方面是毫无思想准备的（略无备预）。等到蜀军出现在祁山，南安、天水、安定三郡就同时"叛魏应亮"，结果"关中响震"，曹魏集团"朝野恐惧"。这个时候，如果魏延的五千精兵也出现在长安，那将是何等情况？惜乎孔明太过谨慎，以至于坐失良机。这当然很在理。不过，反对派的意见也不容忽视。他们认为，魏延的方案，未知数太多。比方说，魏延料定夏侯楙会弃城逃跑，万一不跑呢？或者夏侯楙跑了，其他将领固守呢？何况魏国名将郭淮等人近在咫尺。一旦长安死守，郭淮来援，并无太多粮草的魏延军队岂不就被包了饺子？魏延说诸葛亮的大军从斜谷北上随后就到。那么，赶不到呢？要知道，无论子午，还是斜谷，所经都是崇山峻岭，道路艰险，气候多变，行程算不了那么准的。远道袭人，事机难测。故千里用兵，必须慎之又慎。何况魏延之军跋山涉水千辛万苦，走到长安已是强弩之末，怎么敌得过夏侯楙守株待兔以逸待劳？所以，诸葛亮不用魏延之计，显然是对的。

这些说法当然都有道理，但我以为，也都没有说到根本。根本是什么呢？是政治。战争是政治的延续，何况诸葛亮首先是政治家。政治家在进行战争的时候，首先要算的是政治账，其次才是军事账。诸葛亮在决定是否采纳魏延建议时，也如此。

那么，诸葛亮算的又是一笔怎样的政治账？

这就要先弄清一个大问题：为什么北伐。关于这一点，《出师表》是作了交代的。而且，按照通常的理解，北伐的目的就是《出师表》所说的那十六个字：北定中原，攘除奸凶，兴复汉室，还于旧都。这当然并不错，因为这确实是诸葛亮的理想。我一再说过，诸葛亮不同于一般谋士、谋臣之处，就在于他有理想。他的这个理想，也一直没有忘记。

但我们要问：这个理想，他实现了吗？

没有。诸葛亮的多次北伐，虽然也取得了一些胜利，比如夺得武都、阴平，杀了王双、张郃，但总体上说，可谓劳而无功，得不偿失，离"兴复汉室，还于旧都"的目标就更是相去甚远。这当然不是因为他没能力，更不是因为他不努力，而是势所必然。

这里说的"势"，也有三点。

第一，曹魏非速亡之国。

在刘备和诸葛亮的眼里、嘴里、心目中，曹魏是"汉贼"，是"罪人"。这个政治立场，他们从来就没有放弃过（孙权则是放弃过的）。据《诸葛亮集》，刘备去世后，曹魏方面一些人，包括司徒华歆、司空王朗、尚书令陈群、太史令许芝，都先后给诸葛亮写过劝降书。诸葛亮并不一一作复，乃作《正议》一文，公开表明态度。文章写得气势磅礴大义凛然，而最后一句话，则完全可以看作诸葛亮对北伐战争性质的认识，这就是"据正道而临有罪"。也就是说，诸葛亮认为他发动的，乃是一场正义的战争。

诸葛亮说这话并不奇怪。不说，反倒不是诸葛亮了。但所谓"据正道而临有罪"这种说法，做政治口号可以，用来鼓舞士气也可以。当了真，那就是书呆子。东汉末年，天下大乱，这个时候，无论谁出来收拾河山，一统天下，让人民重新过上安居乐业的日子，便都是正义的。三国鼎立以后，话就不好讲了。从正面说，魏、蜀、吴三家都想统一中国；从负面说，他们也都想独霸天下。你总不能说只有由蜀汉来统一才是"正道"，曹魏来统一就是"有罪"吧？何况蜀汉自以为"正道"，无非因为姓刘。那么，刘备姓刘，刘表、刘璋就不姓刘？荆州和益州"江山易主"，难道是因为刘备"正道"，而刘表、刘璋"有罪"？不是吧！正如田余庆先生在他的《〈隆中对〉再认识》一文中所言，刘备终于并吞刘表父子及刘璋势力，靠的是"他自己闯荡半生的权诈"，靠的是"他的对手的愚昧和暗弱可欺"。算清了这笔账，孔明先生还能理直气壮地说什么"据正道而临有罪"吗？

实际上，曹魏方面也并没有什么"负罪感"。当年曹操确实是内外交困、困难重重，至死也不敢称帝。但其原因，却不是因为他自知"篡汉有罪"，而是与士族阶级有矛盾。士族既看不起他这个"赘阉遗丑"（陈琳语），也不喜欢他那个"唯才是举"。但是，这个问题已经被曹丕解决了。曹丕通过"九品中正制"，已经与士族和解，士族阶级已经支持曹魏政权了。他们那边，正是一片"安定团结"呢！这一点，诸葛亮其实是心里有数的。胡三省注《资治通鉴》时就说，人们都认为诸葛亮不用魏延之计是胆小怕事（皆以亮不用延计为怯），其实不然。打仗，必须弄清楚对方是什么君什么将（凡兵之动，知敌之主，知敌之将）。诸葛亮之所以"不用延计"，就因为他很清楚"魏主之明略，而司马懿辈不可轻也"。曹魏，并不是一推就倒，可以摧枯拉朽的。

第二，益州非进取之地。

众所周知，蜀汉虽以正统自居，实际情况却不过据守一州，偏霸一隅。请注意，不是"偏安一隅"，是"偏霸一隅"。偏霸，是田余庆先生的说法，我以为精准。这也是蜀汉和历史上其他那些地方割据政权的区别，即"小国而有雄心"，"北定中原，还于旧都"的想法一直没变（至少口头上没变）。所以是"偏霸"，不是"偏安"。当然，这里说的主要是刘备、诸葛亮在世时的情况。诸葛亮去世后，事情就发生了微妙的变化。刘禅、蒋琬、费祎，都对北伐不感兴趣。等到姜维来重操旧业，已是"偏霸"不得，"偏安"也不成了。

这也是没有办法的事。想当年（东汉光武帝建武元年至十二年），公孙述在成都建号立国，盘踞蜀地十二年之久，多次出入三峡，也未能跨有荆、益。后来刘焉入蜀，就干脆是为了避世乱而求自保。原因就在于蜀这个地方，避难可以，守成可以，作为"北定中原"的根据地和策源地不可以。看看地图就知道，益州北有汉中，东有三峡，剑阁之守，夔门之险，再加上蜀道之难难于上青天，既挡住了别人，也关闭了自己。所以，据有蜀地者，关起门来过日子、奔小康，没问题。冲出门去图天下，难。换句话说，刘备入蜀，就既是进了保险箱，也是进了死胡同。

如此看来，从刘璋手里夺得益州，对于刘备、诸葛亮来说，就既是幸运，也是不幸。幸运的是他们从此有了一片安身建国的土地，不用再害怕被敌人围追堵截；不幸的是《隆中对》规划的事业也就到了极限和顶峰。正如田余庆先生的《〈隆中对〉再认识》所说："历史决定了刘备是一个奔窜求存的角色，历史只给了诸葛亮一个小国寡民的政治舞台。"当然，小国也要偏霸，入蜀亦应图强。但是，"北定中原，还于旧都"云云，只能是虚张声势、以攻为守，当不得真。事实上，亦如田余庆先生所言："刘备出峡，全军覆灭；诸葛北伐，积年无成。"这无关于他们的个人素质和才能，而是条件所限命中注定。或者用温庭筠的话说，是"中原得鹿不由人"。

第三，诸葛亮非将略之才。

曹魏非速亡之国，此为不得天时；益州非进取之地，此为不得地利。蜀汉方面能有的优势，也就只剩下"人和"。可惜，就连这个优势，也要打折扣。毫无疑问，诸葛亮执政以后，由于他的以身作则和依法治国，蜀国没有发生刘焉、刘璋父子时代的那种动乱。不过，第一次北伐时，李严的势力还在，不服和不满诸葛亮的人还有。直到诸葛亮杀了马谡，废了李严，局势才算基本上平稳。但是，蜀汉政权内部矛盾的问题仍然存在。而且，正是这个矛盾，最终导致了蜀汉的灭亡。此其一。

其二，诸葛亮本人并不具备统领三军夺取天下的条件。他是一位杰出的政治家，却未必是杰出的军事家。关于这一点，原本是有定论的。陈寿说得很清楚，诸葛亮的特点，是"治戎为长，奇谋为短，理民之干，优于将略"。也就是说，诸葛亮的政治才能优于他的军事才能。军事才能当中，治军又优于用兵。所以，让他治国，绝对一流；让他治军，也没有问题。但要说设奇谋、出奇兵，那就不是他的强项了（应变将略，非其所长）。

这原本是实事求是的评价，然而后世却徒起纠纷。反对派的依据，主要是据《三国志·诸葛亮传》的记载，司马懿在巡视诸葛亮军营时，曾经佩服地说了一句"天下奇才也"的话。其实，司马懿赞叹的，正是诸葛亮的治军之才。对于他的用兵，则另有评价。这个评价记载在《晋书·宣帝纪》中，原文是"亮志大而不见机，多谋而少决，好兵而无权"。这话翻译过来就是：诸葛亮这个人，志向很大却不识机微，谋划很多却缺少决断，喜欢用兵却不知权变，简直就等于说他志大才疏，不是打仗的料。所以司马懿说，别看诸葛亮人多势众来势汹汹，消灭他却是指日可待（虽提卒十万，已堕吾画中，破之必矣）。至于诸葛亮北伐战争中用兵之误，许多历史学家都已说到，此处不再赘言。

以上三点，就是诸葛亮的北伐注定不可能成功的主要原因。至于宋代理学家责备诸葛亮"于道不纯，于理未尽"，纯粹一派胡言，不值一驳。

问题是，这一切，诸葛亮本人清楚吗？

清楚。诸葛亮是何等聪明的人。明摆着的事实，岂能不清楚？也许，第一次北伐时，他还是比较乐观的（同时也很谨慎），但后来头脑就清醒了。实际上，当年在隆中为刘备做规划时，诸葛亮就说得很清楚，北定中原，复兴汉室，一要天下有变，二要两路出兵。现在，天下无变而荆州已失，岂是可以北伐灭魏的时候？

这样一讲，就又有了问题：既然如此，诸葛亮为什么还要锲而不舍地进行北伐呢？

答案仍在《出师表》。《出师表》一开始就说："先帝创业未半而中道崩殂。今天下三分，益州疲弊，此诚危急存亡之秋也。"这是实话。但如果以为"危急存亡"是因为曹魏的威胁，那就大错特错了。赤壁之战后，曹魏方面可是从来就没主动进攻过刘备或者蜀汉（打孙权倒有好几次）。反倒是，刘备攻汉中，关羽围襄樊，孔明出祁山，屡屡挑衅。所以，"益州疲弊"的账，不能算在曹魏头上。东吴那边也没有威胁。诸葛亮执政后，吴蜀盟好已经恢复，双方和平共处，相安无事。所以，益州之所以"疲弊"，问题主要在内部。

实际上诸葛亮的北伐，一个重要的原因就是"安内必先攘外"。因为无论是转移注意力，还是加强凝聚力，战争都是最好的手段。一个国家，如果处于战争状态，管理和治理起来就顺手得多。要整治或者镇压反对派，也便当得多。此其一。

第二，曹魏和孙吴虽然尚无直接威胁，但蜀汉在三国当中毕竟是最弱小的。在一个弱肉强食的时代，越是弱小，就越要图强。《后出师表》说："不伐贼，王业亦亡。唯坐待亡，孰与伐之？"这话无论是不是诸葛亮所说（《后出师表》疑为伪作），道理都是对的。的确，"以弱为强，犹可自保"（《华阳国志·后主志》）。如果不主动进攻，那就只有坐以待毙。更何况在进攻的过程中，也未必没有可乘之机。所以王夫之的《读通鉴论》就说，诸葛亮的北伐是"以攻为守"。一方面，通过战争来保存自己（巩固以存）；另一方面，通过战争来寻求机会（待时以进）。王夫之说，诸葛亮的深谋远虑就在这里（公之定算在此矣）。

第三，诸葛亮毕竟是有理想的人，他的理想并没有变。对于一个有理想的人来说，只要有机会，就会为理想的实现而努力。问题在于，理想没变，形势变了。因此，目标和策略也要变。也就是说，一方面要高举"兴复汉室，还于旧都"的旗帜，坚持"汉贼不两立"的原则，不断北伐；另一方面，又必须循序渐进，适可而止，必须小心谨慎，步步为营，绝不能再有关羽失荆州、刘备败猇亭那样的惨重损失。

安内必先攘外，小国更要图强，理想必须坚持，这三条加起来一言以蔽之，就是"以攻为守"。这个"守"，既是守住蜀汉政权，也是守住荆州集团，还是守住道德底线。这样复杂的问题，怎么能对魏延说？又怎么说得清？用王夫之的话说，就是"公盖有不得已焉者，特未可一一与魏延辈语也"。诸葛亮很清楚，魏延灭曹的志有多大，立功的心有多切（这可以从他后来所说"吾自当率诸军击贼"得到证明）。把话说明白，他还不得跳起来！

何况，诸葛亮也需要有魏延这样坚定不移的"抗曹分子"。有这样的人冲在前面，对于实现"以攻为守"的计划是有好处的。因此，不必也不能对魏延说穿。

魏延既然是坚定不移的"抗曹分子"，和诸葛亮的政治理想是完全一致的，诸葛亮为什么还要交代"若延或不从命，军便自发"呢？这就只能猜测了。我的猜测，原因可能有两个：一是挡不住，二是保蜀汉。我们知道，魏延不但是坚定不移的"抗曹分子"，而且是一个自视甚高、自命不凡的人，当时大约只有诸葛亮镇得住他。不过他对诸葛亮，也是口服心不服，背后仍不免嘀嘀咕咕。所以，诸葛亮料定他不会服从命令，而且估计他会继续北伐（可惜魏延并未这样做）。既然挡不住，不如由他去。所以，诸葛亮并没有说"如果魏延不服从命令，就杀了他"，而是说"如果魏延不服从命令，就不管他"。因为这个时候，要紧的是撤回大军，以便保住蜀汉。这可比消灭曹魏更重要。因为只有先保住蜀汉，才谈得上消灭曹魏。

可惜这事不由人。诸葛亮去世三十年后，蜀汉还是亡了。那么，蜀汉为什么会亡呢？

第四十二章
无力回天

公元263年刘禅君臣的不战而降,是蜀汉史上最后一个不解之谜。其中起到重要作用的,是有职无权的光禄大夫谯周。谯周为什么要极力主张投降曹魏?刘禅又为什么要听他的?蜀汉朝野,为什么只有少数人主张抵抗,多数人并无斗志?在蜀汉迅速灭亡的背后,又有着什么样的政治背景和政治原因呢?

这一章讲蜀汉之亡。

蜀汉,是三国当中最先灭亡的,这让许多历史学家感到困惑。第一,史家一般认为,和曹魏、孙吴相比,蜀汉要算是治理得最好的,怎么反倒先亡呢?第二,蜀地有"重险之固"(《三国志·邓芝传》载邓芝语),打不了别人,难道还守不住?第三,从曹魏出兵,到刘禅投降,其间只有两个月,蜀汉之亡为什么如此之快?这实在让人大惑不解。

不过困惑归困惑,思考归思考。得出的结论,一般也有四条,即刘禅昏庸、黄皓弄权、陈祗(音支)乱政、谯周误国。这也是有根据的。我们知道,魏军从洛阳出发,是在曹魏景元四年(公元263年,此年上半年为蜀汉景耀六年,下半年为蜀汉炎兴元年)的八月;决定伐蜀,则是在五月。据《三国志·姜维传》,当时姜维已经得到消息，便上表刘禅，提出布防措施（六年，维表后主），请刘禅速派张翼和廖化分别把守阳安关口和阴平桥头"以防未然"。谁知这时刘禅只听黄皓的，而黄皓又只听巫师的。巫师说敌人不会打过来，黄皓便信以为真，让刘禅扣下了这份公文（启后主寝其事），结果满朝文武都不知道大祸即将临头（群臣不知）。这岂不是刘禅昏庸、黄皓弄权？

那么，黄皓是什么人？是刘禅宠信的宦官。众所周知，东汉灭亡，宦官干政是原因之一。这条教训，可谓殷鉴不远。所以，诸葛亮在世时，就特地安排董和的儿子董允担任"大内总管"（任以宫省之事）。据《三国志·董允传》，诸葛亮任命董允为侍中，领虎贲中郎将，统帅宿卫亲兵，而且在《出师表》中特别交代刘禅，要他"宫中之事，事无大小，悉以咨之"。董允也不负厚望，把刘禅和黄皓看得死死的（上则正色匡主，下则数责于皓）。结果，董允在任时，刘禅和黄皓都不敢胡作非为。

但是，董允于延熙九年（公元246年）去世后，情况就变了。接替董允担任侍中的陈祗与黄皓"互相表里"，狼狈为奸。陈祗"上承主指，下接阉竖"，黄皓则由"始预政事"而"操弄威柄"。两个人都排挤姜维，黄皓还暗中策划要废掉姜维，吓得姜维不敢回成都，躲在沓中（一说在今甘肃省，一说在今青海省）种麦子。一个国家，弄成这个样子，岂非亡国之象？所以蜀汉的灭亡，除了刘禅昏庸和黄皓弄权外，还要再加上一条：陈祗乱政。

这当然都有道理，但也不完全。第一，据《华阳国志》《三国志·诸葛亮传》，以及《亮传》裴松之注引孙盛《异同杂记》，当时主张召回姜维，夺其兵权的，并非只有黄皓，还有诸葛瞻和董厥。诸葛瞻是诸葛亮的儿子，在这次战争中壮烈牺牲；董厥被诸葛亮称作"良士"，显然也不是什么"小人"。但他们都主张撤销姜维的大将军职务，也都迁就（将护）黄皓（董厥还随刘禅投降曹魏）。所以这事不可以道德论，也不能把账都算在黄皓头上。第二，黄皓虽然误了事，却也没有干预姜维在前方的军事行动，仗还是姜维打的。胡三省注《资治通鉴》时，就认为姜维对蜀汉之亡有责任。这当然也可以讨论，但至少说明问题比较复杂。第三，黄皓只是误事，并没有误国，因为他并没有主张投降。主张投降的是谯周。所以，许多人认为，蜀汉之亡还有一个原因，即谯周误国。

那么，谯周果真误国吗？

不妨还是先把当时的情况说一遍。前面说过，魏军发兵洛阳，是在曹魏景元四年（公元263年）的八月。到十月份，邓艾军就从阴平（今甘肃省文县）出发，经江由（即江油）、绵竹，一路杀到了雒县（治所在今四川省广汉市北）。这就到达成都的大门口了。据《三国志·谯周传》，当时蜀汉君臣被黄皓忽悠，以为魏军不会马上就来（敌不便至），根本就没做任何准备（不作城守调度）。没想到邓艾的部队竟然"长驱而前"，因此立马慌了手脚，以至于城中居民惊慌失措，纷纷跑进荒郊野外，挡都挡不住（百姓扰扰，皆迸山野，不可禁制）。刘禅召集群臣会议，也是"计无所出"。一派主张"奔吴"，因为东吴是盟友（蜀之与吴，本为和国），或许可以收留自己；一派主张"奔南"，因为"南中七郡，阻险斗绝，易以自守"，或许可以躲避一时。究竟应该"奔吴"，还是应该"奔南"，朝堂之上，众说纷纭，莫衷一是。

这时，谯周说话了。

谯周的意见，是既不同意"奔吴"，也不主张"奔南"。为什么不能"奔吴"呢？谯周说，自古以来，从来就没有到了别的国家，到了另一个皇帝那里，寄人篱下，还可以再当天子的（无寄他国为天子者也）。所以，我们皇上到了东吴，也只能称臣（今若入吴，固当臣服）。既然同样是称臣，为什么不挑一个大国，要挑小的呢（等为小称臣，孰与为大）？再说了，政治斗争的规律，从来就是大国吞并小国（且政理不殊，则大能吞小，此数之自然也）。由此可见，魏国能够吞并吴国，吴国不能吞并魏国，这是没有疑问的（魏能并吴，吴不能并魏，明矣）。到那时，我们难道再投降一次不成？如果说投降是屈辱，那么，受两次屈辱，与只受一次，哪个更羞耻一些（再辱之耻，何与一辱）？此为不能"奔吴"之理。

至于"奔南"，谯周说，倒也不是不可以，但要早做准备（当早为之计，然后可果）。现在，敌军很快就会兵临城下（大敌以近），我们也很快就会大祸临头（祸败将及）。那些小兵小卒、小民小吏的心思，没有一个是靠得住的（群小之心，无一可保）。只怕我们一出门，他们就动手了（恐发足之日，其变不测），哪里还到得了南方（何至南之有乎）？

对于谯周的这一番理论，刘禅君臣并无一人反对。只有个别人反问说，现在邓艾已经快打到成都了，恐怕他不会接受投降，那又怎么办（恐不受降，如之何）？谯周说，现在东吴尚未臣服，邓艾肯定受降，他也不得不受降。受降之后，还不得不给我们礼遇。如果魏国居然不封土地、爵位给陛下，我谯周愿意亲自前往京师依照古义据理力争（周请身诣京都，以古义争之）。结果，蜀汉君臣谁都没有话说（众人无以易周之理）。刘禅倒是仍很犹豫，他还是想逃到南方去。于是，谯周又上疏刘禅，讲了一通南方绝不可去的道理，主要意思是南方少数民族原本不服（以为愁怨），见我"穷迫"，必反无疑。刘禅也就打消了念头。

既不能"奔吴"，也不能"奔南"，那就只有投降。显然，刘禅投降与谯周关系很大。甚至可以说，刘禅就是谯周劝降的。比如陈寿就说，刘禅一家平安无事（刘氏无虞），蜀汉百姓免遭战乱（一邦蒙赖），都是得益于谯周的谋划（周之谋也）。

这当然是正面的说法。作为西晋的臣子和谯周的学生，他大约也只能这么说。但在持不同立场的人看来，这也等于认定谯周是"头号卖国贼"。因此，痛骂谯周"误国"，痛骂谯周"无耻"，痛骂谯周是"卑鄙小人"的声音，在历史上就不绝于耳。谯周，似乎被牢牢地钉在"历史的耻辱柱"上了。

其实这也是可以商量的。第一，当时朝堂之上讨论蜀汉政权何去何从时，刘禅君臣均无战意。他们与谯周的不同，只不过他们主张跑，谯周主张降。甚至，他们也不反对降，只不过担心降不了（恐不受降，如之何）。等到谯周拍着胸脯做出保证，也就都不说话了。由此可见，没有谯周，他们只怕也会降。第二，谯周的话，虽然是"投降理论"，却不等于"卖国理论"。就算是"卖国理论"，也不等于"一派胡言"。实际上，谯周的很多话是有道理的，比如"群小之心，无一可保"，比如南方乃"患国之人"，"必复反叛"。这些都是事实。第三，就算谯周"卖国"，也未必是"小人"。因为当时在"三国"之上，还有"天下"。天下终究是要重归一统的。在天下一统的过程中，投降者又岂在少数？包括被诸葛亮誉为"良士"的董厥都是。如果都要算作"卖国贼"，岂非打击面太宽？

实际上谯周也不是什么"小人"。从《三国志·谯周传》我们得知，他是一个孤儿，跟着母亲和兄长生活，长大以后迷恋古籍潜心学问（耽古笃学），终于成为非常博学的人，《三国志·杜琼传》称他为"通儒"。当然，学问好，不等于人品好。学问挺大而人品极差的人，我们见得还少吗？但谯周似乎不是。他不但没有什么"不良记录"，反倒有许多值得称道的地方。比方说，他家里比较贫穷，却丝毫不影响他对学术的热爱，本传的说法是"家贫，未尝问产业，诵读典籍，欣然独笑，以忘寝食"。如此安贫乐道，像是小人吗？又比方说，他这个人，大约是有些其貌不扬又不修边幅，而且说话直来直去的（体貌素朴，性推诚不饰）。所以，他第一次见诸葛亮时，所有的人都笑。本传裴松之注引《蜀记》说，当时执法官要求处分那些笑谯周的人。诸葛亮说，算了算了，我都忍不住，何况别人（孤尚不能忍，况左右乎）！但是，诸葛亮病逝，第一个跑到前线奔丧的就是谯周。这像是小人吗？再比方说，诸葛亮去世后，刘禅常常出去游山玩水，还要增加宫廷乐队。当时官居太子家令的谯周便上疏力谏，希望刘禅"奉修先帝所施，下为子孙节俭之教"。这又像是小人吗?

谯周既然不是"小人",为什么又要"卖国"呢?也只有一种解释,就是他认为这个"国"该"卖"。或者说,他认为蜀汉早就该亡,甚至希望蜀汉灭亡。为什么蜀汉该亡?因为天下必须统一,也必定统一。而且,在谯周看来,能够统一天下的,就是曹魏。曹魏而非蜀汉,才是代汉而立的"天命所归"。

这样说,有根据吗?有。根据就在《三国志》的《杜琼传》。杜琼也是大学问家,而且是谯周的前辈,谯周经常向他讨教。有一次,谯周向杜琼请教了"代汉者,当涂高"的问题。所谓"代汉者,当涂高",是东汉末年的政治民谣。意思是说,必将取代大汉的,一定是正当大路又高大魁伟的。这话早就在流传了,而且被袁术利用过,因为袁术字"公路"。公路,在袁术看来就是"当涂高"了。但是袁术并没有得逞。这样一来,什么是"当涂高",就必须重新解释;而益州学术界的解释,则认为"当涂高"就是魏。

最早提出这种新解释的,是益州的大学问家周舒。他的这种说法在蜀地流传甚广,《三国志·周群传》就说"乡党学者私传其语"。但周舒只说"当涂高者魏也",没有解释它为什么就是魏。于是谯周就去问杜琼。杜琼说,这道理还不简单?魏,就是阙的名字呀(魏,阙名也)!这里我们要解释一下,就是古代天子、诸侯的宫门外、路两边,有一对高大的建筑物,叫作"阙"或者"观"(音贯)。因为它们高大魁伟、巍然而立,所以又叫"魏"或者"魏阙"。魏阙下面两边,是悬挂政令的地方,所以又叫"象魏"。也因此,魏阙或者象魏,就成了朝廷的代名词。比如《庄子》的《让王》篇,就说那些身在民间却不忘朝廷的人,是"身在江海之上,心居乎魏阙之下"。魏阙或者象魏,既正当大路又高大魁伟,岂非不折不扣地"当涂高"?杜琼对谯周的解释就正是这样(魏,阙名也,当途而高)。他还说,前贤们这样讲,乃是一种隐喻呀(圣人取类而言耳)!

杜琼这么说，谯周似乎还很犹豫。杜琼又问，难道还有什么奇怪的吗？谯周说，学生还是不太明白。杜琼说，这有什么不明白的！你想想，古时候的官府、官员，有叫"曹"的吗？汉以后呢？都叫"曹"了。这里也要解释一下，就是汉代的制度，是皇帝所在曰宫，所属曰尚（比如尚书）；宰相所在曰府，所属曰曹（比如东曹、西曹）。这叫皇宫相府、宫尚府曹。府，其实就是政府。政府的办事机构叫"曹"，曹的长官叫"曹掾"，吏员叫"属曹"，勤务兵叫"侍曹"。用杜琼的话说，就是"名官尽言曹，吏言属曹，卒言侍曹"。这个"曹"，当然不是曹操的"曹"。但为什么这么巧呢？杜琼认为，这就是天意了（此殆天意也）！也就是说，在杜琼看来，属曹、侍曹，就是属于曹氏、侍奉曹氏。又是"属曹""侍曹"，又是"当途而高"，这下子谯周明白了：上天是要由曹魏来统一天下呀！

于是谯周也开始散布诸如此类的言论，还拿刘备父子的名字做文章。他说，咱们的先帝叫什么名字？备。备是什么意思？具备。说得白一点，就是"足够了"。当今圣上叫什么名字？禅。禅是什么意思？禅让。说得白一点，就是"让出去"嘛！

这还不算，景耀五年（公元262年），也就是蜀国灭亡的前一年，刘禅宫中的大树无故而折，谯周又在柱子上写了一条"反动标语"，说是"众而大，期之会；具而授，若何复"。这话陈寿做了解释。他说，众，就是曹，因为"曹"有群的意思，众的意思（《广韵·豪韵》曰："曹，众也，群也"）。大，就是魏，因为"魏"通"巍"，有高大的意思。具，就是具备，也就是刘备。授，就是禅让，也就是刘禅。因此，所谓"众而大，期之会"，就是说，曹魏啊曹魏，你又众多，又高大，天下人都盼望着汇集到你那里。所谓"具而授，若何复"，则是说，蜀汉啊蜀汉，你们一个已经足够，一个准备禅让，还有什么"后来人"吗？

这就是谯周的思想和言论，也是他后来要"出卖"蜀国、主张投降的原因。显然，谯周的"卖国"，不是道德品质问题，而是政治立场问题。说白了，他就是要拥护曹魏，反对蜀汉。毫无疑问，周舒也好，杜琼也好，谯周也好，他们的言论都是牵强附会、强词夺理、装神弄鬼。但是第一，当时兴这一套；第二，人们也吃这一套。《三国志·杜琼传》说，蜀汉灭亡后，大家都说谯周算得真准（咸以周言为验）。其实哪里是算得准，是那些人都盼望着曹魏胜利，蜀汉灭亡。

那么，蜀汉又是怎么得罪了他们呢？

也有四点。

第一是"分利不均"。实际上，只要看看反对蜀汉的都是些什么人，就不难明白这一点。周舒，巴西阆中人；杜琼，蜀郡成都人；谯周，巴西西充人。这是散布"反动言论"的。此外，还有图谋不轨被诸葛亮所杀的彭羕，广汉人；断言东汉将亡、刘备将失荆州，后来被刘备所杀的张裕，蜀郡人；刘备时期装聋作哑"闭门不出"，好不容易被诸葛亮请出山来又"乞老病求归"的杜微，梓潼涪县人。很清楚，清一色都是益州人。

再看刘备、诸葛亮信任重用的人，关羽、张飞、马超、黄忠、赵云不算，其他的如：庞统，荆州襄阳人；法正，扶风郿县人；许靖，汝南平舆人；糜竺，东海朐（音渠）县人；董和，南郡枝江人；魏延，荆州义阳人；杨仪，荆州襄阳人；马谡，襄阳宜城人；蒋琬，零陵湘乡人；费祎，江夏鄳（音盟）县人；姜维，天水冀县人。这些人有的属于荆州集团，有的属于东州集团，但都不是益州人。当然，益州土著也有受信任的，比如：费诗，犍为南安人；黄权，巴西阆中人；王平，巴西宕渠人。不过他们的受信任都要打折扣，或者先不受信任（如王平），或者后不受信任（如黄权），或者中间出问题（如费诗）。

平心而论，这个问题，诸葛亮不是没有意识到，也不是没有做工作。比如杨洪，犍为武阳人，就是诸葛亮一手提拔的。据《三国志·杨洪传》，当时，李严在犍为当太守，杨洪在他手下做功曹（办事员）。因为反对郡政府搬家，杨洪与李严分手，到了成都，被诸葛亮发现是人才。结果，李严还在犍为，杨洪就当了蜀郡太守（严未去犍为而洪已为蜀郡）。杨洪提拔的门下书佐（抄写文书的办事员）何祗，几年后也当了广汉太守，而这时杨洪也还仍然是蜀郡太守（时洪亦在蜀郡）。所以，当时益州人士都佩服诸葛亮能人尽其才（是以西土咸服诸葛亮能尽时人之器用也）。此外，被诸葛亮信任重用，同时也敬重佩服诸葛亮的益州人士，也还有一些，比如蜀郡成都人张裔等等。

不过，这些努力都不能从根本上解决问题，既不能改变刘备既定的组织路线（荆州第一，东州第二，益州第三），又无法消除益州集团的顾虑。他们的账算得很清楚：蛋糕就这么大，吃的人多了，到嘴的就少了，何况"分利不均"？刘璋的时代，他们是"二等臣民"。刘备一来，他们变成"三等"了，怎么会愿意？还不如让曹魏来统治。

那么，曹魏来了，益州集团就不会变成"四等臣民"吗？不会。因为曹魏要夺取的是天下，不是在益州占山为王。何况曹丕接班以后，实行的是"九品中正制"，也就是由各地名流担任本郡"中正官"，负责推荐本籍士人。这对益州士族是有利的。果然，司马昭灭蜀后，就将原属荆州集团和东州集团的官员都调回中原，实施"蜀人治蜀"。这就更让益州集团觉得，他们反蜀汉是反对了。

第二是"治蜀过严"。众所周知，诸葛亮执政，实行的是依法治国，而且令行禁止执法如山。这原本是对的，但也难免引起一些人的不满。《三国志·诸葛亮传》裴松之注引《蜀记》中甚至有这样的话："亮刑法峻急，刻剥百姓，自君子小人咸怀怨叹。"这个说法很多人不赞成，因为第一，这条史料被裴松之认为不实，裴松之的说法是"未闻善政以刻剥为称"。第二，陈寿对此另有说法，他在《三国志·诸葛亮传》的评语中说的是"刑政虽峻而无怨者"。一个是"咸怀怨叹"，一个是"而无怨者"，这就矛盾。在这样的情况下，我们当然宁信正史，不信野史，即"蜀人无怨"。

我的看法，是两说并不矛盾。因为诸葛亮治蜀虽然偏"严"，但基本上"严"得公平（当然也有不够公平的时候，比如冤杀益州豪族常房，就被裴松之认为是"妄杀不辜"）。公平，是诸葛亮大得人心之处。实际上，陈寿对此是有解释的。陈寿说，为什么诸葛亮"刑政虽峻而无怨者"呢？就因为他"用心平而劝戒明"。平，就是公正；明，就是公开。既公正又公开，也就公平。不过，公平不等于不严峻（事实上陈寿也承认"峻"）。所以，民众虽然不会抱怨不公平（刑政虽峻而无怨者），却仍然会抱怨太严峻（自君子小人咸怀怨叹）。因而，《三国志》的说法和《蜀记》的说法都对。

第三是"战事太多"。诸葛亮"数出祁山"，姜维"九伐中原"，这些都是益州集团反对的事，谯周还专门发表了他的《仇国论》。在这篇文章中，谯周明确指出，现在并非秦朝末年（既非秦末鼎沸之时），倒像是战国初期（实有六国并据之势）。所以，咱们当不了汉高祖，顶多能争取当个周文王（故可为文王，难为汉祖）。如果不审时度势，一味穷兵黩武（如遂极武黩征），势必土崩瓦解（土崩势生），可就神仙也救不得了（虽有智者将不能谋之矣）！

谯周此论，无疑是一篇"反战宣言"，代表了益州集团对诸葛亮、姜维等人不自量力连年发动战争的强烈不满，也是益州集团对蜀汉当局的一次公开叫板。奇怪的是，谯周并没有受到任何处分，后来还官升一级，成为光禄大夫，地位仅次于九卿。这至少说明，谯周的论调很有一些市场。甚至就连朝廷当中许多人，也私下里以为然。

第四是"人民甚苦"。正如《三国志·谯周传》所言，"军旅数出"的结果必然是"百姓凋瘁"，因为打仗是一件需要很多钱的事。这些钱不从天降，不由地出，只能在老百姓身上榨取。据《三国志·后主传》裴松之注引《蜀记》，刘禅投降时，蜀国人民有二十八万户，人口有九十四万人，军队有十万二千，官吏有四万。

也就是说，平均每九个人就要养活一个士兵，每七户就要供奉一个官吏。蜀国人民，实在是负担不起了！

当然，由于诸葛亮以身作则，蜀汉官员总体上比较廉洁。要不然，这个政权早就垮台了。但我们要记住，老百姓更关心的，还是自己能够吃饱肚子。看来，蜀汉当局并没有能够做到这一点。据《三国志·薛综传》裴松之注引《汉晋春秋》，当时出使蜀国的薛珝（音许）回国以后就对孙休说，我看蜀国是差不多了。为什么呢？走进他们的朝堂听不到正义的声音（入其朝不闻正言），走进他们的田野看不见健康的脸色（经其野民皆菜色）。是啊，这样的国家，岂有不亡之理？就算诸葛亮再生，怕也无力回天吧！

所以，邓艾和钟会刚刚出兵，有一个名叫张悌的人就断定蜀汉必将灭亡。理由之一，就是当局穷兵黩武（玩戎黩武），人民苦不堪言（民劳卒弊）。他的话，记载在《三国志·孙皓传》裴松之注引《襄阳记》里，也记载在《资治通鉴》里。张悌和薛珝都是吴人，他们预言蜀汉必亡，果然亡了。那么，他们自己的东吴又如何呢？

第四十三章
风云际会

和刘备开创的蜀汉一样，孙坚、孙策父子建立的其实也是一个外来政权，在江东立足未稳。孙权接班的时候，只有十九岁，而且内外交困，危机四伏。然而孙权却不但站稳了脚跟，还将父兄未竟的"霸业"发展为"帝业"，与曹魏、蜀汉鼎足而立。那么，孙权究竟是如何渡过难关，他的成功之路又是怎么样的呢？

现在，我们回过头来看东吴。

东吴之主是孙权，孙权的道路不平坦。

众所周知，孙权接过父兄的基业和权力，是在建安五年（公元200年）。具体时间据《资治通鉴考异》，大约在四月四日。这时孙权还只有十九岁，按照"二十而冠"的说法，要算"未成年人"。当然，孙权这个"未成年人"有些特别，因为他从小就跟着长兄孙策南征北战，十五岁就当了阳羡（今江苏省宜兴市）的县长。汉代官制，人口万户以上的县的长官叫县令，不足万户的县的长官叫县长。阳羡虽然是小县，县长却毕竟是长官。不过，孙权十五岁就能够当县长，无疑是因为有孙策这个大后台。现在孙策猝亡，天崩地裂。十九岁的孙权要接过这样一副重担，实在很不容易。有人说，孙策接班时也只有十七八岁（孙坚卒年有争议，请参看《资治通鉴考异》)。孙策能够接班,孙权怎么不能?道理很简单。孙坚去世后,军队归了袁术,孙策一无所有。孙权接手的,却是一个初具规模的地方割据政权。孙策白手起家,心理负担小。孙权继往开来,心理负担大。别的不说,单是能不能镇住孙策的那些旧臣老将,就是一个问题。

孙权接班时的情况也不好。《三国志·孙策传》的篇末,有孙盛的一段话,对孙权接手的政权有准确的描述,叫作"业非积德之基,邦无磐石之固"。这是有证据的。《三国志·吴主传》说得很清楚,当时的情况,是孙氏集团只控制了江东的会稽、吴郡、丹阳、豫章、庐陵五郡。即便在这些地区,那些深山老林穷乡僻壤的"山寇"并未臣服(深险之地犹未尽从),那些世家大族遍布各地(天下英豪布在州郡),而那些北方来的避难士人则只关心自己的安危去留(宾旅寄寓之士以安危去就为意),都不认为孙氏兄弟就是自己的君主(未有君臣之固)。《三国志·张昭传》裴松之注引《吴书》也说,孙策一去世(一旦倾陨),江东地区就很有一些分崩离析的倾向(士民狼狈,颇有同异)。事实上,据《三国志·吴主传》裴松之注引《江表传》,当时的庐江太守李术还反了。孙策去世以后,他不但不肯臣服于孙权(策亡之后,术不肯事权),还招降纳叛,专门收留那些背叛孙权的人(多纳其亡叛)。这难道不是"邦无磐石之固"吗?所以,十九岁的孙权其实是坐在火药桶上。

那么,事情为什么会是这样?为什么孙策一死,江东地区就"士民狼狈,颇有同异"呢?《吴书》的说法,是孙策建立政权时间并不长(莅事日浅),带来的恩惠还不周遍深厚(恩泽未洽)。这话并不可靠。《吴书》的作者韦曜是吴国的太史令,说话当然要为孙策遮掩。实际上"邦无磐石之固"的根本原因,在于"业非积德之基"。为什么呢?因为孙策建立的,和刘备开创的蜀汉一样,也是一个外来政权,而且是靠武力强行建立的。有人说,孙氏本为吴人,吴人在吴建立的,当然是"本土政权"。此话似是而非,其实不然。第一，孙家虽然是吴人，却不是士族，而是寒族，按照陈寿的说法是"孤微发迹"。第二，孙坚发迹的地方并不在江东（今之"江南"），其主力部队也不是江东"子弟兵"，而是他招募的"淮、泗精兵"。第三，孙坚是袁术的部下，而袁术则既有"逆臣"恶名，势力又在"江西"（今之"江北"）。袁术既然是江西的，袁术的部下孙坚当然也是江西的。江东士族既然不承认袁术这个"江西扬州人"和"窃国大盗"，当然也不承认孙坚是"自己人"。因此，当孙策带着孙坚旧部余兵过江时，江东人不承认他是"回家"，反倒认为是"入侵"。正如田余庆先生《孙吴建国的道路》一文所言，孙策在江东遇到的，几乎到处都是敌意。

不受欢迎的结果，是孙策大开杀戒。《三国志·吴主传》裴松之注引《傅子》说孙策"诛其名豪，威行邻国"，《孙韶传》裴松之注引《会稽典录》说孙策"平定吴会，诛其英豪"（吴会就是吴郡、会稽郡），《郭嘉传》说孙策"所诛皆英豪雄杰，能得人死力者"，可见杀的都是些什么人。这事在江东引起了震动，在邻国引起了愤怒，后来还成为曹操讨伐孙权的借口。杀人是要偿命的，压迫是会引起反抗的。孙策在世时，人们慑于淫威，敢怒不敢言。孙策一死，还不翻了天？显然，孙权遇到的问题，哪里是孙策"恩泽未洽"？分明是"积怨甚多"，甚至"民怨沸腾"。

这一点，孙策心里其实有数。因此，他没有选择性格作风和自己相似的孙翊，而是选择了能够"举贤任能，各尽其心，以保江东"的孙权。他很清楚，靠武力和杀戮建立的政权，实在是"业非积德之基"。有着如此之多的反对派，也实在是"邦无磐石之固"。所以，尽管选择了孙权，孙策临终前还是放心不下，这才托孤于张昭。据《三国志·张昭传》裴松之注引《吴历》，当时孙策还对张昭说，如果我那个弟弟无法承担重任（若仲谋不任事者），先生就接过领导权（君便自取之）。这样，即便我们在江东不能成功（正复不克捷），还可以设法回江西去（缓步西归），也没什么可担心的（亦无所虑）。可见，孙策对孙氏政权能不能在江东站稳脚跟，并没有十足的把握。

更何况孙氏政权不但有内忧，而且有外患。孙策去世时，曹操和袁绍正相持于官渡。无论谁胜谁负，胜者将来都会对江东下手。这是北方。西边则有刘表，此时已是"地方数千里，带甲十余万"，在曹操与袁绍之间敷衍周旋，坐山观虎斗。刘表手下的大将黄祖，是孙策兄弟的杀父仇人，此刻正在江夏，也是个虎视眈眈的。幸亏刘表不是枭雄，胸无大志，要不然，孙策一死，黄祖没准就杀过来了。

如此看来，接班时的孙权，可谓"年幼、势孤、内忧、外患"。他远有强敌（曹操），近有世仇（刘表），内存忧患（江东士族不服），身无寸功（江山不是自己打的），接过来的是烫手的山芋。这就有点像诸葛亮接手蜀汉政权，前景并不乐观。我在讲到蜀汉时说过十六个字：刘备建国，基础不牢；夷陵战败，地动山摇。这话也适用于孙权：孙氏入吴，基础不牢；老大一死，地动山摇。所以，无论《三国志》之《吴主传》还是《张昭传》，都说孙权当时哭个没完。显然，这号啕大哭，既是悲痛，也是忧虑，还是恐惧。毕竟，诸葛亮接手蜀汉政权时，已是成熟的政治家，孙权此刻却还是未成年人，他能不哭吗？

然而他们却都成功了。诸葛亮成功，是因为他联吴抗魏，以攻为守，依法治国，安内攘外，正确处理了国内外一系列矛盾。那么，孙权又为什么会成功呢？

通常的说法，是曹操得天时，孙权得地利，刘备得人和。这是小说家言，十分可疑。曹操得天时吗？早就有人怀疑。刘备得人和吗？我看同样未必。什么是"天时"？就是社会发展的趋势。当时的发展趋势是什么？是士族地主阶级必将成为政治舞台的主角。那么，曹操代表这个趋势吗？不代表。代表这个趋势的是司马懿。曹操代表这个阶级吗？也不代表。代表这个阶级的是袁绍。既然如此，怎么能说曹操"得天时"？

刘备也未必"得人和"。前期是得的，刘、关、张亲如兄弟，诸葛亮、庞统、法正也都真心辅佐。但到后期，就不好说了。"窝里斗"频频发生，李严被废，彭羕被杀，就连养子刘封都被赐死，魏延和杨仪更是往死里打。实际上蜀汉之亡，一个重要原因就是内讧。东州集团与之貌合神离，益州集团与之离心离德，益州士人甚至盼望曹魏早点来"解放"他们，巴不得蜀汉尽快灭亡，怎么好说是"得人和"？

孙权的成功就更未必是因为"得地利"。他早期最大的忧患不在北边（曹操、袁绍），也不在西边（刘表、刘璋），而在江东。这时，有什么"地利"可言？实际上，孙权能够站住脚，继而能够求生存、图发展，首先在于"得人和"。《三国志·吴主传》说得很清楚，孙权刚一接班，就有一文一武两个旷世英杰，认定孙权"可与共成大业"，心甘情愿地拥戴和辅佐他（委心而服事焉），并帮他建立起自己的权威，这难道不是"人和"？

我们知道，这两个人，就是张昭和周瑜。

那是一个十分感人的场面。据《吴主传》和《张昭传》，就在孙权"哭未及息"的时候，张昭出现在他面前，对他说，孝廉啊，现在难道是哭的时候吗？如今豺狼当道奸贼横行，小将军要是只顾哭哥哥，那就是开门揖盗了。这可不是什么"仁爱"（未可以为仁也）！一个接班人，最重要的是承前启后，继往开来，完成大业，怎么能像那些匹夫匹妇那样，婆婆妈妈地哭个没完呢（肆匹夫之情哉）？于是张昭让孙权脱下丧服，换上戎装（改易权服），亲自扶他上马（身自扶权上马），摆开仪仗（陈兵而出）巡视三军（使出巡军）。不难想象，孙权一定也是马上就反应过来，以英武威严的面貌出现在众人面前，表现出一副人君气象。于是大家知道已有新主（众心知有所归），张昭则"率群僚立而辅之"。

与此同时，周瑜也从巴丘（今江西省峡江县，不是后来曹军染疾、周瑜病故、位于今湖南省岳阳市的巴丘）赶回吴县（今江苏省苏州市），并留在了孙权的身边，以中护军（近卫军司令）的身份与长史（秘书长）张昭"共掌众事"。据《周瑜传》，当时孙权的身份还只是将军，因此部下和宾客对孙权的礼节也很简慢随意。然而周瑜却按照君臣关系来行礼（独先尽敬，便执臣节），带头为孙权建立君主的权威。一个"率群僚立而辅之"，一个"独先尽敬，便执臣节"，孙权站在这两个人的肩膀上，一下子就高大起来。

张昭和周瑜的支持极为重要，因为他们两个都不是"江东人"，又代表着两股政治势力。我们知道，与刘备入蜀后建立的蜀汉政权一样，孙权建立的东吴政权，也是由三个派系组成的。不过，在孙权接班时，这三个派系还只是三股政治势力。我们必须把这三股政治势力的来龙去脉讲一下，否则东吴的很多事情就说不清楚。当然，这里也只能简单说说。欲知其详，请读田余庆先生《孙吴建国的道路》一文。

第一股政治势力是"淮泗军事集团"，简称"淮泗将领"，包括孙坚旧部和孙策旧部，说白了就是早年跟着孙坚、孙策父子南征北战打天下的那些人。其中，属于孙坚旧部的有：程普，右北平郡土垠县人；黄盖，零陵郡泉陵县人；韩当，辽西郡令支县人。属于孙策旧部的有：蒋钦，九江郡寿春县人；周泰，九江郡下蔡县人；陈武，庐江郡松滋县人。这个派系的代表人物是周瑜。周瑜是庐江郡舒县人，从小就与孙策"独相友善"，而且是和孙策一起从"江西"杀过江来的，是孙策的"哥们"加"连襟"，自然成为这一派系的领袖。

第二股政治势力是"宾旅寄寓之士"，简称"流亡北士"。他们原本是北方的士人，因为躲避战乱来到江东，起先依附于江东的州牧、太守，后来依附于淮泗将领或江东大族，所以叫"宾旅寄寓之士"。比如张昭，彭城国人；诸葛瑾，琅邪郡阳都县人；步骘（音质），临淮郡淮阴县人；张纮，广陵郡人；严畯，彭城国人；是仪，北海国营陵县人。他们都是"避难江东"的，所以称之为"流亡北士"。这股政治势力虽然是一个松散的派系，甚至不成派系，但因为他们是北方来的士人，影响力并不可低估。

第三股政治势力是"江东世家大族"，简称"江东士族"，其中最重要的是虞、魏、顾、陆"四大家族"。虞氏和魏氏在会稽郡，排名虞在前魏在后，代表人物是虞翻和魏腾。顾氏和陆氏在吴郡，排名顾在前陆在后，代表人物是顾雍和陆逊。这"四大家族"的门风不一样，四个代表人物的命运也不一样。陆逊和顾雍"出将入相"，成为东吴政权文武之首；虞翻两次被贬，最后死在流放的地方；魏腾则两次差一点被杀掉。其中一次是孙策要杀他，被吴夫人救活，我们在《江东基业》一章中讲过。

这就是孙策渡江以后江东地区的"政治地图"。如果用红、黄、蓝"三原色"来标识的话，那么，"淮泗将领"是红色，"流亡北士"是黄色，"江东士族"是蓝色。红的是枪杆子，黄的是笔杆子，蓝的是钱袋子。对于孙策建立的政权，他们的态度也是不一样的。"淮泗将领"（枪杆子）支持，"流亡北士"（笔杆子）观望，"江东士族"（钱袋子）对抗。原因前面讲过，孙策江东寒族，江西发迹，逆臣余孽，入侵故乡，还开杀戒尽诛英豪。所有这些，都让江东士族反感、警惕、疑惧、排斥。

但是，孙权接班后，要想成就大业，就必须植根江东，也必须争取江东士族的支持。现在既然一时半会儿做不到，那就要寻找别的支持。这样一来，周瑜和张昭的表态就极其关键了。前面说过，周瑜是"淮泗将领"的领袖。周瑜支持孙权，枪杆子就到了孙权手里，事情也就搞掂了一半。张昭的支持也很重要。因为张昭本人就是"宾旅寄寓之士"，属于第二股政治势力。虽然不是"领袖"，影响力和号召力还是有的，也可以起到"模范带头作用"。事实上，张昭"率群僚立而辅之"后，一些孙策时代持观望游移态度的"流亡北士"便开始进入孙权的幕府。这样，笔杆子也到了孙权手里。他们有的是孙权招聘（是仪），有的是自己上门（吕岱），有的是别人推荐（诸葛瑾），其中严畯还是张昭推荐的。

　　周瑜则向孙权推荐了鲁肃，而且一手促成了孙权与鲁肃的君臣际会。据《三国志·鲁肃传》，周瑜为此做了两方面的工作。一方面，他向鲁肃极力推荐孙权，说孙权敬重贤人（亲贤贵士），延揽奇才（纳奇录异），将来一定会成就大事（终构帝基）；另一方面又向孙权极力推荐鲁肃，说鲁肃"才宜佐时"，应该多多访求这样的人才（当广求其比），以便完成大业（以成功业），绝不能让他们流失到别处（不可令去也）。结果是孙权和鲁肃一见如故，一拍即合，如鱼得水，最后结成牢不可破的君臣关系。

　　这件事意义巨大。首先，鲁肃是当时难得的"超级人才"。他老成谋国，善于治军，精通外交，极具政治远见和战略眼光，可以说是集政治家、军事家、外交家于一身。他对孙吴集团也贡献非凡。"建号帝王以图天下"的战略目标是他提出的，与曹、刘（当时指刘表，后来调整为刘备）"三分天下"的战略规划是他提出的，赤壁之战前后的"孙刘联盟"（包括抗曹操和借荆州）也是他一手促成的。"借荆州"这事虽然后来评价不一（比如孙权后来就认为"是其一短"），但他在"讨还"荆州时，单刀赴会，理屈关羽，仍不失为大将风度、英雄本色。所以后来孙权和陆逊谈话，就说鲁肃的水平远在张仪、苏秦之上（出张、苏远矣）；他的历史地位，相当于位列东汉开国元勋之首的邓禹。（见《三国志·吕蒙传》）

　　但这还不是最重要的。更重要的，是鲁肃的身份和他投奔孙权的时机，以及他加盟的途径和加盟后的任职。

　　先说身份。《三国志·鲁肃传》说，鲁肃是临淮郡东城县人。因为不愿意接受袁术的任命当东城县长，便扶老携幼拖家带口，并带领侠义青年一百多人（携老弱将轻侠少年百余人），南下到居巢（一说在今安徽省巢湖市东北，一说在今安徽省桐城市东南）依附周瑜（南到居巢就瑜）。东城在今安徽省定远县东南，所以鲁肃是"江西人",不是"江东人"。这一点,和淮泗将领一样,与周瑜他们有共同语言。他南下依附周瑜,所以是"宾旅寄寓之士"。这一点,和流亡北士一样,与张昭他们有共同语言。他拒绝接受袁术的任命,其政治立场又和江东士族相一致,与他们也可能有共同语言。这样三重身份的人,在孙氏集团中是前所未有的。孙权要把他"政治地图"上的"三原色"调和起来,很需要这样的人。鲁肃当然未必起到了这样的作用,但他的加盟,至少具有象征意义。

次说时机。前面说过,江东士族对孙氏集团是持排斥态度的,流亡北士对孙氏集团则是持保留态度的。鲁肃作为"宾旅寄寓之士",态度和他们一样,也不看好孙氏集团。我们知道,周瑜东渡时,鲁肃也一起过了江,但是到了江东却不肯依附孙策。本传裴松之注引《吴书》说他见了孙策,这一点已被缪钺先生考证为不实。事实应该是他走到曲阿(今江苏省丹阳市)就住下了(留家曲阿)。曲阿这个地方很有意思,它是朝廷派遣的扬州牧刘繇的治所。扬州的治所原本在寿春(今安徽省寿县),因为袁术把寿春占了,刘繇只好把治所设在"江东"的曲阿。这就形成了江东(江南)和江西(江北)两个扬州。孙策从派系上讲,是属于"江西扬州"的。鲁肃住在"江东扬州"的治所,有没有政治意义我们不知道。但孙策去世后他并不想投靠孙权,则是事实。他的本意,是准备接受刘子扬(鲁肃的一个朋友)的建议,去投靠一个叫郑宝的人。郑宝是什么人?不知道。看来也是一个成不了大器的。但鲁肃宁愿去投奔郑宝,也不投奔孙权,可见他对孙权有保留。

然而鲁肃却终于投奔了孙权,这固然是因为周瑜的劝说,但鲁肃也要肯听才行。我相信此前鲁肃一定有过反复考虑,绝非"肃从其言"那么简单。因此它可以看作一个信号,即所谓"宾旅寄寓之士"已经开始认为孙权是可接受甚至可投靠的。俗话说,来得早不如来得巧。鲁肃的到来,对于孙权无异于雪中送炭。何况他们一见面,鲁肃就大谈"建号帝王以图天下",提出他"三分天下"的"东吴版《隆中对》",这就不能不让孙权感激甚至感动。所以,事隔多年,孙权和陆逊谈话,还说"孤与宴语,便及大略帝王之业,此一快也"。

再说途径和任职。"宾旅寄寓之士"进入孙氏集团,并非从鲁肃开始,也并非只有鲁肃一人。但他们要么系孙权招聘(如步骘),要么由同人推荐(如严畯),而且多半担任文职(如诸葛瑾任长史,步骘任主记)。鲁肃却由周瑜推荐,后来还担任了武职。本来,孙氏集团的政权结构,是文以张昭为首,多为流亡北士;武以周瑜为首,多为淮泗将领。鲁肃的出现和任职,就打破了这个格局。至少,也意味着"第一势力"(淮泗将领)和"第二势力"(流亡北士)的合流。而且,既然流亡北士可以进入以淮泗将领为主的军事系统,那么,江东士族将来岂不是也可以?事实上,周瑜、鲁肃、吕蒙之后的那位名将就出身于江东士族,而且来自吴郡"四大家族"之一。我们知道,他就是陆逊。

这样一分析,我们就知道鲁肃加盟的意义之大了,也就能够看出吕蒙的意义了。吕蒙是孙吴"四大英将"(四位上游统帅,即周瑜、鲁肃、吕蒙、陆逊)之一,是接替鲁肃军职的人,也是推荐陆逊接替自己的人。他的身份也很特别。从《三国志·吕蒙传》我们得知,他原本是汝南郡富陂县(今安徽省阜南县东南)人,因此不是"江东士族"。他小时候就随姐夫邓当南渡,但其家境既贫寒(贫贱难可居),本人又没有文化(少不修书),因此不是"流亡北士",只好算作"南渡平民"。他是孙策发现的人,但孙策也只是让他在自己身边当侍卫(引置左右),后来才因为张昭的推荐,接替去世的姐夫邓当,做了别部司马。因此,即便算他是"淮泗军事集团"中人,那也只是个小角色。

实际上吕蒙也是好不容易才脱颖而出。他担任的那个"别部司马",原本是一个没有定员的杂牌军头目。孙权接班后,精兵简政,所有的"小公司"都面临"关停并转"。吕蒙得知,就借钱置军装,搞军训，让前来视察的孙权看得眼睛一亮。于是孙权便开始着力打造吕蒙，给他军队，教他读书，让他在战斗中成长。吕蒙也不负厚望，让鲁肃等人刮目相看。所以后来孙权和陆逊谈话，就说孤原以为子明（吕蒙）也就是不怕艰难、胆子大（不辞剧易，果敢有胆）而已，没想到他居然"学问开益，筹略奇至"，都快赶上周公瑾了！其实，这里面是有孙权的功劳的。从这个意义上讲，吕蒙是孙权自己发现和培养的人。

这就很有些意思了。淮泗将领、流亡北士、江东士族这三股政治势力，鲁肃是都有些关系，吕蒙则是都沾不上边。因此，如果说在孙权的"政治地图"上，三股政治势力分别是红色、黄色和蓝色，那么，鲁肃和吕蒙就是灰色。

但是孙权需要灰色。前期，他需要有灰色把格格不入的三种颜色调和起来。后期，则需要有灰色作为过渡，将政权的主色调，从淮泗将领的红、流亡北士的黄，逐步变成江东士族的蓝。田余庆先生说，孙吴建国的道路，就是"江东化"的过程。这个观点，我们从四任上游统帅的人选这里得到了印证。至少，从周瑜（淮泗将领）到鲁肃（流亡北士），到吕蒙（南渡平民），再到陆逊（江东士族），线索是清楚的。

当然，这只是后人的分析。对于那些历史人物而言，也许只不过是一次风云际会罢了。正如周瑜对鲁肃所说，这是"烈士攀龙附凤驰骛之秋"。而且，周瑜还引用马援回答东汉光武帝的话说："当今之世，非但君择臣，臣亦择君。"那么，周瑜、鲁肃他们为什么要选择孙权？在他的身上，又有什么过人之处，会引得众多英雄竞相效力呢？

第四十四章
坐断东南

与曹操、刘备的白手起家艰苦创业不同，孙权尚未成年就接手了父兄留下的一片基业，并得到旧臣拥戴、新人辅佐。然而，孙权却又是魏、蜀、吴三国当中最后一个称帝的。他为什么要一拖再拖？在这隐忍韬晦的背后，究竟有什么苦衷和障碍？孙权又是怎样应对这些困难，并最终走出困境，走向成功的呢？

上一章提出了一个问题，就是孙权究竟有什么过人之处，能够凝聚群英。这是值得讨论的。我们知道，在魏、蜀、吴"三巨头"中，孙权比较特别。曹操和刘备的基业是自己开创的，他们的江山也是自己打下的，孙权却是接班人。不过，在所有的接班人当中，孙权又最突出。曹丕只不过为父亲开创的"帝业"完成了加冕典礼，刘禅则连守住那一份家业都没能做到。只有孙权，将父兄未竟的"霸业"发展成为"帝业"。难怪后人要这样称赞孙权了："年少万兜鍪，坐断东南战未休。天下英雄谁敌手？曹、刘。生子当如孙仲谋！"（辛弃疾《南乡子·登京口北固亭有怀》）孙权确实了不起。

孙权也让人羡慕。曹操南征北战九死一生，好不容易才从一无所有发展到半壁江山。刘备颠沛流离吃尽苦头，好不容易才从寄人篱下发展到偏霸一方。孙权倒好，年纪轻轻还未成年，就接手了父兄留下的一片基业。而且，就在他惊魂未定一筹莫展时，张昭和周瑜，这两个孙策时代的旧臣老将，就像两根擎天大柱，为他撑起了即将塌陷的天空。然后是鲁肃、吕蒙、陆逊、顾雍，前赴后继，际会风云。孙权甚至用不着像曹操和刘备那样，差不多每次战争都披坚执锐身先士卒亲临前线。许多时候，比如赤壁之战，夷陵之战，他都只要坐镇后方遥控指挥就行了。所以，很多人都认为孙权有福气，周泽雄先生甚至称他为"福帅"。

其实，孙权也不容易。

众所周知，在魏、蜀、吴三国当中，孙权是最后称帝的。是他不想吗？当然不是。是他不能吗？也未必。建安二十五年（公元220年）十月，曹丕称帝，改元黄初。半年以后，即魏文帝黄初二年（公元221年）四月，刘备称帝，改元章武。这个时候，孙权如果也跟着来，并没有什么不可以。就连阿Q都知道，和尚摸得，我摸不得？再说大汉亡都亡了，你不称帝，又向谁称臣？孙权的选择，是在刘备称帝四个月后（黄初二年八月），向曹丕"使命称藩"，也就是派出使节，表示臣服，还送回了被俘的魏将于禁。而且，在三个月后（黄初二年十一月），孙权又接受了曹丕册封的吴王称号。这是他第一次放过称帝的机会。

第二次是在黄武二年（公元223年）的四月。黄武，是东吴的年号。曹丕称帝前，因为大汉王朝名义上还存在，所以大家都用汉献帝的年号。曹丕和刘备称帝以后，就都用自己的了，比如黄初和章武。孙权虽然没有称帝，但封了吴王，也是独立王国，于是在第二年也改了年号，叫黄武。也就是说，汉献帝下台以后，就没有统一年号了。为了表示对三国一视同仁，我在讲到哪个国家的事情时，就用哪个国家的年号。这会给读者带来阅读麻烦，但没有办法。好在这些年号后面都有公历年份，还不至于让人看得一头雾水。

据《三国志·吴主传》，黄武二年的四月，群臣向孙权劝进，要他当皇帝，被孙权拒绝（权不许）。一般地说，历史上这些豪强人物要上"尊号",无论称王称帝,都是先由下面的人劝进,自己则要一让再让。比如曹操的惯例,是要让三回。刘备不肯称帝,诸葛亮也劝了的。然而这回孙权的"不许",却不是装模作样,而是真没同意。不同意的原因,据本传裴松之注引《江表传》,是孙权于心不忍。孙权说,大汉王朝衰败成这个样子(汉家堙替),寡人一点忙都帮不上(不能存救),哪里还有心思争这个呢(亦何心而竞乎)?

这当然是假话,鬼都不信的。你如果当真心存汉室,为什么接受"曹贼"的封号?你如果当真高风亮节,那就连吴王也不要做呀!吴王做得,吴帝怎么就做不得?所以群臣就认为孙权的辞让无非作秀,便一再坚持(固重以请)。孙权没有办法,这才说了一点实话。孙权说,寡人为什么接受曹魏的封号呢?因为当时刘玄德已经要打过来了(指夷陵之战),曹魏方面又有帮我们一把的意思。寡人很清楚,这种帮助,其实是要挟。如果寡人不俯首称臣,他们就会和刘备一齐杀将过来(与西俱至),让我们"二处受敌"。这个后果太严重(于孤为剧),所以寡人不得不忍气吞声"就其封王"。这个意图(低屈之趣),寡人知道诸位一直没有完全想通(似未之尽),现在就趁机解释一下吧(今故以此相解耳)!

这话也只有一半是实。它可以解释黄初二年(公元221年)为什么受封,却无法解释黄武二年(公元223年)为什么不称帝。因为我们知道,这时刘备已经战败于夷陵,孙权和曹丕也已经翻脸。孙权和曹丕翻脸是在前一年(公元222年)。他改元黄武,也是这个原因。这一点,《三国志·吴主传》其实有说法,即"权遂改年,临江拒守"。意思也很清楚:寡人不认你这个皇上,也不用你那个年号了,要打就来打吧!

这就奇怪。既然孙权与刘备、曹丕都翻了脸,他还等什么?

道理也很简单。正因为都翻了脸,就更没有安全感了。实际上孙权最大的问题就是没有安全感。据《三国志·吴主传》,孙权在接受曹丕封号之前曾给诸将下了一道命令。孙权说,生存的时候不忘灭亡（存不忘亡），安全的时候忧虑危险（安必虑危），这是古人留下的最好的教导（古之善教）。何况诸位人在边境（处身疆畔），面对强敌（豺狼交接），难道可以轻率疏忽不想到意外吗（轻忽不思变难哉）？！很显然，孙权一直将曹、刘视为"豺狼"，从来就没放松过警惕。

不过孙权也知道，曹魏其实是惹不起的，也就躲得起。所以，翻脸后"犹与魏文帝相往来"。刘备那边，也不要得罪得太厉害，还是见好就收。最好是两家都不得罪，或者又打又拉，都不把事情做绝。这大约就是孙权的心思。不信你看他那个年号叫什么？黄武。分明就是曹丕的黄初加刘备的章武。等到后来称帝，他的年号就叫"黄龙"了（这时蜀的年号叫建兴，魏的年号叫太和）。那意思也很清楚：寡人已经鲤鱼跳了龙门，其奈我何！

这就是孙权了。他走的是一条既不同于曹操，也不同于刘备的道路。史学大师翦伯赞先生有一句妙语，说曹操是"把皇袍当衬衣穿"。据此，我们也可以说：刘备，是把衬衣当皇袍穿；孙权，则是把皇袍反过来穿。或者说，孙权是自己做一件皇袍，先反穿着。等到时机成熟，很方便就能正过来穿。陈寿说孙权"有勾践之奇，英人之杰"（《吴主传》评），这实在再准确不过。请大家想想，勾践，岂非正是一个可以反穿衣服的人？只不过他穿的是皇袍而已！

现在，我们可以回答上一章提出的问题了：为什么孙权能够得到老臣拥戴新人投奔，会引得众多英雄竞相效力？就因为他有"勾践之奇"，乃"英人之杰"。毫无疑问，一个能够这样做皇袍和穿皇袍的人，正是周瑜、鲁肃他们希望辅佐的。

那么，孙权是这样的人吗？

是。孙权这个人，大约是有些特殊天赋的。《三国志·吴主传》引刘琬的话，说他"形貌奇伟，骨体不恒"。怎么个"骨体不恒"呢？裴松之注引《献帝春秋》说是"长上短下"。怎么个"形貌奇伟"呢？注引《江表传》说是"方颐大口，目有精光"。颐，就是面颊。"方颐大口"大约就是威武雄壮,"目有精光"则自然是炯炯有神了。他的性格也很好,是"性度弘朗,仁而多断,好侠养士"。更重要的是,他很早就参与孙策的军政要务(每参同计谋),而且发表的意见往往让孙策吃惊(策甚奇之,自以为不及也)。于是,孙策便经常把他带在身边,而且在群僚毕至之时会回过头来对他说,兄弟,这些人今后都是你的大将。

孙策没有错看孙权。我们知道,孙权接班时才十九岁,正所谓血气方刚,何况原本颇有侠气!然而一旦接手政权,就立即变得沉稳起来。前面说过,就在孙权刚刚接班的那一年,经周瑜劝说和推荐投奔孙权的鲁肃,曾经为孙权规划了一个宏伟蓝图,明确提出要"建号帝王以图天下"。当时孙权怎么说呢?孙权只是淡淡地说了一句:孙某在地方上尽力,不过是为了辅佐汉室罢了(今尽力一方,冀以辅汉耳)。你说的那个事情,不是本将军能够想能够做的(此言非所及也)。这话依我看,恐怕是打官腔。因为当时的情况,正如吕布所说,是"郡郡作帝,县县自王"(见《三国志·吕布传》裴松之注引《英雄记》所载吕布与萧建书),想做皇帝的不在少数。别人想,孙权就不想?我看也是想的。事实上,据《三国志·鲁肃传》,二十九年以后孙权称帝,登坛之前还特地回过头来对众人说,当初鲁子敬就想到了今天,真可谓"明于事势"了。可见"非所及也"是言不由衷,"明于事势"才是心里话,只不过以孙氏集团的实力和孙权个人的能力,此刻还做不了皇帝梦,不能不打哈哈,敷衍过去。

这说明什么呢?说明孙权他沉得住气。沉得住气,是一个政治家、军事家必需的素质。读过《曹刿论战》的人都知道:"夫战,勇气也。一鼓作气,再而衰,三而竭。"也就是说,当双方势均力敌的时候,比的就是谁更沉得住气。如果敌强我弱,那就更得沉住气。你想,敌人原本气势汹汹,你自己再沉不住气,岂不是自取灭亡?所以,历史上那些成功的政治家、军事家,往往都是后发制人。所谓"敌进我退，敌驻我扰，敌疲我打，敌退我追"，就是首先要自己沉住气（敌进我退），然后让敌人沉不住气（敌驻我扰），最后才能克敌制胜。

实际上孙权在他创业的过程中，一直都很沉着稳健。据《三国志·吴主传》篇末裴松之注，晋人傅玄在谈到孙权与孙策的不同时，就说孙策的作风是"明果独断，勇盖天下"，孙权的策略则是"乘间伺隙，兵不妄动"，所以"战少败而江南安"。的确，孙权虽然"坐断东南战未休"，却基本上不打无把握之战。但凡主动出击，总能有所收获，至少无大损失。比如建安八年征黄祖，结果是"破其舟军"；十二年再征黄祖，结果是"虏其人民"；十三年三征黄祖，结果是"屠其城"而"枭其首"；十四年征曹仁，结果是"仁委城走"；十九年征皖城，结果是"克之"。这都是因为"兵不妄动"。

唯一让人费解的，是赤壁之战。

的确，很多人都不理解孙权为什么要联刘抗曹。第一，此战原不关孙权的事，他为什么要来蹚这汪浑水？第二，此战本无必胜把握，他为什么要冒这个风险？第三，此战双方一个和他没交情（刘备），一个和他没过节（曹操），他为什么要来拉偏架？所以，不少人认为孙权是被鲁肃、周瑜、诸葛亮拉下水的，都把孙刘联盟的形成归功于鲁肃、周瑜、诸葛亮。我在《品三国》（第二部）也是这么说的。

但是现在可以告诉大家，孙刘联盟的真正缔造者，不是刘备，不是孔明，不是鲁肃，不是周瑜，是孙权。实际上《三国志》有关诸传说得都很明白。《吴主传》说，周瑜、鲁肃"执拒之议，意与权同"；《周瑜传》引孙权的话，说"君言当击，甚与孤合"；《鲁肃传》引孙权的话，更说"此诸人持议，甚失孤望，今卿廓开大计，正与孤同"。《三国志·周瑜传》裴松之注引《江表传》也说，周瑜夜见孙权，向他要五万精兵，孙权却告诉周瑜，他"已选三万人，船粮战具俱办"，让周瑜、鲁肃和程普先行，自己在柴桑做后援。如果周瑜等人出师不利，孙权还准备亲自与曹操决一死战（孤当与孟德决之）。

这就再清楚不过了，决心联刘抗曹的，不是别人，正是孙权自己。否则，他怎么会说张昭等人的建议"甚失孤望"，怎么会说鲁肃、周瑜的意见"正与孤同""甚与孤合"？怎么会已经为周瑜选好了三万人，连舰船、粮草和武器也都准备完毕？又怎么会对周瑜说"邂逅不如意，便还就孤，孤当与孟德决之"？很显然，孙权的主意早已拿定。他那一双精光四射的眼睛，早就透过江上的浓雾，凝视着上游的硝烟了。

尽管如此，孙权却滴水不漏，从来就没主动说过自己的想法。在整个决策过程中，孙权不断地在征求意见。而且，鲁肃说了，他还要听诸葛亮说。诸葛亮说了，他还要听周瑜说。给人的感觉，好像他都是听别人的。这正是他具有领袖素质的表现。孙权很清楚，要做出这样一个重大决策，没有充分的讨论是不行的，没有坚定的支持也是不行的。主战的话，最好由主战派来说（鲁肃、周瑜）；联盟的话，也最好由联盟者来讲（诸葛亮）。有不同意见（张昭）没关系，正好考验各人的政治立场和政治态度。时间长一点也没关系，孙权他沉得住气。而且，他很清楚，只有沉住气，才能决策正确，才能克敌制胜。

孙权沉得住气，也变得了脸。他这一辈子，不知变了多少回脸。他和刘表是世仇，但刘表一去世，他就派鲁肃去吊丧；他和刘备是盟友，关羽攻襄樊，他却在背后捅刀子。他联刘又反刘，降曹又背曹，借荆州又夺荆州，捧曹操又骂曹操。赤壁之战前，曹操来势汹汹，他对抗；赤壁之战后，曹操攻势锐减，他投降。关羽威震华夏，他偷袭；刘备大败夷陵，他求和。他就像古龙小说中的人，总是在最不可思议的时候从最不可思议的角度出最不可思议的一招，打得曹、刘晕头转向，无可奈何。

看来，孙权确实是天才的政治家，因为他懂得什么是政治。什么是政治？政治其实就是关系，而所谓政治关系又无非三种：敌、我、友。谁是敌？曹魏（包括曹操、曹丕、曹叡）是敌。谁是友？刘备是友。但曹魏这个"敌"，常常是得罪不起的；刘备这个"友"，又常常是翻脸不认人的。因此就得不停地调整策略，化敌为友，或者你翻脸我也翻脸。赤壁之战后，孙权和曹操打，也和刘备打；与刘备和，也与曹操和。这一套他玩得游刃有余。比如黄初二年（公元221年）七月刘备来打他时，他就向曹丕称臣。等到第二年六月，他打败了刘备，脸就变了。到九月份，曹丕派遣曹休、曹仁、曹真三路大军一齐杀将过来，他又反过来向刘备请和了，尽管这时的刘备已是他的手下败将。显然，这并非反复无常，而是作为一个经常挨打的人，知道怎样才能在夹缝中图发展、求生存。

这一点，当时就有人看出来了，比如刘晔就认为孙权的称臣靠不住。据《三国志·刘晔传》，刘晔对曹丕说，吴人远隔在长江、汉水之外（绝在江、汉之表），早就没有臣服中原的心思了（无内臣之心久矣），怎么会突然跑过来表示效忠？一定是因为"外迫内困"，才来忽悠我们。实际上，孙权又岂止是这一次在忽悠？前半生几乎都在忽悠。东吴方面，又岂止是孙权会忽悠？其他人也会的。关羽打襄樊时，吕蒙和陆逊不就把他狠狠地忽悠了一把吗？这是什么？用裴松之注引《傅子》的话说，这是"小国之利"。弱小，就不能硬碰，就得想办法，就得委曲求全，甚至曲线救国。

其实这并不容易，不仅要沉得住气，变得了脸，还必须弯得了腰。这一点，孙权倒是做得出。就说接受曹丕册封一事，便不简单。过去平起平坐，现在俯首称臣，这个弯转得小吗？过去指着鼻子骂人家是"汉贼"，现在弯下腰去叫人家"皇上"，这个人丢得起吗？过去口口声声"尽力一方，冀以辅汉"，现在却率先去做"魏臣"了，这个话说得清吗？所以江东方面便颇有一些人不以为然。孙盛也说，如果接受"群臣之议"，终身只称"汉将"不称"魏臣"，岂非"义悲六合，仁感百世"？孙盛还说，取义不辱，是连伯夷、叔齐、鲁仲连那样的"匹夫"都做得到的，一个"三分天下"的"列国之君"怎么就做不到？

这其实是书呆子话。作为个人，自然不妨像伯夷、叔齐那样"不食周粟"，或者像鲁仲连那样"义不帝秦"。但作为政治家，就不能只考虑个人的道德声誉和道德感，更要考虑天下大势和国家利益。实际上，就连诸葛亮，有时也不得不有变通。据《三国志·诸葛亮传》裴松之注引《汉晋春秋》，蜀汉建兴七年（公元229年）孙权称帝，派出使节告知蜀汉，希望"并尊二帝"，也就是吴国承认蜀帝是皇帝，蜀国也承认吴帝是皇帝，但都不承认魏帝是皇帝。结果蜀汉朝野舆论一片哗然。因为按照传统道德，天无二日，人无二君，一个天下怎么能有两个皇帝？因此一致主张（议者咸以为）与其断交（绝其盟好）。

然而诸葛亮却力排众议，主张承认吴帝，因为蜀汉需要这个"掎角之援"。显然，诸葛亮的考虑，不是出于空空洞洞的所谓"大义"，而是出于实实在在的国家利益。更重要的是，诸葛亮还表达了这样的意思，即一个杰出的政治家的正确决策，都是"应权通变，弘思远益"，而非"匹夫之为忿者也"。也就是说，政治家应该审时度势（应权），因时制宜（通变），深谋远虑（弘思），考虑国家人民的根本利益和长远利益（远益），不要逞匹夫之怒，也不要教条主义。这话说得好呀！有诸葛亮这话，我看那些"愤怒的匹夫"可以休息了。

实际上孙权的做法，正是"应权通变，弘思远益"。他虽然弯下腰来屈身事魏，但打个不恰当的比方，那是"卖艺不卖身"，自己是有保留、有原则、有底线的。比如曹魏多次要他送儿子到京做人质，他就从不答应，可见并非真心归附。《吴主传》的说法是"外托事魏，而诚心不款"。这不是两面派，而是不得已。而且，他这个"不诚心"还是公开的。据《三国志·吴主传》，孙权接受吴王的封号后，派都尉赵咨出使魏国。觐见时，曹丕问赵咨："吴王何等主也？"赵咨说："聪明仁智，雄略之主也。"曹丕很感兴趣，细问其详。赵咨一个字一个字地做了解释（纳鲁肃于凡品，是其聪也；拔吕蒙于行陈（阵），是其明也；获于禁而不害，是其仁也；取荆州而兵不血刃，是其智也），最后说："据三州虎视于天下，是其雄也；屈身于陛下，是其略也。"清楚了吧！"屈身陛下"不过是忽悠，"虎视天下"才是真的。

问题不在于孙权能够这样想，还在于他能够这样说，而且是由他的使臣当着曹丕的面说，这就很了不起。这说明什么呢？说明孙权不但弯得下腰，而且抬得起头。即便在他"屈身陛下"时，头也是抬着的。他是卑躬不屈膝，屈膝不投降，有傲骨无傲气，能伸能屈，能屈能伸。他的使臣，在魏帝面前也都是不卑不亢。据《三国志·吴主传》裴松之注引《吴书》，还是这位赵咨，和曹丕另有一番对话。曹丕因为自己学问好，是大诗人兼大理论家，就面带嘲讽地问赵咨：吴王也懂学术吗？赵咨说，吴王守卫着千里江防，统帅着百万雄师，领导着众多贤才。他的志向，是要经天纬地。所以，他虽然也博览群书，却不屑于咬文嚼字、寻章摘句。曹丕又问，朕可以讨伐吴国吗？赵咨说，陛下有陛下的军队，寡君有寡君的防备（大国有征伐之兵，小国有备御之固）。曹丕又问，吴国害怕我大魏吗？赵咨说，精兵强将百万雄师，长江汉水金城汤池，怕什么！曹丕再问，在你们吴国，像阁下这样的人才有多少呢？赵咨说，特别聪明的也就八九十吧！至于像臣这样的，那是"车载斗量，不可胜数"。

赵咨说得很对，孙权的内心深处确实是"虎视天下"的。而且，由于他沉得住气，变得了脸，弯得下腰，抬得起头，便终于实现了自己的目的。据《三国志·吴主传》，黄龙元年（公元229年）春，群臣再次劝进。这一回，孙权不让了。四月十三日，孙权在武昌（今湖北省鄂州市）南郊即皇帝位。那么，这时孙权怎么就不怕了呢？因为曹丕在三年前就死了，继位的曹叡在孙权看来无足畏惧。蜀汉那边，掌权的是诸葛亮，那是坚决主张吴蜀联盟的。国内政权的"江东化"，也初具规模。陆逊早就当了统帅，顾雍也当了丞相（事在黄武四年，即公元225年）。孙权可以放心地把反穿的皇袍正过来了。

孙权估计得并不错。他的称帝，得到了友邦的承认。六月，诸葛亮派卫尉陈震前来祝贺。两国签订了"互不侵犯条约"，宣称消灭曹魏"非汉与吴，将复谁任"，约定"若有害汉，则吴伐之；若有害吴，则汉伐之"。他们还在纸面上预先瓜分了曹魏的地盘：豫州、青州、徐州、幽州属吴，兖州、冀州、并州、凉州属蜀，司州则一家一半。这时，距离曹丕称帝（公元220年）已经九年，刘备称帝（公元221年）已经八年，孙权可真是沉得住气。

实际上孙权并不窝囊，他原本是很英武的，甚至还亲自骑马射过老虎。他也并非没有露过锋芒，赤壁之战就是。但他很清楚，自己首先得是一个"守成之君"，然后才能成为"开创之君"。他的道路，只能是先识时务，后成俊杰；先装孙子，后当霸王。所以，他能够把毕露的锋芒又重新藏起来，或者"寻常看不见，偶尔露峥嵘"。陈寿说他"有勾践之奇，英人之杰"，也许就是这个原因。也就是说，孙权的特点，是英武豪雄，又隐忍韬晦。

这样看来，孙权其实也是一个有魅力的人，但这并不够。项羽、袁绍也有个人魅力，为什么不能成功？因为不会用人。孙权成功了，说明孙权是会用人的。那么，孙权的用人又有什么特点呢？

第四十五章
情天恨海

三国时代的主要领导人，曹操、孙权、刘备、诸葛亮，共同的优点是都会用人，这才得众力相扶，成鼎足之势。但是，他们的风格和做法又各不相同。那么，孙权的特点是什么？他的这种风格表现在哪些方面？它是怎样形成的，又有什么不足之处呢？

上一章，简略地描述了孙权的成功道路。在这里，我们看到了他个人素质和政治策略方面的原因，那就是胸怀大志，不露锋芒，审时度势，能屈能伸。用吴国使臣赵咨的话说，就是"雄略"。但这只是孙权成功的原因之一。比较全面的说法，恐怕还是陈寿在《吴主传》的评语中所说的那八个字——"屈身忍辱，任才尚计"。陈寿认为，正因为如此，孙权才能独自占据江东（自擅江表），形成鼎足之势（成鼎峙之业）。也就是说，孙权的成功有三个原因：忍辱负重，足智多谋，善于用人。前两个原因，上一章讲了一些。这一章，我们就着重讲孙权的用人。

我们知道，三国，是一个风云际会人才辈出的时代。三国时代的主要领导人曹操、孙权、刘备、诸葛亮，也都善于用人。正如清人赵翼在《廿二史札记》中所说："人才莫盛于三国，亦唯三国之主，各能用人，故得众力相扶，以成鼎足之势。"在此前提下，如果要做一个"排行榜"（仅限于用人，不是全面评价），那么，位列榜首的当是曹操。曹操善于用人，当时就很有名。孙权就说曹操的用人"自古少有"。孙权这话是对诸葛瑾说的，本意是要说明曹魏一代不如一代（丕之于操，万不及也。今叡之不如丕，犹丕不如操也）。但他对曹操的评论，却堪称"酷评"。据《三国志·诸葛瑾传》，孙权对诸葛瑾说，曹操这个人，也就是在杀伐方面稍微过分了一点（其唯杀伐小为过差），还有就是离间别人的骨肉亲情太冷酷了（离间人骨肉以为酷耳）。至于用人（御将），那是从古到今都少见的（自古少有）。

孙权这话，也有两说。说曹操"杀伐小为过差"，是不对的，应该说是"大为过差"。但孙权自己也是杀人的，所以他这样说。至于对曹操用人的评价，应该说公正客观，因为这是关起门来在自己家里说话，完全用不着讨好那个既是"敌人"又是"死人"的曹操。何况孙权自己也是"人主"，也会用人，岂有刻意扬人抑己之理？实际上孙权用人的水平，也就仅次于曹操。张作耀先生的《刘备传》，就说"孙权的用人之道，远在刘备之上"。他的善于用人，就连敌国也不能不佩服。比如黄武三年（公元224年）九月，亲率大军准备伐吴的曹丕，就曾站在长江边上发出感叹，说"彼有人焉，未可图也"，然后撤军。这话记载在《三国志·吴主传》。同样，诸葛亮在讲到为什么不能和东吴翻脸时，理由之一也是"彼贤才尚多，将相缉穆"。这话见于《三国志·诸葛亮传》裴松之注引《汉晋春秋》。缉穆，就是和睦。所谓"贤才尚多，将相缉穆"，也就是人才济济一堂，上下同心同德。这正是孙权集团前期的特点（后期则正好相反，以后再说）。而且，孙权手下的人才，还绵延不尽。比如武将，周瑜之后有鲁肃，鲁肃之后有吕蒙，吕蒙之后有陆逊，而且能力水平不相上下，陆逊还文武双全。文臣方面，则有张昭、顾雍、诸葛瑾、步骘，皆为一时之选。

这就奇怪。东吴，为什么有这样的凝聚力呢？

原因当然是多方面的，但孙权的善于用人肯定是重要原因之一。那么，孙权又怎么个会用人呢？这么说吧，他是连别国的人才都了解，都想要的。比方说，他就曾料定杨仪和魏延在诸葛亮去世以后"必为祸乱"，这事在《祸起萧墙》一章讲过。孙权这话，是对费祎说的；而孙权对费祎，则是十分欣赏。费祎第一次出使吴国，孙权就看上他了。据《三国志·费祎传》，当时费祎以"昭信校尉"的身份使吴，孙权照例设宴款待。孙权这个人，原本就能言善辩（性既滑稽），开起玩笑来没有谱（嘲啁无方）。他手下的那些人，比如诸葛恪等等，一个个也都是铁嘴。结果席间便唇枪舌剑"论难锋至"。然而费祎"辞顺义笃，据理以答"，让孙权十分赞赏（甚器之）。孙权对费祎说，当今之世，先生可谓德才兼备（君天下淑德），必定成为蜀国的栋梁（必当股肱蜀朝），今后只怕很难见面了。

费祎如何舌战群儒，《费祎传》没有记载。《诸葛恪传》裴松之注引《恪别传》倒是记了一笔，不妨当作逸闻趣事来看。据说，当时费祎进入宴会厅时，因为孙权事先打了招呼，因此所有人都在低头吃东西，只有孙权站起来迎接他。费祎一见，便口占四言诗一首，道是"凤凰来翔，麒麟吐哺。驴骡无知，伏食如故"。这下子反倒是东吴这边没面子了。于是诸葛恪便也口占四言诗一首，道是"爰植梧桐，以待凤凰。有何燕雀，自称来翔。何不弹射，使还故乡"，算是扯平。但费祎仅仅嘲讽东吴群臣（他们也"罪有应得"），对孙权还是给足了面子（麒麟吐哺），格调显然在诸葛恪之上。

这种"口水战"，也是吴蜀外交史上常有的事情，并不妨碍邦交和相互之间的好感。它也只不过是"花絮"，并非外交谈判的内容。费祎使吴，一定还有更精彩的表现，因此孙权大为欣赏。据《费祎传》裴松之注引《祎别传》，孙权还"以手中常所执宝刀赠之"。这是一种很重的情分。中国有句老话，宝刀赠烈士，货卖与识家。军人之间赠武器，起码认为对方是条汉子。何况是一国之元首赠予外国之使臣呢，又何况所赠之武器竟是自己的贴身之物呢。那是包含着敬重、欣赏、信任等多重含义的。所以费祎十分感动。费祎说，臣何德何能，能够受此重托？不过，刀，是用来"讨不庭，禁暴乱"的，那就恭敬不如从命。愿大王"勉建功业，同奖汉室"。臣虽然愚昧，却是一定不会辜负大王厚望的。

在这里，我们其实已经看出孙权用人的特点了，那就是"以情感人"。我对三国时代主要领导人（包括虽非君主却是实际上领导核心的诸葛亮）的用人特点，有十二个字的概括：操以智，权以情，备以义，亮以法。也就是说，曹操靠智慧，孙权靠情感，刘备靠义气，诸葛亮靠法制。而且，正因为诸葛亮公开、公正、公平地依法治国，依法用人，所以，他的政府里面没有贪官污吏（吏不容奸），每个人都勤奋向上（人怀自厉），忘我工作（盆忘其身）。可以这么说，诸葛亮的政府最像政府。

曹操、刘备、孙权的政府，就没那么像了。曹操的有点像沙龙，刘备的有点像帮会。这也是情有可原。因为曹操、刘备，也包括孙权，都有一个从无到有、从小到大、从军阀到帝王的过程。与之相对应，他们的班子，也都有一个演变过程，即前期是将军幕府，后期才是帝王朝廷。幕府总是带有个人色彩的。主官是什么性格，幕府也就会有什么样的风格。操以智，他的幕府就像沙龙；备以义，他的幕府当然也就像帮会，而且很有点像"丐帮"。

那么，孙权的幕府像什么？

像家庭。张昭是"仲父"，周瑜是"长兄"。张昭的"仲父"地位，是孙策时代就确定了的，我们在《江东基业》一章讲过。周瑜则从小就与孙策"独相友善"，而且两人"升堂拜母，有无通共"，是铁哥们。后来，孙权之母吴夫人还再次交代，说自己把周瑜看作亲儿子（视之如子也），要孙权把周瑜看作亲哥哥（汝其兄事之），我们在《中流砥柱》一章讲过。周瑜和孙权亲如家人，和鲁肃也亲如兄弟，所以孙权与鲁肃也亲。事实上，鲁肃来投奔孙权的时候，孙权就给他母亲送衣服，送帷帐，送生活用品，很像侄儿对婶娘。这事《鲁肃传》有记载。鲁肃呢？则是拜了吕蒙之母的，所以鲁肃和吕蒙也是兄弟。这事《吕蒙传》有记载。吕蒙与鲁肃是兄弟，鲁肃与周瑜是兄弟，周瑜与孙权是兄弟，这叫什么？"兄弟连"。

这一点很像刘备那边的情况，亲如兄弟，重情重义。不过相比较而言，刘备更重义，孙权更重情。这大约也是南北文化的差异：南人重情，北人重义。所以刘备与关羽、张飞他们的关系，自始至终贯穿的是一个"义"字，孙权这边则情感色彩甚浓。《周瑜传》说，周瑜去世时，孙权"素服举哀，感动左右"，又亲自到芜湖迎接灵柩。即便很久以后，孙权也念念不忘周瑜，说当年打败曹操，夺得荆州，都是周瑜的功劳，因此"孤念公瑾，岂有已乎"！这是什么？这是感恩，也是念旧，更是有情。

孙权对鲁肃和吕蒙也一样。《鲁肃传》说，鲁肃去世时，孙权"为举哀"而且"临其葬"。《吕蒙传》说，吕蒙病重时，孙权把他接到自己的殿内住下，向全地区征求名医，想方设法为他治疗。当时给吕蒙治病，大约要用针灸。每次扎针，孙权都要心痛（时有针加，权为之惨戚）。他想看看吕蒙的脸色如何，又怕见面要行礼，吕蒙太累，就在墙壁上挖个小洞偷看。如果吕蒙能稍微吃点东西，就眉开眼笑喜形于色。如果不能吃，就长吁短叹夜不能寐。这不是很像对待自己的家人吗？

孙权的部下，似乎也有这种感觉，至少周瑜是有的。周瑜就说他和孙权的关系，是"外托君臣之义，内结骨肉之恩"。周瑜这话，是对蒋干说的。据《三国志·周瑜传》裴松之注引《江表传》，蒋干"有仪容，以才辩见称，独步江淮之间，莫与为对"，看来也是个才貌双全的漂亮人物。此公是九江人，周瑜则是庐江人。当时九江和庐江同属扬州，所以两人算是老乡。老乡见老乡，两眼泪汪汪，于是曹操便派蒋干去做说客。具体时间，据《资治通鉴》是在建安十四年（公元209年），所以不会有什么盗书的事。实际情况是曹操在赤壁之战中吃了亏，知道周瑜是个厉害角色，这才起了策反的心，想让蒋干把周瑜挖过来。

曹操的这点小心眼，周瑜哪能不知道？所以蒋干一到周营，周瑜就站在门口哈哈大笑，说子翼辛苦了！远涉江湖而来，怕是要为曹操做说客的吧？三天以后，周瑜又带着蒋干到处参观，然后设宴款待。宴席上，周瑜对蒋干说，男子汉大丈夫活在世上，难得的是遇到一位"知己之主"，能够"外托君臣之义，内结骨肉之恩，言行计从，祸福共之"。有这样的君臣际遇，就算是张仪、苏秦、郦食其活过来，周瑜也要摸着他的背，笑嘻嘻地把他顶回去（抚其背而折其辞），何况足下呢？蒋干知道周瑜说不动，便很识趣地一言不发（但笑，终无所言）。回去以后，蒋干便对曹操说，周瑜这个人宽宏大量，品格高尚（雅量高致），不是花言巧语可以离间的（非言辞所间），算是了却此事。

周瑜当然是"雅量高致"，但孙权也确实表现出"骨肉之恩"。无疑，并不是所有的人都会有周瑜的感受。不过一个家庭一个家族，也会有亲疏远近吧？何况孙权形成这种用人风格也很正常，因为他那个东吴政权原本就是"家族公司"。孙权从小就在这个"公司"里面混，和那些淮泗将领们一起出生入死，结下深厚友谊是很自然的。何况那时孙氏集团还只是一支队伍，不是一个王朝，也没那么多繁文缛节（《周瑜传》就说孙权接班时"诸将宾客为礼尚简"），亲如家人并不奇怪。我们读《三国志》，不时都能发现孙权与群臣饮酒作乐打成一片的场面，很可能就是创业时期留下的遗风。

难得的是孙权能够把情感用于政治。有一个例子很能说明问题。据《三国志·周泰传》，建安十八年（公元213年），曹操兵退濡须口。孙权任命出身贫贱的周泰为平虏将军，镇守此地，以朱然、徐盛为副。孙权知道朱然和徐盛不会服气（并不伏也），便以巡视的名义来到军营，大宴群将。宴会上，孙权亲自给大家依次斟酒。走到周泰面前，突然让他脱下衣服，结果所有人都目瞪口呆。原来，周泰的身上伤痕累累，简直体无完肤。孙权用手指着这些伤痕，问周泰是怎么回事。周泰则一一作答，说明它们都是哪一场战争中所负之伤。据裴松之注引《江表传》，这时孙权哭了。他拉着周泰的手臂，叫着周泰的字说，幼平呀幼平，你为孤兄弟作战，是把命都搭上了！孤怎么能不把你当作亲兄弟（孤亦何心不待卿以骨肉之恩），又怎么能不委你重任呢（委卿以兵马之重乎）？放心干吧，不要因为出身寒门就有所顾忌（勿以寒门自退），孤和你休戚相关，荣辱与共（孤当与卿同荣辱，等休戚）！于是，不但朱然、徐盛，所有人都服了。

孙权的这种"骨肉之恩"，不仅体现在周瑜、周泰这样跟着孙策打江山的淮泗将领身上，也体现在其他人身上，比如诸葛瑾。据《三国志·诸葛瑾传》，夷陵之战前，由于诸葛瑾是诸葛亮的哥哥，又曾写信给刘备，劝他退兵，便有人散布流言蜚语，说诸葛瑾"里通外国"。而且，据裴松之注引《江表传》，这事闹得沸沸扬扬（颇流闻于外），连陆逊都感到压力，建议孙权设法制止流言。孙权一面公开表态，说"孤与子瑜有死生不易之誓"，子瑜不会背叛孤，就像孤不会背叛子瑜。同时又给陆逊写信，说孤与子瑜共事多年"恩如骨肉"，深知子瑜的为人是"非道不行，非义不言"。想当年，孔明先生出使我方，孤曾经想让子瑜把孔明留下来（又是一个挖墙脚的）。孤对子瑜说，弟弟追随哥哥，天经地义嘛！只要孔明先生愿意，孤自然会向刘玄德解释的。你知道子瑜怎么说？他说，舍弟既然跟了刘豫州，那就"义无二心"。舍弟不会留在将军这里，就像在下不会投奔刘豫州一样。你看，此心真可谓神明共鉴啊！所以，孤已经把那些诬告信转给子瑜了。你这封信，孤也会转过去，让子瑜知道你的好心。你放心，孤与子瑜，可谓"神交"，绝不是流言蜚语可以离间的。

毫无疑问，这就是"用人不疑"了。这也是用人之道的基本原则，但孙权又有孙权的特色，那就是不但"言行计从"，而且"恩如骨肉"。他和诸葛瑾是"恩如骨肉",与周瑜、周泰则有"骨肉之恩",孙权的将军幕府,岂非很像家庭?他的信任除了理性(知道对方可信任),岂非还多了一份情感?当孙权向诸葛瑾表达这份情感时,其他人岂非也感同身受?当所有的人都感同身受时,岂非"四海之内皆兄弟也"?事实上,就有原本属于别国的人,为他真情所感动,成为他的重臣,比方说潘濬(音俊)。

潘濬原本是刘备的人,在刘备手下做一个小官,关羽被杀后跟了孙权。据《三国志·潘濬传》裴松之注引《江表传》,当时荆州的官吏都归顺了孙权,唯独潘濬"称疾不见",实际上是不肯投降。孙权听说后,就派人去请他,把他从家里用床抬出来。潘濬脸朝下趴在床上不动,泪流满面,悲痛哽咽,不能自止。孙权就叫着他的字,安慰问候(慰劳与语),还让身边的人用手巾为他擦眼泪。于是潘濬感动,死心塌地辅佐孙权。顺便说一句,孙权后来还让潘濬感动了一次。情况和诸葛瑾一样,也是被别人诬告,而孙权信任如故。

孙权用人,可圈可点之处甚多。他和曹操一样,不拘一格,唯才是举,用人不看门第,不论身份,不计仇怨,不求全备。比如步骘"种瓜自给",阚泽"家世农夫",陈表"将家支庶",张梁"未有知名",刘基仇人之子,甘宁敌国之将,凌统使气杀人,胡综嗜酒如命,孙权都量才使用,各尽其能。此外,他还能虚心纳谏,检讨自己,这也和曹操一样。

还有一点也很像,那就是他们的优点都表现在早年、前期,晚年和后期就不好说了。孙权晚年,不要说与群臣不再"恩如骨肉",便是自己家里,也无骨肉情意可言。孙权一共有七个儿子。长子孙登,次子孙虑,三子孙和,四子孙霸,五子孙奋,六子孙休,七子孙亮。孙登是第一任太子,死在孙权的前面,总算没有遭太大的罪。孙虑二十岁去世,也算没有遭罪。孙休是吴国第三任皇帝,当了六年,三十岁去世,谥号景皇帝,还算不错。但他的皇后和两个儿子都被孙皓杀了，也很惨，但这是后话。

最惨的是另外四个。三子孙和（第二任太子）与四子孙霸（鲁王）因为争宠，结果一个被废（孙和），一个赐死（孙霸）。而且，孙和这个废太子，后来还被权臣孙峻（孙坚弟孙静曾孙）所杀。五子孙奋，后来也被孙皓所杀。七子孙亮倒是当了皇帝（第二任），但他继位时只有十岁，十六岁就被权臣赶下台，后来又被第三任皇帝（也是他的哥哥）孙休逼死或者毒杀。孙休杀了弟弟孙亮，他自己的皇后、儿子又被哥哥孙和的儿子孙皓所杀，你说这都是什么事！父亲杀儿子（孙权杀孙霸），哥哥杀弟弟（孙休杀孙亮），侄儿杀叔叔（孙皓杀孙奋），宗室杀皇族（孙峻杀孙和），这是"骨肉情深"吗？否！是"骨肉相残"。

这是家庭，再说朝廷。孙权后期朝廷的情况如何呢？君王无端猜忌，群臣胆战心惊。为什么呢？因为孙权实行特务统治。嘉禾年间（公元232—238年），也就是孙权五十一岁以后，他开始信任一个名叫吕壹的校事官。校事也叫典校、校曹、校郎、校官，曹魏和孙吴都有。其任务，按照缪钺先生《三国志选》的解释，是充当帝王耳目，刺探军民言行，说白了就是特务。而且吕壹这个特务，还特别猖狂。《顾雍传》的说法，是"毁短大臣，排陷无辜"，《步骘传》的说法，是"吹毛求瑕，重案深诬"。但是孙权听他的，结果朝廷上下人人自危。据《三国志·是仪传》，有一次，吕壹诬告曾经担任江夏太守的刁嘉诽谤朝廷。孙权勃然大怒，将刁嘉下狱，查问同党。受牵连的人害怕，都说听见过刁嘉的恶毒攻击，只有是仪说没听过。孙权更怒，越追越紧，所有人吓得气都不敢出（群臣为之屏息）。是仪说，刀都架到脖子上了，我还撒什么谎？没听见就是没听见嘛！孙权这才放了刁嘉。不难想象，如果没有是仪，一颗人头岂不就莫名其妙地落地了？

实际上孙权的晚年，简直就是神经过敏，疑神疑鬼，喜怒无常。比如名士虞翻，仅仅因为在宴会上装醉，就差一点被孙权杀掉。（见《三国志·虞翻传》）太子太傅张温出使蜀国前，孙权"甚见信重"。回国后，孙权却莫名其妙地怀疑他"里通外国"，又忌恨他"声名大盛"，认为此人"终不为己用"，竟然千方百计找岔子整他（思有以中伤之）。正好有个案子与张温有关系，孙权便将他下了大狱，后来又罚往本郡做苦力。（见《三国志·张温传》）凡此种种，和早年、前期的"恩如骨肉"判若两人。所以严冷先生便在《"三国史话"随笔》中说，孙权怕是得了老年痴呆症。

　　这当然是玩笑话。虞翻和张温的遭遇，背后都有极为复杂的政治原因，以后还要细讲。但根本的原因，则是君主制度。君主制是一种放大了的家长制，孙权就是典型的家长作风。这些人从来就是唯我独尊的，也从来就是翻脸不认人的。实际上历来所谓"雄略之主"，几乎无不猜疑，尤其是在晚年。比如曹操、刘邦，还有更早的勾践，都是。陈寿在《吴主传》的评语中，说孙权"有勾践之奇，英人之杰"，其实是一语双关。事实上孙权确实像勾践，既能够忍辱负重，又能翻脸不认人。这正是此类人物的共性，尽管他们一个是越王，一个是吴帝。

　　更何况孙权这个人，本来心肠就狠疑心就重，陈寿就说他"性多嫌忌，果于杀戮"，而且越到晚年就越是严重（暨臻末年，弥以滋甚）。这也不奇怪。任何事物都有两面性，任何特点也都是双刃剑。孙权是很重情感，但多情者往往多疑，情天往往也同时是恨海。爱之深则恨之切，因此"恩如骨肉"和"果于杀戮"，无非一枚硬币的正反两面。所以孙权变得很厉害，也变得很合理，包括他的冷落张昭，逼死陆逊。

　　那么，这两位重臣为什么又会受到不公待遇呢？

第四十六章
冷暖人生

张昭和陆逊，是孙权的两位重臣，为孙权立下盖世之功。然而他们的晚景都不好。张昭被冷落，陆逊被逼死。那么，在这两件事的背后，有什么政治原因和时代背景？我们从张昭和陆逊的冷暖人生当中，又能看出些什么呢？

在上一章，我们讲了孙权的用人。讲这个问题，不能不讲张昭和陆逊。我们知道，孙权最重要的武将，是周瑜、鲁肃、吕蒙、陆逊；最重要的文臣，则是张昭和顾雍。不过，前三位，都享年不永。周瑜，三十六岁；鲁肃，四十六岁；吕蒙，四十三岁。张昭和陆逊的寿命倒是比较长，张昭八十一岁，陆逊六十三岁。但是，这两个人晚景却不能说是很好，陆逊甚至可以说是死于非命。前面说过，孙权这个人，还是重情重义的，而且每每标榜自己与臣下"恩如骨肉"。那么，他又为什么会这样对待张昭和陆逊呢？

先说张昭。

张昭是孙权的大功臣。想当年，如果不是张昭"率群僚立而辅之"，孙权的位子就坐不稳。张昭又是孙权的大管家。想当年，如果不是张昭里里外外张罗一切，孙权的事情就搞不掂。你看孙权接班那会，他又向朝廷呈送表章（上表汉室），又向郡县发布公文（下移属城），还命令下属将领官员都各就各位（中外将校，各令奉职），岂非很像一个宰相？所以，孙权称帝时，几乎所有人都认为丞相一职，非张昭莫属（众议归昭）。结果孙权任命了孙邵。孙邵是北海国人。孔融当北海相的时候，他当过孔融的功曹，后来跟着刘繇一起南下，和张昭一样也是"宾旅寄寓之士"。孙权接班，他跟了孙权，但似乎没有什么突出贡献，也没有什么个性才华，只知道孔融曾经称他"廊庙才也"，却没有任何证据。让他当首任丞相，大家是想不通的。据《三国志·张昭传》，孙权解释说，如今是多事之秋，职权大责任也大。如果让张公当丞相，那可不是优待他（非所以优之也）。后来，孙邵去世，大家又推荐张昭（百僚复举昭），孙权又不同意，任命了顾雍。结果，原本希望经天纬地的张昭，无所事事，便只好去著书立说，写了《春秋左氏传解》和《论语注》。

这就奇怪。孙权为什么一而再再而三地不顾众人推举，就是不肯任命张昭做丞相呢？

也有多种说法。第一种说法，是认为孙权忘恩负义。孙权这个人，是有这个问题。马植杰先生的《三国史》，就说孙权对孙策很薄情。孙策本人既没有被追尊为帝（只追尊为长沙桓王），他的儿子也止于封侯。这是连陈寿也要打抱不平的。上一章说孙权念旧、感恩，其实认真考察，他的念旧和感恩往往是嘴皮上的。周瑜、鲁肃、吕蒙死后，他们的后代并没有蒸蒸日上，周家、鲁家、吕家也没有变成大族，这不是薄情寡恩吗？

不过这话用来解释此事不通。因为此刻张昭还在世，并非人一走茶就凉。因此有第二种说法，认为孙权是记恨张昭。具体地说，就是对当年张昭主张降曹一事耿耿于怀。《力挽狂澜》一章讲过，孙权登基时曾对张昭说，当年朕要是听了您老人家的话，现在不知在哪里讨饭！结果张昭趴在地上汗流浃背。孙权既然记恨张昭，当然不会让他当丞相。

这个材料，裴松之是注在《张昭传》"权既称尊号，昭以老病，上还官位及所统领"这句话后面的。用意也很清楚，就是要把这两件事联系起来。这种联系也有道理。你张昭不是要朕投降曹操吗？朕要是投降了曹操，哪里有皇帝可当？朕当不了皇帝，你又怎么能当丞相？你既然原本就是当不了丞相的，那么这回也不要当！不但不能当丞相，所有的官位和权力也都请你交出来（名义上是张昭自己退还的）。为什么？秋后算账嘛！

不过，这种"报复"或者说"恶心"，有一次也就够了。何况赤壁之战后，曹操给孙权写信诱降，已经把张昭列入了"黑名单"，等于洗刷了他"媚曹"的罪名。显然，如果张昭当真是丞相的不二人选，那么，孙邵去世后，就该任命张昭。

因此有人认为，孙权对张昭不是记恨，是忌惮。这是第三种说法。《张昭传》篇末陈寿的评语，就说了"以严见惮，以高见外"八个字，也就是因为对人严厉而受忌惮，因为地位崇高而被疏远。因此他不但当不了丞相，就连太师、太傅、太保的职位也没有。

陈寿所说颇有道理。张昭严吗？严。我们知道，据《三国志·吴主传》，孙权刚接班时，是"待张昭以师傅之礼"的。所以，张昭对孙权的要求就很严格，态度也很严厉。张昭的想法很简单，你不是待我如师如傅吗？那我就得像个老师的样子。所以他经常要去管孙权。《张昭传》说，孙权喜欢骑马打猎，亲自去射老虎（苏东坡词"亲射虎，看孙郎"即此）。这很危险，而且还发生了老虎冲过来用前爪抓住马鞍的事。张昭就变了脸色走上前说，将军怎么能这样？作为人君，驾驭的应该是英雄，不是骏马；对付的应该是敌人，不是野兽。万一有个闪失，岂不是让天下人笑话！孙权只好承认错误，说我年轻不懂事，深感惭愧。

这类事情大约也发生了几次，孙权的办法是虚心接受，坚决不改。老虎还是要射的，只不过不骑马了，坐车子。孙权让工匠做了一种专门的"射虎车"，自己坐在里面射箭。即便这样，猛兽还是会扑过来，孙权则以亲手击杀为乐。张昭当然又要来管，来唠叨。孙权却学乖了。他只是笑，什么话都不说（常笑而不答）。

在这里，我们再次体会到了孙权将军幕府的家庭感。张昭像个婆婆妈妈的大叔，孙权则像个调皮捣蛋的侄子，只不过这"侄子"是老板，大叔反倒是"打工"的。这倒也没有什么不可以。大管家约束大少爷的事，历史上也不是没有。问题是这"侄子"会越长越大，这"老板"也越做越大，最后要做到皇帝，就不能总是这种关系了。然而张昭却一如既往。一次孙权在武昌（今湖北省鄂州市）临钓台大摆宴席。众人喝得酩酊大醉，孙权还不肯罢休，让人在群臣脸上洒冷水，说今天非得都醉倒在台上，才算喝好了。张昭听了一言不发，把脸一拉，跑到外面车子上坐着生闷气。孙权派人去请他，说今天不是很快乐吗？张公为什么发脾气呀？张昭说，当年殷纣王糟丘酒池作长夜之饮，也很快乐，没觉得有什么不好。孙权没有话说，只好宣布散会。

接下来，陈寿就说："初，权当置丞相，众议归昭。"这个叙述方式值得玩味。实际上，陈寿先说临钓台的事，后说设丞相的事，恐怕就是想解答张昭不能拜相之谜。也就是说，张昭之所以当不上丞相，就是因为他闲事管得太多，也管得太严。另外，他的地位太崇高，性格也太古板。这大约就是所谓"以严见惮，以高见外"吧！

的确，张昭这个人，水平是很高的，能力是很强的，资格是很老的，功劳是很大的，因此言行举止也是很威严的（容貌矜严，有威风）。就连孙权，也不敢随便和他说话（孤与张公言，不敢妄也）。这样的人，做顾问可以，做总理就不合适。事实上孙权的说法也是这样。群臣第二次推举张昭时，孙权就说，大家莫非以为朕不想用子布？不是的。丞相这个职务事务繁多，此公的脾气又不好（此公性刚）。如果大家的建议他不肯接受，怨恨和过失就会接踵而来，这对他不好啊（非所以益之也）！

问题是，孙权选中的那个孙邵就合适吗？好像也未必。他在《三国志》里面，是连传都没有的。他的事迹，我们只能从《吴主传》裴松之注引《吴录》中看到只言片语。可见他无论是当丞相前还是当丞相后，都政绩平平，乏善可陈，怎么就合适？

其实答案正在这里——孙权对他的丞相有特殊要求。

这个结论，是我受田余庆先生启发得出的。田先生《暨艳案及相关问题》一文，在说到这个问题时，有两句话："张昭是谋谟之臣，并不直接主事；孙权大权在握，也不特仗张昭。"也就是说，张昭既没那么重要，孙权也不需要他的丞相有多重要。

但这样一说，便又奇怪了。孙权既然并不希望他任命的丞相有多重要，张昭又其实并不重要，那怎么就不能任命张昭呢？很简单，张昭并不重要，是因为他"并不直接主事"（据本传裴松之注引《吴书》，张昭在指挥了几次小仗后，就不再担任将帅，只做高级幕僚了）。任命为丞相，直接主事，岂不就重要了？因此，田余庆先生说："用张昭则相权太重，孙权所不能容。"也就是说，一旦任命张昭为丞相，则张昭也重，相权也重。

于是我们就要问：孙权是不希望张昭强势呢，还是不希望丞相强势？

我的看法，是两种念头都有。先说为什么不希望张昭强势。我们知道，孙权称帝时，创业时的老臣和重臣已经所剩无几。周瑜死了，鲁肃死了，吕蒙死了，诸葛瑾和步骘则无法与张昭比肩。因为张昭是孙策托孤的顾命大臣，而且孙策还说了"若仲谋不任事者，君便自取之"的话。这话虽然是非常之时的非常之托，并不一定算数，但也没有人宣布取消（当然也取消不了）。万一帝相失和，张昭打出这张牌来，如之何呢？所以周寿昌的《三国志注证遗》，就认为这是张昭不得相位的关键。

事实上张昭敢于"管教"孙权，倚仗的也正是"托孤之势"。张昭退居二线以后，孙权去看他。张昭说，当年太后（孙权之母吴夫人）和桓王（孙策）"不以老臣属陛下，而以陛下属老臣"，老臣这才知无不言言无不尽。可惜老臣太笨，鼠目寸光（意虑浅短），违背了陛下的心愿（违逆盛旨），自以为这后半辈子，怕是要老死在荒郊野外了（自分幽沦，长弃沟壑）。没想到还能得到召见（不图复蒙引见），重新回到陛下身边（得奉帷幄）。不过老臣能够做的，也就是尽心尽力报效朝廷。趋炎附势见风使舵的事情，老臣是做不来的。这意思很明白，桓王托孤，太后遗训，不是把我交给你，而是把你交给我。我可是该管就管，该说就说，而且该怎么管就怎么管，该怎么说就怎么说。孙权没有话说，只好道歉（权辞谢焉）。

张昭是这样说的，也是这样做的。嘉禾元年（公元232年）十月，魏国辽东太守公孙渊向孙权上表称臣。孙权喜出望外，册封公孙渊为燕王。以丞相顾雍为首，满朝文武都认为公孙渊反复无常，十分靠不住，孙权却刚愎自用一意孤行。张昭和他反复辩论，越吵越凶。孙权忍无可忍，按住佩刀对张昭说，我们吴国的士人，进宫拜朕，出宫拜君。朕对阁下的敬重礼遇，也算够可以的了！可是阁下总是不给朕面子，多次当着众人的面顶撞朕（数于众中折孤），朕确实担心自己克制不住会犯错误（孤尝恐失计）！张昭定睛细看（熟视）孙权，然后说，老臣也知道说了没用。为什么还要说呢？不就因为太后的遗嘱言犹在耳吗？那些话，可是太后驾崩前，把老臣叫到床边说的呀！说完，张昭"涕泣横流"。孙权把刀扔了，也哭起来，君臣二人哭作一团。

不过，孙权哭归哭，做归做，他还是在第二年正月派要员（太常张弥，执金吾许晏）率万人前往辽东。张昭气愤，从此"称疾不朝"。孙权也气愤，下令用土把张昭的家门封起来。张昭也不含糊，自己也在门内垒墙。张弥和许晏到了辽东，果然被杀，首级也被送往曹魏。孙权惭愧，多次派人向张昭表示歉意，张昭还是不出来。孙权没有办法，只好借外出的机会，亲自到张昭家门口去请，张昭还是不肯见面。孙权情急，下令放火。张昭反倒把门关得更紧。孙权无奈，只好又下令灭火，自己在门口等着。张昭的几个儿子知道不能再闹下去了，便把老爷子从床上扶起来，和孙权一起坐车回宫。回宫以后，孙权深刻检讨（深自克责），张昭才勉强同意参加朝会。请大家想想，这个时候，张昭已经是半退休状态了，还这么硬，如果当了丞相，那还得了？

这是孙权不希望张昭强势的原因。那么，他又为什么不希望丞相强势呢？

我认为有两个原因。第一个原因就是田余庆先生所说，孙吴政权必须"江东化"。孙权称帝的时候，上游统帅已经是江东士族（陆逊），需要"江东化"的是中枢文臣，尤其是首辅。但是，淮泗将领和流亡北士的力量还很大。朝议公推张昭为相，就反映了他们的固执要求。孙权退而求其次，只好使用孙邵过渡。过渡人物是不必也不能强势的，这是第一点。

第二个原因也如田余庆先生所说，是孙权择相，原本就没打算让他们挑多重的担子，做多大的事情，能够用起来得心应手就好。说得好听，就是本非"以万机相期待"；说得难听，就是让他们做摆设。按照这个要求，张昭并不合适，孙邵和顾雍则合适。孙邵在丞相任内没有任何突出贡献，看来也是个阿弥陀佛的。说得好听就是沉着稳重，老成谋国；说得难听就是"高级花瓶"。顾雍倒不是"花瓶"，多少也是管点事的。但顾雍和张昭不同。第一，他很少主动建言。孙权不问，他就不说。第二，要说，也得当面说，绝不在背后乱说。《三国志·顾雍传》的说法，是"军国得失，行事可不（否），自非面见，口未尝言之"。第三，即便当面说，也寡言少语，心平气和。不像张昭那样，一说话就义形于色，慷慨激昂。有一次，张昭在朝会上痛陈时弊，认为法令太繁，刑罚偏重，估计很说了一些话。孙权默然，回过头来问顾雍：丞相以为如何？顾雍的回答只有一句：臣听到的意见，和张昭一样。

由此可见，顾雍实际上是把丞相当作顾问来做的，而且做得很到位，既没误事，又不惹祸。看来，顾雍很清楚孙权需要一个什么样的丞相。什么样的呢？到位而不越位，帮忙而不添乱，有事做顾问,没事做摆设。顾雍把握了这个分寸,丞相也就一做十九年,赤乌六年(公元243年)在任上去世,享年七十六岁。

接替顾雍担任丞相的,是六十二岁的"上大将军"陆逊。这事的意义一目了然,即田余庆先生所说的"江东化"。我们知道,陆逊和顾雍都出身江东士族。前面说过,江东"四大家族",虞、魏、顾、陆。虞氏和魏氏在会稽,顾氏和陆氏在吴郡。吴郡也有"四大家族",顾、陆、朱、张。顾雍即顾,陆逊即陆。既属于"吴郡四大家族",又属于"江东四大家族",家族背景十分显赫。孙权先以陆逊为统帅,顾雍为首辅,后来又以陆逊接替顾雍为相,正是其"江东化"的标志。

实际上陆逊正是孙吴政权"江东化"的标志性人物。因为陆逊不但属于江东和吴郡的"四大家族",而且陆家和孙家还有过节。陆逊的"从祖父"(祖父的哥哥或弟弟)叫陆康,是东汉末年的庐江太守。据《后汉书·陆康传》,袁术在寿春时,因为没有军粮,便向陆康求援。陆康认为袁术是"叛逆",不予理睬。袁术大怒,派孙策去打陆康。这场战争足足打了两年,最后城被攻破,七十岁的陆康也在一个月以后发病而死。当时追随陆康的陆氏宗族一百多人,也受尽苦难,差不多死了一半(遭离饥厄,死者将半)。

所以,陆家和孙家,是有国恨家仇的。孙权对陆逊,也就不能不有所保留。一方面,出于政治需要,他对陆家不能不笼络借重,比如将孙策的女儿许配给陆逊。另一方面,真要重用陆逊,他也会犹豫。据《三国志》之《陆逊传》和《朱然传》,吕蒙对自己的继任人,其实是推荐过两次的。第一次是在关羽攻打襄樊时,吕蒙装病回建业,孙权问他"谁可代卿者",吕蒙推荐了陆逊。这事在《白衣渡江》一章讲过。但那时吕蒙并非真正离任,陆逊代理也只是为了忽悠关羽,因此孙权立即同意。等到战争结束,吕蒙一病不起,孙权再问"谁可代者"时,吕蒙推荐的就是朱然了。

这事值得讨论。第一,陆逊已经代理了吕蒙,正式接班,顺理成章，孙权为什么还要再问呢？可见孙权有所保留。第二，孙权再问，吕蒙为什么改口呢？要知道，陆逊在这次战争中表现很好呀！依我看，恐怕就是吕蒙已经看出孙权的心思，这才推荐朱然。

吕蒙的这个推荐也很有意思。朱然是朱治的养子，籍贯丹阳郡故鄣县，是江东人。但《三国志·朱治传》告诉我们，朱治可是很早就"随孙坚征伐"的，以后又"扶翼"孙策，也是老资格的"淮泗将领"了。朱然作为朱治的养子，从小就在"淮泗军事集团"当中长大，这叫作"根子正"。朱然则曾经与孙权同学，感情很好（结恩爱），这叫作"关系铁"。更何况，朱然籍贯属于江东，派系属于淮泗，两边都能接受，也便于从淮泗将领向江东士族过渡。所以吕蒙这个推荐，真的是很有水平，很讲政治。

孙权接受了吕蒙的建议，授予朱然节杖，命令他镇守江陵，位在陆逊之上。但是，夷陵之战时，陆逊却当了大都督，朱然则成为他的部属，这又是为什么呢？

也有许多原因。直接的原因，恐怕是刘备倾巢而出，来势汹汹，非让陆逊统帅三军不可。何况"江东化"势在必行，与其拖拖拉拉夜长梦多，不如借此机会一举成功。另外，陆逊的表现也让孙权满意。田余庆先生说陆逊"谨慎处世，靦颜事吴"，是很贴切的。孙权要的就是这样的人。

孙权和陆逊有过一次谈话，记载在《吕蒙传》中。这次谈话，孙权对周瑜、鲁肃、吕蒙三人一一作了评点，历来被看作孙权善于识人用人的证据。但我总觉得这不是随便聊天，而是别有深意。你看孙权是怎么说的？他说公瑾威武刚烈，雄才大略，胆识过人，很难有人能够继承他的伟业（邈焉难继），现在将军你却继承了（君今继之）。显然，孙权是把陆逊看作了"周瑜第二"，希望和期许也超过了鲁肃和吕蒙。孙权说这话是在什么时候？不清楚。《资治通鉴》也只用了一个"后"字，也就是吕蒙去世后的某年某月某日。但陆逊不负厚望，则是真的。因此，顾雍去世，孙权就任命陆逊接替。

这位江东第一人才，终于"出将入相"。

然而奇怪的是，陆逊为相没有多久，就被孙权逼死，这又是为什么呢？

事情的直接起因，是所谓"南鲁党争"。南，就是南宫，指太子。鲁，就是鲁王，指孙霸。前面说过，孙权一共七个儿子。长子孙登是第一任太子，三十三岁去世。这时次子孙虑也死了（二十岁），十九岁的三子孙和便成为第二任太子。孙和是孙权喜欢的儿子，孙和的母亲王夫人也为孙权所宠爱。问题是孙权还喜欢四子孙霸，封他为鲁王。据《三国志·孙霸传》，孙霸的恩宠待遇竟然与太子没什么两样（宠爱崇特，与和无殊）。这就让某些人想入非非，更有人出来挑拨离间。据《三国志·孙和传》，当时孙权的大女儿全公主与孙和的母亲王夫人有矛盾，跑到孙权那里说他们母子二人的坏话。孙权发怒，王夫人忧虑而死。于是孙和开始失宠（宠稍损），害怕被废（惧于废黜）。孙霸则想废掉孙和，自己当太子（觊觎滋甚）。朝臣贵戚也因此分成两派，闹得不可开交。《孙和传》裴松之注引殷基《通语》的说法，是朝廷内外文臣武将"举国中分"。这就是大分裂了。于是，孙权于赤乌十三年（公元250年）八月，废黜孙和，赐死孙霸。为什么废孙和呢？很简单：朕还在，你不能闹。为什么杀孙霸呢？也很简单：朕不给，你不能抢！

这是一场大屠杀。拥护太子孙和的亲兵将领陈正、陈象被族诛，骠骑将军朱据、尚书仆射屈晃被痛打，受连累被杀被贬的十几家。鲁王孙霸的党羽全寄、吴安、孙奇、杨竺都被杀，杨竺还流尸于江。太子党和鲁王党都没有好下场。

陆逊就是因为保护太子而被逼死的，事在赤乌八年（公元245年）二月。具体情况据《陆逊传》，大概是孙权既不接受陆逊的意见，也不肯和陆逊面谈，还不断派人去责备陆逊。陆逊的几个外甥，因为亲近太子而被撤职流放。太子太傅吾粲，也因为向陆逊通风报信而被下狱处死。陆逊悲愤交加，活活气死（愤恚致卒），享年六十三岁，死后"家无余财"。孙权"累遣中使责让逊"时，是否送了一个空的食盒？不知道，大约没有。

孙权为什么要逼死陆逊？表面上看，是因为他陷入了"南鲁党争"，又被看作"太子党"的领袖。但是，陆逊死后，"太子党"的二号人物诸葛恪却晋升为大将军，接替陆逊"领荆州事"；"鲁王党"的头号人物步骘则接替陆逊当了丞相，二号人物吕岱升为上大将军，三号人物全琮升右大司马。可见问题没有那么简单。

于是我们要问，在这个案子的背后，还有什么更深刻更隐秘的东西吗？

第四十七章
逆流而上

陆逊作为孙吴政权"江东化"的代表人物，由统帅而居相位，可谓登峰造极。然而，就在他人生旅程达到顶点的时候，却被孙权逼死。与此同时，另一些同样卷入太子与鲁王党争的人，却又升了官。那么，在这个事件的背后，有什么深刻的政治背景和政治原因吗？这个背景和原因，又与曹操、刘备、孙权的建国之路有什么关系呢？

上一章讲了陆逊之死。陆逊的遭遇像谁？崔琰还是荀彧？我看都像，也都不像。陆逊和荀彧一样，都是忧愤而死（荀彧"以忧薨"，陆逊"愤恚致卒"）。但荀彧死于理想，他和曹操有重大政治分歧，陆逊则谈不上。在立储的问题上，孙权只是处理不当态度含糊，并没有明确要另立孙霸。孙霸最后被赐死，恐怕说明他的想当太子，多少有点自作多情。所以，陆逊死得莫名其妙。这一点又像崔琰。不过崔琰的死，曹操是发了话的，《三国志·崔琰传》就说"赐琰死"。陆逊却不是赐死，是被气死，这又与崔琰不同。

实际上崔琰之死，十分费解。我在《命案真相》一章作了很多猜测，总觉得还缺了一点什么。后来读樊树志先生的《国史概要》，恍然大悟。樊先生是把崔琰之死与孔融、祢衡之死归为一类的，因为他们都是"名士"。这就对了。陆逊的问题，其实也正在于此。

上一章我们说了，陆逊死后，同样陷入了"南鲁党争"的那些人，比如"太子党"二号人物诸葛恪，"鲁王党"头号人物步骘、二号人物吕岱、三号人物全琮，不但没有受到惩罚，反倒都升了官。原因在哪里呢？就因为政治背景和家庭出身不同。查查履历就知道，步骘"避难江东"，吕岱"避乱南渡"，都是"流亡北士"。诸葛恪则是"流亡北士"的后代，其父诸葛瑾"避乱江东"。全琮倒是江东的（吴郡钱唐人），但孙策一到吴，他就带领自己的队伍率先投靠（举兵先附），算是"从龙之臣"，多少有点"淮泗将领"的意味。还有"太子党"的五号人物会稽太守滕胤，虽然没有升官，却也无事。孙权临终时，他还当了顾命大臣。原因也很简单，他和诸葛恪一样，也是"流亡北士"的后代。此外还有一位特殊人物，是仪。他是鲁王孙霸的师傅，却早在赤乌五年（公元242年）就主张降低孙霸的待遇，甚至让他出京，却也没事。当然没事的。是仪北海营陵人，汉末"避乱江东"，也是"流亡北士"嘛！

相反，我们看在南鲁一案中挨整的，无一不是江东人。被下狱处死的太子太傅吾粲，吴郡乌程人。被撤职流放的太常顾谭，吴郡吴县人。其实顾谭很有来历，他是顾雍的孙子，陆逊的外甥。这就活该他倒霉。不过，顾谭是"太子党"三号人物，而且跳得很高（给孙权上书），算是"罪有应得"。他的弟弟顾承也和顾谭一起被流放，恐怕就是受牵连了。

为了说清问题，让大家一目了然，我们不妨开一个名单：

太子党：

陆逊，吴郡吴县人，江东和吴郡"四大家族"之一，被逼"愤恚致卒"；

诸葛恪，琅琊阳都人，"流亡北士"之后，升官；

顾谭，吴郡吴县人，江东和吴郡"四大家族"之一，陆逊外甥，撤职流放；

朱据，吴郡吴县人，吴郡"四大家族"之一，赤乌十三年被降职，后被赐死；

滕胤，北海剧县人，"流亡北士"之后，无事；

吾粲，吴郡乌程人，下狱处死；

是仪，北海营陵人，流亡北士，无事。

鲁王党：

步骘，临淮淮阴人，流亡北士，升官；

吕岱，广陵海陵人，流亡北士，升官；

全琮，吴郡钱唐人，但属于"淮泗将领"派系，升官。

这就很清楚了。在此案中，孙权并不是，或者并不完全是按照对太子和鲁王的态度来划线的。其实孙权废黜孙和，赐死孙霸，是在赤乌十三年（公元250年）八月。逼死陆逊，则是在赤乌八年（公元245年）二月。两事相隔五年半，可见孙权逼死陆逊时，还没有要彻底解决"南鲁党争"问题的想法；而"太子党"和"鲁王党"闹得"举国中分"，也才刚刚开始。所以，南鲁党争，不是陆逊挨整的主要原因，也不是孙权划线的标准。

那么，孙权划线的标准是什么？当然是派系。"太子党"中，挨整的都是江东人，其他人就没事，诸葛恪还升了官。这意思很清楚，别人（淮泗将领或者流亡北士）掺和到立储之争当中，马马虎虎还可以，你们江东士族不行，陆逊就更加不行！事实上，陆逊一案中挨整的，无一不是江东人，无一不与陆逊有关系，比如顾谭是陆逊的外甥，吾粲向陆逊通风报信。另一位重要人物朱据，虽然是"太子党"，还属于吴郡"四大家族"，却要到五年半以后才挨整。因此我认为，陆逊保太子，只是他挨整的表面原因。身为江东士族，也只是他挨整的部分原因。归根结底，还是孙权想整他。

那么，孙权为什么要整陆逊呢？

马植杰先生的《三国史》讲了四个原因。第一，陆逊是江东士族，而且是其中势力最大的。陆家子弟和姻亲，在吴高官厚禄，地位显赫。第二，陆逊镇守武昌，声望至隆。上至太子孙登，下至吴国权要，都与陆逊交好。这两条，都让孙权畏忌。因此有第三个原因，就是孙权怕接班人驾驭不了陆逊，必须在自己生前将他干掉。第四，陆逊是孙策的女婿，而孙权是不想让孙策的子女势力太大的。由此可见，陆逊有数不该。第一，他不该是士族；第二，即便是士族，也不该是士族中最大的；第三，既然是士族，就不该到孙权那里做官；第四，就算做官，也不该还做得最大。有这四条，他就该死，何况还要掺和到立储之争当中去，岂非找死？要知道，那是人家的"家务事"，你掺和什么？

然而陆逊不会这么想，因为他是"士"。士的特点是什么呢？以天下为己任。天下是谁的？在国士们看来，既是皇帝的，也是士人的。皇帝是天下一统的象征，士人是天下太平的支柱。士人作为国家的栋梁，不但要辅佐皇帝治理天下，还要协助皇帝处理好立储问题。因为太子命系国本。太子不牢，国本动摇。保住太子，这是国士们的责任。因此，陆逊不认为这是孙权的"家事"，而认为是东吴的"国事"。他也不认为自己是多管闲事，而认为是忠心耿耿。然而，陆逊的一腔热血却被迎头泼了一瓢冷水，而且是风刀霜剑严相逼，让他冷彻心脾，难怪要"愤恚致卒"了。

陆逊实在太天真。他以为，孙吴政权已经"江东化"，江东士族也已经"孙吴化"，孙吴政权与江东士族已经融为一体，变成"一家人"了。他哪里知道，孙权的"江东化"是不得已。孙权只是利用江东士族，永远都不会信任他们。他更不知道，由于前面说的那些原因，孙权其实早就想整他了，只是没有机会。这一次，不过是借机发难。

孙权会借一件事整另一个人吗？会。张温一案就是。张温的遭遇，最能让人体会到什么叫"冷暖人生"。张温是江东名士，出身吴郡"四大家族"（顾、陆、朱、张）的张家。他本人的素质也很好，《三国志·张温传》说是"少修节操，容貌奇伟"。据田余庆先生考证，张温出仕，是在他三十二岁的时候。想当时推荐他的人一定很多，引起孙权注意。孙权便问群臣，张温可以和谁相比。大司农（相当于农业部部长）刘基说，可以和绥南将军、钱唐侯全琮相提并论。太常（相当于首席部长，管礼仪祭祀）顾雍却说，张温这个人，当今之世，无与伦比（当今无辈）。于是孙权召见张温。召见的时候，张温文采斐然，对答如流，旁观者都斜着身子伸长脖子听得入迷，孙权也肃然起敬礼遇有加。召见结束出来后，张昭还特地拉着张温的手，说老夫向先生致意了，先生应该明白老夫的意思吧！张昭的意思究竟是什么，我们也不清楚。但他对张温另眼相待，则是肯定的。可以说，张温的出仕，是隆重推出，闪亮登场。所以，他刚一进入东吴政权，就平步青云，扶摇直上，两三年内迅速提升，从议郎、选曹尚书而至太子太傅，并以辅义中郎将的身份出使蜀汉。

然而，张温从蜀国回来以后，情况就发生了天翻地覆的变化。孙权开始莫名其妙地忌恨他，终于找岔子将他下了大狱，后来又罚往本郡做苦力，六年后病死。两个弟弟，也一并被废。三个姐妹也受连累，命运非常凄惨。

那么，张温又是因为什么案子而挨整的呢？

此案说复杂也复杂，说简单也简单。简单地说，就是一个名叫暨艳的官员，检核三署，惹出事来。三署，就是五官中郎将署、左中郎将署、右中郎将署。三署的干部叫郎，也叫郎官，有郎中、中郎、侍郎。这些人平时跟随在皇帝身边，宿卫扈从，培养锻炼，有了机会就放出去做官。所以，所谓"三署"，用田余庆先生的话说，其实就是吴国官员的"养成和储备机构"。三署中的郎官，用现在的话说，就是"第三梯队"。当时，暨艳担任的职务，是选曹尚书，也就是负责选拔任命官吏的主办官员。他发现三署郎官良莠不齐鱼龙混杂，很多人是靠关系或者走后门混进来的，便大张旗鼓地进行整顿。结果得罪权贵，被诬自杀，祸及张温。为什么会牵连到张温呢？有三个原因。第一，张温和暨艳都是吴郡人。第二，暨艳是张温推荐的。第三，张温和暨艳观点相同，而且过从甚密（数交书疏，闻问往还）。暨艳被逼死，张温也就跟着倒霉（即罪温）。据《三国志·张温传》，事情大概就是这样。

这无疑是冤案。暨艳冤，张温更冤。暨艳帮孙权监督官员、澄清吏治，打击不正之风，怎么就该死呢？张温不过与暨艳来往密切，就更没有罪。然而你看孙权强加在张温身上的罪名，又是"何图凶丑，专挟异心"，又是"察其中间，形态果见"，又是"炫贾国恩，为己形势"，又是"揆其奸心，无所不为"。翻译成现代汉语，就是把穷凶极恶、原形毕露、以权谋私、十恶不赦这些词语都用上了，简直就是恨得咬牙切齿。

孙权为什么这样恨张温？联系到后来的陆逊一案，很容易让人觉得他是仇恨江东士族。但这是不对的。张温确实是吴郡"四大家族"之一，暨艳也是吴郡人。然而张温、暨艳检核三署，整顿吏治，首先得罪的恰恰就是江东士族。正如田余庆先生所言，通过在三署做郎官而进入东吴政权，正是"江东大族特别是吴四姓利益所在"。反对张温、暨艳这样做的，比如陆逊、陆瑁、朱据等人，也都属于吴郡"四大家族"。由此可见，张温一案的性质，与陆逊一案并不相同。这一回，孙权反倒是保护江东士族根本利益的。

这就更奇怪了！看来，此案既是冤案又是奇案，因此在当时引起了不小的轰动，就连诸葛亮也觉得不可思议。据《三国志·张温传》裴松之注引《会稽典录》，诸葛亮听说张温的事，百思不得其解。想了好几天，才恍然大悟说，我明白了！张温这个人，是把是非善恶、清流浊流这些事，看得太明白，分得太清楚（清浊太明，善恶太分）了！

诸葛亮的话值得注意。的确，人，不可没有是非，没有善恶；不能没有正义感，更不能姑息养奸。但是，凡事都要有一个"度"。清浊要明，不可太明；善恶要分，不可太分。大奸大恶当然不能纵容,小毛病就不必太较真。然而从《张温传》的记载看,暨艳、张温他们整顿吏治时,似乎是"一个都不放过"的。三署郎官,几乎全都降级(率皆贬高就下,降损数等),保留原位的没几个(其守故者十未能一)。给人的感觉,只有他们自己是好人。这就欠妥。要知道,水至清则无鱼,人至察则无徒。峣峣者易缺,皦皦者易污。唯我独清的结果必然是怨声载道、众叛亲离。这个道理,看来张温不懂。

张温不懂这个道理,他的朋友将军骆统也不懂。张温下狱后,骆统上表为张温辩护,将孙权强加在张温身上的罪名一一驳回。裴松之认为这其实是帮倒忙。裴松之在《张温传》的注文引用《庄子》里的话:"名者公器也,不可以多取。"一个人,名声太大,不是好事。张温遭到打击,就因为他"取名之多",这才遭到孙权的忌恨。然而骆统上书,却还要说张温"卓跞冠群,炜晔曜世,世人未有及之者也",这不是火上浇油吗?

显然,在诸葛亮看来,张温倒霉是因为他太耿直;而在裴松之看来,张温倒霉是因为他太张扬。其实,两说都有道理。因为耿直和张扬,恰是张温这一类人的共同特点。那么,所谓"张温这一类人",又是哪一类人呢?

名士。

张温是名士吗?是。不但是名士,而且按照田余庆先生《暨艳案及相关问题》一文的说法,还"具备汉末以来名士首领的各种特征"。名士有哪些特征?或者说,名士的标准是什么?我以为有以下几条。第一,家世清白,最好出身名门。像曹操这样的"赘阉遗丑",就别想当名士。第二,才华横溢,而且最好饱读诗书,满腹经纶。像刘备这样"不甚乐读书,喜狗马、音乐、美衣服"的,就不行。第三,地位边缘,不做官,或不做高官、大官,或做了等于没做。这一条,原本是名士的基本条件。因为所谓"名士",本指"已知名而未出仕的人",郑玄就说"名士,不仕者"。不过,一个士人，如果出仕之前就已经知名，出仕以后又能保持名士身份、名士观念、名士立场、名士做派、名士关系，仍可算作名士。但是，像孙权那样十五岁就当县长，十九岁就为人主的，就显然不是。

当然，名士之所以叫作名士，还因为他们有名。有名的原因也很多，比如出身名门望族，比如为人特立独行，比如学问大得吓人，总之是很受世人追捧，拥有众多"粉丝"。他们如果发表什么意见，是可以影响舆论的。这些人也喜欢发表意见，而且无论在朝在野，都以民间身份站在民间立场来发表，谓之"清议"。由此可见，所谓"名士"，就是现代的"意见领袖"或者"公众人物"。

不过名士和名士也不完全一样。比如范文澜先生的《中国通史》，就把汉末的名士分为三类。第一类是"求名不求官"的，我们不妨称之为"清高派"。这类人一生不出仕，却也一生获大名。因为他们每拒绝一次官府的征召，声望就提高一次。越是不肯做官，名气就越大，最后实际上的社会地位"抵得一个大官"。第二类是"言行刚劲疾恶如仇"的，我们不妨称之为"耿直派"。他们有一整套自己的道德标准（基本上是儒家的），只要看不顺眼，就毫不留情，痛骂痛批。所谓"清议"，常常由这类人来发表。第三类是"迎合风气"的，我们不妨称之为"时尚派"。他们往往根据自己对时局的判断，来选择自己的政治态度和政治立场，也乐意与当局合作，因此最受当局欢迎。第一类名士虽不合作，却也不添乱，不添堵。最让当局头疼的，就是第二类——"耿直派名士"。

张温就是"耿直派名士"，另一位赫赫有名的虞翻也是。虞翻是会稽余姚人，出身"江东四大家族"（虞、魏、顾、陆）的虞家。他的学问也好，所著《周易注》曾备受孔融推崇，至今也被人频频引用。因为名气大，朝廷和曹操都招聘他，也都被他拒绝，只在东吴做小官。这些都符合名士标准。因此，我们只要看看虞翻，就知道"耿直派名士"是怎么回事。

据《三国志·虞翻传》，虞翻这个人，生性粗疏率真（翻性疏直），为人特立独行（性不协俗），和许多人都搞不来。陈寿说他是"古之狂直"，也就是狂傲任性，刚硬耿直。这样的人，说话一般都直来直去，还喜欢当面顶撞（犯颜谏争），不给别人面子。襄樊战役中，魏将于禁投降关羽，被关押在江陵。孙权占领江陵后，释放了于禁，礼遇有加。有一次，孙权带着于禁外出，两人并马而行。虞翻却冲上前去，大声呵斥于禁，说你一个降虏，怎敢和我主公并驾齐驱？还要拿鞭子抽于禁，被孙权制止。后来，孙权在楼船上大宴群臣，于禁"闻乐流涕"，虞翻又大声抢白他，说你这家伙是想装出一副可怜相，以求免罪吗（汝欲以伪求免邪）？结果孙权很不高兴（权怅然不平）。

虞翻这样对待于禁，或许是出于一种正义感。我们知道，东汉末年的名士，一般是有"道德洁癖"的。这种"洁癖"，有的是真，有的是装。但不管真假，也都要表现出来。虞翻就是这样，他不止一次地表现出对那些降将的蔑视。仍据《虞翻传》，有一次，虞翻乘船与糜芳狭路相逢。糜芳的部下想要虞翻让路，就大声喊道：快快避开我们将军的船！我们知道，糜芳这个人原本是关羽的部下。吕蒙偷袭荆州时，他和士仁献出江陵、公安二城，投降了孙权。这样的人，虞翻哪里看得起？当然也不会让路。不但不让路，还要站在船头痛骂。虞翻说，丧失了忠诚和信义，拿什么来辅佐君王？出卖了两座城池，还可以大言不惭自称将军吗？结果糜芳躲在船舱里，一句话不说，只是命令船工赶快给虞翻让路。

虞翻这回是扬眉吐气，也表现了他的道德感。但可以肯定，这并不让孙权高兴。实际上，不要说孙权，便是曹操、刘备、诸葛亮，也不会对虞翻的这种"道德洁癖"感兴趣。比如法正，被刘璋派去迎接刘备，却怂恿刘备夺取益州。这种行为，按照传统道德，是不折不扣的"卖主求荣"，诸葛亮怎么不谴责，反倒一再肯定法正的贡献？可见政治家和书呆子的观点是不相同的。书呆子的所谓"道德感"，也未必讨他们喜欢。比如孙权和于禁并马散步，原本就是一种姿态，做给别人看的。虞翻这时去讨论于禁的身份，孙权能高兴吗？

虞翻却不管孙权喜欢不喜欢，只管按照自己的个性去说去做。有一次，孙权和张昭谈论神仙，虞翻居然插嘴，指着张昭对孙权说，他们都是死人，还讨论什么神仙！世上哪有神仙？！孙权原本对虞翻就忍无可忍（积怨非一），这回再不宽恕，一声令下，就把虞翻流放到交州（今广东、广西以及越南的一部分），最后虞翻死在那里。

其实孙权早就想收拾虞翻了。孙权当了吴王以后，设庆功宴大会群臣。酒宴结束前，孙权起身，亲自给群臣斟酒。虞翻却倒在地上装醉，不拿酒杯去接。等孙权走过，他又爬起来坐好。这就是存心不给孙权面子了。于是孙权勃然大怒，拔出剑来要杀虞翻。当时所有的人都吓得脸色惨白，只有大司农刘基扑上去抱住孙权，说大王酒后杀名士，就算他有罪，又有谁知道呢？再说了，吴国为天下人仰慕，不就因为殿下尊贤爱士吗？为了一个虞翻就把这些好名声丢了，值得吗？孙权气呼呼地说，曹孟德还杀了孔融呢！寡人怎么就不能杀虞翻？！刘基说，正因为曹操滥杀名士，才弄得骂声一片呀！殿下想与尧舜看齐，怎么能学曹操？孙权想了想，就放了虞翻，而且好事做到底，规定"酒后言杀"都不算数。

此案中最值得注意的，是孙权所言"曹孟德尚杀孔文举，孤于虞翻何有哉"。这话值得注意，是因为别人也有类似说法，这个人就是诸葛亮。据《宋书·王微传》，诸葛亮在处理来敏问题时，就曾说过"来敏乱群，过于孔文举"的话。来敏的事，在《痛失臂膀》一章提到过。据《三国志·来敏传》，此人出身"荆楚名族"，其父来艳曾位在三公（当过司空）。本人则博览群书，精通学术，是个典型的名士。而且，此人和其他名士一样，也是好发议论，干预时政，结果被诸葛亮以"乱群"的罪名罢官。

这样一比较，就很有意思了。孙权把虞翻看作孔融，诸葛亮则把来敏看作孔融，曹操是把孔融杀了的。孙权和诸葛亮虽然没有杀虞翻、来敏，但也并不认为不能杀。孙权的意思很明确：曹操杀得孔融，我也杀得虞翻。诸葛亮的意思也很明确，来敏的罪过比孔融大多了，不杀他，只罢官，实在是宽大为怀。这又说明什么呢？说明三点。第一，孔融、虞翻、来敏是同一类人，即"耿直派名士"。第二，此类人物到处都有，来敏就是蜀国的孔融，虞翻则是吴国的孔融。第三，此类人物走到哪里都不受欢迎，三国主要领导人曹操、孙权、刘备、诸葛亮也都不喜欢他们，只不过处理起来宽严不一而已。不喜欢是当然的，理由我们以后再说。宽严不一也是当然的，理由也以后再说。

现在我们总结一下这一章讲的三个案子。陆逊挨整，因为他是士族。虞翻挨整，因为他是名士。张温挨整，则因为他既是士族又是名士。孙权与陆逊、张温、虞翻的矛盾，实际上就是他与士族、与名士的矛盾。这其实也是曹操、刘备、诸葛亮遇到的共同问题。也就是说，魏、蜀、吴三大政权，都与士族有冲突。三国的主要领导人，也都要同名士作斗争。实际上，在大一统的汉、唐帝国之间，有一个三足鼎立的三国时代，接着又有半统一的两晋和分裂的南北朝，都与这个矛盾有关。因为士族和名士代表的，乃是一股上承东汉下接两晋的政治力量。这股政治力量在与曹操、刘备、孙权相冲突相斗争的时候，由于并未掌握政权，因此是"逆流而上"。但是，由于他们毕竟代表着历史发展的必然趋势，因此曹操、刘备、孙权也是"逆流而上"。正是这两种意义上的"逆流而上"，决定了魏、蜀、吴有着不同的建国道路，而且最后都要同归于晋。那么，他们的道路又如何，归晋的意义又何在呢？

第四十八章
殊途同归

孙权与士族、名士的矛盾冲突，在曹操、刘备、诸葛亮那里同样存在。因为魏、蜀、吴三国，都是由非士族出身的人建立的。他们也无意建立一个士族地主阶级的政权。这就决定了他们的建国之路不会平坦，也决定了他们的政权终将灭亡。那么，他们的道路有什么相同与不同，魏、蜀、吴三家又为什么会同归于晋呢？

上一章讲了孙权与士族、名士的矛盾冲突。这其实也是曹操、刘备、诸葛亮他们遇到的共同问题。曹操杀边让、杀孔融、杀崔琰、杀杨修，刘备杀张裕，诸葛亮杀彭羕、废来敏、废廖立，都是这一矛盾冲突的表现。那么，曹操、孙权、刘备、诸葛亮，为什么都与士族或者名士有矛盾、有冲突呢？

要说清这个问题，就得先说清楚什么是士族。

士族，就是世代做官的家族。一个家族，怎么可能代代都做官呢？因为那时做官不容易。范文澜先生的《中国通史》说，在汉代，一个人要想通过正规途径做官，必须具备三个条件。第一，必须是士人；第二，必须通晓经学；第三，必须被举为孝廉。孝廉就是孝子廉士，这是德的要求。通晓经学也叫明经，这是才的要求。必须是士人，则是身份的要求。士在周代，原本是最低一级的贵族。到了汉代，则变成了最高一级的平民。平民又分四种，即士农工商。士，就是士民；农，就是农民；工，就是工民；商，就是商民。农民务农，工民做工，商民经商，士民读书。士以读书为业，其实也就是从事脑力劳动。换句话说，士，就是"脑力劳动者"，即"劳心者"。劳心者治人，劳力者治于人。所以士农工商，士的地位最高，商的地位最低，他们甚至无权做官。

这样一说谁都明白，当时能够达到这三个标准的人还真不多。别的不说，光是通晓经学就很难，因为不是所有的人都有书读，都读得起。如果还要求什么都不做，专门只读书，那就更难。因此，只有那些有书读，读得起，读得进，读得好，而且并无其他职业（农工商）的读书人，才可能做官。做官必须读书，读书为了做官，读书与做官就变成了一件事，变成了职业。一个家族，如果以读书做官为职业，就叫"士族"。如果世代读书做官，就叫"世族"。但是，以读书为业的，差不多也都世代为官。所以，"士族"即"世族"。

由此可见，所谓"士族"，就是由于世代读书做官，而从平民阶级中分化、产生出来的特殊阶层。他们的特殊性表现在三个方面，即垄断仕途，控制舆论，变成豪强。士族为什么能垄断仕途呢？因为一个人既然是有条件读书的，又做了官，他们的子孙后代自然也比别人更有条件读书，更有条件做官。即便读书人多起来了，祖辈、父辈做过官的人，同别的读书人竞争，总要容易些。这样一来，就会出现一个现象，就是做官的人，世世代代都做官，甚至都做高官，比如"四世三公"的袁家就是。这样一来，做官的名额就有可能被若干家族垄断，或者某些官职被垄断。这是第一个原因。

第二，一个人做了官，就有了推荐权，可以推荐别人做官。推荐什么人呢？两种人。一种是自己人，还有一种是社会地位较低的读书人。这些人做官机会较少，一旦被推荐，一般都会感恩报恩，甚至与推荐人在政治上发生从属关系，情感上发生父子关系，成为他们的"非血缘关系家族成员"。一个人，官越大，推荐权就越大；

做官的时间越长，使用推荐权的机会也就越多；如果世代做大官，就会形成"门生故吏遍天下"的局面。这些"门生故吏"也可以推荐别人做官。但他们既然是某某家族的"门生故吏"，那么，他们在行使推荐权的时候，当然要看这些家族的眼色，或者贡献若干名额作为报恩。因此，一个家族的"门生故吏"越多，他们掌握的推荐权也就越多。时间长了，也就垄断了做官权。

第三，享有推荐权的人还可以互相推荐，也就是我推荐你的人，你推荐我的人。这种"投桃报李"的做法也是官场的"潜规则"，人人心知肚明，往往不用讨价还价便能默契地进行。最后是推荐权和做官权都被大大小小的士族瓜分。

那么，士族为什么能够控制舆论呢？因为他们原本就是由于读书才做官，由于做官才成其为士族的，当然最有学问最有文化。因此，作为思想界、文化界、学术界的领袖，士族便不难团结一大批文化人，这就是名士和太学生。太学生就是太学（国家干部学院）里的生员，用现在的话说就是"后备干部"。名士就是社会上的知名人士，用现在的话说就是"社会贤达"。名士不一定出身士族，有的名士还兼有其他身份，比如窦武是外戚兼名士，刘表是宗室兼名士。但不论何种身份，都与士族关系密切，大体上是名士依傍士族，士族借重名士，太学生则成为他们的拥趸。上一章说过，所谓"名士"，就是现代的"意见领袖"或者"公众人物"。这些人最喜欢做的事，就是发表意见，褒贬人物，议论时政。这种意见，当时就叫作"清议"。清议的影响力很大，杀伤力也很强。一个人，如果被清议所褒扬，就身价百倍；如果为清议所不齿，就臭不可闻。清议的力量这样大，发表清议的名士又和士族站在一边，还有太学生作为呼应，士族当然就控制了舆论。

士族掌握了做官权，就控制了仕途；掌握了发言权，就控制了舆论。有了这两个条件，他们就不难成为豪强。成为豪强也并不奇怪，因为东汉原本就是由豪强（主要是南阳豪强）建立的政权。主宰这个王朝的，也一直是豪强，比如外戚、宦官、大商人。他们也都是大地主。士人出身中小地主，原本不是豪强。但是，士人变成士族以后，情况就不一样了。因为他们由偶然做官变成了世代做官。做官，地位就高，就有名。做官，权力就大，就有利。既有名又有利，他们的家族，就可以利用自己占有的政治资源和政治优势，不断发展壮大，从中小地主变成大地主，成为雄视天下称霸一方的豪强。这样的大姓豪族，就叫"世家大族"，也叫"衣冠望族"，还叫"名门望族"，也简称世族、士族、望族、势族。世家，就是世代做官；衣冠，就是诗书传家。诗书传家，自然有声望，所以叫"望族"，也叫"名门"。世代做官，自然有权势，所以叫"势族"，也叫"世族"。既没有权势又没有声望的庶民之家，就叫"寒门"，也叫"庶族"或"寒族"。

显然，士族是一个十分特殊的阶层。他们不是贵族（皇亲国戚），也不是庶族（普通平民）。属于平民阶级，却比平民高贵；不能世袭官职，却能垄断仕途。就性质而言，他们是"半世袭的准贵族"；就地位而言，是接近贵族的"高级平民"。他们与名士的关系最为密切，有联系也有区别。区别在于：士族是族群，名士是个人；士族必须做官，名士则不一定。但在多数情况下，名士与士族的阶级立场、道德观念、政治理想是一致的。因此士族往往充当名士的后台老板，名士则往往充当士族的代言人。

士族的政治理想是什么？当然是建立一个由本阶级掌握的政权。至少，也要在这个政权中处于掌控地位。这就难免与曹操、孙权、刘备、诸葛亮发生矛盾冲突。因为三国之主均非士族，也没打算让士族成为统治阶级。不过，魏、蜀、吴的情况又各不相同，我们只能分开来说，看看士族阶级如何同他们进行斗争，最后又如何将他们归于一统。

先说曹魏。

曹魏的建国之路，我称之为"非和平演变"。为什么这样说呢？因为曹魏的天下其实是用武力打下来的，因此不是"和平演变"。但是，这个政权的合法性，却又来自"禅让"，以及此前汉献帝的一系列册封，包括加九锡、封魏公，晋魏王，又有"和平演变"的意味。无以名之，只好叫"非和平演变"，或者"非宫廷政变"。

曹操集团选择这条道路，事先有没有策划？我看没有。曹操的路，是他一步一步慢慢摸索出来的。他的野心，也是一点一点大起来的。至少，我们可以肯定，关东联军成立那会儿，他可没有什么建立政权的想法。《三国志·武帝纪》怎么说？"初平元年春正月，后将军袁术、冀州牧韩馥、豫州刺史孔伷、兖州刺史刘岱、河内太守王匡、勃海太守袁绍、陈留太守张邈、东郡太守桥瑁、山阳太守袁遗、济北相鲍信，同时俱起兵，众各数万，推绍为盟主，太祖行奋武将军。"这就很清楚，关东联军这个"集团公司"里面，并没有曹操的"股份"。他不是"老板"，不是"股东"，只是"马仔"，哪能有什么想法？

曹操有了想法，大约是在什么时候？我想应该是在官渡之战以后，赤壁之战以前。如果把政权这个"上层建筑"比作房子，把建立新政权比作"盖房子"，那么，这时能够在中原大地上"盖新房子"的"开发商"兼"建筑师"，就只剩下曹操一家。他迎奉了天子，好比征得了土地；他战胜了袁绍，则好比取得了资质。一个原本就有这方面能耐的人，获得了这样两个条件还不想干一番，那才是怪事！建安十三年（公元208年）六月，曹操恢复废除已久的丞相制度，并自任丞相，就是他准备动手的信号。

那么，曹操的"新房子"有图纸吗？没有。曹操这个人的特点，是有理想无蓝图。他的理想，就是要建立一个"非士族政权"。这个政权用陈寅恪先生《崔浩与寇谦之》一文的话说，就叫作"法家寒族之曹魏政权"。看看曹操的一言一行、所作所为就知道，他的不信天命、厉行法治、抑制兼并、破格用人、提倡节俭、不慕虚名，哪一条不是冲着士族来的？尤其是他那个"唯才是举"，简直就是挖士族的祖坟！如果用人制度当真照此改革，士族还能垄断做官的权利吗？甚至就连曹操父子喜欢文学，也和士族不对劲。因为士族重视的是修身治国的"经义",而不是雕虫小技的"文辞"。

因此,曹操理所当然地遭到了士族的抵制,也受尽了名士的讥讽。曹操对此并非没有思想准备。他很清楚自己会得罪士族,也很清楚名士多半会和士族同声相应。他的办法是有选择地杀人。他曾经想杀杨彪,但没有杀成,杀成了的是孔融。杨家(杨彪)和袁家(袁绍)一样,也是士族中顶尖级的望族,而且比袁绍还牛,五世三公。孔融则是名士中顶尖级的名士,孔子二十世孙。曹操想杀杨彪,敢杀孔融,说明他对士族和名士,是很在意(否则不必杀),却不在乎(否则不敢杀)。士族的抵制,名士的反对,不是他最大的困难。

曹操的困难就是他的资本。曹操的资本是什么呢?奉天子以令不臣。靠着这一资本,他才征得了土地。但是这样一来,他就必须面对一个现实,那就是不能把这块土地上的老房子拆了,另外盖一栋新的。相反,他还必须装出一副很维护这旧房子的样子,就像一个尽心尽职的老管家,而不是强行拆迁的开发商。显然,曹操的房子并不好盖。

好在曹操是一个有理想无蓝图的人,他可以边干边摸索。曹操也是一个有办法的人,他的办法就是"搞装修"。或者说,用"搞装修"的办法,一点一点进行改造,最后再把别人的房子变成自己的。这种办法好是好,却有一个前提,就是"老房子"不能倒。哪怕里面烂透了,框架还得留着。东汉王朝这个"老房子"的框架是什么样的呢?三根支柱,一个屋顶。支柱就是外戚、宦官、士族,屋顶就是大汉天子。曹操迎奉天子到许都,屋顶就有了,但那支柱却三根倒了两根。外戚和宦官在董卓入京之前,就已经自相残杀,两败俱伤,再也扶不起来。如果剩下的一根(士族)也不要,房子就会塌下来。

这就是曹操的难题,也是士族的难题。曹操的难处在于,他不能拆房子,因此这根柱子不能倒;他要搞装修,而且说白了就是要偷梁换柱,这根柱子又不能不动。士族的难处则在于,柱子是用来支撑屋顶的,它也只能跟着屋顶走。现在屋顶跑到曹操那里去了,柱子要不要也去？如果也去，等于变成了曹操的柱子。如果不去，则等于没有了屋顶。屋顶没了，要柱子干什么？这真是难死人了。

说明白了这一点，也就不难理解一个问题，那就是为什么曹操实行的是"法家寒族之路线"，他那里出身士族或追随士族的名士还是比别人多。为什么呢？因为曹操很清楚，没有这些人，他连"装修"都搞不成。士族和名士也很清楚：即便去了许都，也不等于投靠曹操；即便投靠曹操，也不等于死心塌地；即便死心塌地，也不等于跟着曹操一条道走到黑。也就是说，曹操、士族、名士都在打同一个算盘：利用对方实现自己的目的。

这样一来，曹操与士族、名士，就处于一种相互利用又相互警惕的关系之中。因此，他身边的名士比其他人都多，被他杀掉的也比别人多。因为他不能不小心防范，甚至神经过敏，疑神疑鬼，滥杀无辜。比方说，逼死荀彧，杀崔琰，杀杨修。这几个案子常常让人费解，觉得曹操是没事找事小题大做。但只要想到那些人都是大族名士，也就不难明白其中奥秘。

曹操的滥杀必须批判，曹操的怀疑却不无道理。事实上，另有想法的各类名士很是不少，其中至少有三种人值得一说。第一种是只认大屋顶，不认装修工，也不让他搞装修，孔融就是。第二种是认屋顶也认装修工，还帮一些忙，但希望他装修成原样，再还给屋主，荀彧就是。第三种是你搞装修我也搞装修。表面上帮你搞，实际上自己搞。等到事情做得差不多了，再告诉你房子其实应该像我说的那样盖，陈群就是。建安二十五年（公元220年）正月，曹操病逝于洛阳，曹丕继位成为魏王。没过多久，陈群就"及时"地提出了他制定的"九品官人之法"（九品中正制）。所谓"九品官人之法"，说穿了，就是由士族垄断做官权，然后在士族内部按照声望的高低、门阀的上下、势力的大小来分配官位官职。曹丕接受了陈群的建议，下令实施。又没过多久，曹丕在中原士族的拥戴下当了皇帝，帝国这栋房子（这时只有大半栋）从姓刘的手上正式"过户"给了姓曹的。

这是曹丕的胜利，也是曹操的失败；是曹丕的喜剧，也是曹操的悲剧。要知道，为了建立一个非士族的政权，曹操不知吃了多少苦，挨了多少骂，杀了多少人，最后逼得他只能用"搞装修"的办法来"换房子"。但是，等他把房子装修好，就要办"产权证"时，却发现他要换的"柱子"变成了"地基"，甚至变成了房子的主体结构。你说，曹孟德地下有知，是该笑呢，还是该哭呢？

曹丕接受陈群的建议，是因为他明白了一个道理，想通了一个问题，那就是范文澜先生所说："士族障碍着曹操代汉做皇帝，与其说是为了拥汉，毋宁说是向曹操交换做官特权。"然而，曹魏毕竟是一个"非士族"的"法家寒族政权"。一旦改变性质，变成士族地主阶级的，还有什么存在的价值和意义呢？所以，曹丕的魏朝已不是曹操的魏国。曹丕成功代汉之日，也就是曹魏行将灭亡之时。以司马家族为首的士族推翻非士族建立的曹魏，不过是为士族的政权再次加冕。这就是曹魏的道路，也是它终于灭亡的根本原因。

那么，孙吴和蜀汉又如何？

孙吴和蜀汉原本没有资格建国。孙权的父兄靠着武力抢了一块地盘，但那在理论上只是帝国大厦里面的一套公寓，孙权自己没有房产证。刘备就更可怜，不要说房子，连房间都没有，只能借别人的住。他们能够自己盖房子，还得感谢曹操开了一个头，也得感谢曹操为他们提供了正反两方面的经验教训。曹操提供的正面经验是：士族并不可怕，非士族也能夺取天下。曹操提供的反面教训是：士族的势力极大，只能利用，不能对抗。

因此，孙权和刘备采取了与曹操不同的建国路线和战略方针。如果说，曹操是逆流而上，那么，孙权和刘备，则一个是顺势而为，一个是绕道而行。顺势而为的是孙权。这就是"江东化"，亦即"本土化"。前面讲过，东吴政权的主体，原本是以周瑜为代表的淮泗将领，和以张昭为代表的流亡北士。这些人都是外来力量，党羽不多，势力不大，根基不牢，可以放心使用。但也正因为如此，孙权不能单靠他们来建国。单单依靠淮泗将领和流亡北士，东吴就永远是一个飘忽的政权。因此，孙权只能"江东化"，也必须"江东化"。于是，他毅然将一部分政权和一部分兵权，分别交给了顾雍和陆逊。在孙权那里做官的吴郡"四大家族"（顾陆朱张）子弟，更是数以千计。这样一来，江东士族就和孙吴政权捆绑在一起，形成了一个利益共同体。孙吴政权的利益，就是江东士族的利益。即便为了保护自己的政治地位和政治利益，江东士族也要捍卫孙吴政权。这正是孙吴在三国当中治理得最差，持续时间却又最长的原因之一。

但是，一切策略都是双刃剑。"江东化"虽然夯实了孙吴政权的基础，却也改变了孙吴政权的性质。前者是孙权希望的，后者则是孙权害怕的。这就使得孙权内心分裂，心理变态，作风刚愎，作为乖张，对江东士族更是疑神疑鬼。上一章讲的几个案子那样令人费解，恐怕就有这方面的原因。事实上，孙权临终时指定的顾命大臣，一个大将军诸葛恪，一个会稽太守滕胤，都是"流亡北士"的后代。孙权是至死都不真正相信江东士族的。因此，孙权淫威独擅，用刑严峻；东吴言路不通，离心离德。吴国成为内部最不稳定的国家。更何况，江东士族也斗不过北方士族，因此孙吴终于亡于晋。

如果说曹魏是"非和平演变"，孙吴是"本土化生存"，那么，蜀汉就是"计划外单列"。按理说，刘备原本是没有资格建国的。他虽然有皇族、宗室的身份，左将军、豫州牧的头衔，但那都是"空头支票"，并不管用。他也有自己的小集团，但"武士强谋士弱"（范文澜语），成不了气候。所以，群雄逐鹿的时候，没什么人把他看作竞争对手。鲁肃的"东吴版《隆中对》"，也只说与曹操、刘表三分天下。蜀汉，实在是"计划外"冒出来的政权。

刘备居然成功，一半归于他自己的努力，另一半则要算他运气好。运气好也包括两个方面：一是他得到了诸葛亮、庞统、法正的辅佐，"武士强谋士弱"变成了武士谋士都强；二是他的两个同族——刘表和刘璋，武士、谋士、自己都弱，或武士、谋士虽强而不能用，结果被刘备夺了地盘。当然，刘备能够得到诸葛亮、庞统、法正的辅佐，也有他自己的努力，那就是思贤如渴。但一个人再思贤如渴，也得有贤人让他思、让他想才行，所以仍然有运气的成分。至于刘表、刘璋的弱，就完全是刘备的运气了。

蜀汉政权既然是这样建立起来的，那么，对于这个政权的性质，刘备心里恐怕并没有底。正如田余庆先生所说，他其实是一个"不具有明确战略思想的随波逐流的人"好在刘备聪明。他一直盯着曹操，然后反着来（刘备曾经对庞统说"每与操反，事乃可成"）。曹操既然逆流而上，刘备就来个绕道而行，尽量避免与士族发生正面冲突。《三国志·先主传》曾高度评价刘备入蜀以后的人事安排，说董和、黄权、李严是刘璋的旧部，吴壹、费观是刘璋的姻亲，彭羕曾受刘璋的排斥，刘巴则为自己所忌恨，却都安排在显要的位置上（皆处之显任），让他们充分发挥自己的才能（尽其器能），结果是"有志之士，无不竞劝"。

诸葛亮治国，就更多可圈可点之处。《情天恨海》和《无力回天》两章讲过，诸葛亮执政后，实行依法治国，依法用人，结果政府里面没有贪官污吏（吏不容奸），每个人都勤奋向上（人怀自厉）。他又非常注意选拔使用本土人才，结果益州人士都很佩服（是以西土咸服诸葛亮能尽人之器用也）。这也是有证据的。比如张裔，是蜀郡成都人，就对诸葛亮赞不绝口。据《三国志·张裔传》，张裔经常对人说：亮公颁发奖赏不会漏掉疏远的人（赏不遗远），执行惩罚不会偏袒亲近的人（罚不阿近）；没有功劳就得不到爵位（爵不可以无功取），虽有权势也免不掉惩罚（刑不可以贵势免）。这就是我们蜀国无论什么人都会忘我工作的原因（此贤愚之所以佥忘其身者也）。可见，诸葛亮确实做到了公开、公正、公平，所以他的政府最像政府。在他的领导下，蜀汉也成为三国当中治理得最好的国家。

那么，三国当中，蜀汉为什么又最先灭亡？

也有三个原因。第一，诸葛亮的政治理想和治国理念，是依法治国。依法，就不能"依人"；法治，就不是"人治"。这就和士族阶级的理想、理念相悖。士族是要"依人"，是要搞"人治"的。岂止是"依人"，而且是依家族之声望、门第，完全"无法无天"。所以，蜀汉表面上是绕道而行，实际上也是逆流而上。但以曹魏之强大，尚且不能不放弃努力；以蜀汉之弱小，又怎么抗争得了呢？

第二，蜀汉不但是一个"非士族政权"，而且是一个"外来政权"。这就不可能不与本土士族（益州士族）发生矛盾。如果蜀汉也像东吴那样"本土化"，事情也许会不一样。但是，刘备和诸葛亮却都坚持"荆州集团第一、东州集团第二、益州集团第三"的组织路线。诸葛亮的接班人蒋琬、费祎、姜维，也都不是益州人士。非但如此，蜀汉政权还想方设法从益州豪强、士族身上榨取钱财，以支付庞大的军费开支。又针对所谓"蜀土人士，专权自恣"的情况，制定许多有针对性的法律，来镇压他们的反抗。由此可见，益州士族实际上被底层化和边缘化。他们政治上受排挤，经济上受盘剥，法律上受制裁，仕途上看不到希望，与蜀汉政权不但不是"同路人"，反倒可能是"对立面"。益州士族的利益既然与蜀汉政权的利益并不一致，甚至矛盾冲突，也就不可能像江东士族那样保家卫国，只会事不关己高高挂起，袖手旁观，冷嘲热讽，甚至幸灾乐祸，里应外合。这个时候，蜀汉政权的领导人再优秀，再鞠躬尽瘁，再以身作则，都是没有用的。利益，决定了益州士族的整体取向。

第三，诸葛亮过高地估计了他政治理想的号召力。他不知道（也许真不知道，也许装作不知道），此刻的曹魏已非当年的曹魏，"兴复汉室"也早就成为过时的口号。因为对于士族地主阶级来说，实行了"九品官人之法"的曹魏比东汉还好，他们为什么还要"兴复汉室"？反倒是坚持汉代制度的蜀汉，完全没有了吸引力。因此，益州士族不会真正支持诸葛亮的政治理想和建国方略。他们要做的事情只有一件，那就是等待曹魏来"解放"他们，以便实现他们的理想。我们知道，那就是"蜀人治蜀"加"九品官人"。

现在我们可以做一个小结了。魏、蜀、吴，在本质上都是"非士族政权"。因此，他们与士族阶级都有矛盾，有冲突，有斗争。斗争的结果，是曹魏放弃，孙吴妥协，蜀汉坚持。正因为坚持，所以蜀汉先亡。正因为放弃，所以曹魏也亡。正因为妥协，所以孙吴尚能苟延残喘，却也不得不亡。因为只有晋，才是完全彻底的士族地主阶级政权。

公元263年，魏灭蜀；公元265年，晋灭魏；公元280年，晋灭吴。中国历史从此在全国范围进入士族地主阶级的时代，三国的历史也就结束。至于我们究竟应该怎样看待这段历史，那将是另外一个话题。

结束语
滚滚长江东逝水

《品三国》的主要内容讲完了，三国的话题却没有讲完，也讲不完。这是一个会不断讲述下去、讨论下去的无尽话题。每个人都可以发表自己的看法，自己的观点。但是，在每一种看法和观点的背后，实际上都有不同的历史观作为背景和支持。那么，我们应该持一种什么样的历史观？在这种历史观的指导下，我们将怎样评价这段历史和其中的人物呢？

前面的四十八章，我极其粗略和简单地讲述了三国这段历史。这个讲述是不全面的、不系统的、不完整的，也不可能全面、系统、完整。因为本书（以及与本书相关的电视节目）只是《品三国》，不是《三国史》，我们不能拿《三国史》的标准要求它。但既然是"品"，那么，有一些问题也不能不回答。比方说，三国是一段什么样的历史？我们应该怎样看待这段历史？应该如何评价这段历史当中的那些主要人物？

实在地讲，这些问题不好回答，因为这需要科学的历史观和方法论。

于是，我想起了马克思的《路易·波拿巴的雾月十八日》，并重新阅读了这部经典著作，大受启发。什么启发呢？就是拿破仑的这个侄子政变后，所有人都只是"感到惊异"，却"没有一个人理解他"。他们有的表示了"道义的愤怒"，也有的进行了简单的分析。只有马克思回答了一个问题：为什么路易·波拿巴这样一个"平庸而可笑的人物"，居然"有可能扮演了英雄的角色"。为什么呢？因为法国的阶级斗争"造成了一种条件和局势"。正是这种"条件和局势"，使他得以粉墨登场，做出了一些让整个欧洲政治界都感到震惊的事情。也就是说，某个历史人物成为英雄，主要是因为当时的"条件和局势"。在这里，"条件和局势"比个人的品质和素质更重要。对"条件和局势"的分析，也比"道义的愤怒"更重要。

马克思的这一历史观和方法论无疑具有普适性。它不但适用于路易·波拿巴的政变，也适用于三国这段历史。三国，是一个英雄辈出的时代，三国的英雄，虽未必是"平庸而可笑的"，却同样由一定的"条件和局势"所造就。因此，我们有必要"跳出三国看三国"，从宏观的角度看一看当时的天下大势。

士族取代贵族

说起来，三国这段历史是很特别的，它甚至无法断代。因为它的前半截属于东汉，后半截则属于魏晋。东汉之后即魏晋。汉的建安二十五年，就是魏的黄初元年。三国，可谓"是汉非汉，是魏非魏"，第三者插足，完全是一段插曲。

其实，魏晋，以及后来的南北朝，又何尝不是历史的插曲？只不过与三国相比，魏晋南北朝要算是大插曲而已。魏晋南北朝369年，年头很是不短，但其国家形态和政治状态却是空前绝后的。它的前面和后面，各有两个统一的王朝，而且都是前面一个时间短，后面一个时间长。前面是秦、汉，秦的时间短，汉的时间长；后面是隋、唐，隋的时间短，唐的时间长。不过秦和隋的时间虽短，却是统一的。魏晋南北朝时间虽长，却是半统一半分裂的，而且统一的时间短，分裂的时间长。这就不能说是巧合，得用历史的逻辑来解释才行。

先说秦。秦的时间为什么短？因为这是中国历史"换届"的时候，既换统治阶级，又换国家形态。秦以前的统治阶级是谁？领主阶级。秦以后呢？地主阶级。秦以前的国家形态是什么？邦国。秦以后呢？帝国。邦国和帝国有什么不同？邦国是封建制，帝国是郡县制。封建，就是"封土建国"。什么叫"封土建国"？封土，就是划定疆域；建国，就是指定国君。具体地说，就是天底下的地方叫"天下"，天下有一个共同的君主，叫"天子"。天子把天下分成若干领地，封给"诸侯"，叫"国"。诸侯再把"国"分成若干领地，封给"大夫"，叫"家"。大夫、诸侯、天子都有"领地"，因此都是"领主"。不过大夫有领地，无政权，所以只能叫"家"。诸侯有领地，也有政权，所以叫"国"。国与国之间可以交战、媾和、联盟、通商，但都要尊奉天子为"天下共主"。这就是"封建制"，也叫"邦国制"。

封建制的要义是"封土建国"，郡县制的特点是"中央集权"。封建制是"一个天下，许多国家；一个天子，许多国君"，郡县制则是"一个天下，一个国家，一个元首，一个政府"。原来那些有着独立主权的"国"没有了，合并成一个统一国家，比如秦或者汉。它同时也是天下。原来那些有着独立主权的国君也没有了，合并成一个国君，比如秦始皇或者汉高祖。他同时也是天子。天子就是这个统一国家的国君，也是天下唯一的国家元首。他也不再叫王，而叫皇帝。因此这种制度就叫"帝国制"。帝国制既然只承认一个国家、一个元首，那么，无论有独立主权的"国"，还是没有独立主权的"家"，便都不能再存在。邦国时代的国和家，必须变成帝国的郡和县。郡县与帝国的关系，是地方与中央的关系。管理郡、县的人，是中央政府任命和派出的官员。这个制度，就叫郡县制。

郡县制与封建制还有一个区别，就是封建时代（邦国时代）的天子、诸侯、大夫都是世袭的，郡县时代（帝国时代）只有皇帝世袭，郡守和县令则不世袭。不但郡守、县令，帝国所有的官员，无论在中央在地方，原则上也都不世袭。世袭的是贵族，不世袭的是官僚。

所以封建制同时也是贵族制，郡县制同时也是官僚制。

现在我们清楚了。邦国制与封建制、贵族制是三位一体的，帝国制则与郡县制、官僚制三位一体。邦国时代，天子、诸侯、大夫，都是领主，所以它的统治阶级是领主阶级。帝国时代，管理国家的是官僚。官僚无领地，不世袭，所以帝国的统治阶级是地主阶级。秦灭六国，一统天下，不再封建，就是要变贵族制为官僚制，变封建制为郡县制，变邦国制为帝国制，由地主阶级取代领主阶级成为统治阶级。很显然，这是一次"大换届"，因此社会矛盾特别尖锐，阶级冲突特别激烈。再加上新的统治阶级没有经验，选择了错误的意识形态（法家学说），采取了错误的统治方式（暴力方式），弄得天怒人怨，结果二世而亡。汉代统治阶级吸取了秦的教训，更换了意识形态（先是道家学说，后是儒家学说），也改变了统治方式（先是与民休息，后是王霸杂用），于是天下太平，汉的国祚也长达四百多年。

然而秦的历史虽短，却是开创者。汉，不过是秦王朝政治遗嘱的执行人。而且，不仅两汉，以后的历代王朝，实行的都是秦开创的制度。帝国时代的统治阶级，也都是地主阶级。但同为地主阶级，也有不同类型。因此，在不同历史时期，就由不同的地主阶级来担纲。具体地说，秦汉是贵族地主，魏晋是士族地主，隋唐以后是庶族地主。

贵族地主是由封建领主转变而来的。封建领主都是贵族，因此也叫贵族领主阶级。秦灭六国以后，废除了"封土建国"的"封建制"，代之以"中央集权"的"郡县制"。领主没有了，变成了地主。地主既然由领主变化而来，就难免仍然带有贵族的性质。至少，那些最大的地主，掌权的地主，控制了国家机器和中央政府的地主，只能是贵族地主。这就是皇族和外戚，以及有食邑的公侯。他们有封爵也有封地，但"有产权无治权"，或者说"有财权无政权"，不能行使独立国家的主权，只能食赋税，享受经济利益。无政权，政治上就是地主；有财权，经济上是领主。这样的人，应该说是"半领主半地主",无妨称之为"贵族地主"。他们是秦汉帝国的统治者。所以,秦汉是贵族地主阶级的时代。

但是,帝国制度在本质上是非贵族的。因此,帝国的统治阶级内部也要"换届",由贵族地主换为士族地主,最后"落实"为庶族地主。我们在《殊途同归》一章讲过,士族,就是世代做官的家族,也叫望族(有声望)、势族(有权势)。既没有权势又没有声望的庶民之家,就叫"寒门",也叫"庶族"或"寒族"。为什么庶族地主是帝国的最后一个统治阶级,而且持续的时间那么长,从隋唐直至明清呢?因为这个阶级最符合帝国的要求。庶族地主是地主阶级当中社会地位最低的,他们要进入国家政权,只能通过读书和考试。而且每一代都要自己读、自己考,不可能世袭。这就完全合拍,也最让人放心。

让庶族地主阶级成员通过读书考试进入国家政权的制度,就是"科举制"。科,就是设科考试;举,就是选拔官吏。这种制度通过考试来分科取士,所以叫"科举"。考试也是早就有了的,两晋时期就有"孝廉试经,秀才试策"的制度。但是,直到隋文帝废除九品中正制,科举制才算正式登上历史舞台。因此,隋,便也是一个"换届"的时代。故而和秦一样,时间很短。当然,这是"小换届"。斗争的激烈程度,就不如秦。而且,由于帝国已经找到了最适合自己的统治阶级和人事制度,以后的改朝换代,就只是庶族地主阶级内部的事情,即只更换统治者,不更换统治阶级。

不过,历史的发展需要一个过程,贵族地主阶级不可能马上就换成庶族地主阶级。这里显然要有一个过渡,而能够起到过渡作用的就是士族地主阶级。士族与贵族的区别是什么呢?贵族成为贵族,靠的是血缘关系;士族成为士族,靠的是读书做官。士族与庶族的区别又是什么呢?庶族做官,只需要读书考试;士族做官,则主要看家庭出身。所以,士族一半像贵族,一半像庶族,正好用来过渡。魏晋南北朝,就正是这样一个过渡时期。

作为过渡时期，魏晋南北朝的政治制度是"门阀制度"，也叫"士族制度"。所谓"门阀制度"，就是一个人要做官，光会读书不行，还要看家族的名气声望、贵贱等级、功绩经历。名气声望叫"门望"，贵贱等级叫"门第"，功绩经历叫"阀阅"。当时的仕宦人家，大门外都有两根柱子，用来题记他们家族的功绩经历。标榜功绩的叫"阀"，在左边。标榜经历的叫"阅"，在右边。阀与阅都从"门"。这个"门"，就是"家门"，也就是家族。家族的门望、门第、阀阅，合起来就叫"门阀"。门望有高低，声望高的叫"望族"。门第也有高低，等级高的叫"高门"。一个家族能够成为望族、高门，不因为别的，只因为他们读书做官，甚至世代做官。做官才有阀阅，有阀阅才有声望、等级。所以，门望、门第、阀阅，是三位一体的，这才叫"门阀"。显然，门阀，就是当时世代为官的显贵之家。门阀制度，则是保护这个阶级政治利益的制度。它的实施方案，就是"九品官人之法"或"九品中正制"。

这样一种制度，当然是士族喜欢的。尤其是高中级士族，更是盼望之至，因为他们可以垄断做官的权利。这个制度也是终究要实行的。因为士族在东汉末年，就已经开始垄断做官权。正如范文澜先生《中国通史》所说，所谓"九品官人之法"，不过是"这一件既成事实的法律规定"。但是，垄断做官的权利，就等于把不能世袭的官职变成世袭的，建立了一种"不是世袭的世袭制"，或者说，官僚集团的半世袭制。显然，这与帝国制度的要求不相容。帝国制度，是要求官僚不得世袭的。由是之故，门阀制度必将退出历史舞台，让位于官僚完全不能世袭的科举制度。士族地主阶级也要退出历史舞台，让位于不会垄断做官权利的庶族地主阶级。正因为如此，我们才说魏晋南北朝是历史的"大插曲"。

有趣的是，这个"大插曲"的前面又插进了一段"小插曲"。这就是三国。我们在《殊途同归》一章讲过，士族在东汉末年已经垄断仕途，控制舆论，变成豪强。垄断了仕途，就占领了上层建筑；

控制了舆论，就掌握了意识形态；变成豪强，就把握了经济基础。这就差不多掌控了这个国家。如果就这样按部就班地发展下去，士族地主阶级便必将成为帝国的统治阶级。那么，历史的日程表怎么会被打乱，士族的如意算盘又怎么会被打掉呢？

因为不幸得很，门阀遇到了军阀。

门阀遇到军阀

军阀，就是拥有自己独立武装力量的地方豪强。这样的豪强其实早就有了，那就是由东汉王朝姑息纵容培养出来的土豪。东汉末年，尤其是黄巾起义以后，中央政府对地方的控制能力越来越弱，土豪们的势力也就越来越强。他们有的在地方上称雄称霸，叫"豪霸"；有的建立自己的私人武装，叫"豪帅"；有的利用朝廷任命的官职实施割据，成为"诸侯"。但因为都有武装力量，所以是"军阀"。只不过，在汉灵帝去世之前，他们还不成气候。

军阀要成气候，有一个先决条件，就是中央政府垮台，或者名存实亡。中央控制不了地方，豪强就称霸；文官治理不了国家，军阀就横行。这时，差一点成为统治阶级的士族，就只能交出统治权。实际上，士族（也包括其他政治势力）炙手可热，根本原因在于中央集权，朝廷可以号令天下。但是，如果皇帝当真变成了孤家寡人，甚至由"天子"变成了"浪子"，各地牧守都不听指挥，他也就牛不起来。这个时候，单单门第高有名望是没有用的，就连印把子也不一定管用，说得起话的只有枪杆子。谁掌握着枪杆子呢？军阀。把中央政府搞得名存实亡的又是谁呢？也是军阀。而且我们知道，他就是董卓。

董卓是第一个杀进历史舞台的军阀。他原本是凉州的地方豪强，早就拥兵自重的。他的部属用范文澜先生的话说，则是一些地方上的"土霸"和羌族胡族的"豪酋"。这就是不折不扣的军阀了。不过平心而论,董卓并不以军阀自居。他进洛阳,也不是为了当军阀,反倒是要建立新秩序的。问题在于,董卓并不知道新秩序应该怎样建立,他自己又是一个不按牌理出牌的人。结果是新秩序没能建立,旧秩序的寿命也到了头。

这笔账当然不能算在董卓一个人头上,说到底还是东汉王朝已经腐朽了,这才轻轻一推就倒。我们在《殊途同归》一章说过,东汉王朝的帝国大厦,是由三根柱子支撑起来的。哪三根支柱呢?外戚、宦官、士族。外戚就是皇后皇太后的母家,说得通俗点就是皇亲国戚。一个女人,如果当了皇后,她的娘家人也就鸡犬升天。如果皇帝死得早,新皇帝年幼当不了家,需要太后临朝,朝政就很可能落到太后娘家人即外戚的手里。东汉就是这样。包括少帝刘辩在内,东汉十四个皇帝,除首任光武帝六十二岁,次任汉明帝四十八岁,最后一任汉献帝五十四岁,其余十一个都没有活过四十岁。皇帝继位时的年龄,除汉明帝三十岁,其余都不超过二十岁。年龄最大的,汉章帝二十岁;年龄最小的,汉殇帝只有百日,汉冲帝只有两岁。于是,东汉便有六次太后临朝,外戚执政。汉和帝时,窦太后临朝,窦宪执政;汉安帝时,邓太后临朝,邓骘执政;北乡侯时,阎太后临朝,阎显执政;汉桓帝时,梁太后临朝,梁冀执政;汉灵帝时,窦太后临朝,窦武执政;弘农王时,何太后临朝,何进执政。这样算下来,东汉王朝倒有半数时间是太后和外戚在当家。

外戚掌权,皇帝当然不高兴。所以,这些少年皇帝亲政以后,就要夺权。能帮忙的,则是宦官。宦官为了自己的利益,也会帮着皇帝甚至代替皇帝杀外戚。比如公元92年杀窦宪,公元121年杀邓骘,公元125年杀阎显,公元159年杀梁冀,公元168年杀窦武,公元189年杀何进。这就有意思了。东汉王朝,六次太后临朝,外戚执政。六个执政的外戚,又竟然都是皇帝依靠宦官,或者宦官帮着皇帝,甚至自作主张杀掉的。

所以，外戚与宦官的矛盾极大。一部东汉宫廷史，差不多就是外戚与宦官的斗争史。在这个斗争中，士族是偏向外戚的。他们虽然不满外戚的跋扈，却更憎恶宦官的贪婪，痛恨追随宦官的"斗筲小人"与自己争夺做官的权利。于是，汉灵帝去世后，以袁绍为代表的士族，便联合以何进为代表的外戚，与宦官集团进行你死我活的斗争。结果是宦官杀何进，袁绍杀宦官，外戚与宦官同归于尽。帝国大厦的三根支柱倒了两根，剩下一根也独木难支。

这个时候，董卓进来了，而且是士族（袁绍）请进来的。这就到了一个关键时刻。如果董卓是士族，或者是士族能够接受的人，历史也许就会从此改写。然而，尽管董卓也想依靠士族重建帝国新秩序，无奈士族并不愿意与他合作，他也不知道怎样与士族合作。他那不守礼仪不遵法度的专横跋扈和胡作非为，使他被士族界定为"全国共诛之，天下共讨之"的"人民公敌"。朝官以王允为首，策划暗杀；外官以袁绍为首，起兵讨伐。朝野一片混乱。

这下子，原本就动荡不安的帝国变得更加动荡，门阀的天下变成了军阀的天下。一方面，朝廷派到各地的州牧、刺史、太守纷纷拥兵自重，各行其是，割据一方；另一方面，世家大族和地方豪强也放下了笔杆子和锄把子，纷纷招兵买马，拉帮结派，占山为王。他们"大者连郡国，中者婴城邑，小者聚阡陌"（曹丕《典论》），名为讨董卓，实为抢地盘。董卓，这个并不想当军阀的军阀，让很多人成为军阀。

历史既然进入了军阀的时代，那么，能够收拾局面的也就只有军阀，门阀是不行的。什么是门阀？世代显贵的家族。什么是军阀？拥兵自重的集团。世代显贵，或者拥兵自重，对社会就有特殊的支配地位和力量，因此都叫"阀"。但门阀为阀，靠的是门第声望；军阀为阀，靠的是武装力量。门第声望是斗不过武装力量的，所以门阀也斗不过军阀。门阀遇到军阀，那是秀才遇到兵，有理说不清，除非他同时是军阀。

士族并非没有做过这方面的努力。袁绍和袁术，就是"门阀兼军阀"。刘表和刘焉，则是"宗室兼军阀"。他们确实也曾风光一时。尤其是袁绍，衣冠望族，四世三公，门生故吏遍天下，还一度拥有冀、青、并、幽四州之地，等于大半个北方，可谓得天独厚，财大气粗，不可一世。他成为讨董联盟的盟主，也说明士族阶级把宝押在了他身上。然而怎么样呢？都失败了。为什么会失败呢？因为曹操冒出来了。

曹操不是士族，他出身于士族最憎恶和蔑视的宦官家庭。曹操也原本不是军阀，他逃出洛阳的时候无兵无将无官职。后来在陈留"散家财，合义兵"，实力也有限。所以，关东联军这个"集团公司"，就不把他算作"股东"。曹操也知道自己没有资本，便甘当联军的马前卒。然而关东诸侯的自私自利、鼠目寸光、畏缩不前，让他大失所望。曹操终于明白，世家大族徒有虚名，门阀也斗不过军阀。他决定先把自己变成军阀，然后再来收拾山河。

实际上，让士族没戏的人正是曹操。经过多年努力，曹操也变成了军阀，但他是一个不同凡响的军阀。当时许多军阀（如刘焉）只想割据一方当土皇帝，曹操却想统一天下。这是第一点。第二，他对于统一之后的中国还有理想。他的理想，正如我们在《殊途同归》一章所说，是要建立一个"非士族政权"，至少不能再走东汉的老路，政治上必须有所更新。这就与袁绍不同。袁绍也是要重建秩序的，不过他要建立的，是代表他们那个士族地主阶级利益的旧秩序。这就是董卓、袁绍、曹操的区别。董卓是旧秩序的破坏者，袁绍是旧秩序的维护者，曹操是新秩序的建设者。董卓是只搞破坏，不搞建设，所以曹操和袁绍要联合起来反对董卓，并致力于重建被董卓破坏的秩序。但是，秩序应该怎样重建，曹操和袁绍立场不同，观点不同，路线不同，所以他们要分道扬镳，甚至决一死战。

那么，曹操他容易吗？

不容易。曹操的作为，遭到了士族阶级的强烈反对。这种反对，集中表现在两次战争,即兖州之战和官渡之战。兖州之战的故事我们在《得寸进尺》一章讲过,就是汉献帝兴平元年(公元194年)的夏天,张邈和陈宫趁曹操征徐州之机突然反叛,联合吕布夺取曹操的根据地。如果不是荀彧和程昱、夏侯惇守住鄄城、范县、东阿,曹操就会变成丧家之犬。张邈和陈宫是曹操的老朋友,为什么要反叛呢?就因为此前曹操杀了兖州名士边让,引起士族和名士的公愤。(此事《后汉书》与《资治通鉴》记载不一,这里采信《资治通鉴》的说法)曹操杀边让,原本是要向士族示威,结果反倒差一点死无葬身之地。士族,哪那么容易反对!

但是曹操并没有被士族打压下去,袁绍的力量也越来越强。于是就有了官渡之战。如果说兖州之战是世家大族对曹操的突然袭击,那么,官渡之战就是两个阶级两条路线的大决战。田余庆先生说得对,袁曹之争,在社会地位上是士族与寒族之争,在意识形态上是儒家与法家之争。(《曹袁之争与世家大族》)袁绍胜,天下就是士族和儒家的;曹操胜,新政权和新秩序就将由寒族和法家来建立了。所以,官渡之战确实是决定当时中国命运和前途的战争。

这一仗打得惊险至极。当时,不但士族地主阶级把赌注押在袁绍的身上,就连一些不是士族的人,也都看好袁绍,不看好曹操。董承政变,刘备叛逃,豫州多处骚乱,徐州郡县降袁,刘表暗中策反,孙策图谋偷袭,名士领袖孔融则在许都风言风语大放厥词,散布袁绍不可战胜的言论,曹操差不多就是四面楚歌。如果不是荀彧等人坚决支持,他未必顶得住。《天下归心》一章讲过一件事,就是曹操战胜袁绍后,把缴获的那些"私通袁绍"的书信统统付之一炬。曹操的解释,是"孤犹不能自保",何况大家!这事往往被看作曹操的大度或权术。其实这大度或权术也是被逼出来的,因为他根本就不敢追究。

然而曹操胜利了,袁绍失败了。这下子,历史的日程表就被彻底打乱。董卓杀进来的时候,士族地主阶级虽然遭到重创,但他们还可以寄希望于袁绍这个"士族兼军阀",可谓机遇与挑战并存。袁绍一败,这一线希望也就化为乌有。袁氏是士族中顶尖级的望族,尚且不能成功,别人又能怎么样呢?看来,在这个军阀的时代,士族出身的人是没戏了,哪怕他同时把自己变成军阀。能够叱咤风云的,只能是非士族出身的人,比如刘备和孙权。

刘备和孙权都不是士族,但都是军阀,这是他们与曹操相同的地方。不同的是,他们的政权都建立在南方。而且,也正因为他们在南方,这才能够与曹魏形成鼎足之势。所以,曹操战胜袁绍,是寒族战胜士族;孙刘对抗曹操,则是南方对抗北方。那么,南方为什么能够对抗北方?在这种对抗的背后,又有什么玄妙之处呢?

南方对抗北方

所谓"南方",在这里指的是长江一线的三个州——益州、荆州、扬州。这三个州,在当时都是"欠发达地区"。正因为"欠发达",所以,在"前三国时期"(董卓入京至赤壁之战),政治斗争和军事斗争的主战场就不在这里。除袁术占据扬州北部,试图在那里称王称霸外,真正既有野心又有实力的军阀比如曹操和袁绍,仍将主要精力用于"逐鹿中原"。就连次一等的军阀比如吕布,征伐的战场也在北方。"欠发达"的南方,便成为朝廷和巨头们鞭长莫及、一时无法兼顾的地方。这样一来,那些实力较小的军阀就有可能钻了空子,在这三个州成为割据一方的诸侯,比如刘焉、刘表和孙策。

孙策能够在扬州的南部成了气候,说起来也是一个异数,因为长江一线这三个州原本都姓刘。据《后汉书·刘焉传》,汉灵帝中平五年(公元188年),为了对付黄巾起义,朝廷接受刘焉的建议,加大州官的权重,改刺史为州牧,派朝廷重臣和皇室疏宗"以居其任"。第一次派出的,有太仆(管天子车马的部长)黄琬,任豫州牧;宗正（管皇族宗室的部长）刘虞，任幽州牧。刘焉自己，则任益州牧。这三个州牧，有两个是宗室，即刘焉和刘虞。后来，朝廷又任命刘表为荆州牧，刘繇为扬州牧。这样，担任州牧的宗室就有了四个，即益州牧刘焉、幽州牧刘虞、荆州牧刘表、扬州牧刘繇。建安元年（公元196年），曹操又表荐刘备为豫州牧，恐怕也因为刘备是宗室，可以照例任命。当然这是后来的事。

刘焉、刘虞、刘表、刘繇这四个宗室州牧，有三个在长江一线。刘焉在益州，刘表在荆州，刘繇在扬州。这三个州，情况不一样。这三个州牧，处境也不一样。就发达程度而言，大约是扬州最好，荆州次之，益州最差。就个人处境而言，则刚好相反，是刘焉最好，刘表次之，刘繇最差。刘繇本人既非封疆之才，扬州本地也被一分为二。长江以西（江西）被袁术占领，长江以东（江东）被孙策觊觎。结果刘繇兵败病逝，扬州六郡中的吴郡、会稽、丹阳、豫章落入孙策手中，成为后来孙吴政权的基础。

孙权接手孙氏政权，是在建安五年（公元200年）的四月。这时曹操与袁绍正相持于官渡，胜负未知。但是到了这年十月以后，也就是曹操刚刚战胜袁绍的时候，孙权身边便已经有人打起了"建号帝王以图天下"的主意。这个人就是鲁肃。鲁肃的这个规划，堪称"东吴版"的《隆中对》。它包括三个步骤：第一步，巩固江东，与中原（曹操）、荆州（刘表）鼎足而立；第二步，在适当的时候夺取荆州，进而占据整个长江流域，与北方分庭抗礼；第三步，称帝建国，谋求天下一统。这就与诸葛亮七年后在隆中为刘备所做的规划，有着惊人的相似之处，即都主张"先三分后一统"，也都是"南方对抗北方"。只不过鲁肃说的三家，是曹操、孙权、刘表；诸葛亮说的，则是曹操、孙权、刘备。但概念是一样的，即中原、江东与荆州。荆州在刘表手里，就是曹操、孙权、刘表。荆州在刘备手里，就是曹操、孙权、刘备。事实上，刘表一去世，刘琮一投降，鲁肃和孙权就马上做了调整，不但将"剧中人"由刘表换成了刘备，而且对荆州的策略也由对峙变成了联合。

由此可见，后来魏、蜀、吴三国鼎立之势的形成，鲁肃的作用极为重要。众所周知，没有孙刘联盟，就没有赤壁之战；没有赤壁之战，就没有三国鼎立；而孙刘联盟的主动权又在孙权那里。孙权不肯联盟，刘备、诸葛亮就没有办法。那么，孙权为什么决心联刘抗曹呢？原因之一，就因为鲁肃在八年前已经把话说透了。在那次"合榻对饮"的密谈中，鲁肃不但为孙权做出了战略规划，而且讲明了这一规划的依据，即"汉室不可复兴，曹操不可卒除"（卒即猝）。这是鲁肃对天下大势的判断，而且是一个准确的判断。我们知道，对于政治家来说，最怕的是形势不明朗，目标不明确。鲁肃为孙权分析了形势，孙权心里就有数了。汉室既然不可复兴，那么，"由霸业而帝业"就是可能的；曹操既然不可猝除，那么，"先三分后一统"就是必须的；孙权的路线既然是与曹操"划江而治"，那么，"南方对抗北方"就是必然的。但是，南方弱小，北方强大。南方要想对抗北方，就非联合不可。这正是鲁肃要极力主张与刘备联盟，孙权也要去蹚赤壁之战那汪浑水的原因。

显然，鲁肃"榻前对策"的意义，绝不亚于诸葛亮的"隆中对策"。事实上，尽管诸葛亮为刘备所做的战略规划堪称高瞻远瞩深谋远虑，但刘备三顾茅庐那会儿，却并没有条件实施。甚至在他败走当阳之时，想到的也只是投奔苍梧太守吴巨，后来被鲁肃讥为"图欲远窜"，哪有三分天下可言！当然，投奔吴巨云云，也可能只是说说而已，因为他还可以到江夏去依靠刘琦。然而，如果没有鲁肃的力主联盟和周瑜的力主抗战，刘备的前途也实在堪忧。投奔吴巨不过苟延残喘，依靠刘琦则危在旦夕。曹操不战而胜得了襄阳，势如破竹拿下江陵，对付刘琦和刘备就只是迟早的问题。这个时候，刘备恐怕命都难保，哪里还谈得上实施诸葛亮的"隆中对策"？所以，刘备后来跳了龙门，不但应该感谢诸葛亮，也应该感谢鲁肃的。

其实刘备还应该感谢一个人，那就是曹操。曹操如果不打荆州，或者得了江陵以后不再东进，事情或许又会两样。但是，曹操这一仗，看来是非打不可。第一，他必须夺取荆州。荆州在长江一线三个州当中，是最关键的一个。夺取了荆州，尤其是占领了江陵，逆流而上可以攻取益州，顺江而下可以攻取扬州。这也是后来刘备和孙权要拼命争夺荆州的原因。相反，如果放弃了荆州，或者丢失了荆州，则曹操的势力便再也无法达到长江以南，这一点已为此后的事实所证明。所以，郭嘉为曹操规划，就说"当先定荆"。曹操自己，也在官渡之战后两次打算伐刘表。一次在建安六年（公元201年）春，被荀彧谏止；一次在建安八年（公元203年）秋，被荀攸谏止。劝谏的原因，是袁绍的势力还没有消灭，袁绍集团"人还在，心不死"。可是到了建安九年（公元204年），邺城已被曹操攻破；建安十年（公元205年），冀州全部落入曹操之手；建安十二年（公元207年），袁绍割据势力的后盾——乌桓也被平定。这个时候，曹操已经没有了后顾之忧，他完全可以夺取荆州，也必须夺取荆州了。

第二，曹操必须消灭刘表。刘表是什么人？他不仅是荆州牧，还是宗室、名士、军阀。也就是说，他既是军阀割据的地方势力，也是士族阶级的代表人物。这样的人物，在袁术和袁绍死了以后，就只剩下刘表。刘焉的儿子刘璋是不好算数的。何况在曹操看来，刘表的影响显然比刘璋大，也更"恶劣"。《后汉书·刘表传》说，刘表在荆州接纳北方流亡来的士人"盖有千数"，而且"安慰赈赡，皆得资全"。他又"起立学校，博求儒术"，还让人"撰立五经章句，谓之后定"。这就和袁绍一样，完全是一条"儒家士族"路线。建安十三年（公元208年），曹操已恢复丞相制度并自任丞相，正准备建设他的"法家寒族"政权，岂能再容刘表？再说刘备也在他那里，正好一锅端了。

第三，曹操还想威胁孙权。建安七年（公元202年），曹操要孙权送儿子做人质，被孙权拒绝，曹操很可能就把孙权列入了黑名单。征荆州，灭刘表，至少可以警告孙权一下。这才有他写给孙权的那封"恐吓信"。可惜曹操的这个想法完全落空。孙权没有被吓着,反倒和刘备联合,一把火把他烧得焦头烂额。刘表虽然死了,刘备却强大起来。江陵虽然到手,却又丢了,等于没有。曹操得到的,只有襄阳。但是,江陵仍然在对方手里。他的脚步,却再也不能迈过长江。这一仗,曹操失大于得。

所以,赤壁之战实在是三国史上的一个关键。由于这场战争,鼎立之势已现,对峙之势已成。此后,南方和北方也曾有过征战,比如曹操南征孙权,关羽北战襄樊,但不是无功而返(如曹操),便是自取灭亡(如关羽),谁都不能再向前迈出一步,等于赔本买卖。

有成效的是东西之战,即刘备的夺益州和孙权的夺荆州。建安十九年(公元214年)夏,刘璋投降,刘备入成都,益州归了刘备,刘备以荆州牧的身份兼领益州牧。二十四年(公元219年)冬,关羽被杀,孙权入江陵,荆州大部归了孙权,孙权以徐州牧的身份兼领荆州牧。至此,长江一线三州的归属完全改变。原来的三个宗室州牧刘繇、刘表和刘焉父子先后淡出江湖,南方成了孙权、刘备两大军阀的舞台。

这也毫不奇怪。中国古代的历史,从来就是"乱哄哄你方唱罢我登场",何况这原本就是一个动乱的年代!问题在于这些人物的"行头"。我们知道,孙权这个"徐州牧",是刘备表荐的;刘备这个"荆州牧",也是孙权同意的。也就是说,他们的"行头",是相互赠予的,至少也是互相承认的。现在,徐州牧变成了荆州牧,荆州牧则变成了益州牧,这就乱了套,也得不到承认。刘备不承认孙权是荆州牧,他认为荆州是自己的。孙权也不承认刘备是益州牧,他宣布益州是刘璋的。这就等于把脸撕破了。因此,孙刘联盟必将破裂,他们之间也必将有一次战争,这就是夷陵之战。

夷陵之战是汉末三国史上第三次重要战役。它的意义,是确立了中国南部东西并存共拒北方的格局。此前,中国南部的东西两方,即孙权集团和刘备集团,是既有联合又有斗争的。孙权方面,以周瑜、吕蒙为代表，主张"吞刘自大"；刘备方面，以刘备、关羽为代表，也常怀"吞吴之心"。矛盾的焦点，就在荆州。这才有陆逊的白衣渡江偷袭江陵，刘备的倾国出兵直下猇亭。由此也可见荆州在长江一线三州当中的重要性：赤壁之战是荆州之战，夷陵之战也是荆州之战。曹操曾经得到了荆州，但得而复失。刘备也曾经得到了荆州，也得而复失。于是曹操只好退回北方，刘备也只能退守西蜀。那么，终于得到并且保住了荆州（准确地说是南郡、江陵）的孙权，怎么也不能一统天下呢？

道理很简单，那就是"中原得鹿不由人"（温庭筠诗）。

逐鹿未必得鹿

还是先从夷陵之战说起。

作为汉末三国三大战役（官渡之战、赤壁之战、夷陵之战）之一，夷陵之战颇多不解之谜。比如田余庆先生的《〈隆中对〉再认识》一文，就说刘备的战争部署和指挥意图都"令人难解"。又比如诸葛亮对于此战的态度史无明文，史家只能揣摩猜测。再比如这场战争的结局也出人意料，大获全胜的陆逊主动撤兵，战败了的刘备居然还要再战。据《三国志·陆逊传》，刘备败走白帝城后，东吴许多将领争相上表孙权，认为刘备必能擒获，主张乘胜追击。陆逊与朱然、骆统则认为曹丕正在调兵遣将，名义上是帮助吴国讨伐刘备，实际上包藏祸心，因此决定撤出战争。这对于蜀汉原本是好事，没想到刘备反倒嘴硬。据《陆逊传》裴松之注引《吴录》，当时刘备写信给陆逊，说现在贼人（魏军）已经到了江陵，朕也要再次东进，将军您看行吗（将军谓其能然不）？结果被陆逊抢白了一通，说你们的伤还没有养好，就不要再来送命了吧！刘备这才讲和。

陆逊的决策完全正确，刘备也未必当真再来。他们，其实也包括孙权、曹丕,大家都明白,魏、蜀、吴三家鼎足之势已成,谁也吃不掉谁。而且,任何一方坐大,其他两方就会来制约。交战双方一旦决出胜负,甚至还没开打,第三方就会来插足、来干预。所以,陆逊只能见好就收,刘备就更不会没事找事。刘备去世后,诸葛亮执政,又派邓芝使吴,两家重结盟好。据《三国志·邓芝传》,当时邓芝对孙权把话说得很透彻。邓芝说,贵我双方,一家有"重险之固",一家有"三江之阻"。如果联合起来互为唇齿,那就"进可并兼天下,退可鼎足而立"。相反,如果大王投靠曹魏,还想保持独立,其结果必然是曹魏要来打你,蜀汉也要来打你,江南之地就不会再是大王的了。孙权默然良久,最后不能不承认他说得对。当然说得对的。鼎立之时,弱小的两方只有和平共处,甚至同舟共济,才能抵挡强大的一方。所以,黄龙元年(公元229年)四月孙权称帝,诸葛亮就不再讲什么"天无二日,土无二王"的空话,毅然遣使祝贺,签订"互不侵犯条约",承认东帝(吴帝)、西帝(蜀帝)并尊,还预先瓜分了曹魏的地盘。

这也是汉末三国时期的一件大事。因为只有到了这个时候,所谓"三国"才在名分上成立了。尽管曹魏并不承认蜀汉和孙吴,孙吴和蜀汉也不承认曹魏,但吴蜀双方却是互相承认的。也就是说,他们双方都不再拘泥于所谓"正统",公然承认天底下可以同时有两个皇帝,这实在是破天荒。

在这里,更难转弯的是蜀汉。要知道,蜀汉可是一贯以"正统"自居的。反倒是原本就非"正统",也不可能争到"正统"地位的孙吴比较洒脱,"并尊二帝"的方案也就由他们提出。实际上孙权早就想到了这一天。蜀汉建兴二年(公元224年)邓芝第二次使吴时,孙权就说了这个意思。孙权对邓芝说,如果消灭了曹魏,恢复了太平,我们两国分治天下,岂不是很好吗?邓芝却说,天无二日,土无二王。兼并曹魏以后,如果大王不知道天命在哪里(也就是不肯投降蜀汉),那么,贵我两国就只好"君各茂其德,臣各尽其忠",大家都敲起战鼓来。那个时候，战争可才刚刚开始呢！孙权听了哈哈大笑，说你这话可真够实诚的！

然而五年过去，不要说邓芝，就连诸葛亮也不说"天无二日，土无二王"这话了。这说明什么呢？说明诸葛亮已经意识到，三国鼎立已成为不可改变的既成事实，而"兴复汉室"则至少已不再是一件容易的事情。其实岂止是不容易。在我看来，那根本就是不可能！据《三国志·武帝纪》裴松之注引《魏略》，陈群和桓阶劝曹操当皇帝的时候，就说过"尺土一民，皆非汉有"的话。汉王朝既然连一寸土地一个子民都没有，怎么能够复兴？

最早明确指出这一"残酷"现实的是鲁肃。前面讲过，鲁肃在他建安五年（公元200年）的"榻前对策"中，就明明白白告诉孙权"汉室不可复兴"。可是七年以后，诸葛亮在隆中与刘备谈话时，却还说"汉室可兴"。甚至到了蜀汉建兴五年（公元227年），曹丕都已经死了，诸葛亮北伐前上《出师表》，还以"兴复汉室，还于旧都"为号召。有人据此认为诸葛亮的境界高于鲁肃，也有人据此认为诸葛亮实在是不识时务，其实都不对。鲁肃并不是境界不高，而是目光敏锐；诸葛亮也不是死不开窍，而是有所追求。也就是说，他们一个面对现实，一个富有理想，但都值得我们敬重。

事实上在吴蜀两大阵营中，诸葛亮与鲁肃的关系也最好。惜墨如金的《三国志》说鲁肃去世"诸葛亮亦为发哀"，绝非闲笔。我们完全可以想象出两人惺惺相惜的深情厚谊。这种友谊，是他们在促成和维护孙刘联盟的过程中结成的。它来自相互的理解和工作的默契，极为难得。我们实在很难想象，在两个思想境界相距甚远的人之间竟会有这种友谊。实际上亮、肃二人政治理念不同，无关乎品质或境界，而是政治立场所致。也就是说，正因为他们各有各的立场，才会各有各的判断和理念，却又不妨碍他们成为盟友、朋友，甚至战友。

那么，鲁肃和诸葛亮的立场又是什么？鲁肃的立场就是辅佐孙权，先成就"霸业"，再成就"帝业"。诸葛亮的立场则是辅佐刘备，先成就"霸业"，再"兴复汉室"。前期目标是一样的，终极目标却不同。所以鲁肃和诸葛亮能够成为朋友，却不能成为同志。这正如孙权和刘备可以结盟，却又各走各的道路，而且最终会翻脸。翻脸，当然是两国利益冲突所致；道路不同，却是另有原因。

先说孙权。孙权不是袁绍，他没有世家大族的背景；孙权也不是刘备，他没有皇族宗室的光环。就家庭出身而言，他有点像曹操。但曹操出身不好，是因为"污浊"；孙权出身不好，是因为"寒微"。不过，孙权可没有曹操那样"曾经在中央工作"的经验，以及"奉天子以令不臣"的优势。他只有一个杂号将军的头衔（讨虏将军），和一个不太稳定的割据政权（江东政权），说穿了不过是一个不大不小的军阀。所有这些，都决定了他只能面对现实，在夹缝中求生存。因此，鲁肃的现实主义颇对他的胃口，鲁肃的战略规划也有条不紊地得到了实施。巩固江东，鼎足而立，他做到了；夺取荆州，分庭抗礼，他也做到了。他甚至还做到了称帝建国，只不过比别人晚一些。他也试图夺取益州，占据整个长江流域，只不过没能做到。也就是说，鲁肃并没有白给他做规划。而且，据《三国志·吕蒙传》，孙权后来在与陆逊的谈话中，还把鲁肃比作最先向光武帝刘秀提出夺取天下、称帝建国的邓禹。可见鲁肃的立场就是孙权的立场，孙权的路线也就是鲁肃的路线。

刘备的情况又有不同。论家庭出身，刘备的条件比曹操、孙权都好。曹操阉宦之后，孙权出身寒门，他们都被士族看不起。刘备却是皇帝的同族，又是名儒卢植的学生，这就多少有些政治资本。他又会做人，军阀混战的时候，别人扩大地盘，他扩大声望，也形成了一个被范文澜先生称之为"武士强谋士弱"的小集团。所以，尽管也有人看不起他（比如袁术），但许多大军阀都对他礼遇有加。他投奔陶谦，陶谦表荐他为豫州刺史，后来又托以徐州。他投奔曹操，曹操表荐他为豫州牧、左将军，而且"出则同舆，坐则同席"。他投奔袁绍，袁绍"遣将道路奉迎"，又亲自出城二百里相见。他投奔刘表，刘表也是"自郊迎，以上宾礼待之"。别的不说，曹操和袁绍争相礼遇，就说明刘备分量不轻。

军阀们看重刘备，当然是因为他在士族中有一定的号召力。尤其是袁绍死后，反曹拥汉的士族和名士，能够寄希望的也就是刘备了。诸葛亮对孙权说，刘备"王室之胄，英才盖世，众士慕仰，若水之归海"，虽然夸张了一点，却也不是全没影儿。诸葛亮自己的选择就是证明。他选择刘备，除了因为刘备三顾茅庐，表现出思贤若渴的极大诚意外，还有一个重要的原因，即刘备是宗室。众所周知，诸葛亮是要"兴复汉室"的。这样一个"历史使命"，当然最好由宗室来完成，甚至也只能由宗室来完成。有一位宗室来牵头，起码可以仿效光武帝的成例。然而这时原来的几个宗室州牧，刘焉、刘繇、刘虞都死了，刘繇和刘虞还丢了地盘。刘焉的儿子刘璋虽然接任了益州牧，却不成器，益州也非进取之地。可选择的只有刘表。可惜刘表是个胸无大志气度狭小的人。那么多的中原士人避难荆州，却只见他安抚不见他重用。相反，寄人篱下的刘备威望却高得多。所以，诸葛亮宁肯选择刘备，并为他做出"先得荆州，后夺益州，跨有荆益，以图天下"的战略规划。这就是著名的《隆中对》。按照诸葛亮的这个设想，刘备完全可以成霸业而兴汉室，成为光武帝之后的又一位存亡继绝的人物。

这是一个了不起的设想。正是这个设想，使诸葛亮刚一出山就不同凡响。但是，它也给诸葛亮出了难题，那就是一旦这一设想无法实施，又该怎么办？事实上，我们只要看一看前面讲过的那三大战役，就知道许多事情真不以人的主观意志为转移。这三大战役有什么共同特点？就是都以战争发动者的失败告终。官渡之战是袁绍发动的，袁绍失败；赤壁之战是曹操发动的，曹操失败；夷陵之战是刘备发动的，刘备失败。这究竟为什么？命也？运也？风水也？都不是。是什么？势也。时势决定了历史的走向只能是后来那个样子。袁绍失败，因为门阀遇到军阀；曹操失败，因为南方对抗北方；刘备失败，则因为在此前提下，吴蜀两国都只能在限定的范围内成"偏霸"之业，不可能再有发展。此即所谓"中原得鹿不由人"。

毫无疑问，对于诸葛亮这样一个有理想的人来说，面对并接受这个现实是痛苦的。曹丕不是理想主义者，所以他能向中原士族让步，搞"九品官人"。孙权也不是理想主义者，所以他能向江东士族让步，搞"吴人治吴"。诸葛亮却既不能搞"九品官人"，也不能搞"蜀人治蜀"，结果是蜀汉在三国当中最先灭亡。此乃幸也，抑不幸也？

这就让我想起了另一个人，他就是荀彧。

解铃还须系铃

荀彧、鲁肃、诸葛亮（以出山先后为序），可能是当时三大集团中最值得注意的三位"谋士"。当然，这绝不意味着其他人（比如孙权这边的周瑜、吕蒙、陆逊）是不重要的。但要说魏、蜀、吴的建国，却不能绕过他们三位。因为他们都有自己的政治理念和建国方略（即不同版本的《隆中对》），而且都影响了各自的君主。从这个角度讲，他们已非一般意义上的"谋士"，甚至不可以"谋士"名之，只能称之为"政治家"。但是，他们三人的结局却不相同。荀彧最为不幸。他为曹操操劳服务了一辈子，却在五十岁时被曹操所逼忧愤而死。与鲁肃、诸葛亮相比，实在是天壤之别。诸葛亮得到了刘备的托孤托国，鲁肃也得到了孙权的高度评价（虽然是"二七开"）。荀彧得到了什么呢？"谥曰敬"而已。

关于荀彧之死，我们已经在《进退失据》一章做了分析。这里要做的事情，是要进一步说明当时的"条件和局势"，怎样决定着历史人物的命运。我们知道，荀彧在曹操集团当中是比较特别的。他出身士族，祖父当过朗陵县令，父亲当过济南国相，叔父荀爽位至三公（司空）。他本人也是名士，被南阳何颙评为"王佐才也"。这个何颙可不简单，他是东汉末年的"党锢中人"，名士集团的重要人物，曾经策划过谋杀董卓的。他也是最早看好曹操的两个人之一（另一个是桥玄）。所以，荀彧既是士族，又是名士。

然而，这个既是士族又是名士的荀彧，却投奔了曹操。而且，他还是从袁绍那里过来的。我们知道，袁绍的路线，是"儒家士族"的。曹操的路线，则是"法家寒族"的。荀彧去袁就曹，这就非同一般。更不寻常的是，荀彧投奔曹操，是在汉献帝初平二年（公元191年）。那时袁绍已经夺了韩馥的地盘，当了冀州牧，曹操却只是袁绍表荐的东郡太守，根本就不可相提并论。前面讲过，官渡之战时（公元200年），曹操已经"奉天子以令不臣"，很多人还不看好曹操，认为袁绍必胜。荀彧却在九年前就抛弃了袁绍，岂非异常？

那么，荀彧为什么要离开袁绍到曹操那里去呢？因为他"度绍终不能成大事"。荀彧的"大事"是什么？和诸葛亮一样，也是"兴复汉室"。可惜，当时参加关东联军的那些诸侯，几乎没有一个是中用的。最有条件和能耐的两个，袁绍和袁术，却又自己想当皇帝，而且还当不上。所以，荀彧宁肯选择当时最不起眼的曹操。因为曹操的胆识才略，其实已经表现出来。他在这个时候，也还是东汉王朝的忠臣，为国献身的英雄。荀彧这才寄希望于曹操。看看"荀彧版"的《隆中对》就知道，他对曹操是怎样评价的？又是"乃心无不在王室"，又是"匡天下之素志"。他为曹操提出的政治纲领是什么？一曰"奉主上以从民望"，二曰"秉至公以服雄杰"，三曰"扶弘义以致英俊"。这个立场，其实是再清楚不过。

荀彧提出这个政治纲领，是在建安元年（公元196年）。等到建安十七年（公元212年），十几年过去，情况就发生了变化。曹操已经不再"乃心无不在王室"，也不是"奉天子以令不臣"，而是"挟天子以令诸侯"，要自己封公建国了。这实在是一个危险的信号。下一步的发展，必将背离荀彧的理想和初衷。所以，荀彧不能不阻拦。但是，他的阻拦并没有任何效果。曹操已经上了自己的"贼船",只能一条道走到黑。于是,荀彧只能与曹操分道扬镳,并选择死亡。他要用自己的生命去殉自己的理想,也用自己的生命对曹操做最后一次劝谏。

荀彧做出这样的选择,有着多方面的原因。但说到底,还是他名士身份、士族立场和儒家思想所致。东汉王朝以名教兴国,世家大族以儒学立身,忠君守节的观念根深蒂固,改朝换代成为最敏感的问题,甚至成为划线的标准。比如范文澜先生的《中国通史》,就把聚集在许都的中原士族分为"拥汉"和"拥曹"两派。其实"拥汉""拥曹"并无截然界限,无论"拥汉""拥曹"也都是士族。荀彧就是派系上"拥曹",骨子里"拥汉",不折不扣的"身在曹营心在汉"。正是这种不可解的内在矛盾,酿成了他的悲剧。

没酿成悲剧的也有,陈群就是。据《三国志·陈群传》及裴松之注,陈群的祖父、父亲、叔叔在当时"皆有盛名",也都做过官,他本人则受到孔融推崇,可谓士族兼名士。然而陈群却不反对曹操建国,甚至积极劝进,要曹操称帝(当然曹操没有同意)。这样看,陈群可谓铁杆的"拥曹派"。但是曹操一死,他就向曹丕提交了自己制定的"九品官人之法",而且得到实行。士族阶级被曹操夺去的权力,又被陈群"偷"了回来,你说他是什么派?

实际上荀彧和陈群都不是真正的"拥曹派"。荀彧维护的,是行将就木的东汉王朝;陈群维护的,则是方兴未艾的士族阶级。荀彧的聪明之处在于,他知道要重归一统,单靠当今皇帝是不行的,只有借助曹操这个"钟馗"才能"打鬼"。只不过他没想到,"钟馗"在"打鬼"的过程中自己也变成了"鬼",所以他只好以身殉道。陈群的高明之处则在于,他知道"解铃还须系铃人",要夺回士族阶级的权力,只有先搞掂那夺权者。因此他"即以其人之道,还治其人之身"。曹操"偷梁换柱",他就"换柱偷梁"。曹操在"拥汉"的旗帜下"篡汉",他就在"拥曹"的旗帜下"变曹"。显然,荀彧高尚,陈群高明。

荀彧的立场不是曹操的立场,鲁肃的立场却是孙权的立场。因此鲁肃的结局要好得多,孙权的问题也简单得多。孙权不是士族,鲁肃不是名士,他们就没有那么多负担。所以鲁肃可以直言"汉室不可复兴",孙权也可以一会儿反曹,一会儿降曹。因为在孙权那里,反曹与拥汉不矛盾,降曹与拥汉也不矛盾。要降曹(比如要对付刘备时),就说曹操是"汉相";要反曹(比如要联合刘备时),就说曹操是"汉贼"。这是典型的实用主义。但以东吴之弱小,恐怕也只能如此。要孙权为理想而献身,那是办不到的,何况他本来就没有理想。

因此孙权把"变脸"这一套玩得烂熟。这套把戏说得难听叫"见风使舵",说得好听就叫"审时度势",根本目的则是要"建号帝王以图天下"。但是,要想"图天下",就得"称帝王";要想"称帝王",就得"固江东";而要想"固江东",就得争取江东士族的支持。因此,孙权毅然将相当大的权力交给了江东士族,让陆逊和顾雍分掌军权和政权,让大量士族子弟进入他的幕府和政府,实施"吴人治吴"。这就不但实现了孙吴政权的"本土化",也实现了它的"士族化",和曹丕在中原做的事情实质上是一样的,可谓"异曲同工"。我们知道,孙氏政权原本与江东士族是对立的,孙策甚至曾经对江东豪强大开杀戒。现在,孙权却与他们握手言欢,还让他们参与政治,这可又是"解铃还须系铃人"了。只不过,这事在曹丕那里,是陈群帮着干的。在孙权这里,却是他自己干的。

那么,孙权何以能够这样?究其所以,就因为他不是理想主义者。准确地说,他是有目标无理想。所以,孙权并不在乎东汉王朝是存是亡,也不在乎曹操其人是忠是奸,而只在乎保住他自己的地盘。他甚至不在乎这个地盘上的政权属于哪个阶级(士族还是庶族),只要它姓孙就好。孙权他没包袱。

麻烦是在刘备和诸葛亮这边。

刘备的麻烦在于他的宗室身份。这身份让他占了便宜,也让他背了包袱。前面讲过,袁绍死后,反曹拥汉的士族和名士能够指望的,就只剩下刘备。刘备自己打出的旗号,是痛感于"汉室倾颓,奸臣窃命，主上蒙尘"，"欲信大义于天下"。这是刘备的政治资本，也是他的政治包袱。也就是说，他不能像孙权那样随机应变，只能将"反曹兴汉"的旗帜举到底。好在这并没有妨碍他夺取刘璋的风水宝地，虽然刘璋是"宗室"。这也没有妨碍他亦步亦趋地照搬曹操的建国道路，虽然曹操是"汉贼"。这一点，看看刘备的做法就知道。曹操称魏王，他就称汉中王；曹丕称魏帝，他就称汉帝。难怪田余庆先生《孙吴建国的道路》一文要说蜀是"抄袭历史，剽窃邻国"了。总之，蜀汉建国之前并不麻烦，麻烦是在建国之后。不过，这已经不是刘备的麻烦，而是诸葛亮的麻烦。因为刘备称帝之后只有两年就驾鹤西去，诸葛亮才是真正治理蜀国的人。

诸葛亮的麻烦在于他的政治理想。诸葛亮的理想是什么？一曰"兴复汉室"，二曰"依法治国"。前一项关乎"天下"，事实上不可能实现，且不说它；后一项关乎"国家"，是诸葛亮该做、能做、做得到，也做得好的事情，不妨多说几句。实际上诸葛亮的"依法治国"，是要建设一个高效廉洁的政府和公正清明的社会。这个政府和社会的状态，用陈寿的话说，就是"吏不容奸，人怀自厉，道不拾遗，强不侵弱，风化肃然"。陈寿这话，是对诸葛亮治理下蜀国状况的描述。也就是说，是做到了的。之所以能够做到，则是因为诸葛亮"抚百姓，示仪轨，约官职，从权制，开诚心，布公道"。也就是说，依法治国。

这就奇怪！这样好的一件事，怎么反倒成了麻烦呢？很简单，世家大族和地方豪强不乐意。因为你要公正，就不能偏袒士族；你要高效，就不能只看出身；你要廉洁，就不能容忍贪腐；你要清明，就不能允许霸道。总之，所有这一切，都同士族地主阶级"垄断仕途，控制舆论，成为豪强"这三大特征格格不入，他们怎么会拥护？

何况诸葛亮为了实现他"兴复汉室"的理想，还不能像孙权搞"吴人治吴"那样，搞什么"蜀人治蜀"。因为蜀汉一旦"本土化"，就必然成为一个保守狭隘的"偏安之国"。人人安于现状不思进取，哪里还能够北进中原？再说作为一个外来政权的领导人，诸葛亮也不可能完全相信那些"土著"。因此，诸葛亮不但不能实行"蜀人治蜀"，反倒必须对益州本地的士族和豪强，进行政治上的控制和经济上的平抑。别的不说，单是北伐战争需要的一大笔军费，就得从他们身上出，因为他们是"肥羊"。事实上，只要诸葛亮公平执法，出钱多的就肯定是他们。要想他们没有怨言，除非要么不再北伐，要么不再公平。可惜无论哪一条，都与诸葛亮的理想相悖。所以我说这是一个麻烦，而且这麻烦还是死结，解不开的。也就是说，蜀汉只有系铃人，没有解铃人。最后来"解铃"的，就只能是曹魏。

后浪变成前浪

蜀汉终于被曹魏所灭，让人感到一种无法言说的遗憾。这不仅因为在诸葛亮的领导下，蜀汉其实是治理得最好的；还因为此时的曹魏，早已不是曹操理想中的国家，诸葛亮的蜀汉反倒在某种意义上执行了曹操的路线。然而，执行了曹操路线的蜀汉，却被抛弃了曹操路线的曹魏所灭，此天意耶，抑人谋耶？

这无疑是一个大话题。在回答这个问题之前，我们还得先弄清楚，诸葛亮的蜀汉，是不是"在某种意义上"执行了"曹操的路线"。

我的答案是肯定的。

在许多人看来，曹操和诸葛亮，不但代表着两个不同的政治集团，而且根本就不是一路人。这当然不无道理。不要说他们的"文学形象"和"民间形象"有天壤之别，即便他们的"历史形象"，也存在着很大的差异。正是这些原本就存在于历史中的差异，才使他们在文学作品和民间传说中，变成了"针尖对麦芒"的"汉贼不两立"。但是，如果我们彻底抛弃王朝正统的无谓争端，暂时搁置对个人品质的道德评价，仅仅着眼于阶级立场和政治路线，那就不难发现他们之间惊人的相似之处。也就是说，他们的建国道路和执政理念，都与袁绍的"儒家士族"路线不同。曹操的做法已不用多讲，要说的是刘备和诸葛亮。

前面讲过，三国之主均非士族，而刘备的情况又较特殊，即名为宗室，实为寒门。据《三国志·先主传》，他是"汉景帝子中山靖王之后"，此为"贵"；但从小"与母贩履织席为业"，又为"贫"。所以刘备的出身，既非"贫贱"又非"富贵"，也许只能杜撰一个词——"贫贵"。这样一种出身，就使他具有了双重身份，在士族和寒门两方面都受欢迎。这样看，刘备确实"得人和"。但刘备的人缘好，我认为更得益于他"贩履织席"的经历。这种社会底层的生活，会使他懂得民间疾苦，也使他更能理解人性。这方面，他倒是像曹操。像曹操这样出身"污浊"和刘备这样出身"贫寒"的人，骨子里是不会喜欢那些士族和名士的，尤其不会喜欢他们的虚张声势和自命清高。他们更愿意和那些寒族、庶民打成一片。事实上刘备集团的早期核心成员比如关羽、张飞，就都不出身于名门望族。尤其是关羽，对士族、名士、士大夫更是不屑一顾（张飞则相反，见《三国志·张飞传》）。我甚至认为，曹操那么欣赏关羽，有一个没有说出来的原因，就是关羽比他还蔑视士族。那么刘备呢？刘备对名士们还是比较客气的。但从骨子里讲，也未必喜欢。比如蜀中名士张裕，就因为出言不逊被刘备杀掉。据《三国志·周群传》，刘备当时说，就算是兰花，如果挡在门口，也得除掉（芳兰生门，不得不锄）！这口气，和曹操没什么两样。

相对而言，诸葛亮对名士比较同情。刘备杀张裕的时候，诸葛亮就曾出面相救，只不过没能救下来。他接管蜀汉政权以后，对蜀中名士如杜微、谯周等人也都礼遇有加（所以谯周反蜀汉不反诸葛）。这并不奇怪，因为诸葛亮也是士人，而且和法正、张昭、鲁肃他们一样，也是流亡北士（庞统则是荆州名士）。但诸葛亮并不单单是士人，他还是蜀汉丞相。这个身份和角色当然更重要。因此，当名士们的行为或言论危害到蜀汉政权时，诸葛亮也不会客气，甚至也会像曹操那样"以言治罪"。比如"楚之良才"廖立,就被废为庶民,罪名是"诽谤先帝,疵毁众臣"。"荆楚名族"来敏,也被废为庶民,罪名是"乱群"。益州名士彭羕则被处死,时年三十七岁。

彭羕之死与孔融、祢衡颇有相似之处。他的罪名,大约是"煽动谋反,颠覆政权",因为他对马超说了"卿为其外,我为其内,天下不足定也"的话。但彭羕辩解,说他这话是要马超在外建立武功,自己在内辅佐刘备,共同讨伐曹操,并没有谋反的意思。这事依我看多半是一笔糊涂账。因为彭羕的为人,是"姿性骄傲,多所轻忽",一副名士派头,说话从来就不计后果。比如他在对马超说那些话之前,就说了刘备"老革荒悖"的话。后来彭羕在狱中上书,又说"主公实未老也",自己不过酒后失言。可见彭羕平时胡说八道惯了。这回也一样,不过信口开河。但彭羕虽无谋反之意,却有谋反之嫌,所以诸葛亮能杀他。《三国志·彭羕传》说得很清楚,诸葛亮对彭羕表面上客气(外接待羕),实际上讨厌(内不能善),曾多次私下里提醒刘备(屡密言先主),说彭羕不可重用(羕心大志广,难可保安)。这回总算找到机会,锄掉了这棵挡在门口的"兰花"。

诸葛亮讨厌彭羕,和曹操讨厌祢衡、孔融是同样的原因,这几个都属于最让人讨厌的一类名士,即所谓"浮华交会之徒"。此类名士的特点,是名气大脾气也大,学问大派头也大,好发议论,口出狂言,成事不足,败事有余。据《后汉书·孔融传》,曹操杀孔融之前,曾写信给他,说我曹某身为人臣,虽然"进不能风化海内,退不能建德和人",但"抚养战士,杀身为国",整治那些"浮华交会之徒",还是绰绰有余的。诸葛亮的想法,当与此相同。他废来敏的时候,就有"来敏乱群,过于孔文举"的话。可见来敏就是蜀国的孔融,彭羕则是蜀国的祢衡。这样的人,无论在曹魏还是在蜀汉,都不受欢迎。

实际上诸葛亮和曹操一样,也是非常务实的人。不信你看他的《隆中对》,可有一句空话?没有。他的其他表章、奏折、教令,风格也如此。《魏氏春秋》说，诸葛亮在军中，但凡罚二十军棍以上的，都要亲自主持（皆亲揽焉）。这事常常被认为不可信，或者被用来证明诸葛亮不会管理。诚然，身为一国之相，事必躬亲到如此程度，当然或者不可信，或者不可取。但我以为，每罚二十军棍都要亲临现场，大约不可能，经常去看一看，或者不定期地亲自主持，则完全可能。因为非如此不足以做出表率，非如此不足以严明法纪，非如此不足以防止吏员们徇情枉法徇私舞弊。这正是诸葛亮务实精神的体现。这样务实的人，怎么会喜欢那些夸夸其谈、只会说不会做的"名士"？

不过曹操杀孔融，刘备杀张裕，诸葛亮杀彭羕，倒不完全出于他们的个人好恶，更重要的还是政治需要。这种需要，也不单单只是巩固政权，还与他们的政治路线有关。实际上，自从董卓把天下搞得大乱，几乎所有的有志之士和有识之士，都在思考秩序的重建问题。前面我们讲，董卓是旧秩序的破坏者，袁绍是旧秩序的维护者，曹操是新秩序的建设者。其实诸葛亮也是新秩序的建设者。而且，袁绍和曹操也都认为秩序必须重建，分歧仅仅在于如何重建。这个分歧，按照田余庆先生《曹袁之争与世家大族》一文的说法，就是袁绍要让世家大族牵着，走东汉的老路，曹操却要有所改革，反过来牵着世家大族走。

在这个问题上，诸葛亮与袁绍相反，与曹操相似，也是不走东汉老路的。所谓"东汉老路"，无非是继续让世家大族"垄断仕途，控制舆论，成为豪强"。但是我们看诸葛亮的做法，何曾有一点这种意思？他坚持汉初的"察举制"，就是不让士族垄断仕途；他杀彭羕，废来敏，废廖立，就是不让士族控制舆论。至于豪强，诸葛亮的政策是两个字：抑制。

其实诸葛亮和曹操一样，既是新秩序的建设者，又是旧制度的改革者。范文澜先生《中国通史》说，曹操在北方，诸葛亮在蜀国，都"革去了一些东汉的恶政"。田余庆先生《关于曹操的几个问题》一文则说，曹操"去浮华、清吏治、抑豪强"，与袁绍形成鲜明的对比，只有诸葛亮"可以同他比拟"。这实在是史家之笃论。

由此可见，诸葛亮执行的，实际上是一条"没有曹操的曹操路线"，或者"反对曹操的曹操路线"。而且，诸葛亮走得还更远。曹操这个人，是有理想无蓝图。他只知道不能再走东汉的老路，却不知道新路该怎么走。对于自己要走的新路，也不是坚定不移或者心中有数，常常会犯错误或者打退堂鼓。他杀边让，屠徐州，向世家大族示威，结果把自己永远钉在耻辱柱上。他战袁绍，征乌桓，意志还不如荀彧、郭嘉坚定，堪称险胜。他那个最重要的政策——唯才是举，也迟至建安十五年（公元210年）才提出。这时已是赤壁之战以后，曹操本人也五十六岁了。可见曹操一直是在摸着石头过河，不断试错，然后纠错，然后再错。他的"法家寒族路线"，其实是一步一步摸索出来的。

诸葛亮则不同，他是既有理想又有蓝图。我们看诸葛亮的治蜀，是那样的井然有序、有条不紊，可见心中有数。也就是说，他有着明确的建国方略和执政理念。我们甚至还可以说，他其实是要在总结两汉政治得失的基础上，建立一种新的国家制度。这个新的制度，从诸葛亮的实践看，我认为可以概括为八个字：虚君实相，依法治国。后者是曹操也做的，但诸葛亮做得更好。曹操的法治仍不免人治色彩，诸葛亮就更纯粹，也更公平。曹操的政府仍不免贪腐，诸葛亮那边就廉洁得多。这其实也是"条件和局势"所使然。曹操被士族和名士包围，对他们又有所借重，不能不多少作些让步。实际上正如田余庆先生《李严兴废与诸葛用人》一文所言，魏蜀两国有许多事情不可同日而语。曹魏在中原，在中央，士族云集，是大局面；蜀汉在益州，在地方，名士不多，是小局面。所以同样一件事，在曹魏会引起轩然大波，在蜀汉就只有些微波澜。比如诸葛亮杀彭羕，就远没有曹操杀孔融的影响大，甚至鲜为人知。这里没有替曹操辩护的意思，只是想说明凡事必须具体问题具体分析而已。

依法治国是曹操也做的，虚君实相则可能只是诸葛亮的政治理想。从实际情况看，曹操为相与诸葛为相并没有什么两样，即都是丞相大权独揽，皇帝形同虚设。汉献帝固然是傀儡，刘阿斗又何尝有权？至于诸葛亮本人，就连职务也和曹操一模一样，即都是开府的丞相，都封了县侯（曹操武平侯，诸葛亮武乡侯），都领州牧（曹操领冀州牧，诸葛亮领益州牧）。但是，曹操后来还封了魏公，建了魏国，称了魏王，曹丕还夺了帝位。所有这些事，诸葛亮都没有做。这就大不一样。有什么不一样呢？就是谁都会认为，曹操的"虚君实相"，其实是为了自己"篡位夺权"，诸葛亮就不是。因为他既没有封什么公，建什么国，称什么王，去世以后也没有把相位传给自己的儿子。诸葛亮的"虚君实相"，可以肯定是出以公心。

但是这样一来，就有不少人想不通了。你既然是忠君爱国的，你既然没有篡逆之心，那又为什么要把皇帝架空呢？于是一些维护诸葛亮名誉的人，便只好一口咬定刘禅弱智；而另一些清楚刘禅并非无能的学者，便不免怀疑诸葛亮权欲太重，擅权心切。其实这两种说法恐怕都可以商量。我倒是愿以最大的善意猜测，诸葛亮的"虚君实相"，乃是一种制度性的改革，即皇帝做名义上的国家元首，象征国家的主权和统一；丞相做实际上的政府首脑，负责政策的制定和执行。西汉初年就有这么一点意思。若如此，则无疑是当时最好的制度。诸葛亮的蜀国，也堪称当时的"政治特区"。可惜这事只有实践，没有理论，更没有形成法律，即没有真正成为制度。再加上诸葛亮壮志未酬身先死，也就不了了之，实在让人痛惜。

不过诸葛亮的不幸还不在这里，而在于他的想法并没有多少人真正理解，他的国家又最先灭亡。其实诸葛亮一去世，他的实验就不再继续；蜀国一亡，他的理想就彻底破灭。甚至就连崇拜、缅怀他的人，也是只念念不忘他的"兴复汉室",耿耿于怀的他的"出师未捷"，真正有意义的"依法治国"和"虚君实相"则少有人提起，这岂非不幸？有人说，伟大的人物都是孤独的。我相信诸葛亮也是如此。

其实曹操又何尝不是这样！千百年来，曹操可能是被议论最多的历史人物之一，至今仍然有人为他争论不休，可谓誉满天下也谤满天下。但是，又有多少人真正理解他呢？他得到的客观、公正、深刻的评价又有多少呢？我听到的，往往只是一片"道义的愤怒"。这种态度，可是恩格斯不以为然的啊！（见恩格斯1885年为马克思《路易·波拿巴的雾月十八日》所写的第三版序言）

这里无法对曹操做全面的分析和评价（对诸葛亮也一样），只想简单地说说自己一些不成熟的看法。在我看来，曹操的功绩主要不在统一，他的问题也主要不是奸诈和残酷。统一不是曹操的特权，也不是他一个人的事。刘备和孙权，都有统一天下的资格，也都为后来的统一做了准备，做了贡献。至于奸诈和残酷，倒是有的，不必为他粉饰和辩解。但要指出，他的奸诈和残酷其实是被夸大了的。这一点，早有许多历史学家做了辨正，毋庸赘言。

曹操最值得肯定的地方，我认为就在于他要建立一种新的秩序。这个新秩序从阶级关系讲，是庶族的；从意识形态讲，是法家的。因此，它和曹操这个人一样，也是要打折扣的。因为历史证明，最适合帝国的统治阶级，就是庶族地主；最适合帝国的意识形态，却不是法家思想。隋唐以后的政治路线，既不是袁绍的"士族儒家"，也不是曹操的"庶族法家"，而是"庶族儒家"。但这只能在经过了魏晋南北朝369年试错之后才能实现，以司马家族为代表的士族政权也有历史的必然。曹操既超前又失误，岂能不败？

现在我们知道，士族地主阶级为什么那么不待见曹操了。因为曹操挡了他们的路，耽误了他们的时间。前面讲过，士族在东汉末年，已经是统治集团的主要力量。他们要成为统治阶级，也可以有两种方式。一是和平过渡，二是武装斗争。董卓入京，使前一种方式不再可能；官渡之战，又使后一种方式化为泡影。这个时候，能够夺取政权的，就只有非士族出身的军阀。而且，也只有暂时撇开袁绍代表的"儒家士族路线"，他们才能成功。这就是刘备、孙权等人能够在"后袁绍时期"胜出的原因。显然，这些非士族的军阀出了头，这些非士族的政权得了势，说起来都因为"前有车，后有辙"，曹操起了"带头作用"。因此，士族地主阶级肯定要将自己满腔的愤怒，都倾泻到曹操身上，怀着刻骨的仇恨将他"妖魔化"。再加上他自己多有不义，曹操便不可避免地从英雄变成奸雄。

何况曹操自己也授人以柄。他最大的失误，就是为曹丕的称帝创造了条件。尽管历史不能假设，但我们还是可以设想，如果曹操不称魏王，甚至不封魏公，不建魏国，哪怕曹家世代为相，事情恐怕也会两样。可惜曹操太迷恋那最高权力了，结果搬起石头砸了自己的脚。想当年，路易·波拿巴仿效他的伯父拿破仑发动政变时，马克思就曾预言："如果皇袍终于落在路易·波拿巴身上，拿破仑的铜像就将从旺多姆圆柱顶上被推下来。"我们也可以套用一句：当曹丕把皇袍披在自己身上时，曹操就只能等着被画成一张大白脸了。

就在曹操走向地狱的时候，诸葛亮也走上了神坛。不可否认，诸葛亮身上有太多闪光的精神。他的心系天下，忧国忧民，鞠躬尽瘁，廉洁奉公，谦虚谨慎，以身作则，都堪称千古楷模。但诸葛亮成为神，却并不完全因为这些。主要的原因，还是社会需要典型。帝国统治者需要一位忠臣，普通老百姓需要一位清官，文人士大夫则需要一位代言人。这和曹操变成鬼是同样的道理。因为社会不但需要正面典型，也需要反面典型。

然而在我看来，作为历史人物的曹操和诸葛亮，不过是长江的前浪和后浪；作为文学形象和民间形象的曹操和诸葛亮，则不过是一枚硬币的正反两面。这枚硬币就是人性的两面。人，一半是天使，一半是魔鬼。诸葛亮既然被看作天使，曹操就只好去做魔鬼。诸葛亮既然是"后浪"，那么，作为"前浪"的曹操，也就只好"死在沙滩上"。

这可不是我们希望的。我们的希望，是"长江后浪推前浪，前浪不断变新浪"。但，历史的长河果真能够如此吗？

（全文完）

易中天

1947年出生于长沙，曾在新疆工作，
先后任教于武汉大学、厦门大学，
现居江南某镇，潜心写作。

已出版作品：

《易中天中华史》（全24卷）
《品三国》《先秦诸子》
《儒墨道法的救世之策》
《读唐诗》（李华摄影）
《诗经绘》（胡永凯绘）
《禅的故事》（黄永厚绘）
《帝国的惆怅》《帝国的终结》
《中国人的智慧》《中国的男人与女人》
《读城记》《品人录》《大话方言》
《美学讲稿》《谈美随笔》《艺术人类学》

品三国

作者_易中天

产品经理_王光裕　　装帧设计_唐梦婷　　技术编辑_白咏明
执行印制_刘世乐　　策划人_贺彦军

营销团队_毛婷 孙烨 石敏　　物料设计_向典雄

鸣谢（排名不分先后）

李潇 吴偲靓 吕珺

果麦
www.guomai.cn

以 微 小 的 力 量 推 动 文 明

图书在版编目（CIP）数据

品三国 / 易中天著． -- 杭州：浙江文艺出版社 2023.8（2024.11重印）
　　ISBN 978-7-5339-7229-5

Ⅰ．①品… Ⅱ．①易… Ⅲ．①中国历史－三国时代－通俗读物 Ⅳ．①K236.09

中国国家版本馆CIP数据核字（2023）第077906号

品三国
易中天　著

责任编辑　金荣良　於国娟
装帧设计　唐梦婷

出版发行　浙江文艺出版社
地　　址　杭州市环城北路177号　邮编 310003
经　　销　浙江省新华书店集团有限公司
　　　　　果麦文化传媒股份有限公司
印　　刷　嘉业印刷（天津）有限公司
开　　本　710毫米×960毫米　1/16
字　　数　449千字
印　　张　34.5
印　　数　49,001—59,000
版　　次　2023年8月第1版
印　　次　2024年11月第7次印刷
书　　号　ISBN 978-7-5339-7229-5
定　　价　99.00元

版权所有　侵权必究
如发现印装质量问题，影响阅读，请联系 021-64386496 调换。